Hilde Schmölzer

W0108582

Die verlorene Geschichte der

FRAU

....

100.000 Jahre
unterschlagene Vergangenheit

Edition Tau

© 1990 by Edition Tau
Biricz- + Handelsgesellschaft m.b.H. & Co.KG.,
Mattersburg – Bad Sauerbrunn
Umschlagentwurf: Martha Bruckner
Typographie: Peter Feigl
Satz: Tau-Type, Bad Sauerbrunn
Druck: A. Luigard Ges.m.b.H., Wien

ISBN 3-900977-11-9

Inhaltsverzeichnis

Einleitung

Geschichte, tradierte, aufgezeichnete, und immer wieder neu interpretierte Vergangenheit, ist Geschichte des Mannes. Denn Mann galt durch die Jahrhunderte hindurch gleich „Mensch", und die einer autonomen Selbstbestimmung beraubte Frau hatte sich dazu in Beziehung zu setzen. Unser Geschichtsbild, mit dem wir ständig konfrontiert sind und das an jede neue Generation weitergegeben wird, ist daher einseitig und verzerrt, weil es keinesfalls die von Mann und Frau in gleicher Weise geformte und geschaffene Wirklichkeit in allen ihren Dimensionen wiedergibt, sondern lediglich die eindimensionale Wirklichkeit des Mannes.

Damit ist auch die häufig gestellte Frage nach der Berechtigung einer Frauengeschichte beantwortet. Um Geschichte als Mann-Frau-Geschichte zu begreifen, muß vorerst einmal die verschüttete, verdrängte und unterschlagene Vergangenheit der Frau aus dem Geschichtsdunkel herausgelöst werden. Denn es ist ja nicht so, daß es sie nicht gibt. Frauen haben ebenso immer Geschichte gemacht wie Männer, nur war es eine Geschichte von Unterdrückten. Das patriarchalische Herrschaftssystem hatte kein Interesse daran, die Lebens- und Überlebensarbeit von Frauen ebenso wie ihre religiösen Ideen, politischen Philosophien oder literarischen Werke aufzuzeichnen und zu überliefern. Dorothy Smith hat es 1978 so ausgedrückt: *„Was Männer machten, war Männern wichtig, es wurde von Männern für Männer über Männer geschrieben. Männer hörten und hören auf das, was andere Männer zu sagen haben."*[1)]

Weil Männer das Monopol hatten (und weiter haben), die Welt zu definieren, war es ihnen ein Leichtes, Frauen, die mit dieser Art der Definition nicht übereinstimmten, ins Unrecht zu setzen oder zu ignorieren. Frauen hatten und haben während der gesamten Geschichte des Patriarchats jenen Maßstäben zu entsprechen, die Männer setzten, sie hatten und haben sich männlichen Kriterien unterzuordnen. Damit das möglichst problemlos gelingt, müssen auch ihre Spuren, die sie in der Vergangenheit hinterließen, getilgt und ihre Leitbilder ausgelöscht werden. Vergleiche mit unterdrückten

Männergruppen wie etwa den Bauern und Proletariern, die ebenfalls über lange Zeiträume hinweg in historischen Dokumentationen vernachlässigt wurden, sind dabei nicht zulässig. Denn diese Männer waren unwichtig geworden aufgrund ihrer sozial unterprivilegierten Position. Frauen jedoch wurden diskriminiert aufgrund ihres Geschlechts. Männer wurden immer vornehmlich als Arbeitskraft ausgebeutet, Frauen jedoch zusätzlich noch in ihrer Sexualität und Gebärfähigkeit. Wahrscheinlich ist das auch der Grund, warum sich unterdrückte Männergruppen immer wesentlich leichter aus Herrschaftsverhältnissen befreien, politisch organisieren und schließlich sogar in Machtpositionen aufsteigen konnten, während die Gebärfähigkeit der Frau bis zum heutigen Tag dazu benutzt wird, sie unter männlicher Kontrolle zu halten. Einer ständigen Gebärleistung unterworfen, war es Frauen die längste Zeit des Patriarchats hindurch nicht nur unmöglich, sich politisch oder sonstwie zu organisieren, sondern sie waren auch nicht imstande, ihre Gedanken, Leistungen und Werke der Nachwelt zu hinterlassen. Was sie wußten, dachten und schufen, starb häufig mit ihnen. Wurde es überliefert, dann war es oft männlich initiiert oder durch die männliche Brille betrachtet. Erst die feministische Geschichtsforschung hat am Anfang der siebziger Jahre damit begonnen, in einem mühsamen, von zahlreichen Widerständen begleiteten Aufholprozeß die unterdrückte, weil nicht für wichtig genug erachtete Vergangenheit der Frau neu aufzuarbeiten, und zwar diesmal aus weiblicher, nicht aus männlicher Sicht. In Teilaspekten vorerst schälte sich die überlagerte, überdeckte „zweite Dimension" aus der uns bislang eindimensional tradierten Geschichte, die ausgeschlossene Hälfte der Menschheit wurde plötzlich präsent und füllte leere Räume mit neuem Leben. Diese Teilaspekte in komprimierter Form aneinanderzureihen, wurde im vorliegenden Buch versucht. Das Ergebnis ist nicht nur ein Wiederentdecken weiblicher Vergangenheit, es trägt darüber hinaus wesentlich dazu bei, auch die Gegenwart besser zu verstehen.

Vorgeschichte

Am Anfang war die Frau

Älteste Mythen bestätigen es ebenso wie archäologische Funde: am Beginn der Menschheitsgeschichte, als Bewußt-Sein sich langsam formte, als der Mensch nach Welt-Erklärung suchte, seine Toten rituell zu bestatten begann und religiöse Anschauungen entwickelte, stand die Frau. Sie war Inkarnation des Lebens, aber auch des Todes, sie versprach Tröstung und Wiedergeburt, und später, nach der Entwicklung von Viehhaltung und Ackerbau, wurde sie zum Sinnbild der Fruchtbarkeit von Pflanze, Tier und Mensch. Die ersten Versuche des homo sapiens, sein eigenes Abbild zu formen, in Ton, in Stein, wahrscheinlich auch in Holz, wurden zum Abbild der Frau, der Gebärenden, der Spenderin des Lebens. Der Mann ist kaum vorhanden in dem, was uns aus dieser frühesten Menschheitsgeschichte erhalten geblieben ist. Winzig klein, lediglich als Strichmännlein tummelt er sich zwischen mächtig und groß dargestellten Tieren an den Wänden der Kulthöhlen, aber es gibt kein männliches Idol, keine männliche Kultfigur und keinen männlichen Gott.

Viele Jahrtausende mußten vergehen, ehe der Mann mit Geschick, Erfindungsreichtum und Aggressivität diesen ungeheuren Vorsprung, den die Frau besaß, eingeholt hatte. Das Trauma seiner eigenen vorgeschichtlichen Bedeutungslosigkeit hat er auch nie ganz überwunden, es macht ihm heute noch die Gleichberechtigung so schwer. Uralte Männerängste scheinen dabei hochzukommen, nie ganz bewältigt, nie ganz überwunden. Denn damals, in jenen unendlich weit zurückliegenden Zeiträumen, in denen der Zusammenhang zwischen Zeugung und Geburt noch nicht verständlich war, schuf der Mensch den Mythos von der Parthenogenese, der jungfräulichen Geburt: nur die Frau war es also, die neues Leben hervorbrachte, nur sie garantierte Leben, Überleben und Wiedergeburt. Die Leistungen des Mannes waren im Vergleich dazu dürftig: ein bißchen Jagd, die keinesfalls den Hauptteil der Nahrungsbeschaffung ausmachte, ein bißchen Kriegsgeschrei und Waffen. (Wobei es Krieg im heutigen Sinn damals ja nicht gab und Stammesfehden entweder als Ausdruck religiöser Riten oder im Zusammenhang mit Blutrache ausgetragen wurden.) Das war kein Ersatz für die lebenserhaltende Funktion der Frau, die bald als göttlich verehrt wurde. Der Mythos hat uns diese Allmacht der Mutter bewahrt: Erlöser und Helden, Götter und Könige sind lediglich aus ihrem Schoß, ohne leiblichen Vater entstanden. Die griechische Erdgöttin Gaia gebiert jungfräulich den Himmel, also Uranos, und zeugt erst mit ihm, dem Sohn, das Titanengeschlecht. Auch Inanna, die Urmutter der Sumerer, die in sich Himmel und Erde, Ober- und Unterwelt gleichermaßen umschloß, gebar aus sich selbst heraus Tammuz, den Sohn und Geliebten.

Dem Weiblichen als dem Ersten, Ursprünglichen, Älteren begegnen wir aber auch im Tierreich. Niedere Tierarten, wie Fadenwürmer, Blattläuse, Salzkrebse, Wespen- und Schmetterlingsarten, aber auch die Bienenköniginnen sind der Parthenogenese fähig. *„Das Urweib im Tierweibchen"* schreibt Berta Eckstein-Diener unter dem Pseudonym Sir Galahad zu Beginn unseres Jahrhunderts in ihrer „Ersten weiblichen Kulturgeschichte", *„pflanzt nicht nur sich selbst fort, es hat ganz allein das Männliche hervorgebracht; das Männchen dagegen nie etwas ohne das Weib"*. Auch Johann Jakob Bachofen, jener große Entdecker des Mutterrechts, hat es treffend ausgedrückt, wenn er um die Mitte des vergangenen Jahrhunderts daran erinnert, daß S i e „das Gegebene" ist, *„E r das Gewordene. S i e die Ursache, E r die Wirkung."* Und schließlich hat sich auch noch die Naturwissenschaft dieser Thematik angenommen: Das männliche y-Chromosom, so hören wir hier, ist wesentlich kleiner und schwächer als das weibliche x-Chromosom, weshalb es nicht weiter verwundert, daß, wie allgemein bekannt, kleine Jungen für Krankheiten anfälliger sind als Mädchen und auch die Säuglingssterblichkeit bei Knaben höher liegt. Die biologische Überlegenheit des Weiblichen zeigt sich aber auch noch an einem anderen Beispiel: Treten in der frühen Phase menschlicher Entwicklung hormonelle Störungen auf, weil etwa das männliche Geschlechtshormon fehlt, so entwickelt sich das Kind zur Frau, selbst wenn es von seinen Chromosomen her männlich ist[1].

Die gegenwärtige Machtverteilung und die teilweise rigide Unterdrückung des Weiblichen in vielen Teilen der Welt stellt also einen willkürlichen Eingriff in den Schöpfungsplan mit geradezu dramatischen Folgen dar. In etwas mehr als dreitausend Jahren hat das Patriarchat eine Situation geschaffen, in der sich eine einst fruchtbare und blühende Erde in einen stinkenden und vergifteten Müllberg zu verwandeln droht, auf dem das Leben nicht mehr gesichert erscheint. Begonnen hat diese Entwicklung schon bei Adam und Eva, denn daß diese aus jenem geboren wird, stellt ja bereits eine ziemlich kuriose Verfälschung ei-

Vulven, eingeritzt in die Wände der Kulthöhlen, galten als Symbol des Lebens.
(Grotte de Moigny, Ile de France)

Drei parallel eingekerbte Linien symbolisierten die drei Mondphasen.
(Höhle Malesherbes, Dep. Loiret)

gentlicher Tatsachen dar. In Wahrheit hingegen „gebar Eva, die Urmutter der Juden, den Gott Jahwe und zeugte mit ihm Adam"[2].

Unsere frühen Vorfahren hatten da ein wesentlich besseres Verhältnis zu den natürlichen Lebensvorgängen. Liebevoll und mit großem Ernst formten sie Darstellungen des Frauenkörpers, dem sie ihr Leben verdankten. Zahlreiche dieser Frauenfigürchen aus der Altsteinzeit in Stein, Ton oder Elfenbein und bis zu 20 cm groß wurden an etwa 60 Plätzen gefunden, und zwar von Frankreich und Italien über Österreich und die Tschechoslowakei bis ins Gebiet der Sowjetunion[3]. Weil es sich um durchwegs unbekleidete Gestalten handelt, wurde ihnen – obwohl keineswegs klassisch proportioniert – von männlichen Archäologen die Bezeichnung „Venus" verpaßt. Erst später wurde klar, daß diese Statuetten nicht als Ausdruck erotischer Männerphantasien einer primitiven Urhorde betrachtet werden können, sondern daß sie vielmehr einem matristischen Weltbild verhaftet waren, in dem die Frau Mittelpunkt des Kults, Schöpferin des Lebens und geheimnisvolle Verwalterin des Todes war, ein Umdenken, das relativ jungen Datums ist. Denn die ersten Funde erschütterten erst um die Jahrhundertwende die Gelehrtenwelt – bis dahin begann Geschichte im großen und ganzen im alten Mesopotamien. Mit diesen Funden jedoch wurde – zusammen mit der Entdeckung eiszeitlicher Werkzeuge und der Höhlenmalereien – ein Fenster aufgestoßen in die Jahrmillionen dauernde Geschichte der Menschheit.

Bestattete doch schon in der Altsteinzeit der Mensch seine Toten in Ost-Westausrichtung, bestreute sie mit rotem Ocker und gab ihnen Grabbeigaben mit. Das älteste bisher gefundene Grab wird auf rund 100 000 Jahre geschätzt[4]. Es muß also vor dieser unvorstellbar langen Zeit bereits ein Weltbild bestanden haben, eine Beobachtung der Gestirne, der Sonne, die im Westen blutrot unterging, um mit der Morgenröte wieder aufzutauchen und damit im Zusammenhang auch ein Glaube an die Wiedergeburt, der den Menschen in dieses „stirb und werde" einbinden wollte. Hat doch nichts den Menschen seit jeher so beschäftigt wie der Tod, das eigene Vergehen, das Sterben geliebter Menschen, und die Sehnsucht nach Todesüberwindung ist wahrscheinlich die älteste und stärkste Sehnsucht überhaupt. Das Bestreuen mit roter Farbe könnte diesen uralten Wunschtraum versinnbildlicht haben, denn rot war immer die Farbe des Lebens. Rot bemalt wurden aber auch die kleinen Frauenstatuetten, als deren bislang älteste die erst 1988 auf dem Galgenberg bei Krems gefundene und auf 30 000 Jahre geschätzte sogenannte „Tanzende Venus" gilt[5]. Auch der Körper der Frau wurde also zum Symbol der Wiederge-

16

Die Statuette der „Venus von Willendorf" (links) und das etwa 46 cm große Relief der „Venus von Laussel" (rechts) zählen sicherlich zu den bekanntesten Frauendarstellungen der Altsteinzeit.

burt. Tatsächlich haben diese kleinen Figürchen kein Gesicht, oft sind sie überhaupt kopflos, häufig ohne oder nur mit angedeuteten Armen und Beinen. Was an ihnen zählt, ist der vorgewölbte Leib, in dem das Leben entsteht, sind große, meist schwer herabhängende Brüste, ein breites, kugeliges Gesäß und das deutlich ausgeführte Schamdreieck. Sie stellen also nicht eine bestimmte Frau dar, sondern eine Idee: die Idee von Geburt und Wiedergeburt, von Leben und Tod! Darum wurden ja auch die Toten häufig in embryonaler Haltung, mit den Knien unter dem Kinn, zusammengebunden und in ein Tuch so wie in eine Fruchtblase gehüllt in Sarkophage oder Steinkisten gelegt, damit sie so, aufgehoben wie im Mutterleib, dereinst wiedergeboren werden könnten.

Es muß ein tröstliches Weltbild gewesen sein, in das sich die Menschen damals eingebettet fanden, und in der Frau hatte sich dieses Wunder eines ewigen Lebens vollzogen. Darum fertigte der eiszeitliche Mensch ihr Abbild an, trug es mit sich herum, als Amulett vielleicht, rief es an in schwerer Stunde um Hilfe und Trost. Sicherlich versprach es Wärme, Schutz, Geborgenheit, so wie der Mutterschoß dem kleinen Kind Geborgenheit geboten hatte. Tatsächlich können auch wir Heutigen uns dem Zauber dieser steinzeitlichen Erdgöttinnen kaum entziehen, die keinesfalls nur dumpf, der Erde, dem „Unten" verhaftete Urmütter waren, wie uns ein patriarchalischer Mythos seit Bachofen gerne glauben machen möchte. Vielmehr scheinen sie trotz ihrer erdhaften Schwere manchmal geradezu zu schweben, ein Eindruck, der vor allem durch die schmalen, manchmal in einen Stumpf zusammenlaufenden Beine hervorgerufen wird, aus denen der üppige Leib mit feierlich über der Brust gefalteten Händen wie ein Blütenkelch herauszuwachsen scheint. Es hat sich – wie in so vielem, was die Vergangenheit, vor allem die weibliche Vergangenheit betrifft – ein Gelehrtenstreit darüber entwickelt, ob diese Frauenfigürchen als „Idole", als „Erdgöttinnen" oder überhaupt als „Göttinnen" anzusprechen sind. Daß dieser zur Idee geronnenen weiblichen Gestalt kultische Ehren zuteil wurden, ist auf jeden Fall nicht zu bezweifeln. Ebensowenig wie der Umstand, daß sich aus ihr die „Große Göttin" der frühen Hochkulturen entwickelt hat.

In der späteren Eiszeit, dem sogenannten Magdalénien, werden dann diese üppigen, ausladenden Frauenstatuetten und Frauenreliefs, zu denen als eine der bekanntesten sicherlich die sogenannte „Venus von Willendorf" (Alter etwa 27 000 Jahre) und das etwa 25 000 Jahre alte Relief von Laussel zählen, teilweise von abstrakteren Figuren abgelöst, die durch mehr oder weniger deutliche

Geschlechtsmerkmale jedoch immer als Frauen gekennzeichnet sind. Männerdarstellungen sind nach wie vor äußerst selten oder fehlen ganz. Männliche Gottheiten scheint es auch in dieser Zeit keine gegeben zu haben. Dafür entstehen Frauengestalten, die beinahe als naturalistisch und sogar im heutigen Sinn als „schön" bezeichnet werden können. Wie etwa die schlanken Frauenleiber der Flachreliefs der Höhle „La Madeleine", die völlig gelöst, mit fast klassisch wirkenden Proportionen in ruhender Haltung abgebildet sind, wobei dieses veränderte Kunstverständnis keinesfalls verwundern darf: Sind doch seit der Zeit, in der ein kunstfertiger Mensch des Aurignacien die fettleibige Venus von Willendorf gestaltet hat, schätzungsweise 15 000 bis 20 000 Jahre vergangen. Ein Zeitraum, der in etwa jenem vom Magdalenien bis zur Gegenwart entspricht. Was bedeutet angesichts dieser Zeiträume, in denen immer die Frau im Zentrum des magischen, später des religiösen Weltbildes stand, ein 3 000 oder 4 000 Jahre währendes Patriarchat? Der Sprachforscher Richard Fester, der noch sehr viel weiter zurückgeht und anhand von Funden den eigentlichen Beginn der Menschheit auf die unvorstellbar weit zurückliegende Zeit von fünf Millionen Jahren festlegt, hat dazu folgenden Vergleich angestellt: „Wenn man sich die Zeit des Menschen auf dieser Erde mit 2 000 Jahren vorstellt, dann gibt es Männerherrschaft erst seit einem Jahr. Und wenn man das graphisch darstellt, und dazu eine gerade Linie von zwei Metern Länge darstellt, dann ist der letzte Abschnitt, der männerrechtliche, nur einen Millimeter lang."[6]

Daß bereits der Neandertaler (und nicht erst der darauffolgende Cromagnonmensch, wie lange angenommen) ein Weltbild besaß, bezeugen auch die interessanten Ausführungen der Höhlenforscherin Marie E.P. König, die rätselhafte Zeichnungen und Gravierungen, mit denen die Wände einstiger Kulthöhlen in der Île de France bedeckt sind, teilweise seiner Zeit zuordnet. Als ältestes Zeichen beschreibt sie die gerade Linie und das Linienkreuz, wobei angenommen wird, daß mit letzterem die vier Himmelsrichtungen gemeint waren, in deren Mittelpunkt durch eine schüsselförmige Vertiefung der Mittelpunkt einer runden Welt erkannt wurde, den die Griechen später als „omphalos", als Nabel der Welt bezeichneten[7]. Bemerkenswert sind auch die zahlreichen Vulven, die in verschiedenen Größen und Ausführungen in die Wände der Kulthöhlen des eiszeitlichen Menschen eingeritzt wurden. Sie gelten als Symbol des Lebens und tragen häufig drei, meist senkrecht eingekerbte Linien, durch die die drei Mondphasen symbolisiert wurden. Aber auch Stierabbildungen wurden mit der Vulva in Zusammenhang gebracht, weil die

19

Hörner des Stieres die Mondsicheln versinnbildlichten. Tod und Wiedergeburt wurden also nicht nur mit dem Sonnenrhythmus, sondern viel mehr noch mit dem Rhythmus des Mondes in Zusammenhang gebracht. Der ab- und wieder zunehmende Mond, der regelmäßig während einer drei Tage dauernden Mondfinsternis „starb", um anschließend „wiedergeboren" zu werden, hat die Phantasie des Menschen ganz besonders beschäftigt.

Tatsächlich ist das heliozentrische Weltbild auch relativ spät in die Geschichte der Menschheit eingetreten, denn in der langen Vorgeschichte war es der Mond, das Nachtgestirn, welches sehr viel geheimnisvoller und bedeutungsschwerer erschien. Als Symbol für Wachstum und Wiedergeburt ist der Mond dann eine enge Beziehung zum Weiblichen eingegangen, die durch den monatlichen Blutfluß der Frau eine verstärkende Komponente erfuhr. Denn Blut – sowohl Geburts- als auch Menstrualblut – war heilig. (Daß menstruierende Frauen unrein seien, ist ja erst ein Ergebnis patriarchalischen Denkens.) Die Lunarsymbolik wurde daher immer mit der Frau in Verbindung gebracht; Mondgötter hat es erst später gegeben. Die großen alten Göttinnen waren auch meistens Mondgöttinnen in dreifacher Gestalt, die dem Lebenszyklus der Großen Mutter entsprachen: die jugendliche Tochtergöttin stand für die zunehmende Sichel des Mondes, die reife Liebesgöttin für den Vollmond und die Todesgöttin für den abnehmenden, sterbenden Mond. Sehr schön nachzuweisen ist dies etwa an Rhea, der großen dreifaltigen Göttin Kretas, die als Amaltheia die Mädchengöttin verkörpert, als Io die reife Nymphengöttin und als Adrasteia die Göttin der Unterwelt. Darstellungen von Frauenkörpern, die in einen symbolhaften Bezug zu den Mondphasen gebracht werden, gibt es allerdings schon früher. So zum Beispiel auf dem wunderschönen Felsrelief in Angles-sur-Anglin, das der späten Epoche der Eiszeit zugeschrieben wird: drei Frauenkörper, lediglich von den Waden bis unterhalb der Brust mit deutlich eingezeichnetem Schoßdreieck abgebildet, drehen sich in drei angedeuteten Phasen nach rechts.

Die Mondgöttin der frühen Vorgeschichte wurde jedoch noch keinesfalls auf das Nachtgestirn reduziert – diese Interpretation fällt in spätere, bereits patriarchalische Zeit. Die ursprüngliche Mondgottheit hingegen ist die große Schöpfergöttin gewesen, die den Himmel mit seinen Gestirnen ebenso wie die Erde aus sich hervorbrachte und in sich umschloß, die Herrin der Pflanzen, Tiere und Menschen und der Ursprung allen Seins.

Die Frau als
„Mutter der Zivilisation"

Wie hat nun der Mensch in dieser frühen Zeit gelebt, mit welchen Wirtschafts- und Gesellschaftsformen, Riten und Bräuchen? Im Altpaläolithikum, also vor etwa 800 000 bis 100 000 Jahren, nährte er sich wohl ausschließlich von gesammelter Nahrung, er aß Früchte, Beeren, Knollen und Wurzeln, Nüsse, wilden Honig, aber auch Würmer, Schnecken, Vogeleier und Kleintiere. Für diese Zeit wird auch die Erzeugung und Zähmung des Feuers und die Herstellung erster, primitiver Werkzeuge angenommen. Der Soziologe und Sexualforscher Ernest Borneman vermutet, daß, analog zu den Rudeln wilder Tiere, die vorwiegend von einem weiblichen Leittier geführt werden, auch die Führung dieser menschlichen Urhorde in der Hand von Frauen lag. Arbeitsteilung dürfte es damals keine gegeben haben: Früheste Knochenfunde weisen sowohl bei Männern als auch bei Frauen fast identische Durchmesser auf, auch die Größenunterschiede zwischen den Geschlechtern sind minimal[1].

Im Mittelpaläolithikum, das im allgemeinen von etwa 100 000 bis ca. 50 000 v. Chr. angesetzt wird, gab es dann bereits besser ausgeführte Werkzeuge, es gab die Jagd, und das Stellen von Fallen ermöglichte das Erlegen auch größerer Tiere. Gleichzeitig könnten bei diesen sogenannten „Wildbeutern" erste Formen von Arbeitsteilung stattgefunden haben: Während Frauen und größere Kinder nach wie vor überwiegend für das Sammeln der Nahrung zuständig waren (daß sie sich darüber hinaus auch an der Jagd beteiligten, wird allgemein angenommen), sorgte der Mann für den Fest- und Feiertagsbraten. Was jedoch nicht, wie uns im Geschichtsunterricht vielfach immer noch weisgemacht wird, automatisch eine Vorherrschaft des Mannes bedeutet hat. Ganz im Gegenteil: Frauen besorgten im allgemeinen zwei Drittel der Nahrung – der Fleischgenuß dürfte eher die freudig begrüßte Ausnahme gewesen sein. Es ist also naheliegend anzunehmen, daß die Frau dieser Zeit nicht nur im Mittelpunkt des Kults stand, sondern als Hauptproduzentin der täglichen Nahrung auch gesellschaftlich eine dominierende Stellung einnahm.

Dafür spricht auch die Sippenordnung, die sich in der weiblichen Abstammungslinie bildete. Denn wie bereits L. H. Morgan, der Begründer der Ethnologie, gegen Ende des vergangenen Jahrhunderts wußte, haben sich diese frühen Gesellschaftsformen nicht aus Familien, sondern aus Sippen aufgebaut - die Kernfamilie, wie sie uns heute geläufig ist, entstand erst relativ spät und ist eine Erfindung des Mannes zur Sicherung s e i n e r Nachkommenschaft. Denn weil die Vaterschaft immer unsicher gewesen ist – der Mann wußte nie genau, welches Kind nun wirklich seines war –, hatte auch nur er ein Interesse daran, sich auf diese Art und Weise abzusichern. Die Mutter hingegen wußte immer, welches Kind sie geboren hatte – sie war also an der „Familie" im heutigen Sinn kaum interessiert. Es war der Mann, der zur Sicherung seiner Nachkommenschaft die Frau im späteren Patriarchat zum Eigentum erklärte, in das Haus einschloß und rigorosen sexuellen Einschränkungen unterwarf.

Die matrilinearen (Herleitung der Abstammung von der Mutterseite), meist auch matrilokalen (Wohnsitz bei der Mutter oder mütterlichen Sippe) Sippengesellschaften hingegen funktionierten völlig anders. Deshalb erscheint auch die Bezeichnung „Matriarchat" als Pendant zum „Patriarchat" als problematisch, selbst wenn der griechische Wortstamm „arch" nicht nur mit „herrschen" in Zusammenhang gebracht werden kann, sondern auch mit „arche" = Anfang, Prinzip. Sie beruhten auf dem Zusammenleben der Sippenmutter mit einigen Generationen ihrer direkten Nachkommen, wobei die gefühlsmäßige Bindung zwischen den Geschwistern beiderlei Geschlechts sehr viel tiefer war als die Beziehung zum Geschlechtspartner oder zum Vater der Kinder.

Doch lebten diese Gemeinschaften exogam, das heißt sexueller Kontakt war nur zwischen Angehörigen verschiedener Siedlungsgruppen erlaubt, unter keinen Umständen aber innerhalb der eigenen Abstammungsgruppe. Die soziale Vaterrolle übernahm der Bruder, der auch sein persönliches Erbe nie seinen leiblichen Kindern, sondern den Kindern seiner Schwester vermachte. Mit dem Geschlechtspartner konnte es unter diesen Umständen zu sogenannten „Besuchsehen" kommen, bei denen meist der Mann die Frau in deren Mutterclan besuchte und über Nacht blieb, um ihr Haus am Morgen wieder zu verlassen[2]. Doch gab es hier die verschiedensten Ehemodelle, wie sie sich heute noch in matrilinearen Gesellschaften nachweisen lassen, wobei „Ehe" keinesfalls als absolutes Treueverhältnis verstanden wurde. Ganz im Gegenteil: In matrizentrischen[3] Kulturen fühlten sich weder Frau noch Mann an einen Partner gebunden, sogenannte „Untreue" wurde auch von niemandem übelgenommen, was angesichts der Tatsache, daß die eigentliche emotionale Bindung den Blutsverwandten galt, auch plausibel erscheint.

Mit der Zerschlagung dieser Sippengesellschaften, die sich um die älteste Mutter scharten und somit eine Schöpfung der Frau waren, zerstörte der Mann zugleich natürliche verwandtschaftliche Beziehungen, die in der Prägephase der Kindheit gewachsen und daher von besonderer Tiefe und Dauer waren. Er schuf mit der Ehe ein Konstrukt, das auf einem Gewalt- und Machtverhältnis, und zwar jenem des Mannes über die Frau, beruhte. Die matrizentrischen Stammes- und Sippengesellschaften hingegen bedurften zur Herstellung von Frieden und Ordnung keiner Zwangsmittel, sie waren frei von Rangordnungen, Hierarchien und Klassen. Alle Erwachsenen besaßen das gleiche Mitspracherecht, und im Gegensatz zum Patriarchat wurden die Güter auch nicht nach Leistung, sondern nach Bedürftigkeit verteilt. Daß es außerdem keinen Privat-, sondern nur Gemeinschaftsbesitz der Sippe gab – lediglich persönliche Dinge befanden sich im Besitz des Einzelnen –, wird sich zusätzlich positiv auf das Gemeinschaftsleben ausgewirkt haben. Tatsächlich ist der hohe sittliche Wert dieser Sippengesellschaften, wie er heute noch bei manchen sogenannten „primitiven" Völkern anzutreffen ist, unumstritten. Vielleicht ist es diese ausgewogene, ohne Recht und Gesetz im heutigen Sinn funktionierende Gesellschaftsform der alten Mütter, die jenen immer wieder sehnsuchtsvoll beschworenen Mythos vom verlorenen Paradies, vom verschollenen Garten Eden geschaffen hat. „Aurea prima sata est aetas, quae vindice nullo, sponte sua sine lege fidem rectumque colebat" (Am Anfang war das goldene Zeitalter, in dem ohne Richter und Gesetze aus eigenem Antrieb die Treue und das Recht hochgehalten wurden), dichtete Ovid. Auch der babylonische Held Gilgamesch machte sich auf den Weg, um diese glückliche Welt der „Urunschuld" zu finden. Aber weil sich Babylon bereits im Übergang zum Patriarchat befand, verlor er die Pflanze der ewigen Jugend an eine Schlange, die sich hinfort durch ständige Häutungen immer wieder erneuern konnte.

Während in der Altsteinzeit die Mütter Zentrum und Machtfülle der Sippe verkörperten, entstanden die eigentlichen „Frauenreiche" in der Jungsteinzeit (Carola Meier-Seethaler etwa spricht von einer globalen „matrizentrischen Frühphase der Kultur"[4]). Voraussetzung dafür bildete eine Reihe von wichtigen Erfindungen, die Frauen zu den „Müttern der Zivilisation" machten. Es ist naheliegend, daß aufgrund der Sammlertätigkeit von Früchten und Pflanzen der Ackerbau von Frauen erfunden wurde. Zahlreiche archäologische Funde und Beobachtungen von noch heute existierenden Steinzeitgesellschaften weisen außerdem darauf hin, daß auch die Erfindung von Werkzeugen wie Grabstock, Spaten, Schaufel, die steinerne Sichel und möglicherweise auch die Hacke Frauen zugeschrieben werden kann[5]. Damit wird gleichzeitig die Ansicht widerlegt, daß Frauen keinen technischen Verstand hätten. Angesichts der Tatsache, daß die archaische pflanzenzüchtende Athene als Erfinderin des Pfluges und des Joches für die Ochsen galt, erscheint es außerdem zweifelhaft, daß der Pflug – wie häufig behauptet wird – eine Erfindung des Mannes sei[6].

Ebenso wird angenommen, daß Frauen die Schöpferinnen der Töpferei gewesen sind. In Ägypten ist die Hieroglyphe für Topf identisch mit dem Zeichen für Frau; auch gibt es Mythen, die den weiblichen Ursprung der Töpferei bezeugen. Die ersten Tontöpfe waren mit einer Lehmschicht überzogene Kochkörbe, die an der Sonne getrocknet wurden. Noch vor den Tongefäßen haben Frauen ihre Koch- und Speisegeräte aus Stein, Knochen und Holz angefertigt[7]. Natürlich war die Frau auch für die Textiltechnik verantwortlich, sie fertigte die erste Fell- und Lederbekleidung an, später verarbeitete sie Pflanzenfasern mit verschiedenen Flecht-, Knüpf- und Webtechniken. Sie war die Erfinderin von Spinnrad, Spinnwirtel und Webstuhl, worauf später die gesamte Textilindustrie aufbaute. Alte Mythen bestätigen sie als Schöpferin der Leinen- und Wollstoffe, der Seidenraupenzucht sowie der Seidenherstellung. Frauen waren auch für den primitiven Hausbau zuständig. In Solutré in Mittelfrankreich wurden große Wohngruben mit einer Länge von achtzehn Metern und einer Breite von neun Metern entdeckt, die wahrscheinlich mit Fellen und Reisig überdacht waren[8]. Sie gelten als Urmodelle für die späteren Langhäuser, wie sie heute noch von matrilinearen Sippengesellschaften bewohnt werden. Das Haus wurde schon immer der weiblichen Sphäre zugeordnet. Die Eskimofrau baut bis heute ihr Sommerzelt aus Zweigen, Fellen und Moos, ebenso wie die Buschnegerfrau ihren Windschirm aus verschiedenen Pflanzen selbst herstellt. Schließlich haben jüngste Sprachforschungen, vor allem jene Richard Festers, ergeben, daß auch die Sprache weiblichen Ursprungs ist, und zwar wahrscheinlich als Ergebnis des Austausches von Lallauten zwischen Müttern und Kleinkindern[9]. Frauen prägten und bestimmten also durch ihre Erfindungen und durch ihre Arbeit den ganzen damaligen Gesellschaftsbereich. In umgekehrter Relation zu heute gab es auch viel mehr Frauen- als Männerberufe. Pflanzerinnen, Sammlerinnen, Spinnerinnen, Weberinnen, Kürschnerinnen, Färberinnen und Töpferinnen standen lediglich dem Jäger, Bergarbeiter und später dem Schmied gegenüber. Außerdem gab es damals keine geschlechtsspezifische Arbeitsteilung: Auch Frauen waren geschickte Jägerinnen, gingen allein in ihren Kanus auf Fischfang und trugen schwere Lasten.

Es ist daher nicht weiter verwunderlich, daß ein unter der Beteiligung namhafter Wissenschaftler im amerikanischen Bundesstaat South Carolina vom 7. bis 10. September 1988 einberufener Kongreß dezidiert verkündete: Nicht er, sondern s i e schuf die Grundlagen der Zivilisation[10]. Auch der französische Geograph Élisée Reclus („Les Primitifs") vertritt die Ansicht, daß *die Menschheit der Frau alles [verdankt], was sie menschlich gemacht hat. Sie ist die Schöpferin aller uranfänglichen Elemente der Zivilisation gewesen.*[11] Denn die Mütter *standen an der Wiege des ersten 'Menschen'. Sie waren der Beginn menschlicher Gemeinschaftsbildung, entscheidend für das Überleben der Art. Sie schufen die Sprache und damit die Voraussetzung zu kultureller Entwicklung. Sie erfanden die ersten Werkzeuge und legten damit den Grundstein für jede weitere Technologie. Sie schufen Glauben und 'Kirchen', sie gewährten den Menschen ewiges Leben durch Wiedergeburt.*[12]

Unter diesem Aspekt muß auch die begonnene und schließlich vollzogene Revolution der Männer verstanden werden. Ohne von den Frauen unterdrückt worden zu sein, befanden sie sich trotzdem – wahrscheinlich vor allem auf Grund von biologischen Gegebenheiten – im Hintertreffen, was für ihr Selbstwertgefühl sicher problematisch und schmerzlich war. Der Aufstand der Männer zog sich über viele Jahrtausende, er manifestierte sich in Raub- und Beutezügen, Eroberung matrizentrischer Kulturen, Vergewaltigung von Frauen, Imperialismus und Kolonialismus und der Errichtung zentralistisch geführter Großreiche.

Die Ackerbauvölker der Jungsteinzeit hingegen waren meist friedliebend[13]. Fast alle Siedlungen der alten Welt, die von den Griechen eingenommen wurden, waren unbewaffnet. Wenn eine neolithische Stadt, wie etwa Jericho, Wehrtürme und Wehrmauern besaß, befand sie sich bereits im Übergang zur patriarchalischen Gesellschaftsordnung. Die ersten Schichten von Kisch und Ur in Mesopotamien wiesen noch keine Befestigungsmauern auf, ebenso wie die erste Zerstörung von Uruk im Jahre 3 000 v. Chr. nicht auf Krieg und Eroberung zurückging, sondern auf eine Überschwemmung. Das Desinteresse matrizentrischer Kulturen an kriegerischen Auseinandersetzungen ist auch naheliegend. Wie sollen Frauen, die einen großen Teil ihres Lebens damit beschäftigt sind, ihren Nachwuchs aufzuziehen, als Kriegstreiber fungieren. Warum sollen sie ihre Kinder, die sie nicht nur geboren, sondern auch viele Jahre hindurch versorgt haben, aus eigenem Antrieb in einen möglichen oder wahrscheinlichen Tod schicken? Da scheint der Mann und Jäger, der seinen Pfeil – den wohl er erfunden hatte – bereits in frühester Zeit in Kulthöhlen als Symbol des Sterbens neben die Vulva als Symbol des Lebens ritzte[14], schon viel eher dazu prädestiniert. „Der Krieg ist eine Angelegenheit der Männer, nicht der Menschen!", meint auch die Anthropologin und Ethnologin Margaret Mead, und die Psychologin Carola Meier-Seethaler, die sich ausführlich mit den Ursachen und der Entstehung des Krieges auseinandersetzte, nennt ihn „eine neurotische Fehlentwicklung der männlich-menschlichen Kultur"[15].

Das bedeutet aber nicht, daß Frauen nicht kämpfen konnten. Wenn sie von patriarchalisch organisierten Völkern angegriffen wurden, wenn die Männer ausfielen oder der Nachwuchs zu verteidigen war, kämpften sie ebensogut - manchmal sogar besser – wie der Mann.Oft kämpften sie auch, weil sie in einer patriarchalisch definierten Gesellschaft ihr weibliches Selbstverständnis männlichen Wertvorstellungen untergeordnet hatten. Das lehrt die gesamte Geschichte.

Keine Spuren von Krieg gab es auch in den zwölf, im Zeitraum von etwa 800 Jahren übereinander gebauten Siedlungen von Çatal Hüyük, jener Steinzeitstadt in Anatolien, die die bisher größte Fundstätte des frühen Neolithikums darstellt. Dafür fanden sich in den bienenwabenförmig ineinandergeschachtelten Häusern, deren Alter auf acht- bis neuntausend Jahre geschätzt wird, zahlreiche Plastiken weiblicher Kultfiguren, Göttinnen, die mit ihrer Fettleibigkeit an die Altsteinzeit erinnern, „mit hocherhobenen Armen und Beinen in der Stellung des Gebärens", wie James Mellaart berichtet, der die Ausgrabungen in den sechziger Jahren unseres Jahrhunderts leitete[16].

Außerdem fanden sich Reliefs von Frauenbrüsten, Stierköpfe und Gipsreliefs, die ausschließlich Göttinnen in Gebärhaltung darstellten. Erstaunte einerseits das Alter der Siedlung – bislang war ein derart komplexes Stadtgebilde erst am Ende der Jungsteinzeit für möglich gehalten worden –, war es andererseits klar, daß es sich hier um eine „Frauenstadt" handelte. Denn obwohl Wandmalereien auch von bogenbewehrten Männern bei der Jagd berichten, besteht an der Dominanz der Frau kein Zweifel. Darauf weist auch die Bestattungsform hin: Die Gräber der Frauen waren durchwegs am reichsten ausgestattet. Daß sich die alte Erdgöttin in den Ackerbaukulturen zur allgemeinen Fruchtbarkeitsgöttin entwickelt hatte, zeigen Darstellungen, auf denen die Große Mutter neben Kindern auch Stiere und Widder gebiert. Sie bewahrt damit ihre Bedeutung als Herrin der Tiere und wird zusätzlich zur „Kornmutter", „Tiermutter" und schließlich zur Großen Göttin, die jährlich mit dem Erntedankfest gefeiert wurde. Kernakt des Festes ist die kultische Feier der Paarung mit dem Sohn, also eigentlich ein Akt der Selbstbefruchtung. „Hieros gamos" nannten die Griechen diese „Heilige Hochzeit", die in den frühgeschichtlichen Kulturen der Ägäis als symbolische Paarung zwischen einer Hohepriesterin und einem Hohepriester oder zwischen der Priesterin und den Männern des Volkes stattgefunden hat, um damit den göttlichen Segen auf Mensch, Tier und Pflanze zu beschwören.

„Was da ist, was da sein wird und was gewesen ist, bin ich"

(Die Große Göttin der Alten Welt)

Die alte, chthonische Göttin, Symbol des Lebens und der Wiedergeburt, entwickelte sich aber nicht nur zu einer Göttin der Fruchtbarkeit, sondern auch zur astralen Göttin, die Erde und Himmel umspannte, zur Mond-, Sonnen- und Sternengöttin, der die Menschen Tempel bauten und der Priesterinnen opferten. Sie leitete den Himmel und regierte die Erde, wie es in einem Sargspruch von Hathor, der ägyptischen Himmelsgöttin heißt. Sie bildete als Nout den Himmelsbogen, unter dem der winzigkleine Erdgott Geb auf ihre Umarmung wartete. Sie war die große Lebensspenderin und stand, zusammen mit ihrem Sohn-Geliebten, im Zentrum des religiösen Weltbilds der entstehenden Hochkulturen. Heide Göttner-Abendroth, der wir die gegenwärtig wohl interessantesten Untersuchungen auf diesem Gebiet verdanken, nimmt Bezug auf die drei Mondphasen, wenn sie dieses Weltbild in drei Regionen einteilt: in eine obere des Himmels und der Gestirne, eine mittlere von Land, Meer und Menschen und eine untere der Erde, des Todes und der Wiederkehr[1].

Nach Göttner-Abendroth wird dieser dreigliedrige Kosmos von weiblichen Kräften beherrscht: einer jugendlichen Göttin, verkörpert im astralen, jagenden Mädchen im oberen Bereich, der fruchtbaren Frauengöttin im mittleren Bereich und der Greisin, der Todesgöttin im unteren Bereich. Die Zahl drei spielt – in Bezug zu den Mondphasen – in der Göttinnenmythologie generell eine bedeutende Rolle: Hekate, die uralte Mondgöttin aus Kleinasien und später Beschützerin der Hexen- und Zauberweiber hat drei Gesichter. Die Gorgonen, grauenhafte, geflügelte Ungeheuer, sind nach Hesiod zu dritt aufgetreten. Natürlich waren auch sie ursprünglich Göttinnen und unsterblich – lediglich Medusa wurde vom griechischen Helden Perseus das Haupt abgeschlagen, er wäre sonst von ihrem Blick versteinert worden, und noch in unseren Märchen und Sagen erinnern die drei Jungfrauen, die drei Feen, die drei Nornen und die drei Parzen an diese uralten, mythologischen Zusammenhänge.

Die dreieinige Göttin der alten, matrizentrischen Kulturen, die zu einer einzigen Gottheit verschmilzt, wird regelmäßig vom jugendlichen Heros, dem Sohn-Geliebten begleitet. Dieses „Grundmuster der matriarchalen Mythologie" (Göttner-Abendroth), das in sämtlichen, von der Großen Göttin beherrschten Religionen alter Kulturen herausgefiltert werden kann, bestimmte das sakrale Weltbild dieser Zeit. Immer mußte der jugendliche Geliebte sterben, er wurde von der Mutter-Geliebten begraben und beweint, um anschließend wiedergeboren zu werden, womit er gleichzeitig den Wechsel von fruchtbaren und unfruchtbaren Jahreszeiten verkörperte. Im Kult wurde dieser Zyklus durch die „Heilige Hochzeit" symbolisiert, repräsentiert durch die Hohepriesterin und den Hohepriester oder die sakrale Königin und den sakralen König, in späterer Zeit durch die Tempelpriesterin und die Männer des Volkes.

Die Klage der Großen Göttin um ihren verlorenen und toten Sohn und Geliebten, der entweder von einem bösen Bruder, dem Kriegs- oder dem Todesgott getötet wird, um von ihr regelmäßig erneut zum Leben erweckt zu werden, ist Kernstück aller matrizentrischen Religionen. In Sumer war es die Himmelsgöttin Inanna, die spätere Ishtar, die den göttlichen Hirten Dumuzi (Tammuz) liebte. Nachdem sie im Frühjahr Hochzeit gefeiert hatten, starb Dumuzi und kam in die Unterwelt. Inanna beweinte ihn und stieg hinab zu Ereshkigal, der Göttin der Unterwelt und des Todes, wo sie selbst in einen Leichnam verwandelt wurde. Aber die Götter sandten Lebenswasser und Lebensspeise, worauf die wiedergeborene Inanna, begleitet von Schatten und Gespenstern, wieder in die Oberwelt stieg und Dumuzi aus seiner Höhle und ganz Sumer von seiner Unfruchtbarkeit befreite. Auch Kybele, die große Muttergöttin Kleinasiens, beweinte den Opfertod ihres Lieblings, des jugendlichen Hirtengottes Attis. Dieser – wahnsinnig vor Liebe – opferte ihr unter einer Pinie seine Geschlechtsorgane, verblutete und starb. Die trauernde Kybele hüllte ihn in Wolle und brache ihn in eine Grotte, aus der er im darauffolgenden Jahr wieder auferstand. Der Kybele-Attis-Kult war weit verbreitet, er fand sogar Eingang in den römischen Götterhimmel und soll noch im vierten nachchristlichen Jahrhundert in den römischen Grenzniederlassungen am Rhein gefeiert worden sein[2]. Fast ebenso populär wie der Kybele-Kult war jener der jungfräulichen Artemis, die in Ephesos ihr Heiligtum besaß. Ihr jugendlicher Held ist

Aktaion, der verzauberte Hirsch, den sie mit einem Pfeil getötet hatte, weil er sie nackt beim Baden beobachtete. Häufig wird sie als Jagdgöttin dargestellt, als Herrin der wilden Tiere, ebenso ist sie Mondgöttin, orgiastische Göttin der Liebe und Fruchtbarkeit, Göttin des Todes und der Wiederkehr und Göttin der Amazonen.

Ihren sterblichen Geliebten betrauerte auch Aphrodite, die Schaumgeborene. Als Aphrodite Urania uralte Schöpfergöttin und ursprünglich keinesfalls Objekt lüsterner Männerphantasien, rettete sie ihren Liebling Adonis bereits als Kind, indem sie ihn in der Unterwelt verbarg. Später stürzte sich Ares in Gestalt eines wilden Ebers auf Adonis, spießte ihn vor ihren Augen auf und tötete ihn. Aber da in Griechenland bereits das Vaterrecht herrschte, bedurfte es zur Wiedergeburt der Erlaubnis des Göttervaters Zeus, die er, gerührt über Aphrodites Tränen, dann auch gewährte. Vergessen ist in dieser Version, daß Aphrodite ursprünglich eine parthenogene Göttin war, die sich in eine Taube verwandeln konnte und in dieser Gestalt das Welt-Ei, den Vollmond legte, aus dem, als es zersprang, alle Dinge fielen[3]. Die Taube, bis heute ein Symbol des Friedens und der Weisheit, wurde später vom Christentum als Symbol des Heiligen Geistes übernommen, der jetzt allerdings männlich definiert ist.

Auf Kreta ist es Rhea, die große dreifaltige Göttin, die in der heiligen Dikte-Höhle jedes Jahr ihren Heros Zeus gebar, der damals noch keineswegs zum Göttervater avanciert war, sondern durch seine Mutter vor seinem gefräßigen Vater Kronos gerettet werden mußte. Erst nach erbitterten Kämpfen, in deren Verlauf er nicht nur seinen Vater getötet, sondern auch seine Zwillingsschwester Hera vergewaltigt hatte, schaffte er den Sprung auf den Götterthron. Zuvor jedoch hatte Hera mehrere Gottheiten parthenogen geboren (Ares, Eris, Hebe, Hephaistos), was Zeus nicht glauben wollte, weshalb er sie auf einen Folterstuhl setzte und schwören ließ, daß sie die Wahrheit sagte. Ein andermal hängte er sie gefesselt am höchsten Punkt des Himmels auf, um eine Rebellion der Olympier unter ihrer Führung zu bestrafen. Natürlich zeigt dieser Mythos, in dem bereits männlicher Gewalt- und Machtanspruch die Dinge regelte, nichts anderes als den Kampf um Mutter- bzw. Vaterrecht, den der Mann angestrengt hatte, um sich von weiblicher Dominanz zu befreien. Denn ursprünglich war auch Hera, ebenso wie ihre Mutter Rhea, eine dreifaltige Göttin; sie wurde als prä-hellenische Große Göttin, als junges Mädchen, als Frau und als Witwe in der Mykenischen Kultur verehrt. Als Nymphengöttin feierte sie die Heilige Hochzeit mit dem kretischen Zeus auf dem Idagebirge. Nach seinem Tod verschwand

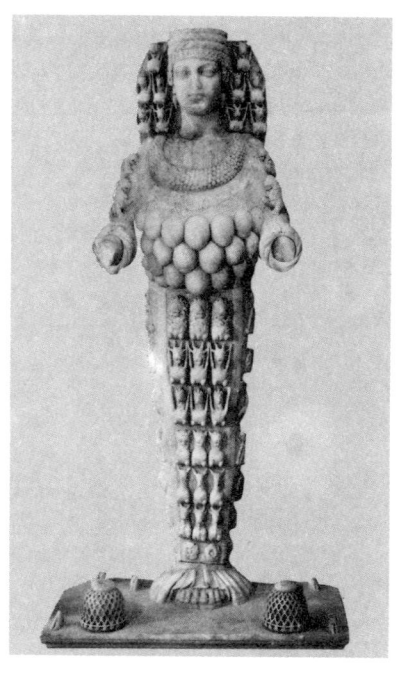

oben links:
Isis mit dem Horusknaben wurde als
Muttergöttin verehrt, und hat als
solche auch die Darstellungen der
christlichen Muttergottes beeinflußt.
Ägyptisch um 1000 v. Chr.

unten:
Kretische Göttin mit Schlangen.

er im Inneren der Idahöhle, wo sie ihn mit ihrer Milch, die unsterblich machte, ernährte, damit er im darauffolgenden Frühling wieder auferstehen konnte[4].

Weil fast alle griechischen Götter in Kreta ihren Ursprung haben, war auch Demeter, der zu Ehren die griechischen Thesmophorien (eines der bedeutendsten Frauenfeste in der griechischen Welt) und die Mysterien in Eleusis gefeiert wurden, eigentlich eine kretische Göttin. Sie betrauerte allerdings nicht den Sohn, sondern eine Tochter: Kore, die von Hades, dem Gott der Unterwelt, entführt worden war. Verzweifelt suchte sie überall und schließlich machte sie die Erde unfruchtbar, um das Verschwinden der Tochter zu rächen. Da bekamen es die Götter mit der Angst zu tun und zwangen Hades, ihre Tochter freizugeben – allerdings nur für neun Monate im Jahr, die übrige Zeit mußte sie zu Hades zurückkehren und wurde dort unter dem Namen Persephone die Königin der Unterwelt.

Eine uralte Himmelsgöttin war die ägyptische Nout oder Neith, die den Sonnengott Re jeden Morgen als ihr Sonnenkalb gebar. Bis Mittag wuchs er zum Stier heran, der seine Mutter begattete, am Abend starb er, um am nächsten Morgen wiedergeboren zu werden. Nout wurde als Ursprung allen Seins verehrt, sie war die große Allmutter, die nicht nur im Himmel wohnte, sondern die selbst der Himmel mit all seinen Gestirnen war. Wie es jener Spruch am Tempel zu Sais so wunderbar ausdrückt:

> *„Was da ist, was da sein wird und was gewesen ist, bin ich.*
> *Meinen Chiton* [Untergewand] *hat keiner aufgedeckt.*
> *Die Frucht, die ich gebar, war die Sonne."*

Es war also ursprünglich keinesfalls so, daß die Sonne das männliche Prinzip, die große Schöpferkraft verkörperte. Vielmehr war Re, der Sonnengott, ein Geschöpf der Nout, und nur über sie hatte er teil an der Ewigkeit. Erst viel später, unter patriarchalischen Verhältnissen, stieg er zum Hauptgott auf.

Natürlich gab es auch kämpferische Göttinnen, wie etwa Anat, eine der bedeutendsten Gestalten der vorderasiatischen Religionen. Um ihren Geliebten Baal zu rächen, schlitzte sie den Todesgott Mot mit ihrer rituellen Sichel auf, schüttelte ihn durch, zog ihm dann noch die Haut ab, drehte ihn durch die Mühle und verteilte schließlich sein Fleisch auf den Feldern. Der symbolhafte, allgemeiner Fruchtbarkeit dienende Charakter dieses rituellen Mordes ist nicht zu übersehen. Denn Anat, Göttin des Regens und der Fruchtbarkeit, behandelt den Todesgott (der natürlich unsterblich ist) wie das reife Getreide: Das Aufschlitzen steht in Analogie zum Mähen, das Durchschütteln zum Dreschen; wenn ihm die Haut abgezogen wird, ist damit die Absonderung der Spreu gemeint und mit dem Drehen durch eine Mühle das Mahlen. Schließlich verteilt sie sein Fleisch über die Felder, und das bedeutet, sie sät[5]. Doch ist in diesem Grundmuster des geopferten Gottes immer auch ein Neubeginn enthalten: er bleibt damit eingebunden in den ewigen Kreislauf von Leben und Tod. Anat als rachedurstige Kriegsgöttin, die wollüstig im Blut ihrer Gegner watet, wie sie vor allem in späteren Texten beschrieben wird, entstammt bereits patriarchalischer Interpretation[6].

Auch Hathor, Tochter von Nout und Re, ebenfalls Himmelsgöttin, die den falkenköpfigen Sonnengott Horus gebar und als Mutter und Beschützerin aller Pharaonen galt, wird als kampfestüchtig geschildert. Sie war nicht nur die große Liebende, die Geborgenheit und Wiedergeburt versprach, sondern auch die furchterregende Löwengöttin Hathor Sachmet und die Totengöttin der Unterwelt. Später wird sie dann zur Gehilfin und Dienerin des allmächtigen Sonnengottes Re, in dessen Auftrag sie die Menschen mordet.

Eine der bekanntesten Göttinnen jedoch ist sicherlich Isis, die zeitweise mit Hathor verschmolz und mit dieser verwechselt wird. Zusammen mit ihrem Brudergatten Osiris sorgte sie für die immer wiederkehrende Fruchtbarkeit der Felder, weshalb sie oft mit einem grünen Kleid dargestellt wird, während Osiris eine grüne Hautfarbe besitzt. Auch er starb alljährlich, getötet vom ränkeschmiedenden Seth, der ihn schließlich noch in viele Teile zerriß und über das Land verstreute, worauf Isis ihn mühevoll zusammensuchen und zu neuem Leben erwecken mußte. Horus, ihr Sohn, der eigentlich Mondgott war, verschmolz mit jenem der Hathor, dem Sonnengott, und geleitete die Toten zum Auferstehungsgott Osiris, der zugleich als Gott der Unterwelt verherrlicht wurde. Der Isis-Kult erwies sich als ungeheuer langlebig, er verbreitete sich, aus Ägypten kommend, im ganzen Mittelmeerraum bis nach Rom. Sogar noch um 200 n. Chr. genoß Isis am Rhein kultische Verehrung[7]. Vor allem Frauen fühlten sich von dieser populären Religion angezogen, was Plutarch zu der Bemerkung veranlaßte, sie sollten gefälligst ihre eigenen Götter anbeten und nicht die importierten, deren matrizentrischer Charakter ihm offenbar mißfiel. Doch waren solche und ähnliche Attacken nicht besonders erfolgreich. Zusammen mit dem Knaben Horus auf ihrem Schoß wurde Isis als Muttergöttin verehrt, als Göttin der großen, allumfassenden Liebe, von deren Mythos schließlich sehr viel in die Muttergottes des Christentums eingeflossen ist. In dieser Zeit hatte Isis aber schon einiges von ihrer alten, umfassenden Machtfülle verloren, war sie bereits auf Mutterschaft reduziert, während ihr Gatte Osiris zum Gott der Wiederauferstehung nicht nur des Pharao, sondern aller Menschen aufstieg.

Es ist interessant und aufschlußreich, das Fortleben dieser alten Mythen bis in unsere heutige Zeit zu verfolgen. Im Christentum wurde ja nicht nur der uralte Auferstehungsglaube wiedergeboren, es hat auch sehr viele andere Elemente matrizentrischer Religionen übernommen: das Brot- und Weinopfer aus dem Demeterkult, die langen Frauengewänder der Priester, deren Höchstrangige auf dem Kopf die Mitra tragen, die Krone aller Muttergöttinnen, besonders der Kybele. Auch das goldene Glöckchen, mit dem die heilige Wandlung eingeläutet wird, verwendeten bereits Kybele-Priester. Ebenso wurde mit der Trinität von Vater, Sohn und Heiliger Geist die matriarchale Triade imitiert[8]. Die Umwandlung alter Mythen in den Dienst des jeweils herrschenden Prinzips ist ja ein bekanntes Phänomen. So wurden die kleinasiatischen und kretischen Göttinnen und Götter vom griechisch-römischen Kulturkreis ebenso übernommen wie später das Christentum sehr viel aus diesem antiken Konglomerat für seine Kultfeiern übernahm. Mehr noch wurde jedoch verteufelt, in das Reich des Bösen, der Dämonen, der Götzen verwiesen, wobei insbesondere das einst mächtige, universale und fruchtbare Weibliche dieses Schicksal erlitt. Bereits im antiken Götterhimmel zur Dienerin reduziert, zur Gehilfin, ränkesüchtigen oder vergewaltigten Gattin herabgewürdigt, wollte es das asketische, am patriarchalischen Judentum geschulte und in der Tradition der strengen Jahwe-Religion stehende Christentum ganz ausschalten. Denn wenn auch das Alte Testament seinen, allerdings bereits verstümmelten, pervertierten und verzerrten Mutterboden nicht verleugnen kann – wie Gerda Weiler in einer eindringlichen und interessanten Studie dargelegt hat[9] – stellt es insgesamt betrachtet den bemerkenswerten und unser gesamtes abendländisches Bewußtsein prägenden Versuch dar, altes, matrizentrisches Gedankengut auf geradezu brutale Art und Weise auszurotten. Die alten Göttinnen und ihre Weisheiten werden nicht nur verdammt und verteufelt, sondern es wird auch zum Mord an jenen Frauen aufgerufen, die sich den frauenfeindlichen Forderungen des einen und einzigen Gottes nicht fügen wollten.

Ein schönes Beispiel, wie ursprüngliche Göttinnen zu Unholdinnen verkehrt wurden, bietet die sagenhafte Lilith, die als verführerisch-verderbtes Weib durch das christliche Kulturerbe geistert. Wahrscheinlich war Lilith einst eine große Göttin aus Sumer, jenem uralten Kulturland beiderseits des Euphrat, die das Schicksal so vieler Göttinnen erlitt: Sie wurde zur Hexe. Der Prophet Jesaja etwa reiht sie in seiner wortgewaltigen Polemik unter die Feinde des Königreiches Juda ein:

> *„Da werden Edoms Bäche zu Pech werden*
> *und seine Erde zu Schwefel,*
> *ja, sein Land wird zu brennendem Pech werden,*
> *das weder Tag noch Nacht verlöschen wird...*
> *und es wird für und für wüst sein...*
> *Dort wird auch Lilith eine Herberge finden*
> *und eine Ruhestätte für sich."*

(Jesaja 34, 9-14)

Auch im Talmud erscheint Lilith als ein weiblicher Unhold mit Flügeln, langen Haaren und nymphomanischer Veranlagung[10]. Um 200 v. Chr., als das Alphabet des Ben Sira entstand, tauchte sie erneut, diesmal jedoch als „erste Frau Adams" auf. Doch war sie als solche unbotmäßig, das heißt sie wollte sich diesem nicht unterordnen. „Sie sagte: Ich will nicht unter dir liegen. Er sagte: Ich will nicht unter dir liegen, sondern über dir. Sie antwortete: Wir sind beide gleich, weil wir beide aus der Erde stammen."[11] Schließlich, da sie sich nicht einigen konnten, flog Lilith auf und davon, gefolgt von den drei Engeln, die der „Herr der Welt" ausgesandt hatte, um seine Strafe zu verkünden: Sollte sie nicht zu Adam zurückkehren, müßte sie es auf sich nehmen, daß „jeden Tag hundert Kinder von dir sterben." Es ist naheliegend anzunehmen, daß damit vor allem die Geburtshelferin in der Großen Göttin unschädlich gemacht werden sollte, wobei sie bemerkenswerterweise nicht aus eigener Entscheidung zur Kinderverderberin wurde, sondern der patriarchale Gott sie dazu verurteilte. Lilith jedoch weigerte sich zurückzukehren und milderte schließlich das über sie verhängte Urteil: „Wenn ich eure Namen auf einem Amulett geschrieben sehe, werde ich das Neugeborene nicht schädigen... Und die Namen der Engel sind Sanvai, Sansanvai und Semangloph."[12] Noch einmal begegnet uns Lilith im sogenannten „Testament Salomos", das zwischen dem dritten und vierten nachchristlichen Jahrhundert entstand. Sie wird hinter dem dämonischen Weib mit dem gelösten Haar vermutet, das König Salomo zugleich faszinierte und ängstigte. Die Angst vor der im sexualfeindlichen patriarchalischen Mythos ver-führerisch gewordenen Lilith spiegelt sich auch in dem Hauptwerk der Kabbala, dem Sohar, das aus dem 14. Jahrhundert stammt. Hier wird Lilith als „buhlerische" Frau geschildert, mit Haaren „die rot sind wie die Rose, ihre Wangen sind weiß und rot, und von ihren Ohren hängen Ketten aus Ägypten, und von ihrem Nacken hängen alle Schmuckstücke aus dem Osten. Ihr Mund ist klein wie eine enge Tür, anmutig in seinem Schmuck, ihre Zunge ist scharf wie ein Schwert, ihre Worte sanft wie Öl, ihre Lippen sind rot wie eine Rose, süß von aller Süße der Welt. Sie ist purpurrot gekleidet, geschmückt mit dem Schmuck der ganzen Welt..."[13] Kaum ein Text verrät deutlicher die Faszination, Sehnsucht und Angst des patriarchalischen Mannes, für den Sexualität ein Tabu und die Schönheit einer Frau gefährlich ist. Zu des „Teufels Hure" (Luther) wurde auch Eva, sagenumwobene Muttergöttin und Stammutter der Juden. Daß im Grunde sie es war, die sich als die wesentlich aktivere, wissensdurstigere und neugierigere erwies, indem sie als erste vom Baum der Erkenntnis aß, während Adam als der passivere Teil erscheint, ist einer jener versteckten Hinweise im patriarchalen Mythos, die entsprechende Rückschlüsse zulassen.

Trotz massiver Bemühungen, die alten Göttinnen zu verteufeln und das weibliche Element aus dem religiösen Themenkreis auszuschließen, ist die völlige Eliminierung nicht gelungen. Um einem Grundbedürfnis zu entsprechen und das Christentum zu einer Volksreligion zu machen, mußte schließlich Maria, die von ihrem Sohn Jesus gar nicht so sehr geschätze Mutter, zur Gottesmutter stilisiert und dem christlichen Weltbild eingegliedert werden. Wie sehr die alte Göttin Isis dabei Pate stand, wird an der Tatsache deutlich, daß die ersten Darstellungen von Isis und dem Horusknaben, die Ende des 18. und Anfang des 19. Jahrhunderts ausgegraben wurden, für frühe Abbildungen Marias mit dem Jesuskind gehalten wurden. Maria, auf dem Konzil zu Ephesos 431 n. Chr. zur „theotokos", „Gottesgebärerin" erhoben, ist allerdings keine Göttin mehr, sondern demütige entsexualisierte Magd des Herrn, ein Gefäß, aber nicht im Sinne früherer Fülle, sondern eigenen Inhalts beraubt und nur noch bereit, den Geist eines – männlichen – Gottes in sich aufzunehmen.

Wie Göttner-Abendroth ausführlich untersucht und belegt hat, haben sich die versunkenen Mythen von der Großen Göttin und ihrem Heros nicht nur in patriarchalischen Religionen, sondern auch in den Märchen und der mittelalterlichen Epik erhalten. Das Märchen vom Froschkönig beispielsweise versinnbildlicht nichts anderes als die „Heilige Hochzeit" des Heros mit der Großen Göttin, wobei ersterer durch den Frosch, die alte Urweltschlange und phallisches Symbol der Großen Göttin und letztere durch die schöne Prinzessin verkörpert wird, die mit der goldenen Kugel spielt, die eigentlich ein goldener Apfel und damit uraltes Symbol für Liebe, Tod und Wiedergeburt ist. Auch bei Schneewittchen spielt der Apfel eine bedeutende Rolle; sein Genuß führt in die Unterwelt des Schlafes bzw. des Todes, aus dem (ebenso wie bei Dornröschen) nur ein Prinz erlösen kann. Was allerdings bereits eine männliche Variante darstellt, denn ursprünglich war es genau umgekehrt: Da hat sie ihn erlöst. Pervertiert wurde auch die Hexe in Hänsel und Gretel, bei der nur noch die enormen Kuchenberge und der Goldschatz, mit dem Hänsel und Gretel zurückkehren, auf eine ursprünglich positive Rolle verweisen, die bei Frau Holle, die möglicherweise auf die alte germanische Unterweltsgöttin „Hel" oder „Hella" zurückgeht, noch deutlich sichtbar ist. Sie wohnt auch nicht nur in der Unterwelt, wo sie mit herrlich blühenden Wiesen, Apfelbäumen und Brotsegen für Fruchtbarkeit sorgt, sondern ebenso im Himmel, von dem aus sie das Wetter bestimmt. Natürlich beschenkt sie als universale Göttin das gute Mädchen, das durch den Brunnen in ihr Reich gelangt, nicht nur mit herrlichen Schätzen, sondern lehrt es auch die Kunst des Ackerbaus (Brot), der Pflanzenzucht (Apfelbaum) und der Tierzucht (Kuh)[14]. Die mittelalterliche Epik hingegen bewahrt matrizentrisches Gedankengut beispielsweise in der Artus- und der Tristansage, oder, sehr deutlich, im Nibelungenlied.

Daß dieses reiche matrizentrische Kulturerbe, das viele Tausende von Jahren das Weltbild des Menschen geprägt hatte, so völlig aus unserem geschichtlichen Bewußtsein verschwunden ist und sich nur noch rudimentär in alten Märchen und Mythen nachweisen läßt, beweist vor allem eines: Es wurde von der männlich-patriarchalischen Geschichtsschreibung bewußt und radikal verdrängt, weil es dem eigenen Herrschaftsanspruch im Wege stand. Darum werden die Anfänge der Geschichte nach wie vor in die Zeit der Erfindung der Schrift gelegt, obwohl zahlreiche archäologische Funde inzwischen beweisen, daß die Historie des Menschen nicht erst mit seiner Schrift beginnt. Der tatsächliche Anfang patriarchalischer Geschichtsschreibung liegt aber in der Antike, in einer Zeit also, in der die Machtübernahme durch den Mann vollzogen und die Frau in seinen Besitz übergegangen war, womit auch die Geburtsstunde des Patriarchats als leuchtendes Fanal in unser Bewußtsein eingehen konnte, als Beginn der Menschwerdung sozusagen, in dem die dumpfen, niederen und primitiven Instinkte vergangener Mutterkulturen durch den hellen, lichten und strahlenden männlichen Geist veredelt und letztlich besiegt wurden – eine Ansicht, die noch Bachofen als „Entdecker" des Mutterrechts vertrat. *„Das Mutterrecht verbleibt dem Tiere, die menschlichere Familie geht zum Vaterrecht über"*, meint er im Abschnitt über das mutterrechtliche Lykien. Und weiter heißt es da: *„Zugleich wird die Sterblichkeit auf den Stoff beschränkt, der in den Mutterschoß, aus welchem er stammt, zurückkehrt, während der Geist, durch das Feuer von dieses Stoffes Schlacken gereinigt, zu den Lichthöhen, in denen Unsterblichkeit und Unstofflichkeit wohnt, sich emporschwingt."*[15] Daß diese matrizentrischen Gesellschaften keineswegs in jenem chthonischen Urchaos lebten, wie lange Zeit angenommen wurde, sondern daß hier Kulturen mit einem differenzierten religiösen Weltbild, humanen Gesellschaftsformen, großartigen technischen Erfindungen und hohen künstlerischen Leistungen bestanden, hat die feministische Geschichtsschreibung erst in diesem Jahrhundert einem breiteren Publikum vermitteln können.

Die Amazonen

Sagenumwobene „Frauenreiche" soll es auch am Flusse Thermodon im Nordosten Kleinasiens gegeben haben. Doch waren diese anderer Art! Kriegerische Töchterreiche, grausam und lange Zeit unbesiegbar, wurden sie selbst von den Mütterreichen abgelehnt. Die Griechen hingegen haben sie auf sonderbare Art und Weise fasziniert. Kaum ein Thema hat die griechische Phantasie derart beschäftigt wie jenes der Amazonen. Bildhauer und Maler, Dichter und Schriftsteller haben sich seiner angenommen, es wurde in Stein gemeißelt, als Statue, als Relief; Phidias schmückte damit den Schild der Athena Parthenos und den Thron des olympischen Zeus. Amazonen zierten die Wände der Stoa Poikile, der Stadthalle von Athen, Pindar verewigte sie in seinen Oden und Aischylos und Euripides in ihren Tragödien. Das äußere Erscheinungsbild dieser sagenhaften Kämpferinnen war dabei je nach Epoche einem ständigen Wandel unterworfen: in frühen Darstellungen zeigen sie sich in skythischer Tracht mit langen, engen Beinkleidern, Joppe, hohen Russenstiefeln und einer phrygischen Mütze auf dem Kopf. Später trugen sie ein längeres Pelzgewand, auf der linken Schulter geknüpft, während die rechte Schulter frei blieb, die Haare fielen lockig, oft waren sie auch im Nacken geknotet. Noch später – der Sieg über aufmüpfige Frauenreiche war inzwischen zur Gänze errungen – mußten sie regelmäßig sterben: im kurzen, geschürzten Chiton und in Sandalen, hingestreckt durch des griechischen Helden Hand. Irgendwann erscheinen sie auch mit beinahe barockem Aufwand in einem pompösen makedonischen Panzer, Kothurnen, Straußenfederbüschen über dem Helm und einer Purpurbinde zwischen die nackten Schenkel gezogen. Immer jedoch mit der Doppelaxt, Symbol der Großen Göttin, einem meist winzigen Bogen, Pfeilen und später der von den Griechen abgeschauten Lanze.

Die Amazonen, jene „herrliche Alptraum-Myhte" (Lore Toman), wurden zur ständigen Herausforderung für den griechischen Mann, der er sich unter allen Umständen stellen mußte. Hatten doch die Griechen nicht nur bei ihrer Einwanderung in den Mittelmeerraum matrizentrische Kulturen vorgefunden. Auch später, als sich patriarchalische Anschauungen im alten Hellas bereits durchgesetzt hatten und die große Muttergöttin vom Gottvater Zeus abgelöst worden war, fanden sie sich umgeben von Völkern, die altes Mutterrecht[1] zumindest in Teilaspekten bewahrt hatten, was die Griechen als äußerst beunruhigend empfanden. Frauen waren als selbstbewußte Persönlichkeiten also noch durchaus präsent, ihre Unterdrückung in Griechenland noch relativ jungen Datums, die Gefahr eines Aufstandes offenbar noch vorstellbar. Wobei die historisch gesicherte Tatsache, daß es damals im Mittelmeerraum kämpfende, berittene Frauen gegeben hat, zusätzlich bedrohlich wirken mußte.

Aber hat es die Amazonen gegeben? Gab es jene „fabelhaften Jungfrauenvölker, die Rossedämoninnen, hereinjagend vom Rande der Welt"[2], jene „Männertöterinnen", die nur ihre weiblichen Nachkommen aufzogen und im Kriegshandwerk unterrichteten, die Knaben jedoch entweder an ihre Erzeuger zurückschickten, verkrüppelten, um sie als Sklaven zu mißbrauchen oder gleich töteten? Gab es diese grausamen Frauenreiche aus dem barbarischen Skythenland irgendwo im Norden des eurasischen Steppengebietes sowie im nordafrikanischen Libyen, oder handelte es sich dabei um ein reines Phantasieprodukt, geboren aus dem schlechten Gewissen des griechischen Mannes und in immerwährende, neue Verherrlichungen gebannt, so wie Dämonen, deren Rache man fürchtet?

Daß es sich dabei keinesfalls nur um reine Hirngespinste neurotischer Griechen handelt, hat die Archäologie bewiesen: Schon Ende des vorigen Jahrhunderts fanden sich in der Ukraine bei Grabungen des russischen Grafen A. Bobrinskoj die ersten Gräber von Frauen mit Waffenbeigaben. 1928 wurde dann in Zemo-Avchale bei Tiflis zum ersten Mal die Grabstätte einer skythisch-sarmatischen Kriegerin in voller Rüstung und mit all ihren Waffen entdeckt[3]. Zahlreiche weitere derartige Funde folgten. Sie konzentrierten sich bisher auf Südostrußland, von der Ukraine bis zum Ural und nach Transkaukasien, stammen vorwiegend aus dem 4. bis 6. vorchristlichen Jahrhundert und lassen sich vor allem den bereits bei Herodot erwähnten Skythen in der heutigen Ukraine und den Sarmaten im unteren Wolgagebiet zuordnen. (Was den Bericht Herodots bestätigen könnte, wonach sich die Amazonen den Skythen unterworfen hätten und aus dieser Verbindung die Sarmaten hervorgegangen wären.) Die Frauen wurden allerdings nicht nur mit ihren Waffen – Lanzen, Wurfspießen, Bögen, manchmal auch einem Schwert (nie jedoch mit der berühmten Streitaxt) –, sondern auch mit Kosmetikartikeln,

Schmuck, Haushaltsinventar und Neugeborenen bestattet. Was den Gedanken nahelegt, daß es sich hier keinesfalls um wilde „Mannweiber" handelte, sondern um ganz normale Frauen, für die Beteiligung am Kampf eben zum Alltag gehörte. Darauf weisen auch Verletzungen hin, die an den Toten nachgewiesen werden konnten. Wahrscheinlich wurden diese Frauen von Jugend auf so wie die Männer im Waffengebrauch trainiert – nur unter diesen Voraussetzungen wäre ja der bewaffnete Kampf sinnvoll gewesen.

Daß Kriegerinnen keine Ausnahmeerscheinung, sondern vielmehr die Regel gewesen sind, bestätigen vor allem die Ausgrabungen in der Ukraine Mitte der achtziger Jahre, wo in einem um ein Königsgrab gruppierten Gräberfeld von etwa 80 Hügeln ungefähr jedes zweite Grab eine bewaffnete Frau barg[4]. Es kann auf Grund dieser Funde also vermutet werden, daß es sich bei den Amazonen möglicherweise um einen matrizentrisch organisierten Stamm gehandelt hat, bei dem auch die Frauen in den Krieg gezogen sind, um sich gegen eine patriarchalische Übermacht zu verteidigen. Für die Annahme, daß es derartige „Amazonenstämme" tatsächlich gegeben hat, spricht auch die Entdeckung des Völkerkundlers Essad Bey, der gegen Ende des letzten Jahrhunderts im Gebiet zwischen Schwarzem Meer und Kaukasus zwei bisher unbekannte Stämme entdeckt hat, das „Volk der Jungfrauen" und das „Volk der blauäugigen Osseten"[5], in deren Brauchtum und Lebensweise er zahlreiche Übereinstimmungen mit den von antiken Autoren beschriebenen Skythen und Amazonen feststellte. Die Tatsache, daß sich Frauen am Kampfgeschehen beteiligten, läßt allerdings bereits auf einen Verfall alten Mutterrechts, das ja völlig anders organisiert war, schließen. Auf den mutterrechtlichen Ursprung der Amazonenstämme weisen jedoch verschiedene griechische Berichte hin, so etwa die Feststellung, die Amazonen hätten sich ausschließlich mit Männern eines fremden Stammes gepaart. Sehr viel scheint hier allerding auch Produkt einer übersteigerten Phantasie zu sein, Diskriminierung des Feindes, der in diesem Fall – und das wog doppelt schwer – eine Frau gewesen ist. Daß etwa Amazonen, die als Töchter des Ares bezeichnet wurden, ihre Waffen und Schilde im Blut der von ihnen gleich nach der Geburt erschlagenen Söhne härteten, klingt bereits sehr nach unverarbeiteten Männerängsten und der Mythos, daß sie mit der für die Söhne bestimmten Milch dämonische Fabelwesen, halb Mensch, halb Pferd genährt haben, die dann aus „Freundschaft und Zärtlichkeit gegen ihre Ammen"[6] diese verteidigten und somit für die Unbesiegbarkeit der Amazonen verantwortlich seien, beweist lediglich die

Unfähigkeit der patriarchalischen Griechen, Frauen eine eigene Tapferkeit zuzuerkennen. Bekanntlich sollen sich die Amazonen ja auch die recht Brust (Signum der Weiblichkeit) herausgeschnitten oder gebrannt haben, um sich damit das Speerwerfen und Bogenschießen zu erleichtern. Sogar der griechische Arzt Hippokrates, der als Begründer der wissenschaftlichen Medizin gefeiert wird, weiß diesen Vorgang genau zu beschreiben: eine Metallform, angepaßt der Größe der Brust, wird erhitzt und anschließend auf diese gepreßt. „Dadurch", so Hippokrates, „wird das Wachstum verhindert, und die ganze Fülle und Stärke der Brust geht über in die rechte Schulter und den rechten Arm."[7] Aus diesem Grund wird der Name „Amazonen" ja auch von „a-mazos" (brustlos) hergeleitet, aber auch über eine Herkunft von „amazosas" (die dem Mann Abgeneigten), „a-maza" (die ohne Gerstenbrot leben) und „Am-Azzi" (Mutter des Azzi-Landes, das um 1200 v. Chr. im Norden des Hethiterreiches lag) wird gestritten[8].

Amazonen hat es nach antiker Überlieferung allerdings nicht nur im „Skythenland" am Flusse Thermodon gegeben, vielmehr soll sich ihr Reich auf dem Höhepunkt ihrer Macht von Kleinasien bis Ägypten und von dort entlang der afrikanischen Küste bis hinter die Säulen des Herkules erstreckt haben. Über Amazonen in Libyen, dem damals bekannten Afrika, berichtet Diodor von Sizilien. Weil diesem griechischen Schriftsteller aus dem ersten vorchristlichen Jahrhundert jedoch im allgemeinen die notwendige Seriosität abgesprochen wird, auch bislang keinerlei diesbezügliche archäologische Hinweise vorliegen, werden derartige „Beweise" meist in das Reich das Fabel verwiesen. Möglich ist es trotzdem, daß auch hier „Frauenreiche" Kriegerinnen aufstellten, findet doch auch Herodot im fünften vorchristlichen Jahrhundert ein Volk vor, dessen Jungfrauen jährlich Kriegsspiele zu Ehren der großen jungfräulichen Göttin veranstalten. Auch Strabo berichtet sechshundert Jahre später zwar nicht mehr von Kriegerinnen, dafür aber von selbstbewußten Frauen, die ihre Männer „berherrschten"[9]. Historisch belegt ist auf jeden Fall, daß auf den Kanarischen Inseln an der Westküste Afrikas noch in der Zeit der spanischen Eroberungen Frauen aktiv gegen die Konquistadoren kämpften[10]. Sei es, wie es sei: Vor den Amazonen, ob es sie nun in dieser, in anderer Gestalt oder aber gar nicht gab, hatten die Griechen gewaltigen Respekt. Darum mußten sie im Mythos ja auch ständig besiegt und ausgerottet werden, manchmal gleich mehrmals hintereinander. Himerios liefert die eigentliche Erklärung dazu: Andere Gegner, wie etwa die Perser, so meint er, seien von Athen nur

Amazone, an der Brust verwundet. Mit solchen und ähnlichen Darstellungen feierte der griechische Männerstaat seinen Sieg über aufmüpfige Frauenreiche. (Wiederholung einer Bronzestatue aus dem 5. Jh. v. Chr.)

aus dem Lande vertrieben worden, „die Amazonen aber aus der menschlichen Natur"[11], darum wurde auch kein Sieg – nicht einmal jener über die Perser – so verherrlicht und gefeiert wie die Überwindung dieser kriegerischen Frauen, weil damit für den patriarchalischen Athener zugleich ein widernatürliches Phänomen besiegt worden war, das die vaterrechtliche Ordnung gefährdete. Die großen Frauentöter hießen Herakles, Theseus und Achill, die zugleich die großen Helden der griechischen Geschichte waren. Herakles, der erklärte Frauenfeind, tötete nicht nur die Amazonen bis zur völligen Ausrottung, sondern auch seine erste Frau Megara und außerdem seine Kinder. Daneben ist er ein exemplarischer Vernichter von Attributen weiblicher Gottheiten: des Nemäischen Löwen der Hera, der weißen Hindin der Artemis, chthonischer Schlangen, der Hydra, der stymphalischen Ungeheuer und der Stuten des Diomedes. Nach Plutarch gab es in Phokis sogar ein Heiligtum des Herakles als Frauenhasser[12]. „Er, der sich vorgenommen hatte, der Menschheit ein Wohltäter zu sein, werde es nicht zulassen, daß bei einigen Völkern die Weiberherrschaft von Bestand sei", meint Diodor unmißverständlich[13]. Von diesem Motto geleitet zog Herakles aus, um den Gürtel der Amazonenkönigin Hippolite im Land Thymiskyra in der Gegend des Schwarzen Meeres zu rauben, der als Zeichen ihrer Herrscherwürde, gleichzeitig aber auch als Jungfrauensymbol im Sinne des Sich-selbst-Gehörens galt. Obwohl von ihr freundlich aufgenommen, tötete er die Königin und die Besten ihres Heeres, was schließlich die Vernichtung des gesamten Amazonenvolkes zur Folge hatte. Um die Angelegenheit gleich gründlich zu bereinigen, hat er dann auch noch die nordafrikanischen Amazonen samt und sonders umgebracht. Sein Frauenhaß war vermutlich entstanden, als er als Küchensklave der lydischen Königin Omphale (=Nabel, als „Nabel der Welt" von deutlich mutterrechtlichem Charakter) arbeiten mußte. Doch war er an diesem Schicksal einzig und allein selber schuld, wurde er doch durch das delphische Orakel dazu verurteilt, weil er den vertrauensseligen Iphitos, den ältesten Sohn des Königs von Oichalia, in einem seiner unbeherrschten Wutanfälle von den Mauern der Stadt Tirnys gestürzt hatte.

Aber auch Theseus, König von Theben, der es Herakles generell in allem gleichtun wollte, rühmte sich der Vernichtung der Amazonen. Zuerst jedoch hatte er die Amazonenkönigin Antiope geraubt, um sie im heimatlichen Athen zur gefügigen Gattin zu zähmen, was ihm unter den Athenern nicht geringe Achtung einbrachte. Es gelang ihm sogar, sie so sehr für sich einzunehmen, daß sie schließlich an seiner Sei-

44

te gegen das unter dem Oberbefehl der Amazonenkönigin Orithya stehende Heer kämpfte, das zum Zwecke ihrer Befreiung bis vor die Tore Athens vorgedrungen war. Natürlich wurde sie von der Heerführerin Molpadia für diesen Verrat mit einem Speerwurf getötet. Nachdem der eigentliche Anlaß des Krieges auf diese Art und Weise beseitigt war, zog das gefoppte und stark dezimierte Amazonenheer wieder von dannen, worauf Theseus sich sogleich eine mächtige Siegeshalle errichten ließ, daneben aber auch mit Weihebezirken, Tempeln und Säulen der Amazonen gedachte. Diese „Vergottung" der Besiegten hatte vor allem einen Zweck: den Sieg der Griechen umso glänzender erscheinen zu lassen und der griechischen Frau ein Exempel zu statuieren. So, hieß die eigentliche Botschaft, muß widernatürliches Weibertum gebändigt und bestraft werden.

Während jedoch der griechische Rhetoriker Isokrates die Amazonen wegen der vor Athen erlittenen „Niederlage" gleich aussterben läßt, weiß die trojanische Sage anderes zu berichten. Denn hier eilte Penthesilea, die Nachfolgerin Orithyas, dem belagerten Troja zu Hilfe, obwohl dessen König Priamos in jungen Jahren gegen die Amazonen in den Krieg gezogen war. Doch scheint ihr Haß gegen die Griechen alles andere überwogen zu haben. Wohl aus diesem Grund auch hatte sich Penthesilea vorgenommen, den Erzfeind Achill, der zuvor den trojanischen Helden Hektor getötet hatte, im Kampf zu besiegen, was ihr von der Witwe Hektors sogleich als Größenwahn ausgelegt wurde: „Arme, wie redest du so, in vermessenem Stolze dich brüstend?"[14] Was der Edelste der Trojaner nicht geschafft hatte, durfte einer Frau nicht zugestanden werden. So ist auch Penthesileas Schicksal vorgezeichnet: Während sie zuvor unter den Griechen wütet „wie eine Löwin nur nach dem Blute sich sehnend"[15], zersplittert ihr Speer an dem von Hephaistos geschmiedeten Schild des Achill, und „voll bitteren Hohnes bedeutet sie der Pelide: 'Frau, dich übermannte Wahnsinn, daß du verwegenen Mutes uns Tod und Verderben gebracht hast'. Sprach's und stieß ihr darauf, nicht säumend, die menschenvertilgende Lanze rechts in die Brust."[16] Während Penthesilea noch überlegt, ob sie mit dem Schwert weiterkämpfen, ihm ein Lösegeld anbieten oder ihn gar umstimmen solle „mit den Reizen der Jungfrau"[17], hatte sie Achilles bereits mit einem zweiten, tödlichen Schlag niedergestreckt. Und jetzt durfte der so erfolgreiche Held auch Gefühle zeigen. Nachdem er ihr den Helm vom Kopf genommen hatte, ist er überwältigt von soviel Schönheit und Liebreiz, worüber er sogar den geliebten Patroklus vergißt, leidet und sich mit Selbstvorwürfen quält viele Tage lang.

Die traumatische Unfähigkeit des Griechen, Frauen als gleichberechtigte Wesen anzuerkennen, von der Borneman spricht, diese Mischung aus sexueller Abhängigkeit, menschlicher Verachtung und schweren Schuldgefühlen, die sein Verhältnis zu Frauen prägte, mag hier ihren Ursprung haben. Vergewaltigung und Mord an Frauen ist Alltag in Hellas und fand in der griechischen Mythologie lediglich ein Spiegelbild. Denn nirgendwo hat sich der Übergang vom Mutter- zum Vaterrecht so hart, so erbarmungslos und so brutal abgespielt wie im ägäischen Raum.

Für den Römer galt dieser Kampf bereits als abgeschlossen, er erschien ihm nicht mehr als Problem. Deshalb konnte auch Commodus, nachdem er seinem Vater Marc Aurel als römischer Kaiser nachgefolgt war, mit diesen Worten ausgezeichnet werden: „Du bist der erste unter den Fürsten, überall ist das Glück deinen Waffen hold, dein Ruhm kommt dem der Amazonen gleich."[18] Eine Ehrung, die in dieser Form in Athen nicht möglich gewesen wäre.

„Frauenreiche"

Den frühen, matrizentrischen Hochkulturen, wie sie sich in der Jungsteinzeit herausgebildet hatten, begegnen wir vor allem in Vorderasien und im Mittelmeerraum: in Anatolien, Syrien und Mesopotamien, auf Kreta, im vorklassischen Griechenland und in Italien. Sie waren aus der matrizentrischen Ackerbaukultur entstanden und hatten sich zu umfangreichen Stadtstaaten mit hoher geistiger und materieller Kultur entwickelt, die nach wie vor auf Gemeinschaftsbesitz und -produktion beruhten, wie es auch in den alten matrilinearen Sippengesellschaften üblich gewesen war. Es ist unbestritten, daß die Frau in dieser Zeit im Mittelpunkt des Kults gestanden ist. Über ihre gesellschaftliche Bedeutung gehen die Meinungen auseinander. Doch spricht viel dafür, daß sie auch hier eine führende Position innehatte. Denn da es sich um sakrale Staaten handelte, in denen Religion tägliches Leben bedeutete, ist es naheliegend anzunehmen, daß die Priesterin als höchste Vertreterin des Kults auch gleichzeitig mit der Ausübung staatlicher Macht betraut war. In den sogenannten Theakratien[1] Sumers, Ägyptens und Kretas waren die Tempelanlagen religiöse Kultstätten und Regierungssitze zugleich, sie fungierten als große Markt- und Handelszentren mit tempeleigenen Molkereien, Bierbrauereien, Bäckereien und Spinnereien. So wie die Wirtschaft kollektiv organisiert war, war auch der Boden des Landes Eigentum des Tempels[2]. Die Hohepriesterin, die an der Spitze eines Priesterinnenkollegiums stand, wohl die Sippenmutter der vornehmsten Sippe, war ursprünglich wahrscheinlich mit der Königin identisch, und der Heilige König, mit dem sie als Repräsentantin der Großen Göttin alljährlich rituell die Heilige Hochzeit vollzog, war zugleich der Hohepriester[3]. Eindeutig belegt ist die enge Beziehung des Königs zur Großen Göttin, von der er nicht nur sein Amt, sondern auch seine Lebenskraft bezog. Erst durch den Vollzug der Heiligen Hochzeit kam er in den Stand der Unsterblichkeit, weil die Hohepriesterin als Stellvertreterin der Göttin diese Kräfte an ihren Geliebten weitergab. Darum auch nannte sich Schulgi, der sumerische König von Ur (2105 – 2057 v. Chr.) „Bräutigam der Inanna", und noch im späteren Ägypten konnte der Prinz nur dann König werden, wenn er eine Prinzessin geheiratet hatte. Die Annahme, daß die Hohepriesterin als Repräsentantin der Großen Göttin ursprünglich auch Regentin war, wird durch etliche historische Hinweise bekräftigt. So etwa lautet der älteste Titel des ägyptischen Herrschers „Die zwei Herrinnen", was sich auf die beiden Göttinnen von Ober- und Unterägypten bezieht. Hathor wird im Hymnus der sieben Hathoren als die „Gebieterin des Szepters und der Halskette" (Symbole der königlichen Würde) bezeichnet. Weiters war in der ersten Dynastie die offizielle Staatskutsche nicht nur mit dem Horusfalken und dem Namenszug des jeweiligen Herrschers, sondern auch mit dem Symbol der Neith und dem Namen der Königin geschmückt[4].Auch die frühesten Königsgräber, die in Anatolien, Sumer und Ägypten freigelegt wurden, belegen weibliche Herrscherfunktionen. So etwa fand Charles Leonard Woolley in den dreißiger Jahren sechzehn Gräber in Ur aus dem Beginn des dritten Jahrtausends, in denen die gesamte Dienerschaft samt hohen Würdenträgern mitbestattet worden war. Die beiden prächtigsten Gräber bargen die Skelette von zwei königlichen Frauen mitsamt ihrem königlichen Schmuck und einem zahlreichen Gefolge, das offenbar freiwillig in den Tod gegangen war[5].

Am besten und anschaulichsten wird uns Religion, Kultur und Gesellschaft eines dieser „Frauenreiche" wohl am Beispiel Kretas deutlich. Keine der matrizentrischen Hochkulturen hat uns eine derartige Fülle archäologischen Materials hinterlassen, in keiner ist die Rolle der Frau und Großen Göttin so gegenwärtig. Es ist eine ungemein lebendige, anmutige, farbenprächtige und fröhliche Welt, die Sir Arthur Evans hier um die Jahrhundertwende aus einer vieltausendjährigen Vergessenheit befreite, eine Welt, die völlig jenen kriegerischen Aspekt vermissen läßt, wie er etwa die spätere mykenische Kultur mit Kampf-, Kriegs- oder Jagdszenen kennzeichnet. Im Unterschied zu Griechenland und Rom gab es in Kreta keine Sklavenwirtschaft; die Ergebnisse der archäologischen Forschungen lassen zwar auf hierarchische Strukturen, nicht jedoch auf Kasten oder Klassen schließen.

Die Frauen im alten Kreta waren nicht nur Priesterinnen, sie sind uns auch als Fischerinnen, Töpferinnen, Jägerinnen und Weberinnen, ja sogar als Wagenlenkerinnen überliefert. Sie erscheinen prächtig geschmückt und frisiert, in langen Volantröcken und einem engen

48

Mieder, das häufig die Brüste freiläßt, sie tanzen zu Ehren der Göttin und nehmen an gefährlichen Stierspielen teil. Auf dem berühmten Sarkophag von Hagia Triada werden die Opfer- und Kulthandlungen ausschließlich von Frauen ausgeführt, Männer hingegen üben lediglich die Funktion von Musikern und Ministranten aus. Es hat sich in dieser reichen, matrizentrischen Kultur, die dem Abendland so lange verborgen blieb und die doch die Länder des gesamten Mittelmeerraumes, vor allem die Griechen, aber auch die Etrusker und die kleinasiatischen Völker so nachhaltig beeinflußte, kein einziges Abbild eines männlichen Gottes gefunden. Männer erscheinen als schmale, nackte oder halbnackte Jünglinge, kindhafte, anmutige Gestalten, die in weiblicher Kleidung Priesterinnen Hilfsdienste leisten, den Frauen Gefäße zum Trinken reichen oder ihnen Früchte anbieten. Sie sind Flötenbläser, Feldarbeiter, Pagen, Mundschenke und Matrosen. In allen diesen Funktionen jedoch stehen sie im Dienst der Großen Göttin, repräsentiert durch die Oberpriesterin, die möglicherweise auch noch während der „jüngere Palastzeit" (etwa vom Ende des 17. bis zum 15. vorchristlichen Jahrhundert genannte Epoche) Priesterkönigin war[6]. Auch der schlanke Heros im Lilienfeld mit dem kunstvoll geflochtenen langen Haar ist wohl Geliebter der Großen Mutter und ihr Geschöpf. Hauptsymbol der kretischen Göttin ist die Doppelaxt, die ursprünglich allerdings nichts mit einer Axt oder Waffe zu tun hatte, sondern als eine Art Mondszepter mit paarig angeordneten sichelförmigen Gebilden, die die Mondphasen versinnbildlichten, zu verstehen ist[7]. Erst später wurde dieses uralte Symbol, das sich bereits in den Königsgräbern von Ur nachweisen läßt und auch in den Wandornamenten von Çatal Hüyük aufscheint, zur Axt umfunktioniert. Noch später, im griechischen Mythos, erscheint sie dann als „Blitz", das Straf- und Machtinstrument des patriarchalischen Zeus.

Während Kreta im Jahre 1400 v. Chr. von den Achäern und 1200 v. Chr. von den Dorern erobert und das matrizentrische Gesellschaftsgefüge damit langsam aufgelöst wurde, konnte die Ägypterin ihre geachtete Stellung relativ lange halten. Noch Herodot empörte sich über die „verkehrte" Welt in Ägypten, wo die Frauen die öffentlichen Berufe ausüben würden, während die Männer „weibliche" Tätigkeiten im Haus verrichteten. Auch wenn diese Ansicht sicherlich etwas überspitzt und aus dem patriarchalischen Selbstverständnis der Griechen heraus formuliert ist, bezeugen derartige Hinweise doch einen sehr realen Hintergrund. Ähnliches berichten übrigens auch die Juden aus der ägyptischen Gefangenschaft. Ägyptische Wandmalereien zeigen Bäuerinnen und Händlerinnen, Bierbrauerinnen und Bäckerinnen. Auch daß die Frauen ganz ungeniert an Festgelagen teilnahmen, Wein tranken und sich amüsierten, ist ägyptischen Darstellungen zu entnehmen. Vor allem aber war die Ägypterin Herrin des Hauses, zu dem in den agrarischen Kulturen der gesamte landwirtschaftliche Betrieb gehörte. Bezeichnenderweise gibt es in der ägyptischen Sprache nur ein Wort für Hausherrin, aber keines für Hausherr. Die starke wirtschaftliche Stellung der Ehefrau zeigt sich auch in den zahlreichen überlieferten Ehekontrakten, in denen der Ehemann oft sein ganzes Vermögen an die Ehefrau überschreibt. Einzige Bedingung: Sie muß zeitlebens für seinen Unterhalt aufkommen und nach seinem Tod die Begräbniskosten bezahlen. Der eigentliche Grund für diese finanzielle Transaktion lag darin, daß der Mann nach matrizentrischem Recht sein Vermögen nur über seine Gattin an seine Kinder weitervererben konnte. Die Frau blieb in der Ehe aber auch noch anderweitig der führende Partner: *„Ich beuge mich vor Deinen Rechten als Frau"*, heißt es hier in einem der 300-400 überlieferten Ehekontrakte, *„vom heutigen Tag an werde ich mich nie mit einem Wort Deinen Ansprüchen widersetzen. Ich erkenne Dich vor allem als meine Gattin an, habe aber selbst nicht das Recht zu sagen, Du hast meine Gattin zu sein. Nur ich bin Dein Mann und Gatte. Du allein hast das Recht, zu gehen. Vom heutigen Tag an, da ich Dein Gatte bin, kann ich mich Deinem Wunsch nicht widersetzen, wo immer es Dir hinzugehen belieben mag."*[8] Frauen hatten also nach alter matrizentrischer Tradition jede sexuelle Freiheit, sie besaßen das Scheidungsrecht, übernahmen dabei allerdings auch die soziale Verantwortung. *„Wenn ich Dich als meinen Gatten verlasse, weil ich Dich zu hassen beginne oder weil ich einen anderen Mann liebe, werde ich Dir 2 1/2 Maß Silber geben und Dir die 2 1/2 Maß Silber zurückgeben, die Du mir als Brautpreis gabst."*[9]

Die Töchter waren auch für die Versorgung der alten Eltern verantwortlich, wie Herodot berichtet. Daß die Frau auch in der Liebeswerbung der aktive Teil war, zeigen alte ägyptische Texte: In sechzehn von zwanzig erotischen Gedichten geht die Initiative von ihr aus. *„Ich habe meinen Bruder in seinem Bett gefunden. Mein Herz ist glücklich über die Maßen"*, heißt es hier etwa[10]. Geschwisterehen waren ja in Ägypten nicht nur unter den Pharaonen üblich, eine logische – allerdings bereits patriarchalisch gefärbte – Folge des matrilinearen Erbrechts: Nur wenn die Kinder des Mannes zugleich die Kinder seiner Schwester waren, konnte er sein Vermögen direkt an diese weitervererben. Das Verhältnis der Geschlechter zueinander wird auch sehr schön an jenen Standbildern deutlich, die sich vor-

Frauen wurden in selbstbewußter Haltung auf etruskischen Sarkophagen dargestellt. (Sarkophag der Larthia Scianti, Florenz)

Die ägyptische Königin Hatschepsut. (1490 – 1468)

Granitgruppe eines ägyptischen Ehepaars mit Kind aus Karnat.

51

nehmlich Beamtenfamilien anfertigen ließen: Fast immer ist es die Frau, die den Arm um die Schulter des Mannes legt oder seine Hand ergreift. Sie ist auch meist annähernd gleich groß dargestellt, mit jenem weichen, selbstbewußten Lächeln, wie es uns über die Jahrtausende als Zeichen der harmonischen Gestimmtheit dieses Volkes überliefert ist. Die wohlhabende Ägypterin kleidete sich elegant, wenn auch schlicht. Sie trug plissierte Röcke aus Leinwand oder durchsichtigem Schleierstoff, mit oder ohne fließende Ärmel, formschöne Sandalen, einen breiten Halsschmuck und eine kunstvolle Haartracht. Im vornehmen Ägypten gab es eine hohe Wohnkultur, Frauen ebenso wie Männer pflegten und salbten ihren Körper mit duftenden Essenzen. Auch auf innere Reinheit wurde geachtet. „Drei Tage im Monat gebrauchen sie Darmbäder, abführende Mittel und Erbrechen", berichtet Herodot. Die ägyptischen Männer waren offenbar sehr häuslich – ihr Aufenthalt im Kreis der Familie war ihnen oft wichtiger als öffentliche Ämter. Sie waren kinderlieb, Pflege und Erziehung neugeborener Prinzen und Prinzessinnen zum Beispiel war ausschließlich ein männliches Ehrenamt bei Hof. So etwa hieß der Fürst von El Kab unter Amenhotep I. die „Amme" des Prinzen Uadmes und der Liebhaber der Königin Chnemtomun die „Amme" der Prinzessin Ranofre[11]. Auch für das Waschen der Wäsche, das Zubereiten der Pomaden für Haar- und Körperpflege und das Herrichten des Liebeslagers waren Männer zuständig.

Mit fortschreitendem patriarchalischem Einfluß übernahm der ägyptische König mehr an Regierungsverantwortung, doch war es immer noch die Königin, die das dynastische Prinzip verkörperte. Nur sie wurde bereits mit allen königlichen Titeln und Würden geboren, während er diese Insignien erst mit der Krönung gewann. Darum ist auch über der Statue des Ramses zu lesen: *„Ich komme zum Vater im Gefolge der Götter, welche er immer in seine Gegenwart zuläßt."* Über jener der Königin hingegen steht: *„Siehe, was die Göttin-Gemahlin spricht, die königliche Mutter, die Herrin der Welt."*[12] Sie selbst ist also Göttin und Herrin der Welt, er erscheint im Göttergefolge. Manchmal allerdings führte die Königin selbst die Regierungsgeschäfte, wie etwa die berühmte Hatschepsut (1490-1468 v. Chr.), deren 22-jährige Regierungszeit als Höhepunkt der wirtschaftlichen und politischen Machtentfaltung des Neuen Reiches gilt. Sie war die Tochter Thutmosis I., der nach dem Tod seiner Frau abdanken und die Regierungsgeschäfte seiner jungen Tochter überlassen mußte, obwohl er selbst königlichen Blutes war und außerdem zwei Söhne hatte. Hatschepsut war eine erfolgreiche Handelsunternehmerin und rüstete

unter anderem die Expedition in das Land Punt (an der heutigen So-
maliküste) aus, von wo ihre Flotte nach zwei Jahren, beladen mit
köstlichen Geschenken, in den heimatlichen Hafen einlief. Eine Szene, die anschaulich und lebendig auf der Terassenwand des Tempels
von Deir-el-Bahari abgebildet ist. Dieser von ihr selbst erbaute impo-
sante Tempel ist der einzige, der die Zerstörung durch ihren Nachfolger, den Neffen und Stiefsohn Thutmosis III. überlebte, der nach
ihrem Tod alle übrigen Denkmäler und einen großen Teil der schriftlichen Aufzeichnungen vernichten oder aber ihren Namen durch seinen ersetzen ließ. Schon damals war es ein probates Mittel patriarchaler Herrscher, weibliches Kulturgut zu löschen oder als eigenes
auszugeben.

Eine ausgewogene Gleichberechtigung zwischen den Geschlechtern herrschte auch in Sumer. Für beide Gatten galten die gleichen
Gesetze für Ehebruch wie für Scheidung. Nahm ein Freier eine Sklavin zur Nebenfrau, so wurden sie und ihre Kinder dabei automatisch
frei; ebenso ging die Freiheit einer Frau, die einen Sklaven heiratete,
auf die Kinder über. Frauen konnten Verträge schließen, als Zeugin-
nen vor Gericht aussagen und Prozesse führen. Außerdem hatten sie
das Recht, ihre Söhne wegen Ungehorsams zu verstoßen oder zu ent-
erben: „Auf das Wort deiner Mutter richte deinen Sinn wie auf das
Wort Gottes", heißt es in einem sumerischen Text[13], womit der große
mütterliche Einfluß deutlich wird. Aber auch in der Erziehung war
niemand benachteiligt: Ebenso wie in Ägypten lernten auch in Sumer
Knaben und Mädchen gemeinsam in den Tempelschulen die Grundlagen der Grammatik, Arithmetik und Geometrie. Die Frauenberufe,
die in den sumerischen Tempellisten um 3 000 v. Chr. angeführt werden, sind zahlreich: Gärtnerinnen und Textilarbeiterinnen, Töpferinnen, Bierbrauerinnen, Milchverarbeiterinnen, Kalkbrennerinnen, Torf-
stecherinnen, Salzsammlerinnen und Zimbelschlägerinnen, aber auch
Verwalterinnen und Schreiberinnen werden genannt. Es wird sogar
angenommen, daß Frauen die Erfinderinnen der Schrift gewesen
sind. Gilt doch die sumerische Göttin Nisaba nicht nur als Erfinderin
des Ackerbaus, sondern auch der ersten schriftlichen Zeichen[14].
Ebenso wird die ägyptische Seschat als Göttin der Schrift verehrt. Der
Keilschriftforscher A. Falkenstein entdeckte im Sumerischen sogar eine eigene Literatursprache für Frauen, das „Eme-sal", die als Kult-
sprache von den Priesterinnen gebraucht wurde[15].

Von den Sumerern, die nicht nur die Keilschrift entwickelten, sondern mit ihren ausgedehnten Be- und Entwässerungsanlagen auch
die Kultivierung des fruchtbaren mesopotamischen Marschlandes

ermöglichten und entwickelte Stadtstaaten schufen, stammt die babylonische Kultur. Doch ist ab dem Einfall der Semiten in der zweiten Hälfte des dritten vorchristlichen Jahrtausends ein Zunehmen männerrechtlichen Einflusses festzustellen, der schließlich im babylonischen Reich zu einer weitgehenden Entrechtung der Frau führte, wie die Gesetze des amoritischen Großkönigs Hammurapi (1726-1686 v. Chr.) eindeutig beweisen. Hammurapi beseitigte auch das Amt der Hohepriesterin, die ursprünglich als Stellvertreterin der Göttin mit der Königin identisch und damit dem sakralen König übergeordnet war[16]. Dafür gab es jetzt die sogenannte Tempelprostitution, für die Frauen aus den besten Kreisen in eigenen Tempelschulen in Gesang, Tanz, Saitenspiel und kultischen Belangen unterrichtet wurden. Doch begannen diese Hierodulen, Tempelmädchen, die dem Gläubigen durch Darbringung ihres Körpers die Verbindung mit der Gottheit ermöglichen sollten, bereits verächtlich zu werden. Das zeigt deutlich eine Verfügung Hammurapis, die einem Tempelmädchen bei Todesstrafe den Besuch einer Schenke verbot. In den Gaststätten und Herbergen hatte sich nämlich bereits die weltliche Prostitution breitgemacht, die ja immer als Begleiterscheinung des Patriarchats aufzutreten pflegt. Schenken wurden mit Bordellen gleichgesetzt und jede Gastwirtin mit einer Kupplerin. Wie fließend die Übergänge von der Hure zur heiligen Frau in dieser Zeit waren, wird am Beispiel der Kanaanäerin Rahab von Jericho deutlich, einer Schankwirtin, die im Alten und Neuen Testament als Dirne und Heilige zugleich bezeichnet wird. Laut Matthäus soll sie sogar die Stammutter Davids und damit Jesu gewesen sein, wobei diese Heiligsprechung allerdings handfeste, politische Gründe hat: Rahab hatte in ihrem Etablissement an der Stadtmauer von Jericho zwei israelische Spione beherbergt. Diese Kühnheit rechtfertigte sogar die Tatsache, daß sie „durch buhlerisches Beiwohnen und schlechten Wein Tausende Männer geschwächt hat", wie ein talmudischer Rabbi meint[17]. Die ursprüngliche „Gottesbraut", ein der Göttin geweihtes Geschöpf und als Hohepriesterin die Inkarnation der Göttin selbst, die den Mann durch den Geschlechtsakt an der Heiligkeit der Göttin teilnehmen ließ, wurde über die Tempel-Dirne zur gemeinen Prostituierten, die die Kraft des Mannes schwächt und die er trotzdem braucht, um seinen „Trieb" zu befriedigen. Sie wurde zum verworfenen Weib, gegen das die Propheten wettern, und die Große Göttin degenerierte zur „Hure Aschera". Eindringlich wird in Hinkunft die potenzzerstörende Macht der Frau beschrieben: *Nur ein kleiner Augenblick der Liebesfreude*, mahnt der ägyptische Weise Ptahhotep, *„ei-*

nem kurzen Traum vergleichbar, und schon fällt man [wie rauschgiftsüchtig] dem Tode anheim. Tausende gehen ihretwegen ins Verderben: man wird zum Narren an ihren gläsernen Gliedern, und das Ende ist häßlich"[18]. Misogynie, Frauenfeindlichkeit, die später so üppige Blüten trieb und in dem grausigen Fanal der Hexenverfolgungen noch lange nicht endete, hat hier ihren Beginn.

Trotzdem hat sich altes Mutterrecht in manchen Gegenden lang gehalten – im kleinasiatischen Lykien etwa, in dem Herodot noch in der Zeit der klassischen griechischen Antike Reste davon antraf. „Ihre Sitten", schreibt er von einer Reise, die er kurz nach dem Sieg des Cyrus nach Lykien unternahm, „sind zum Teil kretisch, zum Teil karisch, jedoch eine sonderbare Gewohnheit haben sie, sie nennen sich nach der Mutter und nicht nach dem Vater. Denn wenn man einen Lykier fragt, wer er sei, so wird er sein Geschlecht von Mutterseite angeben und seiner Mutter Mütter herzählen; und wenn eine Bürgerin mit einem Sklaven sich verbindet, so gelten die Kinder für edel geboren; wenn aber ein Bürger, und wäre er der vornehmste, eine Ausländerin oder ein Kebsweib nimmt, so sind die Kinder unehlich."[19] Diese Beobachtungen des griechischen Reiseschriftstellers werden auch durch Grabinschriften wie „Neiketes, Sohn der Parthena" oder „Neiketes, Sohn der Lalla" bestätigt. Natürlich wurden derartige mutterrechtliche Zustände von den patriarchalischen Griechen übel vermerkt: „...Sie leben von der Räuberei, haben keine Gesetze, nur Gebräuche, und werden seit alters her von den Frauen beherrscht", meinte etwa Herakleides Pontikos im vierten vorchristlichen Jahrhundert[20]. Daß diese alten Mutterreiche auch ohne Gesetze funktionierten, ging den Vaterrechtlern nicht in den Kopf. Dabei haben sie nach dem mütterlichen Prinzip, das alle Kinder als gleich-wertig, weil gleich liebenswert betrachtet, demokratische Gesellschaftsformen sehr viel früher und sehr viel vollständiger verwirklicht als die Griechen, die normalerweise als Begründer der Demokratie gefeiert werden, was angesichts der Tatsache, daß sich griechische Herrschaft auf Sklavenarbeit und Frauenunterdrückung aufbaut, eigentlich merkwürdig erscheint. Doch war die Existenz des freien griechischen Mannes, der schließlich jene geistigen Systeme und kulturellen Werte schuf, die wir heute noch bewundern, nur durch Ausbeutung und Unterdrückung breiter Bevölkerungsschichten, zu denen auch die Frauen zählten, möglich. Das soll bei einer Beurteilung dieses zweifellos begabten Volkes, auf dessen Kulturleistung sich das gesamte europäische Abendland beruft, nicht vergessen werden.

Der weitgereiste Herodot, dessen ziemlich zuverlässige Erlebnisberichte uns heute von großem Nutzen sind, lieferte auch noch andere Hinweise, die auf eine hervorragende Stellung der Frau im kleinasiatischen Raum schließen lassen. So meint er etwa, nur ägyptische Pyramiden und babylonische Bauwerke könnten sich an Großartigkeit mit dem Weltwunder des lydischen Grabdenkmals vergleichen. Dieses wurde allerdings – nach den Inschriften zu schließen – von Frauen nicht nur entworfen und gestiftet, sondern auch eigenhändig erbaut. Was nicht weiter verwundert, war doch der Hausbau von alters her Sache der Frau. Auch die ägyptische Göttin Seschat, uns bereits als Patronin der Schrift bekannt, wird darüber hinaus für die Konstruktion der Pyramiden verantwortlich gemacht und erhielt in dieser Funktion den Titel „Berechnerin der Zeiten".

Eine annähernde Gleichberechtigung zwischen den Geschlechtern herrschte auch bei den Etruskern, jenem phantasievollen Volk in der heutigen Toskana, dessen Kunst und Kultur erst in jüngster Zeit einer breiteren Öffentlichkeit zugänglich gemacht wurden. Auch sie haben uns – ebenso wie die Kreter und die Ägypter – jenes zeitlose, geheimnisvolle Lächeln überliefert, Ausdruck der freundlich-harmonischen Geisteshaltung, wie sie für Völker, deren Geschlechter in einem ausgewogenen Verhältnis zueinander stehen, charakteristisch ist. Die Etrusker lächeln immer, bei Spiel, Tanz, Sport, sie lächeln als zärtlich umschlungenes Paar auf den Sarkophagen, und sie lächeln bei der Arbeit. Es muß ein heiteres, zufriedenes Volk gewesen sein, voll schöpferischer Phantasie, aber auch mit beachtlichem Realitätssinn ausgestattet, wie etwa ihre hochentwickelten Be- und Entwässerungsanlagen und ihre ausgedehnten Handelsinteressen zeigen. An Aggressivität fehlte es ihnen weitgehend, ihre riesigen Eisenvorkommen erschlossen sie nicht, um Waffen daraus zu schmieden, sondern sie verarbeiteten sie zu kunstvollen Gefäßen und Geräten, die dann auch in weit entfernte Länder exportiert wurden. Ihre Frauen waren geschätzt als Seherinnen, sie besaßen im Unterschied zu den Römerinnen einen eigenen Namen, und auf ihren Grabinschriften wird häufiger der Name der Mutter als jener des Vaters erwähnt. Sie nahmen an der Seite ihrer Gatten an Festgelagen teil, und die etruskischen Wandmalereien bei Orvieto und Tarquinia zeigen sie als Zuschauerinnen bei Boxveranstaltungen, akrobatischen Vorführungen und Wagenrennen. Doch so, genauso, wie sich Griechen und Römer über die mutterrechtlich organisierten Lykier entrüstet hatten, empörten sie sich über die Etruskerin. Der griechische Historiker Theopompos (4. Jh. v. Chr.) verurteilte die „Schamlosigkeit" der Etruskerin, die zu völliger Zucht- und Zügellosigkeit führe. Die Etrusker, so findet er, seien in jeder Hinsicht hemmungslos und „paarten sich in aller Öffentlichkeit", was wohl einiges über die diesbezügliche Phantasie des Griechen, keinesfalls aber etwas über die Etrusker aussagt. Die Ansicht, daß Frauen, die sich frei bewegen, frei handeln und unverschleiert kleiden, ein Chaos an Sittenlosigkeit und Unzucht hervorrufen, findet sich generell bei streng patriarchalisch organisierten Völkern. Offenbar ist die Angst des patriarchalischen Mannes, beim Anblick einer leicht bekleideten Frau die Beherrschung zu verlieren, so groß, daß er sie einsperren und sorgsam vor öffentlichen Blicken schützen muß.

Aber nicht nur die frauenfreundlichen, liebenswürdigen Etrusker, auch die zum Teil noch mutterrechtlich organisierten Kelten gaben Griechen wie Römern einige Rätsel auf. Als zum Beispiel britische Gefangene, vor Claudius gebracht, weder ihn noch die römischen Insignien beachteten, sondern vielmehr schnurstracks zum Thron der Agrippina eilten, um sich tief vor ihr zu verneigen, rief dies ein regelrechtes Skandalum hervor – wie der römische Schriftsteller Tacitus berichtet[21]. Die Kelten, etwa zwei Jahrhunderte das bedeutendste Volk Europas, wußten – ähnlich wie die Ägypter – noch um die Bedeutung weiblicher Königswürde. Denn obwohl der König regierte, wird von irischen Königinnen berichtet, daß sie mit ihrer Hand auch die Königswürde vergaben, und zwar an Fremde[22]. Ein König ohne Königin war nicht vorstellbar. Manchmal übernahm sie auch selbst die Regierungsgeschäfte, wie etwa Bodicea, die Königin der Iceni, die für jene gewaltige britische Revolte verantwortlich war, mit der das Massaker der Soldaten des Suetonus Paulinus unter den Druiden von Mon gerächt werden sollte[23]. Obwohl die keltische Kultur und Gesellschaft bereits starke patriarchalische Züge aufweist, sie daher als Mischform und Übergangsstufe zum Patriarchat zu bezeichnen ist, war die keltische Frau dem Mann doch in vielem gleichgestellt. Moderne Untersuchungen haben erwiesen, daß es sich bei Cäsars Behauptung, sie sei dem Manne untergeordnet, um eine Fehlmeldung handelt[24]. Sie nahm vielmehr vor allem in Irland an Ratsversammlungen und Landesfesten teil, hatte auch große sexuelle Freiheiten und das prinzipielle Recht, sich ihren Gatten selbst zu wählen. Das freie, unverstellte Verhältnis der Keltin zu Liebe und Sexualität zeigt auch ein Liebesgedicht einer keltischen Dame, in dem sie sich großzügig zu verschenken weiß: *„Erhebe dich, o wunderbarer Ailill, jegliche Ruhe wird dir, Tapferster! Schling die Hand um meinen Nacken, der Anfang der Liebeslust! - Wonnig ist ihre Gabe - ist Mann und Weib im gegenseitigen Küssen. Wenn dir dies aber nicht genügt, trefflicher Mann, dann gebe ich dir zur Heilung von Liebesschmerz, Geliebter, von meinem Knie bis zu meinem Nabel."*[25]

Der Frau standen aber auch wichtige öffentliche Funktionen zu. Sie war nicht nur Magierin, Seherin und wahrscheinlich Druidin, also Priesterin, sondern sie wurde auch mit den wichtigen Aufgaben der Erziehung der Kinder sowie der heranwachsenden Jugend betraut. Möglicherweise wurden sogar männliche Jugendliche von einer Kaste kriegerischer Frauen, einer Mischung aus Zauberinnen und Amazonen, in die Kunst des Waffengebrauchs eingeweiht[26]. Diese Annahme deckt sich mit dem Bericht klassischer Autoren von kriegerischen Gallierfrauen, die zusammen mit den Männern kämpften, denn nach Diodor von Sizilien *„sind bei den Galliern die Frauen von fast ebenso kräftiger Statur wie die Männer und können sich mit ihnen an Mut und Kühnheit durchaus messen."* Natürlich verehrten die Kelten auch die große, dreieinige Göttin, die sich als Dana aus dem Mittelmeerraum herleiten läßt, als Modron vor allem auf der britischen Insel verehrte wurde und als Erin die irische Erdmutter war[27]. Die Kelten fanden bei ihren Eroberungszügen ja bereits eine reiche matrizentrische Kultur vor, die sie sich zum Teil einverleibten. Das Phänomen der Riesensteine, der sogenannten Menhire und der Hünengräber, die sich in der Bretagne (Carnac) und in England (Stonehenge) erhalten haben, sind letzte Zeugnisse dieser uralten Kultur, die sich wahrscheinlich vor der Invasion der Indogermanen in ganz Europa ausgebreitet hatte. In den „Megalith-Kulturen" Nordwest- und Nordeuropas beispielsweise geben die Spiralen und konzentrischen Kreise an den Wänden der Großsteingräber Rätsel auf. Sollten diese Gräber mit ihren „Dolmengöttinnen", stark stilisierten Abbildungen der Großen Mutter, die von ihr verwaltete Unterwelt symbolisieren, aus der der Mensch nach seinem Tod wieder aufersteht, wie vielfach angenommen wird[28]? Oder handelt es sich dabei um „Stern-Observatorien", in denen der Lauf der Gestirne aufgezeichnet wurde, wie Göttner-Abendroth vermutet? Auch Tempel erbauten diese präindoeuropäischen Völker, allerdings aus Holz und darum durchwegs nicht mehr vorhanden. Lediglich Fundamente davon existieren noch bei Lyon in Frankreich und bei Uppsala in Südschweden.

Der Übergang zum Patriarchat in Mythos und Realität

Der Übergang vom Mutterrecht zum Vaterrecht hat also langsam und keinesfalls kampflos stattgefunden. Davon kündet nicht nur die Amazonensage, sondern der Mythos ganz allgemein. Die Machtkämpfe werden in zahlreichen Götterschlachten ausgetragen, wobei die alten matrizentrischen Götter natürlich mehr und mehr zu unterliegen hatten. In der griechischen Mythologie werden sie zu Dämonen in der Gestalt von Kyklopen, Kentauren und Giganten, gegen die sich die olympischen Götter schließlich siegreich behaupten. In der germanischen Götterwelt findet der Kampf mit Riesen und Zwergen statt, hinter denen sich ebenfalls Urgötter verbergen. Gelegentlich kämpfen sie auch untereinander, wobei einstige Große Göttinnen zu Unholdinnen, zänkischen Gattinnen oder schwachen Töchtern umfunktioniert den Aufstand gegen die neuen Männergötter wagen, bei dem sie sich natürlich unweigerlich als die Schwächeren und damit Minderwertigeren erweisen. So wie etwa in jenem, bereits erwähnten klassischen Aufstands-Mythos Heras gegen Zeus, in dessen Verlauf der Göttervater seine unbotmäßige Gattin mit goldenen Fesseln um die Handgelenke und einem Amboß an jedem Fuß in den Himmel hängte. Das schönste Beispiel für veränderte Verhältnisse bietet die Orestie des Aischylos, in der die Frage, ob das Verbrechen des Mutter- oder Vatermordes schwerer wiege, natürlich zu Gunsten des neuen Vaterrechts entschieden wird: Klytämnestra, die ihren Gatten Agamemnon getötet hat, wird dafür vom Sohn Orest erschlagen. Vor ein göttliches Gericht gestellt, verteidigt Orest den Muttermord als Racheakt für den getöteten Vater, wobei er von Apoll, dem Sohn des Zeus, und von Athene, der Göttin der Weisheit, unterstützt wird, während die Erinnyen den Muttermord verurteilen. Eine Ausgangslage, die das Ende bereits erahnen läßt: Denn was vermögen die alten, greisen Erdgöttinnen gegen das strahlend jugendliche Lichtprinzip Athene/Apoll? Dennoch ist die Argumentation der Erinnyen aufschlußreich: „Sie war dem Mann nicht blutsverwandt, den sie erschlug." Hier ist also Blutsverwandtschaft ganz im Sinne matrilinearer Sippengesellschaften bei der Verurteilung dieses Verbrechens ausschlaggebend. Nachdem sie zum angeheirateten Gatten nicht gegeben war, wog der Mord an ihm nach matrizentrischer Auffassung leichter, wogegen Muttermord als das größte Verbrechen überhaupt betrachtet wurde: „Trug denn, du blut'ger, unter ihrem Herzen sie dich nicht? Verschwörst du deiner Mutter teures Blut?" Apoll hingegen sieht die Sache anders: „Nicht ist die Mutter ihres Kindes Zeugerin, sie hegt und trägt das aufgeweckte Leben nur; Es zeugt der Vater, aber sie bewahrt das Pfand." Hier wird bereits jene Ideologie deutlich, die bis herauf in das Christentum die Frau zum leeren, letztlich unbedeutenden Gefäß für den männlichen Samen machen sollte. Die einseitige Gewichtung zu Gunsten der Frau wurde damit von der einseitigen Gewichtung zu Gunsten des Mannes abgelöst. Um einen solchen Anspruch auch plausibel zu machen, präsentiert Apoll die jungfräuliche Göttin Athene, die ja bekanntlich dem Kopf des Zeus entsprungen war, als bestes Beispiel:

„*Denn Vater kann man ohne Mutter sein; Beweis*
ist dort die eigne Tochter des Olympiers Zeus ..."

Athene, Zünglein an der Waage, entscheidet durch ihr Eintreten für Orest dann auch den Streit:

„*Denn keine Mutter wurde mir, die mich gebar*
Nein, vollen Herzens lob' ich alles Männliche,
Bis auf die Ehe, denn des Vaters bin ich ganz ..."

Damit also hat das Vaterrecht auf der ganzen Linie gesiegt, selbst die Zeus-Tochter hat sich ihm freudig und willig unterworfen. Orest wird freigesprochen, weil von nun an der Vatermord in seiner Bedeutung über den Muttermord gestellt wird, weshalb auch das Wehgeschrei der alten Erinnyen nicht mehr sonderlich beeindruckt:

„*Darnieder stürzest du die Mächte grauer Zeit ...*
Du, der junge Gott, willst uns, die Greisen, niederrennen ..."

Immerhin reicht der Respekt vor den Muttergöttinnen, die sich wütend in das Erdinnere verzogen haben, und die Angst vor einem Racheakt noch aus, um sie anschließend zu besänftigen: An Athenes Seite sollen sie fortan fromme Dienste tun:

Mit Penelope, wie sie Homer in seiner Odyssee gestaltet (hier am Webstuhl dargestellt), tritt ein neuer Frauentyp in die Geschichte: jener der Sittsamen und Treuen, die ihres Gatten Besitz verwaltet und sämtliche Freier abwehrt.

„In ehrender Wohnung, Erechtheus' Tempel nah,
wirst du dereinst von Männern hochgeachtet und von Weibern sein
wie dir in andern Ländern nimmer ward zuteil ..."[1]

Die alten Muttergöttinnen wurden aber nicht nur auf sanfte Art und Weise zurückgedrängt – sehr viel häufiger wurden sie vergewaltigt. Vergewaltigung ist im olympischen Götterhimmel ebenso gebräuchlich wie Frauenraub, wobei sich der neue Vatergott mit der Person der Göttin auch gleich deren Symbole aneignet: den „Blitz", mit dem der männliche Obergott tötet oder kastriert (beim germanischen Thor ist es der „Donnerkeil") und der nichts anderes ist als die umfunktionierte Doppelaxt der Großen Göttin; das Anch, das weibliche Lebenszeichen in der ägyptischen Mythologie, das jetzt der patriarchalische Sonnengott Re übernimmt und schließlich die Taube, den Geist des universalen Eros der Aphrodite, die im Christentum den Heiligen Geist verkörpert und damit eine ausgesprochen erosfeindliche Metamorphose erfährt. Schließlich wollen die Götter auch noch gebären, was zu ziemlich krampfigen und unglücklichen Konstruktionen führt. Denn nicht nur Athene wird solcherart aus dem Haupt des Zeus geboren, auch Dionysos erblickte auf eine ähnlich vertrackte Art und Weise das Licht der Welt: Er nämlich entwuchs dem Oberschenkel des Göttervaters. Ganz kompliziert wird es hingegen beim ägyptischen Hauptgott Atum, der sich mit der Hand befriedigt, seinen eigenen Samen schluckt und aus seinem Mund Shu und Tefnut gebiert, die nun zu den Eltern der Himmelsherrin Nut und des Erdgottes Geb erklärt werden. (Daß Freuds „Penisneid" eine völlig unsinnige Verdrehung des eigentlichen Sachverhalts darstellt, wird spätestens beim Studium solcher und ähnlicher Mythen deutlich. Denn nicht die Frau beneidet den Mann um sein Fortpflanzungsorgan, sondern umgekehrt, der Mann hat seit undenklichen Zeiten die Frau um ihre Gebärfunktion beneidet. Daß dies heute noch genauso zutrifft, beweisen die aufwendigen Versuche in den Laboratorien, die nur dem einen und einzigen Zweck dienen: den großen Schöpfungsplan endgültig zu überlisten und die Frau als Gebärerin völlig auszuschalten, eine männliche Hybris, deren Folgen noch gar nicht abzusehen sind.)

Die Umwertung aller Werte, wie sie am Übergang zum Patriarchat stattfand, läßt sich bis heute in unserer Umgangssprach nachweisen. So etwa wurden die heiligen Tiere der Muttergöttin für Schimpfwörter mißbraucht, seit damals gibt es eine „dumme Gans", eine „dumme Ziege" und ein „dummes Schaf". Der Esel, das phallische Sakraltier, wurde ebenso verächtlich gemacht wie das Schwein, ein uraltes Fruchtbarkeitssymbol. Auch war der „gemeine Hund" einst Todesbegleiter der Göttin, und daß die Schlange, uraltes weibliches Unterwelts- und Unsterblichkeitssymbol, im patriarchalischen Mythos als Inbegriff des Bösen gilt, wird uns von Kindheit an mit der Geschichte vom Sündenfall suggeriert[2].

Was uns die Mythenwelt allerdings teilweise sehr drastisch vor Augen führt, ist in unserem Geschichtsbewußtsein kaum präsent. Die Verwüstung reicher, matrizentrischer Kulturlandschaften, die im ägäischen Raum einen unglaublichen kulturellen Verfall zur Folge hatte, wurde uns von der Geschichtsschreibung weitgehend vorenthalten. Wir wissen nicht viel über jene Zeit nach der völligen Eroberung und Versklavung der Urbevölkerung durch indoeuropäische Hirtenvölker, die zweifellos nicht plötzlich und umfassend, sondern langsam und gebietsweise in unterschiedlichem Ausmaß stattfand. Bereits zwischen dem dritten und zweiten vorchristlichen Jahrtausend wurden die Länder der Ägäis von neuen, wahrscheinlich aus Vorderasien stammenden Hirtenvölkern unterwandert, die sich mit der alten, matrizentrischen Urbevölkerung vermischten und möglicherweise den Übergang zu einer patriarchalischen Gesellschaftsordnung herbeiführten.

Auch jüngste Forschungsergebnisse zeigen hier durchaus widersprüchlichen Charakter, über das Wie und Wann ist man/frau sich noch keinesfalls einig[3]. Tatsache bleibt, daß die indogermanischen Griechen weder die ersten, noch die einzigen Indoeuropäer waren, die in die Balkanhalbinsel einwanderten. Wie uns griechische Autoren übereinstimmend berichten, fanden sie bereits eine Urbevölkerung vor, die sie „Pelasger" nannten, deren Gesellschaftsordnung mutterrechtlich organisiert war und deren Kult noch immer von einer großen Muttergöttin geprägt wurde. Daß Hirten- und Nomadenvölker eher patriarchalisch organisiert waren als seßhafte Ackerbauern, wird heute allgemein angenommen. Borneman begründet das ökonomisch: Weil in den tierreichen, vegetationsarmen Steppen das Stadium des reinen Nahrungssammelns kürzer währte, sei eine stärkere Spezialisierung auf die reine Jagd erfolgt, wodurch der Mann seine Position innerhalb der Sippe stärken konnte. Während in anderen, fruchtbareren Teilen der Welt Frauen inzwischen den Hackbau entdeckt hatten, begannen Männer der Steppe die gejagten Tiere zu domestizieren, weshalb hier die agrarische Stufe sozusagen übersprungen worden sei und das nomadische Jägertum direkt zum nomadischen Hirtentum geführt habe, in dem der Mann als eigentlicher Nahrungsproduzent mehr Bedeutung besaß als die Frau. Die frühen Ackerbaukulturen der fruchtbaren Länder des Mittelmeerraumes und Mesopotamiens hingegen, die eine seßhafte und daher für Frauen mit ihren Kindern günstigere Lebensweise ermöglichten, seien aus diesem Grunde durchwegs mutterrechtlich organisiert gewesen[4]. Meier-Seethaler hingegen präsentiert eine andere Version: ihrer Meinung nach sind die sogenannten Hirtenkrieger ehemalige Ackerbauern und Viehzüchter gewesen, die entweder durch Klimaverschlechterung ihre Existenzbasis verloren oder aber durch rasches Bevölkerungswachstum zu sehr expandierten. Dieses agrarische Erbe würde auch eine matrizentrische Mythologie und Gesellschaftsstruktur nahelegen, die im Laufe der Zeit allerdings patriarchalisch überlagert wurde[5].

Daß es die vom Norden einfallenden Steppenvölker jedoch vornehmlich nach Vieh, Gold und Frauen gelüstete, zeigen anschaulich die Epen Homers, die überhaupt kundigen Lesern ein sehr gutes Bild vom Übergang zum Patriarchat vermitteln. Hier werden nicht nur die Raubzüge und Handelskriege der Achäer zu Heldentaten verherrlicht – Odysseus etwa brüstet sich, auf neun Raubzügen der Anführer gewesen zu sein, und jedesmal mehr Beute erworben zu haben, als ihm eigentlich zustand – hier werden auch die neuen Frauen geboren: Penelope, die Treue, Sittsame, die Odysseus' Besitz ordentlich verwaltet (was ihren Vorgängerinnen niemals in den Sinn gekommen wäre), während sich der abenteuernde Gatte in der Welt herumtreibt und sich mit listenreichen, moralisch nicht immer einwandfreien Tricks als Held bewährt. Oder Kirke, ursprünglich Göttin, jetzt bereits zur Zauberin abgewertet, die immerhin noch für Böses u n d Gutes zuständig war, während die späteren Hexen ja nur noch das Böse verkörperten. Nausikaa hingegen, die schöne Tochter des Königs der Phäaken, beschwört noch Mutterrecht, wenn sie dem gestrandeten Odysseus rät, beim elterlichen Antrittsbesuch zuerst die Knie ihrer Mutter zu umschlingen, weil vor allem ihr Wohlwollen wichtig war.

Insgesamt betrachtet hatten die kämpferischen und beutelüsternen Mykener die Rechte der Frauen bereits drastisch eingeschränkt. Zwar hatte die Achäerin in der oft langen Abwesenheit des kriegführenden, seefahrenden und handeltreibenden Mannes Hauswesen und Wirtschaft allein und selbständig zu führen, was einen wesentlich größeren Freiheits- und Handlungsspielraum voraussetzt als er ihrer Geschlechtsgenossin in der klassischen Antike zugebilligt wurde. Abbildungen zeigen sie bei der gefährlichen Eberjagd, sie steht im Korb des Streitwagens und hatte auch wichtige Funktionen im

Kult zu erfüllen. Andererseits war sie Eigentum des Gatten, häufig auch Beutestück eines Eroberungsfeldzuges, wenngleich auch die matrilokale Form der Eheschließung noch vorgekommen ist. Umherziehende Krieger heirateten gerne Prinzessinnen, die sich zuvor der besonderen Kühnheit und Tapferkeit des Zukünftigen durch spezielle Wettkämpfe oder Turnierspiele versicherten. Sexuelle Freiheiten hingegen beanspruchte der Mann für sich allein. Er führte einen patriarchalischen Haushalt, zu dem auch die leibeigenen Konkubinen gehörten. Als Agamemnon nach zehnjähriger Abwesenheit heimkehrte, erwartete er selbstverständlich, daß Klytämnestra seine Konkubine ebenfalls willkommen hieß. Auch daß er sich im Lager von Troja mindestens eine Sklavin als Bettgenossin hielt, verstand sich von selbst. Nausikaa hingegen wurde beim Schlafen links und rechts von Dienerinnen bewacht, die auf ihre Jungfräulichkeit zu achten hatten. Auch Penelope war peinlich genau auf ihren „guten Ruf" bedacht.

Daß die Überwältigung und Plünderung friedfertiger Ackerbaukulturen und die Vergewaltigung der Frauen nicht so einfach akzeptiert wurde, ist anzunehmen, obwohl kaum ein antiker Autor darüber etwas zu berichten weiß. Lediglich Herodot, der selbst kein Grieche war, sondern der unterdrückten Urbevölkerung der Karer angehörte, läßt etwas von dem Trauma ahnen, das dadurch hervorgerufen wurde. Er berichtet, daß die Frauen eines Stammes, deren Männer sämtlich ermordet wurden, sich noch viele Jahre später geweigert hatten, mit griechischen Männern an einem Tisch zu sitzen oder sie auch nur beim Namen zu nennen, selbst wenn sie zur Ehe gezwungen worden waren[6]. Aber nicht nur vergewaltigte Frauen, auch die Zerstörung blühender Kulturlandschaften waren die Folge dieser gewaltsamen Okkupation, eine Zerstörung, von der sich das Land viele Jahrhunderte lang nicht erholte. Nach einer relativ kurzen Blüte der mykenischen, stark von Kreta beeinflußten Kultur, die in den Epen Homers verherrlicht, aber schließlich von den mit Eisenwaffen kämpfenden Dorern überwältigt wurde, sank das Land erneut in die Steinzeit zurück. Borneman nennt das nun einsetzende „griechische Mittelalter" den „katastrophalsten Rückschlag ... , der uns überhaupt aus der Geschichte Europas bekannt ist."[7] Während etwa auf den Kykladen bereits im dritten Jahrtausend v. Chr. Metall verarbeitet wurde, zuerst Kupfer, dann Bronze, auch Gold- und Tongeräte ohne Anwendung der Töpferscheibe hergestellt wurden, während die letzte vorgriechische Kultur, das sogenannte Frühhelladikum, noch beachtliche architektonische Leistungen aufwies, waren im Mittelhelladikum alle diese Errungenschaften des menschlichen Geistes vergessen worden. Hütten und Lehmhäuser entstanden auf den Ruinen einstiger Monumentalbauten, Bronze und Eisen verschwanden, die Schrift geriet in Vergessenheit, die längst erfundene eiserne Pflugschar wich wieder dem hölzernen Pflug, von dem noch Hesiod im achten vorchristlichen Jahrhundert, also mehr als tausend Jahre nach der Einwanderung der Griechen, berichtet. Eine der Ursachen für diesen allgemeinen Verfall liegt sicherlich im Übergang vom Wanderhirtentum zum seßhaften Bauernstand, den der Grieche im Grunde nie ganz verkraftet hat. Seine Einstellung zur Arbeit war immer höchst problematisch, er überließ sie lieber der unterdrückten Bevölkerung und den Sklaven, während er mit dem Schwert in der Hand das Heldenabenteuer suchte. *„Genießen und Wohlleben ist Sache der Freien, denn dies erhebt und läutert die Seelen. Arbeit dagegen ist Sache der Sklaven und niederen Wesen, daher verkümmern diese auch in ihrer Natur"*, meint der Platon-Schüler Herakleides Pontikos im vierten vorchristlichen Jahrhundert. Was dieser Text allerdings verschweigt ist, daß zu den „Sklaven und niederen Wesen" auch die Frauen gehörten! Denn in diesen „dunklen Jahrhunderten", von denen die Geschichte so gerne schweigt, vollzog sich auch der Übergang von der matrilinearen, matrifokalen, zur patrilinearen, patrifokalen Gesellschaft, von der Muttergöttin zum Vatergott, von der Sippengesellschaft zum zentralistisch geführten Großreich, von der freien, selbständigen Frau zum unterdrückten Anhängsel des Mannes. Gleichzeitig fand jene gewaltige Umschichtung von einer weitgehend egalitären und friedfertigen zu einer hierarchischen und kriegerischen Gesellschaft statt, in der Besitz und Staat mit Gewalt verteidigt werden mußten. Die unterdrückte Urbevölkerung der Metöken ebenso wie importierte Sklaven waren fürderhin für die sogenannte „niedere Arbeit" zuständig, eingesperrte Frauen mußten sich um die Kinderaufzucht und das Hauswesen kümmern, damit der griechische Mann jenes Leben führen konnte, das von Dichtern und Philosophen als Ideal des freien Bürgers gepriesen wurde: ein Leben der Muße und der schönen Künste, der Politik, Philosophie und der Rhetorik, der Hetären- und der Knabenliebe, der Kriegs- und Heldentaten. Alle großen Werke der Antike, leuchtendes Vorbild für Generationen christlicher Abendländer, müssen vor diesem Hintergrund verstanden werden.

Antike

Die Frau in Athen

Die klassische Antike, bis zum heutigen Tag als „Sternstunde der Menschheit" gefeiert, bedeutete also gleichzeitig die endgültige Niederlage der Frau, die mit allen Mitteln bekräftigt und zementiert werden mußte. Die frischgebackenen Vaterrechtler, noch im vollen Bewußtsein ihres mühsam errungenen Sieges, konnten sich nicht genug tun in misogynen, d.h. frauenfeindlichen Äußerungen. Selbst wenn davon ausgegangen werden kann, daß der tatsächliche Alltag nicht unbedingt jenem Bild entsprochen haben muß, das der griechische Mann von der Frau konstruiert und damit der Nachwelt überliefert hat, daß also Gesetze auch damals umgangen wurden und Frauen es auch sicherlich damals verstanden haben, sich durch persönlichen Einfluß und günstige Umstände gewisse Freiräume zu sichern, so zeigen Beispiele in Literatur, Kunst und Philosophie doch vor allem eines: den geradezu pathologischen Frauenhaß des griechischen Mannes, der an Gehässigkeit und Aggressivität vielfach sogar jenen des asketischen Christentums übertrifft. Besonders hervorgetan hat sich hier beispielsweise der griechische Dichter Hesiod, dessen verführerische, gleichzeitig jedoch „mit hündisch-schamloser Gesinnung und verschlagenem Sinne"[1] ausgestattete Kunstfigur Pandora alles Leid und Unheil über eine bis dahin glücklich und in paradiesischen Zuständen lebende Menschheit bringt. Von Hesiod stammt auch der wohlwollend gemeinte Ausspruch: „Ein gutes Weib ist ein köstlicher B e s i t z." (Hervorhebung der Autorin) Er führt gleich danach aus, was darunter zu verstehen ist: Der griechische Bauer, so meint er belehrend, solle seine Frau ausschließlich vom Standpunkt ihres ökonomischen Vor- und Nachteiles beurteilen. *„Beschaffe dir zuerst einmal ein Haus, eine Frau und einen Ochsen. Kaufe die Frau, heirate sie nicht. Dann kannst du sie dazu bringen, den Pflug zu bedienen, falls nötig."*[2] Die Gleichstellung der Frau mit einem (Zug-)Tier ist dem Griechen generell nicht fremd. Menander etwa meint: *„Unter den seltsamen Tieren, die Land und Meer beleben, ist das scheußlichste Tier in Wahrheit das Weib."*[3] und Alexis sagt: *„Es gibt kein schamloseres Tier als das Weib."* Auch Semonides, ein dichtender Philosoph des sieben-

69

ten vorchristlichen Jahrhunderts, ebenso wie Phokylides, der im sechsten Jahrhundert v. Chr. lebte, stellen ähnlich befremdliche Vergleiche an, wobei der „Weiberspiegel" des Semonides besonders aufschlußreiche Parallelen zieht: Er läßt die Frau hier unter anderem von der schmutzigen Sau, der verschlagenen Füchsin, dem stehlenden Wiesel oder dem häßlichen Affen herleiten, bescheinigt ihr Faulheit und Hinterlist, Häßlichkeit oder Gefallsucht, Lieblosigkeit oder Geilheit. Daß es sich hierbei teilweise um heilige Tiere der Muttergöttin handelt, die im Patriarchat verächtlich gemacht wurden, ist bereits erwähnt worden.

Nur über einen einzigen „Frauentyp" läßt er Positives verlauten: über jene Frau, die von der Biene abstammt: „Wer die hat, der hat Glück." Denn sie ist fleißig, sparsam, vermehrt damit das Vermögen ihres Gatten und gebiert ihm gesunde Kinder. Sie stellt gleichzeitig das Idealbild der griechischen Ehefrau dar, wurde doch von der Gattin in erster Linie eine gute Haushaltsführung und die Aufzucht der Kinder erwartet. Liebe hingegen galt vornehmlich dem gleichgeschlechtlichen Partner oder aber der Hetäre, die mit Schönheit und Klugheit die abgearbeitete, durch Geburten geschwächte und geringer gebildete Ehefrau zu ergänzen hatte. Selbst Homer, dem wir im Grunde noch die positivsten, weil aus früher, archaischer Zeit stammenden Frauengestalten verdanken, die matrizentrisches Gedankengut noch in so manchen Aspekten bewahrten, äußert sich frauenfeindlich. Sein Ausspruch: *„Nichts ist scheußlicher doch, nichts unverschämter auf Erden als das Weib"*[4], läßt an brutaler Offenheit nichts zu wünschen übrig. Auch so berühmte griechische Schriftsteller und Philosophen wie Aristophanes, Euripides, Thales, Sokrates und Platon haben sich durch frauenverachtende Bemerkungen ausgezeichnet. Aristoteles hat mit der Feststellung: *„Die Frau ist Frau durch das Fehlen männlicher Eigenschaften. Wir müssen das Wesen der Frau als etwas betrachten, was an einer natürlichen Unvollkommenheit leidet"*, die diesbezüglichen Ansichten bis herauf in das 19. Jahrhundert beeinflußt. Hingegen zeugen Aussprüche wie etwa jene des Kynikers Diogenes beim Anblick einer erhängten Frau auf einem Ölbaum: *„Mögen doch alle Bäume solche Früchte tragen"*[5], oder des Hipponax aus Ephesos: *„Es gibt nur zwei Tage, an denen du Freude an deiner Frau hast, am Hochzeitstag und an ihrem Begräbnis"*[6] von einer derart zynischen Frauenverachtung, daß alles, was in der späteren Geschichte des europäischen Patriarchats auf diesem Gebiet produziert wurde, im Vergleich dazu moderat erscheint.

Mutter und Kind. Innenbild einer Schale.

Aber nicht nur Literatur und Philosophie, auch die bildende Kunst ist von Misogynie geprägt. Während Frauen in der archaischen, früh-klassischen Epoche generell stark verhüllt dargestellt wurden, signali-sieren sie später, als auch die Frau ihren unbekleideten Körper zeigen durfte, durch ihre asymmetrische Haltung Minderwertigkeit. Daß der häufig nach vorne oder seitlich gebeugte Rücken einer nackten Aphro-dite zugleich Hinterhältigkeit und Bosheit bedeuten konnte, ist für den heutigen Betrachter nicht mehr nachvollziehbar. Dem Selbstverständ-nis des antiken Griechen hingegen waren diese feinen Unterschiede sehr wohl geläufig: Vollendet war lediglich der symmetrisch und auf-recht dargestellte Mann[7]! Gleichzeitig jedoch verraten diese nackten, erotische Sinnlichkeit ausstrahlenden Frauenkörper einiges vom Di-lemma des griechisch-patriarchalischen Mannes, der damit sein Be-gehren und seine Verachtung zugleich zum Ausdruck brachte. Ein Wi-derspruch, der lediglich durch die gleichgeschlechtliche Liebe gelöst werden konnte. Deshalb sind auch die schönsten griechischen Liebes-gedichte an junge Männer gerichtet. In der Beziehung zwischen Jüng-ling und reifem Mann war die Frau ausgeschaltet, hier konnte sich das griechische Ideal der Liebe verwirklichen, m a n blieb unter sich und verschont vom schlechten Gewissen.

Der in der griechischen Literatur häufig offen und unverblümt ausgesprochene Wunsch nach dem Tod der Frau wurde nur allzuoft erfüllt. Griechische Frauen alterten rasch durch harte Arbeit und vie-le Geburten. Darum mußten sie auch entsprechend früh verheiratet werden, das übliche Heiratsalter der Mädchen lag zwischen dem 14. und dem 18. Lebensjahr, jenes der Männer hingegen um die Dreißig. Ausgrabungen zeigen aber auch schon Zwölf- oder Dreizehnjährige zusammen mit ihrem Neugeborenen bestattet - Kinder, die den An-forderungen von Schwangerschaft und Geburt nicht gewachsen wa-ren. Untersuchungen von Skeletten ergaben, daß die durchschnittli-che Lebenserwartung von Erwachsenen für Männer bei 45,0 und für Frauen bei 36,2 Jahren lag. Dieselben Untersuchungen erbrachten ei-nen Durchschnitt von 4,6 Geburten je Frau, wobei 1,6 Kinder im ju-gendlichen Alter starben, sodaß auf jede Frau durchschnittlich drei überlebende Kinder kamen[8]. Wie schwer und risikoreich Geburten damals waren, zeigt die Tatsache, daß die Sterblichkeitsrate der Frau-en anstieg, sobald sie das gebärfähige Alter erreicht hatten[9]. Deshalb war der gefährlichste Abschnitt im Leben einer Frau die Zeit vom 16. bis etwa zum 26. Lebensjahr. Um die Bevölkerungzahl in Friedens-zeiten zu begrenzen, wurden Kinder allerdings auch getötet, wobei es mit Sicherheit mehr Mädchen waren, die umgebracht, verkauft oder ausgesetzt wurden, denn vor allem für arme Familien auf dem Lande bedeuteten zu viele, Mitgift beanspruchende Töchter eine Katastrophe. Mitgift war die Voraussetzung für eine Ehe, die in Ermangelung von Alternativen ausschließliches Ziel eines jeden griechischen Mädchens gewesen ist. Mütter, die Knaben geboren hatten, genossen auch ein wesentlich höheres Ansehen, was sogar in der Verpflegung zum Ausdruck kam: Die „Mütterrationen", die etwa ionischen Frauen 489 v. Chr. in Persepolis zugeteilt wurden, sahen für Mütter männlicher Babies genau doppelt so viel Wein, Bier und Getreide wie für jene von Mädchen vor[10].

Den Bräutigam bestimmten die Eltern. Niemals wurde das Mädchen nach seinem eigenen Willen gefragt. Unmündig, wie es war und zeitlebens zu bleiben hatte, ging es von der Vormundschaft des Vaters in jene des Ehegatten über, wobei der Vater oder derjenige, der sie verheiratet hatte, das Recht besaß, die Ehe nach Gutdünken wieder aufzulösen. Starb der Ehemann vor der Frau, so gingen die Mitgift und sie selbst in die Obhut ihrer Söhne oder deren Vormünder über. Hatte die Witwe aber keine männlichen Nachkommen, wurde sie wieder der Autorität ihres ursprünglichen Vormundes oder seiner Erben unterstellt. Der Hochzeitstag war meist ein großes Fest. Viele der Hochzeitssitten gingen auf den archaischen Brauch des Brautraubes zurück. Andere bezogen sich auf ein späteres Stadium, in dem die Braut nicht mehr geraubt, sondern gekauft wurde. Noch später wurde die Mitgiftehe üblich, die der finanziellen Absicherung der Tochter nach einer etwaigen Scheidung diente[11]. Im klassischen Athen mußte die jugendliche Braut vor dem Hochzeitstag ihr Kinderspielzeug verbrennen, all die Puppen, Kreisel, Bälle, Würfel, Reifen und Puppenhäuschen, wie sie von Archäologen so zahlreich in Kindergräbern gefunden wurden. Von einem Tag zum anderen war aus dem Kind die Kindfrau geworden; die Festlichkeiten, die dieses Ereignis begleiteten, werden sie jedoch kaum über den Schmerz, den sie beim Abschied vom Elternhaus empfand, hinweggetröstet haben. Nach Abschluß des Ehevertrages wurde die Braut geschmückt, verschleiert und zusammen mit Bräutigam und Brautführer auf einem Ochsen- oder Maultierwagen, gefolgt von Fackelträgern und musizierenden Gästen zum Haus des Zukünftigen gefahren. Nach dem Genuß einer Fruchtbarkeit verheißenden Quitte, die dem Mädchen seine kommende Aufgabe noch einmal deutlich vor Augen führen sollte, verschwanden beide im Hochzeitsgemach. Wie Theokrit bemerkte, sollte das epitalamion, das Lied vor dem Brautgemach, das die Gäste oft die ganze Nacht sangen, möglichst laut und kräftig angestimmt werden, „damit das Schreien der Jungfrau, während sie von ihrem Manne vergewaltigt wird, nicht gehört werde."[12] Es kann angenommen werden, daß dieses, für ein halbes Kind sicherlich traumatische Ereignis für den bereits erwachsenen Mann mit entsprechenden Erfahrungen eher peinlich war. Galt doch die Ehe als notwendiges Übel und der Geschlechtsverkehr mit der Angetrauten meist als Pflicht zum Zwecke der Zeugung legitimer Kinder, was für die griechische Ehefrau ziemlich frustrierend gewesen sein muß. Deshalb erklärte auch Plutarch, jeder Ehemann sollte einer guten Frau dreimal im Monat seine Zuneigung beweisen, da dies die Spannungen in der Ehe mildere[13]. Wie ungeheuer aggressionsgeladen das Geschlechtsleben in diesen frühen Gründerjahren des Patriarchats war, wird sogar in der Sprache deutlich. Aristophanes nennt den Sexualverkehr „klinopale" (=Bettkampf), und in vielen Metaphern wird Geschlechtsverkehr mit dem Krieg verglichen[14]. Vor allem ehelicher Geschlechtsverkehr wurde kaum mit seelischer Gemeinsamkeit in Verbindung gebracht, weshalb die eingesperrten Ehefrauen sicherlich an einem starken emotionalen Defizit litten. Da Ehebruch eine äußerst gefährliche Angelegenheit war, und die gesellschaftlichen Regeln in Athen homoerotische Beziehungen zwischen Frauen kaum zugelassen haben, scheint Masturbation das einzige Ventil für die sexuellen Bedürfnisse der Frau gewesen zu sein. Vasenmalereien zeigen manchmal Frauen, die Phallusnachbildungen zur Selbstbefriedigung benutzen, und auch in der griechischen Literatur wird darauf Bezug genommen[15].

Der Ehemann hatte dieses Problem natürlich nicht. Ihm stand ein breites Spektrum zur Befriedigung seiner sexuellen und sonstigen Wünsche zur Verfügung. In der Anklageschrift gegen die Hetäre Neaira heißt es treffend: *„Wir haben die Hetären zum Vergnügen, die Nebenfrauen zu unserer täglichen Versorgung, die Ehefrauen zur Erzeugung rechtmäßiger Kinder."* Vergessen wurde hier die Haussklavin, die dem Hausherrn natürlich jederzeit zur Verfügung zu stehen hatte, und die schönen Knaben, die es sich zur Ehre gereichen ließen, von einem angesehenen Athener Bürger geliebt zu werden. Daß die Ehefrau im Falle eines Ehebruchs des Gatten nicht einmal das Recht hatte, sich zu beschweren, versteht sich von selbst. Umgekehrt hingegen konnte Ehebruch der Frau mit dem Tod bestraft werden. Erwies sich der Ehegatte als großzügig und lehnte es ab, entweder sie, ihren Liebhaber oder aber gleich beide umzubringen, so war er doch gesetzlich verpflichtet, sich von seiner Ehefrau zu trennen, die künftig nicht an öffentlichen Feierlichkeiten teilnehmen und auch keinen Schmuck tragen durfte.

74

Frauen bei der Wollbereitung, attische Schale. Die Wolle wird durch Drehen über dem nackten Unterschenkel zum Faden verarbeitet und damit zum Spinnen vorbereitet, wobei die Frau ihren Fuß auf einen Ständer stützt.

Sie wurde aus der Gesellschaft ausgestoßen und eine zweite Heirat wurde ihr untersagt, weshalb ihr meist nur noch der Weg in die Prostitution oder Bettelei übrig blieb. Auch Scheidung – von seiten der Frau nur unter erschwerten Umständen möglich – konnte vom Gatten leicht durchgeführt werden. Er mußte nur drei Worte sagen, wenn er sich schlecht behandelt fühlte: „Ich verstoße dich!" - damit war die Angelegenheit erledigt, und die Frau kehrte in das Haus ihres Vaters zurück. Daß sie dabei auch ihre Mitgift mitnehmen konnte, dürfte allerdings so manchen Ehemann bewogen haben, sich die Angelegenheit doch gründlich zu überlegen. Als besonderer Scheidungsgrund galt Unfruchtbarkeit, die fast immer der Frau angelastet wurde. Wie hoffnungslos unterprivilegiert Frauen waren, die keine Kinder bekommen konnten, zeigt die Forderung Hypereidos (389-322 v. Chr.), eines Platon-Schülers, der verlangte, kinderlose Frauen zu ignorieren, damit sie ihre Schande deutlich fühlten. Man solle, so meint er, eine Frau erst grüßen, wenn man sie als Mutter ansprechen könne.

Das Eigentumsrecht des Griechen an seiner Gattin wird auch im Sprachgebrauch deutlich. „Gamoklopia", „Diebstahl der Gattin" heißt das griechische Wort für Ehebruch, womit eindeutig die Störung eines Besitzverhältnisses ausgedrückt wird. War die Gattin Besitz des Ehemannes, so die unverheiratete Tochter des Vaters oder des Vormundes. Auch dieser konnte sie, wenn er sie in flagranti ertappte, in die Sklaverei verkaufen oder töten[16]. Aischines etwa berichtet, daß ein Athener Bürger, der bemerkt hatte, daß seine Tochter „ihre jungfräuliche Blüte nicht sittsam bis zur Hochzeit bewahrt hatte", diese mitsamt einem wilden Pferde eingemauert und Hungers habe sterben lassen[17]. Das Besitzverhältnis des Mannes erstreckte sich allerdings nicht nur auf die Frau, sondern auch auf geborene ebenso wie ungeborene Kinder. Er allein bestimmte, ob das Neugeborene getötet oder am Leben gelassen werden sollte, ob es ausgesetzt oder verkauft wurde. Er konnte auch eine Abtreibung erzwingen, bei der die Frau oft genug starb. Unterbrach die Frau die Schwangerschaft aber ohne Einwilligung des Vaters, konnte sie mit dem Tode bestraft werden[18].

Ebenso wurde die Frau in ihren übrigen Rechten beschnitten. Eigentlich hatte sie gar keine. Sie war nicht rechtsfähig, durfte nicht als Zeugin auftreten und konnte daher auch keine Geschäfte tätigen. Sie besaß kein Vermögen, keinen Erbanspruch und hatte nicht einmal einen rechtlichen Anspruch auf eine Mitgift. Allerdings galten diese Bestimmungen nicht in ganz Griechenland. In Böotien beispielsweise, Thessalien, Delphi, Megara, Amorgos und Tenos hatten die Frauen Besitzrecht und die Vollmacht für Rechtsgeschäfte[19].

Ungeheuer demütigend für die griechische Frau war auch das sogenannte Erbtochterrecht: Wurde eine Tochter erbberechtigt, weil der männliche Erbe fehlte oder gestorben war, so mußte sie, da sie selbst weder erben noch besitzen konnte, ihren nächsten männlichen Verwandten, meist den Onkel bzw. Vetter heiraten, damit das Erbe in der Familie erhalten blieb. Sie war in diesem Fall sogar gezwungen, eine bereits bestehende Ehe zu lösen, um den Besitz zu sichern. Nichts vermag die Stellung der Frau im alten Athen so sehr zu verdeutlichen wie dieses, ihr jede persönliche Würde absprechende Gesetz. Sie war beliebig verfügbar geworden, ohne eigenen Willen, ohne eigenes Recht, ohne eigene Individualität, lediglich im Dienste und zum Nutzen des Mannes und einer patriarchalischen Gesellschaft. Ihre einzige Chance bestand darin, sich durch das Gebären möglichst vieler lebensfähiger Kinder nützlich und durch eine tadellose Haushaltsführung unentbehrlich zu machen. Daß dies vielen Frauen gelungen sein muß, bezeugen zahlreiche Grabinschriften, die vom Dank des Ehemannes für die treuen Dienste der Gattin, ihre Geduld, ihren Fleiß, ihre Demut und ihre Tüchtigkeit berichten. Drei auf den Grabsteinen immer wiederkehrende Symbole sollten dabei ihre Funktion als Hausfrau ausdrücken: Zügel, Maulkorb und Hahn, was soviel bedeutete wie: die Dienerschaft beaufsichtigen, in Männergesellschaft schweigen und mit dem ersten Hahnenschrei aufstehen. *„Nicht Kleider, nicht Geld hat diese Frau hier bewundert, nein, nur den Gatten hat sie geliebt und die Tüchtigkeit"*[20], heißt eine Inschrift, oder eine andere: *„Am windgeschützten felsigen Gestade des Meeres liegend, sehe ich manches Schiff seine Bahn ziehen, die fleißige Isias. Doch tot liege ich am einsamen Strand hier und habe zwei Kinder und den Gatten zurückgelassen. Als ich lebte, habe ich durch meine Arbeit die größte Anerkennung meiner Familie gewonnen. Seid mit gegrüßt ..."*[21] Das wußten sie schon, die Athener, was sie an einer tüchtigen Gattin hatten, auch wenn weibliche Arbeit im allgemeinen geringes Ansehen genoß und daher nicht literaturwürdig war, weshalb uns auch vom Leben dieser Frauen so wenig überliefert ist. Geschichte machten die Männer; nur ihre Heldentaten, blutigen Kriege, Staatsgeschäfte und Philosophien verdienten es, der Nachwelt überliefert zu werden. Das Leben der Frauen innerhalb der Häuser mit ihren Ereignissen von Geburt, Tod, kultischer Feier und ständiger lebensnotwendiger Bedürfnisbefriedigung bildete zwar die wichtige Basis des gesamten Staats- und Gesellschaftsgefüges, war trotzdem aber kaum erwähnenswert. Dabei wäre ohne die Arbeit von Frauen rein nichts gelaufen. Denn im Grunde taten sie, was sie immer getan hatten – jetzt allerdings nicht mehr als freie, sich selbst verantwortliche Individuen, sondern im Dienst der Männer. Frauen leisteten tägliche Überlebensarbeit, sie mußten nicht nur als oberste und lebensgefährliche Pflicht Kinder gebären, sondern waren darüber hinaus für die Führung des gesamten Hauswesens inklusive Kinder, Sklaven und Sklavinnen zuständig. Die Aufsicht über die Dienerschaft, die in der Glanzzeit Athens für einen durchschnittlichen Aristokraten zwanzig bis fünfzig Personen umfaßte, die Verwaltung des Geldes, die Versorgung mit Nahrung und die Kleiderherstellung für alle Hausbewohner lag in ihrem Aufgabenbereich. Wobei neben der Nahrungszubereitung vor allem die Verarbeitung von Wolle eine komplizierte und zeitraubende Angelegenheit war: vom Waschen und Krempeln bis zum Spinnen und Weben.

Auch wird die Frau gewisse medizinische Kenntnisse für die Behandlung von Krankheiten, ebenso wie für den Geburtsvorgang besessen haben. Denn obwohl es Ärzte und Hebammen gab, werden sich die Frauen sicherlich selbst bzw. untereinander geholfen haben. Starb ein Mitglied der Familie, war die Frau für die Aufbahrung der/des Toten und die Klagezeremonien verantwortlich. Schließlich hatte sie auch noch für die Erziehung und Unterweisung ihrer Kinder zu sorgen, der Töchter bis zu deren Verheiratung, der Söhne bis etwa zum zwölften Lebensjahr[22]. Auch wenn dieser Unterricht nach heutigen Maßstäben beurteilt nicht besonders aufwendig gewesen sein wird – die meisten Frauen werden nur über rudimentäre Kenntnisse im Lesen und Schreiben verfügt haben (wie übrigens das Analphabetentum auch unter Männern weit verbreitet war) –, so ist die These von der völlig ungebildeten griechischen Frau, wie sie von der patriarchalischen Geschichtsschreibung bis heute vertreten wird, doch nicht ganz aufrechtzuerhalten. Daß es im Gegenteil sehr wohl auch eine Frauenkultur gegeben hat, belegt Edith Specht in ihren Untersuchungen[23]. Diese Frauenkultur dürfte sich hauptsächlich auf religiöse Frauenfeste beschränkt und altes, matrizentrisches Gedankengut bewahrt und weiterentwickelt haben. Immerhin scheinen auch Frauen in Athen – und nicht nur, wie bislang angenommen in Sparta – gelegentlich Sport betrieben und zu Ehren einer Göttin an Wettkämpfen teilgenommen zu haben. Ebenso gab es Mädchenchöre bei kultischen Feiern. Es hat auch sicherlich für die Mädchen aus vornehmen, adligen Kreisen eine Art höhere Töchterschule gegeben, wo sie feines Benehmen und gesittetes Betragen lernten, aber auch in Musik, Tanz und gymnastischen Übungen unterrichtet wurden. Sappho auf Lesbos sorgte für eine derartige Ausbildung adliger

Mädchen und zwar mit größtem Erfolg, wie die zahlreichen Schülerinnen aus Ländern des gesamten Mittelmeerraumes beweisen. Nach
Edith Specht gab es auch Initiationsrituale für Mädchen unter der
Aufsicht von Athene-Priesterinnen, durch die sie in einjähriger Schulung für ihre Aufgaben als Frauen vorbereitet wurden.

Daß neben den Männerbünden auch Organisationen von Frauen
bestanden, die das konkrete Leben der Frauen und ihren Kult betra-
fen, ist zumindest anzunehmen, auch wenn die Zeitzeugnisse darüber spärlich sind. Aber weibliches Dasein hat, wie gesagt, den griechischen Berichterstatter nie besonders interessiert. Die Geheimhaltung, das Schweigen diente ja auch einem besonderen Zweck: Frau-
en hatten vor der Öffentlichkeit unsichtbar zu sein. Verließ die vornehme Athenerin ihr Haus – was eher selten und vornehmlich zu religiösen Feiern und Begräbnissen geduldet war –, hatte sie verschleiert und einfach gekleidet zu sein. Das Schwätzchen vor der Haustüre
war ein Skandal. So berichtet Aristoteles, daß eine Frau, die beim
Spinnen oder Weben beim Fenster saß, aufstehen und sich in das Innere des Hauses zurückziehen mußte, sobald sie bei dieser Tätigkeit
von einem vorübergehenden Mann gesehen wurde[24]. Die Frauengemächer (Gyneikonitis), die meist im hinteren Teil des Hauses lagen, waren verschlossen, mit Wachs versiegelt und häufig von innen
nicht zu öffnen, weshalb es vorkam, daß Frauen bei Ausbruch eines
Feuers elendiglich verbrannten. Theaterbesuche galten als Seltenheit,
soferne sie überhaupt stattfanden. Sogar von den panhellenischen
Festspielen, den Höhepunkten griechischen Lebens, war die Frau
ausgeschlossen. Selbst die Einkäufe auf dem Markt besorgte der Ehemann in Begleitung eines Sklaven. Da hatten es die Frauen der untersten Schichten in mancher Hinsicht besser. Sie besaßen zwar nicht
den vornehmen, mit Bleiweispulver verstärkten und mit Sonnen-
schirmen gehüteten Teint der upper-class-Athenerin und hatten auch
keine Sklaven zur Verfügung. Dafür konnten sie aber als Marktfrau-
en, Wollbereiterinnen oder gar als Hebammen am gesellschaftlichen
Leben besser teilnehmen und dadurch ihren Gesichtskreis erweitern,
wenngleich sie damit auch keinesfalls dem allgemeinen gesellschaftlichen Ideal entsprochen haben. Denn nicht nur „schön und gut",
auch unterwürfig und demütig hatte die griechische Frau zu sein. Ihre Anmut und Sanftheit, die wir auf Vasenbildern und Reliefs bewundern, mag in diesem Gebot ihre Ursache haben. Zu Sanftmut,
Geduld und Leiden wurde sie erzogen, Eigenschaften, die unter diesen Umständen am besten ihr Überleben gewährleisteten.

Die Hetäre

So wenig uns die griechischen Quellen über die Ehefrau verraten, die innerhalb der Mauern ihrer Gyneikonitis (Frauengemächer) als Besitz des Mannes und darum auch als Tabu betrachtet wurde, umso reichhaltiger sind die Beschreibungen der Hetäre, der „Gefährtin", der „Gespielin", der „Geliebten". Sie ist der einzige Frauentyp, der sich in einem gewagten Seiltanz und ständig vom Absturz bedroht eine gewisse Unabhängigkeit bewahren konnte. Und wenn sie auch nicht in das System integriert wurde, sondern eine eher schillernde, bewunderte, oft aber auch verfolgte und geschmähte Außenseiterin war, setzte der griechische Mann ihr doch zahlreiche literarische und sonstige Denkmäler. Wahrscheinlich war es diese relative Freiheit, die sich manche Hetären durch Schönheit, Klugheit und Geschick erwerben konnten, die den Griechen, der seine eigene Frau geknebelt und unter Verschluß hielt, so faszinierte. Wahrscheinlich war auch die Hetäre die Alibifrau für sein schlechtes Gewissen, der er jedoch trotz aller Bewunderung und häufig auch Wertschätzung nie einen rechtlich abgesicherten Platz innerhalb seines patriarchalischen Systems zugestand. Dafür feierte er sie in seinen Künsten. Denn es kann wohl davon ausgegangen werden, daß die griechische Frau, wie sie uns überliefert wurde, die Hetäre war. Daß sich im vierten vorchristlichen Jahrhundert griechische Bildhauer langsam an die Darstellung des nackten weiblichen Körpers wagten – bislang war Nacktheit ein ausschließliches Privileg des Mannes gewesen –, ist sicherlich auf den Einfluß der Hetären zurückzuführen. Auch für die zahlreichen, in anmutiger, manchmal auch pornographisch-gewagter Haltung abgebildeten Frauengestalten auf Vasenbildern werden Hetären, nicht jedoch ehrbare Athenerinnen Modell gestanden sein.

Durch eine besondere Vielfalt zeichnet sich auch die Hetärenliteratur aus. Waren doch die Freunde und Geliebten der Hetären sehr oft Dichter, Philosophen und Dramatiker. Nicht nur Lukian verfaßte seine berühmten „Hetärengespräche", auch Aristainetos schrieb „Erotische Briefe" und Alkiphron „Hetärenbriefe". Daneben wurden Hetären noch im Theater verewigt, in einem Lustspiel des Eubulos beispielsweise, in Komödien des Eunikos und Pherekrates, und Menander schrieb ein verlorengegangenes Stück über die berühmte Hetäre Thais[1]. Aber auch Grabsteine wurden Hetären errichtet, so etwa jener Kalirrhoe von einem Mann namens Thomas, der folgende Inschrift trägt: *„Eine Hetäre war ich in Byzanz und gab allen Alles von mir für Geld. Ich bin die in allen Künsten der Liebe erfahrene Kalirrhoe. Von Sehnsucht gepeitscht hat Thomas mir diese Grabschrift gesetzt, aufzeigend die Leidenschaft seines Herzens. Wie Wachs schmolz ihm das Herz dahin."*[2] Schließlich haben Hetären sogar Grabdenkmäler erhalten. Harpalos, ehemaliger Statthalter Alexander des Großen, baute nicht weit von Eleusis, dem höchsten Heiligtum der Griechen, ein gigantisches Grabmal in Form eines Tempels für seine Mätresse Phythionike[3]. Der Bezug zu einem Tempel ist nicht verwunderlich, war dem Griechen doch der Weg über Sexualität = Fruchtbarkeit zur Gottheit noch geläufig. Er hatte die alten matrizentrischen Fruchtbarkeitskulte teilweise seinem Ritus einverleibt, die „Heilige Hochzeit" (Hieros Gamos) war nach wie vor Bestandteil religiöser Feste, die sakrale „Prostitution"[4] im Tempel der Aphrodite üblich und die Hetäre daher in gewisser Weise dem Tempelmädchen verwandt. Noch im zweiten nachchristlichen Jahrhundert nennt der griechische Schriftsteller Lukian das Liebesfest im großen Aphrodite-Tempel in Korinth, das tausend Tempelmädchen „zur Lust" gehabt haben soll, ein „Auferstehungsfest"[5]. Doch ist dieser rituelle Akt bereits verächtlich geworden und wird von ihm als religiöser Wahn bezeichnet, während er die profane Prostitution als durchaus nützliche Angelegenheit beschreibt. Die Metamorphose ist aufschlußreich: der ursprünglich einer Göttin geweihte und daher heilige Körper der Frau wird zum käuflichen Objekt männlichen Begehrens.

Es gab berühmte Hetären, die im vaterrechtlichen Athen durch den Verkauf ihres Körpers zu Ansehen und Geld gelangten. So wie etwa Archianassa, die Geliebte Platons, Archippe, die Geliebte des Sophokles oder Abrotonon, die Mutter des Themistokles. Eine der berühmtesten Hetären, die Athenerin Thais, wurde 331 v. Chr. nach der Schlacht von Gaugamela Alexanders Geliebte und heiratete nach dessen Tod Ptolemaios I., König von Ägypten, womit sie zur Stammmutter der Ptolemäer, eines der mächtigsten Geschlechter des Altertums wurde. Herpyllis war die Geliebte des Aristoteles und die Mutter seines Sohnes, Theoris die Geliebte des Sophokles und Glykera die Mätresse des Dichters Menander. Der bereits erwähnte Harpalos entführte sie nach Tarsos, wo er sie als Königin verehren und ihr bereits zu Lebzeiten in der syrischen Stadt Rhossos eine bronzene Bildsäule errichten ließ[6]. Die schöne Phryne, die dem berühmten Bildhauer Praxiteles Modell stand, war besonders auf Ruhm versessen. Sie wollte sogar die zerstörten Festungsmauern von Theben aus eigenen Mitteln aufbauen lassen, wenn die Thebaner dafür eine Inschrift angebracht hätten „Zerstört von Alexander, dem Eroberer / Aufgebaut von Phryne, der Hetäre."[7] Da die berühmte Aphroditestatue im Heiligtum von Knidos, von tausenden Gläubigen angebetet und verehrt, nach ihrem Körper geformt worden war, fand sie wohl auch nichts dabei, sich in einem Tempel ihrem Liebesgeschäft hinzugeben. Das ging den Stadtvätern dann aber zu weit, und sie wurde wegen Gotteslästerung angeklagt. Hypereides, ihr Verteidiger, rettete sie vor einer Verurteilung, indem er ihr plötzlich die Kleider vom Leibe riß, um sie nackt dem Richterkollegium zu präsentieren. Soviel Schönheit, befand daraufhin dieses, weise sie als Priesterin der Aphrodite aus, die im Tempel die Heilige Hochzeit vollziehen dürfe[8]. Daß die exzentrische Phryne ein anderes Mal bei einer Poseidonfeier ihre Kleider ablegte und nackt, mit offenem Haar ins Meer schritt, muß den Zeitgenossen ebenfalls einen gewaltigen Eindruck hinterlassen haben. Auf jeden Fall wurde uns dieses Ereignis von mehreren Zuschauern unabhängig voneinander überliefert.

Die berühmteste Hetäre aber war sicherlich Aspasia, die Gefährtin des Perikles. Sie stammte aus Milet und sammelte in Athen einen Kreis von Philosophen um sich, dem auch Sokrates angehörte. Obwohl sie dreißig Jahre jünger war als Perikles, soll sie diesen die Rhetorik gelehrt und ihn zu seinen glänzenden Parlamentsreden inspiriert haben. Perikles heiratete sie dann auch und berief sie schließlich zum beratenden Mitglied in die Unterrichtsverwaltung. Natürlich wurde auch Aspasia im männerrechtlichen Athen zu einem Stein des Anstoßes, sie wurde in zahlreichen Lustspielen verspottet und schließlich der Kuppelei und Gotteslästerung angeklagt. Sokrates – ebenfalls von ihr beeinflußt und inspiriert – verteidigte sie vor Gericht, sodaß sie schließlich freigesprochen wurde. Zum Dank dafür, so berichtet Plato, habe sie an seinem Grab die Leichenrede gehalten. Nach Perikles' Tod heiratete sie Lysikles, dem sie ebenfalls zu einer beachtlichen Karriere verhalf. Ob Aspasia tatsächlich eine Hetäre war, ist bis heute umstritten. Auf jeden Fall aber kam sie aus Kleinasien, wo es auf dem Boden des alten Mutterrechts selbstbewußtere Frauen gab als im vaterrechtlichen Athen. Dies war Grund genug für die Athener, sie als sittenlose „milesische Hure" zu beschimpfen. Fast alle Hetären oder sonst bedeutende Frauen stammten aus den

*Tanzende Hetäre, (attisches Schalenbild). Die Hetäre, nur mit einem
Pantherfell bekleidet, hält in den Händen Krotalen. Der Flötenspieler ist
möglicherweise ihr Liebhaber.*

Kolonien, Griechenland selbst hingegen mit seinen restriktiven und frauenverachtenden Anschauungen und Gesetzen brachte kaum eine wirkliche Frauenpersönlichkeit hervor. Die Klugheit und Bildung großer Hetären wird in der griechischen Literatur mehrfach erwähnt. Leontion, die Geliebte des Philosophen Epikur etwa war selbst schriftstellerisch tätig[9], die Hetäre Philainis soll das erste Lehrbuch der Liebe geschrieben haben, und Platon meinte von seiner Geliebten Diotima, sie habe ihm und Sokrates wichtige Denkanstöße gegeben[10]. Außerdem konnten Hetären singen und tanzen, sie spielten meist ein oder mehrere Musikinstrumente und beherrschten meisterhaft Anstandsregeln und Konversation, Fertigkeiten, die ihnen – ähnlich wie den japanischen Geishas – in eigenen Schulen vermittelt wurden. Natürlich kleidete sich die Hetäre exquisit. Im Gegensatz zur Athenerin, die meist Gewänder aus einfacher Wolle oder Leinen trug, hüllte sie sich in duftige, schleierartige und hauchdünne Stoffe. Kosmetika – Bleiweis und Wangenrouge aus Maulbeersaft – wurden hingegen nicht nur von Hetären, sondern auch von Hausfrauen benutzt. Auch das Tragen von Schmuck und raffinierten Frisuren, die mit einem Stirnband oder Diadem gekrönt wurden, dürfte zumindest in der Spätzeit der griechischen Antike üblich gewesen sein. Selbstverständlich waren die großen Hetären reich. Sie verschenkten ihre Gunst zu Höchstpreisen, und die wohlhabende athenische Prominenz ließ sich das Schäferstündchen bei einer schönen Hetäre auch was kosten. Manche berühmte Männer leisteten sich gleichzeitig drei oder noch mehr Liebesdienerinnen, wie etwa der Redner Hypereides, der in Athen die Myrrhine, in Eleusis die Phila und am Piräus die Aristagora unterhielt[11]. Trotzdem ist die große, berühmte Hetäre eine Ausnahme geblieben.

Die Regel war die Porne (Hure), die Peribaso (Straßenmädchen) in den Hafenvierteln von Athen, die sich um einen Obolos verkaufte und ehrlos war. Die Lebensbedingungen der kleinen Hure in der antiken Welt zeigen am erschütterndsten die Ausgrabungen in Pompeji, wo bei einer Einwohnerzahl von knapp 20 000 bis jetzt sieben Bordelle gefunden wurden. Hier können noch heute die engen, käfigartigen Räume mit ihren gemauerten Betten besichtigt werden, in denen die Mädchen ihrem Geschäft nachgingen. Sie hatten den Spitznamen „Wasseruhr": Ihre Kunden durften nur solange bleiben, bis die Wasseruhr abgelaufen war[12].) In Athen führte Solon 594 v. Chr. das erste staatlich überwachte Bordell ein, „um es den Männern zu ersparen, nach verbotenen Ehebetten zu spähen."[13] Die Häuser

84

lagen im Hafen- und Töpferviertel, die Dirnen – meist Sklavinnen – wurden von einem Aufseher überwacht. Besonders schlechten Ruf genossen die Herbergen und Schenken, in denen der Gastwirt oft seine eigene Frau den Gästen sozusagen als Draufgabe zu Speis und Trank anbot. Hauptumschlagplatz für Sklavinnen war neben dem perikoles genannten Markt in Athen die Insel Delos. Dort wurden die Mädchen wie das liebe Vieh angeboten und auch so behandelt. Die Käufer griffen ihnen zwischen die Schenkel, um zu prüfen, ob sie noch Jungfrauen seien, öffneten ihnen den Mund, um die Zähne zu besichtigen und betasteten Brüste und Hinterbacken auf ihre Festigkeit. Die „Ware Frau" stand dem Käufer dann zu seiner beliebigen Verfügung – er konnte mit ihr machen, was er wollte, wobei der Warencharakter des weiblichen Menschen noch unter jenem des männlichen stand: Heiratete ein Sklave eine Sklavin, setzte sich das Untergebenenverhältnis der Frau auf Sklavenebene fort. Aber nicht alle Prostituierten waren Sklavinnen. Viele von ihnen – vor allem die Hetären – hatten sich freigekauft oder waren in die Freiheit entlassen worden. Auch freie Nichtbürgerinnen gingen in Athen diesem Gewerbe nach. Sie mußten sich registrieren lassen und eine spezielle Steuer zahlen. Viele Prostituierte verdankten ihre Laufbahn einer Kupplerin, die in ihre Aufzucht und Ausbildung ein Vermögen investiert hatte, das die Mädchen durch Liebeslohn wieder zurückerstatten mußten[14].

War eine Frau schön, klug und auch sonst in jeder Weise angenehm, konnte sie das Glück haben, von einem reichen Liebhaber zu einem längeren Dauerverhältnis oder sogar zur Ehe gekauft zu werden. Zumindest aber hatte eine solche Frau die Chance, in den Stand der „Phallake", der Konkubine zu treten. Zahlreiche Intellektuelle, wie Aristipp, Sokrates oder Aristoteles sind solche Beziehungen eingegangen. Ein typisches Hetärenschicksal ist uns durch die Rede des Verteidigers der angeklagten Neaira überliefert. Neaira war eines der sieben Mädchen, die von einer berufsmäßigen Kupplerin, einer ehemaligen Sklavin namens Nikarete von frühester Jugend an zur Prostitution ausgebildet wurde. Nikarete kaufte die Kinder entweder auf dem Sklavenmarkt oder holte sie vom Altar des Mitleids, wo verarmte Eltern oder ledige Mütter ihre Kleinkinder aussetzten, gab sie als ihre Töchter aus und vermietete sie an Liebhaber auf Zeit. Neaira wurde schließlich von zwei Männern um den Preis von dreißig Minen (das entspricht heute ca. 200 000 bis 300 000 öS) gekauft, konnte sich aber später mit Hilfe des Atheners Phrynion freikaufen, worauf sie zusammen mit ihren vier Kindern in die Hände eines Zuhälters namens Stephanos fiel, der sie und ihre Kinder zur Prostitution zwang, um die Freier danach zu erpressen[15]. Oft hat sich das Hetärengewerbe von der Mutter auf die Tochter weitervererbt. So gelang es Phano, der Tochter Neairas, die Geliebte eines Atheners zu werden, der später zum höchsten Amt in der polis aufstieg. Er befreite ihre Mutter Neaira und ihre Geschwister aus ihrer Zwangslage und machte Phano zur „Jahreskönigin", die an den höchsten Riten der Stadt teilnehmen durfte[16]. Auch die berühmte Hetäre Lais hatte eine Mutter, die sich ebenfalls als Hetäre einen Namen gemacht hatte. Waren Eltern oder ledige Mütter zu arm, um ihre Töchter aufzuziehen, konnten sie diese auch zur Prostitution zwingen. Dies beschreibt Lukian in seinen „Hetärengesprächen", wo er eine Mutter unmißverständlich zu ihrer Tochter sagen läßt: „Ich zog dich unter Entbehrungen auf, in der einzigen Hoffnung, daß du eines Tages uns, mir und dir, helfen wirst ... indem du dein Leben mit jungen Männern verbringst und dich dafür bezahlen läßt." In der folgenden euphemistischen Beschreibung einer Hetäre können wir allerdings unschwer des Autors eigene Wunschvorstellungen erkennen. So etwa hat sich der griechische Mann die Idealfrau vorgestellt: *„Sie kleidet sich immer adrett, ist allen gegenüber heiter und aufgeräumt, kichert nicht bei jeder Gelegenheit, zeigt sich verständig, und stets spielt ein süßes, gewinnendes Lächeln um ihre Lippen. Die Männer behandelt sie klug, liest ihnen jeden Wunsch von den Augen ab und enttäuscht keinen. Niemals betrinkt sie sich in Gesellschaft, nippt nur am Gläschen, berührt die Speisen nur mit den Fingerspitzen, redet nicht mehr als nötig und schaut nur den an, der sie eingeladen hat."*[17]

Frauenfeste

Der einzige Bereich des öffentlichen Lebens, an dem auch Frauen teilnehmen durften, war der religiöse Kult. Allerdings waren sie auch hier Beschränkungen unterworfen. Es gab viele religiöse Stätten, zu denen ihnen der Zutritt verweigert wurde, darunter so wichtige wie die Orakelstätte in Delphi oder der heilige Hain des Ares. Vor allem aber war ihnen die Teilnahme an den Olympischen Spielen bei Todesstrafe untersagt. Die Vatergötter hatten also den Ausschluß der Frauen bereits vollzogen, aber die alten Vorstellungen von der Großen Mutter lebten in den Fruchtbarkeitskulten, die entweder ausschließlich oder überwiegend von Frauen durchgeführt wurden, weiter. Die Priesterinnen standen in hohem Ansehen, ihre Rechte blieben vorläufig unangetastet. Die Athene-Priesterin beispielsweise trat mit den Attributen der Göttin an die Öffentlichkeit, die Priesterin der Hera in Argos gab dem Jahr den Namen und die Demeter-Priesterin durfte als einzige Frau bei den Olympischen Spielen anwesend sein. Aber Frauen haben nicht nur als Priesterinnen gewirkt, sie haben diese Frauenfeste wahrscheinlich auch organisiert. Edith Specht nimmt weibliche Kultvereine an, die für die Durchführung des Rituals verantwortlich waren und die entsprechenden kultisch-magischen Praktiken vermittelten[1]. Die wichtigsten Frauenfeste fanden zu Ehren Demeters, der alten, aus Kreta stammenden Getreidegöttin statt, die zugleich Kore, das Mädchen, Persephone, die reife Frau und Hekate, das alte Weib verkörperte[2]. In Kreta war sie die große Muttergöttin gewesen, die Fruchtbarkeitsgöttin für Pflanzen, Tiere und Menschen, deren Kultstätten tief im Inneren der Erde lagen: die Ida-Höhle, die Dikte-Höhle und die Eileithyia-Höhle. Tatsächlich warfen noch die griechischen Demeter-Priesterinnen die Opfertiere der Göttin in tiefe Höhlen oder Gruben, wo sie durch Verwesung und Verfall für neue Fruchtbarkeit zu sorgen hatten.

Eines der bedeutendsten Demeterfeste in der gesamten griechischen Welt waren die Thesmophorien. Sie wurden im Saatmonat gefeiert und gehen nachweislich auf die frühesten Mutterkulte der vorgriechischen Einwohner zurück. Herodot berichtet, sie seien bereits bei der pelasgischen Urbevölkerung bekannt gewesen. Diese drei Tage dauernden Frauenmysterien waren für Männer tabu. (Lediglich die anfallenden Kosten mußten von ihnen getragen werden.) Die ausschließlich von Frauen ausgeübten Geheimriten wurden der Öffentlichkeit nicht preisgegeben, weshalb wir auch so wenig darüber wissen. Die spärlichen Zeugnisse, die uns von diesen Fruchtbarkeitskulten überliefert sind, stammen von späteren, meist christlichen Autoren, die damit ihren Abscheu über derart unzüchtige, verwerfliche und heidnische Bräuche kundtaten. Im allgemeinen sollten die Teilnehmerinnen, die verheiratete Bürgersfrauen von gutem Ruf sein mußten, einige Tage vor dem Fest geschlechtlich enthaltsam leben. Der erste Tag vor der eigentlichen Feier wurde als „anodos", Hinaufgehen, bezeichnet. In Athen zogen die Frauen in feierlicher Prozession wahrscheinlich in der Nacht und bei Fackelschein zu dem auf der Pnyx gelegenen Heiligtum, wo ein Opfer dargebracht und Laubhütten errichtet wurden, in denen sie sich aufhielten. Am zweiten Tag, dem „nesteia" (Fasttag) wurde gefastet. Die Frauen hockten dabei auf der Erde und ahmten Demeters Schmerz über den Verlust ihrer Tochter nach, die nach dem Mythos von Hades in die Unterwelt entführt worden war. Das zentrale Ritual jedoch fand in der Nacht zum dritten Tag, dem „kalligeneia" (= glückliche Geburt) statt, in der die Reste von meist schon vor etlichen Monaten in Gruben geworfenen Schweinen – den heiligen Tieren der Demeter – heraufgeholt, mit Saatkorn vermischt und über die Felder gestreut wurden[3]. Theodoret, ein christlicher Autor, berichtet mit großer Entrüstung, daß sich die Frauen bei der nächtlichen Feier Obszönitäten zuriefen und mit Nachbildungen männlicher und weiblicher Geschlechtsteile hantierten, wobei, „das weibliche Geschlechtsteil bei den Thesmophorien seitens der Eingeweihten Ehrfurcht erfordert."[4] Dem sexual- und leibfeindlichen Christentum war die Verehrung der Vulva und des weiblichen Schoßes als Garant für Leben und Fruchtbarkeit fremd. In der Verächtlichmachung des weiblichen Körpers als „Gefäß der Sünde" liegt auch sicherlich eine wesentliche Ursache für die Frauenverachtung, wie sie von der christlichen Scholastik des Mittelalters so offen geäußert wurde.

Ein weiteres wichtiges Fest zu Ehren der Erdgöttin Demeter und ihrer Tochter, der Auferstehungsgöttin Kore wurde in Eleusis, ihrer Hauptkultstätte gefeiert. Die eleusinischen Mysterien, die bis in römische Zeit reichten, stellen die Heilige Hochzeit zwischen Gott und Göttin dar, verkörpert durch die Hohepriesterin der Demeter und den Hohepriester des Zeus. Ursprünglich war es ihr Heros Iakchos bzw. Dionysos, mit dem sich die Göttin paarte[5]. Die Ruinen des berühmten Mysterienheiligtums 22 Kilometer nordwestlich von Athen wurden in den Jahren 1882 bis 1890 von der griechischen Archäologischen Gesellschaft ausgegraben. Seit 700 v. Chr. gehörte Eleusis zum Regierungsbezirk von Athen. Beide Städte waren durch die „Heilige Straße" miteinander verbunden. Zur Zeit der Herbstsaat zogen auf ihr Tausende von Pilgern zum Demeterfest. In Prozessionen trugen die Männer bekränzte Ackergeräte und Ähren, die Frauen Eppich (= volkstümlich für Efeu), Myrrhensträuße und Fackeln. In der um 600 v. Chr. errichteten quadratischen Säulenhalle, die ringsum mit Sitzreihen ausgestattet war, fanden Theateraufführungen statt, die wahrscheinlich den Schmerz Demeters über die Entführung ihrer Tochter und ihre Freude über deren Wiedergeburt zum Inhalt hatten. In der Mitte des Heiligtums, dem Anakkoron, standen auf erhöhtem Platz die Kultbilder von Demeter und Kore (Persephone). Am eigentlichen Festtag wurde die Statue der Göttin im Schmuck einer jungen Braut in einer Prozession bis zu dem verhängten Heiligtum getragen, in dem ein Hochzeitsbett vorbereitet war. Darauf betrat der Hohepriester des Zeus bei erloschenen Fackeln den verhängten Raum. Nach einer Weile erschien die Demeterpriesterin und zeigte den Gläubigen eine Kornähre, die sie nach der Zeugung rituell geboren hatte. „Das ist der heilige Knabe, der Gottessohn, den die Kornmutter geboren hat"[6], kommentierte der Hohepriester dieses Ereignis, womit das symbolhafte Absterben und erneute Wachsen der Kornähre bereits als Allegorie menschlicher bzw. männlicher Unsterblichkeit aufgefaßt wurde. Auf Grund der allgemeinen Geheimhaltung sind uns jedoch auch über diese Kulte wenig Einzelheiten bekannt. Die Eingeweihten sprachen nicht über ihre Erlebnisse. *„Nur wer der heiligen Schau teilhaftig wurde"*, sagt Sophokles über die Mysterien, *„wird im Hades Leben finden, nur er wird der Gnade teilhaft, das Ende des Lebens als neu gegebenen Anfang zu empfinden."*[7] Neben dem Hohepriester und der Hohepriesterin, die beide aus dem adligen Geschlecht der Eumolpiden stammen mußten, hatte noch eine Reihe von Priesterinnen wichtige Funktionen inne. Nur weibliche Initianden nahmen an der kernophoria, dem Tragen der heiligen Gefäße, das ebenfalls in den Ritus eingebunden war, teil. Frauen tanzten auch die heiligen Tänze zu Ehren der Göttin, sie enthüllten in feierlichen Zeremonien kultische Gegenstände und rezitierten heilige Texte[8].

Ein weiteres, ebenfall in Eleusis gefeiertes und der Demeter geweihtes Frauenfest, in dem weibliche Fruchtbarkeit und weibliche

Sexualität verehrt wurden, waren die „Haloa" (Fest am Dreschplatz). Auch diese Feier fand ursprünglich unter Ausschluß der Männer statt. Es wird von üppigen Gelagen berichtet, an denen sogar Hetären, später auch Männer teilnehmen konnten. Die Riten selbst bewahrten uralte Fruchtbarkeitsmagie. „Viel Scherz und Spottreden werden geführt", meint ein christlicher Augenzeuge. „Nur die Frauen, die hineingeführt (=eingeführt, initiiert) sind, können sagen, was sie wollen, und sie sagen einander wirklich das Allerordinärste. Die verborgenen Priesterinnen fordern die Frauen zu einer Art geheimen Liebesakt auf, über den sie keinesfalls sprechen dürfen. Die Frauen rufen einander Unzüchtigkeiten und Unflätigkeiten zu, wobei sie mit männlichen und weiblichen Geschlechtsteilen hantieren."[9]

Nicht als reines Frauenfest, aber doch unter Beteiligung von Frauen wurden die Panathenäen gefeiert, das Geburtstagsfest der Göttin Athene Polias, der Schutzgöttin der Stadt Athen. Der Parthenonfries zeigt Frauen, die sich bei der Prozession unter die Männer mengen, wobei junge Mädchen, die „kanephoroi", bei diesem Umzug geweihte Mysterienkörbe tragen. Daß es sich dabei um Jungfrauen handeln mußte, weist möglicherweise auf den patriarchalischen Charakter der Göttin Athene hin: Sie war es bekanntlich, die durch ihre Stimme den Muttermord des Orest gerechtfertigt und damit dem Vaterrecht zum Sieg verholfen hatte. Immerhin besaß sie Priesterinnen – das Amt der Athenepriesterin war ein bedeutendes, das sich innerhalb des Priestergeschlechts der sogenannten Eteobutaden weitervererbte. Herodot führt zwei Ereignisse an, die den Einfluß dieser Priesterin deutlich machen: Als der Spartanerkönig Kleomenes 50 v. Chr. versuchte, sich dem Heiligtum der Athene zu nähern, wurde er von der Priesterin zurückgewiesen. Und vor der Schlacht bei Salamis verkündete sie, die heilige Schlange der Athene habe die Akropolis bereits verlassen, wodurch sie den Entschluß, die Bevölkerung Athens zu evakuieren, maßgeblich unterstützte[10].

Aber auch ein männlicher Gott besaß die Gunst der Frauen: Dionysos, ursprünglich Sohngeliebter der Erdgöttin Demeter, der später als Gott des Lebens, des Todes und der Todesüberwindung gefeiert wurde. Ein frauenfreundlicher Gott, in dessen Gefolge die Mänaden tanzten, ein großer Liebender, immer von einer Geliebten begleitet, deren Schönheit ihn berauschte. Sein Kult wurde vor allem von Frauen gefeiert, sie schmückten und bekränzten seinen Phallus als wichtigstes Attribut der Dionysosprozession. In den großen Dionysien in Athen wurden mehrere Phalli benützt. Meist waren sie aus Leder und auf einem Schaft aus Feigenholz aufgesteckt. In Delos wurde der bemalte, geschmückte, später beflügelte Phallus auf einem Wagen gefahren[11]. Weitere Attribute des Gottes waren Weinkrug, Rebe und ein Korb Feigen. Denn Dionysos galt als Spender des Weines, und an den Dionysosfesten, so erzählt der Mythos, blühen und reifen Reben an einem Tag. Doch verstand der ursprüngliche Dionyos seine Ekstase sehr wohl zu zügeln, über ausschweifende Feste wird uns erst später berichtet, als sich der Kult bereits in seiner Verfallsphase befand. In den römischen Bacchanalien etwa, zu denen auch Männer Zutritt hatten, sollen wüste sexuelle Ausschweifungen stattgefunden haben. Immerhin hat sich der Kult trotz seines Verbotes im Jahre 186 v. Chr. noch viele weitere Jahrhunderte erhalten. Die mystischen Geheimkulte des Dionysos wurden später dem italienischen Gott Liber einverleibt, und griechisch-römische Mysteriengenossenschaften finden sich in den ersten drei nachchristlichen Jahrhunderten nicht nur in Rom, sondern auch in Kleinasien und Thrakien[12]. Auch darüber besitzen wir von empörten christlichen Autoren die ausführlichsten Beschreibungen, während der gläubige Heide über diese Geheimkulte wenig oder nichts berichtet. So etwa meinte kein geringerer als der heilige Augustinus in seiner „Civitas Dei" (=Gottesstaat) unter Bezug auf den römischen Gelehrten Marcus Terentius Varro: „*Unter anderem ... nennt er* [Varro] *die Zelebration des Liberus mit so offener Scheußlichkeit, damit zu dessen Ehren die männlichen Sexualorgane verehrt werden. Und zwar nicht in schüchterner Heimlichkeit, sondern fahrlässig ganz öffentlich. Dieses schandbare Organ wird an den Festtagen des Liberus auf einem Wägelchen gefahren, zunächst auf dem Lande an Kreuzwegen und schließlich bis in die Stadt hinein. Dort wurde dem Liberus Lavinius ein ganzer Monat zugeteilt, an dessen Tagen man sich der übelsten Worte bediente, bis dieses Glied auf das Forum gebracht war und an seinem Ort verblieb. Dieses Glied wurde von ehrenhaften Familienfrauen öffentlich bekränzt. So wurde wohl Gott Liberus wegen des Samenertrages besänftigt und böser Zauber vom Feld vertrieben. Darum mußte die Matrona dies öffentlich tun, was nicht einmal die Dirne, selbst wenn Matronen zusahen, im Theater machen durfte ...*"[13]

Der asketische Gottesmann Augustinus (von dem uns ausführliche frauenfeindliche Zitate erhalten sind) konnte das kultische Fruchtbarkeitsritual in seiner speziellen Sinnhaftigkeit nicht nachvollziehen. Zahlreiche weitere christliche Autoren haben sich ähnlich geäußert. Trotzdem hat sich dieser Kult in Resten wahrscheinlich bis in die Zeit der Hexenverfolgungen hinein erhalten. Dionysos, der zweigehörnte Gott, der häufig in Tiergestalt auftrat, aber auch mit dem bocksfüßigen Hirtengott Pan eine Verbindung einging, wurde zum Gott der Hexen. Nicht nur in den Hexenprozessen, sondern auch in zeitgenössischen Berichten der Hexenverfolger Jean Bodin und Delancre beispielsweise werden künstliche Phallen erwähnt, die „kalt sind wie Eis". Es wird angenommen, daß der inzwischen zum Teufel stilisierte Hexengott damit seine „Dienerinnen" initiiert hat. Am Hexensabbat mit seinen orgiastischen Tänzen und Gelagen finden sich letzte Spuren einstiger Fruchtbarkeitsfeste, deren Geheimriten aus den Hexen herausgefoltert wurden. Die erhalten gebliebenen Hexenprotokolle liefern deutliche Hinweise, daß es diese uralten Rituale damals noch gab.

Die Spartanerin

Als eine ziemlich exotische und beunruhigende Erscheinung betrachtete der attische Bewohner die Spartanerin, war sie doch das völlige Gegenteil der Frau in Athen: Sie maß sich im Ringkampf mit dem Mann, nackt wie dieser, wobei es durchaus vorkommen konnte, daß sie diesen Zweikampf gewann. Sie verbarg sich nicht demütig im Haus ihres Gatten, ausgeschlossen von öffentlichen Angelegenheiten jeder Art, sondern bewegte sich frei. Sie pflegte voreheliche Beziehungen und betrachtete auch die Ehe keinesfalls immer als absolutes Treuegelöbnis ihrem Ehemann gegenüber. Außerdem galt sie als anerkannte Rechtsperson, war prozeß- und eidesfähig und verwaltete ihr eigenes Sippenvermögen (noch gegen Ende der alexandrinischen Zeit gehörten mehr als zwei Drittel des Landbesitzes den Frauen)[1]. Alles in allem höchst schockierend für den Athener, der allein durch die Existenz solcher weiblicher Wesen seinen eigenen Herrschaftsanspruch gefährdet sah und seiner Angst auch beredt Ausdruck verlieh. Plutarch etwa entrüstet sich im ersten nachchristlichen Jahrhundert, daß die Spartanerinnen „sehr dreist und gegen ihre Männer selbst männlich und gebieterisch gewesen sein" sollen, „indem sie nicht nur im Hause unumschränkt herrschten, sondern auch in den wichtigen Angelegenheiten des Staates ihre Meinung mit aller Freiheit sagen durften."[2] Wenn die Spartaner unter solch empörenden Umständen wenigstens Memmen gewesen wären, Feiglinge oder „Muttersöhnchen", ausgeliefert dem gerechten Spott des mannhaften Atheners! Aber daß dem nicht so war, daß der spartanische Krieger vielmehr für seine Tapferkeit berühmt gewesen ist und die spartanische Armee lange Zeit als unbesiegbar galt, raubte dem Bewohner Attikas vollends die Fassung, weshalb jener inzwischen berühmt gewordene Ausspruch einer Spartanerin genau seinen Nerv getroffen hat: Auf den Vorwurf einer athenischen Bürgerin, Spartas Frauen würden versuchen, ihre Männer zu beherrschen, antwortete Gorgo, die Frau des spartanischen Feldherrn Leonidas: „Im Gegenteil, wir sind die einzigen Frauen, die wirkliche Männer hervorbringen."[3]

Natürlich war Sparta keinesfalls ein reines Matriarchat, vielmehr bildeten vaterrechtliche und mutterrechtliche Elemente hier eine Mischform, die in der gesamten Antike einzigartig war. Gefürchtet wegen ihrer beispiellosen Tapferkeit und Härte, besaßen die Spartiaten gleichzeitig ein weitgehend mutterrechtliches, matrilineares und matrilokales Gesellschaftssystem, in dem die Frau ihre eigenen Rechte und Freiheiten wahren konnte. Borneman erklärt dieses seltsame Nebeneinander patriarchaler und matrizentrischer Elemente damit, daß sich die zumindest teilweise mutterrechtlich organisierten Dorer, die am Ende des zweiten Jahrtausends vor Christus in das damalige Lakonien eingewandert waren, zunehmend gegen die Aggression patriarchalischer Völker verteidigen mußten. Dazu kam, daß die Dorer ihre eigenen Frauen mitbrachten, Vergewaltigungen der eingesessenen Frauen daher nicht die Regel gewesen sein dürften, was dazu geführt haben mag, daß die Frau nicht generell als verachtungswürdiges Beutestück betrachtet wurde, wie dies bei den übrigen griechischen Einwanderern der Fall war. Tatsache bleibt, daß die harte, häufig unmenschliche Erziehung spartanischer Knaben einem verhältnismäßig späten Stadium der dorischen Stammesentwicklung entsprach. Sparta selbst erhielt erst 192 v. Chr. Befestigungsmauern. Nichtsdestoweniger lebten die Spartiaten in ständiger Angst vor einer rebellierenden Urbevölkerung. Der Helotenaufstand im siebenten vorchristlichen Jahrhundert wurde zum kaum bewältigten Trauma der Herrenkaste, das sie härteste Disziplin und Selbstkasteiung fast bis zum Exzeß betreiben ließ. Deshalb berichten athenische Schriftsteller auch, daß in Sparta selbst die versklavten Heloten besser lebten als ihre Herren. Sie waren zwar unfrei, doch gönnten sie sich ein besseres Essen, wärmere Häuser und bequemere Betten. Die Frauen der halbfreien Periöken trugen Schmuck, ließen sich massieren und gingen zum Friseur. Die freie Spartanerin jedoch hatte sich in ihren Lebensgewohnheiten einer ähnlich harten Disziplin zu unterwerfen wie der Mann. Zwar nahm sie nicht an jenen grausamen, rituellen Geißelungen zu Ehren der Muttergöttin Artemis teil, wie sie für Knaben ab dem 18. Lebensjahr üblich waren (Plutarch berichtet, er habe mit eigenen Augen halbe Kinder dabei sterben sehen, ohne auch nur einen Laut von sich zu geben), aber ihr Lebensstil war einfach und freiwillige Armut auch für sie ein Gebot. Sie kleidete sich äußerst schlicht, trug anspruchslose Haarknoten, verzichtete auf Kosmetika und ihre Nahrung bestand hauptsächlich aus Blutsuppe und Gerstenfladen. Die Fertigung der Kleider sowie die Hausarbeiten allerdings wurden Frauen untergeordneter Klassen überlassen.

Die Vollbürgerin befaßte sich lediglich mit der Leitung des Haushaltes und der Erziehung ihrer Kinder.

Nach Abschaffung der strengen Lykurgischen Gesellschaftsordnung scheint jedoch auch unter Spartas Frauen so etwas wie „Luxus" aufgekommen zu sein, was griechische Schriftsteller natürlich sofort veranlaßt hat, für den Untergang Spartas seine „genußsüchtigen" Frauen verantwortlich zu machen (auch die römische Sittenlosigkeit ging ja bekanntlich vornehmlich auf das Konto von Frauen). Nachdem König Agis um die Mitte des dritten Jahrhunderts v. Chr. den Versuch unternommen hatte, die alte Lykurgische Ordnung wiederherzustellen, führte Plutarch das Mißlingen dieser Reformversuche darauf zurück, daß sich die Frauen geweigert hätten, ihr angenehmes Leben aufzugeben. Auch Aristoteles zieht entsprechende Rückschlüsse, wenn er meint, an den Verfallserscheinungen in Sparta sei die Verderbtheit der Frauen schuld[4]. Tatsächlich jedoch lag es wohl vor allem an jenem ständigen Zweifrontenkrieg gegen die unterdrückten Heloten im eigenen Staat und die Angreifer von außen, in dem sich der Wehrwille schließlich zerschlissen hat. Zusätzlich mag sich auch die Verachtung des Spartiaten für Arbeit und sein konservatives, Neuerungen ablehnendes Beharrungsvermögen ungünstig ausgewirkt haben.

Im Grunde besaßen die unterdrückten Ackerbauern der Heloten ein relativ hohes Maß an ökonomischer Freiheit; sie bauten an, was sie wollten, lieferten fünfzig Prozent des Ertrages an ihre Besitzer ab, waren nicht wehrdienstpflichtig und erhielten ihr eigenes Stammes- und Sippensystem[5]. Die Perioken hingegen, die Bewohner der kleinen Städte, verwalteten das Geld. In ihren Händen lagen Handwerk und Handel, sie zahlten den Spartiaten Tribut und waren auch militärdienstpflichtig, doch in eigenen Heeren. Der freie Spartiat besaß weder Geld noch trieb er Handel, Arbeit betrachtete er als Schande, und sein einziger Beruf war das Kriegshandwerk. Von frühester Jugend an darauf vorbereitet, entweder zu siegen oder zu sterben, verließ er mit vollendetem sechsten Lebensjahr die Muttersippe, um in die militärischen Ausbildungsstätten einzutreten, wo er bis zum 19. Lebensjahr verblieb. Schon mit vierzehn nahm er zusammen mit den Erwachsenen an Truppenübungen teil und wurde zu den härtesten Entbehrungen gezwungen. Zwanzigjährig wechselte er dann in die Kasernen der Männer über, wo er wahrscheinlich bis zu seinem 60. Lebensjahr stationiert war. Besuche bei den Frauen fanden also nur sporadisch und vornehmlich nachts statt. Diese lebten daher in ihren Muttersippen die meiste Zeit allein, worauf sich auch ihre Freiheit begründete. Der Ehemann konnte allfällige außereheliche Beziehungen kaum kontrollieren. Es wird sogar angenommen, daß diese zeitweise gefördert wurden, um im Kriegsfalle dem Staat die dringend notwendigen Nachkommen zu verschaffen[6]. Weil in matrilinearer Nachfolge das Kind einer Spartiatin auf jeden Fall als Spartiat galt, selbst wenn es einen Sklaven zum Vater hatte[7], stand der reinrassigen Nachkommenschaft nichts im Wege. Vor allem wenn der eigene Ehemann impotent war, hatte die Frau die Pflicht, sich einen zeugungsfähigen Mann zu suchen, wobei die Berichte verschiedener athenischer Autoren, wonach die spartanischen Ehemänner in solch einem Fall ihre Frauen an andere Männer „ausgeliehen" haben, wohl ihrem patriarchalischen Selbstverständnis entspricht. Denn daß sich die selbstbewußte Spartanerin „ausleihen" ließ, ist unwahrscheinlich. Eher wird es ein Mann ihrer eigenen Wahl gewesen sein, mit dem sie für Nachwuchs sorgte.

Die Selbständigkeit der spartanischen Frau, die ihr Ehemann respektvoll „Herrin" nannte, und über die sich so viele athenische Autoren mokierten, wurde durch eine relativ gute Erziehung gefördert, die allerdings dem allgemeinen Staatsinteresse untergeordnet war. Weil sie in erster Linie gesunde Kinder zu gebären hatte, war körperliche Ertüchtigung von besonderer Wichtigkeit. Dazu kamen dann noch Tanz, Musik, und Gesang. Lesen und Schreiben war – ebenso wie bei den Knaben – von untergeordneter Bedeutung. Immerhin jedoch waren Mädchenschulen in der antiken Welt nichts Selbstverständliches. Es gab zwar Erziehungsinstitute für höhere Töchter – Sappho etwa scheint eine solche „Kunstakademie" geleitet zu haben –, aber von allgemein zugänglichen Mädchenschulen ist wenig bekannt. Es hat sie zwischen dem fünften und vierten Jahrhundert außer in Sparta nur noch auf Kreta, in Lesbos und im beginnenden Hellenismus in Teos, Pergamon und auf der Insel Thera (dem heutigen Santorin) gegeben[8].

Neben der Tatsache, daß Spartanerinnen nackt an Ringkämpfen teilnahmen, hat vor allem die Kleidung der spartanischen Frau die Athener beschäftigt. Daß sie keine langen, verhüllenden Gewänder trug wie ihre Athener Geschlechtsgenossin wurde vielfach beanstandet. Auch daß ihr Kleid an der Seite offen war, was sicherlich einer größeren Bewegungsfreiheit diente, störte Sophokles und Euripides, und Ibykos verspottet die Spartanerinnen, weil sie „ihre Hüften zeigen". Natürlich wurden auch die Fruchtbarkeitstänze, die spartanische Mädchen nackt oder halbnackt beim Zug in den Artemistempel ausführten, von athenischen Autoren als unsittlich empfunden. Dabei war es wohl nicht der nackte Körper, der Anstoß erregte, sondern die Tatsache, daß hier Eigentumsrecht, nämlich das des Mannes auf die Frau, verletzt wurde. Die relative Freiheit der Spartiatin wird auch daran deutlich, daß Mädchen hier viel später als in Athen heirateten, und zwar nicht vor dem 24. Lebensjahr. Bis dahin standen ihnen alle Möglichkeiten eines Partnerwechsels offen, was in Athen, wo sie als halbe Kinder verheiratet wurden, unmöglich war. Diese sexuelle Gleichberechtigung der Frau hat sicherlich mit dazu beigetragen, daß der Spartaner eine wesentlich freiere und unverkrampftere Beziehung zum anderen Geschlecht entwickeln konnte als der Athener, und daß er auch keine Hetären und Konkubinen als Ausgleich für die langweilige Ehefrau benötigte. Homosexuelle Beziehungen hat es allerdings auch in Sparta gegeben, zwischen Lehrer und Schüler vor allem, doch lassen sie sich auch unter Frauen vermuten, nachdem die gesellschaftlichen Verhältnisse dies zugelassen haben. Die Gebärpflicht wurde trotzdem den Frauen vom Staat verordnet, dabei mußten die Kinder absolut gesund sein, denn das Ausleseverfahren war ziemlich rigoros. Neugeborene Knaben wurden von einer Behörde begutachtet und, falls sie schwächlich oder behindert waren, ausgesetzt. Kleine Mädchen hingegen hatten bessere Chancen, aufgezogen zu werden[9]. Es ist durchaus möglich, daß derart harte Maßnahmen dazu beigetragen haben, daß die Herrenkaste der Spartiaten zahlenmäßig immer kleiner wurde. Gegen Mitte des dritten Jahrhunderts kamen auf einen Spartiaten bereits etwa hundert Heloten, was natürlich die Angst vor dem totalen Aussterben erklärt. Deshalb wurde auch ein Junggeselle, der nach dem 35. Lebensjahr noch nicht verheiratet war, verspottet und mißhandelt. Er durfte von Frauen geohrfeigt werden und Plutarch meint, er müsse im Winter nackt um den Marktplatz marschieren und auf sich selbst ein Spottlied singen[10].

Trotz außerehelicher Verhältnisse und weitgehend getrennter Lebensweise verheirateter Paare galt allerdings auch in Sparta die Ehe als eigentliche Produktionsstätte für den Nachwuchs. An ihrem Hochzeitstag wurde die Braut aber nicht verschleiert und geschmückt, sondern sie mußte Männerkleider anlegen und sich die Haare kurz scheren lassen[11]. Dieser symbolische Akt hatte sie vermutlich auf das harte, entbehrungsreiche Leben als Frau eines spartanischen Kriegers vorzubereiten. Ähnlich könnte auch der öffentliche Ringkampf interpretiert werden, der häufig vor der Hochzeit zwischen Mann und Frau ausgetragen wurde[12]. Dieser hat gleichzeitig auch als unmißverständliches Zeichen einer gleichberechtigten

Stellung zu gelten – allerdings bereits mit patriarchalischen Vorzeichen versehen. Denn Wettkampf im Sinne von Leistung bzw. Leistungssteigerung gab es in den alten matrizentrischen Kulturen nicht. Sportliche Veranstaltungen fanden hier beinahe ausnahmslos im Dienste und zu Ehren der Großen Göttin statt.

Obwohl die selbstbewußte Spartanerin die Phantasie der attischen Schriftsteller also besonders in Anspruch nahm, war sie nicht die einzige, relativ gleichberechtigte Frau im alten Hellas. Vor allem in jenen Gebieten, die von Dorern besiedelt waren – also in Gortyn auf Kreta, in Megara, in Nordgriechenland, wo der dorische Einfluß stark war, und in Thessalien –, besaß sie ähnliche Rechte. Aber auch auf den dorischen Inseln Melos und Thera hatte sie größere Freiheiten als im ionischen Attika, was auf benachbarte Inseln, Amorgos beispielsweise oder Tenos, einen gewissen Einfluß ausübte. Daß eine Sappho ausgerechnet auf der Insel Lesbos lebte, ist auch kein reiner Zufall: Hier hat sich in der Nähe Kleinasiens uraltes Mutterrecht erhalten, womit die Voraussetzung für die Entwicklung einer Dichterpersönlichkeit geschaffen war, wie sie in der gesamten griechischen Antike ohne Beispiel ist.

Sappho

Sappho bedeutet Lapislazuli, und es ist bis heute umstritten, ob es sich dabei nicht vielleicht um ein Pseudonym handelte. Auch sonst ist von dieser Dichterin wenig bekannt, die uns so wunderbare Verse hinterließ, Bruchstückhaftes meist, Fragmente auf Vasenscherben, Papyrusfetzen, aber selbst in dieser Unvollkommenheit so berührend, unmittelbar und lebendig, daß es Generationen von Dichtern beeinflußte. Nicht nur die gesamte griechische und römische, auch die abendländische Nachwelt hat ihr bewundernd Kränze geflochten. Sokrates nannte sie „Sappho, die Schöne" und meinte, sie hätte sein volles Herz wie Ströme ein Gefäß gefüllt und ihm den Stoff zu seinen eigenen begeisterten Lobreden auf Eros geliefert[1]. Strabo bewunderte sie. Lukian bezeichnete sie als „bezaubernden Ruhm der Lesbier", und Platos Eros-Philosophie ist sapphisch beeinflußt. Solon fühlte sich von ihr überwältigt, Pindar schrieb wörtlich eines ihrer hundert Epigramme ab, und die griechische Tragödie, Sophokles vor allem, hat ihre mixolydische, auf dem Grundton – g – stehende Tonart übernommen. Euripides und Isokrates kopierten den Stil ihrer Oden, und auch die römischen Autoren Catull, Horaz und Vergil gehörten zu ihren Imitatoren. Über die lateinische Literatur hat Sappho dann das Abendland erreicht, in England fühlte sich Algernon Swinburne „ganz in Sappho getaucht" und bezeichnete sie als den „größten Dichter, der je gelebt hat"[2]. Auch Lord Byron, William Morris, John Keats, Alfred Tennyson und Percy B. Shelley fühlten sich von ihr inspiriert.

Wer war nun diese außergewöhnlich Frau, die auf Lesbos junge Mädchen in Musik, Tanz und feinem Benehmen unterrichtete, und die Welt noch über 2 000 Jahre nach ihrem Tod zu bezaubern weiß? Ihre Gestalt ist blaß, sie tritt hinter ihrer Dichtung zurück, bietet lediglich schemenhafte Umrisse, ungesicherte Daten. Wahrscheinlich wurde sie zwischen 617 und 612 v. Chr. in Eressos, einem Ort an der Südküste von Lesbos geboren. Ihr Vater Skamandros war Patrizier und reicher Weinhändler; nach der Mutter Kleis benannte Sappho später ihre Tochter.

„Hab ein schönes Kind, goldnen Blumen wohl vergleichbar
ist sein feiner Wuchs: Kleis heißt sie, mein Alles
und ich nähme nicht Lydiens Reichtum noch das schöne
(Lesbos), müßt' als Preis sie ich geben ..."[3]

Vermutlich heiratete sie Kerkylos von der Insel Andros. Außerdem hatte sie ein Liebesverhältnis mit dem Dichter Alkaios, der ihr einige seiner schönsten Verse widmete. Zwischen 603 und 595 mußte sie ins Ausland emigrieren. Pittakus, Tyrann von Lesbos, verbannte sie nach Sizilien, ob auf Grund eigener politischer Tätigkeit oder nur wegen Zugehörigkeit zu ihrer verfolgten Familie, ist ungeklärt. In der Verbannung schrieb sie sehnsüchtige Hymnen auf ihre Heimatinsel Lesbos:

„Um das Wasser des Teiches
Rauscht es kühl durch Quittenzweige
Von den raschelnden Blättern rieselt
Traum zu Boden."[4]

Etwa um 586/85 kehrte Sappho in ihre Heimat zurück, wahrscheinlich bereits verwitwet. Über ihren Mann wissen wir wenig, wesentlich mehr jedoch über jene Mädchen, deren Erziehung sie künftig in die Hand nimmt. Sie heißen Anaktoria, Gongyla, Eranna, Megara, Kydna, Attis. Ihnen hat sie ihre sehnsuchtsvollen, weichen, die Natur und die Liebe besingenden Gedichte gewidmet.

„Frischer Tau ist ausgegossen,
üppig prangen
Rosen und weiche
Gräser und blühender Honigklee.
Vielfach wandelnd in Erinnerung an die sanfte
Attis, legt sich schwere Sehnsucht
Auf die feine Seele, auf das Herz das Leid."[5]

Für die Nachwelt ist die Erscheinung der Sappho, der Lesbierin, darum auch eng verbunden mit der gleichgeschlechtlichen Liebe, „lesbisch" heißt seit damals die Liebe zwischen Frauen. Sapphos verströmender Eros gehörte jenen Mädchen, die sie schmückte und bewunderte, die sie umwarb, die sie liebte, und die sie schließlich an die Männer abgeben mußte, für die sie ihre Schülerinnen ja letztlich vorbereitet hatte. Dabei ist sich die moderne Forschung immer noch

100

Alkaios und Sappho (attisches Weingefäß) Sappho, im langen Chiton, im Haar Binde und Diadem, lauscht dem zur Lyra singenden Alkaios.

nicht im klaren, ob unter dem „Thiasos", dem Kreis um Sappho, ein Kultverein für Aphrodite mit Sappho als Priesterin oder eine Art Mädchenpensionat mit Sappho als Lehrerin zu verstehen ist. Wahrscheinlich ist er beides gewesen, Sappho war Priesterin und Lehrerin zugleich, die ihre Schützlinge im Auftrag und im Dienst der Liebesgöttin erzog.

Wie schon erwähnt hat es wahrscheinlich mehrere solcher Erziehungsinstitute für junge Adelige oder Töchter aus vermögendem Hause im alten Hellas gegeben. Auf jeden Fall erwähnte Sappho Rivalinnen, zu denen das eine oder andere Mädchen „übergelaufen" sei.

> „Gliederlösender Eros treibt wieder mich
> um, süß-bitter, unzähmbar, ein wildes Tier.
> Attis, dir war es lästig, bei mir zu sein
> in Gedanken: Andromeda läufst du nach."[6]

Trotzdem scheint keine der Erzieherinnen so erfolgreich gewesen zu sein, wozu sicherlich Sapphos Ruf als Dichterin wesentlich beitrug. So wie auch die Erziehung des Knaben stark von den häufig homosexuellen Verhältnissen zwischen Lehrer und Schüler beeinflußt war, scheint zumindest in Lesbos und vielleicht auch noch in anderen Gegenden des Mittelmeerraumes, in denen Frauen noch nicht völlig unter patriarchalische Gewalt gebracht worden waren, auch die Mädchenerziehung gleichgeschlechtliche Liebe zwischen Lehrerin und Schülerin zugelassen oder sogar begünstigt zu haben. Daß zu vermittelndes Wissen wirkungsvoller in den Schüler/die Schülerin eingepflanzt werden kann, wenn ihn/sie ein affektives Verhältnis zur Lehrperson verbindet, wußte ja nicht nur der griechische Mann. Im Gegenteil, es wird sogar angenommen, daß die männliche Gelehrtenwelt dieses Wissen von Frauen übernommen hat. Als zum Beispiel Sokrates zu Platon sagte: „Gründe eine Schule, in der der jeweilige Leiter der Geliebte seines Vorgängers ist", dann bezog er sich damit auf jene Grundidee, die bereits 200 Jahre vorher im „Thiasos" der Sappho verwirklicht wurde. Auch sie hatte die Leitung ihrer Schule an ihre Geliebten Gorgo und Andromeda weitergegeben.

Sappho oder Psappho, wie sie sich selbst in ihren Gedichten nennt, die so sehr die Schönheit liebte, den Umgang mit feinen Dingen, seidenen Stoffen, edlen Gefäßen und wohlriechenden Salben („ich liebe feines Wesen, und mir hat Eros der Sonne Glanz und

102

Herrlichkeit geschenkt"), soll selbst eher unscheinbar gewesen sein. In zu kurze Glieder eingeschlossen, „wie die winzige Nachtigall in mißgestaltete Flügel" – „Verächtlich und häßlich, weil klein und brünett von Haut"[7], was dem damaligen Schönheitsideal, das sich an groß, licht und blond orientierte, völlig widersprach. Doch ist zu vermuten, daß es sich dabei um eine ebensolche Legende handelt, wie jene, die besagt, sie habe aus Liebe zu einem Seemann Selbstmord begangen, indem sie sich vom Leukadischen Felsen stürzte. Mußten doch erfolgreiche Frauen – und darin unterschied sich die Antike in nichts von den Anschauungen späterer Jahrhunderte – zumindest reizlos sein, um damit für ungewöhnliche Geistesgaben zu büßen. Die Seemanns-Geschichte hatte zu beweisen, daß Sappho selbstverständlich Männer geliebt hätte bzw. von diesen geliebt worden wäre, hätte sie nur über die nötige Schönheit verfügt. Daß sie Frauen Männern vorzog, hat ihr der patriarchale Mann nicht verziehen. Auch im späteren Rom mußte sie sich entsprechende Verleumdungen gefallen lassen. Ovid etwa läßt sie selbst der Frauenliebe abschwören:

> *„Pyrrhas Töchter ergötzen mich nicht,*
> *noch zieht das übrige Heer lesbischer Mädchen mich an.*
> *Anaktoria gilt mir nichts, nichts Kydo die weiße*
> *Meinen Augen gefällt Attis wie früher nicht mehr*
> *Noch Hunderte sonst, die ich liebte – nicht ohne Verbrechen."*[8]

Was im mutterrechtlichen Lesbos noch möglich war, wird im vaterrechtlichen Rom bereits zum Verbrechen. Aber auch in Athen blieb ihr Ruhm nicht ohne misogyne Züge: Kaum 200 Jahre nachdem Solon sie als Wunder gepriesen hatte, degenerierte sie zur komischen Figur, in zahlreichen Komödien verspottet und verlacht, weil sie entweder keine oder aber trotzdem noch immer Männer liebte. Dabei beschäftigte der Mann Sappho im Grunde wenig, zumindest läßt ihre Dichtung darauf schließen. Lediglich von einem Bruder Charaxus ist die Rede, der an die berühmte thrakische Hetäre Doricha sein Geld verschwendete, was Sappho erbitterte. Sie machte ihm schwere Vorwürfe, die offenbar keinen großen Eindruck auf ihn machten, denn ein zerrissenes Lied endet: „Und sie prahlten mit der Botschaft, daß Doricha zum zweitenmal in das ersehnte Liebesverhältnis getreten sei."[9]
Männer werden in der sapphischen Dichtung nur dann erwähnt, wenn die Stunde des Abschieds von einem geliebten Mädchen naht:

„Scheinen will mir, daß er den Göttern gleich ist
jener Mann, der neben dir sitzt, dir nahe
auf den süßen Klang deiner Stimme lauscht und, wie du
voll Liebreiz ihm entgegenlachst: doch fürwahr, in meiner
Brust hat dies die Ruhe geraubt dem Herzen.
Wenn ich dich erblicke, geschiehts mit einmal, daß ich verstumme.
Denn bewegungslos liegt die Zunge, feines
Feuer hat im Nu meine Haut durchrieselt,
mit den Augen sehe ich nichts, ein Dröhnen braust in den Ohren.
Und der Schweiß bricht aus, mich befällt ein Zittern
aller Glieder, bleicher als dürre Gräser
bin ich, bald schon bin einer Toten gleich ich anzusehen ..."[10]

Kaum je ist Liebesschmerz unmittelbarer, berührender und ergreifender dargestellt worden als in den Gedichten der lesbischen Sappho. Ihr, die ganz Eros war, erschien im Alter ein Leben ohne Liebe sinnlos: *„Nicht mehr lohnt mir das Leben / Seit Liebe mich zu verlassen beginnt – Bereit bin ich zum Tod ..."*[11] Ihr Grab auf Lesbos wird oft erwähnt. Angeblich soll ihre Aschenurne – wie englische Reisende berichteten[12] –, noch in einer türkischen, dem Schloß Mytilene eingebauten Moschee gestanden sein.

Die Frau im Hellenismus

Der Hellenismus bezog seine Strahlkraft aus der Weltoffenheit eines riesigen Reiches. Alexander, der Sohn des makedonischen Königs Philipp II. hatte es geschaffen, nachdem zuvor bereits sein Vater ganz Griechenland unterworfen und der Unabhängigkeit der Stadtstaaten ein Ende bereitet hatte. Unter den Diadochen, den Nachfolgern Alexanders des Großen aufgeteilt, bewahrte das Reich dennoch eine eigene griechische Kultur, deren Einfluß weit über den Beginn der römischen Kaiserzeit (30 v. Chr.) hinausreichte. Hellenismus, das bedeutet Weltkultur, religiöse und rassische Toleranz, zum Teil Luxus, Freude an schönen Dingen, Betonung der Privatsphäre, elegante Mode und stilvolle Wohnkultur – alles Gegebenheiten, die einer weitgehenden Emanzipation der Frau günstig waren. Tatsächlich genossen die Frauen dieser Zeit Freiheiten, wie sie in späteren Jahrhunderten nicht mehr möglich waren: Sie beteiligten sich an wirtschaftlichen Unternehmungen und nahmen im Einvernehmen mit ihren Vormündern Darlehen auf. Sie betrieben Sport, besuchten eigene Schulen und traten als Dichterinnen, Philosophinnen, Wissenschaftlerinnen, Musikerinnen und Künstlerinnen hervor. Doch waren es vornehmlich Frauen der gehobenen Schichten, die sich dieser neuen Freiheit erfreuen durften. Auch hatte ihr ökonomischer und geistiger Aufschwung nicht unbedingt eine Einflußnahme auf politischem Gebiet zur Folge. Hier blieben ihre Rechte nach wie vor beschnitten. Lediglich einigen makedonischen Fürstinnen war es gelungen, über ihre Männer, Söhne oder Brüder zur Macht zu kommen.

Am besten ging es den Frauen in Ägypten und in den übrigen Diadochenreichen. Hier sind uns zahlreiche Vertragsdokumente erhalten geblieben, die Frauen als Käufer und Verkäufer, Pächter und Verpächter, Verleiher und Darlehensnehmer nennen. Ägyptische Frauen mußten nicht einmal das Einverständnis eines Vormundes einholen, sie konnten frei und souverän entscheiden. In Athen hingegen konnte sich die Frau nur sehr langsam aus der rigiden Vorherrschaft des Mannes herauslösen. Zwar hatten die Frauen im 27 Jahre dauernden Peloponnesischen Krieg – so wie in Kriegszeiten immer –

bewiesen, daß sie auch ohne Männer in der Lage waren, Staats– und Gemeinwohl aufrechtzuerhalten, weshalb die These von ihrer diesbezüglichen Unfähigkeit nicht mehr so ganz stichhaltig schien. Doch beeilten sich die heimkehrenden Männer nach Beendigung des Krieges, die neu erworbenen Freiheiten ihrer Frauen wieder zurückzustutzen und sie erneut in ihre Frauengemächer zu verweisen. Sogar ein eigener Magistrat wurde ernannt, der die Aufgabe hatte, über Sittsamkeit und Tugend der Gattinnen zu wachen, wofür spezielle Gynaikonomen, also Frauenaufseher zuständig waren. Doch besserte sich auch in Athen allmählich die Situation. Immerhin verkündete schon gegen die Mitte des vierten Jahrhunderts Demosthenes, daß die schönsten menschlichen Wesen Frauen seien, eine Ansicht, die in früherer Zeit unvorstellbar gewesen war. Sogar Sokrates und Platon (von denen uns im übrigen zahlreiche frauenfeindliche Äußerungen überliefert sind,) begannen sich bereits für die Frauenerziehung einzusetzen. An Platons Akademie haben auch Frauen studiert – allerdings in Männerkleidung, was gewisse Rückschlüsse erlaubt. Wahrscheinlich waren sie gezwungen, sich auf diese Art und Weise der Welt der Männer anzupassen. Von echter weiblicher Emanzipation sind diese Versuche immer noch weit entfernt. Oder trugen die Schülerinnen Platons Männerkleider, um nicht als Frauen erkannt zu werden? So wie etwa jene Agnodike, die um 300 v. Chr. als Mann verkleidet nach Alexandrien ging, um bei dem berühmten Arzt und Anatomen Herophilus Medizin und Geburtsheilkunde zu studieren. Auch die erfolgreiche Praxis, die sie nach ihrer Rückkehr nach Athen dort aufgebaut hatte, führte sie offiziell als Mann. Natürlich flog der Schwindel auf; sie wurde vor Gericht gestellt und sollte wegen Gesetzesübertretung zum Tode verurteilt werden. Die Fürsprache einflußreicher Frauen, denen sie als Ärztin geholfen hatte, rettete sie davor. Sie durfte sogar ihre Praxis als Frau weiterführen und ein abgeändertes Gesetz erlaubte es in Zukunft frei geborenen Frauen, Medizin zu studieren und zu praktizieren, wobei als Patienten allerdings ausschließlich Frauen zugelassen waren[1]. Auf jeden Fall besaßen griechische Ärztinnen einen guten Ruf selbst noch in der Zeit des römischen Reiches, in dem ja Griechenland zum allgemeinen Bildungsreservoir geworden war.

Hochgebildete, auch geniale Frauen waren in dieser Zeit nicht selten, doch werden ihre Namen von der patriarchalischen Geschichtsschreibung häufig verschwiegen oder sogar völlig ausgelöscht. Schon die Pythagoreer im sechsten vorchristlichen Jahrhundert nahmen Frauen auf. In der Schule des Pythagoras von Samos, die er in der griechischen Kolonie von Croton im südlichen Italien gegründet hatte, sollen mindestens 28 Lehrerinnen und Studentinnen gelehrt und gelernt haben[2]. Berühmt wurde die aus Croton gebürtige Theano, eine Schülerin Pythagoras', die er später heiratete. Sie soll die mathematischen, physikalischen und medizinischen Abhandlungen, sowie den pythagoreischen Lehrsatz vom „goldenen Schnitt" aufgezeichnet haben. Außerdem war sie, ebenso wie ihre Töchter, als ausgezeichnete Heilerin bekannt[3]. Auch nach Pythagoras' Tod nahm seine Schule zahlreiche Frauen auf. Überliefert sind uns u. a. die Namen Phintys, Melissa, die über die weiblichen Pflichten schrieb, und die in Croton geborene Spartanerin Tymicha. Als Dionysos, der Tyrann von Syrakus, von ihr und ihrem Mann verlangte, die Mysterien pythagoreischer Wissenschaft preiszugeben, soll sie sich als echte Spartanerin die Zunge abgebissen und dem Tyrannen ins Gesicht gespuckt haben, wie die Legende berichtet.

Es gab im Altertum auch Wissenschaftlerinnen. Aglaonike von Thessalien beispielsweise, die für ihre Fähigkeit, Sonnen- und Mondfinsternisse vorauszusagen, berühmt wurde – weshalb sie auch prompt als Zauberin verschrien wurde[4]. Auch Arete von Kyrene (ca. 400 bis 330 v. Chr.) besuchte Platons Akademie. Sie war die Tochter des Aristippus, des Gründers der kyrenischen Philosophenschule, und wurde nach dessen Tod zur Leiterin dieser Schule gewählt. 35 Jahre lang soll sie in Attika Naturwissenschaften, Moralphilosophie und Ethik unterrichtet und in dieser Zeit mindestens 40 Bücher geschrieben haben, unter anderem über Sokrates, Erziehung und Landwirtschaft. Sie starb hochgeachtet und geehrt. Die Inschrift auf ihrem Grab preist sie als den *„Glanz Griechenlands mit der Schönheit der Helena, der Tugend der Thirma, der Feder des Aristippus, der Seele des Sokrates und der Zunge des Homer."*[5]

Relativ frauenfreundlich war auch die Schule Epikurs (etwa um 300 v. Chr.) in Athen. Auch hier wurden Frauen aufgenommen und unterrichtet. Die bereits erwähnte Schülerin und „Gefährtin" Epikurs, Leontium, schrieb eine kritische, von Cicero sehr gelobte Abhandlung über den Aristoteles–Schüler Theophrastus, was damals einer Sensation gleichkam. Daß eine Frau so wenig Respekt vor einem berühmten männlichen Philosophen bewies, führte zu dem athenischen Ausspruch: „Da möchte man sich einen Baum zum Hängen suchen."[6] Trotzdem ist sie der Nachwelt, die immer eher an Liebschaften und Affären als an den intellektuellen Fähigkeiten von Frauen interessiert war, eher als Hetäre eines berühmten Mannes denn als gescheite Frau bekannt. Einen gesellschaftlichen Skandal verursachte auch Hipparchia aus Maroneia in Thrakien. Sie heiratete den Kyniker Krates und teilte sein Wanderleben in freiwilliger Armut, was für eine Frau aus vornehmem Haus bis dahin unmöglich gewesen war. Entsprechend angegriffen, wußte sie sich schlagfertig und geistreich zu verteidigen, was für ihr ausgeprägtes Selbstbewußtsein spricht[7].

Auch zahlreiche Schriftstellerinnnen brachte der Hellenismus hervor. Nossis von Lokroi (um 300 v. Chr.) etwa verfaßte Dichtungen für den Kult der Aphrodite, die Dichterin Korinna lebte und arbeitete in Böotien und Anyte von Tegea beschritt Neuland mit ihren kunstvollen Epigrammen auf Tiere. Im Jahre 218 v. Chr. wurde die aus Smyrna stammende Dichterin Aristodama in Thessalien sogar zur Ehrenbürgerin ernannt[8]. Einigen wenigen Frauen scheint in dieser Zeit sogar der politische Durchbruch gelungen zu sein. So etwa amtierte im zweiten vorchristlichen Jahrhundert in Istrien ein weiblicher Archon (Magistrat), und im ersten Jahrhundert vor Christus erbaute die hohe Beamtin Phile von Priene ein Wasserreservoir und ein Aquädukt[9]. Reger Fernhandel und die dadurch bedingte wirtschaftliche Hochblüte veränderten auch die Situation der Frau im einst so kargen Sparta. Wohlhabende Spartanerinnen lebten im Luxus und begannen ihren Reichtum auch öffentlich zur Schau zu stellen. Ebenso wie die Männer ließen sie ihre teuren Rennpferde bei den olympischen Spielen mitlaufen, zwei Spartanerinnen (Kyniska und Euryleonis) und eine Hetäre (Bilistiche von Argos, die Konkubine von Ptolemaios II.) waren die ersten Frauen, deren Pferde in Olympia siegten[10].

Im hellenistischen Weltreich wurde aber nicht nur luxuriös gelebt, es war auch ein Schmelztiegel verschiedener kultureller und religiöser Strömungen. Atheistische Philosophien und wissenschaftliche Schulen, missionierende Religionsvereine, Magie und Aberglauben bildeten ein buntes Spektrum von verwirrender Vielfalt. Sekten und Heilslehren, Astrologie und Mantik, Traumdeutung und Vogelflugschau fanden zahlreiche Anhänger. Die Alchimie mit ihrem uralten Wunschtraum der Gold- und Silberherstellung beherrschte die Szene, wobei die echten Alchimisten Physiker waren, die die Vorgänge der Natur und des Lebens zu ergründen suchten. Wahrscheinlich stammt die ägyptische Alchimie aus dem alten Mesopotamien, wo Frauen Rezepte und Techniken bei der Herstellung von Parfümen und Kosmetika entwickelten. Deshalb wurde die Tätigkeit der frühen Alchimisten auch manchmal „opus mulierum", Frauenwerk, genannt. Eine bedeutende Rolle spielte hier Maria, die Jüdin, die wahrscheinlich im ersten nachchristlichen Jahrhundert in Alexandria lebte, wo sie unter dem Namen der Prophetin Miriam, der Schwester des Moses, schrieb. Dies verleitete verschiedene Historiker zu der falschen Annahme, die biblische Miriam sei Alchimistin gewesen. In ihren zahlreichen Schriften legte sie die theoretischen und praktischen Grundlagen für die westliche Alchimie und damit für die moderne Chemie überhaupt. Sie war aber auch Erfinderin ausgeklügelter Laborapparate zum Destillieren und Sublimieren und erfand einen „Tribikos" genannten Destillierkolben[11].

Die bekannteste Wissenschaftlerin der ausgehenden Antike, Hypathia, ist bis vor kurzem als die einzige wissenschaftlich tätige Frau dieser Epoche anerkannt worden. Obwohl ihre Zeit (sie wurde 370 n. Chr. geboren) im allgemeinen nicht mehr dem Hellenismus zuzurechnen ist, vertrat sie doch griechisch-hellenisches Gedankengut, scheiterte aber an der Konfrontation mit dem aufsteigenden Christentum. Ihr Vater Theon war Mathematiker und Astronom des von Ptolemaios II. und seiner Schwestergattin Arsinoë gegründeten Museions in Alexandria. Die Tochter beeindruckte bereits auf Studienreisen nach Athen und Sparta berühmte Männer durch ihren Verstand. Natürlich wird ihr auch Schönheit nachgesagt – wäre sie häßlich gewesen, hätte dieser Umstand ihrer weiblichen Karriere sicherlich geschadet. Sie lehrte nach ihrer Rückkehr in Alexandria Mathematik, Astronomie, Philosophie und Mechanik, und ihr Haus wurde zum intellektuellen Zentrum der damaligen Gelehrtenwelt. Unter anderem schrieb sie einen Kommentar in dreizehn Bänden zur „aritmetica" des Diophant, der als „Vater der Algebra" berühmt wurde. Außerdem verfaßte sie eine Abhandlung in acht Bänden über „Die Lehre von den Kegelschnitten des Appolonius", der Geometer, Schöpfer der Nebenzyklen und der Ableitung zur Erklärung der unregelmäßigen Planetenumlaufbahn war. Aber auch Mechanik und angewandte Technologie interessierten sie. Hypathia entwickelte zahlreiche Apparate und Instrumente, einen Wasserdestillierapparat, ein Instrument zur Messung des Wasserspiegels und einen Hydrometer aus Messing mit einer Gradeinteilung zur Bestimmung des spezifischen Gewichtes und der Dichte einer Flüssigkeit. Trotzdem ist sie wahrscheinlich gar nicht so sehr durch ihre Leistungen als vielmehr durch ihren grauenvollen Tod in die Geschichte eingegangen: Sie wurde von Parabolern, fanatischen Mönchen der Kirche des Heiligen Cyrillus von Jerusalem auf der Straße überfallen und in eine Kirche gezerrt, wo ihr die Kleider vom Leib gerissen, ihr Körper verstümmelt und zerfleischt, und die Teile anschließend zu Asche verbrannt wurden[12]. Es wird vermutet, daß dieser Mord von Cyrillus, seit 412 n. Chr. Patriarch von Alexandria, angeordnet worden war, denn der fanatische Christ hatte nicht nur die Juden zu Tausenden aus der Stadt vertrieben, sondern auch die Neuplatoniker verfolgen lassen. Zu der nachweislich politisch tätigen Anhängerin des griechisch-wissenschaftlichen Rationalismus hatte er eine intensive Feindschaft entwickelt.

Berühmt-berüchtigt waren in der Zeit des Hellenismus die makedonischen Fürstinnen, Frauen und Mütter der makedonischen Eroberer, die nach den fünfzig Jahre währenden Diadochenkämpfen die makedonischen Dynastien begründeten: die Antigoniden in Griechenland, die Ptolemäer in Ägypten und die Seleukiden in Kleinasien. Es waren begabte, machthungrige, zum Teil auch grausame Frauen, die sich im Kampf um Einfluß und Ansehen völlig den männlichen Spielregeln unterworfen hatten. Sie ließen ihre Nebenbuhlerinnen samt deren Kindern ebenso töten wie ihre Gatten, um entweder selbst oder über einen gekrönten Sohn an die Macht zu kommen. Häufig Spielball der politischen Überlegungen ihrer Väter und Vormünder, in der Ehe selbst durch die offizielle oder informelle Polygamie, in der makedonische Herrscher zu leben pflegten, in ihren Rechten gefährdet, sahen sie oft im Mord das einzige Mittel, um sich an der Macht zu halten. Wie etwa Leodike, Frau und Halbschwester des Seleukiden Antiochos II., die auf diese Art und Weise versuchte, für ihren Sohn Seleukos den Thron zu sichern. Sie war durch eine politisch motivierte Ehe zwischen Antiochos und Berenike, Tochter des mächtigen und prunksüchtigen Ptolemaios, auf den Platz einer Nebenfrau gedrängt worden, worauf sie Berenike samt ihrem Kind töten ließ, nachdem sie selbst zuvor Antiochos vergiftet hatte. Auch Olympias, der Mutter Alexanders des Großen, wurde die Ermordung ihres Gatten Philipp II. zur Last gelegt. Wahrscheinlich allerdings zu Unrecht, weil sie zu dieser Zeit noch im Exil lebte, in das sie ihr Gatte verbannt hatte, weil sie ihm neben seinen zahlreichen anderen Frauen und Geliebten lästig geworden war. Olympias war zweifellos eine geniale und entschlossene Frau. Sie führte während der Abwesenheit Alexanders die Regierungsgeschäfte, und bewies dabei viel Klugheit und Geschick. Eine weitere faszinierende Frau war Arsinoë II. (316 bis 270 v. Chr.), die sich kühn über das bestehende Inzestverbot hinwegsetzte und nach zwei gescheiterten Ehen als 38-jährige ihren um acht Jahre jüngeren Bruder Ptolemaios II. heiratete. Geschwisterehen waren wohl in den ursprünglichen ägyptischen Königsfamilien, nicht jedoch bei den Griechen und Makedoniern üblich. Arsinoë, von Historikern als „bedeutendste

Frau der ganzen Epoche" bezeichnet, teilte für etwa fünf Jahre bis zu ihrem Tod die Herrschaft mit ihrem Bruder, was zu einer sprunghaften Verbesserung der politischen und militärischen Situation Ägyptens führte. Sie umgab sich mit einem Kreis von Gelehrten und Künstlern und war die erste ägyptische Königin, die zusammen mit ihrem Gatten auf Münzen abgebildet wurde. Nach ihrem Tod nannte sie der Brudergatte „Thea Philadelphos", die „bruderliebende Göttin", ließ sie in einem eigenen Heiligtum in der Hauptstadt der Provinz Fajum verehren und benannte nach ihr Städte, Gebäude und Straßen[13].

Eine berühmte Ptolemäerin war natürlich auch Kleopatra, die mit siebzehn Jahren ihren zehnjährigen Bruder Ptolemaios XIII. heiratete. Kaum eine Frau der Spätantike hat die Historiker und Romanciers so beschäftigt wie sie, über kaum eine Königin ist so viel berichtet und geschrieben worden. Dabei hat auch Kleopatra ihren Ruhm vor allem dem Einfluß glänzender Männer zu verdanken: Caesar und Marc Anton waren ihre Liebhaber, mit deren Hilfe sie Thron und Autonomie Ägyptens retten wollte. Doch muß auch sie selbst eine außergewöhnliche Persönlichkeit gewesen sein, von hoher Intelligenz – sie soll sechs Sprachen gesprochen haben – und großem Charme, dabei aber von ebensolcher Skrupellosigkeit wie ihre Vorfahren: unliebsame Nebenbuhler, wie ihren Brudergemahl und ihre Schwester Arsinoë ließ sie kurzerhand ermorden. Daß die hellenistischen Herrscherinnen bei aller Machtfülle, die sie zeitweise besaßen, trotzdem keine autonomen Königinnen, sondern abhängig und angewiesen auf die Gunst des Mannes waren, zeigt das Beispiel Kleopatras deutlich: Als Octavian über Antonius bei Aktium siegte, hatte auch ihre Stunde geschlagen: sie beging gemeinsam mit ihrem Geliebten Selbstmord.

Die römische Matrone

Die römische Frau hatte es etwas besser als ihre griechische Geschlechtsgenossin. Sie konnte sich frei bewegen, nahm an Vergnügungen wie Theater- und Zirkusveranstaltungen teil, lagerte bei Gastmählern an der Seite ihres Gatten und durfte auch bei fast allen Staatskulten anwesend sein. Allerdings hat es die relativ freie und selbstbewußte Römerin, wie sie unserem Geschichtsbewußtsein geläufig ist, erst in der späten Republik und in der Kaiserzeit gegeben. In alter, archaischer Zeit unterschieden sich die restriktiven Maßnahmen gegen Frauen in Rom in nichts von jenen in Athen. Ganz im Gegenteil, die patria potestas, die Gewaltherrschaft des Familienvaters war von beispielloser Härte. Die Gründe liegen wohl auch hier in jahrhundertelangen Kämpfen zwischen Mutter- und Vaterrecht, denn auch Rom entstand auf dem Boden alter Mutterkulturen, war umgeben von matrizentrisch organisierten Völkern, und patriarchale Gesinnung hatte sich vorerst einmal mit rigiden Maßnahmen durchzusetzen, bevor es das erstarkte männliche Selbstbewußtsein gestattete, die Zügel etwas zu lockern.

Der keuschen, bescheidenen, tugend- und arbeitsamen Frau der Frühzeit, der mater familias, die sich widerspruchslos in allem und jedem der mächtigen patria potestas unterordnete, galt auch alle Sehnsucht des römischen Mannes in späteren Jahrhunderten. Immer wieder wird sie von Dichtern beschworen und der lasterhaften und genußsüchtigen, vor allem aber wesentlich freieren Römerin der Kaiserzeit als vorbildhaft gegenübergestellt. Daß Frauen dabei lediglich versuchten, die sehr viel lasterhafteren, genußsüchtigeren und freieren Männer nachzuahmen, weil ihnen eigene Verwirklichungsmöglichkeiten verwehrt waren, wurde nicht gesehen. Denn auch die Emanzipation der Römerin war keine tatsächliche Emanzipation der Frau, sondern nur eine jener, in der gesamten Geschichte des Patriarchats immer wieder aufflackernden und letztlich zum Scheitern verurteilten Versuche, es den Männern gleichzutun. Es war dann stets relativ einfach, Frauen für den allgemeinen Sittenverfall verantwortlich zu machen und zum Sündenbock zu stempeln – m a n konnte sich damit so herrlich jeder Verantwortung entziehen, und m a n machte auch in der gesamten patriarchalischen Geschichte reichlich von dieser Möglichkeit Gebrauch.

Die patria potestas war in alter Zeit nahezu unbeschränkt. Sie gab dem pater familias nicht nur das Züchtigungsrecht, sondern darüber hinaus das Recht über Leben und Tod der Tochter, aber auch des Sohnes. Der Hausvater konnte seine Kinder aussetzen lassen, aber auch in die Sklaverei oder Prostitution verkaufen, er verlobte sie häufig im Kindesalter und verheiratete sie in frühester Jugend, ohne daß diesen selbst irgendeine Entscheidungsfähigkeit eingeräumt wurde. Während jedoch der Sohn mit dem Tod des Familienvaters selbst pater familias werden konnte, unterstand die Tochter zeitlebens einem männlichen Gewaltverhältnis. Ging sie eine Ehe ein, so unterwarf sie sich damit der Hand (manus) des Ehemannes, ebenfalls eine Vollgewalt, die das Recht über Leben und Tod einschloß. Blieb sie unverheiratet, unterstand sie einem Vormund, meist dem nächsten männlichen Anverwandten, dem sogenannten Agnaten, dessen Einwilligung in sämtlichen rechtlichen – vor allem vermögensrechtlichen – Angelegenheiten notwendig war und der auch im Falle einer Ehe seine Zustimmung geben mußte. Die Tochter ebenso wie die Ehefrau waren vermögensunfähig, erben konnten nur die Söhne[1]. Die Mitgift ging in das Eigentum des Ehemannes über und war auch bei einer eventuellen Scheidung, die lediglich von ihm beantragt werden konnte, nicht zurückzuzahlen[2]. Allerdings scheint die Scheidung von einer schuldlosen Frau in den frühen Zeiten Roms relativ selten gewesen zu sein, sie wird in den alten Quellen auch ausdrücklich verurteilt[3]. Auf jeden Fall wurde von der Ehegattin bei Todesstrafe eheliche Treue verlangt, während man es beim Ehegatten nicht so genau genommen hat. Das galt noch für die Zeit Catos des Älteren (234–149 v. Chr.), der die Hilflosigkeit der Frau sehr zynisch ausdrückte: *„Wenn du deine Gattin im Ehebruch ertappst, so kannst du sie ungestraft und ohne Gericht töten. Treibst du selbst aber Ehebruch oder wird mit dir Ehebruch getrieben, darf sie nicht wagen, dich auch nur mit dem Finger zu berühren"*[4]. In den Zeiten der Republik wurde sie meist vor ein Familiengericht gestellt, das über Leben und Tod entscheiden konnte. Im günstigsten Fall wurde sie aus dem Haus gejagt, war doch der Gatte verpflichtet, sich scheiden zu lassen, sonst wurde er wegen Kuppelei bestraft. Da sie weder von ihren Eltern aufgenommen, noch ein zweites Mal geheiratet wurde, konnte sie sich, ebenso wie ihre griechische Geschlechtsgenossin, nur mit Prostitution und Bettelei am

Leben erhalten. Es gibt erschütternde Berichte zeitgenössischer Autoren, für welche „Vergehen" außerdem Frauen getötet werden konnten. So etwa brachte ein gewisser Maetennius seine Frau um, weil sie Wein getrunken hatte[5]. (Weingenuß war Frauen bei Todesstrafe verboten.) Ein anderer Bericht erwähnt Horatia, die einem der Curatier versprochen war. Als in einer kämpferischen Auseinandersetzung zwischen den Brüdern Horatias und den Curatiern nicht nur zwei ihrer Brüder, sondern auch ihr Verlobter getötet und von ihr betrauert wurde, erdolchte sie ein überlebender Bruder mit den Worten: „So soll jede Römerin den Tod finden, die um einen Feind (Roms) trauert." Obwohl der Bruder anschließend für seine Tat büßen mußte, wurde ihm trotzdem von seinem Vater versichert, daß er selbst seine Tochter eigenhändig umgebracht hätte, wäre ihm der Sohn nicht zuvorgekommen[6]. Vor allem aber war die Unberührtheit, die Keuschheit seiner Braut dem Römer über alles wichtig. Wurde sie „entehrt", so hatte das schreckliche Folgen, wobei das Mädchen häufig seine eigene Vergewaltigung auch noch büßen mußte. Zuweilen wurde es bei drohender Gefahr vorsorglich gleich umgebracht, wie jene schöne Verginia, von der uns Livius in seiner Römischen Geschichte berichtet. Sie wurde von dem Dezemvirn Appius Claudius begehrt, der ein Gerichtsverfahren anstrengte, um des Mädchens als Sklavin habhaft zu werden. Darauf wurde sie vom besorgten Vater getötet, um ihr diesen Schimpf und diese Schande zu ersparen[7]. Sogar der christlich orientierte Kaiser Konstantin sprach noch das vergewaltigte Opfer schuldig. Oder beweist seine Gesetzgebung bereits neue Restriktionen gegen die Frau durch das Christentum? In einem Urteil über Jungfrauen, die vergewaltigt worden waren, wurden auf jeden Fall jene, die sich „willig" hingegeben hatten, mit dem Feuertod bestraft, hingegen andere, die sich gewehrt hatten, mit „milderen" Strafen rechnen konnten[8].

Es kann also auch im späteren Römischen Reich von Gleichberechtigung keine Rede sein. Doch haben es Frauen verstanden, viele Freiheiten zu erobern, die zwar nicht gesetzlich verankert, dafür aber praktisch ausgeübt wurden. Sowohl das Gewaltverhältnis zwischen Vater und Tocher, als auch jenes zwischen Ehemann und Ehefrau begann sich zu lockern, selbst die Vormundschaft büßte ihre einstige Bedeutung ein. In der Kaiserzeit konnten Frauen nicht nur eigene Geschäfte abschließen, sie nahmen sich auch sexuelle Freiheiten, manchmal so wie der Mann.

Im großen und ganzen war die wohlhabende römische Matrone in der Blütezeit des römischen Imperiums, die über ein Hauswesen samt Sklaven gebot und von ihrem Mann mit „domina" (Herrin) angesprochen wurde, eine geachtete Persönlichkeit. Dieser offensichtliche Widerspruch zwischen der rechtlichen Unterdrückung der Frau und ihrer Position als Familienmutter ergibt sich aus der großen Wertschätzung, die der römischen Familie entgegengebracht wurde. Die Familie war nicht nur in der Frühzeit als autarkes Organ Staat im Staate, sondern büßte auch in späteren Jahrhunderten wenig von ihrer Bedeutung ein. Deshalb war die verheiratete römische Frau in gewisser Weise ebenso Repräsentantin bestimmter Lebensformen wie der Mann. Auf der Straße hatten Männer ihr Platz zu machen, und sie anzurühren war nicht einmal vor Gericht erlaubt. Ihr bzw. ihrer Tochter oblag auch die Hütung der Hausgötter, der Laren und Penaten. Obwohl sie im allgemeinen vom Staatskult nicht ausgeschlossen war, gab es auch in Rom, wie in Griechenland, eigene Frauenkulte. Beim großen Fest der Juno, der Göttin der Gebärenden, waren nur ehrbare, verheiratete Matronen zugelassen. Auch das alte Fest der Nonae Casprotinae mit seinen Relikten uralter Fruchtbarkeitskulte wurde ausschließlich von Frauen zelebriert. Ebenso war Vesta, die wichtige Staatsgottheit, eine alte Muttergöttin, deren Kult aus Lacinium stammte, das durch die ganze römische Geschichte hindurch ein mutterrechtliches Heiligtum blieb. Die Priesterinnen der Vesta besaßen juristische Handlungsfreiheit und waren von der Vormundschaft befreit. Sie mußten das heilige Feuer hüten, das nie verlöschen durfte, sonst galt Rom als verloren. Als einzige Frauen Roms durften sie in einem zweirädrigen Wagen, carpentum genannt, durch die Stadt fahren, wobei ihnen ein lictor (öffentlicher Diener, hoher Magistrat) den Weg zu bahnen hatte. Als Augustus alle Frauen bei Theatervorstellungen und Zirkusspielen in die hinteren Sitzränge verwies, behielten die Vestalinnen ihre Plätze in der kaiserlichen Loge[9]. Allerdings mußten die zwischen ihrem sechsten und zehnten Lebensjahr der Göttin geweihten Priesterinnen ihre Jungfräulichkeit bewahren. Verfehlungen gegen das Keuschheitsgebot konnten streng geahndet werden. So wurde unter Domitian eine Vestalin, die sich nicht daran gehalten hatte, lebendig begraben, während ihr Liebhaber zu Tode gepeitscht wurde[10]. Neben den Vestalinnen waren nur noch die Priesterinnen der Ceres, von deren Mysterien nicht nur Männer, sondern auch Frauen niederer Herkunft ausgeschlossen waren, mit der Leitung eines Staatkultes betraut. Der ungeheuer populäre Kult der ägyptischen Isis jedoch zählte zu den zahlreichen orientalischen Mysterienreligionen, die erst später dem römischen Götterhimmel einverleibt wurden.

Ebenso wie in Athen wollte natürlich auch in Rom jedes Mädchen möglichst gut verheiratet werden, zumal die manus des Ehemannes doch vielfach etwas lockerer gehandhabt wurde als die patria potestas des Vaters. Die Formen der Verheiratung waren verschiedenartig und haben sich auch im Laufe der Jahrhunderte gewandelt: Die sogenannte conferreatio, die älteste Form, war nur unter Patriziern üblich. Sie gestaltete sich zu einem feierlichen Sakralakt, bei dem die höchsten Würdenträger – der Pontifex Maximus und der Jupiterpriester – nebst zehn Zeugen anwesend sein mußten. Eine weitere Form der Eheschließung, die coemptio, ein fiktiver Brautkauf, wurde vom Mittelstand bevorzugt, während die usus–Ehe sich aus reinem Gewohnheitsrecht bei den Plebejern entwickelte. Diese galt automatisch als geschlossen, wenn der Mann mit der Frau ein Jahr lang kontinuierlich zusammengelebt hatte. Auch in Rom wurde die Frau sehr früh verheiratet, doch dürfte sie bzw. ihre Eltern bei der Gattenwahl keine besonderen Schwierigkeiten gehabt haben, waren die Männer doch in der Überzahl. Bevölkerungsforscher schätzen, daß zur Zeit des Augustus auf jede erwachsene Römerin 1,2 bis 1,4 Männer kamen[11]. Dieser Männerüberschuß ist ebenso wie in Griechenland zum einen auf die kürzere Lebenserwartung der Frauen zurückzuführen – viele starben im gebärfähigen Alter –, zum anderen wurden weibliche Neugeborene wesentlich häufiger getötet oder ausgesetzt. Denn die Mitgift, die Mädchen für die Ehe brauchten, stellte für die Eltern eine oft nicht zu verkraftende Belastung dar, hingegen Knaben als Erben und Erhalter einen wesentlich höheren Stellenwert besaßen. Sie scheinen wohl auch aus diesem Grund sorgfältiger aufgezogen worden zu sein, was ihre Sterblichkeit im Kindesalter verringerte[12]. Die Geringschätzung, die Mädchen zuteil wurde, drückte sich auch darin aus, daß sie häufig keinen eigenen Namen besaßen, sondern lediglich den Namen des Vaters in seiner weiblichen Form. Hatte eine Familie mehrere Töchter, wurde durch Zahlen die Reihenfolge ihrer Geburt angezeigt. Sie hießen dann etwa Claudia Tertia oder Claudia Quinta.

Während in frühen Epochen die Frau bei Eintritt in die Ehe in die Gewalt (manus) des Mannes geriet (was unter anderem auch einen Wechsel in der Familienreligion mit sich brachte), begann sich schon in klassischer Zeit die gewaltlose Ehe durchzusetzen, die „sine manu" – „ohne Handübergabe" genannt und ohne zeremonielle Handreichung des Gatten, durch die er sein Besitzverhältnis ausdrückte, vollzogen wurde. Dies brachte für die Frau einige Vorteile, wenngleich die häufig geäußerte Ansicht, es habe sich dabei um das Er-

Die Vestalin, Priesterin der römischen Staatsgöttin Vesta, trägt als Zeichen ihrer Priesterwürde eine sechsfache Wollbinde um ihren Kopf, deren Enden auf die Schultern hängen.

gebnis eifriger Emanzipationsbemühungen gehandelt, auf einem Irr-
tum beruht: Derartige Änderungen dienten weniger der Befreiung
der Frau als der Sicherung des Besitzes ihres Vaters, der die Güter
seiner Tochter nicht an den Ehemann abgeben wollte. Denn wenn
die Frau nicht mehr in der alten, hergebrachten Form als mater familias, sondern nur noch als uxor, Gattin, galt, ging auch nicht mehr ihr
gesamtes Vermögen, sondern nur noch ihre Mitgift an den Ehemann
über. Gleichzeitig blieb sie selbst unter der Vormundschaft ihres Vaters, aus der sie allerdings entlassen wurde, sobald dieser starb. Sie
wurde dann sui iuris, also selbstverantwortlich und durfte von diesem Zeitpunkt an ihr eigenes Vermögen mit Hilfe eines Geschäfts-
führers verwalten, den sie außerdem entlassen konnte, wenn er nicht
ihren Vorstellungen entsprach.

Weitere Erleichterungen fallen dann in das erste nachchristliche
Jahrhundert. So etwa durfte die Tochter nicht mehr an einen Mann
verheiratet werden, den sie ausdrücklich ablehnte. Trotzdem war die
Gesetzeslage immer noch streng, weshalb Frauen mehr und mehr
darangingen, sich Freiheiten, die ihnen laut Gesetz nicht zugestanden wurden, einfach zu nehmen. Dabei waren es wahrscheinlich
nicht so sehr bewußtseinsbildende Prozesse, sondern der von römischen Autoren beklagte Verfall alter patriarchalischer Sitten, der den
Frauen zugute kam. Vor allem ihre wirtschaftlichen Möglichkeiten
erweiterten sich beträchtlich. So gab es im zweiten nachchristlichen
Jahrhundert weibliche Großgrundbesitzer, Bankiers, Fabriksbesitzer,
Import- und Exportkaufleute, ja sogar weibliche Schiffsmakler. Zwar
wurden die meisten von ihnen nach wie vor von einem geschäftli-
chen Vormund betreut, doch war die Einsetzung eines solchen sogenannten Tutors oder Prokurators vielfach zu einer reinen Formalität
geworden, die sich bei Bedarf auch ausschalten ließ. Bald wurden
Frauen, die drei oder mehr Kinder hatten, auch offiziell von der Tu-
torenpflicht entbunden, worauf nicht nur Frauen der gehobenen
Schicht, sondern bald auch Mittelstandsfrauen begannen, sich finanziell selbständig zu machen. Sie wurden Beamtinnen, Friseurinnen,
Kosmetikerinnen, Schreiberinnen und Schneiderinnen. Auch Schauspielerinnen hat es in der römischen Kaiserzeit gegeben. Sogar in der
Arena traten Frauen auf, um die grausamen Spiele durch erotisches
Flair zu bereichern: „Meria, mit entblößter Brust, schwingt Jagd-
spieße in der Arena und durchbohrt den etruskischen Eber", meint
Juvenal[13]. Natürlich haben sich auch in Rom Philosophinnen und
Schriftstellerinnen einen Namen gemacht. Die Dichterin Theopila
beispielsweise wurde von Martial mit Sappho verglichen, und Caeci-

118

lia Trebulla wird auf dem Memnonskoloß in begeisterten Versen gepriesen[14].

Vor allem aber zog der Arztberuf, der immer schon eine Domäne der Frau war, auch viele Römerinnen an. Nicht nur in den Werken des Soranus von Ephesus (98–138 n. Chr.), sondern auch in jenen des berühmten Galenus werden zahlreiche Medizinerinnen erwähnt. Die Gelehrte Elephantis ist eine der frühesten Frauenärztinnen gewesen. Mehr als von ihren medizinischen Büchern zeigten sich die Männer allerdings von ihrer Schönheit beeindruckt. Ihre Vorlesungen, so meint Soranus, mußte sie hinter einem Vorhang abhalten, um die Studenten nicht zu verwirren, was uns fatal an spätere Argumente erinnert, die vorgebracht wurden, um Frauen vom Studium abzuhalten. Die bedeutendsten Frauen, die über Frauenheilkunde und Geburtshilfe schrieben, waren Kleopatra und Aspasia gewesen, die beide im zweiten nachchristlichen Jahrhundert lebten. Kleopatras Abhandlung „De Geneticis" galt bis mindestens ins sechste Jahrhundert hinein als maßgebliche Fachliteratur. Auch die griechisch-römische Ärztin Aspasia wirkte mit ihren Abhandlungen bis ins Mittelalter hinein[15]. Die Bedeutung all dieser Frauen, die bis heute totgeschwiegen wurden, läßt sich nur vor ihrem gesellschaftlichen Hintergrund ermessen: Der allgemeine Widerstand männlicher Kollegen war damals gewaltig, die öffentliche Meinung generell gegen Frauen, die dem traditionellen Frauenbild nicht entsprachen. Die Ärztinnen Elephantis und Lais mußten sich vom römischen Schriftsteller Plinius manche Schmährede gefallen lassen, und die berühmte Fulvia, die dritte Gatten des Antonius, war als Mannweib verschrieen, weil sie sich aktiv an den politischen Geschäften ihres Gatten beteiligt hatte.

Besonders intensiv beschäftigte nicht nur die Zeitgenossen, sondern auch die gesamte Nachwelt die angebliche Sittenlosigkeit der Römerin. Sie wurde in zahlreichen literarischen und historischen Abhandlungen beschrieben, Theaterstücke und Filme nahmen sich ihrer an, umfangreiche Romane ergehen sich genußvoll in den Schilderungen pikanter erotischer Details. Vor allem Kaiserin Messalina, die im kaiserlichen Palast eine Art Bordell eingerichtet haben soll, wo sie nicht nur sich selbst zur Verfügung stellte, sondern auch andere vornehme Patrizierfrauen verkuppelte, wurde zum Inbegriff der verderbten und lasterhaften römischen Frau stilisiert. Wir wissen nicht, was von diesen Schilderungen, die sich auf Berichte zeitgenössischer Autoren stützen, der Wahrheit entspricht. Tatsache bleibt, daß Frauen versuchten, jene sexuellen Freiheiten, die Männer besaßen, auch für sich zu erobern, was in der Männerwelt regelmäßig mit großer

Empörung kommentiert wurde. Daß jedoch ein Liebhaber für eine verheiratete Frau selbst in der Kaiserzeit noch eine Gefahr bedeutet haben muß, zeigen die zahlreichen Ansuchen vornehmer Bürgerinnen, die bei den Ädilen als Dirnen registriert werden wollten. Ein schlauer Schachzug, denn eine auf diese Art und Weise gemeldete Prostituierte durfte nicht wegen Ehebruchs bestraft werden! Immerhin jedoch waren jetzt Scheidungen auch für Frauen möglich geworden, anfangs allerdings nur bei sehr triftigen Gründen wie zum Beispiel Impotenz; später traten auch hier Lockerungen der Bestimmungen ein. Nach wie vor aber war es für einen Mann wesentlich leichter, eine unbequeme Gattin loszuwerden, als umgekehrt und seine Scheidungsgründe wurden auch immer lächerlicher und absurder. So trennte sich ein Quintus Antistius Vetus von seiner Frau, weil er sie auf der Straße mit einem Freigelassenen reden sah. Publius Sempronius Sophus hingegen verlangte die Scheidung, weil seine Frau ohne sein Wissen in den Zirkus gegangen war[16]. Der eigentliche Grund, warum Ehen aufgelöst wurden, war aber meist Geld oder eine angestrebte politische Laufbahn. Versprach eine Frau das eine oder andere oder sogar beides, wurde die Ehefrau leichten Herzens verstoßen, um ein neues Ehebündnis eingehen zu können, eine Methode, die vielen Männern zu Reichtum und Macht verhalf. Caesar etwa heiratete viermal, ebenso Antonius, während Sulla und Pompeius es sogar auf fünf Ehen brachten.

So wie die zunehmenden sexuellen Freiheiten der römischen Frau die Mißbilligung ihrer Zeitgenossen fanden, wurden ihr auch Putz- und Prunksucht vorgeworfen. War doch die schlichte Tunika der Altrömerin, ein hemdartiges, knie- oder knöchellanges Kleid aus dickem Leinen oder rauhem Wollgewebe längst den dünnen, in der Taille gegürteten Baumwoll- oder Seidenkleidern aus Griechenland gewichen. Allmählich wurde die Mode immer luxuriöser, neue, golddurchwirkte und purpurfarbene Stoffe wurden aus dem Orient eingeführt und zu raffinierten Gewändern verarbeitet. Die feinen engen Seidenkleider, vorerst ausschließlich von Prostituierten getragen, begannen die schlichte Stola auch der vornehmen Matrone abzulösen, die sich darüber hinaus verschwenderisch mit Schmuck behängte: manche Dame, berichten zeitgenössische Autoren, trug ihr ganzes Vermögen um den Hals oder an den Ohren. Auch geschminkt hat sich die Römerin ausgiebig und gern. Die insgesamt sehr farbenfreudige Antike, von der uns die blassen, abgewaschenen Statuen kaum noch einen Eindruck vermitteln, fand auch in den bemalten Gesichtern der Frauen einen Ausdruck. Ein ganzes Arsenal raffinierter

Schminkutensilien ist uns überliefert, Goldstaub, mit dem sich die Römerin die Haare puderte, rote Schminke aus Ocker für Mund und Wangen, Bleiweis und Kreide für die Stirn, Kienruß und Antimonpuder zum Nachzeichnen der Augenlider und Brauen. Sie tönte ihre Schläfen himmelblau, trug Perücken und färbte sich die Haare, verwendete falsche Zähne aus Elfenbein und tat auch einiges gegen das Alter: Teigmasken und Eselsmilchkuren sollten die Haut glatt und geschmeidig halten, während bereits vorhandene Runzeln mit Wachs verdeckt und mit einer Anti-Faltencreme behandelt wurden.

Während sich also die gesellschaftliche Stellung der Römerin in den nachchristlichen Jahrhunderten sichtbar gebessert hatte, blieb sie von Staats- und Kriegsgeschäften nach wie vor weitgehend ausgeschlossen. Zwar hatte sie im Jahre 195 v. Chr. gegen die Lex Oppia, ein Gesetz, das Frauen vorschreiben wollte, was sie anziehen und wieviel sie ausgeben durften, relativ erfolgreich demonstriert. Auch befand sich auf dem Quirinal, dem alten Heiligtum der sabinischen Muttergöttin, der Versammlungsort der Frauenkorporation, die alle Fragen des römischen Imperiums zu regeln hatte[17]. Ebenso beweist eine Demonstration, die sich am Ende der Republik gegen eine den Frauen auferlegte Kriegssteuer richtete[18], eine gewisse kritische Stellungnahme, die nicht mehr alles als gegeben hinzunehmen bereit war. Doch blieb es bei derartigen Einzelaktionen; die Reaktion der Männer auf diese weibliche „Unverfrorenheit" ist entsprechend aufschlußreich: *„Unsere Vorfahren wollten, daß die Frauen nicht einmal private Angelegenheiten ohne männlichen Vormund betreiben könnten, damit sie völlig in der Herrschaft ihrer Väter, Brüder und Gatten stehen sollten"*, meint etwa Cato. *„Wir dagegen dulden, daß sie von der Republik Besitz ergreifen und sich sogar in die Volksversammlung einmischen."* Dann spricht er die bedeutsamen, alle Männerängste und Traumata einschließenden Worte: *„Wenn sie aber einmal angefangen haben, uns gleich zu stehen, werden sie uns bald überlegen sein"*[19].

Die einzigen Frauen, denen ein aktives Eingreifen in die Politik und teilweise sogar in das Heerwesen möglich wurde, waren die Frauen der Kaiser und römischen Statthalter. Ebenso skrupellos und machtgierig wie ihre Ehegatten übten sie häufig einen entscheidenden Einfluß auf die Politik ihrer Männer aus. Agrippina, Frau des Germanicus, übernahm das Kommando über die römischen Truppen in Germanien, um ihren kranken Gatten zu entlasten, und Julia Agrippina, Frau des Claudius, war anerkannte Mitregentin. Sie begleitete ihren Gemahl auf allen größeren Reisen und beriet ihn in allen wichtigen Entscheidungen, weshalb sie als „Olyss in Weiberkleidern" bezeichnet wurde. Auch die hochgebildete Julia Domna, Tochter des Sonnenpriesters Bassianus aus Emesa in Syrien, die Wissenschaftler und Philosophen an den Kaiserhof gebracht hatte und als virgo caelestis kultisch verehrt wurde, stieg unter der Regentschaft ihres Sohnes Caracalla zur Mitregentin auf. Nach seiner Ermordung hungerte sie sich zu Tode.

Ebenso leitete die begabte Theodora, Tochter eines Tierwärters, Schauspielerin und später Gattin Justinians I. in Byzanz, zusammen mit ihrem Gemahl die Regierungsgeschäfte. Auf den Staatssiegeln und in den Eingangsformeln der Erlässe erschien ihr Name neben dem des Kaisers. Doch waren derartige Ehrungen, die den weiblichen Mitgliedern der kaiserlichen Familie häufig zuteil wurden, nicht immer als persönliche Auszeichnung gedacht. Oft dienten sie auch zur Förderung des Ansehens der Männer, deren Mütter, Gattinnen oder Schwestern sie waren. Die allegorischen Darstellungen von Pax, Concordia, Iustitia oder Securitas auf der Rückseite der Kaisermünzen, für die oft Frauen des Kaiserhauses Modell standen, sollten vor allem die Tugend des Kaisers oder seine Herrschaft symbolisieren. Doch gab es auch etliche Kaiserinnen, die nach ihrem Tod vergöttlicht wurden, so etwa Livia und Julia, die Gattin und Tochter des ersten Kaisers Augustus. Die Begeisterung, mit der die Römer stilvolle Nachrufe gestalteten, ist überhaupt auffallend. So konnte selbst die römische Matrone aus vornehmer Familie, die sich zu Lebzeiten auf irgendeine Art und Weise um eine Sache verdient gemacht hatte, nach ihrem Tod durch Statuen und Denkmäler geehrt werden. Angesehenen Ärztinnen, Musikerinnen und Sportlerinnen wurden literarische Ovationen bereitet. Auch Kaiser Augustus benannte nicht nur den Porticus Liviae und den Marcellum Liviae nach seiner Gattin und den Porticus Corneliae nach seiner Schwester, sondern ließ daneben auch noch eine Statue der Cornelia, jener vorbildlichsten aller römischen Matronen, errichten. Cornelia übte als hochgebildete Frau über ihre beiden Söhne Tiberius und Gaius Gracchus einen tiefgreifenden Einfluß auf die römische Politik aus. Besonders hoch wurde ihr allerdings die Geburt von zwölf Kindern angerechnet, hatte doch Augustus ein spezielles Interesse an der Steigerung der Geburtenrate, weil er für seine ehrgeizigen politischen Pläne nicht nur genügend Soldaten, sondern auch Administratoren, Offiziere und Bauern benötigte. (Seine Ehegesetze, die vor allem die nachlassende Gebärfähigkeit der Patrizierin aktivieren sollten, standen ganz unter diesem Motto.) Auch die Ablehnung eines Heiratsantrages des ägyptischen Thronfolgers Ptolemaios VIII. brachte Cornelia besondere

Achtung ein, erwies sie sich doch damit als sittenstrenge und tugendsame Gattin, die dem Andenken ihres verstorbenen Gatten Tiberius Sempronius Gracchus treu bleiben wollte. Die Ermordung ihrer beiden Söhne soll sie mit großer Fassung ertragen haben. Später wurden sogar ihre Briefe veröffentlicht.

Plebejerin und Sklavin

So relativ gut wir über die wohlhabende römische Matrone, die vornehme Patrizierin und die Angehörige des Kaiserhauses unterrichtet sind, so wenig wissen wir von der Frau des niederen Volkes, der Plebejerin, der Freigelassenen, der Sklavin. Sie war nicht literaturwürdig, Schriftsteller und Philosophen nahmen sich ihrer kaum an und wenn, dann nur mit Geringschätzung und Verachtung. Sie selbst trat weder künstlerisch noch literarisch hervor, die ungebildete Plebejerin hatte dazu gar keine Möglichkeit, und auch die Freigelassene oder die Sklavin besaß nicht jenen Bildungsstand, über den der männliche (griechische) Sklave häufig verfügte. Dafür tat sie, was Frauen in der langen Geschichte des Patriarchats immer taten: Sie arbeitete in niedrigen und schlecht bezahlten Berufen, ausgenützt, mißbraucht und vornehmlich für jene Arbeiten zuständig, die der römische Mann als entwürdigend und entehrend betrachtete. Sie war Spinnerin, Seidenweberin, Büglerin, Flickerin, Fischhändlerin, Kalkbrennerin und Gerstenverkäuferin, Hebamme und Krankenschwester, Friseurin und Salberin, aber auch Sängerin und Musikantin – alles Berufe, die sich auf Grabinschriften nachweisen lassen. Relativ häufig war sie Amme, denn die Kinder der Patrizier wurden nicht von ihren Müttern, sondern von Ammen genährt, wobei in den uns überlieferten Ammenverträgen Sklavinnen, aber auch freie Frauen als Ammen erwähnt werden. Meist wurde der Vertrag mit einer Amme auf zwei Jahre abgeschlossen, wobei vierteljährliche Kontrollen üblich waren. In dieser Zeit mußte sie den Säugling bei sich zu Hause stillen und pflegen, sich des Geschlechtsverkehrs enthalten und durfte kein zweites Kind aufnehmen, wofür sie Geld und teilweise auch Naturalien als Lohn erhielt[1].

Die Unterschichtfrau gebot keinesfalls über ein Heer von Sklaven, sie besaß auch kein großzügig angelegtes Haus mit Atrium, Säulenhalle und Lustgarten, sondern sie wohnte in engen, bienenstockartigen Behausungen, die in vielstöckigen Mietskasernen (insulae) aneinandergereiht waren und gemeinsame Brunnen, Abtritte und Bäder besaßen. Etwa 34 000 insulae standen im Rom des vierten nachchristlichen Jahrhunderts nur 1 800 Privathäusern gegenüber[2], was die tatsächlichen gesellschaftlichen Verhältnisse dieser Zeit sehr deutlich ausdrückt: Angehörige der Oberschicht waren in der Minderheit, der weitaus überwiegende Prozentsatz gehörte den niederen Schichten an, eine Situation, die übrigens auch für das Mittelalter und die Neuzeit bis herauf ins 19. Jahrhundert Geltung besaß. Deshalb betraf auch der patriarchale Mythos von der sorglos vom Reichtum des Ehegatten schmarotzenden Frau, die ihr ganzes Leben lang dem Nichtstun frönt, wenn überhaupt, nur eine schmale Elite, während sich die Frau des Volkes ihren Lebensunterhalt stets selbst hart verdiente. Doch diese Marktfrauen und Krämerinnen, Botengängerinnen und Spielfrauen, die die Straßen Roms bevölkerten, zählten keinesfalls zu den Ärmsten. Diese lebten vielmehr von Bettelei und Prostitution und waren noch schlimmer dran als Sklavinnen, die wenigstens als Besitz geschätzt wurden. Häufig sogar ohne die relative Sicherheit eines Bordells boten sie sich unter Torbögen im Freien an, weshalb sich das englische Wort „fornicate" (=Unzucht treiben) wahrscheinlich aus dem lateinischen „fornix" (=Schwibbogen, Gewölbe) ableiten läßt.

Ein wenig mehr wissen wir von der Sklavin vornehmer Häuser, denn hier pflegte auch jene Intelligentia zu verkehren, von der uns diesbezügliche Berichte überliefert sind – natürlich immer aus männlicher Perspektive, die ja generell das Bild der Frau im Patriarchat prägte. Sklavenherrschaft war ein wesentlicher Bestandteil des römischen Patriarchats, das in seiner Brutalität, seinen Sadismen und Grausamkeiten, wie sie auch in den Schaumorden der Spiele, blutigen Gladiatorenkämpfen und der Hinschlachtung tausender Menschen zum Gaudium des Publikums zum Ausdruck kamen, beispiellos gewesen ist. Ein Sklave galt nicht als Mensch, er war, wie der römische Schriftsteller Varro (116–27 v. Chr.) meint, ein „Instrumentum vocale", mit Sprache begabtes Werkzeug[3].

Die Folterung von Sklaven fiel daher auch nicht unter das im römischen Recht verankerte Verbot der Folterung von Menschen als Mittel der Rechtsfindung. Sklaven wurden grauenhaft gefoltert, Männer ebenso wie Frauen, und die Methoden, die dabei erfunden wurden, kamen noch bei den Hexenprozessen der beginnenden Neuzeit zur Anwendung. Ebenso durften Sklaven straflos getötet werden, denn sie galten als Besitz, mit dem der Eigentümer nach Belieben verfahren konnte. Es war selbstverständlich, daß junge, schöne Sklavinnen nicht nur als Leibeigene für Arbeiten jeder Art, sondern auch als Sexualobjekt benutzt wurden. Der sexuelle Verkehr mit der Sklavin war unumschränktes Recht des Hausherrn. Darüber hinaus konnte er sie aber auch seinen Freunden und Gästen zur Verfügung stellen, die sich bei Gastmählern ihre Hände im Haar der nackten Mädchen trockneten. Ebenso konnte er sie an ein Bordell verkaufen oder zur Straßenprostitution zwingen, um dann ihre Einnahmen zu kassieren, was so manchen zum reichen Mann gemacht hat. Weiters durfte er sie auf dem Sklavenmarkt als Hure anbieten, wo sie von jedem Interessenten befingert wurde: *„Nackt stand sie auf dem Sklavengestell, sodaß die Käufer sie inspizieren konnten. Alle Teile ihres Körpers wurden besichtigt und angefühlt",* schreibt Seneca[4]. Daß umgekehrt der verheirateten Römerin keinesfalls auch nur annähernd gleiche sexuelle Freiheiten eingeräumt wurden, versteht sich von selbst.

Im Königreich und in der früheren Republik konnte vielmehr eine Frau, die sich mit einem Sklaven eingelassen hatte, von ihrem Ehegatten straflos getötet werden. Ein ähnliches Schicksal erwartete ihren Liebhaber. In späteren Jahrhunderten wurde Beischlaf mit einem Sklaven etwas milder durch Entzug des halben Vermögens oder Verbannung bestraft. Aber noch ein Senatsbeschluß des Jahres 54 n. Chr. verurteilte eine römische Bürgerin aus diesem Grund zur Sklaverei. Unter Kaiser Konstantin konnte dann eine Römerin, die mit einem Sklaven sexuell verkehrt hatte, erneut getötet werden, während der Sklave zu Tode gepeitscht oder verbrannt wurde[5]. Daß das Christentum neben den frauenfeindlichen Tendenzen des Judentums auch noch jene der Antike übernahm, wird an diesem Beispiel deutlich. Natürlich prägte der sadomasochistische Aspekt, der im Verhältnis Gebieter-Sklavin eine so wesentliche Rolle spielte, auch das Sexualverhalten des Römers zu seiner Gattin oder Geliebten. Jene sexuellen Perversitäten und Abartigkeiten, von denen die zeitgenössische Literatur überquillt, sind aus diesen Ursachen zu erklären. Die schöne, nackte, am besten gefesselte oder in irgendeiner Weise mißhandelte Sklavin hat lüsterne Männerphantasien bis herauf in unsere Zeit beschäftigt, wobei zum sadistischen meist noch das masochistische Moment getreten ist. Befällt der – geheime – Wunsch nach Erniedrigung nach den Gesetzen der Psychologie doch vor allem jene, die unumschränkte und brutale Macht ausüben:

„Gut so! Raufe nur wacker mein Haar! Deiner herrlichen Nägel
Spuren grabe getrost tief in mein Antlitz mir ein!
Drohe mir, daß du die Augen mit brennendem Feuer mir aussengst
Reiß mir ab das Gewand, daß sich mein Körper entblößt ...
Sei mein Nacken der Zeuge von Wunden, die dir ich verdanke
mir ist das bläuliche Mal Zeichen erwiderter Gunst"[5],

dichtete Properz. Bis herauf in unsere Zeit lassen sich Spuren dieser männlichen Wünsche und ihrer Befriedigung verfolgen: Die „Domina", die sich im Inseratenteil jeder beliebigen Zeitung anbietet, um mit einem ganzen Arsenal von Marterwerkzeugen den erfolgreichen und rücksichtslosen Selfmademan zu befriedigen, leitet sich ab vom römischen Patriarchat.

Leibeigene Frauen mußten aber nicht nur ihrem Herrn in allem und jedem zu Willen sein, sie hatten auch den männlichen Sklaven ihres Hauses sexuell zur Verfügung zu stehen. Cato, der immer bestrebt war, seinen Geldsäckel zu füllen, ging sogar soweit, von den Sklaven, die mit einer seiner Sklavinnen sexuell zu verkehren wünschten, eine feste Gebühr abzuverlangen. Eine offizielle Eheschließung war unter römischen Sklaven nicht möglich, doch konnten zwei Leibeigene eine informelle, ehegleiche Gemeinschaft, contubernium genannt (Zusammenleben, Sklavenehe) eingehen. Die Kinder dieser Verbindung wurden allerdings als unehelich betrachtet, sie konnten – ebenso wie einer der Ehepartner – beliebig an einen anderen Sklavenhalter verkauft oder auf eine andere Besitzung ihres Herrn versetzt werden. Natürlich waren Kinder aus Sklavenehen erwünscht, denn das bereicherte den Herrn, weshalb auch derartige, eheähnliche Verbindungen in den eigenen Sklavenfamilien, die bei wohlhabenden Römern hunderte, manchmal sogar tausende Personen umfassen konnten, gefördert wurden. Ehebündnisse der eigenen Sklaven mit Frauen anderer Sklavenfamilien waren hingegen nicht so gerne gesehen, denn die Kinder blieben in diesem Fall bei der Mutter[6]. Trotzdem belegen Grabinschriften von Sklaven und Freigelassenen, daß diese Ehen meist recht lange bestanden, wohl als Ausdruck einer gewissen Verbundenheit, die Unterdrückte füreinander empfanden. Daß sich die Benachteiligung der Frau bis in die Sklavenschichten fortsetzte, zeigt auch die Tatsache, daß es dem männlichen Sklaven jederzeit möglich war, sich mit einem eventuell ersparten Geld ebenfalls eine Sklavin zu kaufen, die dann sein Eigentum, daneben aber auch noch jenes des gemeinsamen Herrn gewesen war. Von umgekehrten Fällen ist nichts bekannt. Doch konnten sich sowohl Sklave wie auch Sklavin mit Geld freikaufen, was nach der Lex Aelia Sentia aus dem Jahre 4 n. Chr. ab dem 30. Lebensjahr möglich wurde. Dabei war es aber wiederum für den männlichen Sklaven leichter, das dafür nötige Geld aufzubringen, weil er meist einen höheren Bildungsgrad besaß und daher auch über höhere Einnahmen verfügte. Vor allem die griechischen Gefangenen waren häufig hochgebildete Gelehrte, Historiker, Dichter oder sonstwie gebildet und die römischen Herren machten sich ihre Kenntnisse nutzbar, indem sie ihnen einflußreiche Stellungen mit der

Aussicht auf entsprechende Geschenke anboten. Die ungebildeten Frauen hingegen konnten lediglich im Hauswesen beschäftigt werden, wo sie vielleicht als Ammen, Kinderfrauen, Hausgehilfinnen, Küchenmägde oder bestenfalls Hebammen Verwendung fanden, was keinesfalls besonders lukrativ gewesen ist. Allerdings wurden die Sklavinnen vermögender römischer Familien auch in besonderen Fertigkeiten unterrichtet, als Kammerzofe beispielsweise, Friseuse, Masseuse oder Spiegelhalterin. Auch als Buchhalterinnen, Vorleserinnen oder Unterhalterinnen waren Sklavinnen tätig. Manchmal glückte ihnen sogar der Sprung in eine gehobene Position, etwa zur vilica, der Frau des vilicus, des Gutsverwalters auf dem Lande. Cato hat ihre Pflichten in „De agricultura" eingehend beschrieben: Sie solle, so meint er, mit dem Mann, den ihr Herr ihr gegeben hat, zufrieden sein, und er soll darauf achten, daß sie ihn fürchtet. Sie soll nicht putzsüchtig sein, wenig Verkehr mit Nachbarinnen pflegen und diese nicht zu sich einladen, kein Opfer darbringen und auch nicht darbringen lassen. Dafür soll sie arbeitsam und fleißig sein, das Landhaus täglich reinhalten, und wenn an den Kalenden, Nonen und Iden Festtag ist, soll sie einen Kranz auf den Herd legen und zum Familienlar (Hausgott) um Wohlstand beten. Außerdem hat sie dafür zu sorgen, daß für die Sklavenfamilie gut gekocht wird. Sie muß weiters darauf achten, daß viele Hennen vorhanden sind, um genügend Eier zu legen, daß gutes Mehl gemahlen wird, daß es trockene Birnen, Arlesbeeren in Most, Birnen und Trauben in Fässern und Sperlingsäpfel in Weinkannen gibt. Außerdem soll sie frische pränestische Nüsse in Krügen in die Erde stecken[7].

Manchmal kam es auch vor, daß der Herr seiner Sklavin oder seinem Sklaven die Freiheit schenkte, worauf diese gesetzlich verpflichtet waren, ihrem ehemaligen Herrn weiter zur Verfügung zu stehen, soferne ihnen nebenbei genügend Zeit zur Bestreitung des eigenen Lebensunterhaltes blieb – ein dehnbarer Begriff, wie sich leicht ermessen läßt. In den unteren Schichten kamen auch Ehen freigeborener Römer mit Sklavinnen vor, in den vornehmen Kreisen allerdings kaum. Die augusteischen Gesetze beispielsweise verboten es Männern aus dem Senatorenstand, eine Freigelassene zu heiraten[8]. Dasselbe galt natürlich für die Senatorenfrau. Noch unter Septimus Severus (193-211 n.Chr.) untersagte es ein Gesetz freigeborenen Frauen, einen Sklaven freizukaufen und zu heiraten[9].

Die Frau im frühen Christentum

Vorerst unbemerkt von den römischen Machthabern hatte sich eine neue, starke religiöse Bewegung gebildet: das Christentum. Ausgehend von einer kleinen Glaubensgemeinschaft zuerst um Jesus, später um seine Apostel, wurde es zur Weltreligion, deren späterer frauenverachtender Charakter ursprünglich von Jesus nicht beabsichtigt war. Denn Jesus liebte die Frauen, so wie er alles in seine umfassende Liebe mit einschloß. Um das ungeheuer Revolutionäre an dieser Frauenliebe richtig einschätzen und würdigen zu können, muß sie vor dem Hintergrund der gesellschaftlichen Realität des jüdischen, griechischen und römischen Patriarchats betrachtet werden, wobei der Hellenismus ebenso wie die römische Kaiserzeit Frauen bereits ein relativ breites Spektrum an Verwirklichungsmöglichkeiten eingeräumt hatten. Unter strenge Aufsicht wurde jedoch die Jüdin gestellt, und vor allem jüdisch-patriarchalisches Gedankengut floß dann später auch in die christliche Lehre ein.

Die jüdische Frau zur Zeit Jesu Christi war weitgehend vom gesellschaftlichen und völlig vom politischen Leben ausgeschlossen. Sie hatte sich in eigenen Frauengemächern aufzuhalten, sie durfte nicht am gemeinsamen Mahl teilnehmen, wenn Gäste eingeladen waren, ja sie durfte nicht einmal die Männer bei Tisch bedienen – wahrscheinlich, um nicht auf diese Art und Weise doch die eine oder andere Neuigkeit aus Männermund zu erfahren. „Rede nicht viel mit der Frau", beschreibt der Rabbiner Jose ben Jochanan aus Jerusalem im zweiten vorchristlichen Jahrhundert unmißverständlich das Verhältnis zwischen den Ehegatten. Rab Juda (drittes Jahrhundert n. Chr.), der von einem Freund gebeten wurde, Grüße an die Hausfrau auszurichten, lehnt dies nicht nur schroff ab, sondern vertritt darüber hinaus noch den Standpunkt: „Man fragt nicht nach dem Wohlbefinden einer Frau."[1] Sie war Unperson, schlimmer noch als im klassischen Griechenland, wo über den religiösen Frauenkult doch noch einiges vom alten Mutterrecht erhalten geblieben war. In Palästina jedoch waren die jüdischen Frauen und Mädchen nicht nur von der allgemeinen Bildung, sondern auch vom Religionsunterricht ausgeschlossen, sie mußten in der Synagoge in getrennten Räumen am Gottesdienst teilnehmen, und während alle männlichen Mitglieder der Gemeinde, auch die männlichen Minderjährigen, Gesetze oder Propheten vorlesen durften, war dies den Zerlumpten, den Nackten und den Frauen verboten: „Die Frau liest nicht aus der Thora (dem Gesetze) wegen der Ehre der Gemeinde."[2] „Frauen, Sklaven, Kinder fordert man nicht (zur Danksagung beim Mahle) auf", „Frauen, Sklaven, Kinder sind vom Aufsagen des Bekenntnisses, also des 'Höre Israel' und vom Anlegen der Gebetsriemen befreit; sie sind aber verpflichtet zum Hauptgebet, zur Türpfostenheiligung und zum Tischgebet"[3], lauten die von Rabbinern geprägten Gebote. Sie schließen Frauen von wichtigen religiösen Übungen aus, und obwohl sie die Sitte des Tischgebets befolgen mußten, wurden sie nicht zur Gemeinde gerechnet. Ebenso konnte der Ehemann bzw. Vater die Gelübde seiner Frauen und Töchter nach eigenem Gutdünken aufheben, was einen empfindlichen Eingriff in das Selbstbestimmungsrecht der Frau bedeutete. So wie der griechische und römische besaß auch der jüdische Familienvater uneingeschränkte Verfügungsgewalt über seine unmündigen Kinder, die er opfern, verkaufen oder verschenken konnte. Der Übertritt in die Ehe bedeutete für die junge Frau daher meist eine Verbesserung ihrer sozialen Stellung, denn jetzt durfte sie wenigstens nicht mehr verkauft werden, selbst wenn sie eine Kriegsgefangene oder Magd war[4]. Der Talmud nennt darüber hinaus zehn Ehepflichten des Ehemannes seiner Frau gegenüber, unter anderem ihre Verpflegung, Kleidung, ehelicher Verkehr, ärztliche Versorgung, Loskaufen aus der Gefangenschaft, eine festgesetzte finanzielle Abfindung für den Fall seines vorzeitigen Ablebens und Sicherung entsprechender Wohnverhältnisse. Bei Ehebruch hingegen war der Gatte berechtigt, die Todesstrafe zu verhängen[5]. Eine einseitige Willkürherrschaft verraten auch die Scheidungsgesetze. Nur der Mann, dem im übrigen Vielweiberei erlaubt war, konnte die Ehescheidung einleiten (abgesehen von wenigen Ausnahmefällen, so zum Beispiel, wenn der Mann aussätzig war), wobei die Gesetzesauslegung hier verschieden gehandhabt wurde. Während der Rabbiner Schammai beispielsweise nur „Unzucht" (Ehebruch) der Frau als Scheidungsgrund anerkennt, meint der Rabbi Hillel, daß jeder beliebige Grund dafür angeführt werden könne[6], und Rabbi Akiba findet es sogar ausreichend, wenn dem Mann eine andere Frau besser gefällt[7]. Aus dieser Situation heraus ist auch die Forderung Christi nach Unauflöslichkeit der Ehe zu verstehen: Sie diente damals dem Schutz der Frau! Daß dem jüdischen Mann selbst die wenig beneidenswerte Lage der Frau durchaus bewußt war, beweist folgender Ausspruch des Gesetzeslehrers Rabbi Juda ben Elai um die Mitte des zweiten Jahrhunderts nach Christi: *„Drei Lobpreisungen muß man jeden Tag sprechen: Gepriesen sei, der mich nicht zum Heiden machte! Gepriesen, der mich nicht zur Frau machte! Gepriesen, der mich nicht zum Ungebildeten machte..."*[8]

Das Verhalten Jesu den Frauen gegenüber, mit denen er sprach, die er berührte, heilte, erschien angesichts einer derart extremen Frauenunterdrückung so ungewöhnlich, daß es sogar seinen Jüngern und Aposteln auffiel: „Darüber kamen seine Jünger und verwunderten sich, daß er mit einer Frau sprach", heißt es in der Geschichte von der Samariterin. Denn mit einer Frau sprach m a n nicht. Aber Jesus ergreift auch die Hand von Petrus' Schwiegermutter – eine unmögliche Geste, durfte der orthodoxe Jude eine Frau doch nicht einmal ansehen, geschweige denn berühren. Er geht in ein Haus, in dem sich zwei Mädchen – Maria und Martha – allein befinden und läßt sich von einer Frau bedienen. Er spricht mit einer Sünderin und rettet eine junge Ehebrecherin vor der Steinigung. Er heilt besessene Frauen und bezeichnet eine Verkrümmte als Tochter Abrahams[9]. Vor allem aber entdeckt er auch in der Frau die unsterbliche Seele, er lehrt sie das Schrifttum und nimmt sie unter seine Jünger auf. Natürlich laufen sie ihm ihn Scharen zu, Peter Ketter, der sich in einem zweibändigen Werk dem Thema „Christus und die Frauen" widmet, spricht sogar von einem „galiläischen Frauenbund" und einer „ersten christlichen Frauenbewegung"[10]. In jedem seiner wichtigen Lebensabschnitte wird Christus von Frauen begleitet, sie folgen ihm an das Ostufer des Sees Genezareth ebenso wie auf seinem Weg nach Golgotha, sie stehen unter dem Kreuz, unmittelbar vor den römischen Soldaten, was sicherlich lebensgefährlich war. Schließlich entdeckt eine Frau, nämlich Maria von Magdala, als erste das leere Grab. Sie war es auch, der Jesus als erster erschien. Auch von der Leib- und Sexualfeindlichkeit, wie sie das spätere Christentum auszeichnet, ist zu Lebzeiten Jesu wenig zu spüren. Er scheint im Gegenteil ein sehr natürliches und unverstelltes Verhältnis zu Liebe und Sexualität gehabt zu haben, er fühlte sich durch die Berührung einer menstruierenden Frau, die im Judentum als unrein galt, keinesfalls beschmutzt. Maria Magdalena, die er „mehr als alle anderen Jünger" liebte, küßte er „oftmals auf den Mund", wie es in einem apokryphen ägyptischen Evangelium des Philippus heißt[11]. Deshalb vertrat auch Luther die Ansicht, daß er mit ihr verheiratet gewesen sei. Auch liebte Jesus Feste, gutes Essen und Wein, was ihn keineswegs als strengen, sich kasteienden Asketen auszeichnet. Dieser ganze leib- und genußfeindliche Überbau, der Frau und Lust identisch und beides zur

Sünde erklärt, wurde erst später von den Kirchenvätern und der Scholastik errichtet. Er hat sich nicht nur für die Frau, sondern für das gesamte Abendland äußerst verhängnisvoll ausgewirkt.

Daß Jesus Frauen nicht zu Aposteln machte, was immer als Argument für ihre angebliche Unfähigkeit zum Lehr- und Priesteramt herhalten mußte, ist aus der gesellschaftlichen Situation seiner Zeit zu verstehen. Wahrscheinlich ging es über die allgemeine Tolerierbarkeit, eine Frau derart auszuzeichnen – da war es noch eher möglich, einen Zöllner aufzunehmen. Sein Berufsstand war zwar mißachtet, doch blieb die wichtigste Voraussetzung gewahrt: Er war ein Mann! Dabei haben Frauen in der Gemeinde Jesu Außerordentliches geleistet. Sie folgten ihm in aller Öffentlichkeit, halfen in der Seelsorge, und viele vermögende Frauen unterstützten ihn auch mit Geld. Wahrscheinlich war seine weibliche Anhängerschaft zahlreicher als die männliche, vor allem in den Dörfern und in den Kleinstädten Galiläas, wo die Frau als Landwirtin eine freiere Stellung genoß als in den größeren Städten. Auch nach Jesu Tod waren in der Jerusalemer Urgemeinde die Frauen zahlreich. Doch schon wird ihr Wirkungskreis eingeengt: Vor allem die Christen jüdischer Abstammung verlangten von ihren Frauen Zurückhaltung beim Gottesdienst, was durch entsprechende Familienarbeit kompensiert werden sollte. Besser war die Situation römischer oder griechischer Christenfrauen. Sie waren in den frühchristlichen Gemeinden nicht nur zahlreich vorhanden, sondern spielten hier auch eine maßgebliche Rolle. Vor allem ihre Missionstätigkeit ist verbürgt und wird selbst von Paulus, dessen gebrochenes Verhältnis zu Frauen bekannt ist, entsprechend gerühmt. Er wußte sicherlich genau, daß er es nicht zuletzt dem missionarischen Eifer zahlreicher Frauen zu verdanken hatte, daß sich seine Gefolgschaft ständig vergrößerte. Daß in der Korinthergemeinde Frauen unverschleiert beim Gottesdienst erschienen, wurde von ihm allerdings sofort übel vermerkt:

„Wenn ein Mann beim Beten oder Weissagen etwas auf dem Haupte hat, so beschimpft er sein Haupt. Die Frau aber beschimpft ihr Haupt, wenn sie beim Beten oder Weissagen das Haupt unbedeckt hat."[12]

Bedeutsamer aber ist jener Ausspruch des Apostels, der in den folgenden Jahrhunderten immer und immer wieder herangezogen wurde, um die Inferiorität der Frau zu untermauern:

„Ich möchte euch aber zu bedenken geben, daß das Oberhaupt jeden Mannes Christus ist, das Haupt der Frau aber ist der Mann, das Haupt Christi ist Gott." (1 Kor. 11,3)

Und weiter:

„Der Mann dagegen darf das Haupt nicht verhüllt haben, weil er Gottes Abbild und Abglanz ist; die Frau aber ist Abglanz des Mannes. Der Mann stammt jedoch nicht von der Frau, sondern die Frau vom Manne; auch ist der Mann nicht um der Frau willen geschaffen, sondern die Frau um des Mannes willen. Deshalb muß die Frau ein Zeichen der Herrschaft auf dem Haupt tragen und dies um der [beim Gottesdienst anwesend gedachten] *Engel Gottes willen." (1 Kor. 11,7–10)*

Diese Paulus-Zitate, ständig neu ausgelegt und interpretiert, trugen wesentlich zur untergeordneten Stellung der Frau in der Kirche bis zum heutigen Tag bei, und im weiteren Sinn auch zu ihrer untergeordneten Stellung in der Gesellschaft. Die Frau als Abglanz des Mannes hatte nicht unmittelbar teil an der Ebenbildlichkeit Gottes, sie wurde zu einem zweitrangigen Wesen degradiert, dem außerdem durch seine Abstammung vom Mann (keine Konstruktion war zu absurd, um weibliche Minderwertigkeit zu beweisen) die Kompetenz in religiösen wie gesellschaftlichen Fragen abgestritten wurde. Da nützt es auch nicht viel, daß diese Paulus-Texte möglicherweise zum Teil mißverstanden wurden, da nützt jene bedeutsame Stelle im Galaterbrief wenig, in der Paulus bereits Gesagtes praktisch wieder zurücknimmt:

„Da ist nicht Jude noch Grieche, nicht Sklave noch Freier, nicht Mann noch Frau; denn alle seid ihr einer in Christus Jesus."

Und dann, noch deutlicher im Korintherbrief:

„Doch ist weder der Mann ohne das Weib noch das Weib ohne den Mann, denn wie das Weib von dem Mann, so kommt auch der Mann durch das Weib, aber alles kommt von Gott." (1 Kor. 11,11–12)

Denn die kommenden Generationen bezogen sich sehr viel häufiger auf die frauenfeindlichen Stellen, was im übrigen für das gesamte Neue, ebenso wie das Alte Testament gilt. Schon gegen Ende des ersten nachchristlichen Jahrhunderts beginnt man der Frau im Gottesdienst das Wort zu verbieten, wobei wieder ein Paulus zugeschriebener Text herhalten muß, und zwar aus den sogenannten Pastoralbriefen, die allerdings höchstwahrscheinlich gar nicht von ihm selbst, sondern um das Jahr 100 von einem Anonymus verfaßt wurden. Die bekannte Stelle lautet:

„Eine Frau soll in der Stille lernen in aller Unterwürfigkeit. Zu lehren gestatte ich einer Frau nicht, auch nicht über den Mann zu herrschen, sondern sie soll sich still verhalten. Denn Adam ward zuerst geschaffen, darnach Eva; und nicht Adam ließ sich betrügen; die Frau aber ward betrogen und kam zu Falle; sie soll aber gerettet werden durch das Gebären von Kindern, wenn sie bleiben in Glauben und Liebe und Heiligung samt Selbstbeherrschung." (1. Timotheus 2, 11–14)

Hier nimmt eine weitere, folgenschwere Entwicklung ihren Anfang: durch den Sündenfall und die Erbschuld Evas auf ewig gebrandmarkt, müssen ihre Töchter hinfort in Sack und Asche gehen und können nur durch das Gebären möglichst vieler Kinder ein Zipfelchen der ewigen Seligkeit erhaschen. Daß auch die Überbevölkerung unserer Erde damit in einen ursächlichen Zusammenhang gebracht werden kann, wird kaum bestritten werden.

Etwa ab dem zweiten nachchristlichen Jahrhundert sitzen in den christlichen Kirchen die Frauen bereits getrennt von den Männern. Sie unterstehen dem Schweigegebot, das im Mittelalter geradezu absurde Formen annimmt. So etwa wird ihnen in dem Dekret Gratians empfohlen, beim Gebet lautlos die Lippen zu bewegen – ein hörbarer Ton war nicht gestattet[13]. So extrem dürfte die Situation in der christlichen Urkirche allerdings noch nicht gewesen sein. Denn Frauen wurden hier noch immer mit etlichen Funktionen betraut. So bedurfte man dringend ihrer Fürsorgetätigkeit in der Gemeinde, bei der vor allem Witwen eingesetzt wurden. Ebenso gab es Diakonissen. Sie werden mehrfach in den alten Schriften erwähnt. Eine gewisse Phoibe etwa arbeitete in den fünfziger Jahren des ersten Jahrhunderts in der korinthischen Hafenstadt Kenchreai. Sie wird als wohlhabende Frau beschrieben, die ihr Vermögen in den Dienst der christlichen Lehre stellte[14]. Auch in dem Brief des jüngeren Plinius, der etwa 112 n. Chr. Statthalter von Bithynien war, werden Diakonissen erwähnt[15]. Sie nahmen sich vor allem der weiblichen Gläubigen an, zum Beispiel wenn eine Frau getauft wurde und „bis an den Hals" in das Wasser steigen mußte. Dabei durfte die Diakonisse den weiblichen Täufling nicht nur salben, sondern auch „belehren und erziehen". Natürlich war sie auch für Krankenbesuche und -pflege zuständig, wie sie überhaupt eher im häuslich-familiären Kreis tätig war. Daß sie dabei hohes Ansehen genoß, wird aus der Didaskalia, einer Kirchenordnung der syrischen Kirche des dritten nachchristlichen Jahrhunderts deutlich, in der es heißt:

„Der Bischof sitzt für euch an der Stelle Gottes. Der Diakon aber steht an der Stelle Christi, und ihr sollt ihn lieben; die Diakonisse aber soll nach dem Vorbilde des heiligen Geistes von euch geehrt werden. Die Presbyter sollen euch gleich den Aposteln sein, und die Witwen und Waisen sollen bei euch dem Altare gleichgeachtet werden."[16]

Allerdings beschränkte sich der Einfluß der Diakonissen auf den östlichen Raum, im Westen gab es sie wahrscheinlich nicht. Hier wurden ihre Aufgaben teilweise von den Witwen übernommen, die zur Zeit des Hermas in Rom zusammen mit den Waisenkindern einen eigenen Kreis bildeten und ihre eigenen Versammlungen abhielten. Es mußte sich dabei um untadelige Frauen von gutem Ruf handeln, die mindestens sechzig Jahre alt und nur mit einem einzigen Mann verheiratet gewesen waren. Sie hatten vornehmlich gute Dienste zu tun, zu beten und die Kranken zu versorgen, waren also vor allem für Dienstleistungen zuständig. Die Lehrtätigkeit wurde ihnen im Gegensatz zu den Diakonissen meist abgestritten. Auch die Taufe wurde der Witwe untersagt, doch gibt es hier einander widersprechende Aussagen. Im sogenannten Testament unseres Herrn Jesus Christus werden Witwen angehalten, Frauen zu belehren und unter ihnen Seelsorge zu üben[17].

Eine herausragende Stellung besaß die Frau bei den Quintilianern, eine den Montanisten verwandte christliche Bewegung des zweiten Jahrhunderts n. Chr., bei der es nicht nur weibliche Presbyter, sondern auch weibliche Bischöfe gab[18]. Auch Prophetinnen werden erwähnt, die vor allem bei den Montanisten eine bedeutende Rolle spielten, wie etwa die berühmten Frauen Priscilla und Maximilla, die beide ihre Ehemänner verlassen hatten, um sich völlig ihren ekstatischen Visionen hinzugeben. Aber auch in der Apostelgeschichte werden vier jungfräuliche Töchter des Evangelisten Philippos erwähnt, die weissagen. Das Alte Testament kennt immerhin sieben Prophetinnen neben 48 Propheten, ein Tatbestand, der den alten Rabbinern Kopfzerbrechen bereitete. Daß einer Frau die Gabe der Prophetie zuerkannt wurde, paßte nicht in ihr patriarchalisches Weltbild, weshalb eine derartige Ungeheuerlichkeit auch sogleich mit einem negativen

Vorzeichen versehen werden mußte. Der Rabbiner Nachmann etwa möchte diese Bezeichnung Frauen streitig machen, denn „Hochmut geziemt den Frauen nicht. Zwei (prophetische) Frauen waren hochmütig und hatten häßliche Namen: eine hieß Debora 'Biene' und die andere hieß Hulda 'Wiesel'."[19] Hier wurden offenbar zwei, aus welchem Grund auch immer als „häßlich" bezeichnete Namen als eine Art Gottestrafe interpretiert.

Die Funktionen, die Frauen in der christlichen Urkirche noch eingeräumt wurden, erfuhren in den späteren Jahrhunderten weitgehende Beschränkungen, die Tätigkeit der Diakonissen wurde durch mehrere Synoden unterbunden. Schließlich wurde der völlige Ausschluß der Frau vollzogen und selbst der Nonne der Zutritt zum Altarraum und das Berühren geweihter Gefäße und Gegenstände untersagt. Vorarbeit geleistet hatten dabei schon die frühen Kirchenväter wie etwa Tertullian und Origines, deren Frauenverachtung und Frauenfeindlichkeit in vollem Gegensatz zur eigentlichen Botschaft Jesu stand. Tertullian (160–225 n. Chr.), asketischer und fanatischer Kirchenschriftsteller aus Karthago, rief zur „Züchtigung und Verstümmelung dieser Welt" auf, um auf diese Art und Weise des Reiches Gottes würdig zu werden. An seinem Beispiel zeigt sich deutlich, daß Askese und Frauenverachtung immer Hand in Hand gegangen sind. Der Dualismus, die Trennung von Materie und Geist, wie er von den gnostischen Bewegungen geprägt wurde und später in das Christentum einging, hat auch die Frau zweigeteilt: in die Heilige und die Hure, in die „reine", weil geschlechtslose Jungfrau, die in der Gottesmutter Maria ihre bedeutsamste Ausprägung erfuhr, und in die sündige, weil der „Fleischeslust" verbundene Eva, die später mit der Hexe eine unheilige Allianz einging. Deshalb wurde auch jede Frau, soferne sie nicht „Gottesbraut", also Nonne war, automatisch mit Eva identifiziert. Das sündige Weib, die Versuchung des Mannes, die seinen geistigen oder religiösen Höhenflug stört, um ihn in die Niederungen sündiger Begierden zu zerren, hat seitdem nicht nur Asketen, sondern in gleicher Weise Philosophen, Künstler und Dichter beschäftigt. Sie ist abstoßend und faszinierend zugleich, Produkt des männlichen, in polaren Gegensätzen denkenden Geistes, seine immerwährende Herausforderung und der Stachel in seinem Fleisch. Eva, die Verführerin, verleitet Adam zum Bösen! Bei Tertullian hört sich das so an:

„Und du wolltest nicht wissen, daß du eine Eva bist? Noch lebt die Strafsentenz Gottes über deinem Geschlecht in dieser Welt fort; dann muß also auch deine Schuld noch fortleben. Du bist es, die dem Teufel Eingang verschafft hat, du hast das Siegel jenes Baumes gebrochen, du hast zuerst

das göttliche Gesetz im Stich gelassen, du bist es auch, die denjenigen betört hat, dem der Teufel nicht zu nahen vermochte. So leicht hast du den Mann, das Ebenbild Gottes, zu Boden geworfen. Wegen deiner Schuld, das heißt um des Todes willen, mußte auch der Sohn Gottes sterben..."[20)]

Eine ungeheuerliche Anklage, die bis herauf zu den Hexenverfolgungen ihre Gültigkeit behielt. Auch der Asket Origines (185–253/54) stellt dem verständigen, mit Geist und Seele begabten Mann die Frau als reines Fleisch gegenüber. Im Grunde ist er noch radikaler als Tertullian, der als Angehöriger der Montanisten zumindest die Prophetie von Maximilla und Priscilla anerkannte[21)]. Für Origines hingegen ist die Frau nicht existent, sie ist als Fleisch etwas, das überwunden werden muß.

„Männlich zu sein sei deine Lebensaufgabe, das Weib sollst du nicht 'erkennen', die Begehrlichkeit verachten, Schwachheit fliehen und nichts Zügelloses oder Weibliches suchen."[22)]

Auch Augustinus (352–430), der größte Kirchenlehrer des christlichen Altertums, stellt seine Bekehrung nach eigenen Worten als ein Freisein vor allem von Weibe dar. Obwohl er keine so ausgeprägt misogynen Anschauungen vertritt wie etwa Tertullian oder Origines, hält er doch an der Suprematie des Mannes fest und reduziert die Frau auf ihre Funktion als Gebärerin oder Ehefrau. Thomas von Aquin (1225–1274), vom Papst heilig gesprochen und mit dem Ehrentitel „doctor angelicus" versehen, stellt eine dreifache Minderwertigkeit der Frau fest: die im Werden oder biogenetische Minderwertigkeit, die im Sein oder qualitative und die im Tätigsein, das ist die funktionale Minderwertigkeit. Deshalb vertritt er in Übereinstimmung mit Aristoteles die Ansicht, daß sich das Weib zum Manne wie das Unvollkommene und Defekte zum Vollkommenen verhält.

Angesichts eines derart drückenden Übergewichts männlicher Kirchenweisheit mußte die Frau kapitulieren. Nachdem ihr Weltbild zerschlagen, ihre Einheit zerbrochen, ihre Identität zerstört worden war, blieb ihr auch gar nichts anderes übrig.

Mittelalter

Frau und Recht im Mittelalter

Der Ausschluß der Frau aus einer aktiven Beteiligung am Gottesdienst, wie er in der katholischen Kirche des Mittelalters praktisch vollzogen war, fand eine Parallele in der Rechtssituation der mittelalterlichen Frau, die sich eher durch Restriktionen und Verbote als durch Vergünstigungen auszeichnete.

Im germanischen Recht unterstand die Frau der sogenannten „munt" des Hausvaters, die, ähnlich wie die römische patria potestas, als Herrschaftsrecht zu definieren ist, das Frauen, Kinder, Sklaven, Vieh und tote Gegenstände in sich einschloß. Der Familienvater besaß auch hier unumschränkte Machtbefugnisse, er konnte nicht nur Sklaven und Vieh, sondern auch Frauen und Kinder verkaufen, aber auch töten. Er konnte das eheliche Vermögen der Frau ohne deren Zustimmung nutzen. Weil nach ältestem Recht nur die Frau Ehebruch beging, war auch lediglich der Mann zur Scheidung berechtigt. So wie im griechischen, römischen und jüdischen wurde ihm auch im germanischen Patriarchat das Recht eingeräumt, die auf frischer Tat ertappte Ehebrecherin ebenso wie deren Geliebten zu töten oder sonstwie zu bestrafen, während ihm selbst anstandslos mehrere Frauen, Konkubinen oder Sklavenmädchen zugebilligt wurden[1].
„Sieben Frauen sind es wegen derer man töten darf, wenn ein Mann bei ihnen in Unzucht betroffen wird: erstens die Frau eines Mannes, zweitens die Tochter, drittens die Schwester eines Mannes, viertens die Mutter, fünftens die Sohnesfrau eines Mannes, sechstens die Braut des Bruders, siebentes die Stiefmutter des Mannes ... " heißt es im norwegischen Birkinselrecht[2].

Die Munt kann also keinesfalls als Schutzverhältnis bezeichnet werden, wie dies gelegentlich in der offiziellen Geschichtsschreibung geschieht, sondern vielmehr als einseitige Gewaltherrschaft des Mannes mit dem Ziel der totalen Unterwerfung der Frau. Diese wurde nicht nur zum Eigentum, sondern auch als unmündig erklärt, und war in allem und jedem abhängig vom männlichen Vormund. Es wurde ihr die „Selbmündigkeit" mit dem Argument abgestritten, daß sie keine Waffen führen und daher sich und die Ihren nicht aus eigener Kraft verteidigen konnte, was in einer patriarchalischen, durch Gewalt zusammengehaltenen Gesellschaft allerdings von Wichtigkeit war. Ihre physische Unterlegenheit zog zwangsläufig einen minderwertigen rechtlichen und sozialen Status nach sich, woraus in weiterer Folge ihre Handlungsunfähigkeit abgeleitet wurde: sie konnte nicht selbständig vor Gericht auftreten, ihr Vermögen nicht selbst verwalten, und sie war im Erbrecht benachteiligt. Die Ehe wurde zwischen dem Muntwalt der Frau in Person des Vaters, des Bruders oder des nächsten männlichen Verwandten der Vaterseite und dem künftigen Gatten vereinbart, sie selbst blieb Unperson. Eine persönliche Willensäußerung oder gar ein Einspruch standen ihr nicht zu. Der sogenannte Muntschatz, der vom Bräutigam gegeben wurde, besiegelte den Vertrag. Historiker und Historikerinnen mögen sich nun streiten, ob die Frau dabei als Sache[3] oder Person[4] behandelt wurde. Tatsache bleibt, sie galt als Eigentum und sie war immer Objekt. Sicherlich war sie als Eigentum geachtet, vielleicht sogar geehrt als jungfräuliches Mädchen, als sittenstrenge Gattin. Vergewaltigung einer Frau wurde streng geahndet, auch Entblößen ihres Hauptes und Zerren an den Haaren[5]. Sie wurde als Mutter und Gebärerin gelobt (für die Tötung einer gebärfähigen Frau wurde im ripuarischen Recht eine Buße in der Höhe von 700 damaligen Schilling festgesetzt, das war der zweithöchste Satz in diesem Wehrgeldkatalog. Nur wer einen Bischof erschlug, mußte mit einer höheren Geldstrafe, nämlich mit 900 Schilling rechnen[6].) und geschätzt als Hausmutter, die mit der Leitung des Hauswesens und der Arbeit auf dem Feld beauftragt war. Doch stand sie mit allen diesen Aufgaben und Funktionen im Dienst der patriarchalischen Vorherrschaft des Mannes, und sie wurde nur so lange geachtet, solange sie dieser Vorherrschaft von Nutzen war.

In früheren Zeiten hatten sich sicherlich noch Relikte aus dem alten Mutterrecht erhalten. Dürfen wir Tacitus glauben – der wahrscheinlich ein zu positives Bild Germaniens entwarf, um der „sündigen", das heißt in größerer Freiheit lebenden Römerin, die „sittenstrenge", also unfreie Germanin als Vorbild zu präsentieren – so wurden germanische Frauen auch noch zu seiner Zeit als Seherinnen verehrt. Strabo berichtet auch von germanischen Priesterinnen. In der späteren Rechtssprechung ist von einer solchen oder ähnlichen Wertschätzung allerdings nichts zu spüren. In Glossen zum „Sachsenspiegel" etwa, dem um 1200 entstandenen, ältesten Landrechtsbuch werden vielmehr Frauen und Debile in einem Atemzug genannt, außerdem wird ihnen die Prozeßfähigkeit abgestritten, „weil sie wegen schwachheit und geringes verstandes ihres geschlechtes sich vor schaden nicht leichtlich bewahren können"[7].

Im frühen Mittelalter stand die Frau lebenslang unter der Munt. Diese ging vom Vater auf den Ehemann, und, falls dieser starb, auf den eigenen Sohn über. Das Untertanenverhältnis der Mutter ihrem Sohn gegenüber zeigt am besten die geringe Achtung, die sie als Person genoß. Der Unterschied zum alten, matrizentrischen Weltbild wird hier besonders deutlich: Die Frau als Mittelpunkt allen Seins wird jetzt zur Untergebenen des Sohnes, den sie gebar! Auch für den Fall, daß der Ehemann nach seinem Tod nur Töchter hinterließ, stand die Vormundschaft über sie nicht etwa der Mutter, sondern dem Bruder oder nächsten männlichen Verwandten des Verstorbenen zu. Die Mutter wurde auch nicht nach ihrer Meinung bei der Verheiratung der Töchter gefragt. Erst im 15. Jahrhundert wird in einigen wenigen Stadtrechten neben der Zustimmung des Vaters auch jene der Mutter gefordert, allerdings lediglich bei Verheiratung der Töchter, nicht der Söhne. Natürlich erbten auch nur die Söhne Grund und Boden. Anteile der fahrenden Habe hingegen, die meist einen geringeren Wert besaß, konnten auch die Töchter erben[8].

In den späteren Jahrhunderten erfuhren dann diese Rechtsbestimmungen etliche Lockerungen zugunsten der Frau, ohne allerdings an den patriarchalischen Verhältnissen Grundsätzliches zu ändern. So etwa wurde unter dem Einfluß des Christentums Verkauf oder Tötung der Frau als Übertretung der Muntgewalt angesehen. In Ausnahmefällen jedoch wurde der Mord an einer Ehebrecherin immer noch entschuldigt, weltliche Gerichte waren geneigt, hier mildernde Umstände zuzugestehen. War doch der Mann als das „Haupt der Frau" nach wie vor berufen, diese zu erziehen, wobei ihm auch das Züchtigungsrecht eingeräumt wurde. Schlug er so hart zu, daß sie daran starb, war das eben ein unglücklicher Unfall. Zeitgenossen berichten über furchtbare Vergeltungsmaßnahmen, die sich gegen den Liebhaber, die untreue Gattin oder aber beide richten konnten. Über Frauen hingegen, die sich an ihren ehebrecherischen Männern rächten, ist nichts bekannt. Denn die Gehorsamspflicht der Frau war eine Selbstverständlichkeit. Der Rechtsgelehrte Philippe de Rémi Sire de Beaumanoir gestand einem Mann jede Methode zu, die er zur diesbezüglichen Erziehung seines Weibes für notwendig hielt, nur Verwundung oder Mord lehnte er ab[9].

Ein kurioses Gesetz, das aus dem 14. Jahrhundert stammt, wurde in der flämischen Stadt Aardenburg angewandt. Es spiegelt in seiner Absurdität die damalige Rechtsanschauung wider. Danach durfte ein Mann seine Frau schlagen, verletzten, von Kopf bis Fuß zweiteilen und seine Füße in ihrem Blut wärmen, wenn es ihm später nur ge-

lang, sie dergestalt zusammenzuflicken, daß sie am Leben bliebe[10].
Spärliche Zeugnisse berichten uns, wie Männer tatsächlich mit Frauen umzugehen pflegten. Ein Ehemann, so erfahren wir aus Pariser Gerichtsprotokollen, hatte seine schwangere Frau geschlagen,und ein Bäcker drosch so lange auf die Gattin ein, bis sie das Sprechvermögen verlor. Meist gab es für derartige Brutalitäten Geldstrafen. Das Stadtgericht von Ypern etwa zwang einen Ehemann, der seine Frau mit dem Messer verwundet hatte, zu einer Geldbuße. Die Verteidigung des Angeklagten ist aufschlußreich: Er wies jede Schuld von sich mit der Begründung, daß er seine Angetraute ja lediglich verletzt habe[11].

Verbesserungen gab es nach und nach im Eherecht. So wurde das Heiratszwangrecht des Vaters aufgehoben, und etwa ab dem 12. Jahrhundert begann sich die Konsensehe durchzusetzen, in der auch die Zustimmung der Frau notwendig war. Trotzdem bestand die traditionelle Form der Eheschließung daneben noch ziemlich lang weiter, was unter anderem daraus ersichtlich wird, daß in den Rechtsbüchern ständig die Ehefreiheit betont werden mußte. Meist hatte das Mädchen nach wie vor die Zustimmung des Vaters einzuholen, weil es sonst vom Verlust des Erbrechts und dem Ausschluß aus der Familie bedroht war[12]. Im Gegensatz zum frühen germanischen Recht kannte das spätere Kirchenrecht keine Scheidung, auch die Polygamie wurde untersagt. Doch gab es Trennungsgründe, die berücksichtigt wurden, etwa ein zu nahes Verwandtschaftsverhältnis, Bigamie, Trunkenheit der Frau, Erkrankung an Aussatz, Verschwendung des Familienvermögens, männliche Impotenz und Hexerei (!). Daß auch letzteres gar nicht so selten als willkommener Anlaß diente, sich alter, langweilig gewordener oder sonstwie unliebsamer Gattinnen zu entledigen, hat die Hexenforschung bewiesen. Ehebruch hingegen mußte nicht unbedingt zur Scheidung führen, die Kirche stellte es frei, einander zu vergeben. Weiblicher Ehebruch führte allerdings eher zu einer Trennungsgenehmigung als der männliche, obwohl die Kirche grundsätzlich die Treue beider Gatten forderte und Eheverfehlungen auch gleichwertig behandelte.Wie schwierig es vor allem für eine Frau war, sich von ihrem Gatten scheiden zu lassen, zeigt jenes Beispiel einer Bittstellerin, der das Kirchengericht die Trennung verweigerte, nachdem sie von ihrem Mann vor Zeugen zuerst mit einem Messer angegriffen und schließlich mit einem Dolch bedroht worden war. Aber obwohl er sie dabei am Arm verletzte und anschließend eine Rippe brach, genügten die Beteuerungen des Ehemannes, er habe dies alles nur getan, damit seine Frau auf den rechten Weg zurückfinde, um ihn vor Gericht von jeder Schuld frei-zusprechen[13].

Die Strafen, die das Kirchengericht, das in erster Linie für familien-rechtliche Fragen zuständig war, für Ehebruch verhängte, waren relativ mild. Sie beschränkten sich meist auf Buße durch Fasten, Beten, tem-poräre Enthaltsamkeit oder im schlimmsten Fall auf Prangerstehen. Weltliche Gerichte waren hier im allgemeinen strenger. Nach den Ge-setzen des römischen Kaisers Friedrich II. wurde einer weiblichen Ehe-brecherin etwa die Nase abgehackt und sie anschließend aus dem ehe-lichen Haushalt vertrieben. Vergab ihr der Mann, genügte die öffentli-che Auspeitschung. Ein männlicher Täter hingegen konnte sich mit ei-ner Geldstrafe aus der Affäre ziehen[14]. In einer südfranzösischen Stadt wurde ein verurteiltes Paar nackt unter Peitschenhieben durch die Straßen gejagt. Eine lukrative Einnahmsquelle ergab sich für einen eng-lischen Gutsherrn durch Ehebruch seiner weiblichen Leibeigenen. Er war nämlich in diesem Fall berechtigt, ein Bußgeld einzuheben, das ihr oder ihrem Vater auferlegt wurde. Auch in Katalonien konnte ein Guts-herr die Hälfte des Eigentums einer wegen Ehebruchs verurteilten Frau beschlagnahmen, wenn ihr Mann in die Tat eingewilligt hatte, sogar den ganzen Besitz[15]. Es ist dies eine Verfügung, die umso sonderbarer anmutet, als es innerhalb des Bauernstandes zahlreiche Paare gab, die unverheiratet zusammenlebten, weshalb auch unehelich geborene Kin-der an der Tagesordnung waren.

In vermögensrechtlicher Hinsicht wurde es der Frau verstärkt ab dem 10. Jahrhundert ebenfalls möglich, ihre Position zu verbessern. Langsam begann sich die vom römischen Recht übernommene Mit-giftehe durchzusetzen, wobei die Mitgift oder der Erbteil, den die Frau in die Ehe einbrachte, durch den Bräutigam „widerlegt" wer-den mußte. Das heißt, er mußte eine der Höhe des Heiratsgutes an-gemessene Vermögenschaft bestimmen und dem Heiratsgut hinzu-fügen[16]. Germanisches Brauchtum (Brautgeld) und römische Traditi-on (Mitgift) waren so eine Verbindung eingegangen, wobei diese sogenannte „dos" auch als Witwenversorgung diente. Die Frau wur-de also vermögensfähig, ihr Eigentum mußte allerdings bei Lebzei-ten des Ehemannes von diesem verwaltet werden, er hatte es in „Ge-were zur rechten Vormundschaft" zu übernehmen, besaß auch das volle Verfügungs- und Nutzungsrecht, durfte es allerdings nicht oh-ne die Zustimmung seiner Gattin verkaufen. Während er also mit seinem eigenen Vermögen tun und lassen konnte, was er wollte, mußte seine Ehefrau bei Verkauf, Schenkung, Verpfändung und der-gleichen die Zustimmung ihres Gatten einholen. Eine besonders krasse Benachteiligung ergab sich dabei im süddeutschen und fränkischen Recht. Hier mußten die Eheleute für gemeinsam gemachte Schulden gemeinsam aufkommen. Für einseitige, von der Frau eingegangene Schulden jedoch haftete nur sie allein, während umgekehrt für die Schulden des Mannes auch seine Frau, und zwar mit ihrem gesamten Vermögen, sogar mit ihrer Aussteuer anfzukommen hatte[17]. Andererseits besaß die Frau die „Schlüsselgewalt", d.h. sie konnte im Rahmen der Haushaltsführung über das Vermögen des Mannes verfügen, was ihr einen gewissen Einfluß gesichert haben mag.[18]

So wie alle rechtlichen Bestimmungen waren auch die Vermögensrechte lokalen und zeitlichen Schwankungen unterworfen. Im Laufe der Jahrhunderte tendierte das eheliche Güterrecht zur Gütergemeinschaft. Das Vermögen der Eheleute wurde also zu einem Gesamtvermögen vereinigt, an dem beiden Ehegatten Miteigentum zustand, was für die Frau einen erheblichen Fortschritt gegenüber den Verhältnissen in frühmittelalterlicher Zeit bedeutete, wobei es hier zu zahlreichen Mischformen und Variationsmöglichkeiten kam. Manchmal wurde auch nur der während einer Ehe erzielte Zugewinn als gemeinschaftlich betrachtet, nicht aber der bei einer Eheschließung vorhandene Besitz[19].

Im Erbrecht war auch die Frau des Hochmittelalters häufig noch benachteiligt. Lediglich in den Städten, in denen die weibliche Gleichberechtigung generell weiter fortgeschritten war, wurde ab dem 14. Jahrhundert die erbrechtliche Gleichstellung der Frauen allgemein anerkannt; das vor allem deshalb, weil hier die sogenannte Fahrhabe, die schon immer an Frauen vererbt wurde, eine annähernd gleiche Bedeutung erhalten hatte wie der Grundbesitz. Generell jedoch galten noch die Verfügungen des „Sachsenspiegels", nach denen das männliche Geschlecht dem weiblichen im engeren Erbenkreis in der Erbfolge voranging. Die weiter entfernten Verwandten hingegen erbten gleichberechtigt. Die Ursache für diese Regelung ist in der Gefahr einer Zersplitterung von Grund und Boden zu suchen, der im Besitz der Familie bleiben sollte und lieber an den Sohn vererbt wurde, weil Frauen den mit einem Grundbesitz verbundenen öffentlich-rechtlichen Verpflichtungen nicht nachkommen konnten. Das Gut der Frau hingegen war die „Gerade", zu der persönliche Gegenstände wie Schmuck, Kleider und Haushaltsgegenstände gehörten, die sie an ihre nächsten weiblichen Verwandten weitervererbte. Die Stadt hatte Frauen allerdings nicht nur im Erbrecht Vorteile zu bieten: Um ihnen ihre Tätigkeit im Handel und Gewerbe zu erleichtern, wurde auch die Geschlechtsvormundschaft ebenso wie die Ehevogtei teilweise durchbrochen. Denn vor allem letztere, die für jedes Geschäft die Zustimmung des Ehegatten notwendig machte, erschwerte oder verbot es einer Frau, selbständig einen Gewerbebetrieb zu führen. Trotz etlicher Lockerungen blieb die selbständig handelnde Geschäftsfrau jedoch eine Ausnahme. Außerdem betraf diese Vergünstigung lediglich die Erwerbstätigkeit und gestaltete sich regional verschieden. Während in Städten wie Köln und Frankfurt derartige Ausnahmen nicht selten waren, herrschte im Wien des 14. Jahrhunderts immer noch strenge Geschlechtsvormundschaft. Auch im Lübecker und Hamburger Recht wurden Frauen für vollständig verpflichtungsunfähig erklärt und auf eine Stufe mit Minderjährigen gestellt.

Eine Sonderstellung besaß die Witwe, die nach dem Tod ihres Ehemannes einen Betrieb weiterführte. Für sie wurde nicht nur in den Stadtrechten, sondern teilweise auch in Landrechten die Geschlechtsvormundschaft aufgehoben[20]. Trieb sie kein Gewerbe, so war ihr Lebensunterhalt durch ihr Recht auf ein „dos" gesichert, das, zusätzlich zu einem eigenen Erbe, nach dem Tod ihres Mannes in ihren Besitz überging. Daß es für Witwen trotzdem nicht so einfach gewesen sein mag, ihren Besitzanspruch geltend zu machen, schildert aus eigenem Erleben Christine de Pizan, die sicherlich bedeutendste Schriftstellerin des Mittelalters. Sie hatte große Schwierigkeiten zu überwinden, um ihren rechtmäßigen Anteil am Besitz ihres verstorbenen Mannes zu erhalten. Trotzdem bot der Witwenstand einer Frau noch die größten Freiheiten. Auch die Vormundschaft über ihre Kinder wurde in den meisten Gegenden der Witwe übertragen, sie verwaltete ihr Vermögen, und konnte sie auch vor Gericht vertreten. Weiters war es ihr erlaubt, selbständig eine weitere Ehe einzugehen. Es ist nicht bekannt, wieviele Frauen derartige Möglichkeiten nutzten und den Witwenstand einem neuerlichen Ehedasein vorgezogen haben. Doch gab es sicherlich viele, die auf eine Ehe verzichteten, weil ihnen die Freiheit lieber war. Das war bereits Zeitgenossen aufgefallen, wie etwa dem tschechischen Laientheologen Hieronymus von Prag (1360-1416), der meinte, daß so manche Frau nicht deshalb Witwe blieb, um ein keusches, gottgeweihtes Leben zu führen, sondern einzig der Freiheit wegen. Auch der tschechische Schriftsteller Thomas von Štítny zitiert eine Bemerkung seiner verwitweten Großmutter: *„Bei Gott, wie kann es angehen, daß der Lohn der Witwen höher ist als der der Ehefrauen, wo doch unser Witwenstand soviel besser und bequemer erscheint als unser Leben einer Verheirateten."*[21]

Es hat also sehr wohl auch im Mittelalter, in dem der Begriff individueller Rechtsfähigkeit unabhängig von Geburt und Stand, wie er uns heute geläufig ist, unbekannt war, ein Bewußtsein für persönliche Freiheit und Würde gegeben. Obwohl uns wenig darüber aus der Feder von Frauen überliefert wurde – Christine de Pizan, die im Spätmittelalter lebte, war eine Ausnahme – dürfen wir doch annehmen, daß auch sie ihre Unterdrückung, selbst wenn sie als gottgewollt und Teil des Schöpfungsplans eingestuft wurde, als schmerzlich empfanden.

Die Frau auf dem Lande

Die mittelalterliche Bevölkerung lebte zu etwa 70–90% auf dem Land. Sie war in der Mehrzahl hörig oder leibeigen, konnte weder lesen noch schreiben und kannte jene Kultur, die wir gewöhnlich mit dem Mittelalter verbinden, bestenfalls vom Hörensagen. Ritterspiele und höfische Minne, Lyrik und Epos, Bildhauerei und Architektur waren Angelegenheit einer schmalen Schicht von Privilegierten, der leibeigene Bauer hatte keinen Anteil daran. Sein Leben war dürftig und karg. Er befand sich in totaler wirtschaftlicher Abhängigkeit vom Grundherrn, dem er vom Ertrag seiner Arbeit einen Teil des Getreides, aber auch Vieh als Zins für Grund und Boden abzuliefern hatte. Die Kirche bekam den Zehent, das heißt den zehnten Teil der Ernte. Daneben mußte er noch Steuern zahlen, die jedoch keinesfalls der Gemeinschaft zugute kamen, sondern ausschließlich dem Grundherrn zuflossen. Vor allem im frühen Mittelalter wohnte er in halb in den Erdboden eingegrabenen Behausungen, ursprünglich zusammen mit den Tieren – getrennte Ställe gab es erst im 11. und 12. Jahrhundert. In dieser Zeit entstanden auch mehrheitlich Hütten oder Häuser aus Holz und Lehm, deren Dächer mit Stroh, Schilf oder Schindeln gedeckt waren. Der Fußboden bestand aus festgestampftem Lehm, Türen, soferne vorhanden, wurden mit Lederriemen befestigt, die Fenster mit Weidengeflecht, Holzgittern oder Schweinsblasen notdürftig verschlossen. Das Mobiliar war äußerst einfach, es bestand aus Tisch und Bank, die zum Sitzen, Essen und Schlafen diente, daneben vielleicht noch Kleiderkisten zum Aufbewahren der wenigen Habseligkeiten. Nicht fehlen durften Spinnrocken und Webstuhl, an dem die Frauen die Kleidung für die ganze Familie anfertigten.

Einfach war auch das Essen. Hörige, so hießen die Vorschriften, sollten nur Rüben und Kraut essen, gekocht mit etwas Speck, daneben noch Haferbrei und Roggen nebst Hirsebrot mit Käse. Fleisch war zu dieser Zeit den vornehmen Kreisen vorbehalten, die Bauern veranstalteten lediglich einmal pro Jahr ein Schlachtfest mit Schweinefleisch, sonst begnügten sie sich mit Pflanzenkost, Brei, Milch und

Milchprodukten. Gegessen wurde mit den Fingern, es gab auch den hölzernen Löffel, aber Messer aus Metall waren seltene Kostbarkeiten, und die Gabel war noch nicht erfunden. Das gebräuchlichste Getränk war Bier. Gekocht wurde an einem offenen Herd, der den Mittelpunkt des Hauses bildete und dessen Rauch, da es noch keine Schornsteine gab, durch Fenster, Türen und Mauerritzen abziehen mußte.

In dieser rußigen Umgebung lebte die gesamte Familie, arbeiteten vor allem die Frauen, allerdings nicht im Sinne heutiger hausfraulicher Tätigkeiten – Kindererziehung, Kochen, Waschen und Putzen nahmen damals eine vergleichsweise geringe Zeit in Anspruch –, sondern die mittelalterliche Bauersfrau garantierte mit ihrer Arbeit die Selbstversorgung der Familie, wobei sich ihr Aufgabenbereich keinesfalls nur auf das Haus beschränkte. Frauen arbeiteten ebenso auf dem Felde, sie betreuten den Obst- und Gemüsegarten, versorgten das Vieh und waren für die gesamte Milchwirtschaft mit der Erzeugung von Butter und Käse zuständig. Auch die Herstellung der Getränke wie Bier, Met, Obst- und Beerenweine sowie die Weiterverarbeitung des Getreides zu Mehl mit den schweren, anstrengend zu handhabenden Handmühlen war Frauenarbeit; ebenso die Konservierung von Fleisch und Obst und die mühselige Prozedur der Herstellung von Kerzen aus Rindertalg, der Seifenherstellung, aber auch die Formung von Tongefäßen. Im späteren Mittelalter wurden diese Produkte auch auf den Märkten der entstehenden Städte verkauft.

Natürlich oblag den Frauen außerdem die gesamte Textilherstellung, und zwar von der Gewinnung der Rohstoffe bis zum fertigen Gewand. Frauen besorgten die Flachsbereitung, sie spannen, webten, nähten und flickten, sie rupften die Gänse und stopften mit den Federn die Kissen, sie besorgten das Gerben des Leders und die Herstellung der Schuhe. Männer hingegen beteiligten sich zunächst nur an der Schafschur, der Brechelarbeit in der Flachsverarbeitung und beim Walken der Stoffe[1]. Darüber hinaus arbeiteten sie vor allem im Feldbau, in der Wald- und Forstwirtschaft, und sie waren mit der Herstellung und Ausbesserung von Arbeitsgeräten sowie Haus- und Reparaturarbeiten an Gebäuden beschäftigt. Insgesamt jedoch scheint die Frau den überwiegenden Teil der Arbeit geleistet zu haben, selbst in den Wintermonaten, wenn für Männer eine Ruhepause gekommen war, hörte ihre Arbeit keinesfalls auf. Deshalb ist auch anzunehmen, daß sich Frauen auf Grund ihrer wichtigen Arbeitsleistung ebenso wie als Produzenten der Nachkommenschaft ein gewisses Ansehen und auch einen gewissen Einfluß sichern konnten,

Frauen bei der Feldarbeit. Miniatur aus einem Jungfrauenspiegel,
mittelrheinisch, Ende 12. Jahrhundert.

selbst wenn dies an ihrem Untergebenenstatus und an ihrer Ausbeutung als Arbeitskraft nichts änderte. Doch ist es wahrscheinlich, daß Frauen auf Grund ihrer starken Position innerhalb der Hausgemeinschaft ihre eigenen Interessen über den Mann auch im öffentlichen Bereich durchsetzen konnten. Denn natürlich waren sie selbst von jener schmalen politischen Beteiligung, die den Bauern von den Grundherren eingeräumt wurde, ausgeschlossen. Es gab weder gutsherrliche Beamtinnen, noch gewählte Dorfvertreterinnen oder Repräsentantinnen der Lehens- oder Zentralregierung. An den Versammlungen, bei denen die Anwesenheit aller Landbesitzer vorgeschrieben war, beteiligten sich nur die unverheirateten Frauen und Witwen. Trotzdem zeigen zeitgenössische Abbildungen, wie etwa die Kupferstiche von Sebald Beham, die Bäuerin als durchaus selbstbewußte Gefährtin neben dem Mann, wobei Ausdruck und Haltung keinesfalls irgendeine Unterwürfigkeit signalisieren.

Die bäuerliche Familie war selten eine Großfamilie. Normalerweise bestand sie aus dem Hausvater, der Ehefrau, deren Kindern und sogenannten Zuchtkindern, die von einer anderen Familie übernommen wurden und in einem Dienstverhältnis standen. Darüber hinaus besaßen auch die grundhörigen Bauern häufig erwachsene Knechte und Mägde, die zu den allerärmsten zählten und auf der sozialen Stufenleiter ganz unten standen. Untersuchungen der ländlichen Verhältnisse in der Südchampagne haben für das 14. Jahrhundert 2, 5 bis 3, 1 Kinder pro Familie festgestellt. Ab 1460, im Zuge der allgemeinen Geburtenzunahme, erhöhte sich diese Zahl dann auf 3, 3 bis 4 Kinder[2].

Es wird dem Mittelalter häufig vorgeworfen, wenig kinderliebend gewesen zu sein. Das ist nur bedingt richtig. Zwar hatte die Mutter für eine aufwendige Pflege ihrer Kinder kaum Zeit, mußte sie doch ihre ganze Kraft in die Arbeit investieren, um damit das Überleben der Familie zu gewährleisten. Trotzdem liebten Eltern ihre Kinder, wenngleich wahrscheinlich nicht mit jener starken emotionalen Bindung wie heute, was auch auf die große Kinder- und Säuglingssterblichkeit zurückzuführen ist. Der Tod eines oder mehrere Kinder innerhalb einer Familie war die Norm, und darauf hatte man sich einzustellen. Auch die Methoden, mit denen Kinder ruhig gehalten wurden, erscheinen uns heute barbarisch. Weil sie häufig unbeaufsichtigt bleiben mußten, wurden sie zu Wickelpaketen zusammengeschnürt, damit sie sich nicht bewegen oder verletzen konnten, oder aber sie wurden bis zur Betäubung geschaukelt. Auch Prügel waren an der Tagesordnung. Außerdem gab es keine eigene

Kinderkultur. Sie ist erst ein Produkt des 17. , vor allem jedoch des 18. Jahrhunderts, als die Familie zum Reservat, zum Innenraum erklärt wurde, der gegen das rauhe Außen abgegrenzt werden mußte, in dem den Kindern eine eigene Welt eingeräumt werden konnte. Im Mittelalter hingegen wurden sie vom Anfang an in den Alltag der Erwachsenen integriert, sie trugen auch die gleichen Kleider wie diese, spielten dieselben Spiele, feierten dieselben Feste. Kinderspielzeug, Kinderspiele, Kinderkleider gab es nicht. Bereits mit drei oder vier Jahren wurden sie zu einfachen Hüterdiensten herangezogen, mit acht bis zehn Jahren galten sie als Arbeitskräfte, die entweder im elterlichen Haushalt einen bestimmten Aufgabenkreis übernahmen oder sich an fremden Höfen verdingen mußten. Trotzdem jedoch ist die liebevolle Zuwendung der Eltern auch damals als eine wichtige Voraussetzung für das Gedeihen des Kindes erkannt worden, wie der Ausspruch eines Mönches aus dem 13. Jahrhundert beweist: Kinder, so meint er, können „ ... *nicht leben ohne das Händepatschen und das fröhliche Gesichterschneiden und die Koseworte ihrer Ammen und Nährerinnen"*[3].

Weil die bäuerliche Familie in der Regel nicht alle ihre Kinder versorgen konnte, mußten also einige von ihnen schon in jungen Jahren an den Fronhöfen der Grundherrn oder bei anderen landbesitzenden und abgabepflichtigen Bauern als Knechte und Mägde arbeiten, was meist einem gesellschaftlichen Abstieg gleichkam. Vor allem Mädchen tauschten damit schlechtere Bedingungen ein. Sie mußten oft schwerste Arbeit verrichten, wobei in keiner Weise auf die angebliche Schwachheit des Weibes, die üblicherweise die zahlreichen Diskriminierungen zu rechtfertigen hatte, Rücksicht genommen wurde. Trotzdem waren sie wesentlich schlechter bezahlt als die Knechte, wobei als allgemeine Richtlinie angenommen werden kann, daß Frauen bei schwierigen und qualifizierten Arbeiten einen Lohn bekamen, der im besten Fall jenem entsprach, den ein Mann für niedrigste Arbeit erhielt. König Richard II. von England beispielsweise setzte im Jahr 1388 als Entgelt für eine Molkereiarbeiterin sechs Schilling pro Jahr fest, was genau dem niedrigsten Männerlohn, nämlich jenem des Schweinehirten und Pflügers entsprach. Fuhrleute und Schäfer hingegen wurden mit jährlich 100 Schilling (!) entlohnt[4]. Auch die Arbeit der Mägde an den Fronhöfen umfaßte keinesfalls nur die üblichen Frauenarbeiten wie Besorgung der Küchen-, Keller-, Garten-, Feld- und Stallarbeiten sowie der Kleiderherstellung, sondern sie wurden darüber hinaus teilweise sogar im Bergbau beschäftigt, wo sie das Blei in Trögen waschen und danach filtern mußten.

Sogar zu Straßenarbeiten – dem Klopfen von Steinen etwa – wurden sie herangezogen[5]. Ebenso war die Frau am Pflug keine Seltenheit. Arbeitsteilung, soferne sie im Mittelalter überhaupt stattfand, bezog sich also höchstens auf den Mann. Hingegen waren Frauen immer in allen Beschäftigungszweigen tätig.

An den Fronhöfen bestanden im frühen Mittelalter auch Tuchmanufakturen,gynaeceum genannt. Diese spätantike Einrichtung, an der nur Frauen beschäftigt waren, wurde von den Merowingerkönigen übernommen. Die Frauen erhielten für ihre Arbeit Unterkunft, Nahrung und Kleidung, aber wahrscheinlich kein Bargeld. Wie Ausgrabungen ergeben haben, arbeiteten hier bis zu 40 Frauen in festen Häusern mit heizbaren Räumen und Schuppen oder in den Boden eingetieften Häusern, die Tüchtigsten unter ihnen konnten sogar in leitende Positionen aufsteigen[6]. Vereinzelt gab es Frauen in höheren Stellungen auch auf landwirtschaftlichem Gebiet. Sie führten die Aufsicht über die Stallmägde und kontrollierten die Verwertung von Milch und Butter.

Ledige Frauen verdingten sich aber nicht nur als Mägde an den Höfen und Burgen der Grundherrn oder an den Bauernhöfen der unfreien Bauern, sondern sie arbeiteten auch als Dienstmädchen in Familien oder als Haushälterinnen bei Gemeindepriestern oder reichen Bauern, wobei aus der Wirtschafterin häufig die Mätresse wurde – die Hoffnung auf eine abgesicherte Stellung als Ehefrau erfüllte sich jedoch nur selten. Trotzdem verlor dieser Gedanke nichts von seiner Attraktivität, denn die einzige Möglichkeit, dem Mägdedasein zu entrinnen, bot sich durch Heirat. Bauerntöchter waren auch im Erbe erheblich benachteiligt – den elterlichen Hof erbte meist der Bruder[7]. In manchen Gegenden waren sie sogar völlig vom Erbe ausgeschlossen und mußten sich auch dann, wenn kein männlicher Erbe vorhanden war, mit einer Mitgift zufrieden geben[8]. Eheschließungen unfreier Bauern wurden allerdings relativ lange von der Genehmigung des Grundherrn abhängig gemacht, wobei entsprechende finanzielle Mittel zur Gründung einer eigenen Wirtschaft als Voraussetzung galten. Fehlten sie, konnte an Heirat nicht gedacht werden, weshalb viele Knechte und Mägde lebenslang ledig bleiben mußten. Schätzungsweise rund die Hälfte der mittelalterlichen Bevölkerung war unverheiratet[9]. Die Heiratsbeschränkungen des Feudalherrn sowie seine Einflußnahme auf Partnerwahl und Kinderzahl hatten einen guten Grund: Es war ökonomisch nicht sinnvoll, mit der Magd in jedem Fall gleichzeitig auch deren Ehemann (oder umgekehrt) aufnehmen zu müssen. Waren Kinder vorhanden, wurde die Sachlage noch

Frankfurter Magd

Fränkische Bauernmagd

Nürnberger Magd

Danziger Magd

Mägde des 16. Jahrhunderts in Holzschnitten von Jost Amman.

komplizierter. Andererseits bedeutete Kinderzuwachs eine Erhöhung des Arbeitspotentials, weshalb gegen ledige Kinder von Seiten des Grundherrn meist nichts einzuwenden war, wenn sie nur im eigenen Haushalt blieben und nicht wegen Heirat an einen anderen Hof überwechselten. Tatsächlich waren uneheliche Kinder an der Tagesordnung. Eine Untersuchung anhand von Aufzeichnungen des Gutsgerichts von Halesowen bei Birmingham in England zeigt, daß in der ersten Hälfte des 14. Jahrhunderts 7,6 – 10,85 % aller Neugeborenen aus ländlichen Gebieten Bastarde waren, und auf 1,9 Frauen, die heirateten, eine außerehelich Gebärende kam[10]. Daß ein uneheliches Kind trotzdem oft als Schmach empfunden wurde, beweisen die häufigen Kindermorde verzweifelter lediger Mütter. In den Gerichtsprotokollen jedoch wurden kaum je wirtschaftliche Schwierigkeiten, sondern weit öfter die Furcht vor der Schande als Motiv angegeben. Kindesmord war eines der schlimmsten Vergehen und wurde mit dem Tod bestraft. In manchen Fällen jedoch, zum Beispiel, wenn die Mutter vom Kindesvater dazu gezwungen worden war, erhielt sie einen sogenannten Straffreibrief. So wie jenes Mädchen, das jahrelang eine öffentlich bekannte Beziehung zu einem Priester unterhielt, was offenbar weder das Gewissen des Gottesmannes besonders belastete, noch die Öffentlichkeit störte. Erst als sie schwanger wurde, zeigte sich der Liebhaber plötzlich um seine Ehre besorgt: Er hob eine Grube aus und zwang die vor Schmerz und Kummer halb wahnsinnige Mutter, ihr Neugeborenes hineinzulegen und lebendig zu begraben[11].

Die Möglichkeiten der Partnerwahl wurden also vom Grundherrn drastisch eingeschränkt. Ehen innerhalb der eigenen Grundherrschaft wurden noch eher erlaubt. Wollten hingegen Angehörige verschiedener Grundherrschaften heiraten, gab es Komplikationen. Denn die Frage, wer wohin abwanderte, wer also auf welche Arbeitskraft verzichten mußte, vor allem wer Anspruch auf die Kinder hatte, war nicht leicht zu beantworten.

Der leibeigene Bauer, der in Fortsetzung der römischen und germanischen Sklavengesellschaft mit nur beschränkten individuellen Rechten ausgestattet war, wurde in jedem Fall dem ökonomischen Prinzip unterworfen. Die leibeigene Bäuerin hatte diese Unterdrückung doppelt zu tragen: durch den Grundherrn und durch den Ehemann. Dazu kamen noch etliche Verfügungen, die sie besonders belasteten, wie etwa das berüchtigte Recht „der ersten Nacht" (ius primae noctis), das dem Grundherrn das Recht einräumte, die Brautnacht bei dem Mädchen zu verbringen. Es ist nicht überliefert, inwie-

weit der Feudalherr von dieser, jede persönliche Würde der Frau
mißachtenden Verfügung wirklich Gebrauch gemacht hat. Erhalten
sind jedoch zahlreiche Berichte, nach denen die Braut freigekauft
wurde – entweder mit Naturalien oder mit Geld, das im Laufe der
Zeit so beziehungsvolle Namen wie Jungfernzins, Stechgroschen,
Schürzenzins und Hemdschilling erhielt[12]. Ein Mann konnte im Falle
von Impotenz seine Frau auch an einen anderen Mann „ausleihen".
Ein Weistum (Aufzeichnungen über geltendes Gewohnheitsrecht)
von Wilzhut bei Salzburg bestimmte, daß einem Manne, der unent-
schuldigt vom ding (Volks- und Gerichtsversammlung) fernbleibt
und die Geldbuße nicht bezahlen kann, der Ofen eingeschlagen
werden soll. Ist jedoch kein Ofen da, so soll der Pfleger, Amtmann
oder Gerichtsschreiber die Frau des Schuldigen notzüchtigen
dürfen.[13] Selbst wenn es sich bei derartigen Verfügungen um Rand-
erscheinungen gehandelt haben mag, so zeigen sie doch sehr deutlich die Geringschätzung, die der Frau als Persönlichkeit entgegengebracht wurde. Geschätzt hingegen war sie als Arbeitskraft, aber
auch als Gebärerin, als Produzentin des Nachwuchses. Das beweisen
etliche Bestimmungen, die schwangere Frauen und Kindbetterinnen
bevorzugen. So etwa wurden die strengen Jagd- und Fischereirechte
einer schwangeren Bauersfrau wegen aufgehoben. Sie durfte so viel
Wild erlegen lassen, wie sie Appetit darauf hatte, auch konnte ihr
Mann im Herrenweiher einen Fisch für sie fangen, was ansonsten
unter schwerer Strafe verboten war. Ebenso war es ihr erlaubt, im
herrschaftlichen Weinberg Trauben abzuschneiden, und ihr Mann
hatte das Recht auf eine Karre Holz, wenn es ein Mädchen, und auf
zwei, wenn es ein Sohn war. Darüber hinaus genoß sie auch noch
Abgabenfreiheit[14].

Besaß die schwangere Bauersfrau wegen des zu erwartenden Kindes Sondervergünstigungen, so profitierte die Witwe vom Status des
verstorbenen Ehemannes. Sie erhielt in der Regel ein Drittel bis die
Hälfte seines Bodenbesitzes als dos für ihren Lebensunterhalt, außerdem ein Drittel des beweglichen Vermögens. Der Rest wurde zu gleichen Teilen auf die Söhne und Töchter aufgeteilt, eine Regelung, die
meist bei der Eheschließung abgesprochen wurde. Der Witwer allerdings erhielt alle Grundstücke seiner Frau bis an sein Lebensende,
was eine eindeutige rechtliche Benachteiligung der Witwe darstellt.
Dennoch war sie ein begehrter Ehepartner, da spielte auch ein erheb-
licher Altersunterschied keine Rolle. Eine alternde, begüterte Witwe
konnte sogar einem jungen Mann gefallen, weshalb derartige Ehen
keine Seltenheit waren. Ein zweites Mal heiratete die bäuerliche Wit-

we meist vor allem dann, wenn kein Sohn und Erbe vorhanden war. Denn die selbständige Leitung eines Hofes war für eine Frau mit vielen Komplikationen verbunden – selbst wenn sie im späteren Mittelalter das Kaufrecht besaß, zur Ausstellung von Urkunden berechtigt war und als Vormund oder Vertreterin ihrer unmündigen Kinder auftreten durfte.

Stadtluft macht frei

(Die Städterin)

Die im 12. und 13. Jahrhundert entstehenden mittelalterlichen Städte boten den Menschen neue Möglichkeiten. Anfangs nur eine Ansammlung armseliger Hütten aus Holz und Lehm mit Stroh- und Schindeldächern, wuchsen sie rasch zu Stätten größerer Geselligkeit, Schaustellungen und Festen. Häuser aus Stein, aber auch prächtige Kirchen und Herrensitze wurden gebaut, hohe Fürsten demonstrierten ihren zunehmenden Reichtum durch feierliche Aufzüge und aufwendige Spiele. Vor allem aber war die Stadt ein Handelsumschlagplatz, ein einziger großer Basar. Neben den Kaufhäusern gab es die Marktplätze unter freiem Himmel – mit langen Reihen von Buden und Verkaufstischen –, die sich mit der Zeit entsprechend spezialisierten, vom Kornmarkt über den Fleisch-, Butter-, Kraut- bis zum Holzmarkt. Der Handel begründete den Reichtum der Städte, doch war dies nicht alles, was sie zu bieten hatten. „Stadtluft macht frei", heißt ein altes Sprichwort. Tatsächlich ermöglichte die Stadt dem Zugewanderten das Recht auf persönliche Freiheit, denn er konnte das Bürgerrecht auch dann erwerben, wenn er nicht zur privilegierten Gruppe jener gehörte, denen es durch Geburt automatisch zufiel, eine Entwicklung, von der auch die Frau profitierte. Sie unterstand nicht mehr der für sie besonders drückenden gutsherrlichen Aufsicht, der Feudalherr konnte keinen Einfluß mehr auf Eheschließungen nehmen, und eine Fülle neuer Verdienst- und Lebensmöglichkeiten boten darüber hinaus die Chance zu einer gewissen Selbständigkeit. Andererseits jedoch schufen Tauschhandel, zunehmende Geldwirtschaft, Vermarktung von Arbeit und Boden und schließlich die Entwicklung des Maschinensystems eine Voraussetzung für die in den späteren Jahrhunderten einsetzende Abkoppelung der Frau vom eigentlichen Produktionsprozeß, ihre Abdrängung in den Reproduktionsbereich der Familie und damit in die finanzielle Abhängigkeit vom Mann. Während im Mittelalter die Unterordnung der Frau als gottgewollt und Teil des Schöpfungsplans begriffen wurde, konnte sie bereits in der beginnenden Neuzeit mit der „Natur" der Frau begründet werden, weshalb ihre Inferiorität in einer neuen Epoche zunehmenden individuellen Bewußtseins und individueller Menschenrechte nicht weiter in Frage gestellt werden mußte.

Noch waren Frauen allerdings in den allgemeinen Produktionsprozeß eingegliedert, selbst im hohen und späten Mittelalter waren sie nicht nur am Verbrauch, sondern auch an der Erzeugung lebenswichtiger Produkte beteiligt. Wohl kaufte die mittelalterliche Stadtfrau bereits etliches am Markt – zusätzliche Lebensmittel vor allem, auch feine Stoffe vielleicht und sonstigen „Luxus". Im Grunde jedoch lebte das „ganze Haus", wie die mittelalterliche Gemeinschaft, bestehend aus Eheleuten, Kindern und Gesinde häufig genannt wird, vorerst auch in den Städten autark, und unterschied sich damit nicht wesentlich von der bäuerlichen Bevölkerung. Auch die Städterin leistete Subsistenzwirtschaft, das heißt, sie war für alle überlebensnotwendigen Arbeiten von der Ernährung bis zur Bekleidung zuständig, war doch auch der Stadtbürger im Besitz eines eigenen Ackers oder Gartens in oder außerhalb der Stadt. Auch Viehhaltung war allgemein üblich. Außerdem gab es die den Bürgern gemeinsam gehörende Allmende, das waren Wald- oder Gartengebiete vor der Stadt, die gemeinsam genutzt wurden. Auch die Städterin half also beim Schlachten, bei der Gemüse- und Obsternte, sie stellte Bier und Wein her, daneben Säfte, Essig und Gewürze, sie zog Wachskerzen und erzeugte Seife. Natürlich bedurfte sie ebenso wie die Bäuerin zur Bewältigung dieses enormen Arbeitspensums der Hilfe von Mägden, noch dazu, weil sie außerdem häufig nicht nur im handwerklichen oder kaufmännischen Betrieb ihres Mannes mitarbeitete, sondern zum Teil derartige Aufgaben auch in selbständiger Arbeit übernahm, wobei es auch in den Städten eine strenge geschlechtsspezifische Arbeitsteilung nicht gegeben hat. Denn genauso wie die Frau an marktorientierten Arbeitsprozessen, war auch der mittelalterliche Mann als Handwerker, Hausbauer, Erzeuger von Arbeitsgeräten und dergleichen an der Produktion für den Eigenbedarf beteiligt.

Kindererziehung hingegen nahm auch in städtischen Haushalten relativ wenig Zeit in Anspruch. Wohlhabende Städterinnen gaben den Säugling überhaupt zu einer Amme auf das Dorf. Erst im Alter von ein oder zwei Jahren kehrte das Kind zu seinen Eltern zurück. Frauen der Unter- und Arbeiterschichten hingegen stillten ihre Kinder selbst. Es kann also nicht verwundern, daß die Sterblichkeitsrate von Säuglingen, die einer Amme übergeben wurden, im 15. Jahrhundert besonders hoch war[1]. Denn obwohl Kinder vor allem von reichen Familien in der Regel in Ammenhaushalten sorgfältig gepflegt wurden, weil sie ein gutes Gehalt einbrachten, werden die Bedürfnisse des eigenen Nachwuchses doch wohl im Vordergrund gestanden sein. Auffallend ist das unterschiedliche Heiratsalter der heranwachsenden Söhne und Töchter. Während Mädchen sehr jung in den Ehestand traten, dreizehn Jahre galt zum Beispiel im spätmittelalterlichen Italien als wünschenswert, ließen sich Männer damit länger Zeit. Bei ihnen lag das Heiratsalter zwischen 27 und 31 Jahren[2].

Mit der Herausbildung spezialisierter Berufe erweiterte sich in den Städten das Berufsangebot, damit vergrößerten sich auch für die Frau die Möglichkeiten zur Erlangung einer gewissen wirtschaftlichen Unabhängigkeit. Zunächst waren es die Witwen, denen es gestattet wurde, entweder bis zu ihrer Wiederverheiratung oder aber für einen minderjährigen Sohn den Betrieb des verstorbenen Mannes weiterzuführen. Allmählich aber gelang es vereinzelt auch ledigen oder verheirateten Frauen, ein Gewerbe selbständig zu führen. Vor allem im Textilgewerbe arbeiteten Frauen in den reichen Handelsstädten wie Köln oder Frankfurt als Meisterin. Hier wurde es ihnen auch möglich, sich zünftisch zu organisieren. Am besten untersucht ist die Situation in Köln, wo Frauen ganz besonders gute berufliche Möglichkeiten vorfanden. 1397 bildeten die Kölner Garnmacherinnen eine eigene Zunft, der ausschließlich Frauen angehörten. Die selbständigen Meisterinnen konnten selbst Lehrlinge ausbilden und das Amt des Zunftvorstehers bekleiden[3]. Meist waren sie mit Garnhändlern verheiratet, die das Garn vertrieben und die Interessen der Garnmacherinnen aufgrund der begrenzten juristischen Handlungsfähigkeit der Frau nach außen vertraten.

Zu einer eigenen Zunft der Seidmacherinnen kam es in Köln dann 1437, wobei der Zunftvorstand zur Hälfte aus den Ehemännern der Seidmacherinnen bestand, die vor allem den Vertrieb der Seidenstoffe und den Einkauf der Rohstoffe übernahmen. Seidenspinnerinnen erhielten 1456 ebenfalls einen eigenen Zunftbrief, doch blieben sie abhängige Lohnarbeiterinnen der Seidenmacherinnen. Auch die Goldspinnerei wurde in Köln und Nürnberg ausschließlich von Frauen betrieben. Die Goldspinnerinnen bildeten in Köln seit 1397 eine eigene Zunft, der allerdings auch die Goldschläger, zumeist Ehemänner, angehörten, die zur Hälfte den Zunftvorstand bildeten[4]. Diese äußerst günstige Position der Frauen in Köln und auch in Zürich ist allerdings als Einzelerscheinung zu betrachten, die nicht repräsentativ war. Wie in dem Buch von Peter Ketsch ausführlich belegt[5], ist insgesamt betrachtet der Anteil der Frauen am zünftischen Gewerbe wahrscheinlich bislang überschätzt, die Bedeutung der selbständigen Meisterin in der mittelalterlichen Gesellschaft zu hoch eingestuft worden. Denn im Grunde blieb eine auch nur annähernd gleichberechtigte Stellung von Frauen in den Zünften auf wenige Gewerbe und Orte beschränkt.In der Regel hat es Meisterinnen nur unter verheirateten Frauen gegeben, deren Ehemänner zumeist den Vertrieb der Waren übernommen hatten. Der weitaus überwiegende Teil der berufstätigen Frauen war als Hilfskraft oder Magd in schlecht bezahlter Lohnarbeit tätig, häufig auch als mithelfendes Familienmitglied zur Unterstützung der Arbeit des Ehemannes. So etwa übten Frauen selbst im Textilgewerbe in manchen Sparten lediglich eine Art Hilfsgewerbe aus. In der zünftischen Tuch- und Wollweberei beispielsweise waren sie hauptsächlich in der Rohstoffaufbereitung als Lohnarbeiterinnen beschäftigt. Vollberechtigte Webemeisterinnen hingegen dürften selten gewesen sein[6]. Auch die Beteiligung der Frauen an der zünftischen Leinenweberei läßt sich nicht genau bestimmen[7]. Häufig wurden Mädchen zur Lehre zugelassen, es ist auch von selbständigen Weberinnen die Rede, was allerdings nicht unbedingt auf eine gleichberechtigte Zunftmitgliedschaft hinweist. Denn meist standen jene Frauen, die einen oder mehrere Webstühle betrieben, außerhalb der „männlichen" Zunft, sie betrieben die Weberei als Nebenerwerb oder gehörten einer religiösen Gemeinschaft, etwa den Beginen, an. Auch die Schneiderzünfte ließen im allgemeinen keine Frauen zur gleichberechtigten Ausübung des Gewerbes zu. Eine Ausnahme bildeten Ehefrauen und Töchter der Meister, wie der Schneiderbundesbrief von 1565 bestätigt[8]. Die Stickerei galt ebenfalls weithin als unzünftige Arbeit von Frauen. Lediglich in der Kölner Zunft der Wappensticker/innen waren die Frauen den Männern annähernd gleichberechtigt. Sie konnten das Handwerk lernen und selbständig als Meisterin ausüben[9]. Auch die Beutel- und Taschenmacherinnen durften ursprünglich Meisterinnen werden. Erst im Laufe des 15./16. Jahrhunderts wurden Frauen aus diesem zünftischen Gewerbebetrieb verdrängt[10].

Die Organisierung des Handwerks in Zünfte wurde seit etwa 1100 üblich. Wobei die Zunft nicht nur gewerblichen Charakter besaß, sondern darüber hinaus ihren Mitgliedern auch Geselligkeit bot, gemeinsame Feste und Tanzveranstaltungen ebenso wie eine gemeinsame Totenehrung. Zu diesen Veranstaltungen und Totenfeiern waren schon seit frühester Zeit Frauen zugelassen – ursprünglich vor allem die Ehefrauen der Meister, die mit gleichen Ehren bestattet

Spinnstube im Spätmittelalter.
(Holzschnitt von Bartholomäus Beham †1540)

Wäscherinnen. Darstellung auf
einer deutschen Spielkarte
um 1500.

Wohnstube eines Handwerkers oder kleinen
Kaufmanns. (Titelholzschnitt von Metlinger's
Regiment der jungen Kinder 1473)

wurden wie der Ehegatte. Gewerbetreibenden Frauen allerdings wurde die Aufnahme vom Anfang an erschwert oder überhaupt verweigert. Vielfach jedoch wurden auch außerhalb der Zunft arbeitende Frauen zum Eintritt in die Zunft gezwungen, weil die Zünfte ihr Monopolrecht durchsetzen und die Frauen an den finanziellen Belastungen der Zünfte beteiligen wollten. Warum sich die Frauen dagegen sträubten und vielfach lieber außerhalb der Zünfte ihrem Gewerbe nachgehen wollten, ist leicht einzusehen, mußten sie doch als Zunftmitglied die gleichen Beiträge wie die Männer leisten, ohne aber über die gleichen Rechte zu verfügen[11].

Eine Möglichkeit, die Zünfte zu umgehen, boten die sogenannten freien Berufe, die keinen zünftischen Regulierungen unterlagen. Während es etwa selbständige zünftische Bäckermeisterinnen wohl nicht gegeben hat[12] – Frauen waren im Bäckerhandwerk meist als Brotmägde beschäftigt, die sogar noch etliche Stufenleitern unter den Bäckerknechten rangierten – scheint die spezialisierte Pasteten-, Lebkuchen- und Kuchenbäckerei, die als freies Handwerk betrieben wurde, vor allem von Frauen, und dabei auch selbständigen Bäckerinnen ausgeübt worden zu sein. Auch bei den häufig auftretenden selbständigen Brauerinnen dürfte es sich um Kleinbrauereien gehandelt haben, die sich zum Teil aus hauswirtschaftlichen Brauereien entwickelt hatten. Eine zünftische Ausübung der Brauerei durch Frauen ist nicht belegbar[13].

Auch Frauen, die im Handel tätig waren, konnten die Zünfte umgehen. Vor allem im Kleinhandel arbeiteten Frauen als Trödlerinnen, Krämerinnen und Hökerinnen, sie haben Obst, Butter, Milch, Käse, Hühner und Eier auf den Märkten angeboten, waren aber auch in größerem Umfang am Import und Export beteiligt. Es gab bedeutende Kauffrauen, wie etwa jene Cathringen Broelmann, deren Stahlimport mit einem Marktanteil von 19, 8 Prozent nur geringfügig dem des größten Stahlimporteurs Gerhard Betgin mit 22 Prozent nachstand[14]. Der Anteil der Frauen am Kölner Gewürzimport lag in den Jahren 1460/68 je nach Gewürz zwischen 1, 2 und 19, 6 Prozent, unter den Messinghändlern machten fünf Frauen 14 Prozent der Importeure aus und bestritten 19, 2 Prozent der Messingeinfuhren[15].

Kauffrauen waren aber auch an Handelsgesellschaften beteiligt und als Handelsreisende unterwegs, wenn auch seltener als die Kaufherrn. Sie erscheinen als Befrachter von Schiffen, es gab Lübecker Geschäftsfrauen, die Außenstände in Schweden hatten, deren Handelsgeschäfte also recht umfangreich waren. Manche brachten es zu außerordentlichem Wohlstand. So besaß die Kölner Kauffrau

164

Grietgen van der Burg um 1487/92 im Viertel St. Alban 13 Häuser[16].
Die Führung der umfangreichen Rechnungs- und Haushaltungs-
bücher bereitete diesen Frauen in der Regel keine Schwierigkeiten,
denn die meisten Bürgersfrauen der Städte, vor allem aber die Kauffrauen, konnten lesen, schreiben und rechnen.

Erst die Erziehungstraktate des späten Mittelalters, in einer Zeit
also, als die ersten Universitäten gegründet wurden, beschäftigten
sich mit der Frage, ob das Lernen von Lesen und Schreiben für
Mädchen überhaupt angebracht sei. Erst ab diesem Zeitpunkt läßt
sich auch generell eine Unterbewertung der Mädchenerziehung fest-
stellen.

Trotzdem war die geschäftstüchtige, vermögende und einflußreiche Handelsfrau eine Ausnahme, wesentlich häufiger begegnen uns
Frauen in Hilfsfunktionen, womit sich die damalige Situation wenig
von der heutigen unterscheidet. Viele Frauen arbeiteten in untergeordneten Tätigkeiten, nicht nur im Textilgewerbe, sondern in fast sämtlichen anderen Sparten des mittelalterlichen Gewerbes, in der Nahrungs-
und Genußmittelproduktion, in Reinigungen und Färbereien, in der
Brauerei, Schusterei, Sattlerei, Fleischerei, Sensenschmiede und im
Metall- und Kunsthandwerk. Sogar in ausgefalleneren Berufen wie
unter den Laternenanzündern, Kanalräumern, Hirten und Zöllnern
hat es Frauen gegeben, auch Kannengießerinnen, Schwarznickelerin-
nen, Schmiedinnen und Drahtzieherinnen, selbst Tor- und Turm-
wächterinnen sind bezeugt. Sogar weibliche Abschreiberinnen, Brief-
druckerinnen, Erzieherinnen und Elementarschullehrerinnen, vornehmlich an Mädchenschulen oder im Privatunterricht werden erwähnt[17]. Wie sehr Frauen einkommensmäßig allerdings auch damals
schlechter gestellt waren als Männer, läßt sich an ihrem überpropor-
tional hohen Unterschichtenanteil ablesen. Bei den Leinenwebern
der Stadt Trier einschließlich der Schleierweber erreichten 36% der
Männer, aber nur 9% der Frauen die Durchschnittssteuersumme;
54% der Männer, aber 90% der Frauen gehörten zur Unterschicht. In
den Lübecker Armengängen – kleinen Wohnungen längs eines
Ganges oder Hofes, die für Arme gestiftet waren – lebten vorwiegend Frauen. In Weimar machte der Anteil an Frauen in Buden und
Kellern 24, 8 bzw. 26, 2% aus, während unter den Hausbewohnern
nur 7, 8% Frauen waren[18].

Die wohlhabende Bürgersfrau, wie sie uns überliefert ist, gehörte
also auch in den Städten zur Elite. Doch ist sie es, die neben der Adeligen das Bild der mittelalterlichen Frau für die Nachwelt prägte. Sie
erscheint in alten Buchillustrationen und auf Tafelbildern, häufig in-

mitten ihres bürgerlichen Mobiliars, selbstbewußt und stattlich. Natürlich war sie ausgesucht elegant gekleidet, wobei es vor allem im hohen und späten Mittelalter zu raffinierten Extravaganzen kam. So erhielt das im 14. Jahrhundert enganliegende Oberkleid mit weit und tief fallendem Rock und weitem Ausschnitt, das über ein an verschiedenen Stellen sichtbares Untergewand getragen wurde, im 15. Jahrhundert weite, pelzgefütterte Flügelärmel, die bis zum Boden reichten, während das Untergewand zunehmend aus kostbaren Stoffen wie Damast, Satin, Atlas und Samt gefertigt war. Die Mäntel waren häufig mit einer Schleppe versehen, aus Samt und Seide gearbeitet oder mit Seide und Pelz am Hals, am unteren Rand und an den Vorderkanten besetzt. Auch die Haartracht bezeugt Phantasie. Hochgebundene, in Netze gefaßte oder lang herabhängende Zöpfe waren oft mit Gold- und Perlenschnüren durchflochten. Ebenso wurde das Haar gesalbt, mit Eiweiß bearbeitet und zu kunstvollen Locken gedreht. Außerdem benutzte auch die mittelalterliche Frau häufig falsches Haar.

Vornehm wie die Kleidung war auch die Wohnung des mittelalterlichen Großbürgertums. Im dreizehnten, vermehrt jedoch im 14. Jahrhundert begannen sich in den Städten Steinbauten durchzusetzen, die Fenster waren vielfach noch nicht verglast. Selbst im 15. Jahrhundert gab es noch Häuser, die keine Schornsteine besaßen. Doch waren die großen Kölner Handelshäuser solid und herrschaftlich gebaut, manche besaßen Wehrtürme und verfügten neben den Wohnstuben, der Küche und den Dienstbotenkämmerchen häufig auch über eigene Kapellen, ausgedehnte Säle, Badstuben, Vorratsräume und Werkstätten. Eine wirkliche Wohnkultur hat es allerdings auch bei Wohlhabenden erst im späten Mittelalter gegeben. Das ursprünglich dürftige Mobiliar wurde erweitert, Leuchter und Kannen waren nun oft aus Zinn, und schweres Gold- und Silbertafelgeschirr diente als Kapitalanlage. Daß die berufstätige Handels- und Bürgersfrau an diesem wachsenden Wohlstand erheblichen Anteil besaß, ist unbestritten. Ebenso beteiligt war sie natürlich an jener raffinierten Eßkultur, die sich so kraß von der kargen Mus- und Breimahlzeit des einfachen Landbewohners unterschied und die Frage aufwirft, wo die Menschen damals diese ungeheuren Mengen hingegessen haben. Ein Mahl im Haus des Villacher Bürgers Kaspar Merendech im Jahre 1488 etwa, das von dessen Gattin zubereitet worden war, bestand aus insgesamt 10 Gängen, von denen der zeitgenössische Berichterstatter allerdings nur die ersten drei erwähnt:

1. drei „künstliche" Fische aus Milch, Eiern und Mandeln geformt und in der Pfanne nochmals mit geschälten Mandeln, Rosinen und gezuckertem Anis bestreut;

2. eine Speise aus gestoßenem und passiertem Geflügel – offenbar eine Pastete –, mit Zimt und Ingwer beigemengt;

3. gemästete Drosseln und eine Speise aus Huhn und Fleisch[19].

Wenn auch die begüterte, vielfach selbständige Bürgersfrau in der mittelalterlichen Gesellschaft sicherlich eine Ausnahmeposition einnahm, so konnte sich die Stellung der Frau auf Grund ihrer wirtschaftlichen Position doch generell verbessern, und zwar in einer Weise, wie es ihr später bis hinein in das 19. Jahrhundert nicht mehr möglich war. Sogar die Geschlechtsvormundschaft wurde lockerer gehandhabt, wenn sie auch nie völlig aufgehoben wurde. Doch genossen handel- und gewerbetreibende Frauen teilweise Vergünstigungen, weil es die Abwicklung von Geschäften wesentlich erschwerte, wenn die Frau in Fällen einer Rechtsverordnung immer einen Vormund beiziehen mußte. Auch die sogenannte Ehevogtei, die eine Zustimmung des Ehemannes für jedes Geschäft beinhaltete und somit das größte Hindernis für die verheiratete Frau im städtischen Handel bildete, wurde teilweise durchbrochen.

Frauen durften jetzt vielfach Geschäfte in eigenem Namen und auf eigene Rechnung abschließen, besaßen ein beschränktes Bürgerrecht und konnten sich auch vor Gericht zum Teil selbst vertreten. Außerdem wurde ihnen die Verwaltung ihres Vermögens zunehmend selbst überlassen. Seit dem 14. Jahrhundert begann auch langsam die erbrechtliche Gleichstellung der Städterin anerkannt zu werden. Außerdem wurden ihr durch den sogenannten Beisitz im Verhältnis zu ihren Kindern ähnliche Rechte eingeräumt wie dem Vater, doch waren die gesetzlichen Regelungen hier regional sehr verschieden. Das bayerische Stadtrecht von 1347 etwa bestimmt, daß eine Marktfrau gleiches Recht wie ihr Mann hat, aber Erbe und Eigentum nicht verkaufen darf. Eine umfassende rechtliche Handlungsfähigkeit besaßen auch Kauffrauen für Herzogenbusch, Oppenheim, Nürnberg und Freiburg im Üechtland (=Fribourg/Schweiz). In Prag hingegen mußte sich eine Krämerin oder Gewandschneiderin, die wegen Schulden vor Gericht verklagt wurde, von ihrem Mann vertreten lassen[20].

Während sich also Frauen noch im Spätmittelalter einer relativ günstigen wirtschaftlichen Position erfreuen durften (von offiziellen Ämtern waren sie natürlich auch damals ausgeschlossen), wurden sie am Beginn der Neuzeit nicht nur aus den Zünften, sondern auch aus den freien Berufen verdrängt. In Frankfurt waren 1377 die Meistertöchter noch zur Lehre zugelassen, 1421 hingegen werden nur noch Lehrbuben genannt. Eine Konstanzer Verordnung erwähnt noch im Jahre 1407 sowohl männliche als auch weibliche Lehrlinge, der Zunftbrief von 1538 hingegen nennt keine Frauen mehr [21]. Auch die selbständige Brauerin und Bäckerin verschwindet aus den Steuerlisten, die Arbeitsmöglichkeiten der außerhalb der Tucher- und Weberzunft arbeitenden Frauen wurde ständig eingeengt. Bereits gegen Ende des 15. Jahrhunderts wird selbst die Ärztin in den Städten aus den Heilberufen verdrängt.

Einer der Gründe für diese Entwicklung ist wohl in einer zunehmenden Wirtschaftskrise zu suchen, die die Frauen wie immer und zu allen Zeiten des Patriarchats am härtesten traf. Vor allem die Gesellenverbände polemisierten scharf gegen die Konkurrenz der unterbezahlten Mägde, in denen sie außerdem Lohndrückerinnen sahen. Gesellenordnungen bestimmten daher bereits im 16. Jahrhundert, daß kein Geselle neben einer Magd arbeiten soll, andernfalls werde er bestraft oder für unehrlich erklärt[22]. Wie radikal der Ausschluß der Frauen war, beweist jene Verfügung der Wiener Perlenhefter von 1683, die besagte, selbst wenn ein Meister mit Arbeit überhäuft sei, solle er sie lieber einem anderen Meister zukommen lassen, als damit eine Frau zu beschäftigen. Denn ein Meister oder Geselle, der neben ihr arbeitet oder ihr Arbeit gibt, sie unterweist und dafür Geld entgegennimmt, soll nach Erkenntnis des Magistrats aus dem Handwerk ausgeschlossen werden[23]. Zu einer Zeit also, als Frauen massenhaft in die entstehenden Manufakturen eingeschleust wurden, um unter schlechtesten Bedingungen Hilfsarbeiten zu tun, wurde ihnen die Erlernung eines qualifizierten Handwerks, bzw. dessen Ausübung untersagt. Wie etwa aus jener Verfügung von 1717 ersichtlich ist, die Wiener Hofbediensteten, Arsenalwächtern und Stadtguardiasoldaten verbot, „menscher", die des Schuhmacherhandwerks kundig sind, zu beschäftigen[24].

Die zunehmende Verdrängung der Frau aus den Berufen ist jedoch nicht nur auf eine verschärfte Wirtschaftslage zurückzuführen, sondern in gleicher Weise auch auf ein neues, zum Teil von Luther geprägtes Frauenbild, das die Frau zwar als Persönlichkeit innerhalb der Familie aufwertete, ihr aber quasi als Preis dafür die völlige gesellschaftliche Bedeutungslosigkeit und die finanzielle Abhängigkeit vom Mann abverlangte.

Ärztin und Hebamme

Die weise Frau, die Heilerin, die Hexe besaß seit jeher einen Sonderstatus. Sie läßt sich mit ihrem alten Kräuter- und Zauberwissen sehr weit zurückverfolgen und war vor der Gründung der Universitäten der eigentliche Arzt des Volkes. Erst am Beginn der Neuzeit hat der medizinisch ausgebildete Arzt die Kräuterfrau, der ein Zugang zu den Stätten wissenschaftlicher Gelehrsamkeit verwehrt war, aus den Heilberufen verdrängt. Vornehmlich in den Städten wurde sie als Kurpfuscherin verächtlich gemacht, während sie sich am Land, in den Dörfern länger halten konnte. Doch auch hier wurde die weise Frau, die Magierin, die mit ihrem Wissen die Kräfte der Natur immer nur genutzt, nie jedoch ausgebeutet hat, zur Hexe, die dem aufkommenden wissenschaftlichen Weltbild im Wege stand, weshalb hunderttausende, vielleicht sogar Millionen Frauen auf den Scheiterhaufen sterben mußten.

Ursprünglich waren weise Frau, Ärztin und Hebamme in einer einzigen Person vereint, erst im Mittelalter ergab sich eine Spezialisierung in die Ärztin, die zum Teil Fachärztin war, und in die Hebamme. Außerdem gab es zu dieser Zeit auch zünftisch organisierte Chirurginnen, die vor allem für Wundmedizin, Operationen, Hautkrankheiten und Geschwulste zuständig waren[1]. Darüber hinaus übernahmen häufig Witwen und Töchter von Apothekern und Badern dieses an und für sich männliche Gewerbe.

Über die Art und Praxis dieser Frauen so wie über ihre Person und ihren Stand wissen wir wenig oder nichts. Es ist auch unbekannt, wie sie sich ihr Wissen aneigneten. Wahrscheinlich gründete es sich (im Unterschied zum eher theoretisch bewanderten männlichen Mediziner) vor allem auf Beobachtung und Erfahrung. Gehörten sie den gebildeten Adelskreisen an oder waren sie Nonnen, werden ihnen darüber hinaus die medizinischen Werke aus anderen Kulturkreisen, der Antike vor allem und des arabischen Raums bekannt gewesen sein. Frauen aus dem Volk hingegen erhielten ihre Kenntnisse durch mündliche Überlieferung und praktische Anleitung.

Ein Zentrum mittelalterlicher Heilkunde war die Schule von Salerno, wo neben Juden und Arabern auch Frauen zugelassen waren. Die „Mulieres Salernitanae" waren angesehene Ärztinnen, sie beschäftigten sich neben Frauenheilkunde und Kinderkrankheiten auch mit Augenheilkunde, Hautkrankheiten und Kosmetika. Ein gynäkologisches Spezialwerk der Schule von Salerno, das „Trotula de passionibus mulierum", das bis in das Spätmittelalter weite Verbreitung fand, soll von der Ärztin Trotula geschrieben worden sein[2]. Relativ lange hielt sich die medizinisch gebildete Frau innerhalb der Klostermedizin – Hildegard von Bingens medizinische Schriften liefern nur ein Beispiel für das umfangreiche Wissen heilkundiger Nonnen. Doch schon im 14. Jahrhundert, als die Städte darangingen, einen besoldeten Stadtarzt anzustellen, ist eine Zurückdrängung der Ärztin durch den männlichen Mediziner festzustellen, der die heilkundige Frau als Konkurrenz bekämpfte. Trotzdem war die Ärztin mit ihrem praktischen Wissen dem reinen Theoretiker vorerst überlegen.

Sogar Paracelsus meinte in der ersten Hälfte des 15. Jahrhunderts, daß die Bauern die gelehrten Ärzte oft auslachten, weil sie nicht einmal das kleinste Zahnweh heilen konnten, obwohl sie hohe Honorare verlangten[3]. Die Verdrängung der Medizinerin geschah auch langsam und allmählich: Noch zwischen 1389 und 1497 konnten in Frankfurt 15 Ärztinnen namentlich nachgewiesen werden, unter ihnen 4 Judenärztinnen und 3 Augenärztinnen[4]. Trotzdem enthielten städtische Verordnungen bereits seit der Mitte des 14. Jahrhunderts Bestimmungen, welche den Frauen die Ausübung des Arztberufes untersagten. Aufschlußreich ist hier das Beispiel einer gewissen Jacoba, die im Jahre 1322 vor einem Pariser Gericht angeklagt worden war, weil sie ihre Patienten nach Art und Weise eines studierten Arztes behandelte, das heißt: sie fühlte den Puls, ließ zur Ader, prüfte den Urin, verordnete heiße Bäder und Abführmittel. Derartiges, so befand das hohe Gericht, sei nur einem Arzt mit akademischer Ausbildung gestattet. Obwohl alle in den Zeugenstand gerufenen männlichen und weiblichen Patienten zugunsten der Angeklagten aussagten, ihre Hingabe, ihre außerordentlichen Erfolge und ihre kulante Behandlung der Honorarfrage rühmten, und obwohl viele weibliche Patienten meinten, sie würden lieber sterben, als sich von einem Mann untersuchen zu lassen, wurde ihr trotzdem jede weitere Berufsausübung untersagt und sie außerdem zu einer Geldstrafe verurteilt[5].

Länger als die Ärztin hielt sich die Hebamme. Auf sie konnte der männliche Mediziner lange nicht verzichten, da ihm das nötige

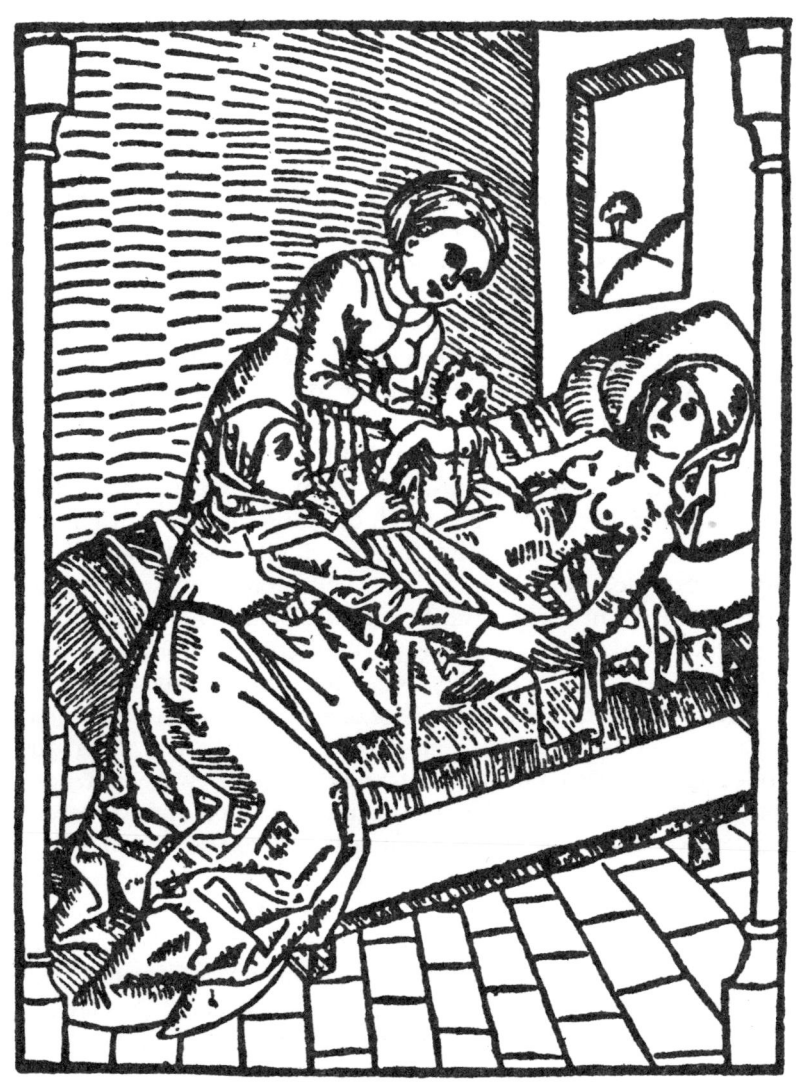

Eine Hebamme führt eine Geburt mittels Kaiserschnitt durch.
(Holzschnitt von 1501)

gynäkologische Wissen fehlte. Hebammen waren neben der Geburtshilfe auch für Frauenkrankheiten zuständig und führten Operationen aus, so etwa den Kaiserschnitt an der toten Mutter, wenn damit das Kind gerettet werden konnte. Daß dabei des öfteren Frauen überlebten, die bereits für tot erklärt worden waren, spricht für das große chirurgische Können der Hebamme[6]. In ihrer „Hebammentasche" befand sich eine Vielzahl von Instrumenten, sie verwendete Gebärmutterspiegel und Geburtszange, letztere aber nur dann, wenn tote Kinder auf keine andere Art und Weise entfernt werden konnten. Die Geschlechtsteile der Gebärenden wurden mit selbst zubereiteten Salben und ätherischen Ölen eingerieben, um sie so elastisch zu halten. Auch die Instrumente wurden damit eingerieben, um sie leichter einführen zu können.

Doch hat auch die Hebamme im Lauf der Jahrhunderte ihre souveräne Position eingebüßt und wurde mehr und mehr zur Hilfskraft des behandelnden Arztes. Bereits ab der Mitte des 15. Jahrhunderts wurde die frei praktizierende Hebamme durch Hebammenordnungen, vorerst von einer medizinisch gebildeten Frau, später jedoch vom Stadtarzt entworfen, zunehmend der städtischen Aufsicht unterstellt. Schon zuvor waren jedoch städtische, d. h. besoldete Hebammen angestellt worden, die vornehmlich für die Versorgung der armen Frauen zuständig waren. Außerdem wurden Hebammen ganz generell herangezogen, um das Leben von Frauen unter Kontrolle zu halten. Sie hatten die Prostituierten zu überwachen, wurden bei Hexenprozessen als Aufsichtsorgane für Frauen und Kinder eingesetzt, wobei sie vor allem die Jungfräulichkeit junger, als Hexen angeklagter Mädchen festzustellen hatten – war sie nicht mehr vorhanden, galt dies als Beweis der „Teufelsbuhlschaft" – und Minderjährigen als „milde" Todesart im warmen Bad die Adern öffnen mußten.[7] Vor allem aber wurden sie angehalten, jene Frauen anzuzeigen, die Abtreibungs- und Verhütungsmittel nahmen. Empfängnisverhütende Mittel waren ja im Mittelalter ebenso wie in der Antike bekannt, sie wurden den medizinischen Schriften der Griechen, Römer und Moslems entnommen und umfaßten verschiedene Getränke auf pflanzlicher Basis, Flüssigkeiten zur Einführung in die Gebärmutter vor oder unmittelbar nach dem Geschlechtsverkehr sowie Salben, die auf das männliche Glied aufgetragen wurden. Daneben kam noch der sogenannte „Onusakt" zur Anwendung, der coitus interruptus.

Auch Abtreibungen wurden, obwohl mit dem Tod bestraft, im Mittelalter durchgeführt. Der islamische Arzt Avicenna, dessen Leh-

172

„Kräuterkundige Frauen". Titelbild des „Hortulus" von Walahfrid Strabo.
(um 850)

„Weise Frauen" am Krankenbett eines Mannes.
(Holzschnitt von 1501)

re bis in die Neuzeit hinein Geltung besaß, zählt folgende Methoden auf, um den Abgang eines Fötus herbeizuführen: gymnastische Übungen, Tragen schwerer Lasten, heiße Bäder und Flüssigkeiten, die mittels eines Geräts in die Gebärmutter eingeführt werden sollen. Natürlich wandten sich auch damals Theologen scharf gegen jede Form der Geburtenregelung sowie Abtreibung – beides wurde mit Mord gleichgesetzt. Die Situation der betroffenen Frauen interessierte dabei weniger. Selbst bei drohender Lebensgefahr der Mutter hielt die katholische Kirche an ihrem Verbot fest. Die einzigen mittelalterlichen Kirchenlehrer, die Abtreibung in diesem Fall erlaubten, waren Antonius von Florenz und Johannes von Neapel. Doch auch sie schränkten ihre Zustimmung auf die ersten 40 Tage der Schwangerschaft ein[8]. Die Ausbeutung weiblicher Gebärfähigkeit wird hier in ihrem ganzen Ausmaß deutlich. Das Leben der Mutter galt nichts, das Leben eines noch gar nicht vorhandenen oder im früh-embryonalen Zustand befindlichen Kindes alles. Denn Kinder gehörten im Patriarchat zum Besitz ebenso wie die Frauen, Sklaven und Gegenstände. Sie dienten dem Machtzuwachs der Gemeinde, der Stadt, des Volkes. Viele Kinder bedeuteten viele Soldaten, viele Soldaten bedeuteten viele Kriege, ein Weltbild, das den alten, vorgeschichtlichen Mutterkulturen fremd war. Ob nun die sprunghafte Bevölkerungsexplosion am Beginn der Neuzeit tatsächlich mit den Hexenverbrennungen und der Vernichtung weiblichen Verhütungswissens zusammenhängt, wie dies von etlichen Autoren behauptet wird[9], oder ob andere Ursachen maßgebend waren, unbestritten bleibt, daß es diese Ideologie war und weiter ist, die uns jene Überbevölkerung der Erde mit all ihren furchtbaren Problemen wie Hungersnöte, Umweltverschmutzung und Verseuchung der Biosphäre beschert hat, unter denen wir heute leiden.

Kindesmord war im Mittelalter das schlimmste Vergehen, und die Strafen waren grausam. Hatte eine verzweifelte Mutter in einer ausweglosen Situation ihr Neugeborenes getötet, wurde sie verbrannt oder lebendig begraben. Manchmal wurde sie zuvor noch gefoltert oder verstümmelt. So hieb man ihr im Metz des 15. Jahrhunderts vor Entzünden des Feuers die Hand ab. Nachdem sie verbrannt, bzw. vom Rauch erstickt war, wurde ihr eine Holzpuppe in den Arm gelegt und um ihren Hals ein Schild mit einem Kinderbildnis gehängt. Auch die Aussetzung eines Kindes vor einem Kloster wurde mit öffentlicher Auspeitschung oder Pranger bestraft. Besonders rücksichtslos, die spezielle Situation der Frau völlig ignorierend, verfuhr die Gesetzgebung Heinrichs II. in Frankreich im 16. Jahrhundert. Aussagen unter Eid, daß das Kind nicht ermordet worden sei, sondern tot zur Welt gekommen war, wurden nicht mehr anerkannt. Eine Frau, die ihre Schwangerschaft aus Angst vor Schande geheimgehalten und einem Totgeborenen kein christliches Begräbnis gegeben hatte, galt als Mörderin und war des Todes schuldig[10]. Die weise Frau, die Dorfhexe und die illegal arbeitende Hebamme waren die einzigen, die sich dieser Frauen in ihrer Notlage annahmen. Sie berieten sie nicht nur in Fragen der Geburtenregelung, sondern nahmen auch Abtreibungen vor, die allerdings infolge der schlechten hygienischen Bedingungen oft lebensgefährlich waren. Von der Gesellschaft, von der Kirche wurden sie allein gelassen. Diskriminiert, in ihren beruflichen Möglichkeiten benachteiligt, hatten sie noch zusätzlich die „Schande" eines unehelichen Kindes zu tragen. Ihnen als dem schwächsten Glied der Gesellschaft wurde die volle Verantwortung aufgebürdet. Finanzielle Unterstützungen des Kindesvaters kamen zwar vor, waren aber relativ selten und auf keinen Fall ausreichend, um der ledigen Frau und ihrem Kind ein einigermaßen menschenwürdiges Dasein zu ermöglichen. Oft wurde sie von ihrem Liebhaber zum Mord an ihrem Kind gezwungen oder geschlagen und mißhandelt, um dadurch eine Totgeburt herbeizuführen[11].

Im 16. und 17. Jahrhundert begannen Ärzte zunehmend, sich das geheime, bislang nur unter Frauen weitergegebene Wissen der Hebammen oft gegen deren Willen anzueignen. Gleichzeitig wurde auch der Geburtsvorgang, ursprünglich ein freudiges Ereignis, zu einer schmerzvollen und verdienten Strafe umdefiniert. Eines der verbreitetsten Hebammenbücher aus dem Jahre 1580 ist mit folgendem Bibelzitat überschrieben:

„Und zum Weib sprach Gott der Herr: Ich will dir Schmerzen schaffen/wen du schwanger wirst/du sollst mit Schmerzen deine Kinder gebären/und dein Will soll deinem Mann unterworfen sein/und er soll dein Herr seyn."[12]

Hebammen wurden angehalten, die Frauenfeste am Wochenbett, die sogenannten „Kindbetthöfe", die viele Tage dauerten und an denen alle Frauen der Nachbarschaft teilnahmen, zu unterbinden. Denn Freude, wurde offenbar befunden, stand der Frau auf Grund der ewigen Erbschuld Evas nicht zu. Nach einer Frankfurter Verordnung des 15. Jahrhunderts etwa durfte ein gemeinsames Festessen nur am ersten und letzten Tag des Kindbettes stattfinden, wobei auch die Speisen genau vorgeschrieben waren. Ebenso wurde die Teilnahme an der Taufe eingeschränkt. In Württemberg war beispielsweise 1495 die Zahl der Frauen, die daran teilnehmen durften, auf fünf beschränkt worden[13].

Die Diffamierung, die Verächtlichmachung und schließlich die Ausschaltung der Hebamme am Beginn der Neuzeit wirkte sich für die Frau besonders verhängnisvoll aus. Denn der männliche Arzt hatte zumindest vorläufig ihrem jahrhundertealten gynäkologischen Wissen wenig entgegenzusetzen, er stand den weiblichen Körperfunktionen fremd gegenüber. Durch das von der Kirche verordnete Gebot der Schamhaftigkeit generell stark behindert (noch um die Mitte des 19. Jahrhunderts mußten Ärzte Frauen unter einer Bettdecke in abgedunkelten Zimmern und oft mit verbundenen Augen untersuchen), ließ er außerdem wichtige Regeln wie die Sterilität der Geburtshilfe außer acht. Deshalb kam es zu der gefürchteten Krankheit des Kindbettfiebers, an der noch im 18. und selbst im 19. Jahrhundert Tausende von Frauen starben.

Vom fahrenden Volk und den „gelüstigen" Fräulein

Die rasch anwachsenden mittelalterlichen Städte ermöglichten nicht nur neue Lebensformen, Wohlstand und eine kultivierte Geselligkeit, sie schufen auch das Stadtproletariat. Es war vor allem durch den Zuzug armer, mitteloser Bauern entstanden und entwickelte sich bald zu einem wirklichen sozialen Problem. Der Frauenanteil unter den Bettlern, Obdachlosen, Fahrenden war relativ hoch. Frauen, die ihr Existenzminimum nicht mehr verdienen, die ihren Verpflichtungen nicht mehr nachkommen konnten, schlossen sich den fahrenden Leuten an oder lebten von Prostitution. In den Frankfurter Steuerlisten finden sich hinter den Namen steuerpflichtiger Frauen häufig Eintragungen wie: ist gangen bedeln, ist davon gelauffen, ist enweg[1]. So manche Frau aus den Elendsquartieren wurde auf diese Art und Weise zur Gauklerin oder Tänzerin, Wahrsagerin, Spielfrau oder Sängerin, um sich auf Jahrmärkten, Kirchenversammlungen oder Reichstagen ihren Notgroschen zu verdienen. Auch den Ketzerbewegungen, den Dualisten, Waldensern oder Humiliaten schlossen sich viele mittellose, entwurzelte Frauen an, ebenso den Beginen und „Brüdern und Schwestern des Freien Geistes". Schließlich begann das Frauenvagabundentum, das zur Zeit des Dreißigjährigen Krieges einen Höhepunkt erreichte, Sozialreformer und die Kirche zu beschäftigen. Orthodoxe Wanderprediger, wie etwa der Bretone und Ordensstifter Robert von Arbrissel, versuchten, die Klöster, die ja normalerweise nur Frauen mit Vermögen offenstanden, auch für arme Frauen zugänglich zu machen. Ein Bemühen, dem allerdings nur kurzfristig Erfolg beschieden war. Auch Heinrich der Mönch, angesiedelt zwischen orthodoxer Wanderpredigt und bewußter Ketzerei, nahm sich der vagabundierenden Frauen an. Prostituierten etwa verschaffte er Ehemänner aus den Kreisen seiner Anhänger, nachdem er zuvor öffentlich ihre schönen Kleider und abgeschnittenen Haare verbrennen lassen hatte[2].

Viele der vermögens- und heimatlosen Frauen schlossen sich auch den Landsknechtheeren an. Sie standen unter der Aufsicht eines eigenen Amtmannes, des sogenannten Hurenweibels, dem sie eine wöchentliche Abgabe zu entrichten hatten. Es muß sich dabei um ganze Frauenheere gehandelt haben – schon im 12. Jahrhundert sollen dem französischen Heer zuweilen 1500 Frauen gefolgt sein, die mit bestimmten Aufgaben betraut waren. Sie mußten nicht nur den Soldaten „zur Liebe" zur Verfügung stehen, sondern auch Kranke und Verletzte pflegen, zusammen mit den Troßbuben Gräben, Teiche und Gruben zuschütten, damit das Heer stürmen konnte und Kundschafterdienste verrichten[3].

Die Ansicht, daß für die hohe Zahl fahrender Frauen und Prostituierter ein Frauenüberschuß im Mittelalter verantwortlich war, ist umstritten. Neuere Erkenntnisse sprechen eher von einem Männerüberschuß, da die Sterblichkeitsrate von Frauen im Kindbett und auch als Krankenpflegerin in Seuchenzeiten höher war. Unbestritten jedoch ist die Tatsache, daß es sehr viele unversorgte, ledige, beruflich benachteiligte und unterbezahlte Frauen gab, die ein wachsendes weibliches Lumpenproletariat bildeten, zu dem sich dann während der Reformation auch noch zahlreiche ehemalige Nonnen gesellten, die aus den Klöstern vertrieben worden waren. Natürlich ließ diese Entwicklung auch die Prostitution sprunghaft ansteigen, wobei es jene Frauen, die in den mittelalterlichen Bordellen, den sogenannten Frauenhäusern zusammengefaßt wurden, noch relativ gut getroffen hatten. Denn Frauenhäuser standen als „befriedete Orte" unter ganz besonderem Schutz, hingegen die Straßenprostitution zumeist verfolgt und bestraft wurde, war doch die mittelalterliche Gesellschaft bestrebt, Prostitution zu integrieren und unter Kontrolle zu halten, wobei sie sich an den Ausspruch des heiligen Augustinus hielt, der meinte: „Wenn du die Huren aus der Gesellschaft entfernst, wird die Hurerei sich überall verbreiten". Denn „Dirnen in der Stadt gleichen Abwasserrinnen im Palast; nimmst du sie heraus, so stinkt das ganze Schloß"[4], ein aufschlußreicher Kommentar, der einiges von patriarchalischer Denkweise verrät. Es gab daher selbst in kleineren Städten meist mehrere Bordelle, die auch von angesehenen Kunden ohne Prestigeverlust besucht werden konnten. Die „Hübscherinnen", die „schönen, lieben und gelüstigen Fräulein" konnten sich aufgrund ihrer „Reinigungsfunktion" damals auch noch eines gewissen Wohlwollens erfreuen. Sie waren bei öffentlichen Festlichkeiten, bei Fürstenempfängen etwa, als eigene Standesgruppe vertreten, wurden bei der Durchreise hoher Herren oft auf städtische Kosten neu eingekleidet und waren bei vornehmen Hochzeiten und Ratsmahlzeiten gern gesehene Gäste. Ein wenig wirkte vielleicht das Ansehen der alten

Bärentreiberin, Flugblatt von 1543.

Pfeiffer und Lautenschlägerin, Flugblatt von 1543.

Mittelalterliches Bordell. Zeichnung des Hausbuches des Fürsten zu Waldburg-Wolfegg, 2. Hälfte des 15. Jh.

Hurenweibel und Dirne.
Holzschnitt von Hans Dörin für des
Graf Reinhart zu Solms
Kriegsbeschreibung 1545.

Bademädchen wurden oft mit
Prostituierten gleichgesetzt.
Miniatur aus der „Wenzelsbibel",
böhmisch, um 1390/1400.

Hetäre nach, auch ein bißchen Fruchtbarkeits- und Liebeszauber, eine uralte Verbindung mit den magischen Kräften der Natur mag den „gelüstigen" Fräulein nachgesagt worden sein. Andererseits jedoch waren sie auch bereits von zunehmender Ächtung betroffen, mußten eine eigene Tracht tragen oder sich durch meist gelbe, an der Kleidung befestigte Tüchlein kennzeichnen, und schon im ausgehenden Mittelalter mußten sie in den Kirchen auf getrennten Plätzen sitzen. Trotzdem hatten sich die Prostituierten teilweise sogar organisiert, sie waren durch eine von den Frauen gewählte Repräsentantin, die „Königin" im Rat vertreten, die Leitung des Hauses lag oft in den Händen einer selbstgewählten Vorsteherin. Schon früh gab es auch eine gesundheitliche Überwachung durch beamtete Hebammen. In manchen Städten, wie etwa in Ulm, bestand eine Art Kranken- und Altersversicherung; jede Frau mußte wöchentlich einen Heller in eine Hilfskasse zahlen, der Wirt legte das Doppelte dazu und dieser Fond diente dann zur Unterstützung kranker und arbeitsunfähiger Frauenhäuserinnen[5]. Etwa ab der Mitte des 15. Jahrhunderts konnten Freudenmädchen in einigen Städten auch das Bürgerrecht erwerben[6]. Doch legen städtische Verordnungen, in denen die persönliche Freiheit der Frauen betont und ihr Verkauf oder Zwang zur Prostitution unter Strafe gestellt wird, die Vermutung nahe, daß derartiges vorgekommen ist. Tatsächlich sind uns Berichte überliefert, daß verschuldete Männer oder Eltern ihre Frauen und Töchter an das Frauenhaus verkauft oder versetzt haben. Ebenso wurden Frauen entführt, mißbraucht und anschließend an ein Bordell verschachert. Auch daß Wirte/innen Frauen abermals verkauften oder versetzten, dürfte nicht selten gewesen sein.

Im ausgehenden Mittelalter und in der beginnenden Neuzeit wurden Prostituierte dann zunehmend als „unehrlich" betrachtet, eine Eheschließung mit einer Dirne war infam und konnte zum Ausschluß aus den Zünften führen[7]. Manche Stadtgesetze verboten auch Dirnen ebenso wie Juden, die auf den Märkten angebotenen Gegenstände, vor allem Lebensmittel, zu berühren[8]. Auch wurden sie zunehmend vom öffentlichen Leben ausgeschlossen, durften nicht mehr an allgemeinen Festlichkeiten teilnehmen und mußten nach ihrem Tod auf dem Schindanger verscharrt werden. Um dem Problem der wachsenden Prostitution, die Ausdruck einer wachsenden Frauenverelendung war, entgegenzusteuern, gründete die Kirche bereits zu Beginn des 13. Jahrhunderts nach dem Muster der Beginenklöster sogenannte Reuerinnen- oder Magdalenerinnen-Klöster, in denen die Prostituierten zu einem Leben in Frömmigkeit und

Buße zurückgeführt werden sollten. Welch ungeheuren Zulauf diese Klöster für die mittellosen Frauen als Ort der Befriedung und Versorgung gehabt haben müssen, zeigt ein Bericht von einem Reuerinnenkloster in Paris. Frauen unter dreißig Jahren, so heißt es hier, würden nur dann aufgenommen, wenn sie ihrem Beichtvater an Eidesstatt erklären, sie wären nicht nur deshalb liederlich geworden, um anschließend in das Kloster eintreten zu können[9]. Die Strafen für rückfällige Reuerinnen und Magdalenenschwestern waren allerdings grausam: Sie wurden dem Henker übergeben. In Wien stürzte sie der Büttel in die Donau[10].

Mit der Prostituierten häufig in einen engen Zusammenhang gebracht wurde auch die Bademagd, die in den öffentlichen Bädern für die Bedienung der Gäste, das Massieren, Reiben und Haarwaschen verantwortlich war. Oft allerdings hatte sie dem männlichen Besucher auch sexuell zur Verfügung zu stehen. Diente doch der Besuch der Badstuben nicht nur der Reinlichkeit und der Besorgung der Toilette, sondern auch der Unterhaltung und dem Vergnügen. Dabei war es üblich, daß die Badegäste reichlich aßen und tranken, wobei Männlein und Weiblein völlig ungeniert gemeinsam in den Holzbottichen badeten.Deshalb gerieten die Bäder bald in einen schlechten Ruf und wurden „Freß-, Sauf- und Luderhäuser" genannt , die „zu anreytzung der unkeuscheyt" dienen würden, wie ein Zeitgenosse im 16. Jahrhundert meinte[11]. Trotzdem arbeiteten in den Badstuben, die sich im Mittelalter größter Beliebtheit erfreuten, viele Frauen. Sie waren allerdings nicht zünftisch organisiert. Auch selbständige, gelernte Baderinnen lassen sich nirgends nachweisen. Doch besaßen Frauen häufig Badestuben aufgrund eines Erbes. Die Bademädchen jedoch, die in ihren hauchzarten Gewändern so anmutig in den Miniaturen der „Wenzelsbibel" abgebildet sind, waren lediglich schöne Hilfskräfte, die dem Besucher zu bieten hatten, was er sich von einer Frau erwartete: Liebreiz, Sanftmut, Bedienung und nicht zuletzt ihren Körper.

Die Dame der Troubadours

So ist uns die mittelalterliche Frau meist überliefert: edel und hoheitsvoll, schön und unnahbar, das Gewand mit einer vornehmen Gebärde raffend, den Blick seelenvoll in weite Fernen gerichtet. Zahlreiche Abbildungen, Reliefs, Statuen haben sie uns so erhalten, die Edelfrau, die Herrin der Fürstenhöfe, die Dame der Troubadours. Doch war sie eigentlich eine Auserwählte, für die mittelalterliche Gesellschaft insgesamt nicht repräsentativ. Es gab sie auch nur kurze Zeit, vor allem im Hoch- und Spätmittelalter und auch dann stellte sie ein Idealbild dar, dem die Wirklichkeit keinesfalls immer entsprach. Die hohe Frau, verklärt im Minnesang, war Gegenstand der Poesie. In der Realität wurde die Frau des Burgherrn häufig mißhandelt und geschlagen; der Ritter legte ihr den Keuschheitsgürtel um, bevor er seinen Kreuzzug antrat, um sich ihrer Treue zu versichern.

Trotzdem hat die Minnelyrik etwas Neues in die Beziehung zwischen den Geschlechtern gebracht. Die Frau wurde jetzt nicht mehr lediglich als Arbeitskraft und Kindergebärerin geschätzt, sondern auch, weil sie schön war, wobei Schönheit identisch mit Tugend und Anstand begriffen wurde, eine Kombination, die geeignet war, den Dichter und Sänger entsprechend zu inspirieren. Denn es war ja nicht nur die Frau, die von dieser neuen Entwicklung profitierte, sondern ebenso der Mann, der auf der Basis einer verfeinerten Geschlechterbeziehung eine verfeinerte geistige Kultur entwickelte. Aber obwohl der Höhenflug dieser subtilen Frauenverehrung relativ kurz dauerte und schließlich in Schablonen erstarrte, war sie trotzdem für das mittelalterliche Frauenbild von großer Bedeutung. Denn sie hat einen neuen Typus Frau, nämlich jenen der Dame geschaffen, der bis herauf in unsere Zeit wirksam war.

Die Träger der provencalischen Troubadourlyrik waren lohnabhängige Sänger und Berufsdichter, die den verschiedensten Ständen, dem Hochadel ebenso wie dem Klerus, dem Ritterstand oder auch dem Bürgertum entstammten. Sie vertonten ihre Lieder meist selbst, und trugen sie an den Fürstenhöfen auch selbst vor. Der Minnesang hingegen, der sich nach provencalischem Vorbild etwas weiter nördlich, am Hof der Babenberger in Wien beispielsweise oder des Hermanns von Thüringen auf der Wartburg entwickelte, wurde etwa bis zur Zeit Walthers von der Vogelweide von ritterlichen Sängern ausgeübt, die ihre Kunst nicht erwerbsmäßig betrieben[1].

Der provencalische Frauenkult hatte seinen Ursprung in der arabischen Liebeskunst, die wie so vieles andere auch durch die Kreuzzüge nach Europa importiert worden war. Liebe wird entdeckt als mystisches Erlebnis, häufig verwandt der Gottesminne, die Frau wird zur Bewahrerin und Erneuerin dieser Liebe stilisiert, die den Liebenden reinigt und seine sittlichen Kräfte zur Entfaltung bringt. Sie erscheint also in einer völlig neuen Bedeutung, die sich von der Abwertung, die sie etwa von der Kirche erfuhr, wesentlich unterschied. Tatsächlich stand die Kirche diesem Liebeskult nicht unbedingt positiv gegenüber, körperliche Liebe, selbst wenn sie sublimiert und verfeinert war, schien ihr suspekt. Außerdem stieß sie sich an den homosexuellen und analen Praktiken, die häufig angewendet wurden, um die Fortpflanzung zu verhindern. Inwieweit die vom Troubadour verehrte Herrin eine unnahbare und distanzierte Schönheit blieb, nach der sich der Sänger in sublimierten Liebesliedern verzehrte, oder inwieweit tatsächliche Liebesverhältnisse bestanden, ist eine Streitfrage geblieben. Wahrscheinlich gab es sowohl das eine als auch das andere. War der Dichter von niederem Stand, wird ihm Erfüllung versagt geblieben sein. Liebesverhältnisse zwischen Gleichrangigen gab es jedoch sicherlich. Das Liebesritual zwischen dem Ritter und seiner Dame war genau abgestimmt, ein Kuß etwa war erlaubt, auch durfte sich der Liebhaber neben die Dame lagern, mehr sollte jedoch besser nicht stattfinden. Daß Leidenschaft, auf diese Art und Weise angeheizt, in beträchtliche Frustrationen mündete, ist leicht zu verstehen. Natürlich wurde diese Übermenschliches erfordernde Nacktprobe nicht immer eingehalten. In manchen Liebesliedern wird das realistisch, in anderen verschlüsselt dargestellt. In einem Lied Walthers von der Vogelweide etwa wird die schöne, von ihm besungene Rose schließlich zerdrückt.

Obwohl die provencalische Liebe sehr wohl individuellen Charakter besaß – sie richtete sich stets an eine ganz bestimmte Herzensdame – gerann das Bild der geliebten Frau allmählich zu stereotypen Formen. Es entwickelten sich regelrechte Standardausdrücke, die sich bei der Beschreibung gefeierter „Herrinnen" wiederholen. Stets hatte sie eine Stirn „von dem Weiß einer wunderbaren Lilie", einen „jugendlichen, herrlichen und sanften Körper" und „weiße Hände mit langen, schmalen und zarten Fingern"[2]. Ein zunehmend abstraktes Bild der Frau – idealisiert und mit allen Eigenschaften ausgestattet, die der Verehrung würdig waren – wurde einer ganz bestimmten, geliebten Frau übergestülpt. Überflüssig zu erwähnen, daß ihre Individualität dabei auf der Strecke blieb. Aber Individualität im heutigen Sinn war ja im Mittelalter noch nicht erfunden, so dürfte derartiges auch wenig aufgefallen sein. Noch dazu, da die Dame keinesfalls nur passiv Angebetete und hehre Schöne war, sondern sehr wohl auch aktiv an der Entstehung der Minnelyrik teilnahm. Und zwar nicht nur als Förderin und Mäzenin, sondern ebenso – wenn vielleicht auch in geringerem Umfang – als kreative Dichterin. Die meisten Poetinnen waren adeliger Herkunft, manche gehörten einem sehr hohen Stande an wie etwa die Gräfinnen von Dia, die Gräfin (Gersende) von Provence und Maria, Vizegräfin von Ventadorn[3]. Gisela Brinker-Gabler äußert auch die Vermutung, daß Frauen ihre eigenen Lieder unter dem Namen eines Sängers verbreiten ließen[4]. Unbestritten ist auf jeden Fall das Mäzenatentum hoher Fürstinnen, wie etwa der kunstsinnigen Eleonore von Aquitanien, die nach ihrer Heirat mit Ludwig VI. von Frankreich die bekanntesten provencalischen Troubadours an den nordfranzösischen Königshof brachte und diese Kultur- und Kunsttradition nach ihrer Scheidung und neuerlichen Verheiratung mit Heinrich II. in England einführte. Auch ihre Tochter Marie von Champagne förderte Dichter wie Chrétien de Troyes und Andreas Capellanus entscheidend. Ebenso scharten sich um die hochgebildete und vielseitig interessierte Mathilde von Schottland die besten Sänger und Musiker. Berühmte Dichter wie Marbod von Rennes und Hildebert von Lavardin widmeten ihr Verse und besangen sie. Unbestritten ist auch die Bedeutung gebildeter Frauen als Leserpublikum. Während der Mann als Ritter und Kämpfer eher für das Kriegshandwerk vorbereitet wurde, waren die Frauen der Adelsschichten die eigentlichen Trägerinnen der Bildung, konnten lesen und schreiben und verstanden sich auf die schönen Künste. Daß Bücher vornehmlich als „Frauensache" galten, geht sogar aus den Rechtssätzen des Sachsenspiegels hervor, nach denen Bücher nur in der „Gerade", das heißt in der weiblichen Linie vererbt werden sollen[5]. Die Vermutung, daß ein Entstehen volkssprachlicher, also nicht-lateinischer Literatur in Europa vor allem auf ein interessiertes weibliches Leserpublikum zurückzuführen sei, ist also nicht von der Hand zu weisen. Schon Dante meinte in seiner „vita nuova", Dichter hätten deshalb in ihrer Volkssprache zu dichten begonnen, um von den Frauen verstanden zu werden[6]. Eine zunehmende Benachteiligung erfuhr weibliche Bildung erst ab dem

13. Jahrhundert, als die Universitäten entstanden, an denen die Söhne der Adeligen zu studieren begannen, während die Töchter davon ausgeschlossen waren. Trotzdem gab es auch dann noch überdurchschnittlich gebildete Frauen, wie etwa die Schriftstellerin Christine de Pizan, die in Geschichte, Philosophie, Geographie und Theologie ebenso wie in der Literatur der Kirchenväter und der klassischen Literatur bewandert war. Auch Mathilde, die Herzogin der Toskana, beherrschte neben Latein fließend Französisch und Deutsch, ebenso wie die Dichterin Marie de France perfekt Englisch und Latein sprach. Sie übersetzte Fabeln aus dem Englischen und bezog sich in ihrem Buch „Die Reinigung des hl. Patrick" auf lateinische Quellen[7].

Wie lebte nun die mittelalterliche Edelfrau und Fürstin, welche Rechte wurden ihr eingeräumt, welche Pflichten hatte sie zu erfüllen? Gehörte sie dem niederen Adel an, entsprach ihr Leben meist kaum den Vorstellungen, die wir mit einem fürstlichen Dasein verbinden. In den Burgen oder Herrensitzen herrschte grobes, gewalttätiges Treiben, mancher Ritter lebte nicht viel besser als seine Bauern. Eng gedrängt hausten die Menschen nebeneinander, zusammen mit Hunden und anderen Haustieren, Lärm, Gestank erfüllte die Luft, Raubkriege und ständige Händel mit benachbarten Herrensitzen waren an der Tagesordnung. In dieser Umgebung lebten auch die Frauen. Sie waren vor allem in der Frühzeit des Rittertums wenig geachtet, wurden häufig mißhandelt, geschlagen und vergewaltigt, die Burg wimmelte von unehelichen Kindern. In den Häusern des Hochadels ging es etwas vornehmer zu, aber Ehebruch wurde auch hier streng geahndet, Racheakte von Männern gegen untreue Frauen waren häufiger als in anderen Schichten, weil weiblicher Ehebruch nicht nur als Verletzung der Mannesehre, sondern als Beleidigung des ganzen Geschlechts betrachtet wurde. Im Hochmittelalter, vor allem unter dem Einfluß der Troubadourlyrik, änderte sich dann einiges. Jetzt war die verheiratete Dame beinahe verpflichtet, einen Liebhaber zu haben, was diesem wiederum, je nach Stand der Dame, Ruhm und Ansehen verschaffte. Bei Tournieren etwa trug der Ritter zuweilen die Farben seiner anwesenden Dame, die ihn in ihrem besten Hofstaat von der Tribüne aus anfeuerte, und im Falle eines Sieges mit ihrem Schmuck beschenkte[8]. Doch war die adelige Frau, bewundert und beneidet und für die meisten Menschen der mittelalterlichen Gesellschaft in unerreichbare Höhen entrückt, trotzdem in ihren Rechten häufig ebenso eingeengt wie die Durchschnittsbürgerin. Meist war sie Spielball dynastischer Interessen, so manche Adelstochter wurde bereits in der Wiege verlobt. Nachdem Lehen als erblich erklärt worden waren (ursprünglich wurden sie dem tapferen Krieger als Belohnung für militärische Dienste zuerkannt), begannen sich allerdings ihre Befugnisse auszuweiten. Zwar wurden auch jetzt noch die Söhne bevorzugt, doch sind uns aus dem Hochmittelalter etliche Gebiete in Südfrankreich etwa, in England, Italien und Katalonien bekannt, in denen auch Frauen Lehen erbten[9]. Als Lehensherrinnen besaßen sie auch weitgehende Selbständigkeit: sie traten allein beim Abschluß von Rechtsgeschäften auf, verfügten frei über ihr Vermögen, besaßen oft auch ein eigenes Siegel und erschienen als Klägerinnen bei Prozessen. Trotzdem handelte es sich dabei um Ausnahmen, weitaus häufiger mußten die Töchter auf das Erbe verzichten, um das Gesamtvermögen dem Manneserben zu überlassen, wobei die Mitgift, mit der sie abgefunden wurden, häufig nur einen Bruchteil des ganzen Vermögens betrug. War die Adelsfrau Witwe, konnte sie zum Vormund ihrer minderjährigen Kinder werden, deren Vermögen sie verwaltete. War die Witwe jedoch kinderlos, erbte sie mitunter den ganzen Besitz und wurde mit dessen Verwaltung betraut. Witwen traten auch häufig als Stifterinnen auf. Weiters gehörte es zu den Pflichten der Adelsfrau, den abwesenden Gatten zu vertreten, wobei sie auch häufig in Kämpfe verwickelt wurde, wie etwa jene Donna Jimena, die Witwe des Cid, die mit einer eigenen Armee die Angriffe der Moslems abwehrte und Valencia auf diese Art und Weise über ein Jahr (1001-1002) hielt[10]. Die von so manchem Sänger angebetete Dame war also keinesfalls nur passives Objekt, an dem sich seine Begehrlichkeit entzündete. Sie war auch nicht nur Katalysator, der zur Entstehung einer verfeinerten Kultur beitrug, sondern sie wirkte trotz ihrer beschnittenen Möglichkeiten und Rechte aktiv an dieser Kultur mit, ein Faktum, das bislang in der Geschichtsschreibung zu wenig berücksichtigt wurde.

188

Nonnen, Beginen, Ketzerinnen

Warum die bereits im 11. Jahrhundert einsetzende Frömmigkeitsbewegung so auffallend viele Frauen anzog, ist bis heute nicht völlig geklärt. Lag es an einer besonderen weiblichen Disposition für religiöse Fragen, die Frauen massenhaft in die entstehenden Nonnenklöster, aber auch in die Konvente der Beginen oder zu den Ketzern trieb? Oder waren hier Versorgungsschwierigkeiten ausschlaggebend , die wirtschaftliche Not vieler lediger Frauen? Vielleicht war es auch Flucht vor einer männlichen Welt, die Frauen so wenig Verwirklichungsmöglichkeiten einräumte?

Sicherlich zeigen sich hier Emanzipationsversuche der mittelalterlichen Frau, die in Kloster- und Ketzergemeinschaften eher jene Freiräume fand, die ihr ein beschwerlicher Ehealltag vorenthielt. Tatsache bleibt, daß die mittelalterliche weibliche Frömmigkeitsbewegung eine sehr leidenschaftliche, teilweise ekstatische Bewegung war, die alle Klassen und Stände umfaßte und ein beträchtliches Ausmaß annahm.

Frauenklöster gab es bereits seit der zweiten Hälfte des 4. Jahrhunderts[1]. Sie boten Zuflucht und ermöglichten geistige Betätigung ebenso wie karitatives Wirken. Frauenorden, die parallel zu denen der Männer entstanden, übernahmen deren Regeln häufig in etwas abgeänderter Form. Viele Frauen lebten aber auch für sich allein außerhalb von Kirchen oder Klöstern als Einsiedlerinnen, sogenannten reclusae, andere wieder hatten sich als Kanonikerinnen zu Gemeinschaften zusammengeschlossen.

Schon ab dem 6. Jahrhundert gab es Benediktinerinnen, auch im Hochmittelalter gehörte ein großer Teil der Frauenklöster zu diesem Orden. Außerdem bestanden seit Beginn des Mönchtums im gesamten Mitteleuropa Doppelklöster, in denen Mönche und Nonnen desselben Ordens in getrennten Gebäuden, aber unter gemeinsamer Leitung lebten. Sie konnten in seltenen Fällen auch von einer Äbtissin geführt werden, wie etwa der heiligen Hilda, die im 7. Jahrhundert der englischen Abtei Whitby vorstand. Auch das französische Reformkloster Fontevrault, das von dem Wanderprediger Robert von

Arbrissel gegründet worden war, unterstand einer Äbtissin. Ab dem 12. Jahrhundert wurden dann weitere Frauenklöster parallel zu den Mönchsorden gegründet. So etwa jene der Prämonstratenser und Zisterzienser, die sich jedoch bald weigerten, Frauen aufzunehmen. Schon 1198 erließ der Prämonstratenserorden ein Rundschreiben an seine Klöster, keine Frauen mehr aufzunehmen. Auch die Zisterzienser begannen stufenweise, Frauen abzubauen. Als Gründe wurden regelmäßig drohende Sittenlosigkeit und „Unzucht" angeführt, oder aber Überforderungen der Mönche, die in den Nonnenklöstern Gottesdienste halten, die Sakramente spenden und die Frauen unterrichten mußten. Hier werden dieselben Mechanismen wirksam, die Frauen gegenüber generell angewendet wurden: Zuerst werden ihnen Funktionen und Tätigkeiten verwehrt – in diesem Fall die aktive Ausübung des Gottesdienstes und der Predigt –, anschließend werden sie für dieses Defizit diskriminiert.

Es spricht allerdings für die ungeheure Dynamik dieser Frauenbewegung, daß infolge ständiger Petitionen hochadeliger Frauen an den Papst ebenso wie diverser Selbsthilfeorganisationen die Zahl der Nonnenklöster trotz restriktiver Maßnahmen von Seiten der Mönchsorden sprunghaft anstieg, in Deutschland von etwa 70 um das Jahr 900 auf 150 gegen 1100, Mitte des 13. Jahrhunderts gab es dann bereits rund 500 Frauenklöster[2]. Allerdings waren sie auf die verschiedenen Orden in unterschiedlicher Anzahl verteilt. Den Franziskanern beispielsweise unterstanden 1255 nur 4 Frauenklöster, die 1295 auf 18, und 1316 auf 40 (gegenüber 203 Männerklöstern) angewachsen waren[3]. Franziskus stand der Idee von Frauenklöstern von vornherein ablehnend gegenüber, wollte er doch nicht einmal für sich selbst einen regulären Orden einrichten. Allerdings gründete unter seinem Einfluß die heilige Klara den Klarissenorden, einen ausschließlichen Frauenorden, der jedoch einen von Klara ursprünglich nicht beabsichtigten Weg einschlug. So etwa konnte das Gebot freiwilliger Armut nicht verwirklicht werden, weil die Nonnen im Unterschied zu den Mönchen das Kloster nicht verlassen durften, um das nötige Almosen zu sammeln. Auch daß den Klarissen Armenpflege und Predigt untersagt wurde, entsprach nicht den Absichten der Gründerin, die sich sehr wohl auch außerhalb ihres Klosters engagieren wollte. Gemeinsam mit ihren Mitschwestern beklagte sie sich darüber, daß Franz von Assisi sie „für immer eingekerkert" habe[4]. Von ihm ist auch jener wenig frauenfreundliche Ausspruch überliefert, der zugleich ein sehr bezeichnendes Licht auf die Einstellung der Ordensbrüder zu ihren Mitschwestern wirft: „Gott hat unsere Frauen genommen, und nun kommt der Satan und gibt uns Schwestern."[5)]

Relativ viele Frauenklöster gab es unter den Dominikanern. 1277 unterstanden ihnen bereits 58, davon allein 40 in Deutschland. 1303 übertraf in der Provinz Teutonia (= Ordensprovinz Deutschland) die Zahl der Frauenklöster sogar jene der Männer[6)]. Doch ist diese Zunahme vor allem auf Anordnungen des Papstes zurückzuführen, denn der Orden selbst stand einer Aufnahme von Frauen eher ablehnend gegenüber. Zwar hatte Dominikus versucht, im Jahre 1206 mit der Gründung eines Frauenklosters in Prouille eine Alternative zu den Frauengemeinschaften bei den Ketzern zu schaffen, und in den folgenden Jahren entstanden weitere Nonnenklöster in Madrid und Rom. Aber bereits auf seinem Totenbett warnte er die Brüder eindringlich vor einer Gemeinschaft mit Frauen und der damit heraufbeschworenen Gefahr der Sittenlosigkeit. Nach seinem Tod widersetzte sich der Orden dann weiteren Neugründungen von Nonnenklöstern. Auch die Prämonstratenser gründeten anfänglich mehrere Doppelklöster für Männer und Frauen im Nordosten Frankreichs und Deutschlands. Aber schon 1140 siedelten sie die Frauenkonvente aus und ließen sie nur unter der Oberleitung und Fürsorge der Männerklöster. Daß die Haltung der Brüder ihren Mitschwestern gegenüber häufig von regelrechtem Frauenhaß geprägt war, zeigt eine Verlautbarung, die nach Auflösung des weiblichen Ordenszweiges im Prämonstratenserkloster Marchthal verfaßt worden war:

„Da es auf dieser Welt nichts gibt, was in seiner Schlechtigkeit den Frauen gleichkommt, und das Gift von Vipern und Drachen dem Mann weniger schadet als ihre Nähe, verkünden wir hiermit, daß wir zum Wohle unserer Seele, unseres Leibes und unserer Besitztümer von nun an keine Schwestern mehr in unseren Orden aufnehmen und uns von ihnen wie von wildgewordenen Hunden fernhalten werden."[7)]

Für das Kloster bestimmt wurden Mädchen häufig schon als Kinder mit vier oder fünf Jahren. Manche Klöster machten es sogar zur Bedingung, daß die zukünftigen Nonnen jünger als sieben Jahre waren. Die Mädchen sollten also möglichst früh, in einem Alter, in dem sie noch formbar waren, in Klosterzucht genommen werden. Der Anteil an Kindern in den Konventen muß demzufolge ziemlich hoch gewesen sein. Trotz des frühen Eintritts konnten sich aber sicherlich nicht alle heranwachsenden Mädchen und jungen Frauen an das Klosterleben gewöhnen, zumal es auch nicht selten vorkam, daß so manche von ihnen gegen ihren Willen von den Eltern gezwungen wurde, den Schleier zu nehmen. Darin ist wohl auch die Ursache für die vielen schwermütigen und reizbaren Nonnen zu suchen, von denen uns Zeitgenossen berichten. Doch bedeutete das Kloster auch für viele Frauen Zuflucht und Schutz, so manches adelige Fräulein zog es einer Heirat vor, so manche Witwe konnte hier einen ruhigen Lebensabend verbringen. Es galt als Stätte der Bildung, der religiösen Weihe und Kontemplation. Außerdem besaß die Nonne im Mittelalter eine relativ hohe Achtung, die sie allerdings mit ihrer Jungfräulichkeit bezahlen mußte, denn nur die keusche Frau hob die Schuld der sündigen Eva auf. Allerdings nicht völlig! Darum wurde selbst die gottgeweihte Frau, die Nonne, diskriminiert. Das drückt sich vor allem darin aus, daß ihre Gottesbeziehung über den Mann geregelt war – nur er durfte die Sakramente spenden, während ihr selbst der Zutritt zum Altarraum und das Berühren geweihter Gefäße und Gegenstände untersagt war. Lediglich das Waschen und Flicken der beim Gottesdienst verwendeten Gewänder und Tücher und die Zubereitung der Oblaten für das Meßopfer war den Ordensfrauen gestattet[8]. Sie durften auch nicht taufen und Knaben unterrichten. „Mag eine Frau auch gebildet und heilig sein, so darf sie sich dennoch nicht herausnehmen, zu taufen oder Männer in der (Gemeinde-) Versammlung zu lehren", heißt es in dem Dekretbuch des Theologen Gratian. Mit dem Hinweis, daß die Frau der Leib des Mannes sei, „sie ist aus seiner Rippe und ihm unterworfen, weswegen sie auch zum Gebären der Kinder auserwählt ist", wurde ihr sogar die Nottaufe untersagt. In einer Ausnahmebestimmung unter Papst Urban II. (1088-1099) wurde sie auf den letzten Platz der Hierarchie verwiesen: Wenn weder Kleriker noch männlicher Laie vorhanden war, durfte sie die Nottaufe spenden. Die Überbringung der Krankenkommunion war der Nonne jedoch in keinem Fall gestattet[9].

Im Unterschied zu den Männerklöstern waren Frauenklöster anfänglich nur Adelskreisen zugänglich, die vermögend genug waren, die erforderliche Mitgift aufzubringen. Erst im Hochmittelalter begannen auch breitere Schichten im Kloster Aufnahme zu finden, städtische Patrizierinnen, Frauen von Ministerialen, auch Angehörige des mittleren Bürgertums. Daneben gab es noch Stifte für adelige Frauen, in denen die Damen die Ordensgelübde lebenslänglicher Ehelosigkeit und Armut nicht ablegen mußten, sich jedoch karitativen Werken, der Bildung und Erziehung junger Mädchen widmen konnten.

Vor allem im frühen Mittelalter waren die Klosterregeln hart, der Alltag der Nonnen eintönig. Die meiste Zeit des Tages wurde mit Stundengebet und Liturgie verbracht, wobei die erste Andacht von

2 Uhr morgens bis Sonnenaufgang dauerte, und die letzte um 8 Uhr abends begann. Die übrigen Stunden beschäftigten sich die Frauen mit Handarbeiten, Singen, Lesen und Schreiben, wobei vor allem das Abschreiben von Büchern und illuminierten geistlichen Texten einen gewissen Bildungsstand voraussetzte. Es gab hochgebildete Nonnen, wie etwa die Benediktinerin Roswitha von Gandersheim, die Gedichte, Schauspiele, mehrere Heiligenlegenden und ein historisches Epos über die Regierungszeit Ottos des Großen verfaßte. Außerdem war sie in der Bibel und den Schriften der Kirchenväter äußerst bewandert, hatte Werke römischer Dichter wie Horaz, Ovid, Terenz und Vergil gelesen. Auch die großen Mystikerinnen wie Hildegard von Bingen und Gertrud von Hackeborn besaßen einen außerordentlich hohen Bildungsstand. In wichtigen Bereichen mittelalterlichen Kulturschaffens, der scholastischen Philosophie und Theologie beispielsweise, aber auch in den Rechts- und Naturwissenschaften konnten Nonnen allerdings nicht tätig werden, weil ihnen der Zutritt zu den Universitäten versagt wurde. Dafür war die Krankenpflege im Hoch- und Spätmittelalter ausschließlich Angelegenheit von Nonnen oder Laienschwestern, die in religiösen Gemeinschaften lebten. Vornehmlich der adeligen Frau boten Klöster aber auch Aufstiegsmöglichkeiten. Die Äbtissin, obwohl mit keiner kanonischen Autorität ausgestattet, besaß weitgehende Machtbefugnisse organisatorischer Art. Es war ihr zwar nicht erlaubt, vor ihren Mitschwestern zu predigen, Gelübde entgegenzunehmen, die Beichte zu hören oder zu segnen. Auch durfte sie nicht an den Konzilien und Kapiteln ihres Ordens teilnehmen. Doch war sie befugt, die Befolgung der Ordensregeln und die Aufrechterhaltung allgemeiner Disziplin im Kloster zu verlangen, manchmal auch gegenüber männlichen Würdenträgern, die in den Klöstern den Gottesdienst abhielten[10]. Daß es sich hier häufig um eine recht stattliche Anzahl von Untergebenen handelte, ist historisch verbürgt. In den Klöstern der Zisterzienserinnen und Dominikanerinnen im Deutschland und Flandern des 14. Jahrhunderts etwa lebten durchschnittlich über 40 Nonnen, bei den Klarissen zwischen 30 und 80, in einem Kloster sogar 250 Schwestern[11]. War die Äbtissin Grundbesitzerin, übte sie gegenüber den Bauern die gleichen Rechte aus wie ein Grundherr. Sie besaß nicht nur gutsherrliche Autoritätsbefugnisse, also zum Beispiel die Gerichtsbarkeit in Gutsverwaltungsangelegenheiten und die Aufsicht über Eintreibung von Abgaben und Ernteanteilen, sondern auch lehnsherrliche Hoheitsrechte. Äbtissinnen beglaubigten innerhalb ihres Herrschaftsgebietes auch den Verkauf oder die Verpachtung von Bodenbesitz und gaben

die Erlaubnis für die Veranstaltung von Märkten und Messen. Außerdem durften sie Bezirkssynoden einberufen, Priesterernennungen bestätigen und Benefizien an geistliche Würdenträger verteilen[12].

Im Spätmittelalter begannen sich die Sitten in den Klöstern deutlich zu lockern. Die strenge Nonnentracht wurde zunehmend mit weltlicher, manchmal sogar luxuriöser Kleidung vertauscht, Nonnen begannen fröhliche Feste zu feiern, selbst Tanzveranstaltungen fanden hinter Klostermauern statt. Einschlägige Haushaltslisten vermerken Posten für alkoholische Getränke, Spiele, Fackeln und Musikanten. Auch das Halten von Haustieren, Äffchen, Eichhörnchen, Vögeln und Schoßhündchen wurde modern. Bei den Klarissen und Zisterzienserinnen gab es Nonnen, die sich eine eigene Zofe hielten und ihren Privatbesitz für persönliche Zwecke verwendeten[13]. Klagen werden auch darüber geführt, daß die Gebetsstunden nicht immer genau eingehalten wurden und die Nonnen ohne ausreichenden Grund und viel zu oft die Klostermauern verlassen würden. Als Graf Eberhard von Württemberg 1484 in seinem Frauenkloster Söflingen eine Visitation durchführen ließ, fanden sich zahlreiche Liebesbriefe von Geistlichen an Nonnen. Eine ärztliche Untersuchung der Klosterfrauen ergab, daß die meisten schwanger waren[14]. Diese zunehmende Sittenlosigkeit, von Klerikern bitter beklagt, besaß für Frauen aber auch Vorteile, verschaffte sie ihnen doch größere Freiheiten und Verwirklichungsmöglichkeiten und die Klöster gewannen damit auch für das junge Mädchen an Attraktivität.

Weil die Frauenklöster aufgrund ständiger Beschränkungen nicht alle religiös oder aber auch wirtschaftlich motivierten Frauen aufnehmen konnten, griffen diese zur Selbsthilfe. Sie taten sich zu Frauenwohngemeinschaften, sogenannten „Samungen", zusammen, deren Mitglieder Pfründnerinnen oder, nach ihrer Tracht, Mantelfräulein genannt wurden und die in naher Beziehung zur Kirche, vor allem zu den Dominikanern standen. Die Frauen, die in völliger Gütergemeinschaft lebten, mußten bei ihrem Eintreten so viel eigenes Vermögen mitbringen, daß sie davon leben konnten. Ähnlich wie die Nonnen beschäftigten auch sie sich mit dem Abschreiben geistlicher Schriften, Anhören von Predigten, Handarbeit, Lesen und Singen. Doch mußten sie kein Gelübde der Ehelosigkeit ablegen. Wollte sich eine Frau verheiraten, zog sie lediglich aus der Wohngemeinschaft aus.

In Frauengemeinschaften, die klosterähnlich geordnet waren, lebten auch die Beginen, eine religiöse Bewegung, der ausschließlich

Frauen angehörten. Das männliche Pendant, die Begharden, war im Vergleich relativ unbedeutend. Die Beginen breiteten sich seit dem Ende des 13. Jahrhunderts von den belgischen Städten ausgehend über das Rheinland sowie Nord- und Südfrankreich aus und stammten vorerst, ebenso wie die Nonnen, fast ausschließlich aus Adels- und wohlhabenden Bürgerkreisen. Später kamen auch Frauen aus den ärmeren Schichten dazu, was insoferne keine Schwierigkeiten bereitete, als das Einbringen einer Mitgift nicht unbedingt notwendig war. Reichte das Eigenvermögen nicht aus, mußten sie sich eben etwas dazuverdienen, als Spinnerinnen, Weberinnen oder Näherinnen beispielsweise, auch als Erzieherinnen, Krankenpflegerinnen, Klageweiber und Leichenwäscherinnen waren Beginen tätig[15]. Da die Notwendigkeit derartiger Einrichtungen für arme, mittellose Frauen von der Öffentlichkeit erkannt wurde, konnten sich die Beginen auch vorerst eines allgemeinen Wohlwollens erfreuen: Pfarrgemeinden versorgten sie mit Land, auf dem sie ihre Häuser errichteten, von der Stadtverwaltung erhielten sie Steuerfreiheit, Dominikaner und Zisterzienser übernahmen ihre geistliche Betreuung. Schließlich anerkannte auch Papst Gregor IX. in seiner Bulle „Gloriam virginalem" (1233) die Bewegung zumindest indirekt[16]. Obwohl die Beginenbewegung in Deutschland nicht ein solches Ausmaß annahm wie in Flandern und Brabant, stieg die Zahl der Beginenanstalten doch beträchtlich. 1223 gab es in Köln 22 Beginenhöfe[17], die im Jahr 1320 auf 89 angewachsen war[18]. Im Straßburg des Jahres 1351 finden wir 60 Häuser mit 1190 Beginen, und 1295 werden solche Gründungen auch in Berlin erwähnt[19]. Die Beginen waren zu persönlicher Armut und Keuschheit verpflichtet, doch mußten auch sie kein ewiges Gelübde ablegen. Sie konnten also, ebenso wie die Pfründnerinnen, die Gemeinschaft jederzeit verlassen, um zu heiraten. Der individuelle Freiraum, den sich diese Frauen im Unterschied zu den Nonnen bewahrten, ebenso wie eine große geistige Aktivität, die nicht durch Regeln und Überwachungssysteme eingeengt war und somit auch eine kritische Haltung gegenüber der Kirche ermöglichte, führte allerdings zunehmend zu Mißtrauen und Ablehnung in Kirche und Öffentlichkeit. Ihre Erörterungen in Glaubensfragen und ihre neue Bibelauslegung wollten nicht so recht zum Pauluswort „mulier taceat in ecclesia" – Die Frau hat in der Kirche zu schweigen – passen. Auch Visionen über das dritte Zeitalter, in dem sich der Heilige Geist in einer Frau verkörpern werde[20], verliehen der Bewegung häretischen Charakter. Was jedoch speziell verdächtig schien, war das wandernde Beginentum, dem sich die Allerärmsten angeschlossen hatten und das durch eine wesentlich radikalere Haltung geprägt war. Wandernde Beginen gingen auch oft zu den Joachiten oder zur Sekte der „Brüder und Schwestern des Freien Geistes", die eine völlige Identifikation mit Gott bis zur Auflösung des Ich anstrebte.

Die Frauen lebten überwiegend vom Betteln, wobei die Formel „Brot durch Gott" beinahe eine moralische Forderung an die Reichen ausdrückte, die Armen entsprechend zu versorgen. Betteln war vollkommener als arbeiten, eine Ansicht, die für das gesamte Bettelmönchstum charakteristisch war. Aber auch stehlen, was oft notwendig gewesen sein wird, um zu überleben, galt nicht als Sünde. Von oft auch selbst auferlegten Entbehrungen und Hunger geschwächt, steigerten sich diese Frauen in verzückte Ekstasen, die zu Stigmatisierung führen konnten oder zu Selbstvergottung, wie etwa bei Schwester Katrei aus Straßburg, auf die noch näher eingegangen wird. Selbstvergottung bedeutete Sündlosigkeit, die Freiheit von weltlichen und geistlichen Gesetzen. Aber auch Keuschheitsgesetze wurden verworfen und die Sakramentslehre der Kirche abgelehnt. Eva Schirmer vermutet in ihrer ausführlichen Darstellung, daß die Erteilung der Sakramente zur Bereicherung der Priester und ihrer Machtausübung diente[21]. Denn für Taufe, Eheschließung und Totenfürbitte mußte bezahlt werden – Geld, das die Ärmsten der Armen, die nicht einmal genug zum Leben hatten, nicht aufbringen konnten. Die schweifenden Gruppen wurden also aufgrund solcher und ähnlicher Anschauungen bereits wenige Jahrzehnte nach ihrem Entstehen, um 1230 gemaßregelt und schließlich als Ketzer verfolgt. Mit dem Beginn des 14. Jahrhunderts beginnen die Verfolgungen dann allgemeiner zu werden und teilweise auch die seßhaften Beginen zu erfassen, wobei allerdings zwischen rechtgläubigen und häretischen Beginen unterschieden wurde. Zu der kirchlichen Verfolgung gesellten sich Repressalien der Zünfte, die vor allem in jenen Frauen, die im Textilgewerbe arbeiteten, Konkurrentinnen sahen. Die Zünfte setzten fest, wieviel sie produzieren durften, und untersagten ihnen die Benutzung bestimmter Werkzeuge. Häufig bestimmte der Rat der Stadt, wieviele Webstühle in einem Beginenhaus aufgestellt werden durften und wie breit die Webereien zu sein hatten[22]. Auch mußten sie oft anonym verkaufen, damit sie sich auf dem Markt keinen Namen machen konnten. 1310 wurde die Begine Margarete von Porete aus dem Hennegau in Paris verbrannt. Sie hatte biblische Schriften in die Landessprache übersetzt und außerdem ein mystisches Werk verfaßt und verbreitet, in dem die Ansicht propagiert wurde, eine mit Gott vereinte Seele habe es nicht mehr nötig, sich den Regeln der Kirche zu unterwerfen[23]. Es folgten weitere Verurteilungen und Verbrennungen, 1366-1378 schlug dann die Verfolgungswelle über allen Beginen zusammen. Sie wurden vom Inquisitionsgericht exkommuniziert und verbrannt, auch Kaiser Karl IV. forderte 1367 alle geistlichen und weltlichen Herren auf, die Inquisition zu unterstützen. Allein in Erfurt wurden zwischen 1367 und 1369 400 Beginen verurteilt, davon 200 verbrannt, die anderen 200 mußten Bußkreuze tragen[24]. Die Verfolgung häresieverdächtiger Beginen fällt mit der allgemeinen Ketzerverfolgung zusammen, die ihren Ausgang in Südfrankreich genommen hatte, wo die Albigenser, eine ähnliche Gruppe wie die Katharer, ansässig waren. Sie breitete sich von dort über Nordfrankreich, Italien, Spanien und das Rheinland bis in die nördlichen Länder aus, wobei die meisten Ketzergemeinschaften, mit Ausnahme der Katharer und Waldenser, völlig ausgerottet wurden.

Der Andrang der Frauen zu den Ketzern ist jedoch nicht nur durch Versorgungsschwierigkeiten, einen unbefriedigenden Ehealltag und religiösen Eifer zu erklären, sondern ebenso durch die Tatsache, daß Sekten auch Frauen die Möglichkeit einer aktiven religiösen Betätigung boten, die ihnen von der katholischen Kirche untersagt worden war. Bei den Katharern etwa war die Frau ebenso zum Priesteramt befähigt wie der Mann, auch sie konnte „perfecta" also Vollkommene werden, mit dem Empfang des „consolamentums" (wörtlich: Trost) ruhte auch auf ihr der Heilige Geist. Sie durfte auch predigen, vor allem bei den Waldensern hatten Frauen ebenso wie Männer das Recht, als Wanderprediger aufzutreten. Es gibt Berichte von katharischen Frauen, die die Methode der freien Schriftinterpretation beherrschten und sich auf diesem Gebiet in leidenschaftliche Diskussionen mit ihren Mitbrüdern einließen. Daß diese Möglichkeiten für viele Frauen äußerst anziehend waren, beweisen Aussagen von zwei Waldenserinnen, die von Ponce, dem Bischof von Clermont (1170 - 1189) zum Abschwören gezwungen worden waren. Sie erklärten den Unterschied zwischen orthodoxer und heterodoxer Lebensweise damit, daß Frauen in der Sekte frei predigen durften, niemandem unterworfen waren und ein unbeschwertes Leben führten, in einem erbarmungslosen Klosterjoch hingegen sei nur Elend und Trübsal erwartete[25]. Diese relative Gleichberechtigung der Frau in Predigt und Gottesdienst (weibliche Ketzerbischöfe gab es nicht) ist aus der Lehre dieser dualistischen Sekten zu erklären, nach der die erleuchtete Seele unabhängig vom Geschlecht göttlicher Gnade teilhaftig werden konnte. Voraussetzung dafür war allerdings radikale Enthaltsamkeit, die Forderung nach Abtötung des Fleisches, wie sie die Dualisten erhoben, ging in ihrer Konsequenz noch weit über jene des Christentums hinaus. Denn die irdische Welt wurde identisch mit der Welt des Bösen erklärt und als solche verworfen. Der Vollkommene hatte sich davon zu befreien, das heißt, er mußte vor allem das Gebot der Keuschheit befolgen und durfte nicht heiraten, um damit die Fortpflanzung zu vermeiden, die lediglich zu neuem Leben führte und darum verurteilt wurde. Göttliche Gnade wurde also nur dem Geist, nur der entmaterialisierten Seele zuteil. Die Frau als Gebärerin und Trägerin der Fortpflanzung konnte sich daher aus schlimmster Verachtung nur durch absolute Keuschheit befreien, wobei die damit erreichte Asexualität allerdings männlich gedeutet wurde. In einigen Mythen der Katharer wird die Ansicht vertreten, daß weibliche Seelen einen männlichen Körper annehmen müssen, um in das Paradies zu gelangen[26]. Deshalb traf auch die größte Verachtung der dualistischen Sekten die Mutter, die häufig als ein Geschöpf des Satans bezeichnet wurde. Das größte Unglück, das einer Frau zustoßen konnte, war der Tod während der Schwangerschaft: Erlösung war in diesem Zustand, der als ein Werk des Teufels galt, nicht möglich [27].

Es gab neben den Waldensern und Katharern, die wohl die größte Verbreitung gefunden haben, zahlreiche weitere Sekten. Neben den bereits erwähnten „Brüdern und Schwestern vom Freien Geiste" nahmen vor allem die Pseudo-Amalrikaner, die die Lehre Amalrichs von Bena in volkstümlicher Weise umgestaltet hatten und eines ketzerisch-dualistischen Pantheismus beschuldigt wurden, viele Frauen auf. Ebenso die Pseudo-Joachiten, die sich auf die Ideen Joachims von Fiore stützten und die besonders unter Verfolgungen zu leiden hatten. Einflußreiche Häretiker mit einem hohen Frauenanteil waren auch die Lollarden und Hussiten, ebenso die Taboriten, die den Frauen das Recht einräumten, ihre Ehemänner und Kinder zu verlassen, um sich ihnen anzuschließen. In ekstatischen Visionen beschreiben sie eine schöne neue Welt am Ende aller Tage. „Dann werden Frauen schmerzlos gebären und auch Männer Kinder zur Welt bringen; Jungfrauen werden ohne männlichen Samen empfangen wie die heilige Maria und eheliche Pflichten aufgehoben sein."[28]

Es sind uns von diesen Ketzerinnen einige interessante Aussprüche, Episoden und Details überliefert, die Aufschluß über ein recht selbstbewußtes, heute würden wir sagen feministisches Denken geben, das natürlich ganz besonderer Verfolgung ausgesetzt war. So etwa wurden im Jahre 1300 die Gebeine einer gewissen Gugliema, die 1281 gestorben war und der Sekte der Pseudo-Joachiten angehörte, auf Anordnung des Inquisitionstribunals wieder ausgegraben und auf dem Scheiterhaufen verbrannt. Der solcherart posthum zur Hexe und Ketzerin Erklärten wurde vor allem vorgeworfen, daß ihre Anhänger sie als Inkarnation des Heiligen Geistes angebetet hätten. Außerdem, so lautete die Anklage, sei ihre Gehilfin Manfreda als kommende Päpstin gefeiert worden, die unter ihrem Pontifikat ausschließlich weibliche Kardinäle ernennen würde[29]. Ähnlich erging es einer Predigerin, über die in den Annalen der Dominikaner von Colmar folgendes berichtet wird: *„Es kam eine Jungfrau aus England von sehr schönem Angesicht und großer Redegewandtheit, die sagte, sie sei der Heilige Geist, Fleisch geworden, zur Erlösung der Frauen. Sie taufte die Frauen im Namen des Vaters, des Sohnes und ihrer selbst."*

Auch sie wurde nach ihrem Tod ausgegraben und verbrannt[30]. Die Ketzerverfolgungen, die vor allem im 13. Jahrhundert durch speziell dafür ins Leben gerufene eigene Inquisitionsgerichte im großen Stil durchgeführt wurden, haben derartige, vereinzelt auftretende Manifestationen eines weiblichen Selbstbewußtseins ausgerottet. Sie führten am Beginn der Neuzeit weiter zu den Hexenprozessen, die sich speziell gegen Frauen richteten und in denen hunderttausende, vielleicht sogar Millionen Unschuldige ermordet wurden.

Frauenmystik

Einen speziellen Ausdruck fand die weibliche Frömmigkeitsbewegung in der Frauenmystik, die auch als „erste feministische Theologie" bezeichnet wird[1]. In ekstatischen Visionen konnten Frauen sich selbst und zugleich Gott erfahren, in mystischen Erlebnissen, die häufig auch aufgezeichnet wurden, drückten sie ihre ureigensten Empfindungen aus. Nicht über den Mann, über die Kirche als Vermittler, wurde die Gotteserfahrung geregelt, sondern unmittelbar aus dem eigenen Gefühlsleben heraus. Nicht der Glaube an bestimmte Lehrsätze, die Teilnahme am Gottesdienst oder die Beichte waren wichtig, sondern die mystische Vereinigung mit Gott.

Das war auch der Grund, warum Mystik häufig in die Nähe von Ketzerei gerückt wurde. Selbst angesehene Mystiker, wie etwa Meister Eckhart, Dominikaner und Professor der Theologie, wurden von der Kirche als Bedrohung empfunden. Erst recht natürlich die „ungelehrten" und wenig geachteten Frauen, vor allem dann, wenn sie Kritik an Kirche und Gesellschaft übten, was häufig vorkam. Vor allem die wandernden Beginen wurden rasch zur Zielscheibe pauschaler Verdächtigungen, so wie etwa Schwester Katrei aus Straßburg, die 1317 vom Gebrauch der Sakramente ausgeschlossen wurde[2]. Oder Mechthild von Magdeburg (gest. 1282), die über 20 Jahre als Begine gelebt hatte, bis sie in das Zisterzienserkloster Helfta bei Eisleben eintrat, um den Verfolgungen zu entgehen. Soferne Mystikerinnen sich allerdings an die allgemeine Lehrmeinung hielten, wie etwa Hildegard von Bingen, konnten sie die höchste Wertschätzung erfahren, die einer Frau im Mittelalter zuteil wurde. *„Wie kann ich dich lehren oder zu beraten wagen, die du verborgenen Wissens teilhaftig geworden bist, und der Einfluß von Christi Salbung in dir weiter lebt"*, schreibt Bernhard von Clairvaux an Hildegard von Bingen. *„Du bedarfst keiner Unterweisung mehr, denn von dir sagt man, daß du fähig seist, die himmlischen Geheimnisse zu prüfen und im Lichte des Heiligen Geistes zu erkennen, was jenseits menschlicher Erfahrung ruht."*[3]

Hildegard von Bingen besaß nicht nur eine große visionäre Begabung und hohe Bildung, sondern sie fügte sich auch mühelos in das allgemein anerkannte Weltbild. Kritik an der Kirche übte sie nicht, und stellte auch die zweitrangige Stellung der Frau und ihre Unterordnung im Diesseits nie in Frage. Ebenso ist sie in ihrem ersten großen Werk „Scivias" (Wisse die Wege) von der leichteren Verführbarkeit der Frau überzeugt, die sie allerdings mit deren „Weichheit" begründet, nicht mit einer größeren Neigung zur Sünde. Auch in der Schöpfungsgeschichte läßt Adam sich überreden, weil er Eva liebt, nicht aber, weil sie ihn verführt. Den Luxus des hohen Klerus allerdings prangerte sie häufig an, scharf wandte sie sich gegen die Ketzer, die „Lästermäuler und Lügenpropheten des Teufels", die „Heuchler, Verführer und Sadduzäer". Die naturwissenschaftlich-medizinischen Bücher Hildegard von Bingens sind aus weiblicher Sicht geschrieben, das Verhältnis Gott, Mensch und Kosmos wird als Ganzheit verstanden, nicht als ein ausbeuterisches Verhältnis wie in den späteren Naturwissenschaften. Eine ebensolche Haltung zeigen ihre heilkundigen Bücher wie „Physica" und „Causae et Curae" (über die Ursachen und Behandlung der Krankheiten), die ein großes medizinisches und Kräuterwissen verraten und ihr den Ruf einbrachten, die „erste deutsche Naturforscherin und Ärztin" zu sein[4].

Neben Hildegard von Bingen waren wohl Mechthild von Magdeburg (um 1212-1283) und Schwester Katrei aus Straßburg die bedeutendsten Mystikerinnen im deutschen Sprachraum. Mechthild schrieb zwischen 1250 und 1265 ihre Visionen unter dem Titel „Das fließende Licht der Gottheit" in deutscher Sprache nieder. Ihr Werk fand weite Verbreitung und soll Dante als Anregung für seine „Göttliche Komödie" gedient haben. Schwester Katrei hingegen, die als bettelnde, wandernde Begine besonderer Verfolgung ausgesetzt war, wurde durch den Dialog mit ihrem Beichtvater bekannt, der dem Werk Meister Eckharts zugerechnet wurde, obwohl dies inzwischen von etlichen Theologen angezweifelt wird[5]. Sie entwirft darin das Bild einer erstaunlich selbstbewußten, kritischen und bibelfesten Frau, die dem Priester den Gehorsam verweigert und nur noch Gott, Christus und – interessanterweise – drei Frauen gehorchen möchte: Maria Magdalena, Maria von Ägypten und Maria Salome.

„Sie: Ich will lassen Ehre und Gut, Freunde und Verwandte und allen äußeren Trost, der mir von Menschen kommen mag.

Da sprach der Beichtiger: Willst du mich auch lassen?

Sie sprach: Ja, Herr. Soll ich alle Dinge lassen, so muß ich Euch auch lassen.

Er: Unternimm dieses nicht: Es ist Frauen nicht gegeben (so etwas zu leisten).

Sie: Ich weiß wohl, keine Frau kann in den Himmel kommen, wenn sie nicht ein Mann wird. Das sollt Ihr so verstehen: Sie müssen männliche Werke tun und müssen männliche Herzen haben, daß sie sich selbst widerstehen mögen und allen gebresthaften Dingen.

Er: Du hältst dich für stark, mich sollte wundern, wie du noch mehr leiden kannst, als du schon getan hast.

Sie: Ich kann alles leiden, was Christus für mich gelitten hat.

Er: Das sind Reden.

Sie: Ich sage wahr …

Er: Du willst übel.

Sie: Warum?

Er: Weil du meinen Rat nicht folgen willst. Wisse, daß Gehorsam eine Tugend ist.

Sie: Ich will gehorsam sein bis an meinen Tod … Christus, dem himmlischen Vater, dem Johannes gehorsam war in der Wüste, und Maria Magdalena, Maria von Ägypten und Maria Salome …"

Schließlich kann sie ihren Beichtvater überzeugen. Er akzeptiert ihren Entschluß, allein und in absoluter apostolischer Armut durch die Gegend zu wandern, bittet sie aber „in diesem Land" zu bleiben. Sie lehnt ab:

„Das will ich nicht tun! Ich will ins Elend gehen und in alle Städte, wo ich verachtet werden mag …"

Als sie wieder zurückkommt, erkennt er sie nicht mehr:

„Ich habe einen Menschen gehört, ich weiß nicht und zweifle daran, ob es ein Mensch oder ein Engel ist. Wenn es ein Mensch ist, so wißt, daß alle Kräfte seiner Seele mit den Engeln im Himmel wohnen und seine Seele ein Engelwesen empfangen hat."

Nun ist es Schwester Katrei, die ihm ihre Visionen auslegt und erklärt:

„Ich war da, wo ich war, ehe ich geschaffen wurde, und dort ist nur Gott und nur Gott. Da sind weder Heilige noch Engel, noch Chöre, noch Himmel – wisset, daß keine Seele zu Gott kommen mag, sie werde zu Gott, so wie sie Gott war, ehe sie geschaffen wurde."

Und schließlich das ekstatische Bekenntnis:

„Herr, freuet euch mit mir, ich bin Gott geworden."

Worauf sich der Beichtvater (Meister Eckhart?) von ihr bekehrt fühlt:

„Die Tochter sagte ihm so viel von der Größe Gottes … , daß er von allen seinen äußeren Sinnen kam und in eine abgesonderte Zelle getragen werden

*Hildegard von Bingen diktiert einem Mönch. Miniatur aus dem
„Hildegard Codex" um 1165.*

*mußte. Als er wieder zu sich kam, wünschte er, daß die Tochter zu ihm kä-
me ... Er sprach: Gelobt sei Gott, daß er dich je schuf als einen Menschen!
Du hast mich zu meiner ewigen Seligkeit gewiesen."*[6]

Dieses Zitat ist etwas ausführlicher dargestellt, um ein wenig in
die Gedankenwelt des mittelalterlichen Menschen im allgemeinen
und der mittelalterlichen, religiös inspirierten Frau im besonderen
einzuführen. Die Sprache der Mystikerinnen zeichnet sich aus durch
kraftvolle Farbigkeit, Spontaneität und unmittelbares Erleben, wobei
die visionären Extstasen häufig auch erotisch eingefärbt sind. Jesus
wird als Bräutigam leiblich erfahren, so wie etwa in den Visionen der
Angela von Fologno:

*„Als ich am Kreuze stand, legte ich meine Kleider ab und bot mich ihm
selbst dar. Dabei versprach ich ihm, meine Keuschheit zu bewahren und ihn
nicht durch eines meiner Glieder zu verletzen."* [7]

Auch Mechthild von Magdeburg beschreibt die mystische Vereinigung mit Christus als ein zärtliches, gewaltfreies Liebesverhältnis:

> *„Herr, nun bin ich eine nackte Seele*
> *Und du in dir selber ein wohlgezierter Gott.*
> *Unser zweier Gemeinschaft*
> *Ist ewige Lust ohne Tod.*
> *Da geschieht eine selige Stille*
> *Nach ihrer beider Wille.*
> *Er gibt sich ihr und sie gibt sich ihm*
> *Was ihr nun geschieht, das weiß sie*
> *Und dessen getröste ich mich."*[8]

Zeitgenossen haben eine solche Auffassung nicht als besonders
schockierend empfunden, wahrscheinlich, weil das Mittelalter noch
einen unmittelbareren Zugang zu Erotik und Sexualität besaß. Trug
doch die Nonne als Braut Jesu zum Zeichen ihrer mystischen Verlobung einen Ring am Finger. Abälard, Mönch und Philosoph, schrieb
an seine Geliebte, die Nonne Heloise:

*„Ich nenne dich meine Dame, denn mir obliegt es, die Braut meines
Herrn als meine Herrin zu bezeichnen. Dir ist die Ehre zuteil geworden,
mit dem König aller Könige das Lager zu teilen, und Du bist damit auf eine
höhere Stufe erhoben worden als alle Diener des Königs."*[9]

Kritiker, die an dieser engen Verflechtung von Gottesminne und
Erotik Anstoß nahmen, fanden sich erst in den späteren Jahrhunderten. Auch daß sich manche Mystikerinnen in ihren Visionen als Mutter des Jesuskindes erlebten, wurde dann als exaltiert und hysterisch

bezeichnet. Daß sich hier verdrängte Wunschvorstellungen äußern, Sehnsucht nach Liebe, Mutterschaft, Erotik – wichtige Komponenten des weiblichen Daseins, von denen die Gott geweihte Frau ausgeschlossen war –, wurde von den männlichen Autoren natürlich nicht erkannt. Weil Frauen meist kein Latein sprachen (die Gelehrten- und Theologensprache sollte ein Privileg des Mannes bleiben), schrieben sie ihre Eingebungen in der eigenen Landessprache nieder. Andere gebildete Frauen, die in Latein bewandert waren, übersetzten biblische Texte in die Landessprache, wahrscheinlich, um sie einem größeren Leserkreis zugänglich zu machen, vielleicht aber auch, um männliche Interpretationen zu umgehen und sich selbst Einblick in die ursprünglichen Texte zu verschaffen.

Eine große Mystikerin war auch Katharina von Siena, die sich nicht nur jahrelang der Pflege Armer und Kranker widmete, sondern auch in politische Diskussionen eingriff. Sie unterhielt Verbindungen zu wichtigen Persönlichkeiten in Kirche und Staat, setzte sich für eine Rückkehr des Papstes von Avignon nach Rom ein und stellte sich zur Zeit des Schismas auf die Seite des Papstes. Auch Theresa von Avila, die größte spanische Mystikerin, hat sich für Kirchenreform engagiert. Frauenmystik ist also keinesfalls mit Weltflucht gleichzusetzen, sondern bedeutet gleichzeitig auch Anteilnahme am politischen und gesellschaftlichen Geschehen, wie es ja auch für männliche Mystiker charakteristisch war.

Neben diesen berühmten Frauen, deren Nachruhm die gesamte Kirchengeschichte erhellt, gab es jedoch auch noch andere, deren Werke zu Lebzeiten viel gelesen wurden, die jedoch inzwischen weitgehend in Vergessenheit geraten sind. Elisabeth von Schönau (1129-1164) etwa, deren Gedichte über die Himmelfahrt Marias ebenso wie eine Ursula-Legende außerordentliche Breitenwirkung hatten. Auch Christine und Margareta Ebner, die zum Kreis der „Gottesfreunde" in Süddeutschland gehörten, schrieben ihre Visionen und Gedichte auf. Christina verfaßte eine Chronik des Klosters Engeltal und Margareta beschrieb ihre „Offenbarungen", und stand in einem Briefwechsel mit dem Theologen Heinrich von Nördlingen. Eine bedeutende Mystikerin war auch die Zisterzienserin Mechthild von Hackeborn gewesen, die das für die deutsche Mystik bedeutende „Buch von der besonderen Gnade" verfaßte. Auch Gertrud von Helfta, genannt die Große, eine hochgebildete Nonne des Klosters Helfta, schrieb ihre mystischen Visionen nieder und wurde noch in nachmittelalterlicher Zeit als volkstümliche Heilige verehrt.

Herrscherinnen

Obwohl es selbständige Herrscherinnen im Mittelalter kaum gab, waren doch die Frauen der Kaiser und Könige häufig Mitregentinnen. Während der Abwesenheit ihrer Gatten regierten sie auch eigenständig oder übernahmen die Regierungsgeschäfte für ihre minderjährigen Söhne. Zwar beruhte ihre politische Einflußnahme nicht auf einer verfassungsrechtlichen Grundlage, dennoch vermochten sich starke Frauen als Gattin, Mutter, Witwe oder Großmutter immer wieder durchzusetzen. Es ist daher ungerechtfertigt, die Bedeutung dieser Frauen in der offiziellen Geschichtsschreibung entweder herunterzuspielen oder überhaupt zu negieren. Bereits aus der zweiten Hälfte des 6. Jahrhunderts sind uns die ersten konkreten Berichte über Besitz und Herrschaft fränkischer Königinnen überliefert. Die Westgotin Galsvintha etwa, die erste Gemahlin Chilperichs I., erhielt als „dos et morganegyba" von fränkischer Seite größere Gebiete um Bordeaux, Limoges, Cahors, Béarn und Bigorre[1]. Aus der merowingischen Epoche stammen auch die frühesten Belege gemeinsamer Besitz- und Herrschaftsausübung. So etwa setzten damals die urkundlich bezeugten Schenkungen zu zweit ein, die bis in das späte Mittelalter hinein ein fester Bestandteil der Traditionsbücher wurden. Childebert I. († 558) und seine Gemahlin Ultrogotha beispielsweise gründeten gemeinsam das Kloster St. Germain-de-Près bei Paris und ein Kloster zu Arles[2]. Seit Brunichilde († 614), der Gattin König Sigiberts, begann sich dann eine – zunächst umstrittene – weibliche Regentschaft durchzusetzen[3]. Auch finden sich seit der Mitte des 7. Jahrhunderts Interventionen von Gemahlinnen in den Königsurkunden, die auf eine Mitregentschaft oder doch starke Beteiligung an den Regierungsgeschäften schließen lassen[4].

Daß die Frauen an Skrupellosigkeit und Grausamkeit ihren Gatten oft in nichts nachstanden, zeigt am besten der Bruderkrieg zwischen den Söhnen König Chlothas († 561). Die Wildheit und Gewalttätigkeit der Merowinger, die Vielweiberei betrieben, ihre Sklaven wie Vieh behandelten und selbst vor Verwandtenmord nicht zurückschreckten, um an die Macht zu kommen, ist auch auf die Frauen nicht ohne Einfluß geblieben: Fredegunde, die Nebenfrau Chilperichs, einer der Söhne Chlothars, hatte wesentlichen Anteil an der Ermordung seiner rechtmäßigen Gattin Galsvintha, seines Bruders Sigibert und schließlich an ihrem eigenen Gatten. Dieses Königsdrama, das im Lauf der Geschichte zahlreiche Historiker und Romanciers beschäftigte, enthüllt beispielhaft die rohe Gewalt und Machtgier der Merowinger und die verhängnisvolle Rolle, die Frauen dabei zu spielen gezwungen waren oder freiwillig spielten: Sigibert, ein Sohn Chlothars, hatte um Brunichilde, die Tochter König Athanagilds gefreit, worauf sein Bruder Chilperich, beeindruckt von dem großzügigen Brautschatz, den diese in die Ehe brachte, deren Schwester Galsvintha heiraten wollte, wobei er hoch und heilig versprach, seine zahlreichen anderen Frauen zu entlassen. Nach vollzogener Vermählung hielt er sich jedoch nicht daran; vor allem Fredegunde, die zum Gesinde seiner früheren Gemahlin Audovera gehörte, war weiter seine Bettgenossin, worauf die gekränkte Galsvintha zu ihrem Vater zurückkehren wollte. Die Geschenke, so meinte sie großzügig, solle der treulose Gatte behalten, was diesem jedoch keinesfalls Respekt abrang. Vielmehr ließ er die unbotmäßige Gattin in ihrem Bett erdrosseln. Die brutale Ermordung ihrer Schwester (Königinnenmord war selbst unter den abgebrühten Merowingern nicht alltäglich) rief nun Brunichilde auf den Plan, die ihren Gatten Sigibert bat, deren Tod zu rächen. In dem daraufhin ausbrechenden Bruderkrieg wurde Sigibert auf Anstiften Fredegundes ermordet und Brunichilde gefangengenommen, während deren fünfjähriger Sohn Childebert II. gerettet werden konnte. Auch Brunichilde gelang es, aus der Gefangenschaft zu entfliehen. Chilperich hingegen, der „Nero und Herodes unserer Zeit", wie Gregor von Tours ihn nannte, wurde vermutlich ebenfalls von Fredegunde, die inzwischen mit Landerich, dem Majordomus im Ehebruch lebte, ermordet. Nach einer kurzen Regentschaft Guntrams, des dritten Bruders, der 593 ohne Nachkommen starb, trat nun Brunichildes Sohn Childebert II. die Herrschaft an, der aber ebenfalls bald danach im 27. Lebensjahr verstarb. Mit ihren Enkeln Theudebert II. und Theuderich II., die sich die Herrschaft teilten, gewann auch Brunichilde an Einfluß und Macht. Aber der Krieg zwischen den Bruderfamilien setzte sich fort, vorerst besiegten die Enkel Brunichildes Chlothar II., Fredegundes Sohn, schließlich jedoch kam es auch noch unter ihnen zum Bruderkrieg, Theudebert wurde von Theuderich zusammen mit seinem Sohn gefangengenommen, und beide kamen dann in Calon um, obwohl Brunichilde verzweifelt versuchte, durch eine Klosterhaft des Enkels und Urenkels das Schlimmste zu verhindern. Nachdem auch noch Theuderich 27-jährig verstorben war, ließ Brunichilde Sigibert, den elfjährigen Sohn Theuderichs zum König erheben und übernahm für ihn die Regentschaft, was jedoch auf einhelligen Widerstand stieß. Schließlich wurde die alte Königin von Chlothar II., dem Sohn der inzwischen verstorbenen Todfeindin Fredegunde, gefangengenommen, der sie auf ein wildes Pferd binden und zerreißen ließ. „Ihr Grab", heißt es in einer alten Chronik, „war das Feuer, ihre Gebeine wurden verbrannt[5].

Nicht immer jedoch war die Geschichte so grausam und spielten Frauen derart verhängnisvolle Rollen. Bertrada etwa, die Gattin Pippins III. und Mutter Karls des Großen übte einen durchaus segensreichen Einfluß auf die Regierungsgeschäfte aus. Für ihre Söhne Karl und Karlmann war sie vor allem diplomatisch tätig und brachte schließlich ein ausgedehntes Bündnissystem mit dem Langobardenkönig Desiderius, dem mit diesem verschwägerten Baiernherzog Tassilo und wahrscheinlich auch mit dem Papst zustande[6]. Noch bedeutsamer jedoch war Engelberga, die Gemahlin Ludwigs II., seit 855 König von Italien. Daß auf den in Unteritalien geprägten Münzen, die auf der Vorderseite den Namen Ludwigs II. trugen, auf der Rückseite jener Engelbergas eingeprägt war, stellte ein absolutes Novum dar. Auch Theophano, die hochgebildete Byzantinerin und Gattin Ottos II. war nicht nur geschätzte Beraterin in den Regierungsangelegenheiten ihres Gemahls, sondern führte nach dessen Tod auch mit Umsicht und Geschick die Regentschaft für das Kind Otto III. Obwohl Otto als rechtmäßiger König galt, übte Theophano alle ihm zustehenden Rechte aus und signierte im eigenen Namen. Als sie etwa im Herbst 989 nach Rom und Pavia reiste, um die Angelegenheiten in Italien zu ordnen, unterschrieb sie selbstbewußt und mit allen königlichen Ehren und Titeln: „Theophanu divina gratia imperatrix augusta" – Theophanu, durch göttliche Gnade erhabene Kaiserin[7]. Aber schon zu Lebzeiten Ottos II. wird auf etlichen Abbildungen, die sie in gleicher Größe und Würde neben dem Kaiser zeigen, ihre gleichberechtigte Stellung deutlich. Auf einer Elfenbeinplatte beispielsweise erscheinen sie und Otto II. zu beiden Seiten Christi, der segnend die Hände auf ihre Köpfe legt. Hier wird der Begriff der „consors regni" deutlich, der Mitregentin, wie er sich nach der Krönung Ottos I. zum Kaiser eingebürgert hatte. Bereits dessen Gattin, Kaiserin Adelheid, wird in den Urkunden abwechselnd „consors regni nostri", „imperii nostri", „regnorum nostrorum" oder „particeps imperii nostri" genannt[8]. Ebenso wird Kunigunde, die Gemahlin König Heinrich II. in den Urkunden als „regnorum consors" bezeichnet. Tatsächlich sind nicht nur zahlreiche Interventionen von ihr überliefert (beinahe in jedem dritten von den über 500 Diplomen Heinrichs II.), sondern sie hat auch bedeutenden Einfluß bei Kirchenreformen, Belehnungen und Investitionen ausgeübt. Außerdem übernahm sie die Statthalterschaft in Sachsen, wenn Heinrich an der Westgrenze in Lothringen beschäftigt war. Nach dem Tode Heinrichs war sie „Reichsverweserin" und bewahrte in dem Interregnum von acht Wochen die königlichen Insignien – der erste Fall dieser Art in der deutschen Geschichte[9]. In der zweiten Hälfte des 11. Jahrhunderts tauchen dann plötzlich eigene Siegel von Herrscherinnen auf – das erste zeigt Markgräfin Mathilde von Tuszien sitzend, in der rechten Hand hält sie ein Buch, was sie offenbar als gelehrte Frau ausweist. Weitere Siegel stellen die Markgräfin Adelheid von Turin und Susa dar und die Pfalzgräfin Adelheid bei Rhein. Ein Thronsiegel führte allerdings erst Mathilde II. von England, die diesen Gedanken offenbar an ihre Tochter Mathilde, verheiratet mit Kaiser Heinrich V. weitergab. Deshalb gab es ab der ersten Hälfte des 12. Jahrhunderts auch in Deutschland Siegel von Kaiserinnen[10].

Die letzte, bedeutende „consors regni" der mittelalterlichen Reichsgeschichte war Richenza (1090–1141), die Gemahlin Lothars von Supplinburg. Sie hatte ihrem Gatten mit den northeimischen Besitzungen ein gewaltiges Erbe in die Ehe gebracht, schon vor ihrer Heirat als Herzogin hatte sie zwei Jahrzehnte lang entsprechende politische Erfahrungen gesammelt. Ihre Bedeutung als Mitregentin ist unumstritten und durch Quellen belegt[11]. Aber auch später, als die consors-Formel nicht mehr so häufig angewendet wurde, gab es einflußreiche Kaiserinnen, etwa Beatrix von Burgund, die 1156 Kaiser Friedrich I. Barbarossa heiratete. Gleich nach der Hochzeit erfolgte zu Worms ihre Weihe zur deutschen Königin, worauf ihr der Titel „imperatrix" verliehen wurde, obwohl sie erst 1166 in Rom zur Kaiserin gekrönt wurde. Zeitgenossen berichten, daß sie bei Festmahlen zusammen mit dem Kaiser an einem Tisch saß, was insoferne wichtig war, als sich die zunehmende Bedeutungslosigkeit späterer Herrscherinnen an der Sitzordnung ablesen läßt: in der Goldenen Bulle Kaiser Karls IV. (1356) beispielsweise ist beim Festbankett bereits von einem getrennten Tisch der Königin die Rede, der noch dazu an der Seite der Halle aufgestellt wurde, und zwar drei Fuß tiefer als der Tisch des Kaisers, jedoch drei Fuß höher als die Sitze und Tische der Kurfürsten. Auch während des Festzuges hatte sie nicht nur hinter ihrem Ehemann, sondern außerdem auch noch hinter dem König von Böhmen zu gehen, der unmittelbar dem Kaiser folgte[12].

Neben Kaiserinnen und Königinnen gab es auch zahlreiche bedeutende Herrscherinnen kleinerer Fürstentümer, die zum Teil ihre Eigenständigkeit bis in das Spätmittelalter hinein bewahren konnten. Eine herausragende Persönlichkeit war die bereits erwähnte Mathilde, Markgräfin von Tuszien, der heutigen Toskana. Sie spielte eine bedeutende Rolle im Investiturstreit zwischen Papst und Kaiser, zu ihrer Burg Canossa unternahm Heinrich IV. seinen berühmten Bußgang, wobei er durch einen Fußfall ihre Fürsprache erreicht haben soll. Eine Miniatur beschreibt anschaulich dieses Ereignis: Mathilde thront in einem prächtigen Gewand, die Stirn mit einem Goldreif geschmückt, unter einem von Säulen getragenen Arkadenbogen. Vor ihr kniet der etwas kleiner dargestellte Kaiser mit Krone und Reichsapfel, neben ihr sitzt der Abt Hugo von Cluny, der auf sie als Fürsprecherin hinweist. Mathilde bedeutet dem Kaiser mit der rechten Hand aufzustehen, während sie den Zeigefinger der linken mahnend erhoben hat. Die Inschrift lautet: „Rex rogat abbatem, Mathildim supplicat atque" (Der König bittet den Abt und fleht Mathilde an). Es ist nicht erwiesen, ob sich diese Szene tatsächlich so abspielte, die Vermittlertätigkeit Mathildes allerdings ist verbürgt[13]. Ihr vertrautes Verhältnis mit dem Papst, dessen Reformen sie unterstützte, führte auch zu zahlreichen Reaktionen, wobei natürlich vor allem die Tatsache, daß es sich dabei um eine Frau handelte, entsprechend kommentiert wurde. Der Papst wollte, so meinten böse Zungen, „die ganze Christenheit mit einem Weibersenat regieren" und sie „mit dem Gestank bösen Ärgernisses" erfüllen, „weil er mit einer fremden Frau Tischgemeinschaft halte und sie beherberge, vertrauter als notwendig"[14]. Mathilde unterstützte den Papst auch tatkräftig, sogar mit eigenen Truppen griff sie in die kriegerischen Auseinandersetzungen ein, worauf sie 1081 mit der Reichsacht belegt wurde. Daß sie bereits 1079 der römischen Kirche ihre weitläufigen Güter und Lehen in Mittelitalien vermacht hatte, wurde zu einem ständigen Streitpunkt zwischen Kaiser und Papst noch lange nach ihrem Tod. Erst Kaiser Friedrich II. hat 1213 formell darauf verzichtet.

Im Spätmittelalter, im Laufe einer zunehmenden Entrechtung der Frau gab es immer weniger Herrscherinnen. Obwohl die Geschichte auch jetzt noch von herausragenden Frauengestalten zu berichten weiß, wie etwa von Loretta, der Gräfin von Sponheim, die 1323 nach dem Tod ihres Gatten Heinrich von Sponheim die Regierung für ihre drei unmündigen Söhne übernahm. Nach ihrer Vita zu schließen, muß sie eine ungewöhnlich couragierte Frau gewesen sein. So wurde beispielsweise während einer Fehde der gewalttätige Graf Friedrich auf ihrer Residenz, der Starkenburg, gefangengehalten, bis er sich ihren Forderungen unterwarf. Auch den Erzbischof Balduin, einen wesentlich gefährlicheren Gegner, nahmen ihre Leute auf einer Schiffsreise, die er von Trier nach Koblenz unternahm, in einem verwegenen Handstreich fest. Loretta behandelte den hohen Gefangenen mit Respekt, trotzdem traf sie der Kirchenbann, da eine gewaltsame Befreiung auf der uneinnehmbaren Starkenburg nicht möglich war. 1328 verließ Balduin nach gütlicher Einigung die Burg, worauf Loretta persönlich zum Papst reiste, der sie vom Kirchenbann befreite[15].

Renaissance und frühe Neuzeit

Die Frau in der Renaissance

Bereits im späteren 14. , mehr jedoch noch im 15. und 16. Jahrhundert begann sich das mittelalterliche Weltbild aufzulösen, der Mensch fiel heraus aus der göttlichen Ordnung und erlebte sich zunehmend als Individuum. War er bisher eingebunden in den Schöpfungsplan, der ihm einen fest umrissenen Platz innerhalb einer Gruppe, eines Standes zugewiesen hatte, so entwickelte er sich jetzt zum Einzelmenschen mit einer größeren Freiheit, aber auch größeren Einsamkeit. Der Diesseitsglaube der Renaissance steht in einem scharfen Kontrast zur Jenseitsgläubigkeit des Mittelalters, eschatologische Erwartung und Gottesnähe, Mystik und Gottesminne, Askese und ekstatische Visionen, Mönchs- und Nonnentum mit dem Gebot freiwilliger Armut und Selbstbeschränkung wurden von der üppigen Diesseitsfreude des Renaissancemenschen abgelöst, der Freude an Gelagen und Festlichkeiten, Farben und Schmuck. Die Bewegung des Humanismus förderte Bildung und Wissenschaft, aber auch die Erotik wurde wiederentdeckt, der nackte menschliche Körper erneut Thema der bildenden Künste.

Das Ideal ist die Antike, die den Menschen in den Mittelpunkt ihrer Betrachtungen stellte, es sind selbstbewußte, stolze Persönlichkeiten, die uns in der Renaissance begegnen, üppige Sinnesmenschen mit einem ausufernden Tätigkeitsdrang, manchmal auch aufgebläht zu maßloser Selbstüberschätzung und Selbstherrlichkeit. Das Individuum begann in den festgefügten Schöpfungsplan einzugreifen, ihn in Frage zu stellen. Die Naturwissenschaften nahmen an Bedeutung zu, große Entdeckungen wurden gemacht, fremde Erdteile bereist, Geschäft und Handel blühten. Frühkapitalistische Produktionsverhältnisse entstanden. Sie breiteten sich, ausgehend von den Städten Italiens, allmählich auch in großen Teilen Mitteleuropas aus. Gleichzeitig begann mit der Loslösung aus der mittelalterlichen Eingebundenheit in die kirchliche und feudale Ordnung auch ein wohlhabendes patrizisches Bürgertum zu entstehen, das neben dem Adel und dem Klerus zum Bildungsträger wurde.

Was bedeutete diese Entwicklung nun für die Frau? Zweifellos haben ihr die neuen Ideen eine Aufwertung beschert, vor allem in den romanischen Ländern hob der allgemeine Persönlichkeitskult auch die Persönlichkeit der Frau. Von einer Gleichberechtigung der Renaissancefrau zu sprechen, wie dies vielfach geschieht[1], ist jedoch zweifellos übertrieben. Zwar gab es aufgeklärte Humanisten, die sich dafür einsetzten, doch blieben ihre Forderungen Theorie oder erfaßten in bestimmten Aspekten lediglich die Angehörigen höherer Kreise. In den mittleren und unteren Schichten änderte sich im Grunde wenig. Die Frau blieb, was sie während der ganzen Geschichte des Patriarchats gewesen war: Objekt, das sich zum Subjekt Mann in Beziehung zu setzen hatte. Die patriarchalische Struktur der Familie war weiter unbestritten. Der Ehemann vertrat nach wie vor seine Frau in allen öffentlichen Angelegenheiten, auch für die noch unverheirateten Töchter war der Vater und nach seinem Tode ein Vormund oder Bruder verantwortlich. Die rechtliche Stellung der Frau gegenüber dem Mann war ebenfalls nach wie vor außerordentlich eingeschränkt, sie durfte, so wie im Mittelalter, keine öffentlichen Ämter bekleiden, nicht für andere bürgen, kein Kind annehmen und weder Vormund noch Vertreter einer unmündigen Person sein, ausgenommen der eigenen Kinder, und auch für diese war es ihr untersagt, einen Vormund zu bestimmen[2]. Beruflich standen ihre Chancen schlecht. Daß sie am Beginn der Neuzeit von der Erlernung eines Handwerks ausgeschlossen wurde und ihr die Zunftregeln in fast allen Berufen die Lehre und das Ablegen von Gesellen- und Meisterprüfungen verwehrten, wurde bereits erwähnt. Lediglich im Geschäftsleben besaß sie weitgehende Gleichberechtigung, besonders im Kleinhandel war der weibliche Anteil groß.

Trotzdem jedoch ergaben sich für die Frau in der Renaissance neue Möglichkeiten, Bildungsmöglichkeiten vor allem, die sie auch nutzte. Denn das humanistische Bildungsideal erfaßte auch das weibliche Geschlecht, die gebildete Frau war plötzlich gefragt. Obwohl das Studium für Knaben nach wie vor wichtiger war, wurden auch zahlreiche Schulen für Mädchen errichtet. Selbst Lateinkenntnisse wurden von der gebildeten Frau erwartet, konnte sie sich doch nur damit dem allgemein propagierten Ideal antiker Weiblichkeit annähern. Außerdem war die Beherrschung der lateinischen Sprache Voraussetzung für das Lesen antiker Dichtung und Philosophie, ebenso wie der mittelalterlichen Kirchenväter. Besonders gebildete Damen sprachen sogar Griechisch – doch dürfte es sich hier eher um Ausnahmen gehandelt haben. Hingegen wurde das Erlernen von

Zu dem Gemälde von Sandro Botticelli „Geburt der Venus" soll die junge Simonetta Vespucci Modell gestanden sein.

„Weibliches Brustbild" von Bartolomeo Veneto, wahrscheinlich Lukrezia Borgia.

Geometrie, Arithmetik und Astrologie auch den Frauen zugestanden, was aber vor allem wichtig war: die Frau erhielt damit eine neue Wertigkeit! Sie war als intellektuelle Partnerin des Mannes geschätzt, die Kenntnis von Latein, so meinte etwa der Humanist und Dichter Pietro Bembo, steigere die Reize eines jungen Mädchens „auf das Höchste"[3]. Es galt in italienischen Aristokratenkreisen als chic, wenn gebildete Töchter selbstverfaßte lateinische Begrüßungsreden vor hochgestellten Persönlichkeiten hielten, wie zum Beispiel die elfjährige Margherita Solari, die auf diese Art und Weise König Karl VIII. von Frankreich willkommen geheißen haben soll. Auch Madonna Battista Montefeltro, vermählte Malatesta, hielt lateinische Ansprachen an König Sigismund und Papst Martin, und Ippolita, die Schwester des Galeazzo Maria begrüßte auf dem Kongreß zu Mantua Papst Pius II. lateinisch[4].

Die vollkommene Dame hatte also nicht nur schön, sondern darüber hinaus auch klug und gebildet zu sein. Daneben wurde die musische und künstlerische Ausbildung gefordert. Bilder von musizierenden ebenso wie schreibenden oder lesenden Frauen sind aus dieser Zeit häufig. Auch wenn derartige Künste meist nur dilettierend und für den Hausgebrauch gepflegt wurden, so gab es doch auch berühmte Dichterinnen und Malerinnen. Wie etwa die in Venedig lebende Cassandra Fedele, deren Sonette und Improvisationen weite Verbreitung fanden, ebenso wie jene der Veronica Gambara, der Herrin von Urbino, oder die der Constanza Varano. Durch ihr dichterisches Werk bekannt wurde auch die aus einem römischen Adelsgeschlecht stammende Vittoria Colonna (1492 -1547), die mit Michelangelo befreundet war. Wunderschöne, noch heute nachgedruckte Verse schrieb die aus einer vornehmen bürgerlichen Familie kommende Gaspara Stampa (1523-1554), während das literarische Schaffen Margarete von Navarras, der Schwester Franz I. von Frankreich religiöse, lyrische und dramatische Dichtungen ebenso wie Prosa enthielt.

Am bekanntesten aber war sicherlich Christine de Pizan (1365-1429), die, in Italien geboren und am französischen Hof aufgewachsen, auf unerhört mutige Art und Weise für die Gleichberechtigung der Frau eingetreten ist. Sie hat den berühmten, von Jean de Meung verfaßten frauenfeindlichen „Roman de la Rose" öffentlich angegriffen und mit einer Gegenschrift bekämpft, die zum sogenannten „Rosenstreit" führte. Ihr Werk ist umfangreich, es umfaßt religiöse und weltliche Lyrik, Geschichtsschreibung, Traktate zur weiblichen Erziehung und Stellungnahmen zur politischen Situation Frankreichs. In ihrem „Buch von der Stadt der Frauen", das erst jüngst neu aufgelegt wurde, entwirft sie die Utopie eines Frauenstaates, in dem berühmte Frauen aus der Antike, der Bibel und aus ihrer eigenen Gegenwart zu Wort kommen, um sich in philosophischen Diskursen zum Thema Frau zu äußern[5].

Neben Dichterinnen hat die farben- und formfreudige Renaissance aber auch Malerinnen hervorgebracht, wie etwa die bereits mit neunzehn Jahren verstorbene Tizianschülerin Irena di Spilembergo, oder die ebenfalls jung gestorbene Tochter Tintorettos, von der Selbstporträts erhalten sind. Lavinia Fontana, Tochter und Schülerin eines Bologneser Malers wurde unter Papst Clemens VIII. nach Rom berufen und porträtierte dort adelige Damen. Properzia de Rossi führte wahrscheinlich als eine der ersten weiblichen Bildhauerinnen monumentale Marmorarbeiten in der Kirche S. Petronio in ihrer Vaterstadt Bologna aus[6]. Gebildete, begabte Frauen, die ihre Talente auch in die Öffentlichkeit zu tragen wußten, hatte ebenso die italienische wie die französische Renaissance hervorgebracht. Auch wenn sie beinahe ausschließlich den gehobenen Schichten angehörten, bewirkte ihr Vorbild doch eine allgemeine Hebung des weiblichen Selbstbewußtseins und ließ Frauen ihre rechtlichen Benachteiligungen leichter ertragen. Selbstbewußt wirken viele Frauenbildnisse der damaligen Zeit, die sich langsam aus der verallgemeinernden, schablonenhaften Darstellung des Mittelalters lösen und individuelle Züge annehmen. Vor allem aber waren diese Frauen schön, denn Schönheit war in der Renaissance oberstes Gebot. Viele berühmte Maler dieser Zeit feierten weibliche Schönheit schwelgerisch, Tintoretto, Tizian und Raffael, vor allem aber Botticelli, dem zu seinen bekanntesten Bildern, der Geburt der Venus und der „Primavera", der Göttin des Frühlings, die junge Simonetta, der „Stern von Genua" Modell stand. Als Sechzehnjährige mit dem ebenfalls 16 Jahre alten Marco Vespucci aus Florenz verheiratet, war sie sieben Jahre lang gefeierte Schönheit dieser Stadt, bis sie im jugendlichen Alter von 23 Jahren an der Schwindsucht starb. Sie hat mit ihren langen, blonden Haaren, großen fiebrigen Augen, einem zarten Teint und schlanker, fast zerbrechlich wirkender Gestalt das Schönheitsideal der Frührenaissance verkörpert, wie es nicht nur von den Malern, sondern auch von Dichtern verherrlicht wurde:

> „Weiß ist sie, Blütenweiß ist ihr Gewand,
> mit Grün und Frühlingsblumen bunt bemalt.
> Vom Haupte wallt das goldne Lockenhaar
> herab auf ihre stolzbescheidne Stirn.
> Rings um sie lacht der ganze Wald"[7],

meinte der Dichter Angelo Poliziano, als er Simonetta als Nymphe besang.

Um dieses Schönheitsideal zu erreichen, waren nicht nur die Damen der Gesellschaft, sondern auch jene des Mittelstandes bereit, umständliche und oft auch gesundheitsschädliche Prozeduren zu ertragen. Um das Haar der dunklen Südländerin dem idealen Blond zumindest anzunähern, setzte die Venezianerin beispielsweise ihren Kopf oft den ganzen Tag der glühenden Sonne aus. Sie saß dabei auf den sogenannten Altanen, hölzernen, quadratischen Aufbauten in Form von Loggien auf den Dächern ihrer Häuser, und befeuchtete sich ständig den Kopf mit einem kleinen, an der Spitze einer Spindel befestigten Schwamm, den sie in ein spezielles Bleichmittel tauchte. Um ihr Gesicht dabei von der Sonne zu schützen – denn der Teint hatte hell, nicht braun zu sein – trug sie einen Strohhut ohne Kopf, solana genannt, über dessen breite Krempe die Haare gebreitet werden konnten[8]. Auch das Färben der Haare war allgemein üblich, nicht nur bei Frauen, sondern ebenso bei den nicht weniger eitlen Männern. Als es in Italien dann gegen Ende des 15. Jahrhunderts Mode wurde, kunstvoll aufgesteckte Haare ohne Haube zu tragen, mußten falsche Haarteile die raffinierten Frisuren vervollständigen. Es gab Haarteile aus echtem Haar ebenso wie solche aus weißer oder gelber Seide, die auf den Köpfen der Renaissanceschönen zu einfallsreichen Kompositionen drapiert wurden. Dazu sollten Augen in dunklem Braun kontrastieren, und dunkle Brauen, zu schön geschwungenen Bögen zurechtgezupft, dem Gesicht klassische Ebenmäßigkeit verleihen. Manchmal wurde auch der Haaransatz zurückgenommen, um damit die Stirn künstlich zu erhöhen. Schminke wurde meist reichlich verwendet, wobei vor allem das bereits in der Antike übliche gewesene Bleiweiß für den begehrten hellen, jugendlichen, zart getönten Teint zu sorgen hatte. Wie schädlich diese Schminken und Salben häufig für die Haut waren, beweist der Bericht eines Ferraresen, dessen Schwester durch den Gebrauch einer Paste die ganze Haut verlor[9].

Häufig experimentierten Frauen auch selbst, um die gewünschten Wässerchen und Tinkturen zu erhalten. Caterina Sforza etwa beschrieb in ihren „Experimenti", einer Sammlung von Rezepten für Schönheitswässerchen, Salben, Haarwuchs- und Haarentfernungsmitteln ein Destillat aus Asche von entrindetem Buchenholz, in dem das Haar öfter gewaschen und anschließend in der Sonne getrocknet wurde. Auch Isabella d' Este, die Markgräfin von Mantua, befaßte sich mit der Herstellung duftender Crèmes und parfümierter Essen-

Katharina von Medici (1519 – 1589) übernahm nach dem Tode ihres Gatten König Heinrich II. die Regentschaft für ihren Sohn Karl IX.

Isabella d'Este (1474 – 1539) mit Francesco Gonzaga von Mantua verheiratet, war eine hochgebildete Frau.

zen, die sie, in kostbare kleine Gefäße aus Kristall, Gold und Silber gefüllt, bis nach Frankreich verschickte. Parfümiert wurde nahezu alles, der Körper ebenso wie das Haar und die Kleidung. Sogar Geldscheine waren parfümiert, und Maultiere wurden mit Wohlgerüchen angespritzt. Das war offenbar notwendig, denn vom Waschen hat diese Epoche wenig gehalten. Die im Mittelalter so beliebten öffentlichen Bäder waren größtenteils wegen der neuen „Lustseuche", der Syphillis, geschlossen worden, und in den Haushalten scheint der Gebrauch von Wasser zu diesem Zwecke eher selten gewesen zu sein. Deshalb meinte auch Hieronymus Gardanus (gest. 1576) in seinen Erinnerungen:

„Männer und Frauen, auch solche, die zu gefallen pflegen, wimmeln von Flöhen und Läusen, andere stinken aus den Achselhöhlen, andere von den Füßen, die meisten aus dem Mund."[10]

Schönheit wurde also nicht unbedingt mit Reinlichkeit in Zusammenhang gebracht, dafür aber mit einer raffinierten, ausgesuchten, häufig sehr kostbaren Kleidung. Sie gehörte zur Vollendung der Person, des uomo universale, und bestand aus feinstem Tuch, Samt oder Seide sowie bunt gemusterten Brokatstoffen, die sich bald auch im Bürgertum durchzusetzen begannen. Wahrscheinlich war die Männermode noch raffinierter als die Damenmode. Vor allem am Beginn des 16. Jahrhunderts nahm das allgemein geübte Schlitzen der Kleider (d. h. Schlitze wurden in den Stoff geschnitten und das Futter durchgezogen) in Deutschland extravagante Formen an, es wurde jetzt nicht nur das Wams, sondern auch die Hose dieser Prozedur unterzogen, wobei die Beine häufig in verschiedenen Farben gehalten waren. Schließlich sollten eigene Kleiderordnungen den Luxus einschränken helfen, vor allem die niederen Stände mußten in die Schranken gewiesen werden. Die 1530 in Deutschland erlassene Reichskleiderordnung legte für Bauersfrauen sogar die Zahl der Falten im Rock fest. Davon abgesehen war in den nördlichen Ländern allerdings wenig von der italienischen und französischen Aufbruchsstimmung zu bemerken. Luther setzte sich zwar für Mädchenschulen ein, aber mehr als elementare Kenntnisse im Lesen, Schreiben, vielleicht noch in Rechnen waren hier nicht vorgesehen. Gelehrsamkeit bei Frauen wurde, im Gegensatz zu Italien, in Deutschland geradezu mißbilligt: „Es ist nicht Rock noch Kleid, daß einer Frauen oder Jungfrauen übler ansteht, als wenn sie klug sein will"[11], legte Luther seinen Standpunkt dar. Fromm, demütig hatte hier die Frau zu sein, geistiger Höhenflug wurde strikt unterbunden: *„Kinder zihen und haushalten, dazu ist sie berufen und von Gott geschaffen."*[12] Lediglich wenigen Nonnen in den noch verbliebenen Klöstern, die trotz des allgemeinen moralischen Verfalls nach wie vor als Stätten der Bildung galten, wurden humanistische Studien zugestanden. So etwa befaßten sich die beiden Schwestern des Humanisten Willibald Pirckheimer, die als Äbtissinnen im Nürnberger Klaren-Kloster lebten, sogar mit wissenschaftlichen Arbeiten und standen in einem umfangreichen Briefwechsel mit berühmten Gelehrten. Seiner Schwester Caritas widmete Pirckheimer seine Plutarch-Übersetzung, die sie mit Interesse las. Außerhalb der Klöster fanden sich gelehrte Frauen allerdings nur in den Familien der Humanisten, so zum Beispiel in jener Michael Hummelburgers, dessen Frau Margarete Welser für ihn Abschriften und Auszüge angefertigt haben soll. Als Sensation mußte gelten, daß angeblich der Heidelberger Lehrstuhl für Griechisch an die italienische Humanistin Fulvia Olympia Morata vergeben wurde, die ihrem Mann, dem Arzt Andreas Gundler aus Ferrara nach Deutschland nachgefolgt war[13].

Die berühmtesten Frauen der Renaissance aber lebten zweifellos in Italien. Eleonore von Aragon beispielsweise, die 1473 Ercole I. d' Este heiratete, war eine ungemein kultivierte und gebildete Frau, die in seiner Abwesenheit die Regierungsgeschäfte führte. Ihre Tochter Isabella, die mit Francesco Gonzaga von Mantua verheiratet war, gehörte ebenfalls zu den hervorragenden und geistreichen Frauen der Renaissance. Natürlich ist sie außerdem schön gewesen, was ihr den Ruf einer „prima donna del mondo" eingebracht hat. Isabella war eine äußerst vielseitige Frau, in den Wissenschaften ebenso wie in den schönen Künsten bewandert, sie las Vergil, Ovid, Horaz und Catull, interessierte sich aber ebenso für Geschichte und Philosophie. Vor allem aber war sie eine leidenschaftliche Sammlerin, dem Trend der Zeit entsprechend vornehmlich von antiker Kunst, aber auch von Werken zeitgenössischer italienischer und niederländischer Künstler. Daß sie auch in der Herstellung von Schönheitswässerchen bewandert war, wurde bereits erwähnt. Der „Machiavelli im Weiberrock", wie sie genannt wurde, regierte während der Abwesenheit ihres Mannes in Mantua, veranlaßte die Herstellung von Großbetrieben für Seide, Atlas und Damast und umgab sich mit einer Schar von Zwergen und Mohrenkindern, deren Auftreten oft als Höhepunkt geselliger Vergnügungen gewertet wurde. Mit beziehungsvollen Namen wurde auch Caterina Sforza ausgezeichnet, als „virago" (lat. = Heldin, Heldenjungfrau) soll sie mit einem Panzer unter dem Kleid ins Feld geritten sein, und als „Tigerin von Forli" ließ sie beim Ableben Papst Sixtus IV. in Vertretung ihres Gatten die Engelsburg besetzen, um auf diese Art und Weise die Wahl des Papstes zu beeinflussen. Nach der Ermordung ihres Gatten Girolamo Riario verteidigte sie ihr Schloß, rettete damit die Herrschaft der Riario in Forli und übernahm als Vormund ihrer Kinder die Regierung. Schließlich wurde sie von dem intriganten Cesare Borgia gefangengenommen und im Triumphzug nach Rom geführt. Ihre letzten Lebensjahre in Florenz konnte sie sich allerdings noch der Erziehung ihres jüngsten Sohnes widmen[14].

Von Legenden umgeben ist die Schwester Cesare Borgias, Lukrezia, Tochter Rodrigo Borgias, des späteren Papstes Alexander VI. Das ungewöhnlich schöne und anmutige Mädchen, dem in folgenden Jahrhunderten die Rolle der lasterhaften Sünderin angelastet wurde, war Spielball der Machtinteressen ihres Vaters und Bruders und liefert ein treffendes Beispiel für die patriarchalische Sicht der Geschichtsschreibung, die generell dazu neigt, Frauen zu Sündenböcken zu stempeln. Schon gegen Ende des vergangenen Jahrhunderts gelangten Historiker zu der Feststellung, daß die Papsttochter wesentlich besser war als ihr Ruf. Trotzdem hat sie bis zum heutigen Tag das Image des verdorbenen und perversen Weibes nicht verloren.

Lukrezia wurde im Jahre 1480 in Rom geboren, wuchs als wohlerzogenes junges Mädchen auf, sprach fließend spanisch und französisch, daneben leidlich Latein und etwas Griechisch. Bereits als Elfjährige wurde sie von ihrem Vater an einen Edelmann verlobt. Später, als der Kardinal zum Papst avanciert war, erschien ihm diese Verbindung als zu wenig gewinnbringend, weshalb die jetzt Dreizehnjährige den päpstlichen Vikar Pesaro Giovanni aus dem mächtigen Geschlecht der Sforza heiraten mußte. Bald jedoch ließen politische Veränderungen auch diese Heirat als zu wenig vorteilhaft erscheinen, worauf Vater Papst auf Annullierung der Ehe seiner Tochter drängte, die angeblich nie vollzogen worden war – was Lukrezia beschwören mußte. Es wird vermutet, daß der tiefbeleidigte und wütende Sforza dann jene Gerüchte ausstreute, die von einem Inzest zwischen Vater und Tochter und Bruder und Schwester sprachen. Lukrezia auf jeden Fall wurde aus politischen Überlegungen in zweiter Ehe mit dem Neffen des Königs Federigo von Neapel, Alfons, Herzog von Bisceglie verheiratet. Nach der Ermordung ihres Gatten – als Anstifter wird ihr Bruder Cesare vermutet – ging Lukrezia, die inzwischen 21 Jahre alt geworden war, eine Verbindung mit dem 24 Jahre alten, kinderlos verwitweten Erbprinzen von Ferrara, Alfonso ein. Der prunkvolle Einzug der Braut ist uns in allen Einzelheiten überliefert: 75 Bogenschützen zu Pferd, 80 Trompeter und 14 Pfeifer eröffneten den Zug, dann folgte der Adel Ferraras und Don Alfonso, prächtig gekleidet. Anschließend die Kavalkade der Braut und die Braut selbst, auf einem mit Scharlach gedeckten Schimmel, angetan mit einer breitärmeligen Camorra von schwarzem Samt mit feinen Goldleisten, auf dem Kopf ein schleierartiges, von Diamanten und Gold funkelndes Netz ohne Diadem und um den Hals eine große Kette von Perlen und Rubinen. Sie ritt unter einem purpurnen Baldachin, den Doktoren der Universität trugen. Das üppige blonde Haar fiel frei auf ihre Schultern herab, ein Bild von bezaubernder Anmut und Schönheit, wie zeitgenössische Berichterstatter emphatisch versichern.

„Sie ist von mittlerer Größe und von zierlicher Gestalt; ihr Gesicht länglich, die Nase schön profiliert. Die Haare goldhell, die Augen von blauer Farbe; ihr Mund ist etwas groß, die Zähne blendend weiß; ihr Hals schlank und weiß, bedeutend und doch voll Maß. Ihr ganzes Wesen atmet stets lachende Heiterkeit."[15]

In Ferrara galt sie als tugendhafte, sittsame Frau, gelegentlich führte sie mit großem Geschick die Regentschaft, alle Dichter haben sie wegen ihrer Schönheit und Sittsamkeit gefeiert und nachdem sie fünf Söhne und drei Töchter geboren hatte, von denen allerdings nur drei Söhne und eine Tochter überlebten, ist sie nach der Geburt eines neunten, toten Kindes im Alter von nur 39 Jahren gestorben.

Zu den großen Herrscherinnen der Renaissance gehörte auch die englische Königin Elisabeth I. , die einem ganzen Zeitalter ihren Namen gab. Ihr Streit mit Maria Stuart, der Tochter Jakobs V. von Schottland, die sich als rechtmäßige Königin von England betrachtete, ist uns weniger durch Geschichte, als durch dichterische Interpretation geläufig. Daß Maria auf dem Schafott endete, wurde Elisabeth, die eine hochgebildete Frau war, von der Nachwelt als charakterliche Schwäche angelastet, die ihre Vorzüge in den Hintergrund gedrängt oder völlig ausgelöscht haben. In Frankreich war es die aus dem berühmten Florentiner Geschlecht stammende Katharina de Medici (1519-1589), die nach dem Tode ihres Gatten König Heinrich II. die Regentschaft für ihren zweiten Sohn Karl IX. übernahm und durch das berüchtigte Blutbad der Bartholomäusnacht, in der sie die Führer der Hugenotten heimtückisch ermorden ließ, zu zweifelhaftem Ruhm gelangte. Auch in Spanien gab es einflußreiche Königinnen, wie etwa Isabella I. , die Gattin Ferdinands von Aragon, die Christoph Columbus den Auftrag erteilte, den Seeweg nach Indien zu suchen, was zur Entdeckung Amerikas führte. In den Niederlanden lag die Regierung sogar drei Generationen lang in den Händen von Frauen: Der mit 25 Jahren zum zweiten Mal verwitweten Tochter Kaiser Maximi-

lians I. , Margarethe, die in der Residenzstadt Mecheln über zwei Jahrzehnte politisch und wirtschaftlich erfolgreich regierte. Der Schwester
Kaiser Karls V., Maria, die Witwe des in der Schlacht bei Mohács gefallenen ungarischen Monarchen Ludwig II. , die ihren Regierungs-
sitz in ihre Geburtsstadt Brüssel verlegt hatte und schließlich Margarethe von Parma, der illegitimen Tochter Karls V. und einer flämischen Patriziertochter, die mittels geschickter Politik die beginnende
antispanische Opposition durch einen Ausgleich mit dem niederlän-
dischen Adel einzudämmen versuchte.

Das Zeitalter der Renaissance hat Frauen aber nicht nur Bildung
ermöglicht, sie auf den Thron gehievt und ihre Schönheit gefeiert, es
hat ihnen auch die Erotik gestattet, zu der das Mittelalter unter dem
Einfluß der Kirche ein eher gespaltenes Verhältnis besaß. Es war eine
Epoche des heiteren und verfeinerten erotischen Lebens, eine Zeit
neuer Sensibilisierung von Liebe und Liebesgenuß. In ihr wurde
auch die große Kurtisane geboren, die in den drei Jahrzehnten der
Hochrenaissance in Italien Triumphe feierte. Sie unterschied sich von
der französischen Mätresse, die bereits ein Jahrhundert früher am
französischen Hof anzutreffen ist, während sich die Kurtisane als
Edelprostituierte die antike Hetäre zum Vorbild nahm. Es gab große
Kurtisanen vor allem in Venedig und Rom, die von Dichtern und
Malern verherrlicht und gefeiert wurden. Wie etwa die jung verstorbene schöne und kluge Imperia, oder Tullia d'Aragona, die sich in ihrer prächtigen Villa mit Luxus, schönen Kleidern, aber auch Kunst-
werken und Büchern umgab. Sie zählte die berühmtesten Männer zu
ihren Liebhabern, ihr Haus wurde Treffpunkt vieler Literaten und
Gelehrter, auch sie selbst ist als Dichterin hervorgetreten. Sogar der
Streifen gelben Stoffes am Schleier, der sie als Kurtisane kennzeich-
nete, wurde ihr als Anerkennung für ihre poetischen und philosophischen Werke erlassen. Denn natürlich hatte auch die italienische
Kurtisanenwelt das Stigma der käuflichen Liebe zu tragen. Davon
abgehoben haben sich lediglich die ganz Großen, während die 6 800
Prostituierten, die 1490 in Rom gezählt worden sein sollen[16], sicherlich größtenteils unter Armut und Verachtung litten. Vor allem als
die Syphilis durch französische Heere in Italien eingeschleppt wurde, hatten Prostituierte als Verbreiterinnen der Krankheit unter zunehmender Ächtung zu leiden. Die „Lustseuche" führte auch zum
Ende der großen Kurtisanenwelt. *„Hättest du dich vor den unreinen
Huren in acht genommen, dann hätte dein syphilitischer Ausschlag im Gesicht dich nicht verunstaltet"*, meint Gregor Engel in seinem Epigramm
von 1501[17]. Der deutsche Jakob Wimpfeling mahnte die jungen Männer:

„Fürchte also die Prostituierten und halte dich fern von ihnen ... Wie viele Jünglinge, wie viele erwachsene Männer haben sich durch die schmutzigen Dirnen diese Franzosenkranheit zugezogen."[18] Natürlich hatte auch der Abstieg der Kurtisane zur gefährlichen, niederen Hure eine allgemeine Wertminderung der Frauen zur Folge. Wieder einmal waren sie es, die zu Schuldigen gestempelt wurden, ihnen wurde die eigentliche Verantwortung für die Verbreitung der Seuche aufgebürdet, ungeachtet der Tatsache, daß Prostitution eine Erfindung des Mannes zur Befriedigung seiner eigenen Bedürfnisse war.

Luthers Eheideal

Ein spezielles Verhältnis zu Liebe, Sexualität und Frauen wird Luther, dem Mönch und Reformator nachgesagt. Den „Versuchungen des Fleisches" gegenüber nicht völlig unempfindlich, hatte er sich ein eigenes Lehrgebäude geschaffen, in dem erlaubt wurde, was in der katholischen Kirche nicht erlaubt war, nämlich der Sexualverkehr des Priesters, vorausgesetzt, er fand im „geheiligten Stand der Ehe" statt. Diese neue Perspektive, die den weltlichen Ehestand höher einschätzte als das Ordensleben und das Zölibat der Priester, hatte natürlich entsprechende Auswirkungen auf die Frau. Sie wurde einerseits als Gattin und Mutter aufgewertet, andererseits jedoch als unverheiratete und berufstätige Frau zunehmend diskriminiert. Der Typ der tugendhaften, braven und tüchtigen Haus- und Ehefrau, wie er in Resten bis herauf in unser Jahrhundert Geltung besaß, galt nun als praktisch einzig akzeptierte weibliche Lebensform. Ein demütiges Gesicht unter der großen Haube, aus der sich kein Härchen hervorwagen durfte, sittsam niedergeschlagene Augen und korrekt im Schoß gefaltete Hände, so ist uns die Frau der Reformation aus zahlreichen Abbildungen überliefert. Die Vielfalt an Verwirklichungsmöglichkeiten, wie sie noch das Mittelalter geboten hatte, war damit auf diese Rest-Existenz zusammengeschrumpft. Die Ausübung eines qualifizierten Berufes war Frauen am Beginn der Neuzeit weitgehend untersagt worden, aus den Klöstern, den wichtigen Stätten weiblicher Bildung, wurden sie vertrieben. Die keusche, unberührte Jungfrau, im Katholizismus hoch geschätzt, geriet zur verachteten alten Jungfer, die, da unfruchtbar, ihren eigentlichen Lebenszweck verfehlt hatte und daher zu einem Schattendasein verurteilt war, während der unverheiratete Mann als Berufstätiger sehr wohl ein vollwertiges Mitglied der Gesellschaft sein konnte. Einzig die Nachwuchs produzierende Mutter und treue Gehilfin des Mannes besaß ab nun eine Daseinsberechtigung, wie es Luther in seiner Schrift vom ehelichen Leben unmißverständlich ausdrückte: *„Daher man auch siehet, wie schwach und ungesund die unfruchtbaren Weiber sind; die aber* *fruchtbar sind, sind gesünder, reinlicher und lustiger."* Dann jener Ausspruch über die Mutterschaft, der wegen seines brutalen Zynismus von Protestanten nicht gerne zitiert wird: *„Ob sie sich aber auch müde und zuletzt tottragen, das schadet nicht, laß sie nur tottragen, sie sind drum da."*[1]

Die Ehelehre Luthers gründet sich auf seine Vorstellung von der Unmöglichkeit des Zölibatsgelübdes, das er als widernatürlich und nicht einhaltbar betrachtete. *„Sowenig man des Essens und Trinkens entbehren kann, ebensowenig ist es möglich, sich von Weibern zu enthalten"*[2], heißt es in den Tischreden. Als Beweis diente ihm dabei die „Hurerei" der Priester, die ganz offiziell vom Papst eingerichtete Freudenhäuser besuchten, wobei es teilweise üblich war, daß Geistliche für „unerlaubte" Beziehungen ihrem Vorgesetzten einen Geldtribut entrichten mußten, was Luther sicherlich bekannt war[3]. In seiner Schrift „Wider den falsch genannten geistlichen Stand des Papstes und der Bischöfe" wandte er sich scharf gegen die von der Kirche geduldete Prostitution, die nicht selten von kirchlichen Kreisen, gemäß dem bereits erwähnten Ausspruch des heiligen Augustinus, sogar gefördert wurde, der ihr eine Art Reinigungsfunktion zuschrieb. Eine Ansicht, die Luther keinesfalls teilte. Er verurteilte vielmehr die Prostitution auf das schärfste und machte die christliche Askese für ihre Ausbreitung verantwortlich, weshalb er auch die Ehe als „Remedium", als Heilmittel verschrieb. Dabei ging es ihm allerdings nicht so sehr um eine Verbesserung der Situation der Frau, sondern vielmehr um ein theologisches Problem. Ehelosigkeit schien der wahren christlichen Lebensführung im Wege zu stehen, sie führte den Mann in Versuchung. Darum war es schon besser, er verschrieb sich einer einzigen Frau, als er trieb „Unzucht" mit vielen. War doch selbst Luther von „schändlichen Anfechtungen" nicht verschont geblieben, wie er offen eingestand, bis er, in provokativer und revolutionärer Absicht, Katharina von Bora, eine entlaufene Nonne, ehelichte und damit dem Zölibatsgelübde ein Ende setzte. Seine Einschätzung von Liebe und Sexualität unterschied sich trotzdem nicht so wesentlich von jener der katholischen Kirche. Auch für Luther bedeutete Lust Sünde, die allerdings, wenn sie innerhalb der Ehe stattfand, gerade noch tolerierbar war, während sie außerhalb der Ehe als „tödlich" galt. Er spricht von der „Scheußlichkeit, die im Fleische steckt ..." und betrachtet den Geschlechtsverkehr hauptsächlich als Mittel zur Erzeugung von Nachwuchs, keinesfalls jedoch zur Befriedigung eines als „sündhaft" apostrophierten Triebes. Liebe – ursprünglich in seinen Ausführungen noch als treibende Kraft gestattet

– erschien ihm später daher auch zunehmend suspekt und gefährlich und wurde durch die Treue ersetzt:

„Die wahre Definition aber ist diese: die Ehe ist eine göttliche und rechtliche Vereinigung von Mann und Frau in der Hoffnung auf Nachkommenschaft, oder wenigstens zur Verhinderung von Hurerei und Sünde zum Ruhme Gottes. Letztes Ziel ist Gottes Gehorsam und Heilung von Sünden; Gott anzubeten, d. h. ihn zu lieben, zu seinem Ruhm Nachkommenschaft aufzuziehen, mit der Frau in Furcht Gottes zu leben und das Kreuz zu tragen."[4]

Luther ist grundsätzlich auch von der Unauflöslichkeit der Ehe überzeugt (als Sakrament hingegen hat er sie abgeschafft), läßt allerdings dabei Ausnahmen gelten. Ehebruch galt als Scheidungsgrund, aber auch Zerstörung der ehelichen Gemeinschaft in böswilliger Absicht, Verweigerung des ehelichen Verkehrs, Grausamkeit, Lebensbedrohung und Verhinderung der Religionsausübung. Außerdem war es der Frau gestattet, sich im Falle von Impotenz des Ehemannes zwecks Kinderzeugung nach einem anderen umzusehen[5]. An der Unterordnung des weiblichen Geschlechts im Diesseits läßt jedoch auch der Reformator keinen Zweifel, lediglich im Jenseits sind diese Unterschiede aufgehoben:

„ ... der Mann ist auch edler denn ein Weib, dennoch ist das Weib sowohl ein Gotteswerk als der Mann, denn für Gott sind alle Dinge gleich, die doch untereinander ungleich sind."[6]

Zwar wird dem Mann Achtung, Treue und Liebe der Frau gegenüber empfohlen, die jedoch immer als das „schwechste werkzeuge" betrachtet wird. Die männliche Vorrangstellung ebenso wie das Züchtigungsrecht blieben unbestritten. Die Familie war rein patriarchalisch und die Frau dem Mann Gehorsam schuldig. Ihre von Luther propagierte einseitige Festlegung auf die Funktion als Kindergebärerin und -erzieherin, die sie an das Haus fesselte, während dem Mann als Ernährer und Erhalter der gesamte öffentliche Bereich zugestanden wurde, begünstigte den Ausschluß der Frau aus dem beruflichen und intellektuellen Leben am Beginn der Neuzeit. Gleichzeitig damit wurde eine Entwicklung eingeleitet, die für das Rollenverständnis von Mann und Frau in den späteren Jahrhunderten von größter Bedeutung war.

Nachteilig für das Weiblichkeitsbild wirkte sich auch die Beseitigung der Marienverehrung und der weiblichen Heiligenlegenden aus, weil damit das letzte weibliche Element aus der Religion gestrichen wurde. Ebenso problematisch war die Vertreibung der Frauen aus den Klöstern. Denn obwohl jetzt einerseits Mädchen nicht mehr gezwun-

*Das Bildungsideal und die Wiederentdeckung der Erotik, wie sie vor allem in
der italienischen Renaissance die Emanzipation der Frau begünstigte, blieb
weitgehend auf die romanischen Ländern beschränkt. Im Deutschland Luthers
war nach wie vor die tüchtige, tugendsame, und von Kopf bis Fuß verhüllte
Hausfrau gefragt.
(Agnes Dürer, †1539, Zeichnung von Albrecht Dürer 1521).*

gen werden konnten, gegen ihren Willen den Schleier zu nehmen, war andererseits damit eine sehr wichtige weibliche Lebensform, eine Alternative zum Ehedasein zerstört worden. Tagebuchnotizen von betroffenen Frauen, etwa jene der Caritas Pirckheimer, Äbtissin in Nürnberg, oder der Priorin Ursula von Bock zeigen auf erschütternde Art und Weise, wie sehr sich Nonnen dagegen wehrten und mit welcher Brutalität hier von protestantischer Seite vorgegangen wurde. Bestechungen durch Geld und öffentliche wüste Beschimpfungen konnten sich bis zu Gewaltakten, körperlichen Mißhandlungen, Mord und Brand steigern. Manche Frauen wurden entführt und zur Ehe gezwungen, andere wurden vergewaltigt[7]. Damit wird wieder einmal deutlich die allgemeine Funktion der Frau im Patriarchat aufgezeigt, nämlich Spielball verschiedener Interessengruppen und wechselnder Machtverhältnisse zu sein ohne die Möglichkeit, über die Gestaltung ihres eigenen Lebens selbst zu entscheiden.

Die Vertreibung der Frauen aus den Klöstern ebenso wie ihre Verdrängung aus dem Berufsleben führte zu jenem weiblichen Lumpenproletariat, das für den Beginn der Neuzeit charakteristisch ist, und dem die Reformer wenig entgegenzusetzen hatten. Nur in unqualifizierten, schlecht bezahlten Arbeiten waren Frauen gerne gesehen, was auch mit ihrem Bildungsstand in einem ursächlichen Zusammenhang stand, der ja möglichst niedrig gehalten wurde. Denn wohl hatte Luther öffentliche Schulen für beide Geschlechter verlangt, in der Praxis allerdings wurde diese Forderung nur höchst unzureichend verwirklicht. Die Möglichkeiten für Frauen, sich zu bilden, waren in Deutschland am Beginn der Neuzeit im Vergleich zu jenen des Mittelalters geringer geworden. Sie beschränkten sich im großen und ganzen auf die Erfordernisse einer Haushaltsführung und bildeten damit die Voraussetzung für die zunehmende Ghettoisierung der Frau, ihre Abspaltung vom öffentlichen und gesellschaftlichen Leben und ihre Abschiebung in den rein häuslichen Bereich. Während noch wenige 100 Jahre früher Frauen den Männern an Bildung teilweise überlegen waren, verkehrte sich die Situation jetzt in das Gegenteil. Abgesehen von jener kurzen Blüte, die weibliche Bildung in der Hochrenaissance Italiens und Frankreichs (und auch dann nur für die privilegierten Stände) erreicht hatte, sank das Bildungsniveau der Frau am Beginn der Neuzeit weit unter jenes des Mannes. Frauen, ausgeschlossen von den Universitäten und den Berufen, wurden auf das Haus und ihre biologische Funktion des Kindergebärens fixiert. Selbst als sich im Laufe des 16. Jahrhunderts das humanistische Bildungsideal von Italien aus nach Deutschland auszubreiten begann, erfaßte es die Frauen im großen und ganzen nur wenig. Hochgebildete Frauen, wie die bereits erwähnte Caritas Pirckheimer, müssen zu den absoluten Ausnahmen gezählt werden. Ein wenig leichter war es für Frauen, sich innerhalb des propagierten Frauenideals weiterzuentwickeln. Tüchtige, praktische, kluge und energische Frauen gab es in dieser Zeit auch in Deutschland, wie etwa Barbara Uttmann, die Frau eines vermögenden Annaberger Bergherrn, die im Erzgebirge um 1560 das Spitzenklöppeln einführte. Die Spitzenkunst war im Laufe des 16. Jahrhunderts in verschiedenen Ländern, wie etwa in Frankreich und in den Niederlanden, zu einer wichtigen Erwerbsquelle einer größtenteils von Frauen betriebenen Heimindustrie geworden. Barbara Uttmann, die nach dem Tod ihres Mannes auch die Bergbaugeschäfte weiterführte, beschäftigte bald an die 900 Klöpplerinnen und wurde damit zum Vorbild für andere Frauen aus führenden Annaberger Familien, die als Verlegerinnen den Vertrieb der von Lohnarbeiterinnen aus den ärmeren Bevölkerungsschichten hergestellten Spitzen übernahmen. Auch Handelsfrauen konnten ihren Platz behaupten, weil die rechtliche Gleichstellung der Frau im Handelsleben größtenteils erhalten blieb. Es waren allerdings meist Töchter und Witwen reicher Großkaufleute, die sich aktiv oder zumindest als stille Teilhaberinnen an den großen Handels- oder Geldgeschäften beteiligten. Ebenso konnte sich die Frau als tüchtige, rechtschaffene „Gehilfin" des Mannes einen gewissen Einfluß sichern. Wie etwa die Ehefrau Luthers, Katharina von Bora, die von ihrem Mann scherzhaft „Herr Käthe" genannt wurde, was als Ausdruck des Respekts vor ihren – bezeichnenderweise als männlich definierten – Führungsqualitäten zu verstehen ist. Oder die ungemein tüchtige Wibrandis Rosenblatt, die insgesamt 10 Kinder gebar und in dritter Ehe mit dem Reformator Martin Butzer verheiratet war. Auch Katharina Zell, die Frau des lutherischen Predigers Matthias Zell, war seine aufopferungsvolle Mitstreiterin, und er selbst war sich dieser Tatsache durchaus bewußt. Trotzdem wäre es weder ihm noch ihr jemals in den Sinn gekommen, von Gleichberechtigung zu sprechen. Denn obwohl diese Ehe eine Arbeitsgemeinschaft und Partnerschaft für den Glaubenskampf darstellte, waren ihre Ziele selbstverständlich immer den seinen untergeordnet.

Eine herausragende Persönlichkeit im lutherischen Glaubensstreit war auch Argula von Grumbach (1492 -1568), die aus einer alten bayrischen Adelsfamilie stammte und Hofdame bei der Herzogin Kunigunde von Bayern gewesen war. Die schweren Anfeindungen, die sie zu erdulden hatte, richteten sich allerdings nicht vornehmlich gegen ihre lutherische Gesinnung sondern eher gegen ihr Geschlecht. Nachdem sie eine Reihe von Streitschriften für die neue Lehre veröffentlicht hatte, wurde sie beschimpft und verspottet und an ihren Platz im Haus und am Herd verwiesen. Welche Aufregung derartige „unweibliche" Tätigkeiten damals verursachten, zeigen deutlich die zahlreichen Schmähschriften, die auf sie verfaßt wurden. Die Ingolstädter Hochschule etwa schickte ihr einen Spinnrocken samt folgendem Gedicht:

> „Fraw Argel, arg ist ewer nam
> Vil ärger/daß ir one scham
> Und alle weyblich zucht vergessen,
> So frevel seyt vnd so vermessen,
> Daß jr ewer Fürsten und Herren,
> Erst wolt aynen newen glawben lernen ..."[8]

Frauen, so meint der Student in guter alter Tradition weiter, hätten vielmehr in der Kirche zu schweigen und die Männer zu ehren „in forcht, gehorsam, zucht und scham". Nach sieben veröffentlichten Traktaten, die ihr mutiges Eintreten für die Reformation, und sehr genaue Kenntnisse der politisch-religiösen Verhältnisse ihrer Zeit bezeugen, resignierte Argula von Grumbach dann und zog sich unter dem Druck der Öffentlichkeit, und wahrscheinlich auch ihres Mannes und ihrer Familie, zurück.

Trotz dieser wenigen Ausnahmefrauen, die für ihr Engagement, soferne es sich vom akzeptierten Rollenverständnis entfernte, verfolgt, verhöhnt und schließlich mundtot gemacht wurden, ist der Niedergang weiblicher Bildung im 16. Jahrhundert eklatant. Er bestimmte das Schicksal der Frauen in den folgenden Jahrhunderten (lediglich die Frühaufklärung hat noch einmal Akzente in Richtung weiblicher Gelehrsamkeit gesetzt) und wurde erst gegen Ende des 19. Jahrhunderts langsam aufgehoben.

Das neue wissenschaftliche Weltbild und die Frau als gefährliche Naturgewalt

Frau und Natur wurden schon immer in einen engen Zusammenhang gebracht. Teilweise waren sie sogar identisch. In den alten matrizentrischen Kulturen war die Frau Erzeugerin allen Lebens, sie gebar nicht nur Menschenkinder, sondern als Göttin auch Pflanzen und Tiere. Auch die Antike verglich die Natur mit einer gebärenden Mutter, und noch im Mittelalter wurde die Erde mit einer nahrungsspendenden Mutter gleichgesetzt, die wohlwollend und gütig in einem planvoll geordneten Universum für die Bedürfnisse der Menschheit sorgte. Aber nicht nur Erde und Natur, der gesamte Kosmos wurde auch damals noch weiblich gedacht, er war fühlend, belebt, und mußte daher auch wie ein Lebewesen behandelt werden. Paracelsus etwa nennt die Erde eine Frau, deren Schoß alles Leben nährt. Sie ist bei ihm, ganz wie in den vorgeschichtlichen Kulturen, eine Mutter, die Pflanzen,Tiere und Menschen zur Welt bringt. Ebenso hat die Renaissance die Natur als nährende Amme bezeichnet.

Gleichzeitig allerdings gab es auch noch eine andere Vorstellung, in der gefährliche Naturgewalten wie Überschwemmungen, Erdbeben, Stürme, Trockenzeiten und Hungersnöte mit dem weiblichen Geschlecht in Zusammenhang gebracht wurden. Es war dies die dunkle, die andere Seite der großen Mutter, die ja nicht nur das Leben, sondern immer auch den Tod in sich einschloß. Im 16. Jahrhundert, mit dem Aufkommen der Naturwissenschaften, begann sich dann dieses negative Bild zu verfestigen. Denn jetzt wurde die Natur zunehmend als Chaos begriffen, das bewältigt, gezähmt und beherrscht werden mußte, was auch für das Bild der Frau entsprechende Konsequenzen hatte: Auch sie, ausgeschlossen von diesen neuen Entwicklungen, geriet mehr und mehr zum Objekt, über das sich der Mann als Beherrscher der Natur Verfügungsrecht anzumaßen begann. Außerdem schuf ein zunehmend mechanistisches Weltbild, in dem sich die Erde von einem fühlenden, lebendigen Organismus zu einem unbeseelten, toten physikalischen System entwickelte, jene Voraussetzungen, die zu der katastrophalen Naturzerstörung führten, mit der wir heute konfrontiert sind. Denn die Vorstellung von einer lebendigen Mutter Erde wirkte ihrer hemmungslosen und totalen Ausbeutung entgegen. Bergbau etwa wurde mit großem Vorbehalt betrieben, Bergleute brachten den Gottheiten des Bodens Opfer dar und mußten die Gebote der Reinheit, sexuellen Enthaltsamkeit und des Fastens einhalten, bevor sie durch Abteufen eines Schachts die Unberührtheit der heiligen Erde verletzten[1]. Bereits der römische Autor Plinius d. Ältere (23-79 n. Chr.) warnte in seiner „Naturalis historia" davor, in den Tiefen von Mutter Erde zu schürfen und befürchtete Erdbeben und Vulkanausbrüche als Rache für eine derartige Zudringlichkeit. Auch andere römische Autoren wie Ovid, Seneca, Plinius der Jüngere und die Stoiker bezeichneten den Bergbau als Schändung der Mutter Erde. Eine Ansicht, die sich bei vielen sogenannten „primitiven" Völkern bis heute erhalten hat und von einer zivilisationsmüden, durch eine dramatisch fortschreitende Naturzerstörung aufgeschreckten Gegenwart wiederentdeckt wurde.

Vor allem die animistische Naturphilosophie der bereits zum größten Teil ausgerotteten Indianerstämme Nordamerikas zeigt ein Weltbild, das sich von dem unseren grundlegend unterscheidet:

„Ihr verlangt von mir, daß ich den Boden pflüge! Soll ich ein Messer nehmen und die Brust meiner Mutter zerfleischen? Dann wird sie mich, wenn ich sterbe, nicht an ihren Busen nehmen, daß ich ausruhe.

Ihr verlangt von mir, daß ich nach Steinen grabe! Soll ich unter meiner Mutter Haut nach ihren Knochen graben? Dann kann ich, wenn ich sterbe, nicht in ihren Leib zurückkehren, um wiedergeboren zu werden.

Ihr verlangt von mir, daß ich das Gras schneide und Heu mache und es verkaufe, um reich zu werden wie weiße Männer! Aber wie kann ich es wagen, meiner Mutter Haare abzuschneiden?"[2]

So meinte bereits um 1800 ein Angehöriger der Stämme des Columbia-Beckens auf die Aufforderung des weißen Mannes, es ihm gleichzutun.

Bei Platon war die weibliche Weltenseele noch der Urgrund der Bewegung im Weltall, der die unwandelbaren, ewigen Formen und die wandelbare, zeitliche Welt der Natur verbindet. Aber bereits im 12. Jahrhundert begrenzte die christliche Philosophieschule von Chartres die Macht dieser weiblichen Allmutter. Sie stellte die Natur zwar als Göttin dar, betonte jedoch deren untergeordnete Stellung gegenüber Gott. Sie galt als Schöpferin und Hervorbringerin der materiellen Welt, in dieser Funktion den Menschen überlegen, Gott jedoch untergeordnet[3]. Es gibt zahlreiche Abbildungen aus dieser Zeit, in denen die Frau als Weltenseele, als Mutter Natur, auch als Göttin dargestellt wird. Der Neuplatonist Robert Fludd (1574 – 1637) etwa zeichnet die weibliche Weltenseele, die durch ihre rechte Hand mit Gott verbunden ist, während sie mit ihrer linken durch eine goldene Kette die Verbindung mit der irdischen Welt herstellt. Eine andere Darstellung zeigt die Muttergöttin Isis, deren offenes Haar in einem Reif steckt, der die Welt bedeutet, während ihren Umhang Sterne und Blumen schmücken und der Halbmond in ihrem Schoß mit seinen Strahlen die Erde befruchtet. In der linken Hand hält sie einen Kübel, Sinnbild des die Erde bewässernden Nils, mit der rechten schüttelt sie das Sistrum, eine Klapper, die die Kraft und Bewegung der Natur symbolisiert[4]. Solche und ähnliche Darstellungen am Beginn der Neuzeit gehörten allerdings zu den letzten Ausläufern eines magisch-mythischen Weltbildes, in dem der Kosmos einen lebenden, mit dem Menschen in einer innigen Beziehung stehenden Organismus darstellte, der in den großen Schöpfungsplan Gottes eingebunden war.

Mit dem zunehmenden Individualisierungsprozeß jedoch begann sich auch die große, alles umfassende Weltenseele mehr und mehr aufzusplittern, die Natur wurde als siech, als krank und bedroht empfunden. Neue wissenschaftliche Entdeckungen trugen dazu bei, das alte Weltbild in seinen Grundfesten zu erschüttern. 1543 veröffentlichte Nikolaus Kopernikus seine Kosmologie, in der er die Hypothese des Heliozentrismus vertrat und Kritik am geozentrischen Modell des Weltalls übte. Damit wurde die weibliche Erde aus dem Mittelpunkt des Kosmos vertrieben und durch die männliche Sonne ersetzt. Einen ebensolchen Aufruhr erzeugte Johannes Kepler (1571-1630), der von einer „Himmelsmaschine" sprach, die „nicht mit einem göttlichen Organismus zu vergleichen ist, sondern einem Uhrwerk"[5]. Descartes' (1596-1650) mechanistische Naturauffassung machte schließlich aus einem belebten Kosmos endgültig eine Maschine. Die weiblich gedachte Weltenseele, die Gott mit der Erde und den Menschen verband, begann zu sterben: „Sie, sie ist tot; sie ist tot", schreibt der Dichter John Donnes Anfang des 17. Jahrhunderts in seiner „Anatomy of the World". Er beklagte damit nicht nur den Tod der Seele der jungen Elisabeth Drury, sondern den der Weltenseele selbst. Sie ist ein „Krüppel", ein „gräßlich Ungeheuer", ein „bleich Gespenst" und eine „trock'ne Aschen"[6]. Was also war angesichts einer derart kranken und dahinsiechenden Natur naheliegender, als die Kontrolle, die

Herrschaft, die Verfügungsgewalt über ein so schwaches System zu fordern, um der zunehmenden Angst Herr zu werden, die sich angesichts eines derartigen Verfalls einzustellen begann.Weil aber die Frau nach wie vor diese Natur verkörperte schien es geboten, H e r r schaft gleichzeitig auch auf sie auszuweiten bzw. zu verfestigen. Auch sie wurde als schwach, passiv und über den Mann zu definieren dargestellt. Hatte doch schon Aristoteles, dessen Philosophie im 12. Jahrhundert neu entdeckt worden war, in ihr einen unvollständigen, verstümmelten Mann gesehen. Sogar bei der Erzeugung von Nachwuchs, so meinte er, käme ihr eine untergeordnete Bedeutung zu. Auch Thomas von Aquin erklärte die Frau als Gefäß des Mannes, das den Samen nur aufnimmt:

„Das Weib ist etwas Mangelhaftes und eine Zufallserscheinung, und die Zeugung des Weibes geschieht aufgrund einer Schwäche der wirkenden Kraft, wegen schlechter Verfassung des Stoffes."[7]

Die Frau war aber nicht nur schwach wie die Natur und daher zu beaufsichtigen, sie war auch gefährlich wie die Natur und daher zu zähmen. Einen besonderen Ausdruck fand diese beängstigend chaotische Naturgewalt in der Hexe, die alle wilden, chthonischen Kräfte der Natur in sich verkörperte und daher ausgerottet werden mußte. Die Hexe verwaltete ein letztes Reservat weiblicher Macht, noch zum Zeitpunkt hereinbrechender Naturwissenschaften maßte sie sich an, die Kräfte der Natur zu kennen und zu beeinflussen, mit Magie, mit Zauberei, zu der die einstigen großen, schöpferischen Kräfte weiblicher Mutter- und Erdgottheiten verkommen waren. Die Hexe wußte immer noch Bescheid über uralte Zusammenhänge, sie kannte die Heilkraft der Kräuter, die Beeinflussung durch die Gestirne, und sie wußte Rauschgetränke zu brauen, mit deren Hilfe sie zum Hexensabbat flog, um dort orgiastische Feste zu feiern. Sie ließ enthemmte, entfesselte Leidenschaften zu, Ent-Grenzung in einer zunehmend geordneten Welt. Sie kannte die Ekstase, sie zelebrierte uralte Fruchtbarkeitsfeste und geheime Riten. Darüber hinaus besaß sie Kenntnis über die weiblichen Körpervorgänge, vor allem der vom Mann immer als unheimlich empfundene und tabuisierte Geburtsvorgang wurde von ihr beaufsichtigt und kontrolliert. Kein Wunder, daß vor allem die weise, kräuterkundige Frau ebenso wie die Hebamme auf der besonderen Abschußliste der Hexenjäger stand. „Niemand", so heißt es im berühmt-berüchtigten „Hexenhammer", „schadet dem katholischen Glauben mehr als die Hebammen", wobei ihnen nicht nur vorgeworfen wurde, Verhütungsmittel anzuwenden und Abtreibungen vorzunehmen, sondern auch die neugeborenen Kinder den

„Zwei Hexen" von Hans Baldung, genannt Grien, (1484/85 – 1545).
Baldung, ein Gegner der Hexenverfolgungen, zeigt die kraftvolle, selbstbewußte
Frau, die sich im Einklang mit den geheimnisvollen Kräften der Natur befindet
und diese auch zu nutzen weiß.

Dämonen zu weihen. Am gefährlichsten jedoch erschien die Sexualität der Frau, die als ungehemmt, unersättlich, gierig, und von keinem Mann zu befriedigen beschrieben wurde. Auch hier hat der „Hexenhammer" mit einschlägigen Zitaten aufzuwarten. „Dreierlei ist unersättlich", heißt es etwa u. a. : „und das vierte, das niemals spricht: es ist genug, nämlich die Öffnung der Gebärmutter." Auch der englische Geistliche Robert Burton zeichnet in seiner „Anatomy of melancholy" (1621) ein Bild der hemmungslosen, lüsternen Frau, die selbst im Alter keine Zurückhaltung kennt:

„Schlimmer ist sie beim Weibe als beim Manne; wenn sie schon ... eine bejahrte Witwe ist und seit langem Mutter, sucht sie noch, sehr ungeziemend, zu freien; sie mag eine noch so alte Vettel sein, ... ein bloßer Leichnam von halb erstorbenem Gefühl, so keift sie doch und muß einen Hengst haben, einen Bemeisterer; sie muß und wird wieder freien und sich irgendeinem Jüngling verloben." [8]

Häufig wurde die angebliche sexuelle Gier und Geilheit der Frau auch Zielscheibe satirischen Spottes. Joseph Swetnam etwa verfaßte 1615 eine antifeministische Schmähschrift mit dem Titel: „Klagschrift wider die lüsternen, faulenzenden, fürwitzigen und wankelmütigen Frauenzimmer", die allerdings mit einem deftigen Pamphlet „Swetnam, der Weiberhasser, von den Frauen verklagt", beantwortet wurde[9]. Noch im 18. Jahrhundert vertrat „Aristotle's Masterpiece"(Erstausgabe 1684), ein weit verbreitetes und beliebtes Lehrbuch über Geschlechtsfragen, die Ansicht, daß Frauen mehr Lust an Sexualität empfinden als Männer. Erst das prüde 19.Jahrhundert hatte die Frau so weit unter Kontrolle, daß sie als frigid erklärt werden konnte und mit dieser Eigenschaft von Freud diagnostiziert werden mußte. An der Wende zur Neuzeit hingegen wurde weibliche Sexualität als gefährlich erlebt, das Bild einer vagina dentata, eines „verschlingenden Mund(es)", einem „Rachen der gigantischen kannibalischen Mutter", oder „einer menstruierenden Frau mit abgebissenem Penis, einer blutenden Trophäe"[10] löste Angstvorstellungen aus. Später als Kastrationsangst von der Psychologie durchleuchtet, trug es wesentlich dazu bei, die Vorstellung der gefährlichen, entmannenden Frau zu verfestigen, für die als Partner lediglich der Teufel in Frage kam, weshalb auch das theologische Konstrukt des Teufelsbundes herhalten mußte, um die unersättliche Sexualität der Frau zu kanalisieren. Nur der Teufel, dem die Hexe selbstverständlich hörig war, konnte sie befriedigen. Es ist auffallend, welches Interesse die Inquisitoren in den Hexenprozessen dem angeblichen Geschlechtsverkehr der Hexe mit dem Teufel widmeten, der oft bis ins kleinste Detail erklärt und in den Protokollen festgehalten werden mußte. Die Hexenverfolgung, die im großen Stil am Beginn der Neuzeit einsetzte und bis weit ins 18. Jahrhundert hinein andauerte, ist der brutalste Ausdruck umfassender Frauendiskriminierung. Denn obwohl auch Männer diesem Massenwahn zum Opfer fielen, ist der hohe Frauenanteil doch unbestritten. Der „Hexenhammer", jener von einem geradezu hysterischen Frauenhaß geprägte Leitfaden für Hexenrichter, der mit insgesamt 29 Auflagen zu den meistgelesenen Büchern dieser Epoche gehörte, gebraucht daher in seinem lateinischen Titel die weibliche Form (Maleus Maleficarum) und nicht die männliche (Maleficorum), womit die Zielgruppe bereits angesprochen ist. Der berühmte Jurist, Ökonom, Staatstheoretiker und Naturphilosoph Jean Bodin, dessen „Daemomanie" den „Hexenhammer" an Sadismus noch übertrifft, schätzt 1500 das Verhältnis von verfolgten Frauen zu verfolgten Männern auf 50 : 1. Alexander Roberts (1616) hingegen auf 100 : 1. Eine Auswertung der vom englischen Home Circuit Court (eine Art Bezirksgericht) verhängten Todesurteile zeigt, daß 102 von 109 hingerichteten Personen Frauen waren[11]. Auch während der schrecklichen Verfolgungen in und um Trier in den Jahren 1587 und 1593 blieben in zwei Ortschaften nur zwei Frauen am Leben[12]. Ganz allgemein wird der Anteil der Frauen an den Opfern, deren Zahl mehrere Hunderttausende, aber auch Millionen betragen haben kann (genauere Angaben können hier von Historikern nicht gemacht werden), auf 80-90 Prozent geschätzt. Die allgemeine Ausgrenzung des Weiblichen, wie sie am Beginn der Neuzeit zu beobachten ist, wird damit auf furchtbare Art und Weise Realität: Ausgeschlossen aus einer aktiven Beteiligung am Gottesdienst, ausgeschlossen aus dem beruflichen, aus dem öffentlichen Leben, ausgeschlossen schließlich auch aus einem Weltbild, dessen tragende Substanz sie einst gewesen war, blieb der Frau nur noch der Weg auf den Scheiterhaufen.

Anstrengungen, das Weibliche zu rehabilitieren, wie sie etwa in der These von der Jungfräulichkeit zu beobachten sind, war lediglich ein Teilerfolg beschieden. Denn obwohl Maria, die jungfräuliche Gottesmutter dazu berufen wurde, die Erbschuld der alten Eva auszulöschen, erhält trotzdem auch sie ihre Berechtigung durch ihre ausschließliche Orientierung auf das Männliche, d. h. , durch ihre Beziehung zum Sohn:

„Zum ersten Male in der Geschichte der Menschheit kniet die Mutter vor dem Sohne und erkennt aus freien Stücken ihre Unterlegenheit an. Der höchste Sieg der Männlichkeit vollendet sich im Marienkult: er bedeutet die Rehabilitierung der Frau durch die Vollkommenheit ihrer Niederlage",

schreibt Simone de Beauvoir 1968. Maria dringt zwar vor in den sakralen Bereich, aber nur um den Preis ihrer totalen Unterordnung, der die Folge der Preisgabe ihrer Weiblichkeit ist. Demütig, keusch und asexuell hat sie die Frau in sich ausgetrieben, und nur so, gereinigt von der „Sünde des Fleisches" wird ihr als „Magd des Herrn" ein Plätzchen neben Gottvater eingeräumt. Sie wird zur Mittlerin zwischen dem hohen, fernen und vergeistigten Himmlisch-Göttlichen und der mit Mühsal beladenen Menschheit in den gewöhnlichen Tiefen. In dieser Funktion hatte sie allerdings eine wichtige Aufgabe zu erfüllen. Die Marienverehrung, die seit dem 12. Jahrhundert immer mehr zunahm, übertraf teilweise sogar jene, die dem Vater und dem Sohn zuteil wurde.

Die Aufsplitterung des Kosmos, der noch im Mittelalter als beseelte Einheit empfunden wurde, in viele unbeseelte Einzelteile war begleitet von einer schon früher durch das Christentum eingeleiteten Teilung der Frau in die sündhafte Eva (= Hexe) und die reine Jungfrau (= Maria). Deshalb war es den nun einsetzenden männlichen Wissenschaften ein leichtes, das derart geschwächte Weibliche weiter im Sinne patriarchalischer Herrschaft zu definieren. William Harvey zum Beispiel, der 1620 mit seiner Entdeckung des Blutkreislaufs an die Öffentlichkeit trat, war der Ansicht, daß Zeugung nicht durch Vermischung weiblicher und männlicher Elemente zustande kam, sondern daß Schwängerung ohne materiellen Kontakt möglich sei. Daraus wurde weiter gefolgert, daß der männliche Same mit einer derart außergewöhnlichen magnetischen Kraft ausgestattet wäre, daß er auf den weiblichen Uterus sogar aus der Ferne wirken könne, was sich perfekt mit der aristotelischen Philosophie vertrug, die Aktivität mit dem männlichen und Passivität mit dem weiblichen Prinzip assoziierte. Naturphilosophen um die Mitte des 17. Jahrhunderts waren sogar der Ansicht, daß die Seele selbst durch die männliche Abstammungslinie weitergegeben werde. Auch Descartes glaubte, daß das Ei nicht nur von der Kraft des männlichen Samens geschwängert wird, sondern von diesem ebenso seine Seele erhalte[13].

Noch im 19. Jahrhundert war der Mißbrauch der Wissenschaft als Ideologie zur Unterdrückung der Frau eklatant: Um die geistige Unterlegenheit und Emotionalität der Frau erklären zu können, wurde der Umfang männlicher und weiblicher Schädel und der Anteil des Gehirns verglichen und selbst im 20. Jahrhundert wurde Frauen mit besonderer Intelligenz und Führungsqualitäten ein ungewöhnlich hoher Anteil an männlichen Geschlechtshormonen unterstellt[14].

Das Bild von der Natur, und gleichzeitig damit auch das Bild der Frau als manipulierbares Objekt, das beliebig zerlegt, seziert und beherrscht werden kann, hat der Ausbeutung und Zerstörung unserer Umwelt jedenfalls Tür und Tor geöffnet. (Die Auswirkungen neuester Erfindungen wie etwa der Gentechnologie sind noch gar nicht abzuschätzen.) Der Mann-Mensch hat sich damit zum omnipotenten Macher hinaufstilisiert, ohne der Verantwortung, die er damit übernahm, gerecht zu werden. Die Annahme, daß diese höchst unbefriedigende Situation bei einer stärkeren Beteiligung der zweiten Hälfte der Menschheit, nämlich der Frauen, an den Naturwissenschaften eine positivere Entwicklung nehmen könnte, ist berechtigt. Deshalb wäre es hoch an der Zeit, daß Frauen ihren anerzogenen Objektcharakter aufgeben, um sich aktiv als Subjekt an neuesten Forschungen zu beteiligen. Damit wäre die Möglichkeit gegeben, weibliche Erfahrungswerte in eine einseitig vom männlichen Denken bestimmte Disziplin einzubringen. Ansätze, die hier in einem noch immer beinahe ausschließlich von Männern beherrschten Bereich beobachtet werden können, lassen zumindest hoffen.

Allegorie und Imagination

(Die Frau im Barock)

Die Verdrängung der Frau am Beginn der Neuzeit aus allen einflußreichen Positionen (das Weltbild meinte der Mann hinfort zur Gänze im Alleingang bestimmen zu müssen) und ihre zunehmende Stilisierung zum passiven, vom Mann zu formenden und ihm Gehorsam schuldenden Geschöpf verlangte nach Kompensation. Sie fand im imaginären Bereich der Phantasie und Illusion statt, in der Literatur und in den schönen Künsten, in denen die Frau als triumphale Herrin, sinnliche Verführerin und kraftvolle, siegreiche Schönheit verherrlicht wurde. In ausladenden, in barocker Fülle schwelgenden Gemälden konnte das verdrängte Weibliche zurückgeholt werden, hier stellte sich nicht die Gefahr einer Konkurrenz, ganz im Gegenteil: Die Darstellung der Frau, tausendmal variiert, interpretiert und gedeutet, bot vornehmlich dem männlichen Genie umfassende Verwirklichungsmöglichkeiten. Weibliche Künstler gab es zwar ebenfalls, aber vergleichsweise wenige. Sie wurden hauptsächlich in das gefällige Genre abgedrängt, wie etwa die zu spektakulärer Berühmtheit gelangte Elisabetta Sirani (1638-1665), deren religiöse Erbauungsbilder allerdings ein begeistertes Publikum fanden. Aber selbst wirkliche Begabungen wie Elisabeth Vigée-Lebrun, Anna Dorothea Therbusch und sogar die gefeierte Angelica Kauffmann, die beide Mitglieder der Akademie waren (Therbusch gehörte der Wiener und Pariser Akademie, Kauffmann bereits mit 21 Jahren der Florentiner Akademie an), konnten sich lediglich innerhalb des vornehmen, speziell von den Damen der aristokratischen Kreise geschätzten Genres der Porträtkunst entfalten. Noch lieber allerdings wurde es gesehen, wenn weibliches Kunstschaffen im Rahmen dilettierender Häuslichkeit verblieb, denn das Heraustreten an die Öffentlichkeit galt ganz allgemein als unweiblich. Nur ganz wenigen Frauen gelang es, aus diesem verordneten Schema auszubrechen, wie etwa Artemisia Gentileschi (1593-1652), deren kraftvolle, revolutionäre Darstellungen den Rahmen tolerierbarer „Frauenkunst" sprengten.

Während für Frauen also ihre künstlerischen Verwirklichungsmöglichkeiten genau abgesteckt wurden, waren der männlichen Phantasie kaum Grenzen gesetzt. Sie durfte sich sehr viel freier entfalten, wobei vor allem die Vereinnahmung des Weiblichen durch den männlichen Künstler beeindruckt. Besonders der unverhüllte oder kaum verhüllte weibliche Körper war Gegenstand gesteigerten männlichen Interesses, Motive aus der antiken Mythologie wie Diana im Bade, die Toilette der Venus, Pan und die Nymphen oder das Parisurteil boten reichlich Gelegenheit zu diesbezüglichen Studien. Sogar eindeutige Gewaltszenen, wie etwa der Raub der Sabinerinnen oder der Raub der Töchter des Leukippos wurden zum Anlaß genommen, die Schönheit des nackten Frauenkörpers zu feiern. Keiner der namhaften Künstler schwelgte dabei so sehr in der Darstellung quellenden, unbedeckten Fleisches wie Peter Paul Rubens, dessen bewegte Szenarien darüber hinaus eindrucksvolle Zeugnisse der rauschhaften Diesseitsfreudigkeit des Barockmenschen bieten.

Aber nicht nur der weibliche Körper, auch das weibliche Porträt wurde in der bildenden Kunst bevorzugt. Es erscheint häufig in mythologischer Verkleidung, wobei natürlich jener Dame, die sich als Flora, Venus oder Kleopatra abbilden ließ, auch sämtliche Eigenschaften dieser Frauen aus Mythos und Geschichte wie Schönheit, Tugend, Reinheit und Intelligenz zugesprochen wurden. Die Scheinwelt des Barockzeitalters, das Verkleidung, Theater und Kulisse selbst in den Alltag trug, seine Lust, aus dem Leben eine Inszenierung, ein großes Welttheater zu machen, zeigte sich aber auch in der Begeisterung für die Allegorie, das Symbol, das Sinnbild. Daß vornehmlich die entrechteten, auf das Haus und die Familie eingeschränkten Frauen dazu ausersehen wurden, solche Tugenden wie die Gerechtigkeit oder die Weisheit zu verkörpern, spricht neuerlich für den Kompensationscharakter dieser Kunst. Der Schweizer Barockmaler Joseph Werner beispielsweise malte Justitia in Gestalt eines schönen, königlich thronenden Weibes, umgeben von Putten und adorierenden Gestalten.

Aber auch in religiöse Bilder wurde zunehmend das Weibliche einbezogen, die Gottesmutter Maria vor allem, als Königin auf dem Himmelsthron oder über einer anbetenden Menschenmenge in den Himmel fahrend. Die Zahl der Maria-Himmelfahrts-Darstellungen nahm in dieser Zeit ebenso zu wie jene der Empfängnis Mariae.

Auch weibliche Heilige erlebten eine Aufwertung. Mit ihren verzückten, ekstatischen Gesichtern, ihrem gelösten Haar, den schön geformten betenden Händen und der Andeutung des weiblichen Körpers unter gebauschten Gewändern oder zärtlichem Faltenwurf gaben sie dem Künstler die Möglichkeit, verbotene Erotik auch in den religiösen Bereich einzubringen. Vor allem die schöne Büßerin Maria Magdalena oder die in Verzückung hingestreckte Theresa von Avila ließen sich vorzüglich unter diesem Aspekt gestalten.

Das tatsächliche Leben von Frauen in der Barockzeit stand zu diesen Manifestationen triumphierender Weiblichkeit allerdings in einem krassen Gegensatz. Am ehesten noch schien die Dame „von Welt", die Angehörige aristokratischer Kreise diesen Vorstellungen zu entsprechen. Doch blieb auch sie mit samt ihrem enormen Aufwand an Kleidung und Prunk, ihren gesellschaftlichen Repräsentationen und einem geübten Konversationstalent immer nur Aufputz und schmückendes Beiwerk ohne eigene Entscheidungsgewalt. Sicherlich gab es auch in dieser Zeit die berühmte Ausnahmefrau, es gab gebildete Frauen, Künstlerinnen, Schriftstellerinnen und vereinzelt schafften es Frauen sogar, einen gewissen politischen Einfluß auszuüben, wie etwa die Mätressen am französischen Königshof, von denen die Pompadour wohl die begabteste war. Insgesamt jedoch hatte sich die neuzeitliche Entwicklung auf Stellung und Bildung der Frau verheerend ausgewirkt. Der Ausschluß aus den Zünften war am Ende des 17. Jahrhunderts praktisch vollzogen. Sogar in der Seidenherstellung, in der im 15. Jahrhundert fast ausschließlich Frauen beschäftigt waren, dominierten bereits am Ende des 16. Jahrhunderts die Männer. Dafür hatten Frauen niedrigste, schlechtest bezahlte Arbeit zu tun, denn arbeiten mußten sie immer, das „Ideal" der sorglos vom Ehemann lebenden Bürgers- und Adelsfrau konnte lediglich von einer schmalen Schicht verwirklicht werden. Ihre miserable Berufssituation, ihre finanzielle, rechtliche und politische Abhängigkeit vom Mann wurde auch noch mit Hilfe von Philosophie, Religion und aufkommender Naturrechtslehre untermauert. Eine ganze Literaturgattung entstand, die sich mit den körperlichen und seelischen Eigenschaften der Frau beschäftigte, wobei im Zeitalter zunehmender Individualisierung und aufkommender Gleichheitsgedanken sogenannte natürliche physische und psychische Unterschiede zwischen den Geschlechtern bemüht wurden, um die Reduzierung der Frau auf Haushalt und Familie zu rechtfertigen. Daß die Ideologie vom inferioren, hilflosen, schwachen Weib, wie sie als Rechtfertigung für die Herrschaft des Mannes eingesetzt wurde, in keiner Weise mit dem umfangreichen, Verantwortung voraussetzenden Arbeitspensum einer Familienmutter oder der schweren Arbeit in den Manufakturen in Einklang zu bringen war, scheint kaum jemandem aufgefallen zu sein. Im Gegenteil: Als Arbeitskraft, selbst wenn es sich dabei um schwere körperliche Arbeit handelte, waren Frauen immer geschätzt, vorausgesetzt, daß die Oberaufsicht dem Mann verblieb.

Wie dringend nötig es war, Frauen verstärkt in den Arbeitsmarkt einzuschleusen, zeigte sich nach Entstehung der Manufakturen, als König Friedrich Wilhelm I. 1723 eine Verfügung erließ, nach der alle Mädchen und Frauen, die als Hökerinnen ihre Waren auf dem Markt anpriesen, dazu verpflichtet wurden, wöchentlich ein Pfund Wolle für die Manufakturen zu spinnen, ansonsten ihnen der Erlaubnisschein zum Verkauf der Waren entzogen wurde. Auch Handwerks- und Bürgersfrauen, die auf Märkten die Erzeugnisse eigener Werkstätten verkauften, mußten, während sie auf Kundschaft warteten, Wolle spinnen[1]. Die nötigen Arbeitskräfte für die Manufakturen wurden auch aus den sogenannten „Arbeitshäusern" gewonnen, in denen das dort eingelieferte „herrenlose Bettlervolk" die „leichtfertigen Weiber und Kupplerinnen" und die „trotzigen Dienstboten und Handwerksburschen" einem strengen Arbeitszwang unterworfen waren. In Paris gab es schon 1576 derartige „öffentliche Werkstätten" für Bettler und Vagabunden, und um die Mitte des 17. Jahrhunderts arbeiteten etwa 6 000 Insassen solcher Armenanstalten für die Trikotweberen[2]. Auch aus den Waisenhäusern schickte man in die Manufakturen Kinder, die bereits mit acht Jahren als vollwertige Arbeitskräfte galten.

Im Prinzip war die Arbeit in den Manufakturen freiwillig. Doch erinnern die Bedingungen, unter denen sie stattfand, häufig an eine Strafanstalt. Besonders die Internate und Wohnkolonien, die vor allem französische Fabrikbesitzer für ihre Arbeiter bauen ließen, halten den Vergleich mit einem Zuchthaus durchaus stand. Sie wurden überwiegend von Frauen – dem hauptsächlichen Arbeitskontingent für Manufakturen – bewohnt, die unter der Aufsicht von Schwestern standen. Ihr Arbeitstag betrug meist 15 Stunden – von fünf Uhr früh bis acht Uhr abends, lediglich durch Frühstück und Mittagessen unterbrochen. Nach der Arbeit gab es Abendessen, dann folgte auch schon die Bettruhe. Der Sonntag war zwar arbeitsfrei, aber durch Religionsübungen, Unterricht in Lesen und Schreiben und dergleichen vollständig besetzt. Lediglich alle sechs Wochen bekamen die Mädchen „Ausgang", an übrigen Sonntagen gab es manchmal einen gemeinsamen Spaziergang unter Aufsicht der Schwestern. Die Entlohnung war miserabel, sie reichte nicht einmal zum Überleben. Pariser Arbeiterinnen etwa erhielten zehn bis zwölf Sous, manchmal sogar noch weniger. Die einfachsten Lebenshaltungskosten betrugen aber mehr als das Doppelte[3].

Eine Möglichkeit, eigenes Geld zu verdienen, ergab sich für Frauen durch Heimarbeit, mit der teilweise auch die Manufakturen beliefert wurden. Vor allem Spitzenweberinnen, die den ungeheuren Spitzenbedarf dieser Zeit zu befriedigen halfen, nahmen an Zahl derart zu, daß bereits die Besorgnis geäußert wurde, Frauen könnten auf diese Art und Weise ihre „natürliche" Bestimmung vernachlässigen. Deshalb verbot auch ein Bescheid des Parlaments von Toulouse im Jahre 1640 dem ganzen Bezirk die Spitzenerzeugung, „weil sie zu viele Frauen der häuslichen Beschäftigung entzog"[4]. Aber auch Stickerinnen, Spinnerinnen und Häcklerinnen werkten zu Hause neben Haushalt und Kindern meist bis in die späte Nacht hinein. Heimarbeit war ungeheuer verbreitet, die lokalen Berichte deutscher Fürstentümer erwähnen 40 000 oder 70 000 Heimarbeiterinnen[5]. Im Gebiet von Puy (Frankreich) arbeiteten 1789 mehr als 100 000 Klöpplerinnen[6]. Aber auch hier war die Entlohnung dürftig, eine Spinnerin oder Stickerin verdiente die Hälfte oder noch weniger von dem, was ein Weber für seine Arbeit erhielt. Besonders anstrengend war die Arbeit der Zieherin, die dem Seidenweber half. Sie arbeitete auf einem eng begrenztem Raum unter dem Webstuhl und mußte sich ständig bücken, um die Bündel von Fäden zu ziehen, die sehr schwer waren. Sie hatte beim Meister zu wohnen, die Schlingen und Spulen zu verfertigen und die Werkstatt zu reinigen. Als Entlohnung für diese Schwerstarbeit erhielt sie im Jahre 1716 für 18 Stunden Arbeit acht Sous pro Tag. Das war noch schlechter bezahlt als die Arbeit in den Manufakturen.

Zahlreiche zeitgenössische Berichte beschreiben die unzumutbaren Arbeitsbedingungen der Zieherinnen und die Leiden und Krankheiten, die sich als Folge davon einstellten. Der Aufseher Bouillon berichtet in einer Eintragung vom 9. Mai 1765:

„Ich interessiere mich für das Los der Zieherinnen. Man sagte mir, daß sie für ein geringes Entgelt achtzehn Stunden am Tag arbeiten und schließlich von Leiden befallen werden, die sie früher oder später arbeitsunfähig machen, und daß sie im Elend sterben."

Ein Erfinder, der einen Vorschlag zur Erleichterung ihrer Arbeit machte, meint in seinem Angebot, daß er „auf diese Weise dem städtischen Krankenhaus 60 bis 80 Betten ersparen würde, die im Augen-

oben links
Lorenzo Bernini (1598 – 1680):
Die heilige Theresia.
Die in Verzückung hingestreckte
Theresia von Avila wurde zum
beliebten Motiv der Barockkünstler.

oben rechts:
Allegorie auf Ruhm und Geschichte.
Hendrik Goltzius (1558 – 1617).
In der bildenden Kunst und Literatur
wurden Frauen kompensatorisch als
Machtträgerinnen verherrlicht.

unten:
Angelika Kauffmann (1741 – 1807).
Selbstbildnis.

blick von den besagten Zieherinnen belegt sind, deren Krankheiten von dem schweren Gewicht des Zuges herrühren"[7].

Gern gesehen waren Frauen auch in den Dienstbotenberufen, hier wurde ihnen das Recht auf Arbeit nicht im mindesten streitig gemacht, im Gegenteil: Da vor allem an Mägden großer Mangel herrschte, waren sie ausgesprochen gefragt. Mädchen, die sich um diese Arbeit bewarben, gerieten automatisch in die totale Abhängigkeit des Dienstgebers, weil der Gesindezwangsdienst als Überbleibsel mittelalterlich-feudalistischer Leibeigenschaft jede persönliche Freiheit unterband. Mägde auf dem Land ebenso wie in der Stadt leisteten also nicht nur schwere und anstrengende Arbeit , sie hatten auch keine Möglichkeit zur Gestaltung eines eigenen Lebens und mußten sich in allem und jedem ihrer Herrschaft unterordnen, die absoluten Gehorsam verlangen konnte. Persönliche Rechte besaßen sie kaum. So war zum Beispiel vorzeitige Kündigung zwar dem Dienstherrn, nicht aber dem Dienstboten gestattet. Entlaufenes Gesinde konnte zwangsweise zurückgebracht und durch Kerker bestraft werden. Heirat, Familiengründung war häufig nicht möglich. Diese totale Einschränkung der persönlichen Lebenssphäre war auch meist der Grund, warum viele Frauen die Arbeit in den Manufakturen vorzogen. Sie gewährte ihnen zumindest ein Quentchen an Freiheit. Weibliche Dienstboten standen auch auf der untersten Stufe der sozialen Rangordnung, noch wesentlich tiefer als die männlichen. Das kommt sehr deutlich in den Löhnen zum Ausdruck. Die sächsische Taxordnung legte um die Mitte des 17. Jahrhunderts für Knechte einen jährlichen Lohn von 20-30 Gulden fest, für Mägde hingegen durchwegs unter zehn Gulden. In einigen Gebieten bekam die Großmagd lediglich 3-3 1/2 Gulden. (Zum Vergleich: ein paar Schuhe kostete etwa einen Gulden). In Hessen erhielten zwischen 1720 und 1740 die Großknechte 18 Taler, Hausmägde sieben, Viehmägde acht und Kindermägde nur vier Taler[8]. Selbst wenn es daneben häufig Naturalbezüge oder auch Geldgeschenke zu Festtagen gab, besserten diese, meist eher kärglich bemessenen Zugaben die Gesamtsituation nur wenig.

Daß unter diesen Umständen die Prostitution zum oft überlebensnotwendigen Nebenerwerb wurde, ist verständlich. Deshalb nahm das „leichte Gewerbe" in dieser Zeit auch ein ungeheures Ausmaß an. In Paris soll es im 18. Jahrhundert um die 40 000 Prostituierte gegeben haben, in London an die fünfzigtausend. Mary de la Rivière Manley berichtet 1709 in ihrem Buch „The New Atalantis", daß der St. James Park, beliebtester Treffpunkt der Dirnen, zu einem öffentlichen Markt geworden sei, wo sich junge Frauen für einen Tag oder auch nur für eine Stunde verkaufen würden[9].

In Berlin boten sich zahllose Frauen auf der Promenade Unter den Linden an, aber auch die jungen Näherinnen der Jungfernbrücke verkauften nicht nur ihre Handarbeiten, sondern oft auch noch sich selbst. Wie sehr die Prostituierte, im Mittelalter noch eher wohlwollend betrachtet, zur moralisch geächteten Hure verkommen war, zeigt die Tatsache, daß ihre Vergewaltigung nicht als Straftat angesehen wurde, denn, so erläuterte Joh. Jod. Beck 1743 in seinem Traktat über „Schwäche und Schwängerung der Jungfrauen und ehrlichen Witwen", diese falle nicht unter „Ehren-Raub oder Nothzucht"[10]. Was aufgegriffenen Liebesdienerinnen in Paris blühte, beschreiben anschaulich die Brüder Edmond und Jules Goncourt: Sie wurden in Spitäler, vor allem in das berüchtigte Haus der Salpêtrière gesteckt, wo ihnen die Haare geschoren und sie körperlichen Züchtigungen unterworfen wurden. Maria Theresia meinte besonders rigoros gegen die Prostitution vorgehen zu müssen: Ihre berühmte „Keuschheitskommission", die dazu berufen war, die Straßen Wiens von unzüchtigem Tun zu reinigen, mischte sich bald in das Liebesleben harmloser Bürger. Frauen, die ohne Begleitung auf den Straßen angetroffen wurden, hatten Kontrollen hinzunehmen und verdächtige Paare wurden bis in ihre Wohnungen verfolgt. Aufgespürte Dirnen mußten sich nicht nur die Haare schneiden lassen, Karren schieben und die Gassen kehren, sie wurden auch in Ketten durch die Straßen Wiens getrieben. 15 000 Prostituierte soll es damals in Wien gegeben haben, davon etwa ein Drittel in sogenannten „besseren Verhältnissen", d.h. mit einem festen Liebhaber, der ein regelmäßiges Einkommen zahlte, damit das Mädchen nicht auf die Straße gehen mußte[11].

Das also war realer Frauenalltag! Während Frauen der unteren Schichten nicht nur gezwungen waren, niederste und erbärmlichst bezahlte Arbeit zu tun, sondern auch noch ihren Körper verkaufen mußten, wurden wohlhabendere Bürgerinnen vor allem mit ihren eingeschränkten Rechten konfrontiert. Ebenso wie im Mittelalter war es ihnen auch jetzt nicht gestattet, Verträge zu schließen oder sonstige rechtsgültige Verpflichtungen einzugehen. Auch konnten sie – juristisch gesehen – keine strafbaren Handlungen begehen, denn im allgemeinen (mit Ausnahme schwerer Verbrechen) trug ihr Mann die Verantwortung, was bereits Theodor Gottlieb von Hippel (1741-1796) in seiner kühnen Kampfschrift für die Gleichberechtigung der Frau im Jahre 1782 als entwürdigend bezeichnete:

„Die höchste Beleidigung ist zu erklären, daß man durch Jemanden nicht beleidigt werden könne." Auch das gemeinschaftliche Vermögen, obwohl als gemeinsamer Besitz betrachtet, wurde allein vom Ehemann verwaltet, und obwohl verschiedene Partikularrechte sogenannte „receptia" kennen, d. h. Güter, die sich die Frau im Ehevertrag ausdrücklich für die eigene Nutzung vorbehalten ließ, war im allgemeinen für die Verwaltung des Gesamtvermögens der Ehemann zuständig. Die Ehefrau durfte ohne seine Erlaubnis weder etwas verkaufen noch Darlehen aufnehmen. Diesem Zustand grundsätzlicher Abhängigkeit und Unmündigkeit waren auch die Frauen höherer Stände unterworfen, wenngleich sich ihr Leben inmitten von Geselligkeit und Luxus ungemein angenehmer gestaltete, und wenn vor allem das 18. Jahrhundert häufig als ein „Jahrhundert der Frau" gefeiert wurde, liegt dies wohl an jener höchst einseitigen Perspektive, die hauptsächlich die Frau der vornehmen Gesellschaft in den Vordergrund rückte, aber die zahlenmäßig weit größeren mittleren und unteren Schichten wenig oder gar nicht berücksichtigte.

Die Brüder Goncourt leisteten mit ihrem im 19. Jahrhundert erschienenen Werk „Die Frau im 18. Jahrhundert" einen wesentlichen Beitrag zu dieser Auffassung. Bei ihnen war die Frau jener Epoche ein reizendes, kapriziöses, verspieltes, anspruchsvolles, launisches, dabei aber mächtiges Geschöpf, das – über den Mann – die Welt regiert. Die Frau der Aristokratie, versteht sich, denn den unteren Ständen wird kaum Beachtung geschenkt.

„Die Frau ist im 18. Jahrhundert das regierende Prinzip", heißt es hier emphatisch, *„ ... sie ist die allumfassende und verhängnisvolle Ursache, die Wurzel der Ereignisse, der Ursprung aller Dinge. Sie schwebt über der Zeit wie eine Fortuna ihrer Geschichte. Nichts kann sich ihr entziehen, sie hat alles in ihrer Gewalt, den König und Frankreich, den Willen des Herrschers und die Macht der öffentlichen Meinung. Sie gebietet bei Hofe und ist die Herrin im Hause ... "[12)]*

Das Leben der Frau von Stand vollzog sich tatsächlich in anderen Dimensionen als jenes der Unterschichtenfrau, es wurde von Geselligkeit, Vergnügen und Unterhaltung beherrscht. Endlos Besuche abzustatten und Besuche zu empfangen, Feste zu feiern und Diners zu gestalten erforderte einen enormen Aufwand an Kräften und Organisationstalent. Wie unbefriedigend dieses Dasein jedoch im Grunde war, zeigt eine Modekrankheit, die unter dem Namen „vapeur" geradezu epidemieartig die Damen wohlhabender Kreise erfaßte. Sie äußerte sich in Schwäche, Schlaffheit, Unbehagen und Depressionen und be-

„Rokokoszene" von Knoop August. Die Morgentoilette der Rokokodame war nicht nur Gegenstand dichterischen, sondern auch künstlerischen Interesses.

schäftigte eine Schar von Ärzten, die damit zu Wohlstand kamen. „Unter den Vapeurs", meinte allerdings Madame Louise d'Epinay kurz und sachlich, „versteht man die Langeweile". Es bedarf keiner besonderen psychologischen Erkenntnisse, um derartige Erscheinungen als Ausdruck eines zutiefst verfehlten Lebens zu deuten, die, wenn auch sicherlich durch den Zeitgeist mitbestimmt, ihre eigentliche Ursache im Ausschluß der Frau aus allen wichtigen Bereichen des Lebens hatten. Ein Ausschluß, der sie zu jener unbefriedigenden, geschäftigen Oberflächlichkeit verdammte, zu jenen nutzlosen, kleinen Tätigkeiten, mit denen reiche Damen ihre Zeit ausfüllten und die von reichen Herren als so „reizend" empfunden wurden. Das begann bereits bei der Morgentoilette, wie sie von den Goncourts ausführlichst beschrieben wird: Der Toilettisch, so meinen sie,

„ist das Triumphmöbel im Appartement der Frau, dieser Tisch, der von einem Spiegel überhöht wird, der wie ein Altar mit Spitzen verziert und wie eine Wiege mit Musselin umhüllt ist ... "

An diesem Tisch also nahm die Dame allmorgendlich Platz, um von ihren Kammerfrauen bekleidet, geschminkt und frisiert zu werden. Während diese damit beschäftigt waren, die raffinierten Details der Robe, der Frisur und der Gesichtsbemalung zu bewältigen, empfing ihre Herrin bereits einen ganzen Hofstaat, um sich informieren, huldigen und unterhalten zu lassen:

„Und schon erscheinen alle Höflinge und Vertrauten, die um die Dame im Negligé Circle bilden wollen. Das ist der Augenblick, in dem die Frau regiert. Sie ist frisch, fein, entzückend im Panzer ihres Korsetts, in der liebenswürdigen Unordnung und dem zerknüllten Aussehen des Morgengewandes ... "[13]

So also definierte der Mann des 19. Jahrhunderts die „Regentschaft" der Frau, die gefahrlos bewundert werden konnte, besaß sie doch nicht das geringste Gewicht.

Daß diese morgendliche Zeremonie meist Stunden dauerte, wird erklärbar angesichts des Aufwandes, den diese Epoche mit der Kleidung trieb. Das Repräsentationsbedürfnis, der Hang zur Künstlichkeit äußerte sich nicht nur in der üppig wallenden Allongeperücke, die dem Mann ein imposantes Aussehen verlieh, sondern auch in der Mode der Frauen, die zwar keine Perücken trugen, deren Haartracht aber ebenso wie die pompös gebauschte Kleidung ein ähnliches Imponiergehabe ausdrückte. Die sogenannte Fontange, in den achtziger Jahren des 17. Jahrhunderts in Frankreich kreiert, war ein enormer, mit Hilfe eines Drahtgestells auf die Höhe von etwa 60 cm aufgetürmter Kopfputz, für den neben dem echten auch noch reichlich falsches Haar nebst einer Vielfalt von Bändern und Spitzen verwendet wurde. Unter Umständen konnte er sogar einen Meter Höhe erreichen. Eine anonyme Schrift von 1690 beschreibt ihn als

„hohes Geniste von allerhand Haaren, Spitzen, Band und Gekröse, der-maßen in die Höhe gethürmet, daß er die Höhe des Kopffs wieder erreicht und scheinet, als ob zwey Köpffe über einander stünden, scheußlich, un-menschlich, ja fürchterlich anzusehen ... "[14]

Im ersten Viertel des 18. Jahrhunderts wurde dann der Reifrock wieder modern, der bereits im 16. Jahrhundert vor allem in höfischen Kreisen beliebt gewesen war. Bis zu einem Durchmesser von viereinhalb Metern begannen sich die Damenkleider auszudehnen, kaum vorstellbar, wie sehr dadurch die Bewegungsfreiheit der Trägerinnen eingeschränkt war. Diese Behinderungen wurden noch durch das Gewicht, das die Damen mit sich herumzuschleppen hatten, durch die Metallversteifungen und die schweren, mit Gold- und Silberfäden bestickten Stoffe verstärkt. Um die Renommierformen der Röcke, Schleppen, Puffärmel und Frisuren weiter zu steigern, um Dekolleté nebst Busen entsprechend zur Geltung bringen, wurde außerdem der Rumpf so unbarmherzig zusammengeschnürt, daß er wie ein schmaler Pflanzenstil aus der bauschigen Fülle des Rocks hervorwuchs und damit den Eindruck kunstvoller Stilisierung vervollständigte. In eine derart aufwendige, lediglich gemessene und sparsam dosierte Bewegungen ermöglichende Robe gezwängt, mußte die Dame der Oberschicht ihren gesellschaftlichen Verpflichtungen nachkommen, zu denen diverse Höflichkeitsbesuche ebenso zählten wie gesellige Mittagessen und große Abendveranstaltungen.

Den Mittelpunkt dieses geselligen Treibens bildeten jedoch die Salons, die vor allem in Frankreich das Gesellschaftsleben beherrschten. Die Goncourts erwähnen sechs oder sieben große Salons im Paris dieser Zeit, es gab den Salon der Madame de Mazarin, der Madame Doublet, der Mademoiselle Lespinasse, Madame Marie-Thérèse Geoffrin und Madame Marchais, letztere eine gute Freundin der Pompadour. Hier trafen sich die berühmtesten Literaten, Philosophen, Künstler und Politiker, um an Konzerten, Theaterveranstaltungen, Festen oder Diners teilzunehmen. Diese „Bureaux d'esprit" waren Katalysatoren, Brennpunkte des geistigen Geschehens, in denen Ideen geboren, Strategien ausgearbeitet, Philosophien entwickelt wurden. Ihre Gründerinnen und Leiterinnen gehörten sicherlich zu den interessantesten Frauen dieser Epoche, die Goncourts beschreiben sie als in gewisser Weise monströs, geistvoll und reich, extravagant und verschroben, machthungrig und phantasievoll. Auf jeden Fall aber war ihr Leben anstrengend, zur guten Gesellschaft zu gehören forderte seinen Preis. Es verlangte Beherrschtheit, Organisationstalent und geistige Regsamkeit, denn diese Frauen standen ständig im Mittelpunkt der Öffentlichkeit und hatten sich entsprechend zu benehmen. Auf ihnen ruhte die gesamte Aufmerksamkeit, ihr Verhalten war Gesprächsthema in vornehmen Circles und in den Klatschpostillen, ein unrichtiges Wort an unrichtiger Stelle konnte einen kleinen Skandal auslösen. Alle diese Frauen haben nicht nur den verfeinerten Lebensstil, der Ausdruck der Kultur des 18. Jahrhunderts war, maßgeblich geprägt, sondern auch die geistigen Strömungen ihrer Zeit mitgeschaffen. Ihre Salons wirkten als kulturelle Zentren selbst über die Landesgrenzen hinaus und haben in der deutschen und österreichischen Romantik und im Biedermeier entsprechende Nachahmer gefunden.

Schauspielerin und Mätresse

Während sich die Damen privilegierter Klassen unter bestimmten günstigen Umständen Freiräume zur Selbstverwirklichung schaffen konnten, bot sich für die Frau der mittleren und unteren Schicht, die einen Aufstieg in die Welt der Vornehmen und Reichen anstrebte, praktisch nur die Möglichkeit einer Heirat oder die Laufbahn einer Mätresse. Große Mätressen gab es am französischen Hof, herausragend hier vor allem Jeanne Antoinette Poisson, genannt Madame Pompadour, die, aus einfachen Verhältnissen stammend, durch Schönheit und Intelligenz nicht nur zur Geliebten Ludwigs XV. aufstieg, sondern auch die politischen Geschicke des Landes mitbestimmte. Sie war tatsächlich eine ungewöhnliche Frau, scharfsinnig und berechnend, zugleich aber auch hingebungsvolle Geliebte. Bald wurde sie ein derartiger Machtfaktor am französischen Hof, daß sich selbst die tugendhafte Maria Theresia nicht scheute, persönlich mit ihr zu korrespondieren. Auch von Graf Kaunitz, dem ehemaligen österreichischen Botschafter in Paris und seit 1753 Staatskanzler, erhielt sie eine Dankesschreiben, weil sie maßgeblich an den Bündnisverhandlungen zwischen Frankreich und Österreich im Jahre 1756 beteiligt gewesen war. Aber auch sonst hatte die Pompadour überall ihre Hand im Spiel. Sie besprach sich nicht nur mit Architekten, Zeichnern und Planern, die Paris verschönern sollten, veranstaltete Kunstausstellungen (sie selbst war eine beachtliche Künstlerin) und gründete die École Militaire, sondern nahm auch auf die Ernennung von Heerführern Einfluß. Außerdem war sie rhetorisch ungemein begabt, Voltaire erklärte nach ihrem Tod, sie sei eine bedeutende Philosophin gewesen[1].

Die Nachfolgerin der Pompadour, Madame Marie-Jeanne Dubarry, eine ehemalige kleine Angestellte in einem Modegeschäft, konnte es, wenngleich liebenswert und sensibel, an Intelligenz und Herrschsucht keinesfalls mit ihrer Vorgängerin aufnehmen, sie hielt sich aus dem politischen Geschehen auch weitgehend heraus. Trotzdem wurde sie während der Revolutionswirren zur Staatsfeindin erklärt und guillotiniert.

Bedeutende Mätressen gab es auch am Hof Ludwigs XIV. , des Sonnenkönigs. Die extravagante Françoise-Athénais Marquise de Montespan, ehemalige Hofdame der Königin, galt neun Jahre als „maitresse en titre" und gebar in dieser Zeit dem König 8 Kinder. Die Verbindung mit der bekannten Hexe La Voisin, durch die sich die Montespan mit Aphrodisiaca versorgen ließ, um des Königs Liebe zu erhalten, beendete jedoch ihre Karriere. Als die Sache aufflog (die Leibärzte des Königs behaupteten, er hätte sich sexuell überanstrengt), wurde die Voisin hingerichtet und die Montespan vom Hof verbannt, worauf ihr nur noch der Weg ins Kloster blieb. Glanz und Elend der Mätresse, ihre totale Abhängigkeit vom Interesse des Liebhabers, ihr unaufhaltsamer Abstieg, wenn sie in Ungnade gefallen war, werden an diesem Schicksal deutlich. Ihre Nachfolgerin war Marquise Françoise de Maintenon, die als Erzieherin der Kinder Ludwigs und der Montespan am Hof gearbeitet hatte. Mit ihr ließ sich der König nach dem Tod der Königin sogar heimlich trauen. Wahrscheinlich war die um drei Jahre ältere, kluge und intelligente Frau Ludwigs wirkliche Liebe. Auch die Maintenon war politisch aktiv und griff teilweise in die Staatsgeschäfte ein. 1686 gründete sie in Saint Cyrl'École ein Internat für mittellose adelige Töchter.

Häufig sind die Mätressen hoher Adeliger oder Fürsten auch Schauspielerinnen gewesen, galt doch die Gunst eines reichen Gönners in diesem harten Beruf beinahe als eine wirtschaftliche Notwendigkeit. Sie bot auch Schutz gegen allgemeine männliche Zudringlichkeiten, weil generell die Mädchen einer Schauspieltruppe als Freiwild betrachtet wurden. Manche Theaterdirektoren fungierten sogar als Kuppler für Offiziere und Adelige. Sie engagierten nur solche Mädchen, die schön und anziehend genug waren, um das erotische Interesse des männlichen Publikums zu erregen. Trotzdem bot der Bühnenberuf Frauen eine jener ganz wenigen Möglichkeiten, zu wirtschaftlicher Selbständigkeit und individueller Entfaltung zu kommen, die allerdings mit Ächtung, Außenseitertum und harter, mühseliger Arbeit bezahlt werden mußte. Denn Schauspielerinnen wurden im allgemeinen bürgerlichen Selbstverständnis nicht nur in der Nähe der Prostitution angesiedelt, der Schauspielberuf war allgemein wenig angesehen. Noch im 18. Jahrhundert waren Komödianten deklassiert, sie wurden den Fahrenden, Fremden und Heimatlosen zugerechnet. Die Wandertruppen, die von Stadt zu Stadt, und Dorf zu Dorf zogen, spielten meist in Bretterbuden, auf offenen Marktplätzen und, wenn sie Glück hatten, auch einmal bei Hof. Häufig schliefen sie im Freien, in Scheunen, Hütten, armseligen

Jeanne Antoinette Poisson, Madame de Pompadour (1721 – 1764).
Stich von Nicolas Voyez d.J. nach einem Gemälde von Jean-Marc Nattier.

Dorfgasthöfen. Die klassische Krankheit, an der viele starben, war die Schwindsucht als Folge von Hunger, Kälte und Entbehrungen.

Viele zeitgenössische Berichte, wie etwa die Memoiren der Schauspielerin Caroline Schulze-Kummerfeld (1745-1815) geben einen Einblick in die schwierige Situation der Schauspielerin, die einerseits danach trachten mußte, in einem ohnedies verfemten Beruf den bürgerlichen Moralvorstellungen zu genügen (ein „liederlicher Lebenswandel" wurde häufig mit Entlassung bestraft), andererseits aber für eine zu große Sprödigkeit und Unnahbarkeit von den Herren im Parkett ausgepfiffen wurde. Wie es etwa der Tochter der Schauspielerin Friederike Bethmann (1760-1815) passierte, die sich dann noch gemeinsam mit Vater und Mutter untertänigst für den Theaterskandal entschuldigen mußte[2]. Schauspielerinnen gab es bereits ab der Mitte des 16. Jahrhunderts, vor allem in der italienischen Commedia dell'arte wurden sie als Columbine gebraucht. Die berühmte Italienerin Isabella Andreini († 1604) spielte 1509 in Florenz bei der Hochzeit Ferdinands I. Medici, sie wurde dann später nach Versailles eingeladen und avancierte zum Liebling der Pariser Hofgesellschaft. Sie war auch als Dichterin bekannt, doch erschienen ihre Werke erst 1607, also nach ihrem Tod, im Druck.

Auch die spanischen Wanderbühnen nahmen bereits um diese Zeit Frauen auf, was als aufsehenerregend und revolutionär galt. Zuvor wurden Frauenrollen ausschließlich durch Männer oder Knaben besetzt. Eine selbstverständliche Erscheinung wurde die Frau auf der Bühne allerdings erst um die Mitte des 17. Jahrhunderts. Ab dieser Zeit gab es vermehrt Frauen, die es in diesem Beruf zu Ruhm und Ansehen brachten oder doch zumindest zu einer günstigen Mätressenschaft, die dem harten und anstrengenden Berufsleben häufig sogar vorgezogen wurde. So etwa die ungewöhnlich reizvolle und begabte Nell Gwynn, die am Londoner Theater während ihrer nur vier Jahre dauernden Bühnenlaufbahn (1666-1670) enthusiastisches Lob erntete, bis sie, die ehemalige Orangenverkäuferin, zur Mätresse des englischen Königs Karl II. avancierte, womit ihre berufliche Laufbahn beendet war.

Junge, schöne Liebhaberin und intrigante Mätresse, das waren die beiden Rollenfächer, die der Schauspielerin und Sängerin des 17. und 18. Jahrhunderts zugewiesen wurden. Eventuell noch das Fach der bösen, komischen und verspotteten Alten, das der alternden Schauspielerin vorbehalten war. Berühmte Frauen gab es auch unter den Balletteusen, Marie-Anne de Camargo beispielsweise und Marie Sallé, die nicht nur durch Schönheit und Charme, sondern vor allem

Friederike Karoline Neuber (1697 – 1760). Stahlstich von August Weger
nach anonymem Stich aus dem Jahr 1744.

Corona Schröter (1751 – 1802).
Punktierstich von A. Koch.

durch schöpferische Eigenleistungen bekannt wurden. So begründete die Camargo einen eigenen Bewegungsstil, und die Sallé wirkte als Choreographin[3].

Auch Prinzipalinnen kannte das 17. und 18. Jahrhundert, wie zum Beispiel Catharina Elisabeth Velten (1650-1715), die einer Theaterfamilie entstammte und zusammen mit ihrem Mann vorwiegend Süd- und Ostdeutschland bereiste, bis sie nach dem Tod ihres Gatten als 43-jährige Witwe die Prinzipalschaft ihrer Truppe übernahm. 19 Jahre lang zog sie als Prinzipalin in den Ostseestädten, aber auch in Dänemark, Schweden und dem Südwesten Deutschlands herum und erntete dabei zum Teil beachtlichen Erfolg. Nach Auflösung ihrer völlig verschuldeten Truppe starb sie allerdings völlig verarmt wahrscheinlich in Wien. Todkrank war sie schon einmal gewesen, wobei ihr – ebenso wie ihrem sterbenden Gatten – der Geistliche die Sterbesakramente verweigerte. Erst nach einem feierlichen Eid, daß sie im Falle ihrer Genesung das sündige Komödiantenleben aufgeben würde, erklärte er sich dazu bereit. Natürlich konnte sie dann diesen erpreßten Eid nicht einhalten, der Einundfünfzigjährigen, die ohne jede Versorgung und Rücklage war, ging es schließlich ums Überleben. Dieser Umstand wurde von den Priestern aber nicht anerkannt, sie verziehen der Schauspielerin diesen gebrochenen Eid nie. Ein fast 30 Jahre nach ihrem Tod von einem Berliner Kantor verfaßter Kommentar zeigt drastisch die Verachtung und Geringschätzung, die dem Schauspieler damals entgegengebracht wurde:

„Dabei sich zutrug, daß als daselbst die Veldische Witwe in ein hitzig Fieber gefallen, und aus Angst ihres bösen Gewissens und Furcht des vor Augen schwebenden Todes, sich wegen ihrer sündlichen Profession mit GOTT versöhnen solt und das Heil. Abendmahl verlangete, da wollte kein Prediger das Heiligtum dieser Hündin geben, und die edle Perle dieser Sau vorwerfen, die und bevor sie an Eides-Statt angelobet, dieses unselige Lebens-Art künftig gänzlich zu quittieren, dafern aus ihrem Siech-Bette ein Sieg-Bette werden sollte. Welches letztere denn auch geschehen, aber sie hat ihr Wort schlecht gehalten, und mit den Hunden das Gespiene wieder gefressen."[4]

Daß sich die Veltin bei Lebzeiten gegen derartige Gehässigkeiten allerdings sehr wohl zu wehren wußte, geht aus ihrer Schrift: „Zeugnis der Wahrheit vor die Schauspiele oder Comödien" hervor, in der sie auf ein nicht weniger bösartiges Pamphlet eines Magdeburger Diakons antwortete. Keinesfalls, so meint sie darin, stünde es einem Priester an, eigenmächtig und ohne biblische Autorität den Schauspieler vom Abendmahl auszuschließen. Außerdem wollte sie das

Pauluswort von den Frauen, die in der Kirche zu schweigen hätten, anders interpretiert wissen: den Frauen dürften nicht „gute Einfälle und Gedanken" verboten werden, die Bühne solle ihnen zur diesbezüglichen Belehrung und Erziehung offenstehen[5]. Ihre Angriffe auf die Geistlichkeit, ihre Verteidigung der Frauen und des Theaters weisen die Veltin als eine ungeheuer mutige Frau aus, die sich in den damaligen gesellschaftlichen Verhältnissen damit exponierte.

Die größte Konkurrentin der Catharina Elisabeth Velten war Sophie Elenson, die ebenso nach dem Tod ihres Mannes die Prinzipalschaft übernahm. Später heiratete sie noch zweimal Schauspieler, um der Truppe auch einen männlichen Prizipal zu geben. Der eigentliche Trumpf Sophie Elensons, den sie auch gezielt für ihre Zwecke einsetzte, war ihre allseits gerühmte Schönheit, die es ihr vor allem erleichterte, entsprechende Protektion und Privilegien bei vermögenden Adeligen zu erlangen.

Die bedeutendste weibliche Prinzipalin aber war sicherlich Caroline Friederike Neuber (1697-1760), die, von Lessing und Gottsched bewundert, schließlich unter dem Einfluß des letzteren den Hanswurst von der Bühne vertrieb, was dem Volkstheater insgesamt nicht gut bekam. Aber das hat sie erst später erkannt. Trotzdem war die Neuberin als Schauspielerin, Prinzipalin, kühne Reformatorin und auch Schriftstellerin eine bedeutende Erscheinung des 18. Jahrhunderts, die entscheidend dazu beitrug, das Niveau des Theaters zu heben und damit den Beruf des Schauspielers aufzuwerten. Ihre Truppe, die sie zusammen mit ihrem Mann Johann Neuber leitete, spielte in ganz Deutschland, 1740 sogar auf Einladung der Zarin in Rußland, wo sie allerdings durch den Tod der Herrscherin hohe Verluste hinnehmen mußte, von denen sie sich nicht mehr völlig erholte. 1760, ein Jahr nach ihrem Mann, starb sie schließlich in Armut. Die Neuberin war die letzte bedeutende Prinzipalin. Denn in dem Maße, in dem sich das Theater langsam zu einem attraktiven Gewerbe entwickelte und die Wanderbühnen seßhaft wurden, begannen sich auch immer mehr Männer für die Prinzipalschaft zu interessieren. Während im Wandertheater Frauen noch weitgehend eine Mitsprache in technischen und künstlerischen Fragen eingeräumt wurde, fungierten sie ab etwa 1750 nur noch als Schauspielerinnen. Daß jedoch diese Funktionsbeschränkung keinesfalls gleichzeitig eine Arbeitsminderung bedeutete, geht ebenfalls aus den aufschlußreichen Memorien der Caroline Schulze-Kummerfeld hervor, die anschaulich das Aufgabengebiet der Frau in einer Theaterfamilie beschreiben:

„Eine Magd hatte ich nicht. Keine würde ihren gewissen Dienst bei einer Herrschaft verlassen haben ... Mithin lag nun die ganze Last auf mir. Ich

trug's Wasser vom Brunnen zwei Treppen hoch, hackte Holz, tanzte und
probierte im großen Saal, indem ich dazu in der Schürze Suppenkraut und
Gemüse putzte. Hatte alle Tage fast eine neue Rolle." [6]

Frauen, so erfahren wir aus dieser Schilderung, hatten neben ihrer Arbeit als Schauspielerin nicht nur ihre Familie zu versorgen, sie mußten auch die Kostüme anfertigen, ändern und ausbessern, in schlechten Zeiten Näh-, Flick- oder Schreibarbeiten annehmen, ja manchmal sogar als Mägde arbeiten. Daß sie singen und tanzen konnten, galt als Selbstverständlichkeit. Besonders belastend war allerdings das vielfache Rollenstudium. Caroline Schulze spielte allein im Jahr 1783 120 Mal, und zwar in 63 verschiedenen Rollen. Sie berichtet aber auch von den sexuellen Belästigungen männlicher Verehrer, denen sie ab ihrem 11. Lebensjahr ausgesetzt war, und wie ihre Mutter an demselben Tag auftreten mußte, an dem ihr Kind gestorben war, das sie vor wenigen Wochen geboren hatte [7].

Auch die Ehefrau und die beiden Töchter des Prinzipals Konrad Ernst Ackermann haben Biographien hinterlassen, die einen guten Einblick in das Leben der Schauspielerin dieser Zeit vermitteln. Sophie Charlotte (1714-1792) stammte aus kleinbürgerlichen Verhältnissen und leitete 1742-44 als Prinzipalin eine eigene Truppe. Später heiratete sie Ackermann und wurde seine wichtigste Mitarbeiterin. Sie war nicht nur eine bedeutende Schauspielerin, sondern auch Übersetzerin, sie adaptierte Stücke für ihre Bühne, schrieb Schriften zur Verteidigung des Theaters und hielt Theaterreden. Ungemein tüchtig, dabei ständig kränkelnd (an der Schauspielerkrankheit, der Tuberkulose, ist sie schließlich auch gestorben), war sie Verwaltungsdirektorin, Dramaturgin, Ausstatterin, Schauspiellehrerin und Schauspielerin in einer Person. Ihre Tochter Dorothea stand bereits mit vier Jahren das erste Mal auf der Bühne, tanzte mit sechs im Ballett und begann als Zwölfjährige Liebhaberinnen zu spielen. Trotz ihrer Häßlichkeit (ihr Gesicht war von den Blattern entstellt) wurde sie zu einer Lieblingsschauspielerin des hamburgischen Publikums. Ihre Schwester Charlotte hingegen, die ebenfalls bereits als Vierjährige auf der Bühne stand, starb mit knapp siebzehn Jahren, offiziell an einem Schlaganfall, inoffiziell jedoch durch Selbstmord nach einem „moralischen Fehltritt". Gerüchte sprachen von Schwangerschaft [8].

Eine Schauspielerin mit großer Karriere ist Corona Schröter (1751-1802) gewesen, die mit Goethe eng befreundet war und durch seine Vermittlung ein Engagement am Weimarer Theater erhielt. Sie war ein Universaltalent, malte, komponierte und gab Gesangsunterricht. Aber auch sie starb nach jahrelangem Leiden an Tuberkulose. Ebenfalls am Weimarer Theater spielte Caroline Jagemann, der es mit Begabung und Geschick gelungen war, einen ausgezeichneten Vertrag auszuhandeln: 200 Taler jährlich als Kammersängerin (die gleiche Summe wurde auch als Pension ausgesetzt) und weitere 400 Taler (einschließlich Garderobegelder) als erste Sängerin am Hofe, außerdem das Recht, Gastspiele zu geben und Rollen, die ihr nicht lagen, abzulehnen. Normalerweise erhielten Schauspielerinnen Stubenarrest, wenn sie eine Rolle verweigerten. Das war mehr, als selbst eine begabte Schauspielerin der damaligen Zeit erwarten durfte! Und begabt war die Jagemann sicherlich. Nicht nur Schiller und Goethe waren von ihr begeistert, sie hatte zusätzlich auch das Glück, das persönliche Interesse des Großherzogs von Weimar, Karl August, zu erregen, was ihre gesellschaftliche Stellung ganz außerordentlich hob. Als offizielle Mätresse war es ihr ab 1801 gestattet, Einfluß auf die Gestaltung des Theaters zu nehmen. Nach der Geburt von zwei Söhnen erhob sie der fast zwanzig Jahre ältere Großherzog in den Adelsstand und schenkte ihr ein Gut für ihre Altersversorgung. Nach seinem Tod im Jahre 1828 zog sich die Jagemann dann vom Theater zurück, womit ihr das wenig attraktive Fach der „Alten" erspart blieb.

Wie sehr jedoch der Schauspielberuf trotz etlicher großer Karrieren immer im Zwielicht stand, zeigt auch die Art der Bestattung, die verstorbenen Künstlern zuteil wurde: Ebenso wie die Schinder, Nachtwächter, Totengräber und Spielleute den sogenannten „unehrlichen" Berufen zugerechnet, wurde ihnen ein Begräbnis in geweihter Erde verwehrt. Sogar die berühmte Neuberin mußte in aller Heimlichkeit über die Friedhofsmauer geschafft und ohne jeder Zeremonie verscharrt werden[9].

Die Frau im Pietismus

Neben dem Beruf der Schauspielerin und dem Aufstieg zur Mätresse bot sich noch eine weitere Möglichkeit, die Grenzen, die Frauen im allgemeinen gezogen wurden, wenigstens teilweise zu durchbrechen und der Enge häuslicher Beschäftigung und eingeschränkten Familienlebens zu entkommen. Ein Weg, der bereits Tradition besaß: nämlich in ein Kloster oder in eine religiöse Gemeinschaft. Die Klöster, zur Zeit der Reformation verrufen, feierten in der Gegenreformation ihre Wiederauferstehung. Die neuerliche demonstrative Machtentfaltung der katholischen Kirche im Barock führte zu zahlreichen Neugründungen, in denen auch Frauen Aufnahme fanden. Vor allem in den Jahrzehnten um 1600 erlebten klösterliche Gemeinschaften eine neue Blüte. Frauenklöster gab es vornehmlich in Frankreich und Italien, aber auch in Spanien und Deutschland kam es zu einer Renaissance des Klosterlebens. Im Gegensatz zu den Mönchen war es Nonnen allerdings nicht möglich, sich zwischen asketischer Zurückgezogenheit und aktiver missionarischer Betätigung, wie sie etwa die Jesuiten betrieben, zu entscheiden. Ihnen wurde im wesentlichen nur der Rückzug in Kontemplation und mystische Visionen gestattet. Die Alcantarierinnen etwa, deren Orden 1676 in Farfa gegründet wurde, verbrachten ihr ganzes Leben in vollkommenem Schweigen, Gebet und Meditation. Lediglich karitative Tätigkeiten wurden Frauen zugestanden, hierin waren sie auch bemerkenswert aktiv, wie zum Beispiel die Ursulinen, 1535 in Brescia aus der von Angela Merici gegründeten „Gesellschaft der hl. Ursula" hervorgegangen, die sich vor allem der Krankenpflege und Armenversorgung widmeten. Klöster boten allerdings nicht nur die Möglichkeit zu religiöser Meditation und fürsorgerischer Tätigkeit, sie waren auch Zufluchtstätten für alle jene aristokratischen oder doch zumindest wohlhabenden Frauen, die den Anforderungen der Gesellschaft nicht entsprechen konnten: Ledige, die entweder keine Mitgift bekamen oder für eine Heirat zu häßlich waren, wobei insbesondere den von den gefürchteten Blattern betroffenen Frauen kaum eine andere Lebensform offenstand. Witwen, die ihres Gatten Schuld abtragen mußten, ehemalige Mätressen hoher Fürsten und Frauen, die sich von ihren Ehemännern getrennt hatten. Nicht selten wurde das Kloster allerdings zum Gefängnis für eine Ehebrecherin, die der beleidigte Gatte dort einsperrte.

Daß der Ansturm von Frauen auf das Kloster, wie er bereits im Mittelalter zu beobachten war, nach dem Interregnum der Reformation im Barock neuerlich die vorhandenen Möglichkeiten sprengte, zeigt auf jeden Fall, wie notwendig eine derartige Einrichtung für das Leben von Frauen war.

Neben den Klöstern nahm auch die Glaubensgemeinschaft des Pietismus viele Frauen auf. Diese Erneuerungsbewegung innerhalb des Protestantismus, die mit ihrer starken Betonung der Gefühlsseite in der Religion als Reaktion auf die nüchterne Glaubenslehre Luthers zu verstehen ist, fand gegen Ende des 17. sowie im 18. Jahrhundert nicht nur in Deutschland, sondern auch in England und den Niederlanden große Verbreitung. Interessant, wenngleich bislang noch keinesfalls ausreichend erforscht, ist die große Bedeutung, die im Pietismus der Frau beigemessen wurde. Richard Critchfield stellte zu diesem Thema Untersuchungen an, auf die sich die folgenden Ausführungen hauptsächlich beziehen[1]. Es ist wenig bekannt und wird kaum in einem Lexikon erwähnt, daß Frauen im Pietismus als Prophetinnen, Agitatorinnen Führerinnen und Organisatorinnen eine bedeutende Rolle spielten, und zwar seit seinen Anfängen bis etwa zur Mitte des 18. Jahrhunderts. Ihre Frömmigkeit, ihre Visionen und Ekstasen wurden häufig höher eingeschätzt als jene des Mannes. Nikolaus Ludwig Graf v. Zinzendorf (1700-1760), Begründer der berühmten Brudergemeinde von Herrnhut, glaubte nicht nur, daß Frauen religiös empfänglicher seien, sondern war auch der Meinung, daß ihnen wegen der jungfräulichen Geburt Christi eine den Männern übergeordnete Rolle in der christlichen Heilslehre zukomme. 1753 verlangte er daher die völlige Gleichberechtigung der Frauen in der Gemeinde und sogar ihre Zulassung zum geistlichen Amt. Solche und ähnliche Ansichten und Forderungen, wie sie auch von anderen Pietisten geäußert wurden, lassen sich zumindest teilweise aus der besonderen Betonung von Gefühl und Emotion erklären, durch die sich der Pietismus auszeichnete, die gut mit der allgemeinen Vorstellung vom Wesen der Frau übereinstimmte. Dabei ist es allerdings wichtig festzustellen, daß derartige Eigenschaften in diesem Zusammenhang keinesfalls diskriminierenden, sondern vielmehr befreienden Charakter besaßen.

„Es ist das Herz, das Gott spricht und nicht die Vernunft", charakterisiert der Frühpietist Gottfried Arnold die Lehrmeinung. Gott, so wurde angenommen, spreche zu dem Herz einer Frau unmittelbarer und direkter als zu jenem des Mannes. Ein Frauen generell nachgesagter Gefühlsüberschwang wurde hier nicht als lächerlich empfunden, sondern bewundert und verehrt.

„Sie ist so inbrünstig, daß sie kaum den Namen Jesu oder die Erinnerung seiner Liebe und Gnade leiden kann; alsbald sie davon redet oder daran denket, wird sie hingezücket", beschreibt ein Pietist 1691 die überwältigenden religiösen Gefühle einer Frau in der Stadt Quedlinburg. Auch der prominente Theologe August Hermann Francke (1663-1727) hat die weibliche Fähigkeit zu ekstatischen Visionen bewundert. So etwa erwähnt er eine gewisse Anna Maria Schuckhardtin, die, als er mit ihr betete, in eine „ecstasin" gefallen sei und

„ ... redete in solchem Zustande viele liebliche Verse, strophenweise, mit der außerordentlichen scansion und recht zierlichen action mit den händen, welches mich dann mehr beweget als alles so ich bisshero davon gehöret ... "

Gelegentlich wurde die Schuckhardtin, die als Prophetin in Erfurt auftrat, auch als Agitatorin gegen die orthodoxe Geistlichkeit eingesetzt, die den Pietisten ablehnend und feindlich gegenüberstand. Ihre Visionen, die bezeichnenderweise vornehmlich in der Hölle schmorende oder sonstwie vom Jüngsten Gericht bestrafte Priester zum Inhalt hatten, kamen von Gott, so wurde argumentiert, und seien daher über menschlichen Einspruch erhaben. Auch die Visionen der Pietistin und Prophetin Adelheid Sybilla Schwarz, die sich durch besonders aggressive Attacken auszeichnen, wurden schriftlich festgehalten und dem Superintendenten D. August Pfeiffer überreicht, der für seine feindliche Haltung den Pietisten gegenüber bekannt war: *„Du, an welchem meine Seele einen Ekel hat, siehe, ich werfe dich in ein Bett, das mit Pech und Schwefel brennt, so du nicht umkehrest und wahre Buße tust."*

Aber nicht nur ihre Visionen, auch das selbstbewußte Hervortreten der Frauen im Pietismus störte die orthodoxe Priesterschaft generell. Sie warf den Pietisten vor, sich zu sehr von Frauen beeinflussen zu lassen. Die führenden Vertreter der Bewegung, Philipp Jakob Spener und Francke beispielsweise, hätten sich „hinter die Frauenzimmer gemacht" und würden von „einem ganzen Haufen Weiber gefangen geführt", Argumente, wie sie auch schon im Mittelalter gegen die Ketzergemeinschaften verwendet wurden, die ebenfalls Frauen weitgehende Verwirklichungsmöglichkeiten eingeräumt hatten.

Daß Frauen häufig als religiöse Vorbilder im Pietismus galten, zeigen auch die Beispiele der Antoinette Bourignon (1616-1680) und Jeanne Marie Madame Guyon (1648-1717), deren quietistische und Mystische Schriften in Deutschland um 1700 bekannt wurden. Arnold beispielsweise äußerte sich begeistert über das Werk „Das Licht der Welt" der Bourignon und empfahl es wärmstens als Lektüre.

Doch gab es im Pietismus nicht nur mystische Schriftstellerinnen und ekstatische Visionärinnen, sondern auch ausgesprochen praktische und tüchtige Frauen. Wie etwa Zinzendorfs Gattin Erdmuthe, von der Zinzendorf selbst meinte, daß nicht er, sondern eigentlich sie für die Gründung der Herrnhuter Gemeinde verantwortlich sei. Sie verwaltete vor allem die finanziellen Angelegenheiten dieser Gemeinde, außerdem war sie für wichtige Missionsarbeiten in Livland und Dänemark zuständig und für die Verwaltung etlicher Kinderanstalten, unter anderem in England. Daß sie außerdem noch eine begabte Dichterin war, beweist ihre Vielseitigkeit, die sich keinesfalls in organisatorischen Belangen erschöpfte. Eine der berühmtesten und umstrittensten Frauen im Pietismus des ausgehenden Jahrhunderts war jedoch Rosamunde Juliane von Asseburg (1672 -1712), die als Prophetin und Heilige bewundert und verehrt wurde. Von orthodoxen Kreisen angegriffen und verfolgt – sie hatte sich durch Kritik an kirchlichen und staatlichen Instanzen unbeliebt gemacht –, fand sie Zuflucht und Unterstützung in adeligen und pietistischen Familien, so etwa bei dem evangelischen Theologen, Professor in Rostock und Hofprediger in Eutin, Johann Wilhelm Petersen. *„Unser Haus ward durch die Gegenwart der auserwählten Rosamunde wie Obeds Edon gesegnet"*, schreibt er emphatisch in seiner Biographie. Im Hause der Petersen wurde Rosamunde auch von der Kurfürstin von Hannover besucht, die sie und Petersen finanziell unterstützte. Petersen setzte sich in seiner Autobiographie intensiv mit Rosamunde auseinander und verteidigte sie und ihre Visionen. Auch in seinem Sendschreiben „ ... Specis facti von einem adligen Fräulein, was ihr vom siebten Jahr ihres Alters bis hierher von Gott gegeben ist"(1691), befaßt er sich mit ihren Visionen über den Heiland, die seine eigene Lehre über das bevorstehende tausendjährige Reich unterstützen. Einen großen Einfluß auf die pietistische Bewegung übte auch Petersens Frau Eleonore aus. Das geborene Fräulein von Merlau setzte sich durch die Heirat mit einem Bürgerlichen über die Regeln ihres Standes hinweg und beschritt damit einen Weg, den auch viele andere adelige Damen im Pietismus gingen. Nachdem in der Glaubensgemeinschaft soziale Unterschiede nicht wichtig waren, wurde es vielen Frauen möglich, eine Liebesheirat einzugehen. (Von umgekehrten Fällen, daß nämlich ein Adeliger eine Bürgerliche heiratete, wird allerdings weniger berichtet.) Daß auch Eleonore der führende Teil in ihrer Ehe war, ist unter Pietisten bekannt gewesen, weshalb es nicht ganz den Tatsachen entspricht, wenn Petersen sie „meine so treue Gehilfin" nennt. Pietistische Innigkeit und Frömmigkeit findet sich in ihren Schriften und in ihrer Autobiographie sehr viel ausgeprägter als bei ihrem Mann. Spener, mit dem sie zwischen 1672-1674 in Briefwechsel stand, meinte, daß sie in „der Schule der Frömmigkeit heimisch war". Eleonore war auch die Wegbereiterin der philadelphischen Sozietäten in Deutschland, die überwiegend von Frauen gegründet und geführt wurden.

Bezeichnend für den Pietismus war eine gewisse sexuelle Freizügigkeit, die in manchen Gemeinden geduldet oder sogar gefördert wurde, wobei Geschlechtsverkehr der Mitglieder untereinander als reinigend und heilsbringend galt. Auch hier spielten Frauen, entweder angegriffen und angefeindet, oder aber bewundert und verehrt, eine bedeutende Rolle. Eva von Buttlar (1670-1717) beispielsweise, Gründerin einer philadelphischen Gemeinde, wurde teilweise sogar in den eigenen Reihen als „falsche Prophetin" bezeichnet, die, selbst von ungebändigter Sexualität, Laster und Ausschweifungen in ihrer Gemeinde dulde.

Von ihren Anhängern hingegen wurde sie schwärmerisch „zur Aufseherin des Priestertums, zur Führerin des großen Gerichts, zur Regierenden der Gemeinde und zur Heerführerin des Volkes" ernannt und als göttliche Sophia verehrt. Eine ähnliche Huldigung erfuhr Anna von Buchel (1702-1743), die an der Spitze der Ronsdorfer Gemeinde stand und nicht nur wegen ihrer Prophetie, sondern auch wegen ihrer Schönheit Verehrer um sich zu scharen wußte. „Schönste Jungfrau, Schönste der Weiber, als Maria, deren Brust dient auch mir zur Herzenslust", dichtete der Prediger von Ronsdorf, Petrus Wülfling. Verständlich, daß die orthodoxe christliche Kirche derartiges als Skandalum betrachtete und entsprechend anfeindete. So wie im Mittelalter Mystik und Minne, ist auch hier die Vermischung religiöser und sexueller Aspekte als Reaktion auf die im Christentum propagierte Askese zu verstehen, gleichzeitig jedoch auch als sexuelle Emanzipation der Frau, die auf diese Art und Weise durch religiöse Argumente gerechtfertigt werden konnte. Günstig auf die Stellung der Frau im Pietismus wirkte auch die Androgynitätslehre, die, ausgehend von Jakob Böhme, von vielen Pietisten vertreten wurde. Die angenommene Androgynität des ersten Menschen etwa trug dazu bei, die Frau von ihrer Hauptschuld am Sündenfall zu befreien. Daß viele Pietisten auch Christus androgyn dachten, brachte darüber hinaus das weibliche Element in das Zentrum der Religionsauffassung. Indem sich Gott nicht mehr ausschließlich in einem Mann verkörperte, ließ er auch die Frau in sich zu. Zinzendorf war sogar der Ansicht, daß Männer, bevor sie für Jesus gewonnen werden können, zuerst weiblich werden müßten. Die Lehre von einem androgynen Jesus ebenso wie von einem androgynen Adam wirkte auch in den radikalen pietistischen Gemeinden in Amerika nach und führte hier teilweise zur Aufhebung der Ehe. In manchen pietistischen Gemeinden wurden die Frauen den Männern völlig gleichgestellt und konnten sogar öffentliche Ämter bekleiden.

Auch in der Herrnhuter Gemeinde waren Frauen vor Zinzendorfs Tod zu beachtlichem Einfluß gelangt. Seine zweite Frau, Anna Nitschmann, wurde von Zinzendorf beispielweise als „unser aller, auch der Brüder ... Vorgesetzte" bezeichnet. Zu ähnlichem Ansehen gelangte seine Tochter Benigna. Daß die Herrnhuter Schwestern darüber hinaus erfolgreich missionarisch tätig waren und als Rednerinnen in Norwegen oder Amerika begeistert aufgenommen wurden, schien den Brüdern dann aber doch ein wenig zu weit zu gehen. Schon nach Zinzendorfs Tod wurde auf der Synode von 1764 beschlossen, den Frauen die Mitgliedschaft im Direktorium zu verbieten, um sie „vor weiblicher Herrschaft zu bewahren". Denn – so wurde in guter alter Tradition argumentiert: „Ein herrschsüchtiger Charakter schickt sich für eine Magd Jesu am allerwenigsten", womit weibliche Aktivität und weibliche Selbstverwirklichung wieder einmal zunichte gemacht worden waren.

Das lesende Frauenzimmer

(Aufklärerisches Bildungsprogramm)

Wie schlecht es im 16. und 17. Jahrhundert um das weibliche Bildungswesen bestellt war, ist am niedrigen Niveau der Schulen abzulesen, die sich, ausgehend von den Bildungsforderungen der Humanisten und Reformatoren in einigen Städten und Dörfern für nichtadelige Mädchen gebildet hatten. Die ehemaligen Nonnen, Ehefrauen oder Witwen, die hier einfache Grundkenntnisse im Lesen, Schreiben und in Religion vermittelten, besaßen meist keinerlei Vorbildung, denn die Magister und die Promovierten lehrten an den nur Knaben zugänglichen Lateinschulen. Auch die Bezahlung der Lehrkräfte an Mädchenschulen war sehr gering, meistens standen weder kirchliche noch fürstliche Mittel zur Verfügung, weshalb sie lediglich auf das Schulgeld der Eltern angewiesen waren und bestenfalls vom Rat der Stadt freie Wohnung und Befreiung von bürgerlichen Abgaben zugesichert bekamen. Um diesem Mißstand wenigstens teilweise beizukommen, begannen sich im 17. Jahrhundert in manchen Gegenden, im Rheinland vor allem, Laiengemeinschaften von Frauen zu bilden, die sogenannten Devotessen (von devotio moderna = neue Frömmigkeit), die als „Schuljungfrauen" beschäftigt waren. Sie unterrichteten hauptsächlich in elementaren „Katechismusschulen" und unterstanden der Aufsicht eines Pfarrers oder eines Jesuitenkollegiums, weshalb sie in Köln eher verächtlich „Jesuitessen" genannt wurden[1]. Etwas besser ging es den Töchtern des Adels, die entweder selbst Privatunterricht erhielten oder an jenem ihrer Brüder teilnehmen durften. Tatsächlich stammen auch fast alle gebildeten Frauen dieser Zeit aus der adeligen Schicht. Aristokratische Töchter konnten auch eine jener vornehmen Klosterschulen besuchen, in denen sie auf ihre gesellschaftlichen Verpflichtungen vorbereitet wurden, darüber hinaus aber wenig Wissenswertes vermittelt bekamen. Denn während die Knaben an den Lateinschulen und Akademien eine teilweise recht umfangreiche Erziehung genossen, beschränkte sich das weibliche Bildungsideal auf die Erlernung sogenannter weiblicher Aufgaben, christlicher Tugenden, Anstand und Sitten.

Die Misere im weiblichen Bildungswesen scheint selbst Zeitgenossen aufgefallen zu sein, denn im Laufe des 17. Jahrhunderts mehrten sich die Forderungen nach einer besseren Mädchenbildung, die dann gegen Ende des Jahrhunderts im Zuge frühaufklärerischer Reformen zunahmen. Fenelon (1651-1715), eigentlich François de Salignac, ein am Hofe Ludwig XIV. lebender Pädagoge, schrieb 1681 ein Buch „Über die Erziehung der Mädchen", das 1698 von dem Pietisten August Hermann Francke ins Deutsche übersetzt worden war. Obwohl Fenelon dem traditionellen Bild einer fleißigen, frommen und demütig sich dem Mann unterordnenden Frau verhaftet blieb, wirkte sein Bildungsprogramm damals geradezu revolutionär. Mädchen, so forderte er, sollen ordentlich lesen und schreiben lernen, die vier Grundrechenarten beherrschen und das Wichtigste über Recht und Gesetze wissen. Neben der üblichen religiösen war auch noch die profane Lektüre erlaubt, Bücher über Geschichte beispielsweise, hingegen Komödien und Romane abzulehnen seien, weil sie den weiblichen Charakter verderben. Auch Poesie, Musik und Malerei wurden – ganz im Sinne der Frühaufklärung – als eher überflüssiger Ballast betrachtet. Daß Haushaltsführung und alles, was damit zusammenhing, nach wie vor als Kernstück weiblicher Erziehung betrachtet wurde, verstand sich von selbst. Wesentlich radikaler als Fenelon äußerte sich ein weiterer Franzose, François Poulain de la Barre (1647-1723), der in seiner Schrift: „De l'égalité des deux sexes, discours physique et moral où l'on voit l'importance de se défaire des préjugés" (Über die Gleichheit der Geschlechter in körperlicher und moralischer Hinsicht, woraus man die Notwendigkeit erkennt, Vorurteile abzulegen) ein, wie bereits der Titel verrät, gleichberechtigtes Programm vertritt. Seine Ansicht von der natürlichen Gleichheit aller Menschen, die auf eine gemeinsame Vernunftbegabung zurückzuführen ist und die Unbildung und Unwissenheit der Frauen lediglich als Produkt gesellschaftlicher Prägung begreift, mutet ungeheuer modern an. Auch Christian Franz Paullini erkennt in seiner Schrift „Ob nemlich das Weibliche Geschlecht am Verstand dem Männlichen von Natur gleich/auch zu Verrichtung tugendsamer Wercke und Thaten/ebenmäßig fähig und geschickt sey" (1705) die intellektuelle Unterlegenheit der Frau als Folge ihres Ausschlusses von Bildung und Wissenschaft[2]. Tatsächlich etwas in die Wege leitete dann A. H. Francke, dessen umfassendes, auf alle Stände bezogenes Frauenbildungsprogramm nur teilweise realisiert werden konnte. Seine Schule für Bürgermädchen beispielsweise, 1698 eröffnet, mußte bereits fünf Jahre später geschlossen werden, hingegen das „Gynäceum", die Schule für Höhere Töchter, immerhin 32 Jahre bestand. Am besten funktionierte sein Waisenhaus, wo die Kinder – die sonst im Armenhaus geendet wären – zu tüchtigen Dienstmädchen erzogen wurden[3].

Es waren aber nicht nur Männer, die sich um eine bessere Frauenerziehung bemühten, auch Frauen protestierten gegen den katastrophalen Bildungsnotstand. In Italien war es Lucrezia Marinelli, die in einer Streitschrift „La Nobilità e l'eccellenza delle donne, co'diffetti e mancamenti degli Uomini" (Der Adel und die Vortrefflichkeit der Frau gegenüber den Mängeln und Unzulänglichkeiten der Männer) diese Mißstände geißelte. In Frankreich trat Marie des Jars (1565-1645), die Voltaire als seine „fille d'alliance" bezeichnete, für die „Gleichheit der Männer und Frauen"ein. In Holland verfolgte die gelehrte Anna Maria Schürmann mit ihrer lateinischen Abhandlung „De ingenii muliebris ad doctrinam et meliores litteras aptitudine" (Über die Fähigkeiten des weiblichen Geschlechts in Sachen Gelehrsamkeit und Schönen Wissenschaften) (1641) einen ähnlichen Zweck[4]. Daneben gab es noch etliche Versuche, Frauen in das öffentliche kulturelle Leben zu integrieren. So etwa konnte es in Ausnahmefällen geschehen, daß die für die literarische Entwicklung bedeutsamen barocken Sprachgesellschaften, die üblicherweise nur Männern offenstanden, auch eine Frau in ihren illustren Kreis aufnahmen. Im von Georg Philipp Harsdörffer (1607-1658) gegründeten „Pegnesischen Blumenorden" etwa gab es zeitweise auch weibliche Mitglieder. Ebenso konnten in die Deutsche Gesellschaft (Leipzig) bereits unter dem Vorsitz Harsdörffers Frauen als ordentliche Mitglieder eintreten. Unter seinem Nachfolger Sigmund von Birken wurden sogar dreizehn Frauen aufgenommen[5]. Harsdörffer brachte auch die erste nachweisbare Frauenzeitschrift Deutschlands heraus. Seine „Frauenzimmer Gesprächsspiele" (1644-1649) nahmen sich besonders der Frauenbildung an und sind als Vorläufer der moralischen Wochenschriften zu verstehen.

Die Frau wurde also als Vernunftwesen entdeckt, womit gleichzeitig jener dämonische Anteil am Weiblichen, die Frau als gefährliche Naturgewalt, als unkontrollierbares Chaos gebannt und schließlich vernichtet wurde. Da durch die Vernunft alles erklärbar und alles machbar schien, verloren die einst magischen, unheimlichen weiblichen Kräfte ihre Bedrohlichkeit. Die Hexe hatte nicht nur ihren Schrecken eingebüßt, sie erübrigte sich. Dafür wurde jetzt der Verstand der Frau interessant. Prominente Aufklärer und Philosophen begannen ihm ein gesteigertes Interesse zuzuwenden, zahlreiche belehrende Abhandlungen und Kommentare waren um die Schulung des weiblichen Geistes bemüht. Dieses „Programm weiblicher Gelehrsamkeit" wirkte zwar nur wenige Jahrzehnte an der Wende vom 17. zum 18. Jahrhundert, doch brachte es die Frauen trotzdem auf den Geschmack. Sie entwickelten eine wahre Lesewut, so daß vornehmlich gegen Ende des Jahrhunderts die Moralapostel warnend ihren Zeigefinger hoben: Das, so fand man allgemein, sei nun doch ein wenig des Guten zu viel. Es entfremde vor allem die Frau von ihrer eigentlichen Bestimmung, denn diese sei nach wie vor das Wirken im Haus. Immerhin, das „lesende Frauenzimmer" war geboren, eine Flut von Almanachen, Kalendern und Hilfsbüchlein bemühte sich, das Lesebedürfnis der Damen des erstarkenden Bürgertums, das sich bislang vornehmlich auf geistliche Literatur beschränkt hatte, auch in anderer Hinsicht zu befriedigen.

Im 18. Jahrhundert begann dann Frauenbildung allmählich ein generelles, auch breitere Bürgerschichten erfassendes Anliegen zu werden. Einen besonderen Platz nahmen dabei die moralischen Wochenschriften ein, die zuerst in England entstanden waren, wo die berühmtesten „The Tatler" (1709-1711), „The Spectator" (1711-1712) und „The Guardian" (1713) hießen. Ihr durchschlagender Erfolg führte zu Nachahmungen am Kontinent, vor allem in Deutschland fanden diese Periodika ein begeistertes Leserpublikum. In Erzählungen, Briefen und fingierten Dialogen verbreiteten sie aufklärerisch-pädagogisches Gedankengut, wobei sie sich thematisch vielfach an Frauen wandten, um sie im Sinne der Aufklärung zu erziehen. Inhaltlich widmeten sie sich häufig Fragen des praktischen Alltags, aber auch der Ehe und der Kindererziehung, daneben kamen Themen aus Kunst und Literatur zur Sprache. Meistens waren die Beiträge von Männern verfaßt, wobei eine häufig fingierte weibliche Autorenschaft Kompetenz in Frauenfragen suggerieren sollte. Vor allem in der zweiten Hälfte des 18. Jahrhunderts gab es aber dann auch weibliche Autorinnen ebenso wie Herausgeberinnen. Auch hier machte England den Anfang: Eliza Haywoods „The Female Spectator" (1744-1746) war die erste, von einer Frau publizierte Frauenzeitschrift[6].

Trotz aller aufklärerischen Tendenzen war das propagierte Idealbild jedoch nach wie vor die sittlich gefestigte, gottesfürchtige Frau, die gerade genug Allgemeinwissen besaß, um ihre Kinder in diesem Sinne zu erziehen. Wirkliche Gelehrsamkeit, noch um die Jahrhundertwende teilweise bestaunt, war jetzt bereits weniger gefragt. „Kein Frauenzimmer muß eine Gelehrte von Profeßion werden", meint etwa „Der Gesellige" bereits 1748. Statt dessen gewann das Konzept einer „neuen Weiblichkeit" zunehmend an Konturen. Die moralischen Wochenschriften, mehr jedoch noch die daraus sich entwickelnden Frauen- und Familienzeitschriften wußten sich darauf einzustellen. Die „neue Frau" wurde dazu ausersehen, mit ihrer Belesenheit, ihren Kenntnissen in den schönen Künsten und Wissenschaften und einer durch Bildung gefestigten anmutigen und liebenswürdigen Art dem Gatten eine angenehme Gefährtin zu sein. Das bedeutete zwar einen Fortschritt von der reinen Haushälterin zur gebildeten Hausfrau, aber wenig darüber hinaus. Um diesem angestrebten Ziel gerecht zu werden, unterlag die Bildung der Frau im Allgemeinen und ihre Lektüre im besonderen einem gewissen Ausleseverfahren. Denn keinesfalls wurde der gesamte Bildungsbereich als für die weibliche Konstitution geeignet betrachtet. Romanlektüre beispielsweise wurde nur in Maßen empfohlen, denn ein Zuviel würde die weibliche Phantasie über Gebühr beschäftigen und somit Anlaß zu allerlei verqueren Gedanken geben.

„Lesen Sie nicht bloß Schriften, die Ihre Phantasie nähren, sondern auch solche, die Ihrem Verstande etwas geben", warnte etwa Johann Ludwig Ewald in seiner Schrift: „Die Kunst, ein gutes Mädchen, eine gute Mutter, Gattin und Hausfrau zu werden" im Jahre 1799.

„Nicht bloß Scenen aus einer idealistischen, sondern auch aus der wirklichen Welt. Nicht bloß Schauspiele und Romane, sondern auch Reisebeschreibungen und Biographien. Erlauben Sie sich keinen Erguß Ihrer Phantasien, weder schriftlich noch mündlich; kein Tagebuch, keine empfindsame Betrachtung, ein Ausmalen und Darstellen von Idealen ... "[7]

Das hinderte Frauen allerdings nicht daran, mit wachsender Begeisterung gerade eine derartige Lektüre zu verschlingen. Die Erfolgsromane Samuel Richardsons (1689-1761) beispielsweise, aus betont weiblicher Perspektive geschrieben, waren in den 1740-er und 1750-er Jahren zu beliebten Bestsellern geworden, aber auch Abenteuer- und Geistergeschichten fanden ein breites, weibliches Leserpublikum, während hingegen die Schriften Rousseaus und das „Fräulein von Sternheim" der Sophie von la Roche eher von den gebildeten Damen der höheren Stände gelesen wurden. Die allgemeine Angst vor „hitzigen Phantasien" und unkontrollierter (weiblicher) Leidenschaft zeigt sich auch in den Verhaltensregeln, durch die männliche Pädagogen Frauen via Wochenschriften zu gängeln suchten. In „Die vernünftigen Tadlerinnen" (1725-1726) Johann Gottscheds etwa, die sich direkt an Frauen wandten, wird eindringlich vor erotischen „Ausschweifungen" gewarnt und ein Verhaltenskatalog geliefert, wie derartiges zu verhindern sei. Umständliche und langatmige Ausführungen, wie geküßt werden darf, wie ein Dekolleté beschaffen sein muß, um nicht allzuviel der weiblichen Reize zu enthüllen und ob es gestattet sei, voreheliche Liebesbriefe zu schreiben, bekunden eine allgemeine, diesbezügliche Besorgnis. Trotzdem ist gerade Gottsched ein ernsthaftes Bemühen um Frauenbildung nicht abzusprechen. Zum willenlosen Erziehungsobjekt des Mannes wurde die Frau erst in den Wochenschriften und sogenannten „Frauenzimmerbibliotheken" in der zweiten Hälfte des Jahrhunderts, die weit weniger daran interessiert waren, eine selbständige und kritische Urteilsfähigkeit der Frau zu fördern, sondern eher ein Programm der Eingrenzung des Weiblichen und seine Fixierung auf hausfrauliche Pflichten verfolgten.

Da noch in der zweiten Hälfte des 18. Jahrhunderts im Deutschen Reich weniger als 20% der Gesamtbevölkerung lesen und schreiben konnten, war der Anteil an Frauenzeitschriften lesender Frauen recht gering. Er wird auf weniger als zehn Prozent geschätzt[8]. In dieser schmalen Schicht eines weiblichen Bildungsbürgertums – Frauen des Adels hatten ja schon immer eine bessere Erziehung genossen – wurde aber nicht nur das lesende, sondern auch das schreibende Frauenzimmer heimisch, wobei vor allem die Briefform Frauen neue Möglichkeiten eröffnete. „Zu schreiben, wie man spricht", wurde als besonders frauenspezifisch propagiert und der Brief zu einem Medium, das Frauen gestattete, sich nicht nur im engeren Freundes- und Familienkreis, sondern darüber hinaus auch in der Öffentlichkeit auszudrücken. Schienen sie doch für jene „Lebhaftigkeit", „Leichtigkeit" und vor allem „Natürlichkeit", die Christian Fürchtegott Gellert als Spezifikum des gelungenen Briefwechsels pries, besonders geeignet. So manche Frau, die literarisch an die Öffentlichkeit treten wollte, wählte gleich von vornherein den Briefstil, um gesellschaftlichen Angriffen zu entgehen. Wie zum Beispiel Lady Mary Wortley Montagu in ihren Reiseberichten, oder Sophie de La Roche, die ihre „Geschichte des Fräulein von Sternheim" ebenfalls in Briefform verfaßte.

Daß generell der Brief die beliebteste Ausdrucksform der gebildeten Dame des 18. Jahrhunderts war, schildern die Brüder Goncourt in der ihnen eigenen Art:

„Blättert man in diesen leichten und raschelnden Bögen, die aus den Händen der weltgewandtesten und anscheinend ganz oberflächlichen Frauen hervorgehen, so bemerkt man, daß der Frauengeist darin die größten und heikelsten Fragen aufwirft. Dieser Briefphilosophie der Frau ist nichts zu schwierig, nichts zu herzhaft; sie unterhält sich mit ihrem eigenen Verstande, mit ihrem

natürlichen Instikt über die Furcht vor dem Nichts, über die Angst vor dem
Tode, den sie mit Young ,den wahren Besitzer des Menschengeschlechts'
nennt. Scherzend und lachend läßt sie die tiefsten metaphysischen Gedan-
ken einfließen, ... Sie schneidet psychologische Probleme an, schätzt Theori-
en und Systeme ab und führt sie auf kurze und bündige Grundlehren zurück.
Nach Grotius, Puffendorf, Barbeyrac spricht sie auf wenigen Zeilen vom Na-
turrecht; nach Fenelon beschäftigt sie sich auf ein paar Seiten mit Mädchener-
ziehung.

Ein Ich, das nachdenkt, urteilt, vergleicht, ... das nichts von der Meinung
anderer annimmt und seine Empfindungen, seine Zweifel, selbst seine Religi-
on, kurz alles, was es weiß, fühlt und glaubt einer vernunftmäßigen Untersu-
chung unterwirft, das findet man mit Staunen in diesen Frauenbriefen des
achtzehnten Jahrhunderts, in denen so viel Feinheit mit so viel Scharfsinn, so
viel Stolz mit so viel zartem Empfinden, so viel Geistesstärke mit so wenig mo-
ralischer Zucht sich vereinigt."[9]

Diese bezaubernde Frau Goncourt'scher Prägung war, wir sagten es
bereits, die aristokratische Frau, oder doch jene des gehobenen, gebildeten Bürgertums, die am ehesten Gelegenheit besaß, sich Bildung anzueignen. Aber selbst wenn die hier so euphorisch beschriebene weibliche Geistigkeit nur auf eine schmale Schicht beschränkt blieb, zeigt
sich darin doch viel von einer neuen, einem aufklärerischen Bildungs-
gut verpflichteten Epoche. Frauen haben davon profitiert! Ein autonomes, unabhängiges, das Weltbild in gleicher Weise wie der Mann prä-
gendes Subjekt sind sie auch damals nicht gewesen.

Die gelehrte Frau

Sie war ein Kuriosum! Eigentlich sollte es sie gar nicht geben, die „scientific lady", die gelehrte, wissenschaftlich gebildete Frau, die während der kurzen Blüte der Frühaufklärung im fortschrittlichen England in Erscheinung trat und bald auch den Kontinent mit ihren wissenschaftlichen Ambitionen verblüffte. Sie entstammte meist dem Adel oder dem gebildeten Bürgertum und hatte gelegentlich Privilegien und günstige Umstände genutzt, um an der allgemeinen wissenschaftlichen Revolution zu partizipieren. Natürlich handelte es sich dabei um die Ausnahmefrau, um ein exotisches Exemplar, das entweder bestaunt oder verspottet, keinesfalls jedoch als „normal" betrachtet wurde. Mit Mikroskopen und Fernrohren hantierende Damen wurden zum beliebten Thema einschlägiger Karikaturen. Doch war die gelehrte, wissenschaftlich tätige Frau vor allem im 17. und 18. Jahrhundert zuweilen auch berühmt und angesehen. Meistens haftete ihr jedoch das Odium einer dilettierenden und nicht ganz ernstzunehmenden Amateurin an, deren diesbezügliche Ambitionen sich tunlichst auf den Hausgebrauch beschränken sollten und in der Öffentlichkeit nichts zu suchen hatten. Daß es trotzdem bedeutende Wissenschaftlerinnen gab, spricht für die Durchsetzungskraft, den Ideenreichtum und die Flexibilität von Frauen in einer Zeit, in der ihnen Studium und Bildung weitgehend verweigert wurden und sie daher zum großen Teil auf Eigeninitiative und Selbststudium angewiesen waren.

Großen naturwissenschaftlichen Ruhm erntete beispielsweise Maria Sibylla Merian (1647–1717), die eine bedeutende Insektenforscherin und Malerin war. Als Tochter des berühmten Kupferstechers und Verlegers Matthäus Merian wuchs sie in der Handels- und Hafenstadt Frankfurt auf. In ihre Ausbildung wurde allerdings nicht viel investiert, denn eine allgemeine Schulpflicht für Mädchen war damals in Deutschland noch nicht vorgesehen. Bedeutsam für ihre Entwicklung war die Wiederverheiratung ihrer Mutter nach dem Tod ihres Vaters mit dem Blumenmaler Jacob Marell, der sie das Zeichnen und Malen von Blumen und Tieren lehrte. Insekten, so meint sie in der Einleitung zu ihrem Hauptwerk, dem Surinamesischen Insekten-buch, hätten sie schon als kleines Mädchen fasziniert – zum Entset-zen ihrer Mutter, die, vom neuen wissenschaftlichen Zeitgeist noch wenig beeinflußt, in Fliegen, Mücken, Käfern und Spinnen „Teufels-unsgeziefer" sah. Maria Sibylla betrieb allerdings nicht nur naturwis-senschaftliche Studien und malte wunderschöne Blumen - und In-sektenbilder, die noch heute durch ihren besonderen Charme beein-drucken, sondern sie sicherte mit ihren vielseitigen Begabungen auch die finanzielle Existenz ihrer Familie. Denn ihr Mann Andreas Graff konnte mit seinem Kunsthandel die Familie nicht ernähren. So begann sie mit Farben und Firniß zu handeln, Töchter von Patrizi-ern, Malern und Kupferstechern in ihrem Haus in der Gouache - und Seidenmalerei zu unterrichten und Tafeltücher und Seidendecken mit Blumen, Vögeln und Insekten zu besticken, die in den reichen Familien Deutschlands reißenden Absatz fanden. Unerhört kühn für eine Frau der damaligen Zeit war jedoch ihre Reise nach Südameri-ka, wo die bereits Zweiundfünfzigjährige zwei Jahre lang nicht nur Insekten, Pflanzen und Tiere, sondern auch die Lebensgewohnheiten der Indianer und Neger studierte. Nach einem heftigen Malariaanfall zur Heimreise gezwungen, organisierte sie schließlich eine aufsehen-erregende Ausstellung in Amsterdam und veröffentlichte die lateini-sche Ausgabe des Insektenbuches unter dem Titel „Metamorphosis insectorum Surinamensium". Siebzigjährig ist sie dann nach einem Schlaganfall, der sie völlig lähmte, gestorben[1].

Etwa zur gleichen Zeit wie Maria Sibylla Merian lebte die Philoso-phin Anne Conway, die, zu Lebzeiten geachtet und berühmt, heute fast völlig in Vergessenheit geraten ist. Sie teilt das Schicksal vieler bedeutender Frauenpersönlichkeiten, die von der männlichen Ge-schichtsschreibung verdrängt und unterschlagen wurden. Anne Finch, Vicomtesse von Conway (1631–1679) war eine der begabtesten Schülerinnen Henry Mores (1614–1687), und bereits in früher Jugend auffallend belesen in Philosophie, Literatur, Mathematik und Astro-nomie. In ihrem einzigen Buch, „Principia Philosophiae Antiquissi-mae et Recentissimae", herausgegeben 1690 nach ihrem Tod von dem Freund Franciscus Mercurius van Helmont, erweist sie sich als Anhängerin des sogenannten Vitalismus, der zusammen mit dem Neuplatonismus als Reaktion auf das mechanistische Weltbild eines René Descartes, Petrus Gassendis, Thomas Hobbes und Robert Boy-les zu verstehen ist. Anhänger des Vitalismus waren neben Helmont unter anderem auch Francis Glisson und Gottfried Wilhelm Leibnitz. Sie wandten sich gegen den von Descartes postulierten Dualismus, jene strenge Unterscheidung zwischen Geist und Materie, und betrachteten stattdessen die Natur als Einheit, in der Körper und Geist einander durchdringen. Tatsächlich war Leibnitz in dem fundamentalsten Begriff seiner Philosophie, der Monade, wesentlich von Conway beeinflußt. Daß dieser Einfluß in der Philosophiegeschichte vor allem van Helmont zugeschrieben wurde, ist ein gutes Beispiel dafür, wie weibliches Gedankengut durch Männer im Patriarchat vereinnahmt wurde. Weil, wie damals üblich, der Name einer weiblichen Verfasserin auf der Titelseite nicht angegeben war, wurde das von Helmont herausgegebene Buch Conways irrtümlicherweise jenem zugeschrieben, woraus sich in der Folge für Historiker des 19. Jahrhunderts die entsprechenden Schlüsse ergaben. Leibnitz selbst hingegen war sich seiner geistigen Verwandtschaft mit Anne Conway durchaus bewußt und äußerte das auch mehrfach.[2] Eine der maßgeblichsten Interpretinnen des Leibnitzschen Systems war hingegen Madame Gabrielle Émilie du Chatelet (1706–1749), Freundin Voltaires und eine der hervorragendsten Frauen des 18. Jahrhunderts, die Newtons „Philosophiae naturalis principia mathematica" ins Französische übersetzte und darüber hinaus durch ihren Briefwechsel mit Voltaire bekannt wurde. Eine weitere, philosophisch gebildete und begabte Frau war die theologische Schriftstellerin Lady Damaris Masham, eine Schülerin John Lockes, mit dem sie einen ausgedehnten Briefwechsel unterhielt.

Besonders gute Voraussetzungen fand die wissenschaftliche Tätigkeit von Frauen in Italien, das sich seit der Renaissance eine gewisse Offenheit bewahrt hatte. Elena Cornaro Pisopia (1646–1684) erwarb den Doktortitel in Philosophie an der Universität Padua und wurde dort auch Dozentin für Mathematik. Diamante Medaglia schrieb eine Dissertation über die Wichtigkeit mathematischer Studien für Frauen, Christina Roccati lehrte 27 Jahre am wissenschaftlichen Institut von Rovigno Physik und Maria Catarina Bassi (1711–1778), als Wunderkind verschrien, promovierte mit 22 Jahren an der Universität Bologna und publizierte als Professorin zahlreiche Abhandlungen über kartesianische und newtonsche Physik.[3] Die berühmteste italienische Gelehrte war jedoch Maria Gaetana Agnesi (1718–1799). Obwohl sie nach dem Tod ihrer Mutter die Verantwortung für den großen Haushalt ihres Vaters, des Mathematikprofessors an der Universität Bologna, übernehmen mußte und außerdem mit der Erziehung ihrer beiden jüngeren Brüder betraut war, hinterließ sie ein umfangreiches wissenschaftliches Werk. Bereits mit siebzehn schrieb sie einen Kommentar zur Analyse der Kegelschnitte des Marquis

Guillaume François Antoine de l'Hospital. 1738 folgte eine Sammlung von 190 Essays über Philosophie, Logik, Mechanik, Elastizität, Himmelsmechanik und Newtons allgemeine Gravitationstheorie. Ihr wichtigstes Werk, „Analytische Gesetze", eine klare, prägnante Synthese der neuen Mathematik, die von der französischen Akademie der Wissenschaften hoch gelobt worden war, widmete sie „Ihrer Majestät, der deutschen Kaiserin und Königin von Ungarn und Böhmen, Maria Theresia": *„Nichts hat mich so sehr ermutigt als die Tatsache Ihres Geschlechts, dem Sie, Majestät, zu so großer Zierde gereichen und das durch eine glückliche Fügung auch meines ist ..."*. 1748 übernahm sie dann die Universitätsvorlesungen ihres Vaters, worauf sie zwei Jahre später vom Papst auf den früheren Lehrstuhl Professor Agensis für Mathematik und Naturphilosophie berufen wurde.[4]

Mindestens ebenso berühmt wie die Italienerin Agnesi war die wesentlich früher geborene Holländerin Anna Maria Schürmann (1607–1678), die als „Wunder des Jahrhunderts" gefeiert wurde, wobei als „Wunder" nicht nur ihre Gelehrsamkeit unter frauenfeindlichen Umständen, sondern vor allem die Tatsache zu verstehen ist, daß sie in ihrer Andersartigkeit nicht sogleich auf den Scheiterhaufen geschleppt und verbrannt wurde. Auf jeden Fall aber war sie den Zeitgenossen bei aller Bewunderung nicht ganz geheuer:

„Ich gestehe/daß ich bey diesem weiblichen Wunder/und der wahrhafftigen Sonne gelehrter Schönen die Feder mit Vergnügen/ oder auch mit Furcht ansetze",[5]

meint Georg Christian Lehm in seiner Schrift „Teutschlands galante Poetinnen", die 1715, 32 Jahre nach dem Tod Schürmanns erschien und zum Standardwerk in Fragen weiblicher Gelehrsamkeit wurde. (Derartige Lexika, die in alphabetischer Reihenfolge weibliche Gelehrsamkeit bis in die Antike zurückverfolgen, sind in dieser Zeit mehrfach erschienen, spätestens ab der Mitte des Jahrhunderts, als die Gelehrte von der „Empfindsamen" abgelöst wurde. Mittlerweile gerieten diese Publikationen aber in Vergessenheit.) Die Schürmann, die von ihrem gelehrten Vater in die Fächer Astronomie, Geschichte, Mathematik und Geographie eingeführt worden war und außerdem elf Sprachen fließend beherrschte, zeichnete sich bereits als Kind durch besondere Kunstfertigkeiten aus: Sie konnte schnitzen, Blumen malen und kalligraphische Zeichnungen anfertigen. Später veröffentlichte sie zahlreiche literarische und theoretische Schriften, in denen sie an Gelehrsamkeit ihre männlichen Kollegen vielfach über-

Maria Sibylla Merian (1647 – 1717).
Stich von Jakobus Houbraken.

Lady Mary Wortley Montagu (1689 – 1762).
Stich von Caroline Watson 1803.

traf, eine Notwendigkeit für eine Frau, die sich im männlichen Wissenschaftsbereich behaupten wollte. Obwohl nicht zum Studium zugelassen, wurde ihr als besondere Vergünstigung eine verdeckte Loge im Hörsaal der Universität Utrecht eingeräumt, in der sie den Vorlesungen und Disputationen der Herren lauschen durfte. Daß sich die gelehrte Schürmann dann in späteren Lebensjahren zu einer schwärmerischen Mystikerin entwickelte, die sich Jean de Labadie, dem Gründer einer vom Pietismus beeinflußten Sekte anschloß, um mit ihm ein Leben in Armut und Verfolgung zu teilen, verziehen ihr die Biographen der Frühaufklärung nicht. Es galt als „Skandalum", das möglichst vertuscht werden mußte. Die späteren Jahrhunderte mit ihrem Programm der „neuen Weiblichkeit" taten sich in Erklärungsversuchen da bereits wesentlich leichter: Ihre übergroße Liebe zu Labadie und ihre „weibliche Natur", die dem Gefühl vor dem Verstand den Vorzug gab, hätten, so hieß es nun, schließlich doch gesiegt[6].

Mit ihrer Forderung nach Gleichberechtigung im Bildungsbereich stand die Schürmann allerdings nicht allein. Auch die Schriftstellerin Aphra Behn (1640–1689), deren Theaterstücke in London ungemein erfolgreich waren, wandte sich gegen die männliche Dominanz im Bildungswesen, das sie bereits damals als sexistisch erkannte: Auf die vernichtende Kritik ihres trotzdem vom Publikum bejubelten Stückes „Sir Patient Fancy" schrieb sie im Vorwort zur Druckfassung, daß *„dem Stück kein anderes Mißgeschick anhaftet, als das, aus der Feder einer Frau zu stammen"*, denn *„wäre es von einem Mann verfaßt worden, und sei es auch der langweiligste, gedankenloseste und nichtswürdigste Schreiberling der Stadt, dann wäre es ein höchst bemerkenswertes Produkt".*[7] Aphra Behn war überhaupt eine sehr ungewöhnliche Frau. Sie unternahm eine Reise zu den Westindischen Inseln, wo sie in einen Sklavenaufstand verwickelt wurde, diente Charles II. als Spionin und wurde wegen Schulden eingekerkert. Außerdem war sie unter den Ersten, die sich für die Abschaffung der Sklaverei einsetzten.

Auch die Dichterin Christiane Mariane von Ziegler, die es schaffte, als erste Frau von einer deutschen Universität gekrönt und als erstes weibliches Mitglied in die Leipziger Deutsche Sprachgesellschaft aufgenommen zu werden, sprach sich für bessere weibliche Bildungsmöglichkeiten aus. In einer 1730 gehaltenen Rede mit dem Titel „Abhandlung, ob es dem Frauenzimmer erlaubt sey, sich nach Wissenschaften zu bestreben" zeigt sie sich allerdings anpassungsfähig und moderat, keinesfalls so konsequent wie fast hundert Jahre zuvor Anna Maria Schürmann. Trotzdem erntete sie Hohn und Spott, vor allem in Universitätskreisen. Wahrscheinlich waren es auch Studenten, die folgende hämischen Verse verfaßten:

> *„Ihr Schönen, höret an,*
> *Erwählet das Studieren,*
> *Kommt her, ich will euch führen,*
> *Zu der gelehrten Bahn.*
> *(…)*
> *Ich sterbe vor Vergnügen*
> *Wenn ihr anstatt der Wiegen,*
> *Euch den Katheder wählt,*
> *Statt Kinder Bücher zählt,*
> *Ich küß euch Rock und Hände,*
> *Wenn man euch Doktor nennte,*
> *Drum Schönste fangt doch an,*
> *Komm zur gelehrten Bahn."*[8]

Das brachte die ansonsten eher gemäßigte Zieglerin, die im Grunde um einen Konsens zwischen häuslicher und gelehrter Frau bemüht war, derart in Harnisch, daß sie mit einer vierzehnstrophigen Ode „Das Männliche Geschlechte im Namen einiger Frauenzimmer besungen", einen frontalen Angriff startete:

> *„Du Weltgepriesenes Geschlechte*
> *Du in dich selbst verliebte Schaar,*
> *Prahlst allzusehr mit deinem Rechte,*
> *Das Adams erster Vorzug war*
> *(…)*
> *Kommt her und tretet vor den Spiegel:*
> *Und sprechet selbst, wie seht ihr aus?*
> *Der Bär, der Löwe, Luchs und Igel*
> *Sieht bey euch überall heraus*
> *(…)*
> *Ihr mögt euch selber wohl nicht kennen,*
> *Weil man von Euren Fehlern schweigt.*
> *Seht doch wie ihr vor Eifer schäumet,*
> *Wenns nicht nach eurem Kopfe geht.*
> *O Himmel, was ist da versäumet,*
> *Wenn man nicht gleich zu Diensten steht?"*[9]

Eine interessante Frau dieser Zeit war auch Lady Mary Montagu, die nicht nur wegen ihrer informativen und interessanten Reiseberichterstattung in die Geschichte einging, sondern auch als Vorreiterin der Pockenimpfung. Als Gattin des britischen Gesandten in Konstantinopel beobachtete sie dort Eingeborene, die durch einen kleinen Stich in die Venen Eiter von an Pocken erkrankten Patienten in die Blutbahn brachten, um sich auf diese Art und Weise zu immunisieren. Lady Montagu machte die englische Schulmedizin mit dieser Methode bekannt, wofür sie allerdings heftig angegriffen wurde. Nachdem es ihr jedoch gelungen war, sogar die Prinzessin von Wales, Caroline, dafür zu begeistern, die sogleich ihre zwei Töchter auf diese Art und Weise behandeln ließ, hatte sie die britische Öffentlichkeit zumindes teilweise überzeugt. Welches Aufsehen diese neue Art der Verhütung hervorrief, läßt sich nur vor dem Hintergrund dieser furchtbaren Epidemie ermesse, die weltweit im 18. Jahrhundert rund 60 Millionen Menschen tötete, allein auf den Britischen Inseln jährlich 45.000. Obwohl in den späteren Jahrzehnten wahrscheinlich auf Grund eines gewissen Unsicherheitsfaktors die Popularität dieser Impfversuche wieder abnahm, wurden sie trotzdem ab diesem Zeitpunkt nicht nur in England, sondern auch im übrigen Europa, ebenso wie in Nordamerika weiter durchgeführt, weshalb auch Lady Montagu als eine Wegbereiterin von Impfungen bezeichnet werden kann.[10] Diese hochgebildete Frau, deren umfangreiche Korrespondenz und Tagebücher zu den wichtigsten literarischen Dokumenten aus dem England des 18. Jahrhunderts gehören, war aber auch eine Feministin, die mit ihrer Meinung nicht zurückhielt. *„Torheit"*, schrieb sie bereits mit zwanzig Jahren an den Bischof von Salisbury, *„wird so sehr als unsere Domäne angesehen, daß man uns eher jede Verrücktheit verzeiht als den leisesten Anspruch auf Bildung und gesunden Menschenverstand ... Kaum jemand in der Welt wird so allgemein verachtet und lächerlich gemacht wie eine gelehrte Frau ..."*[11]

Als „scientific lady" galt auch Margaret Cavendish, Herzogin von Newcastle, wenngleich ihre Werke selbst nach damaligen Kriterien kaum als wissenschaftlich bezeichnet werden können. Ungeheuer produktiv, hat sie zwischen 1653 und 1671 vierzehn Bücher über die verschiedenen Themen verfaßt: Atome und Materie, Schmetterlinge und Flöhe, ferne Welten und über die Unendlichkeit. Eigentlich schrieb sie über alles und jedes, kunterbunt und unausgegoren, wenig belastet von Bildung, dafür umso mehr von Phantasie getragen. Deshalb errang sie auch mit ihrem halbwissenschaftlichen utopischen Roman „The Blazing World" den größten Erfolg[12]. Lady Cavendish war eine höchst exzentrische Erscheinungm betonte ihre Originalität, die ihr wichtiger schien als alle Gelehrsamkeit und ignorierte bewußt neueste naturwissenschaftliche Erkenntnisse. Wichtig war ihr vor allem Erfolg und Ansehen, „alles, was ich begehre, ist Ruhm...", schreibt sie offen in ihrem Vorwort zu „Poems and Francies". Tatsächlich war es ihr im Jahre 1667 gelungen, von der reinen Männergesellschaft der Royal Society of London empfangen zu werden, wo man ihr verschiedene wissenschaftliche Experimente und Instrumente vorführte,[13] – ein wichtiger Moment im Leben der Herzogin und ein persönlicher Triumph, nachdem sie jahrelang erfolglos versucht hatte, die Achtung dieser Gesellschaft zu erringen. Trotz ihrer Eskapaden galt sie als die berühmteste weibliche Gelehrte im England dieses Jahrhunderts, wobei vor allem ihr sehr direkt geäußerter Feminismus die wissenschaftlich tätigen Frauen der kommenden Generation wesentlich beeinflußt hat.

Es gab noch viele wissenschaftlich oder literarisch tätig Frauen in dieser Zeit, deren Spuren verwischt, deren Bedeutung die Geschichtsschreibung heruntergespielt hat, weil sie nicht den männlichen Kriterien entsprachen. Erst die feministische Geschichtsschreibung hat sie in mühsamer Forschungsarbeit teilweise wiederentdeckt. 1666 etwa erschien in Paris ein sechsteiliges Werk von Marie Meurdrac unter dem Titel „La Chymie charitable et facile en faveur des Dames", das 1680 und 1711 neu aufgelegt wurde und generelle Prinzipien der Laborarbeit, Apparate und Techniken, die Zubereitung von Arzneien und Kosmetika und alchemistische Symbole umfaßte.[14] Sie wußte nichts von den frühen Alchimistinnen und war der Meinung, die erste Frau zu sein, die sich mit dieser Materie befaßte. (Wobei sie damit jenem verhängnisvollen Fehlurteil unterlag, das die schöpferische Arbeit von Frauen über Jahrhunderte prägte: Weil ihre Leistungen in der männlichen Geschichtsschreibung kontinuierlich unterdrückt worden waren, wurden sie damit auch aller Leitbilder beraubt.) Ihr Vorwort zu dem Buch ist aufschlußreich:

„Ich begann diese Niederschrift ausschließlich zu meiner eigenen Befriedigung ... Ich kann nicht verhehlen, daß mir das Resultat besser schien, als ich je gehofft hatte, so daß ich mich in Gedanken mit einer möglichen Publikation beschäftigte. Hatte ich einerseits Gründe, es zu veröffentlichen, sprachen andere Gründe dafür, es für mich zu behalten ... In diesem inneren Zwiespalt befand ich mich zwei Jahre lang. Ich sagte mir, es sei nicht Aufgabe der Frau zu lehren. Sie soll still sein, zuhören, lernen und ihr Wissen nicht zur Schau stellen. Es sei der Stellung der Frau nicht angemessen, ihr Werk der Öffentlichkeit darzubieten. Der Ruf, den sie damit gewinne, sei selten vorteilhaft für sie, da die Männer die geistigen Produkte einer Frau immer belächeln und tadeln ..."[15]

Auch in der Medizin gab es nach wie vor bedeutende Frauen. In Frankreich veröffentlichte die berühmte Geburtshelferin Louyse de Bourgeois, die der Königin Maria von Medici bei sieben Geburten beigestanden hatte, im Jahre 1608 das umfassendste Werk über Geburtsheilkunde seit den Schriften der in Salerno wirkenden Ärztin Trotula. Sie behandelt darin die weibliche Anatomie und verschiedene Phasen der Schwangerschaft, beschäftigt sich mit abnormalen Früh- und Mißgeburten und gibt Anweisungen zur Verhinderung von Fehlgeburten. Darüber hinaus verlangte sie als eine der ersten die Einleitung der Geburt im Falle ernsthafter Blutungen. Pionierin war sie auch bei der Behandlung von Blutarmut: Sie verschrieb dagegen erstmals Eisen.[16] In Deutschlang war die berühmteste Medizinerin des 18. Jahrhunderts zweifellos Dorothea Christiane Leporin-Erxleben (1715–1762), die als erste Frau an einer deutschen Universität zum Doktor der Medizin promoviert wurde. Als ausgesprochenes Wunderkind galt auch Dorothea Schlözer (1770–1825), die der ehrgeizige Vater, der Staatswissenschaftler Schlözer bereits ab dem vierten Lebensjahr systematisch in Sprachen unterrichten ließ. Als Achtjährige trat sie dann öffentlich in einem Konzert auf und siebzehnjährig promovierte sie in Göttingen zum Magister der philosophischen Fakultät, was die Göttinger Professorentochter Caroline Michaelis (verheiratet mit August Wilhelm Schlegel) in realistischer Einschätzung der Lage zu der Bemerkung veranlaßte:

„Es ist wahr, Dortchen hat unendlich viel Talent und Geist, aber zu ihrem Unglück, denn mit diesen Anlagen und den bizarren Projekten des Vaters, die sie zu der höchsten Eitelkeit reizen werden, kann sie weder wahres Glück noch Achtung erwarten. Man schätzt ein Frauenzimmer nur nach dem, was sie als Frauenzimmer ist."[17]

Diese vereinzelt auftretenden, außerordentlichen Erscheinungen des 18. Jahrhunderts können also nicht darüber hinwegtäuschen, daß die Mode der gelehrten Frau damals längst vorüber war. Deshalb konnte auch der Göttinger „ordentliche Lehrer der Weltweisheit", Meiners, in seiner „Geschichte des weiblichen Geschlechts" folgendes zu Papier bringen:

„Gelehrte Weiber waren nie schlimmer berüchtigt als in unseren Zeiten, einer unserer berühmtesten Schriftsteller … bat neulich den lieben Herr Gott, daß er Europa außer andern Landplagen auch vor gelehrten Weibern bewahren, oder davon befreyen wolle."[18]

Programm
der „neuen Weiblichkeit"

Weibliche Intellektualität, in der Frühaufklärung noch gefragt, war also gegen Ende des 18. Jahrhunderts bereits in Mißkredit geraten. Die Frau, manipulierbares Objekt in der gesamten Geschichte des Patriarchats, unterlag jetzt dem – männlichen – Postulat nach einer „neuen Weiblichkeit". Bahnbrechend war hierbei kein Geringerer als der große Philosoph und Pädagoge Jean–Jacques Rousseau, dessen Geschlechtertheorie erstmals Mann und Frau als physisch und psychisch völlig verschiedene, allerdings auf Ergänzung angelegte Wesen definierte, wobei jedoch dem Mann eindeutig der Primat eingeräumt wurde. Diese Ungleichheit zwischen den Geschlechtern wird bei Rousseau unter Berufung auf das Naturgesetz gerechtfertigt, denn nicht Herrschaftsabsichten des Mannes seien für die Unterwerfung der Frau verantwortlich, sondern die natürlichen Gesetze der Vernunft:

„Wenn die Frau sich deswegen über die unbillige Ungleichheit beschwert, die dem Mann zugute kommt, so hat sie unrecht. Diese Ungleichheit ist keine menschliche Einrichtung, oder wenigstens ist sie nicht das Werk des Vorurteils, sondern der Vernunft."[1]

Um diese Ungleichheit ertragen zu können, hat die Natur die Frau auch entsprechend ausgerüstet: Sie ist passiv, geduldig, anschmiegsam, verfügbar, unterwürfig und emotional, während der Mann das aktive, schöpferische Prinzip vertritt.

„Sie leidet das Unrecht anderer mit Geduld und macht das ihre mit Vergnügen wieder gut. So ist das liebenswürdige Naturell ihres Geschlechts beschaffen, dem Manne nachzugeben und sogar eine Ungerechtigkeit zu ertragen. Dahin wird man die Knaben niemals bringen können. Die innere Empfindung erhebt sich und empört sich in ihnen wider die Ungerechtigkeit, die Natur hat sie nicht geschaffen, diese zu erdulden."[2]

289

Damit betraf die Forderung nach Wiederherstellung der natürlichen Rechtsgleichheit aller, wie sie die Philosophie Rousseaus auszeichnet, lediglich den Mann, nicht jedoch die Frau. Sie blieb ihrer biologischen Natur verhaftet, die ihre Unterlegenheit quasi als Naturgesetz fordert:

„Allein schon durch das Gesetz der Natur sind die Frauen ebenso wie die Kinder dem Urteil der Männer ausgesetzt."[3]

Aufklärerische Gleichheitskonzepte, wie sie dann in den Menschenrechtsforderungen der französischen Revolution gipfelten, durften nicht auf Frauen ausgedehnt werden. Denn das hätte eine Destabilisierung des Gesellschaftsgefüges bedeutet, die nicht tragbar war. Die Frau als unbezahlt arbeitendes Hauswesen, das durch seine Arbeit die Höhenflüge des Mannes erst ermöglicht, mußte erhalten bleiben. Sie war Voraussetzung für das Funktionieren einer patriarchalischen Gesellschaft – und sie ist es weitgehend bis heute geblieben.

Das Dilemma, das sich durch die Gleichheitsforderungen des 18. Jahrhunderts für die Beziehung zwischen den Geschlechtern ergab, wurde also mit Bravour gelöst: Die Frau war von Natur aus so, und die permanente Kraftquelle für patriarchalische Verhältnisse damit gesichert! Deshalb konnte m a n unter dem Einfluß neuer Philosophien darangehen, für den „armen Landmann" einzutreten, oder für die „bürgerliche Verbesserung der Juden". Waren doch die Frauen nach wie vor bereit, für die Männer dazusein, und sie (auf Kosten eigener Freiheit und Selbstverwirklichung) bei diesen schwierigen gesellschaftlichen Umwälzungen zu unterstützen. Daß sie dazu allerdings, wenn nötig, auch mit Zwang erzogen werden mußten, stellt eine Ungereimtheit dar, die Rousseau offenbar nicht aufgefallen ist:

"... sie müssen beizeiten an Zwang gewöhnt werden ... Sie werden ihr ganzes Leben lang dem beständigen und strengsten Zwang unterworfen sein, nämlich dem der Wohlanständigkeit. Man muß sie gleich anfangs üben, sich Zwang anzutun, damit es sie niemals schwer ankomme, alle ihre Launen zu bezähmen, um sie dem Willen anderer zu unterwerfen."[4]

Das Endziel seines allgemeinen Erziehungskonzepts präsentiert Rousseau dann in seinem pädagogischen Lehrbuch „Emile ou de l'education", in dem er sich nicht nur für eine freie Erziehung des Kindes einsetzt (seine eigenen fünf Kinder hat er bezeichnenderwei-

290

se in einem Findelhaus untergebracht), sondern auch für eine weit weniger freie Erziehung der Frau, die ganz unter dem Aspekt der ausschließlichen Verfügbarkeit durch den Mann und der Ausschaltung der eigenen Individualität stattzufinden habe:

„So muß sich die ganze Erziehung der Frau im Hinblick auf die Männer vollziehen. Ihnen gefallen, ihnen nützlich sein, sich von ihnen lieben und achten lassen, sie großziehen, solange sie jung sind, als Männer für sie sorgen, sie beraten, sie trösten, ihnen ein angenehmes und süßes Dasein bereiten: das sind die Pflichten der Frauen zu allen Zeiten, das ist es, was man sie von Kindheit an lehren muß."[5]

Diese Definition des Weiblichen, wie sie nicht nur von Rousseau, sondern auch von sämtlichen anderen großen Philosophen dieses Jahrhunderts wie Kant, Fichte, Hegel und Schelling vertreten wurde, legte Schicksal und Bestimmung der Frau in den kommenden Jahrhunderten fest und ist zum Teil heute noch wirksam. Auch Kant schließt in seine Forderung nach vernünftiger Selbstbestimmung des Menschen die Frau nicht mit ein, wobei sich in seiner Philosophie Geringschätzung und Verherrlichung des Weiblichen nur auf den ersten Blick als Widerspruch erweisen. Denn auch seine Ausführungen über „schöne Weiblichkeit", wie sie vor allem in seiner Frühschrift anzutreffen sind, entpuppen sich bei genauerer Prüfung als galante Verbrämungen, die im Grunde an der inferioren Stellung der Frau wenig ändern. So etwa meint er in seiner „Anthropologie in pragmatischer Hinsicht": „... die Weiblichkeiten heißen Schwächen", weshalb die Frau entmündigt und unter männliche Oberaufsicht gestellt werden muß.

„Kinder sind natürlicherweise unmündig und ihre Eltern ihre natürlichen Vormünder. Das Weib in jedem Alter wird für bürgerlich-unmündig erklärt. Der Ehemann ist ihr natürlicher Curator."[6]

In ihren Weiblichkeitsdefinitionen noch radikaler als Kant sind Hegel und Fichte.

„Sie liebt ihn ... weil er ihr Mann werden, sie zur Frau machen soll; sie von ihm als Mann ihre Würde, Wert, Freude, Glück als Ehefrau erhalten soll – und diese ist, daß sie Frau wird"[7],

meint Hegel in seiner Rechtsphilosophie. Die Frau erhält also praktisch erst durch den Mann eine Daseinsberechtigung, erst durch ihn wird sie ein Selbst. Ohne ihn ist sie nicht nur nicht Frau, sondern überhaupt nicht! Vor dem Hintergrund der Bedeutung, die Hegel den Begriffen Selbst-Entwicklung und Selbst-Bewußtsein des menschlichen Geistes einräumt, wird die ganze Ungeheuerlichkeit einer solchen Formulierung deutlich. Deshalb wirken auch die Ansätze Hegels, mit Aussprüchen wie „Mann soll nicht mehr gelten als die Frau", oder „die Frau als sich gleich achten und setzen"[8] eine Art von Gleichwertigkeit herzustellen, angesichts dieser Kernaussagen unglaubwürdig. Im Grunde entsprachen diese philosophischen Ansichten ja durchaus der Realität: Die Frau, finanziell vom Mann abhängig, ohne Möglichkeiten, sich zu bilden, einen eigenen Beruf zu erlernen und auszuüben, erhielt ihr Leben praktisch aus zweiter Hand. Die einzige Existenzmöglichkeit, die ihr geblieben war, beschränkte sich auf jene der Gattin und Mutter, die dann auch kompensatorisch, für das reale Dasein der Frau aber höchst ineffektiv, entsprechend aufgewertet wurde.

Ähnlich wie Hegel argumentiert Fichte. Im Gegensatz zu Kant, der die Ehe noch sehr nüchtern als Kontrakt begreift, in dem die Partner einander gegenseitig den „wechselseitigen Gebrauch ihrer Geschlechtseigenschaften" garantieren,[9] fordert Fichte als unabdingbare Voraussetzung für eine eheliche Gemeinschaft die Liebe. Doch diese Liebe hat vornehmlich die Frau einzubringen, denn männliche Zuneigung ist erst eine Folgeerscheinung der liebenden Unterordnung des Weibes, eine Unterordnung, die in ihrer Natur verankert ist. Sie kann gar nicht anders, als sich bedingungslos dem Mann hinzugeben:

„Das Weib ist nicht unterworfen, so daß der Mann ein Zwangsrecht auf sie hätte: sie ist unterworfen durch ihren eigenen fortdauernden notwendigen und ihre Moralität bedingenden Wunsch, unterworfen zu sein. Sie dürfte wohl ihre Freiheit zurücknehmen, wenn sie wollte; aber gerade hier liegt es; sie kann es vernünftigerweise nicht wollen."[10]

Ihre totale Entmündigung und Selbstaufopferung geht so weit, daß sie dieses Selbst nur noch in Anderen finden kann:

„Nur auf ihren Mann und ihre Kinder kann eine vernünftige Frau stolz sein; nicht auf sich selbst, denn sie vergißt sich in jenen."[11]

Schließlich kommt Fichte zu dem bemerkenswerten Schluß, daß sie nur in rückhaltloser Servilität weibliches Selbstwertgefühl gewinnen kann. Das weibliche Ich existiert nur mehr als Nicht–Ich, als Echo des männlichen Selbst, das sich zum souveränen Schöpfer der Frau aufschwingt, weshalb natürlich Ehebruch der Frau die Ehe „notwendig vernichtet", während jener des Mannes absolut nicht das Ende der Gemeinschaft bedeuten muß. Aber auch der Seitensprung der Frau könne keinesfalls aus Leidenschaft erfolgen, denn die besitzt sie nicht:

> *„Im unverdorbenen Weibe äußert sich kein Geschlechtstrieb, und wohnt kein Geschlechtstrieb, sondern nur Liebe, und diese Liebe ist der Naturtrieb des Weibes, einen Mann zu befriedigen. Es ist allerdings ein Trieb, der dringend seine Befriedigung erheischt: aber diese Befriedigung ist nicht die sinnliche Befriedigung des Weibes, sondern die des Mannes; für das Weib ist es nur Befriedigung des Herzens."*[12]

Mit Fichte hat die Diffamierung und Herabwürdigung bzw. gänzliche Ausschaltung des weiblichen Selbst einen Höhepunkt erreicht. Was auf uns heute in seiner männlichen Überheblichkeit und Arroganz beinahe komisch wirkt, beeinflußte die damalige Epoche bis weit herauf in das 19. Jahrhundert nachhaltig. Es erschienen dann vor allem um die Jahrhundertwende auch zahlreiche pädagogische Schriften, die sich vornehmlich an den bürgerlichen Mittelstand wandten und ausführlich und umständlich das Wesen, die Bestimmung und den Charakter der Frau erläuterten. Sie alle wiesen allerdings in dieselbe Richtung: Die Frau ist auf Grund ihrer natürlichen Eigenschaften dazu ausersehen, den inneren, den häuslichen, den intimen Bereich zu verwalten und sich darin dem Mann unterzuordnen, während dem Mann als Repräsentant des äußeren, gesellschaftlichen, beruflichen Bereichs damit gleichzeitig die Herrschaft über die Frau zufällt. Wie sehr diese Ungleichheit von Zeitgenossen durchaus anerkannt, gleichzeitig jedoch mit der „natürlichen Ordnung" legitimiert wurde, beweist auch die Schrift „Väterlicher Rath für meine Tochter", des aufgeklärten Pädagogen Joachim Heinrich Campe (1746–1818), Schulrat und Schriftsteller, der ganz offen von der „natürlichen Bestimmung" der Frau spricht,

> *„in einer, zwar durch äußere Zeichen der Hochachtung maskierten, aber nichts desto weniger sehr reellen, vielleicht gar etwas drückenden Abhängigkeit zu leben",*

die allerdings voll gerechtfertigt sei, denn, so fährt er fort, es ist

„der übereinstimmende Wille der Natur und der menschlichen Gesell-
schaft, daß der Mann des Weibes Beschützer und Oberhaupt, das Weib hin-
gegen die sich ihm anschmiegende, sich an ihn haltende und stützende,
treue, dankbare und folgsame Gefährtin und Gehülfin seines Lebens seyn
sollte."[13]

Auf die Natur beruft sich auch der Prediger Eustach Gandler in
seinem „Unterricht von der Unschuld", Augsburg 1790:

„Ein Weib, das nicht aus tiefster Seele Weib ist, das nicht all die köstli-
chen Eigenschaften besitzt, welche wir an dem schwachen Geschlechte nach
Gottes Willen annehmen und zu schätzen wissen, ein solches Weib, das sei-
nen Rang nicht mit der ihm obliegenden Gottesfurcht und Demut ausfüllen
will, das seiner N a t u r trotzt ... Ein solches Weib muß u n n a t ü r l i c h
heißen und verdient nicht seinen Platz in der Gemeinschaft des Men-
schen."[14]
(Hervorhebungen der Autorin)

Die Frau, reduziert auf ihre Weiblichkeit, wird zum ausschließlich geschlechtlichen Wesen, während der Mann neben seiner Ge-
schlechtlichkeit auch noch ein durch Sozialisation und Erziehung
geformtes Individuum vorzeigen kann, das allein dazu berufen ist,
vollwertige Kulturarbeit zu leisten. Dabei verlangt die „Kindhaftig-
keit" der Frau nach einem vom Mann ausgearbeiteten Erziehungs-
programm, das sie nach männlichen Wünschen und Vorstellungen
zu formen habe. Aufschlußreich ist noch ein weiterer pädagogi-
scher Traktat, nämlich die bereits erwähnte Schrift J.L. Ewalds mit
dem Titel: „Die Kunst, ein gutes Mädchen, eine gute Gattin, Mutter
und Hausfrau zu werden", die 1798 in Bremen erschien. In den umfangreichen Ausführungen, die sich mit der weiblichen Physis und
Psyche beschäftigen, wird sogar der weibliche Körperbau einer,
weibliche Diskriminierung rechtfertigenden Interpretation unterzogen:

„Alles an dem weiblichen Körper ist weicher, schlaffer, nachgiebiger. Da-
her empfindet der weibliche Körper den Schmerz nicht so heftig wie der
männliche, jede Muskel gibt nach, weicht aus, drückt sich zusammen.
Wink, daß das Weib mehr zum stillen Dulden gemacht ist, daß in der Kraft,
zu dulden, seine große Kraft liegt..."[15]

Und weiter:

294

„Die Rippelknorpel des Weibes sind biegsamer, daher beweglicher, die Brust ausdehnbarer wie bey uns. Sie können tiefer atmen, mehr Luft auf einmal einsaugen. Alles ist eingerichtet, um ohne großen Schaden in der Stubenluft zu leben..."[16]

Parallel zur Ausformung dieser „neuen" Weiblichkeit (die lediglich auf alte Vorbilder zurückgreift, um sie in ein zeitgemäßes, und vor allem philosophisch verbrämtes Gewand zu stecken) ging die Geburt der Familie vor sich, also jener „Keimzelle", in der allein sich die Frau entfalten durfte. Noch in der ersten Hälfte des 18. Jahrhunderts war das Wort „Familie" (vom altrömischen familia) im deutschen Sprachraum unbekannt. Es existierte stattdessen der Begriff des „Hauses", in dem neben den Eltern, Kindern und möglicherweise auch Verwandten noch das Gesinde der bäuerlichen Familie, Lehrlinge und Gesellen in Handwerkerhaushalten und Handlungscommis bei den Kaufleuten zusammen lebten, aßen und schliefen. Wie bereits erwähnt, war die Funktion der Frau in diesem ganzen „Haus" vielschichtiger Natur. Sie sorgte nicht nur für die lebensnotwendigen Bedürfnisse der Mitglieder, sondern war meist auch aktiv als Bäuerin, Handwerkerin und Kauffrau am Produktionsbetrieb beteiligt. Berufs- und Privatsphäre waren eng miteinander verflochten, weshalb es damals auch keine so ausgeprägt geschlechtsspezifische Arbeitsteilung gab wie in späterer Zeit: Die Hausmutter nahm am Berufsleben teil und der Hausvater zumindest gelegentlich an der Kinderbetreuung. Eine strenge, geschlechtsspezifische Rollenzuweisung konnte erst in dem Augenblick erfolgen, in dem die berufliche Arbeit außer Haus verlagert wurde, also Wohn- und Arbeitsstätte nicht mehr identisch waren. Erst dann, als die Verwaltungsbeamten und Gymnasiallehrer, Ärzte und Advokaten, Universitätsprofessoren und Freiberufler des erstarkenden Bürgertums jeden Morgen ihre Wohnstätte verließen, um draußen ihrem Erwerb nachzugehen, wurde auch die Familie geboren. Sie hatte die Funktion eines privaten, geschützten, nur noch aus dem Elternpaar und seinen Kindern bestehenden Innenraums zu erfüllen, wo sich der abgearbeitete und müde Mann reaktivieren wollte. Je unerbittlicher Macht- und Konkurrenzkämpfe die Männerwelt zu prägen begannen, umso mehr wurde die Familie zur Idylle verklärt, zum Hort des Friedens, dessen Bestand der Mann ängstlich zu wahren suchte. Hier, innerhalb der eigenen vier Wände, konnte jene Emotionalität, jene Gefühlstiefe gedeihen, die aus dem harten Geschäftsleben ausgeklammert wurde, hier entwickelte sich eine Kinderkultur, eine

„Frauenkultur", die Wohnkultur des Biedermeier. Die Frau wurde dazu ausersehen, über dieses „inneren Reich" zu „herrschen". Daß in Wahrheit sie das Opfer war, daß sie, ausgeschlossen von der Öffentlichkeit, abgekoppelt von jeder Erwerbstätigkeit und zurückgeworfen auf Kindererziehung und Haushaltsführung in die totale Abhängigkeit des Mannes geriet, wurde geflissentlich übersehen, bzw. mit ihrer Natur gerechtfertigt.

Das alte Vorbild der emsig arbeitenden Hausmutter wurde also einerseits verkürzt, weil sich ihre Mitarbeit im Produktionsbetrieb ja jetzt erübrigte, andererseits jedoch auch erweitert um den emotional-psychischen Bereich, als dessen Verwalterin die Gattin und Mutter eingesetzt war. Als ihre vornehmste Aufgabe galt in Hinkunft die liebevolle Umsorgung des Ehemannes, dem sie durch „zärtliche Theilnehmung, Liebe, Pflege und Fürsorge das Leben [zu] versüßen" hatte (Campe). Erst dann kam ihre Verantwortung den Kindern gegenüber und ein gewisses ökonomisches Talent zur Führung des Haushaltes, das zwar als „eines der notwendigen Stücke zur ehelichen Glückseligkeit" galt, aber keinesfalls Priorität besaß. Daß sich diese Idealfrau, die zur Erquickung und Beglückung des Gatten durchaus auch eine gewisse Bildung besitzen durfte (die gelehrte Frau war ja, wie gesagt, am Ende des Jahrhunderts bereits verpönt) nur das gehobene Bürgertum leisten konnte, versteht sich von selbst. Frauen der Unterschicht und des Kleinbürgertums mußten in elender und unterbezahlter Lohnarbeit dazuverdienen. Für diese Schichten galten derartige Konzepte nicht, das Leben dieser Frauen interessierte Philosophen und Erziehungsbeauftragte kaum. Auch das Eheideal, das von Pädagogen für die Mittelschicht entworfen wurde, vertrat nicht in gleicher Weise die Anliegen von Mann und Frau. Beruhte doch die bürgerliche Ehe keinesfalls auf dem Austausch wechselseitiger Bedürfnisse, die nach wechselseitiger Befriedigung verlangten, sondern auf der einseitigen Befriedigung männlicher Interessen, die von der Frau aus ihrer Zwangslage der totalen ökonomischen Abhängigkeit heraus geleistet werden mußte. Für sie gab es keine Alternative, denn daß diese Abhängigkeit erhalten blieb, dafür sorgte ein Netz familien- und eherechtlicher Bestimmungen, in denen die Herrschaft des Mannes über Person, Arbeitskraft und das Eigentum seiner Frau festgelegt wurde. Besonders das Allgemeine Preußische Landrecht (die österreichischen Ehegesetze waren hier immer liberaler), das in vielen Punkten bis in die siebziger Jahre unseres Jahrhunderts Geltung hatte, definierte die Ehe als rein patriarchalisch und unterscheidet sich damit in nichts von früheren Auffassungen. Der Mann ist das „Haupt der ehelichen Gemeinschaft", dem die Verfügungsgewalt über Arbeitskraft und Eigentum der Ehefrau zugesprochen wird. Sie war nicht nur zur Ausübung der Hausfrauen- und Mutterrolle verpflichtet, sondern der Ehegatte konnte sie auch zur Mitarbeit in seinem Betrieb zwingen, ohne daß der Frau daraus ein Einkommensanspruch erwachsen wäre. Trotzdem durfte sie keine Arbeitsverträge selbständig abschließen, sondern nur nach Einwilligung des Mannes, der auch als ihr gerichtlicher Vormund agierte, weshalb sie ohne seine Zustimmung nach wie vor keinen Prozeß führen und keine Rechtsgeschäfte abschließen konnte. Zwar wurden der Frau die Schlüsselgewalt und ein Notverwaltungsrecht zugestanden, beide Rechte jedoch im Laufe des 19. Jahrhunderts wieder beschnitten.[17]

Der Ehemann besaß auch das Verfügungsrecht über die Kinder, die, solange sie dem elterlichen Haushalt angehörten, in „väterlicher" (nicht etwa in „elterlicher") Gewalt standen. Söhne wurden in dem Augenblick „frei", in dem sie finanziell selbständig waren, Töchter erst mit dem Tod des Vaters, der das Recht besaß, ihr Vermögen zu verwalten und ihren Wohnort zu bestimmen. Heirateten sie, gingen sie in die Vormundschaft des Mannes über, womit seit dem alten römischen Recht wenig Fortschritt erzielt worden war. Scheidungen wurden im 18. Jahrhundert etwas häufiger, wenngleich es sich dabei immer noch um Ausnahmen handelte und eine geschiedene Frau von der Gesellschaft geächtet war. Im großen und ganzen kam die problemlosere Durchführung einer Scheidung, die das Ergebnis der liberalen Ideen der Aufklärung war, vor allem dem Mann zugute, der damit der Frau ihre einzige Daseinsberechtigung, die Ehe, entzog. Ein anschauliches Beispiel hierfür liefert der Leidensweg der als „Naturwunder" gefeierten Dichterin Anna Luise Karsch (1722–1791), deren naturwüchsiges, durch keinerlei Bildung geprägtes Talent nicht nur die Gesellschaft der Salons, sondern auch Dichter wie Bodmer, Klopstock, Gleim und sogar Goethe entzückte. Daß sie aus ärmlichsten Verhältnissen stammte und ein hartes Leben hinter sich hatte, ehe sie allgemein Ruhmeslorbeeren ernten konnte, machte die Angelegenheit noch spannender: Die Tochter eines Gasthauspächters hatte aus Versorgungsgründen auf Drängen ihrer Mutter mit sechzehn Jahren den Tuchweber und Tuchhändler Hirsekorn geheiratet, der, extrem geizig, jähzornig und trunksüchtig, es ihr nicht verzeihen konnte, daß sie die erwartete Mitgift nicht in die Ehe gebracht hatte. Deshalb ließ er sich in Kürze trotz ihrer Proteste wieder scheiden. Er erhielt die beiden Söhne zugesprochen (Knaben wurden dem Ehemann selbst dann zuerkannt, wenn dieser schuldig geschieden war) und alles, was sie in die Ehe mitgebracht hatte, als „Muttergut" für die Kinder, während sie nur mit einem Kleiderbündel sein Haus verlassen mußte. Weder von ihrer Mutter, noch von ihrer Schwiegermutter wegen dieser „Schande" aufgenommen, lebte sie von Almosen und Gelegenheitsdichtung, gebar einen Sohn und willigte, um versorgt zu sein, in eine zweite Heirat mit dem Schneider Karsch ein, der nicht nur alles Geld vertrank, sondern sie auch noch schlug. Erst als Karsch sich im Siebenjährigen Krieg beim Militär anwerben ließ und daher von zu Hause fortzog, war für sie als respektierte Ehefrau die Voraussetzung geschaffen, auch als Dichterin Karriere zu machen.

Ein trauriges Los hatte auch meist die Witwe, denn auch sie war ohne Mann nur noch ein halber Mensch, dem, abgedrängt ins gesellschaftliche Abseits, häufig nur der Weg in ein Kloster offenstand. Trotzdem gab es Witwen – vor allem aus der begüterten Schicht –, die diese Freiheit vom Ehealltag für sich zu nutzen wußten. Sophie von La Roche (1731–1807) beispielsweise entwickelte als Witwe nicht nur eine rege schriftstellerische Tätigkeit, sondern begann auch große Reisen zu unternehmen. Maria Sybilla Merian konnte ebenfalls nach ihrer Scheidung die Insektenforschung vertiefen und die zweijährige Reise nach Südamerika antreten. Im großen und ganzen jedoch galt die Witwe als bedauernswertes Geschöpf, das seines eigentlichen Lebensinhaltes verlustig gegangen war. Als Frau ohne geschlechtsspezifische Aufgaben wurde sie als Mensch generell in Frage gestellt.

Die großen geistigen Strömungen des 17. und 18. Jahrhunderts, das Bildungsprogramm des Humanismus, die gleiche Recht für alle beanspruchenden Ideen der Aufklärung und das Ideal einer neuen Weiblichkeit in der empfindsamen Epoche dienten also eigentlich den Interessen des Mannes und haben Frauen nicht oder nur sehr am Rande erfaßt. Sieht man von den kurzen emanzipatorischen Ansätzen der Frühaufklärung und der Romantik ab, verblieb die Frau im traditionellen Verhaltensmuster, das heißt unter männlicher Herrschaft. Daran änderte auch eine gelegentliche Überhöhung und Idealisierung des weiblichen Geschlechts, die lediglich dazu diente, das männliche schlechte Gewissen zu beruhigen und Frauen ihre Erniedrigung besser ertragen zu lassen, herzlich wenig.

Partnerin des Gefühls

(Frauen der Romantik)

Die Propagierung einer neuen Weiblichkeit um die Jahrhundertwende barg eine Chance, nämlich jene, die Frau als zwar anders, aber doch gleichwertig anzuerkennen. Sie wurde allerdings lediglich von den Frühromantikern wahrgenommen. Tatsächlich hat es hier auch einige bedeutende Frauen gegeben, die, wenngleich aus Politik und Wirtschaft ausgeschlossen, doch als echte, selbstbewußte „Partnerin des Gefühls" auftraten und auch als solche akzeptiert wurden. Selbst wenn sich diese Umgestaltung der zwischengeschlechtlichen Beziehungen nur in einer dünnen Schicht von Künstlern, Literaten und Intellektuellen vollzog, so bedeutete sie doch einen gewissen Schritt in Richtung Selbstwerdung der Frau, die jetzt als Person, als Subjekt anerkannt wurde. Auffassungen wie etwa jene Friedrich Schlegels, daß eine Frau nicht ausschließlich für den Mann, sondern auch für sich selbst und als Persönlichkeit zu existieren habe, eröffneten völlig neue Perspektiven. Schlegel polemisierte auch gegen Rousseau, weil dieser Frauen jede Beziehung zur Kunst absprach. Außerdem stellte er geschlechtsspezifische Eigenschaften kritisch in Frage. Aussprüche wie: „Nur selbständige Weiblichkeit, nur sanfte Männlichkeit ist gut und schön", bedeuteten eine Revolution. Parallel zur Neuentdeckung alter Mythen und Märchen wurde in den Kreisen der Romantiker das Weibliche generell aufgewertet, feminin zu sein war chic, selbst Männer gaben sich gefühlsbetont, weinten, waren überschwenglich. Die Frau, nach wie vor als naturnah definiert, verkörperte die ursprüngliche, die unverdorbene Welt, die noch nicht entfremdenden Gesetzen und Systemen ausgeliefert war. Sie stand dem Leben näher als die sich in Abstraktionen verlierenden Männer, wurde zur Mittlerin, zur Eros-Priesterin, Lichtbringerin hochstilisiert. Sie war Begleiterin, Freundin, Schwester, Geliebte und Gefährtin.

Trotzdem jedoch zerbrach dieses Idealbild der gleichwertigen, aber nicht gleichartigen Frau in der Folge an der gesellschaftlichen

Realität, weil die aus politischen, wirtschaftlichen und kulturellen Prozessen ausgegliederte Frau im Ghetto eines, wenn auch anregenden Freundeskreises, in den engen Zirkeln der Salons verbleiben mußte und sich ihr Einfluß auf die Gesellschaft damit wieder nur mittelbar, nämlich über den Mann, vollzog. Immerhin gab es unter den Frauen der Romantik herausragende Persönlichkeiten. Karoline Schlegel (1763–1809) beispielsweise, die eine sehr eigenständige und selbstbewußte Frau war, für die es vor allem wichtig schien, nach ihrem „inneren Gesetz" zu leben. Sie und ihr Haus waren Mittelpunkt des frühromantischen Jenaer Kreises, einer Gruppe literarisch interessierter Freunde, der unter anderem auch Novalis und Schelling angehörten. Schelling hat die Göttinger Professorentochter, die sechzehn Jahre älter war als er, dann auch geheiratet. Sie schloß damit ihre dritte Ehe, zuvor war sie mit dem Bergarzt W.F. Böhmer und nach dessen Tod mit August Wilhelm Schlegel verheiratet gewesen. Aber auch Friedrich Schlegel hat Karoline geliebt; sie wurde, wie er es in seinem Roman „Lucinde" ausdrückte, für sein Leben zu einem festen Halt. Sie selbst hinterließ kein Werk – ein literarisches Hervortreten von Frauen war damals noch sehr schwierig und ungewöhnlich – dafür aber aufschlußreiche Briefe, die eher in das Konzept gebildeter Weiblichkeit paßten. Ihr großer Einfluß auf den Jenaer Kreis ist aber unbestritten. Die Kritik der Frühromantiker an Schiller und Goethe beispielsweise ist zum großen Teil auf Karolines Urteil zurückzuführen. Ihr Leben war wechselhaft. 1793 wurde sie wegen ihrer Freundschaft mit Georg Forster, der mit der französischen Besatzungsmacht sympathisierte, in Königstein im Taunus gefangengesetzt. Als sie ein uneheliches Kind von einem blutjungen französischen Offizier gebar – angeblich die Frucht einer leidenschaftlichen Ballnacht –, erfuhr sie die Ächtung der Gesellschaft mit voller Härte. Gestorben ist sie gläubig im 46. Lebensjahr.

Eigenwillig und selbstbewußt war auch Bettina von Arnim (1785–1859). Schon als Kind ungebärdig, unruhig und undiszipliniert, gab sie sich eher wie ein Junge als ein Mädchen: Sie kletterte auf Bäume, zog Reitstiefel an und saß gerne auf dem Boden – ein für damalige Verhältnisse höchst schockierendes Benehmen. „Unter dem Tisch ist sie öfter zu finden wie darauf, auf einem Stuhl niemals", schreibt Karoline Schlegel, als sie das Kind Bettina kennenlernt. Auch als Erwachsene trug Bettina gerne Männerkleidung, was allerdings – ebenso wie bei George Sand – nicht als Verleugnung ihres Geschlechts, sondern eher als der Versuch zu verstehen ist, sich – männlich getarnt – neue Erlebniswelten zu erschließen. Bettina,

Rahel Varnhagen von Ense, geb. Levin (1771 – 1833).
Stahlstich von Karl Eduard Weber.

Bettina Brentano (1785 – 1859).
Anonymer Punktierstich.

Tochter der Maximiliane La Roche und Enkelin der berühmten Schriftstellerin Sophie La Roche war glücklich mit Achim von Arnim verheiratet und Mutter von sieben Kindern. Aus der erotisch stimulierten Begegnung mit dem damals fast sechzigjährigen Goethe entstand „Goethes Briefwechsel mit einem Kinde" (1835). Ihre eigentliche Leidenschaft jedoch gehörte einer Frau: Karoline von Günderode. Frauenfreundschaften waren ein Charakteristikum der Romanik, Zärtlichkeiten und Gefühle konnten in einer Art und Weise ausgetauscht werden, wie dies mit Männern oft nicht möglich war. Sie schafften außerdem ein Refugium von Verständnis und gegenseitiger Anerkennung und trugen damit wesentlich zur Selbstfindung und Selbstachtung der Frau bei. Daß Freundinnen oft Tage, Wochen- ja Monate ohne Unterbrechung zusammen verbrachten, war durchaus üblich. Die uns erhaltenen Briefe zeugen von zärtlicher, oft auch erotisch eingefärbter Zuneigung und Liebe. Auch Rahel Varnhagen verband eine innige Zuneigung mit Pauline Wiesel, der exzentrischen Geliebten des preußischen Prinzen Louis Ferdinand. Und Flora Tristan, eine der wichtigsten Saint-Simonistinnen, schrieb glühende Liebesbriefe an Olympe, eine Freundin in Paris:

„Sie sollten wissen, wundersame Frau, welche Freudenschauer mich durchrieseln angesichts Ihres Briefes ... Sie sagen, Sie liebten mich und ich magnetisierte Sie, ja ich versetzte Sie sogar in Extase, vielleicht scherzen Sie mit mir? Sehen Sie sich vor – schon lange sehne ich mich danach, eine Frau möge mich leidenschaftlich lieben..."[1]

Die Freundschaft Bettina Arnims mit der Günderode war von einer ähnlichen Leidenschaftlichkeit:

„... ich fühl's recht, mein Leben ist bloß aufgewacht, weil du mich riefst, und wird sterben müssen, wenn es nicht in dir kann fortgedeihen."[2]

Sie bezeichnet Karoline als Echo ihrer Einsamkeit und möchte versuchen, in ihr „Wurzel zu fassen". Schließlich spricht sie von einer „Dreieinigkeit ... zwischen Dir und mir und dem Geist", und meint: „Dich denken ... das ist beten."[3] Karoline hat auch ihre Selbstmordabsichten mit Bettina besprochen, die dann ihren Tod in dem „Bericht über den Selbstmord der Günderode" ergreifend geschildert hat.

Bettina von Arnim war ein ungemein vielseitiger Mensch. Sie führte nicht nur einen bekannten, von den intellektuellen Größen ihrer Zeit besuchten Salon in Berlin, sondern sie war auch publizistisch tätig, verfaßte Briefe und Briefromane und engagierte sich für die sogenannte „Junge Deutsche Partei" und die revolutionären Ideen von 1848. In König Friedrich Wilhelm IV. setzte sie große Hoffnungen, sie sah in ihm einen liberalen, das Volk zur Mündigkeit erziehenden Herrscher und widmete ihm ein Buch: „Dies Buch gehört dem König." In späteren Jahren setzte sie sich selbstlos für die Armen und Kranken ein, aber auch für das Schicksal der Juden. Außerdem polemisierte sie gegen die Gefängnisstrafe und kämpfte für die Rechte der Frauen.

Ihre Freundin, Karoline von Günderode (1780–1806), die als Stiftsdame in Frankfurt lebte, besaß nicht das stürmische, eigenwillige Temperament Bettinas, doch wollte auch sie aus dem vorgeformten Weiblichkeitskonzept ausbrechen. Indem sie als „männlich" bezeichnete Eigenschaften auch für sich in Anspruch nahm, bekannte sie sich letztlich zu sich selbst als vollwertigem Menschen.

„Schon oft hatte ich den unweiblichen Wunsch, mich in ein wildes Schlachtgetümmel zu werfen, zu sterben – warum ward ich kein Mann! Ich habe keinen Sinn für weibliche Tugenden, für Weiberglückseligkeit. Nur das Wilde, Große, Glänzende gefällt mir. Es ist ein unseliges, aber unverbesserliches Mißverhältnis in meiner Seele; und es wird und muß so bleiben, denn ich bin ein Weib und habe Begierden wie ein Mann, ohne Männerkraft. Darum bin ich so wechselnd und so uneins mit mir."[4]

Ihr Selbstmord – sie erstach sich sechsundzwanzigjährig am Rheinufer –, der immer mit ihrer unglücklichen Liebe zu dem Heidelberger Philologen Friedrich Creuzer begründet wird, hatte also auch noch andere Ursachen: die Schwierigkeit vor allem, als Frau in einer Männerwelt zu leben. Auch daß sie ihre Gedichte – Liebesgedichte zumeist – unter einem männlichen Pseudonym veröffentlichte (Tian, Ion), sagt alles aus über eine Zeit, in der es immer noch geraten schien, als Frau besser nicht an die Öffentlichkeit zu treten.

Interessant ist auch Rahel Varnhagen (1771–1833), Tochter des jüdischen Kaufmanns M. Levin. Ihre „Dachstube" in der Berliner Jägerstraße war Treffpunkt der damaligen literarischen, künstlerischen und politischen Prominenz. Clemens Brentano, Friedrich Fouqué, Friedrich Tieck, Adelbert Chamisso, Friedrich Gentz, Friedrich Schleiermacher, Friedrich Schlegel und die Brüder Alexander und Wilhelm Humboldt verkehrten dort. Aber auch Schauspieler, wie Fleck und die Unzelmann und die berühmte Sängerin Marchetti.

Außerdem Minister, Diplomaten und Prinz Louis Ferdinand mit seiner Geliebten Pauline Wiesel. Die Welt des Salons war Rahel Varnhagens eigentliche Wirkungsstätte, hier konnten sich ihre speziellen Begabungen, ihr Witz, ihre Originalität und ihre Vorurteilslosigkeit am besten entfalten. Auch Rahel hinterließ kein großes Werk, aber ihre Briefe und Erinnerungsblätter gehören zu den wichtigsten Dokumenten der ausgehenden Romantik. Als Jüdin durch ihre „infame Geburt" zur Paria, zur Außenseiterin gestempelt, versuchte sie sich durch Assimilation von diesem Stigma zu befreien, was im Grunde nur durch Heirat möglich war. Nach mehreren Liebesbeziehungen und Enttäuschungen ging sie daher mit dem um vierzehn Jahre jüngeren und nur mäßig begabten Studenten und Schriftsteller Karl August Varnhagen, der ihr die ersehnte bürgerliche Existenz bieten konnte, eine Ehe ein, mit der sie sich nie völlig identifizierte: im Grunde blieb sie Jüdin, blieb sie eine Außenseiterin.

Rahel Varnhagen war in ihrem Denken und Fühlen außerordentlich selbständig. Auch als verheiratete Frau wurde sie nie bloß als Anhängsel ihres Mannes empfunden. Geprägt durch ihr jüdisches Schicksal und durch ihre Vaterproblematik (sie selbst sprach von einem „rauhen, strengen, heftigen, launenhaften, genialischen, fast tollen Vater"[5]), trug sie die Gestörtheit ihrer Seele in ihre Beziehungen hinein. Das Verhältnis zu ihrem Verlobten, dem Grafen Karl von Finckenstein gestaltete sich schwierig, bis sie die Verlobung löste. Die leidenschaftliche Liebe zu dem schönen Spanier Urquijo, einem Mann, dem mit seiner südlichen Auffassung von Liebe und Leidenschaft das komplizierte Wesen Rahels unverständlich war, bezeichnete sie als „ein langes Morden". Sie hat auch Friedrich Gentz gekannt, mit dem sie eine nie realisierte Liebe verband, die bis zu seinem Tod dauerte. Ruhe und Sicherheit fand sie allerdings erst bei Varnhagen, der sich selbst einen „Bettler am Wege" nannte. Er verehrte, liebte, bewunderte sie, sie begann ihn, der sehr bildungsfähig war, zu erziehen, gab ihm alle Briefe und Tagebuchaufzeichnungen, und er machte aus ihr eine Anekdote, die er der Nachwelt überlieferte. Schließlich brachte er es noch zum Diplomaten und angesehenen Schriftsteller, der seiner Frau, die vor ihrer Verheiratung auf die Gutwilligkeit ihrer Brüder angewiesen gewesen war, eine respektable Existenz sichern konnte.

Jüdin war auch Dorothea, die älteste Tochter des Moses Mendelssohn in Berlin. Diese Abstammung war aber wohl das einzige Gemeinsame, das sie mit Rahel Varnhagen verband. Denn Dorothea, die nach einer unglücklichen Ehe mit dem Bankier S. Veit (sie war von ihrem Vater mit ihm verheiratet worden) Friedrich Schlegel heiratete, war im Grunde keine Frau, auf die das romantische Ideal weiblicher Selbstfindung paßte. Ihr Leben ging vielmehr völlig in Friedrich Schlegels Leben auf, sie widmete sich ihm in aufopferungsvoller, selbstloser Liebe. Friedrich Schlegel stellte in seinem berühmten Roman „Lucinde" dieses Liebesverhältnis schonungslos dar. Sie selbst litt unter dieser Offenheit, die damals als Skandal betrachtet wurde:

„Oft wird es mir heiß und wieder kalt ums Herz, daß das Innerste so herausgeredet werden soll – was mir so heilig war, so heimlich, jetzt nun allen Neugierigen und Hassern preisgegeben... Ich denke aber wieder, alle diese Schmerzen werden vergehen mit meinem Leben, und das Leben auch mit; und alles, was vergeht, sollte man nicht so hoch achten, daß man ein Werk darum unterließe, das ewig sein wird." [6]

So wie Rahel Varnhagen trat auch Dorothea – zusammen mit ihrem Mann – zum katholischen Glauben über. Bald darauf folgte sie Friedrich nach Wien, wo er in Metternichsche Dienste trat. Aber nicht durch eine politische Laufbahn, sondern durch seine philosophischen Vorlesungen wurde er in Wien berühmt. Er und Dorothea sammelten eine glänzende Gesellschaft um sich und wurden zum Mittelpunkt des damaligen literarischen Wien. Nach seinem Tod im Jahre 1825 widmete sich seine Witwe ausschließlich der Nachlaßverwaltung seiner Werke.

Das romantische Konzept, das gar nicht so realitätsfern und verträumt, wie oft angenommen, sondern sehr wohl auch emanzipatorisch und gesellschaftskritisch war, bedeutete für die Frau eine Aufwertung zumindest im emotionalen Bereich; einen, wenn auch nicht immer konsequent durchgehaltenen Versuch, eine echte Partnerschaft der Liebe herzustellen. Doch mußte dieser Versuch nach einer kurzen, euphorischen Blüte notgedrungen verkümmern. Das Programm der Romantiker, das die Frau in die Isolation ihres Gefühlslebens zwang, konnte sich nicht weiterentwickeln, weil das wirtschaftliche, das gesellschaftspolitische Fundament fehlte. Deshalb bezog sich die Frauenbewegung, die um die Mitte des 19. Jahrhunderts entstand, in ihren Forderungen vor allem auf berufliche, gesellschaftliche und politische Aspekte. Die „Partnerin des Gefühls" war dabei von untergeordneter Bedeutung.

Neuzeit

Arbeite, Frau!

(Der Industrialisierungsschock)

Die idealistischen Gefühlswelten der Romantiker begannen im 19. Jahrhundert harten, durch die industrielle Revolution geschaffenen Realitäten zu weichen. Der allgemeine Prozeß der Industrialisierung, der damals seinen Anfang nahm, war von großen gesellschaftlichen Umwälzungen begleitet, die ein neues Zeitalter einleiteten. Vielfältige, durch die Maschine bedingte Produktionsformen verdrängten zunehmend die traditionelle Handarbeit, aus den Manufakturen, den vorindustriellen Gewerbebetrieben des 17. und 18. Jahrhunderts, entwickelten sich die Fabriken. Die Verdrängung oder völlige Ausschaltung der Heimarbeit wurde von Frauen noch drastischer als von Männern empfunden, gingen doch vorerst einmal fast alle Gebiete der Produktion, die bislang in den Händen der Frauen gelegen waren, in jene der Männer über, die in Scharen aus den ländlichen Bezirken in die Fabriken strömten, um hier Arbeiten zu übernehmen, die ursprünglich als weiblich und daher entehrend galten: Sie webten, fabrizierten Kerzen und konservierten Schweinefleisch. Bald jedoch holte die Industrie, vor allem die Textilindustrie, auch Frauen und Kinder in ihre Werkstätten, die, da schlechter entlohnt, von den Männern als Konkurrenz empfunden wurden.

Die Landflucht war groß, Dörfer wurden halb entvölkert, die Städte hingegen platzten aus allen Nähten. Es begannen sich eigene Arbeiterwohnviertel zu bilden, Ghettos von unvorstellbarer Armut und mangelhaften oder manchmal fast völlig fehlenden hygienischen Einrichtungen. Oft lebten ganze Familien in einem einzigen Raum, in feuchten Kellern oder stickigen Dachwohnungen. Manche Arbeiter oder Arbeiterinnen, die sogenannten „Bettgeher", verfügten lediglich über einen Schlafplatz, den sie sich häufig mit anderen teilen mußten. Die Erfindung der Maschine führte nicht nur zur Entstehung eines auf der untersten sozialen Stufe angesiedelten Arbeiterproletariats, sie griff auch tief in zwischenmenschliche Beziehungen ein und zerstörte Hausgemeinschaften und Familien. Leidtragende dieser Entwicklung waren in erster Linie die mehrfach ausgebeuteten Frauen, deren ursprüngliche Lebens– und Produktionsstätte, das „ganze Haus" am nachhaltigsten zerstört wurden. Frauen als den eigentlichen Opfern wurden die schwersten, gesundheitsschädlichsten und niedrigsten Arbeiten zugewiesen, sie erhielten durchschnittlich um ein Drittel, manchmal sogar um die Hälfte oder noch weniger bezahlt als die Männer und mußten zusätzlich in der äußerst karg bemessenen Freizeit auch noch den Haushalt bewältigen. Es kann also behauptet werden, daß der gigantische Prozeß der Industrialisierung, an dessen Ende wir jetzt stehen, hauptsächlich auf den Rücken der schwächsten und rechtlosesten Glieder der Gesellschaft, nämlich der Frauen und Kinder, ausgetragen wurde.

In der Textilindustrie, besonders in der englischen Baumwollindustrie, wurde zuerst mit der Mechanisierung begonnen. Hier waren auch die meisten Frauen beschäftigt. In einigen Zweigen der Textilindustrie arbeiteten ausschließlich Mädchen und Frauen, in anderen Sparten waren die Prozentsätze außerordentlich hoch. *„In den Baumwollfabriken waren 56 1/4, in den Wollfabriken 69 1/2, Seidenfabriken 70 1/2, Flachsspinnereien 70 1/2 Prozent sämlicher Arbeiter weiblichen Geschlechts"*,[1] meint Friedrich Engels in seinem Buch „Die Lage der arbeitenden Klasse in England". Immer mehr und mehr Frauen strömten trotz schlechter Arbeitsbedingungen und niedriger Löhne in die Fabriken, weil die Not sie dazu zwang. 1850 beschäftigten in Amerika 1.074 Baumwollfabriken in 25 Staaten 32.295 Männer und 62.661 Frauen. Zehn Jahre später waren es bereits mehr als 75.000 Frauen.[2] 1882 waren in Deutschland im statistischen Mittelwert 79,6 und 1895 80,5 Prozent der erwerbstätigen Frauen Arbeiterinnen (bei den Männern: 59,8 : 59,9 Prozent).[3] Sie arbeiteten jedoch nicht nur in der Textilindustrie, für die sie vor allem wegen ihrer größeren „Fingerfertigkeit" geeignet schienen, sondern auch in Metallfabriken, Walzwerken und in Galvanisier-, Lackier- und Glasurbetrieben. Ebenso wurden sie für schwere körperliche Arbeiten eingesetzt, wobei die angebliche „Schwachheit des Weibes", die so gern als Argument herhalten mußte, wenn Frauen diskriminiert und ausgeschlossen wurden, plötzlich nicht mehr als Hinderungsgrund betrachtet wurde. In Steinbrüchen, Porzellanfabriken und Ziegeleien, manchmal sogar bei Bauten schoben sie schwerbeladene Schubkarren oder schleppten Tröge. In Zuckerfabriken trugen sie täglich zehn Stunden lang bis zu sechzehn Kilogramm schwere Kisten zu den Schlagmaschinen.[4] In Belgien und Schlesien arbeiteten sie als Trägerinnen in den Kohlebergwerken, manchmal sogar unter Tag, in den niedrigsten und schmalsten Gängen, weil sie – ebenso wie Kinder – von kleinerem Wuchs waren als die Männer.

„Die Weiber und Kinder, die die Kohlen zu schleppen haben, kriechen auf Händen und Füßen, mit einem Geschirr und einer Kette, die in vielen Fällen zwischen den Beinen durchgeht, an die Kufe gespannt, durch die niedrigsten Stollen, während ein anderer von hinten mit Kopf und Händen nachschiebt"[5],

schreibt Friedrich Engels. Frauen arbeiteten an Hochöfen und in Schmieden, als Töpferinnen und als Hilfskräfte in Ziegeleien. Ihr durchschnittlicher Arbeitstag hatte zwölf bis dreizehn, manchmal sogar siebzehn Stunden, es gab Sonntags– und Nachtarbeit für Frauen und Kinder und keinen Mutterschutz. Die unmenschlichen Arbeitsbedingungen wurden begleitet von einem rüden Befehlston des Vorgesetzten, die sexuelle Verfügbarkeit der Mädchen und jungen Frauen wurde vorausgesetzt. Eine Untersuchung in Deutschland aus dem Jahr 1877 ergab, daß in Preußen der Vorarbeiter in der Tabakindustrie von seinen Arbeiterinnen absoluten Gehorsam verlangte. Jede Arbeiterin, die sich seinen Wünschen widersetzte, mußte mit ihrer Entlassung rechnen. Derselbe Bericht bescheibt die Zustände in einer Konfektionsfabrik.

„Die Arbeiterin, die die Kleider herstellt, ist völlig von dem Arbeiter abhängig, der sie ausfertigt, meistens ist sie seine Mätresse."[6]

Die Berichte von Wiener Arbeiterinnen vor einer Untersuchungskommission des Jahres 1896 schildern eine ähnliche Situation:

„... Wenn man seinem Willen nicht nachgibt, so schmeißt er Einem einfach hinaus ... Die Arbeiterinnen, die sich den Wünschen des Herrn gefügig zeigen, haben den Vorrang ... Es gibt viele Arbeiterinnen, die mit dem Herrn Kinder haben, sogar unter den Lehrmädchen gibt es welche ... Ein Mädel hat bereits vom Herrn eine Ohrfeige bekommen, weil sie sich nicht hingegeben hat ..."[7]

Ab der Mitte des Jahrhunderts häuften sich dann die Kritiken an derartigen Zuständen; vor allem die unzumutbaren Arbeitsbedingungen, die harten und langen Arbeitszeiten sowie die geringen Löhne, die trotz permanentem Arbeitseinsatz nicht einmal ausreichten, die einfachsten Bedürfnisse zu decken, führten auch im bürgerlichen Lager zu empörten Reaktionen. Für die Lage der Arbeiterin haben sich vornehmlich Frauen engagiert, Lily Braun, Louise Otto, Adelheid Popp – um nur einige zu nennen – liefern erschütternde Schilderungen des weiblichen Arbeitselends. In der Baumwollspinnerei beispielsweise, in der furchtbaren Hitze von bis zu 37 Grad Celsius mußten die Arbeiterinnen die Baumwolle mit Ruten schlagen, um sie zu lockern und zu reinigen, wobei sie täglich vierzehn bis sechzehn Stunden dichten Staub einatmeten. Die Spinnerinnen arbeiteten halbnackt und standen bis zu den Knöcheln im Wasser, das zur Feuchthaltung des Fadens notwendig war. In den Seidenspinnereien saßen Frauen sogar im heißen Sommer in schlecht durchlüfteten Räumen zwischen glühenden Öfen und kochendem Wasser, in das sie ständig ihre Finger tauchen mußten.[8] In den Wollkämmereien herrschte tropische Hitze und ein unglaublicher Gestank. Das Sortieren der Lumpen, die für die Herstellung von Kunstwolle notwendig waren, gestaltete sich nicht nur zu einer äußerst unhygienischen, sondern auch gefährlichen Arbeit, weil in einer Zeit grassierender Epidemien und Seuchen die Möglichkeit der Ansteckung groß war. Das Hantieren mit Abfällen zur Herstellung grauer Watte war noch ekelhafter, weil sich oft sogar gebrauchte Verbandwatte darunter befand. Schwere gesundheitliche Schäden verursachte auch das Blei in der gefärbten Baumwolle, es führte zu Koliken, Magenerkrankungen und Kopfschmerzen. In den Bleiweisfabriken konnten sich die Beschwerden bis zu epileptischen Krämpfen, Erblindungen und teilweisem Verlust der Sprache steigern.[9] In der Tabakindustrie, die eine große Zahl von Frauen beschäftigte, kam es zu Nikotinvergiftungen, in der Porzellanindustrie atmeten vor allem Frauen, die den Arbeitsraum auskehrten, den Kieselstaub ein, der schwere Lungenerkrankungen hervorrief. Auch die Steinarbeiterinnen, die als Schleiferinnen ständig feinen, scharfen Staub einatmeten, waren extrem gefährdet. Wie der Verband der Steinarbeiter in Deutschland um die Jahrhundertwende statistisch errechnen ließ, lag das Durchschnittsalter der Steinarbeiterin (es gab Betriebe, die fast nur Frauen beschäftigten) bei 31 Jahren und zwei Monaten! 81,6 Prozent starben an Kehlkopfkrebs und Lungenschwindsucht.[10] Maßnahmen gegen eine derart extreme Gesundheitsgefährdung waren unzureichend oder fehlten völlig. Gutgemeinte Ratschläge wie etwa jener einer Aufsichtsbeamtin der 1888 gegründeten Jutespinnerei und –weberei in Bremen, die Arbeiterinnen sollten möglichst wenig ihre Atmungsorgane betätigen, da „durchschnittlich die Arbeiten … keinen besonderen Kraftaufwand der Atmungsorgane verlangen, al-

Inneres einer Waschanstalt in der
Rue de Sevres zu Paris.

In der Nähmaschinenanstalt aus
„Über Land und Meer", Allgemeine
Illustrierte Zeitung Nr. 31. Jg. XI.

Häufig hat sich die Karikatur des
weiblichen Protests gegen
unmenschliche Arbeitsbedingungen
angenommen: Hier wird der Aufstand
der „Schneider-Mamsells von der
Behörde gedämpft". Bleistiftzeichnung
von Joh. Christian Schoeller,
sign. 1848.

so bei einiger Aufmerksamkeit mit geschlossenem Mund verrichtet werden können"[11], wirken reichlich hilflos und kurios. Besonders dramatisch verlief die Krankheitskurve der Quecksilberarbeiterin: Sie konnte bis zu Gedächtnisverlust und Verblödung führen.

Diese Gefährdungen, denen Arbeiter in der frühindustriellen Phase generell ausgesetzt waren, wurden bei Frauen durch eine extrem niedrige Entlohnung, die keine auch nur einigermaßen ausreichende Ernährung ermöglichte, verschärft. Während etwa in den achtziger Jahren in den oberelsässischen Spinnereien Männer 1,80 bis 4 Mark täglich verdienten, bekamen Frauen nur 1,70 bis 2 Mark. Auch in den Webereien wurden Männer durchschnittlich mit 3,30 Mark, Frauen jedoch nur mit 2,40 Mark entlohnt. Besonders auffallend sind die Unterschiede in der Kontobuchindustrie. Linienziehen brachte dem Arbeiter 27 Mark, der Arbeiterin hingegen nur 12 bis 15 Mark Wochenlohn. Auch männliche Ketten- und Karabinermacher in der Bijouterieindustrie Baden erhielten über 26 Mark Wochenlohn gegenüber knappen 8 Mark für Frauen. Ähnliche Verhältnisse herrschten bei den Drahtziehern, Pressern und Aushauern derselben Industrie,[12] eine Ungerechtigkeit, die lediglich eine alte Tradition fortsetzte. Begründet wurde sie mit dem ständigen Hinweis, Frauen hätten weniger Bedürfnisse, sie seien weniger anspruchsvoll und daher auch mit weniger zufrieden. Außerdem, so hieß es weiter, hätten sie auf Grund einer fehlenden Ausbildung gar kein Recht auf gleiche Bezahlung, und schließlich und endlich würden sie ohnedies von ihrem Mann erhalten werden. Argumente, die teilweise noch heute für eine ungleiche Entlohnung herangezogen werden. Die Folgen dieser miserablen Bezahlung waren für Frauen, die häufig auch noch allein ein Kind durchbringen mußten, verheerend. Das Geld reichte meist nicht einmal aus, um die elementarsten Bedürfnisse wie Nahrung, Wohnen, Wärme und Licht abzudecken. So trieb man sie, wenn sie nicht durch Eltern oder andere Angehörige abgesichert waren, in jenes jahrtausendealte Gewerbe, das für Frauen im Patriarchat schon immer eine – häufig die letzte – Verdienstmöglichkeit darstellte. Der Verkauf des weiblichen Körpers erreichte demnach auch vor allem gegen Ende des Jahrhunderts erneut gewaltige Dimensionen. In Berlin beispielsweise gab es 1870 etwa 16.000 Prostituierte, 1909 waren es schon 40.000.[13] Die meisten boten sich auf der Straße an, nur wenige arbeiteten in geschlossenen Bordellen. Diese, von der bürgerlichen Welt verurteilte „Lasterhaftigkeit" der Unterschichtfrau war allerdings kaum ein Beweis für fehlende Moral, sondern für Hunger und Armut.

314

Die unzureichende Ernährung wird aus dem Speiseplan einer Wiener Arbeiterin gegen Ende des Jahrhunderts ersichtlich, der aus nicht viel mehr als Brot, Kaffee, Wurst, selten einem Stück Fleisch und Gemüse und ab und zu aus Mehlspeise bestand.[14] Gegessen wurde das Mitgebrachte entweder im staubigen Fabrikssaal, oder, wenn dieser über Mittag geschlossen wurde, in Höfen oder auf Treppen. Selten stand den Arbeitern ein eigener Raum zur Verfügung, noch seltener gab es Fabrikskantinen. Um in ein Gasthaus zu gehen, fehlte meist das Geld. Deshalb waren auch Magenerkrankungen, Mangelerscheinungen und Anämie nicht die Ausnahme, sondern die Regel.

Zu einem besonderen Problem im Leben der Arbeiterin wurden die Kinder. Sie blieben häufig unversorgt, bestenfalls wurden sie von älteren Frauen, Pflegeeltern oder in Kinderbewahranstalten beaufsichtigt. Oft übernahmen auch ältere Kinder die Obhut über die Kleinen. Säuglinge wurden an ihre Bettchen angebunden, vielfach auch mit Alkohol ruhiggestellt. Das Kinderelend war ungeheuer, die Säuglingssterblichkeit groß. Dabei war die Art der Beschäftigung der Mutter von großem Einfluß. Der höchste Prozentsatz der Säuglingssterblichkeit fand sich bei den Kindern der Tabak- und Quecksilberarbeiterinnen. Hier sollen 65 von 100 lebend Geborenen im frühen Säuglingsalter gestorben sein. Aber auch Kinder von Müttern, die in der Berliner Papierwarenindustrie tätig waren, starben häufig früh, und zwar durchschnittlich 48 von 100.[15] Viele Kinder kamen bereits tot zur Welt. Im Wien der neunziger Jahre waren ungefähr ein Zwanzigstel aller Geburten Totgeburten.[16] Im Jahre 1896 starben hier 20,5 Prozent der Gesamtzahl der Geborenen im Alter bis zu einem Jahr, und bis zum 15. Lebensjahr noch einmal rund ein Drittel der Kinder.[17] Die Ursachen liegen auf der Hand: schwere köperliche Arbeit der Mütter unter völlig unzumutbaren Bedingungen, giftige Dämpfe und Abgase am Arbeitsplatz, kein Mutterschutz und mangelhafte Ernährung. Weil die Familie auf den Verdienst der Frau angewiesen war, mußte sie meist bis zum letzten Tag der Schwangerschaft und bereits wenige Tage nach der Niederkunft an der Maschine stehen. Dazu kamen die grauenhaften Wohnverhältnisse. Vor der schon erwähnten Untersuchungskommission über die Arbeits- und Lebensverhältnisse der Wiener Lohnarbeiterin des Jahres 1896 wurden diese von einer befragten Arbeiterin folgendermaßen beschrieben: In einem Zimmer, das sechs Meter lang und vier Meter breit war, wohnten zwei Familien, das waren zusammen acht Leute. In den vier vorhandenen Betten schliefen je zwei Personen. Als Waschmöglichkeit stand ein einziges Waschschaff zur Verfügung, in dem sich alle wuschen. Das Wasser dazu mußte in einer Viertelstunde Wegzeit von weit her geholt werden. Der Abort befand sich neben dem Haus, wurde von über dreißig Personen benutzt und konnte nur durchs Freie erreicht werden. Dennoch, so fand die Arbeiterin, ginge es ihr vergleichsweise gut. Es gäbe Wohnungen von etwa der gleichen Größe, in denen 27 Personen lebten, wobei „drei oder vier auf ein Bett" kämen.[18]

In derart gedrängten Wohnverhältnissen konnte sich die bürgerliche Vorstellung vom hochgejubelten Familienideal nicht verwirklichen lassen. Außerdem war es für Mädchen, die oft bereits mit sieben oder neun Jahren in den Fabriken arbeiteten, unmöglich, die nötigen Kenntnisse in der Hausarbeit zu erwerben. Der Tag einer Arbeiterfrau begann meist früh, mit der ersten Dämmerung und hörte mit dem Arbeitsschluß in der Fabrik keinesfalls auf. Frühmorgens mußte sie die Kinder versorgen, am Abend den Haushalt bewältigen. War der Wohnort weit vom Arbeitsplatz entfernt, kam die lange Wegzeit als weitere Erschwernis hinzu, denn Massenverkehrsmittel gab es damals noch nicht. Der Arzt Viellermé beschreibt in seinem 1810 erschienenen Buch „Tableau Physique et Moral des Ouvriers des Manufactures" jene trostlosen Scharen, die täglich in die Fabriken von Mulhouse strömten:

„Man muß sie sehen, wie sie jeden Morgen in der Stadt ankommen und am Abend wieder weggehen. Unter ihnen gibt es eine große Zahl von Frauen; sie sind bleich und mager, gehen barfuß durch den Schmutz und wenn es regnet tragen sie, weil sie keinen Schirm besitzen, ihre Schürze oder Oberröcke über den Kopf geschlagen, um Kopf und Hals zu schützen."[19]

Auch über die Wiener Verhältnisse liegen detaillierte Angaben vor.[20] Eine Frau etwa, die in Ottakring wohnte und deren Arbeitsstätte sich in der Leopoldstadt befand, mußte bereits um vier Uhr früh aufstehen und weggehen, damit sie um sieben Uhr in der Fabrik sein konnte. Zuspätkommen wurde mit Arbeitsentzug und Lohnkürzung bestraft. Wohnte sie in der Nähe der Fabrik, lief die Arbeiterin häufig in der knapp bemessenen Mittagspause heim, um für sich und ihre Familie das karge Mittagessen zuzubereiten, welches häufig nur aus Wurst und Brot oder aber aus den aufgewärmten Resten des Vortages bestand. Konnte sie nicht nach Hause kommen, wurden Säuglinge häufig zum Stillen in die Fabrik gebracht. Daß die Doppel- und Dreifachbelastung der Frau aber keinesfalls honoriert, sondern ganz im Gegenteil von ihr auch noch ein zusätzliches Zurückstehen bei der Nahrungsmittelverteilung erwartet wurde, zeigt folgender aufschlußreicher Kommentar in einer öffentlichen Publikation der Bauhilfsarbeitergewerkschaft des Jahres 1908:

> *„In der Arbeiterfamilie ist es einmal so: Der Mann, der ja arbeiten muß [sic!], bekommt von der vorhandenen Nahrung den größeren Anteil, auch die Kinder erhalten so viel wie möglich. Übrig bleibt in den meisten Fällen die Mutter; sie begnügt sich mit Schmecken, wenn zu wenig da ist, und lebt von Brot, Kaffee und Kartoffeln. Die Frau des Arbeiters bringt sich der Familie täglich zum Opfer. Wenn alle nicht mehr rufen, dann ist sie zufrieden, wenn sie auch hungert."*[21]

Kein Wunder, daß unter diesen Umständen die Lebenserwartung der Arbeiterfrauen des 19. Jahrhunderts niedriger lag als die der Männer. Waren sie doch nicht nur einer längeren und häufig auch schwereren Arbeit bei schlechtester Ernährung ausgesetzt, sonden auch noch ständigen Schwangerschaften und den Risken des Kindbetts. Denn da Verhütungsmittel weitgehend unbekannt waren, bzw. wenig angewendet wurden, war der Kindersegen reichlich. Neun Schwangerschaften waren innerhalb eines Ehelebens keine Seltenheit, wobei allerdings Totgeburten, Abtreibungen und Säuglingssterblichkeit die Zahl der tatsächlich lebensfähigen Kinder stark reduzierten.

Neben der Arbeit in Fabriken und als Dienstmädchen waren Frauen noch vornehmlich als Verkäuferinnen und Kellnerinnen tätig – Berufe, die sich ebenfalls durch lange und anstrengende Arbeitszeiten, geringen Lohn und Schikanen ihrer Vorgesetzten und Kunden auszeichneten. Als „Elitearbeiterin" fühlte sich die Modistin, die, soferne sie Glück hatte, als langgediente qualifizierte Arbeiterin auch ein etwas höheres Gehalt bezog, das im Österreich der Jahrhundertwende auf bis zu 50 Kronen monatlich ansteigen konnte. Bedauernswert war die Näherin, die vor allem in Saisonzeiten bis zur völligen Erschöpfung manchmal 18 Stunden täglich arbeiten mußte,[22] was entsprechende Schäden an der Wirbelsäule und den Augen zur Folge hatte. Für die einigermaßen gebildete, bürgerliche Frau hingegen gab es vor Erfindung der Schreibmaschine und des Telefons lediglich zwei Möglichkeiten, sich eigenes Geld zu verdienen: als Gesellschafterin oder Privatlehrerin, also Gouvernante. Deshalb war der Andrang zu diesen Berufszweigen entsprechend hoch. Lily Braun erzählt, daß sich 1861 in einer preußischen Stadt binnen einer Woche 114 Kandidatinnen um eine einzige freie Stelle bewarben.

Oft zog die verheiratet Arbeiterfrau auch der Arbeit in der Fabrik eine Heimarbeit vor, die sich trotz drückender Konkurrenz in vielen Sparten bis ins 20. Jahrhundert hinein halten konnte. Allerdings reichten die Löhne für diese Arbeit nicht im entferntesten an die ohnedies niedrigen in den Fabriken heran. Auch war mit dieser Arbeit zu Hause keinesfalls ein einigermaßen normales Familienleben gewährleistet, wie die bürgerlichen Kritiker der weiblichen Erwerbsarbeit meinten. Vielmehr wurde damit der letzte Rest an Intimität zerstört, weil der Arbeitsalltag jetzt auch noch in die drangvoll Enge der Wohnverhältnisse einbrach und jedes Privatleben völlig ausgeschaltet hat. Dreizehn bis vierzehn Stunden täglich verbrachten Frauen vor dem Spinnrad oder dem Webstuhl, ohne damit genug für den nötigsten Lebensunterhalt zu verdienen. Zu der miserablen Bezahlung kam außerdem die gesundheitliche Gefährdung, der jetzt die gesamte Familie, die Alten, die Kranken und die Kinder ausgesetzt waren. Frauen, die beispielsweise für die Tabakindustrie arbeiteten, waren gezwungen, in engen, niedrigen Räumen, oft zusammen mit fünf bis acht Kindern den ganzen Tag Zigarren zu fertigen, wobei in den Küchen und Schlafkammern der zum Entrippen angefeuchtete Rohtabak getrocknet wurde, sodaß der Tabakdunst ständig eingeatmet wurde. Dabei verdiente eine ganze, aus Mann, Frau und Kindern bestehende und hart arbeitende Familie in Deutschland nicht mehr als 20 Mark die Woche, während eine alleinstehende Frau mit einem Kind auf höchstens sechs bis zehn Mark kam.[23] Wäscherinnen mußten in dem oft einzigen Wohn–Schlafraum die schmutzigen Wäschestücke der Kundschaft ausbreiten, sortieren, zählen, anschließend auf dem Herd, auf dem das Essen für die Familie bereitet wurde, in großen Kesseln kochen und häufig auch noch in diesem einzigen Raum zum Trocknen aufhängen. Besonders schlimm waren die Zustände in der Thüringer und Nürnberger Spielwarenindustrie, in der die Löhne von Jahr zu Jahr zurückgingen (während sie in den Fabriken stiegen) und hunderte von Nürnberger Zinnmalerinnen bei einer täglichen Arbeitszeit von vierzehn bis siebzehn Stunden einen wöchentlichen Reinverdienst von höchstens 4,35 Mark erreichten. Im Bezirk der Meininger Spielwarenindustrie wurden 81 Prozent der Schulkinder zur Arbeit herangezogen. Sie mußten nach Schulschluß in einer staubigen, von dem Gestank der Klebemittel verpesteten Luft oft bis zehn oder zwölf Uhr nachts arbeiten, waren demzufolge schwächlich, krank, häufig lungenschwindsüchtig.[24]

Kinderarbeit war jedoch nicht nur bei den Heimarbeitern, sondern auch in bäuerlichen Familien und vor allem in der frühindustriellen Phase in den Fabriken üblich. Im Jahre 1850 arbeiteten in den englischen Spinnereien 18.865 Mädchen unter dreizehn Jahren.[25] Obwohl die Kinderarbeit bald verboten wurde, gelang es immer wieder, dieses Gesetz zu unterlaufen. Noch 1896 berichtet eine junge Ziegelarbeiterin vor der Wiener Untersuchungskommission, daß sie bereits mit sieben Jahren bei der Ziegelherstellung mitarbeiten mußte.[26] Oft wurden Kinder auch zu häuslichen Arbeiten herangezogen, sie hatten die abgeernteten Felder nach übriggebliebenen Kartoffeln oder nach Gemüse abzusuchen, Botendienste zu erledigen oder die jüngeren Geschwister zu beaufsichtigen. Daß Kinder unter solchen Umständen nicht nur krank wurden, sondern wegen mangelnder Beaufsichtigung auch verwahrlosten oder bei Pflegeeltern vernachlässigt wurden, daß Alkoholismus, Aggressionen das Zusammenleben oft zur Hölle machten und viele Familien auseinanderbrachen, wurde allerdings von vielen Politikern und ehrenwerten Honoratioren keinesfalls immer den gesellschaftlichen Verhältnissen, sondern weit eher wiederum den Frauen angelastet. Hatten sie doch durch ihre Berufstätigkeit ihr eigentliches Wesen schmählich verraten, das zur Hausfrau und Mutter bestimmt war und dessen Wirkungskreis sich innerhalb der eigenen vier Wände und der Familie befinden sollte. Daß blanke Not die Frauen in die Fabrikshallen trieb, weil der Lohn des Mannes nicht ausreichte, um die ganze Familie zu ernähren, wurde meist übersehen. Stattdessen nahmen die Ermahnungen, zu Hause zu bleiben und die Kinder „ordentlich" zu erziehen, kein Ende. Auch wurde Frauen mangelnde Bescheidenheit vorgeworfen und eine Sucht nach „Putz und Tand", wie es in einem Jahresbericht der „Jutespinnerei und -weberei Bremen" heißt.[27] In Brüssel war es der belgische Arzt Dr. H.L. Lefèvre, der gegen die „Gewinnsucht" der Frauen wetterte und sie für die allgemeinen Mißstände verantwortlich machte, würde es doch seiner Ansich nach

„ ... so lange keine gut organisierte Gesellschaft geben, als Frauen und Mädchen, die des Schutzes von Männern bedürfen, die völlige Freiheit der Berufswahl haben. Frauen müssen Unmündigen gleichgesetzt werden."[28]

Seine Ansichten trafen sich mit jenen vieler Berufsgruppen, die die schlechter bezahlten Frauen als Lohndrücker und Konkurrentinnen empfanden. Tatsächlich waren viele Fabriksbesitzer dazu übergegangen, mehr billig arbeitende Frauen als Männer zu beschäftigen, wodurch oft die Frau mit ihrem Minimallohn zur einzigen Ernährerin der Familie wurde und der arbeitslose Mann zu Hause die Kinder beaufsichtigte. Dieser, die „Mannesehre" in Frage stellende Zustand, sollte abgeschafft werden. Vorerst wurde weniger die Forderung nach gleichem Lohn und damit verbundenen Rechten der Frau auf Arbeit erhoben, sondern der Versuch unternommen, Frauen aus dem Arbeitsprozeß hinaus und in die Familie hineinzudrängen. Dieser frühe „proletarische Antifeminismus" wurde vor allem in dem von Ferdinand Lassalle gegründeten „Allgemeinen Deutschen Arbeiterverein" gepflegt, der 1876 eine Resolution annahm, die sich für die Abschaffung der Frauenarbeit im Kapitalismus aussprach. Auch viele Berufsverbände, wie etwa die 1848 gegründete „Assoziation der Zigarrenarbeiter Deutschlands" forderten das Verbot der Frauenarbeit. In Brüssel veröffentlichten die belgischen Setzer ein Manifest, das die „Setzer Europas" aufrief, für die Rückkehr der Frau in den Haushalt zu plädieren und sich gegen eine Entwicklung zu wehren, die „darauf abzielt die Frau zu entwerten und sie unter das Joch des Berufes einer Druckerin zu zwingen."[29] In Deutschland fühlten sich vor allem die Schneider in ihrer ökonomischen Existenz bedroht und sandten Petitionen an die Regierung, in denen sie das Verbot oder doch wenigstens eine Einschränkung der Frauenarbeit verlangten

Doch gab es auch Personen und Verbände, die die Frauenarbeit ebenso wie die Einbeziehung der Frauen in die Arbeiterbewegung befürworteten, wie etwa die „Arbeiterverbrüderung" von 1848 und den „Verband deutscher Arbeitervereine". Trotzdem war selbst noch in den späten achtziger Jahren die Frage, ob industrielle Frauenarbeit als Mittel zur ökonomischen und sozialen Emanzipation gutzuheißen, oder aber als Lohndrückerei und Ursache der Zerstörung der Familie abzulehnen sei, innerhalb der Arbeiterbewegung eine Streitfrage. Immerhin haben auch Karl Marx und Friedrich Engels eindeutig erkannt, daß es nicht darum ging, die Frauenarbeit abzuschaffen, sondern daß vielmehr die gesellschaftlichen Verhältnisse bekämpft werden mußten, die zu den negativen Auswirkungen der Frauenarbeit führten. In dieser Zeit erschienen auch die beiden bahnbrechenden Schriften „Die Frau und der Sozialismus" (1879) von August Bebel und „Der Ursprung der Familie, des Privateigenthums und des Staates" (1884) von Friedrich Engels, die wichtige Versuche darstellen, die Frauenfrage aufzuarbeiten und zu Standardwerken der Frauenbewegung geworden sind. Aber erst nachdem das Erfurter Programm 1891 die Gleichstellung der Frau anerkannte, wurde ihr Recht auf Arbeit nur noch selten in Frage gestellt.

Weil vor allem die hohe Säuglingssterblichkeit und der Zerfall der Familie die Politiker beunruhigte – das Wohl der Frau scheint dabei weniger im Vordergrund gestanden zu sein – wurden in der zweiten Hälfte des 19. Jahrhunderts in Deutschland sogenannte Arbeiterinnenschutzgesetze diskutiert. 1878 kam es unter Wilhelm II. zu Reformen, die jedoch die Situation der Arbeiterin insgesamt wenig verbesserten. Immerhin wurde nach einer Geburt drei Wochen Mutterschutzurlaub eingeführt. Außerdem sollten Frauen in Minen und Bergwerken nicht mehr beschäftigt werden, was damit begründet wurde, daß neben zu hohen körperlichen Belastungen hier vor allem Moral und Sittlichkeit gefährdet seien. 1891 beschloß dann der Reichstag eine maximale Arbeitszeit für Frauen von täglich elf Stunden bei einer Stunde Mittagspause, was allerdings lediglich eine Anpassung an Bedingungen gewesen ist, die von der – männlichen – Arbeiterschaft in einigen Bereichen bereits erkämpft worden war. Dazu kam das Verbot der Sonntags- und Nachtarbeit, sowie eineinhalb Stunden Mittagspause für Frauen über sechzehn Jahren, die einen eigenen Haushalt zu versorgen hatten, damit sie nach Hause eilen und für die Familie kochen konnten. 1908 wurde schließlich für Frauen der Zehn-Stunden-Tag eingeführt, der wochentags um acht Uhr abends und samstags nach maximal acht Stunden Arbeit um 17 Uhr beendet sein mußte. Insgesamt jedoch wurden die Arbeiterinnenschutzgesetze immer als ein zweischneidiges Schwert betrachtet, weil Frauen, obwohl einerseits schutzbedürftig, auf der anderen Seite damit noch weniger konkurrenzfähig und somit auf dem Arbeitsmarkt weiter benachteiligt waren. Hier zeigt sich klar das Ergebnis einer Entwicklung, die bis heute die Gleichberechtigung der Frau am Arbeitsplatz und in der Gesellschaft so erschwert: nämlich die Tatsache, daß Frauen sich an Arbeitsbedingungen anpassen mußten und sich weiterhin anpassen müssen, die von Männern unter Ausschluß der Frau geschaffen wurden. Frauen werden also mit einer Arbeitswelt konfrontiert, die sich ausschließlich an männlichen, keinesfalls an weiblichen, Bedürfnissen und Möglichkeiten orientiert. Damit ist schon von vornherein keine gleichberechtigte Ausgangslage geschaffen, sondern ein erhebliches Ungleichgewicht, das nur durch einen erhöhten Arbeitseinsatz der Frau bewältigt werden kann. Diese Situation verstößt fundamental gegen den Gleichheitsgedanken und kann nicht nur durch ein Netz frauenfreundlicher Maßnahmen und Gesetze, wie sie verstärkt ab den siebziger Jahren unseres Jahrhunderts von Politikerinnen durchgesetze wurden, sondern endlich auch durch die gleiche Aufteilung der unbezahlten Hausarbeit zwischen den Geschlechtern aufgehoben werden.

Dienstbotenelend und die Magd auf dem Lande

Die Dienstbotenfrage begann erst gegen Ende des 19. Jahrhunderts die Gemüter zu beschäftigen. Bis dahin war sie praktisch nicht existent, weder als Teil der Arbeiterfrage noch als eigenes Problem. Erst als sich die Dienstmädchenselbstmorde häuften und vor allem die Dienstmädchen selbst auf die Straße gingen, um für ihre Rechte zu kämpfen, wurde die Öffentlichkeit aufmerksam und begann, sich in Artikeln, Aufrufen und Schriften damit auseinanderzusetzen. Der Dienstbote des 19. und zum Teil auch noch des 20. Jahrhunderts war im Grunde eine Unperson. Er war nicht nur schlecht bezahlt, sondern darüber hinaus auch grenzenlos verfügbar, ohne Anspruch auf eine Privatsphäre und ausreichende Freizeit. Andererseits jedoch konnte er durch das enge Zusammenleben mit der Herrschaft zu deren Vertrautem werden, der über die intimsten familiären Angelegenheiten Bescheid wußte. In diesem Zwischenreich von Verachtung und Vertrautheit vollzog sich das Leben des Dienstmädchens, das, oft aus einfachen, ländlichen Verhältnissen stammend, mit diesen Ungereimtheiten fertig werden mußte.Im Jahre 1895 wurden im Deutschen Reich 1,339.316 Dienstboten gezählt, die damit etwa ein Fünftel der registrierten weiblichen Erwerbstätigen ausmachten.[1] Es waren hauptsächlich Töchter von Taglöhnern, Kleinbauern und ländlichen Gewerbetreibenden, für die trotz zunehmender Abwanderung in die Fabriken der Dienstmädchenberuf immer noch eine attraktive Möglichkeit zum Mägdedienst darstellte. Versprach er doch nicht nur leichtere Arbeit, sondern außerdem noch das Vergnügungsangebot der Städte. Die Erkenntnis, daß die Teilnahme an letzterem wegen mangelnder Freizeit meist ein Wunschtraum blieb, oder aber, was noch schlimmer war, zum Fallstrick werden konnte, kam meist zu spät. Etwa 28 Prozent aller österreichischen Dienstmädchen um die Jahrhundertwende waren elf bis zwanzig Jahre alt, und in Deutschland gab es im Jahr 1895 32.653 Dienstmädchen, die das 14. Lebensjahr noch nicht erreicht hatten[2]. Uneheliche Kinder,

Prostitution waren die Folge. 33 Prozent aller unehelichen Kinder hatten in Berlin um 1900 Dienstmädchen zu Müttern,[3] und eine Berliner Statistik des Jahres 1874 nennt 36 ehemalige Dienstmädchen auf 100 Prostituierte.[4] Dieser Zustand, von Zeitgenossen heftig beklagt und der „Liederlichkeit" der Dienstboten angelastet, ist nicht nur auf die Armut und Not zurückzuführen, sondern auf die gesellschaftlichen Verhältnisse ganz allgemein, denen der weibliche Dienstbote ungeschützt ausgeliefert war. Denn das Dienstmädchen war Freiwild nicht nur für den Hausherrn, sondern auch noch für dessn häufig minderjährige Söhne. Wie wenig dabei seine eigenen Interessen gwahrt wurden, beweist die damalige Strafgesetzgebung, die wohl „eine in einer Familie dienende Frauenperson, die einen minderjährigen Sohn oder einen im Hause lebenden minderjährigen Anverwandten zur Unzucht verleitet",[5] zur Rechenschaft zog und bestrafte, nicht jedoch sie selbst vor den Nachstellungen männlicher Hausgenossen schützte, außer wenn sie mit ihrem Arbeitgeber verwandt war. Doch waren die vielen unehelichen Kinder von Dienstboten nicht nur auf ihre sexuelle Ausbeutbarkeit im Haus der Herrschaft zurückzuführen, sondern ganz generell auf ihre drückenden Lebensverhältnisse, den weitgehenden Freiheitsentzug und damit verbunden die Unmöglichkeit ein normales, dem Alter entsprechendes Liebesverhältnis einzugehen. Stattdessen spielten sich Begegnungen meist heimlich, in einem Straßenwinkel, unter einem Torbogen und schließlich in der Dienstbotenkammer und daher im Bett ab. Die unter anderem mit der Aufrechterhaltung der Sittlichkeit gerechtfertigte karg bemessene Freizeit, deren Gewährung ganz im herrschaftlichen Belieben lag, hatte also genau den gegenteiligen Effekt. (Eine Untersuchung des Jahres 1901 ergab, daß im Berlin dieser Zeit 69 Prozent aller Dienstmädchen innerhalb eines halben Monats nur fünf bis sechs Stunden Freizeit hatten.[6])

Die Arbeit war hart, der Lohn – nur zum Teil in Geld ausbezahlt – gering. Er lag in Berlin, wo die Löhne als relativ hoch eingeschätzt wurden, bei 150 bis 200 Mark im Jahr.[7] Daneben hatte das Dienstmädchen freie Kost und Unterkunft, beides von den finanziellen Verhältnissen der Herrschaft abhängig. Häufig bekam es die Reste vom herrschaftlichen Mittagstisch zugewiesen, oft wurde ihm das Essen auch von der Herrin zugeteilt. Wenn es Glück hatte, bewohnte es ein eigenes Zimmer, das meist klein, selten wohnlich und noch seltener heizbar war. Schlafgelegenheiten befanden sich aber auch irgendwo in einer Besenkammer, auf dem Dachboden, im feuchten Keller, hinter dem Vorhang eines dunklen Vorraums oder auf sogenannten

Hängeböden, niedrigen Räumen, die auf halber Höhe über der Küche, dem Flur, dem Badezimmer oder gar dem Klosett angebracht und über eine Leiter oder steile Hühnerstiege zu erreichen waren. Zu der, in vielen Fällen unzureichenden Ernährung, den jede Privatheit ausschließenden Unterkunftsverhältnissen und der totalen Verfügbarkeit gesellte sich oft eine kränkende und demütigende Behandlung von seiten der Herrschaft, in der die ganze Mißachtung der Persönlichkeit eines Dienstboten zum Ausdruck kam und die von den Kindern meist übernommen wurde. Daß solch einem armen Mädchen ein Verhältnis mit dem minderjährigen Sohn des Hauses, der sich dabei seine ersten sexuellen Erfahrungen holte, als Chance zum gesellschaftlichen Aufstieg erschien, ist verständlich. Trotzdem war meist das Gegenteil der Fall: Es wurde mit Schimpf und Schande aus dem Hause gejagt. Ähnliches blühte ihm bei einer Schwangerschaft. Deshalb zogen viele Mädchen es vor, rechtzeitig zu kündigen und das Kind in einer extra dafür eingerichteten Gebäranstalt zur Welt zu bringen, um sich anschließend eine neue Stellung zu suchen. Die unengeltliche Verpflegung und Betreuung hatte allerdings einen Haken: Sie verpflichtete die Wöchnerin, als Studienmaterial für Ärzte und Hebammen zur Verfügung zu stehen.8) War das Kind dann auf der Welt, verschlechterte sich die Situation der Mutter weiter: Sie mußte seine Existenz, wenn irgend möglich, vor der neuen Herrschaft verheimlichen, konnte es infolge mangelnder Freizeit kaum sehen und mußte außerdem noch die Pflegeeltern bezahlen.

Dienstbotenelend! Es füllte die Seiten rührseliger Romane, in denen die „gefallenen" Mädchen gebührend beweint und die jungen, sie verführenden Stutzer mit einer Mischung aus Abscheu und Wohlwollen beschrieben wurden, wobei dann doch häufig noch irgendwo der Prinz in Gestalt eines Bürgersohns erschien, der das hübsche, trotz aller Versuchungen tugendhaft und sittenrein gebliebene Mädchen zum Traualtar führte. Die Realität sah anders aus: Heiraten zwischen Dienstboten und Herrschaften gehörten zur absoluten Seltenheit, und eine Mätressenschaft endete für das Mädchen meist schimpflich. Die harte Wirklichkeit hingegen wurde in den Romanen kaum beschrieben – niemanden interessierte der prosaische Arbeitsalltag des Dienstmädchens, der über keinerlei Glanzpunkte verfügte.

Er begann meist zwischen sechs und sieben Uhr und hörte oft erst nach Mitternacht auf. Die anstrengendste Arbeit, nämlich jene des Kindermädchens und des sogenannten „Mädchens für alles" war am niedrigsten entlohnt. Etwas höher eingestuft wurde das Stubenmädchen, das auch für die Näherei und das Bügeln zuständig war, und den höchsten Lohn erhielt die Köchin. In der Regel hielten gutbürgerliche Familien zwei bis drei Dienstboten, die rund um die Uhr beschäftigt waren. Es ist heute nicht mehr vorstellbar, wie arbeitsintensiv ein damaliger Haushalt ohne diverse elektrische und sonstige Hilfsmittel war. Eine gewisse Rolle spielte dabei auch das Prestige der bürgerlichen Hausfrau, das nur durch peinliche Reinlichkeit und sorgfältige Haushaltsführung gewahrt werden konnte. Was unter anderem bedeutete: tägliche Reinigung der Zimmer, monatliche Reinigung der Pölster und Vorhänge. Teppiche mußten wöchentlich geklopft, Böden in ebensolchen Abständen gebohnert werden. Auch die Fenster wurden in einem ordentlichen bürgerlichen Haushalt mindestens alle vier Wochen geputzt. Die Küche wurde jedesmal nach der Zubereitung von warmen Mahlzeiten gründlich gereinigt, der Herd abgewaschen, die Metallteile poliert und der Küchenboden aufgewischt bzw. gescheuert. Auch das Spülen war eine zeitraubende Angelegenheit. Meist wurden zwei oder drei Schüsselns mit heißem Wasser gefüllt, wobei die wichtigsten Spülmittel Soda und für die Emailtöpfe Sand waren. Das Alltagsbesteck mußte nach dem Spülen gegen Rostbildung geschmirgelt werden und auch Silberbestecke wurden in regelmäßigen Abständen geputzt. Ein besonderes Kapitel stellte der Waschtag dar, bzw. besser die Waschtage, weil das Waschen der Wäsche normalerweise bis zu drei Tage in Anspruch nahm. Wurde die Wäsche aus Ersparnisgründen weder außer Haus gegeben noch eine Wäscherin engagiert, mußte diese anstrengende und unangenehme Arbeit, die alle zwei bis vier Wochen anfiel, vom Dienstmädchen erledigt werden. Der erste Tag war dem Sortieren und Einweichen der schmutzigen Wäsche gewidmet, wobei besonders hartnäckige Flecken mit Kernseife eingerieben oder entfernt wurden. Am zweiten Waschtag erfolgte die eigentliche Prozedur des Waschens in einem großen, über dem Herd erhitzten Kessel. Dabei wurde die Wäsche in mehreren Arbeitsgängen zuerst heiß gewaschen, dann gekocht und schließlich noch einmal durchgewaschen. Erst der letzte Tag war dem Spülen, Bleichen und sogenannten Blauen vorbehalten, das durch Schwemmen der Wäsche in einer Lösung von sogenanntem Wäscheblau erzeugt wurde, was der Wäsche ein besonders frisches Aussehen geben sollte. Neben der Kochwäsche mußte dann aber auch noch die Buntwäsche in ebenfalls mehreren Arbeitsgängen gewaschen werden, wobei Anzüge, Seidenkleider oder sonstige empfindliche Materialien einer besonderen Aufmerksamkeit bedurften. Schließlich, nach dem Trocknen, kam das Bügeln, das ebenfall eine umständliche und komplizierte Arbeit war. Ursprünglich mußten die Bügeleisen mit glühenden Kohlen oder Bolzen gefüllt werden. Ab 1900 wurden dann meist mehrere direkt auf dem Herd erhitzte Eisen benutzt. Auch das Bügeln war zeitraubende Dienstmädchenarbeit, es konnte eine ganze Woche in Anspruch nehmen. Wenn dann die Wäsche, mit zarten Bändchen umbunden, in den Schränken der Hausfrau lag, stand bereits der nächste Waschtag vor der Tür.

In einem ähnlichen Arbeitsverhältnis wie das Dienstmädchen befand sich die Magd auf dem Lande. Beide unterstanden sie der Gesindeordnung, das heißt, sie waren keine „freien" Arbeiter mit geregelten Arbeitszeiten, sondern hinsichtlich Dauer und Beschaffenheit der Arbeit vom Dienstgeber abhängig. Bei der Magd war dies der Bauer bzw. die Bäuerin, beim Dienstmädchen der Hausherr bzw. die Herrin, wobei Bäuerin und Herrin nur als scheinbare Auftraggeber fungierten, denn im Grunde waren ja auch sie ökonomisch und zum Teil auch rechtlich von ihren Ehemännern abhängig. 1918 wurde diese Gesindeordnung aufgehoben, was jedoch am Alltag der Mägde ebenso wie der Dienstmädchen wenig änderte. Sie waren nach wie vor ohne jede Rückzugsmöglichkeit den Befehlen und dem Gutdünken ihrer Dienstgeber ausgeliefert, und erst die allmähliche Trennung von Wohn- und Arbeitsplatz zerstörte dieses ganz spezielle Untergebenenverhältnis.

Trotz der Ähnlichkeit im Dienstverhältnis unterschied sich die Arbeit – und damit auch die Gesamtsituation – der Magd doch wesentlich von jener des Dienstmädchens. Denn einerseits hatten Mägde schwerere, schmutzigere und auch anstrengendere Arbeit zu tun, andererseits jedoch waren sie eingebunden in die Dorfgemeinschaft, aus der sie zwar bei Kündigung oder nach Verlassen eines Hofes jederzeit herausfallen konnten, die ihnen aber bei gewünschtem Verhalten das nötige soziale Umfeld bot, während das Dienstmädchen in der Stadt in einer ihm meist fremden, städtischen Umgebung völlig Außenseiterin war. Auch Mägde hatten oft uneheliche Kinder, doch galt dies in den bäuerlichen Unterschichten kaum als Schande, vor allem dann nicht, wenn der Vater die Mutter des gemeinsamen Kindes später heiratete, was meist der Fall war. So wie bereits im Mittelalter hatten auch jetzt Mägde und Knechte häufig mehrere gemeinsame Kinder, bevor sie heirateten.[9] Auf dem Land fanden sich auch eher Großeltern oder andere Angehörige, die die Kinder inzwischen bei sich aufnahmen, während das Dienstmädchen in der Stadt ihre „Schande" nicht nur verheimlichen mußte, sondern der größeren

326

Entfernung wegen auch eher gezwungen war, das Kind bei Pflegeeltern oder in einem Heim unterzubringen.

Die Gesindezeit war im allgemeinen ein Übergangsstadium zwischen Kindheit und Heirat für die Söhne und Töchter der Taglöhner und Kleinbauern und dauerte etwa 10 bis 15 Jahre. Eine Zeit, die für die dörfliche Jugend allerdings von zentraler Bedeutung war, entschied sich doch in ihr der gesamte weitere Lebensweg. Wichtig war dabei vor allem für die Töchter – die ja meist wenig oder nichts erbten – die gesparte Mitgift, die ihre Heiratschancen vergrößerte, und mit der sie später einmal zum Erwerb eines eigenen Anwesens beitragen konnten. Wichtig war auch die Aussteuer, die häufig in Ballen von gewebtem Tuch bestand, das die Magd zusammen mit der Bäuerin und deren Töchtern an langen Winterabenden herstellte.

Das Leben der Magd war im Grunde ein Leben auf Wanderschaft. Durchschnittlich jedes zweite bis dritte Jahr wechselte sie, ebenso wie der Knecht, den Bauernhof, was ihr natürlich entsprechende Erfahrung und Kenntnisse einbrachte. Der Wechsel vollzog sich normalerweise entweder an Lichtmeß (2. Februar), also im Frühjahr vor der Aussaat oder nach Beendigung der Erntearbeiten an Michaeli (29. September).[10] Außerhalb dieser Zeiten wegen unzumutbarer Arbeitsbedingungen vom Dienst wegzulaufen war nicht ratsam, weil damit der Ruf als verläßliche Arbeitskraft zerstört und neue Arbeit schwer zu finden war. Arbeitslose ledige Mägde galten als sittliche Gefahr. Außerdem wurde befürchtet, daß sie der dörflichen Armenkasse zur Last fallen könnten, weshalb sie oft ausgewiesen wurden. Nirgendwo gerne gesehen, konnte so ein Mädchen leicht ins Abseits rutschen, in die Gesellschaft der Ausgestoßenen, Fremden. Hatte sie jedoch die Robustheit, an ihrem Arbeitsplatz durchzuhalten, konnte sie von der kleinen Magd über die mittlere Magd zu Großmagd aufsteigen, wobei sie sich jene Kenntnisse aneignete, die sich für sie später als Inhaberin eines eigenen Anwesens als nützlich erwiesen: Sie war Kucheldirn, Stallmagd, Viehdirn und Feldarbeiterin. Als Stallmagd verbrachte sie oft den ganzen Tag bei den Kühen, im Winter begann das Melken um sechs Uhr morgens, im Sommer oft schon um drei Uhr, und erst um sieben oder acht Uhr abends, mit der letzten Fütterung, war ihre Arbeit beendet. Am anstrengendsten war jedoch die Feldarbeit, die oft in brütender Hitze durchgeführt werden mußte. Denn auch das Mähen mit der Sense und das Aufgabeln von Heu war Frauenarbeit, ebenso wie das anstrengende Dreschen im Herbst. Grundsätzlich gab es keine starre geschlechtsspezifische Arbeitsteilung zwischen Knechten und Mägden, sie verrichteten beide die gleiche Arbeit. Die der Magd war allerdings umfangreicher, weil sie nach der schweren Tagesarbeit auch noch die Mahlzeiten zuzubereiten hatte. Trotzdem war ihr Lohn, der ursprünglich jährlich, um die Jahrhundertwende jedoch bereits wöchentlich ausbezahlt wurde, in alter Tradition wesentlich niedriger als jener des Knechts. Er bestand aus Bargeld und Geschenken vor allem zu Weihnachten, Ostern und Pfingsten. Dazu kamen noch gelegentliche Geldgeschenke als besondere Anerkennung für Arbeitsleistungen. Eine sparsame Magd versuchte, ihre bescheidenen Extras möglichst von den Trinkgeldern zu begleichen und den Lohn unangetastet auf die Sparkasse zu tragen. Da Unterkunft und Verpflegung gesichert waren, wurde ihr das bei äußerst bedürfnisloser Lebensweise auch oft möglich. Natürlich lebten Knechte und Mägde in unglaublich kärglichen Verhältnissen. Zu dem absoluten Gehorsam, dem sie dem Bauern gegenüber, der ihre Arbeitskraft nach eigenem Gutdünken ausbeutete, verpflichtet waren, gesellte sich eine einfache, meist unzureichende Nahrung und häufig schauerliche Unterkünfte in engen, überfüllten Kammern, auf Strohsäcken, oft überhaupt im Heu. Es war einerseits dieses harte, entbehrungsreiche Leben auf dem Hof, das viele Frauen die meist besser entlohnte, außerdem geregelte Arbeit in den Fabriken vorziehen ließ. Andererseits jedoch wurden sie auch durch die Zerstörung der Hausindustrie ihrer Existenzgrundlage oder doch zumindest eines wichtigen Nebenverdienstes beraubt. Das Spinnen und Weben in den Wintermonaten verlor angesichts der rasanten Entwicklung der Maschinen mehr und mehr an Bedeutung und trug wesentlich dazu bei, daß Frauen zunehmend ihre bäuerliche Existenz verließen und in den Städten nach Arbeitsmöglichkeiten suchten.

Das „erotische" Jahrhundert

Kein Zeitalter war so prüde, so verlogen und gleichzeitig so erotisch wie das 19. Jahrhundert. Die von Kopf bis Fuß verhüllte, tabuisierte und daher geheimnisvolle Frau erregte die erotischen Phantasien des Mannes auf das Äußerste. Er hat sie in zahlreichen literarischen und künstlerischen Manifestationen thematisiert, beschrieben und gestaltet, wobei die Frau immer Objekt blieb, immer wieder neu entworfenes Bild männlicher Sehnsüchte und Wünsche, kaum jedoch Subjekt mit eigener, gestalterischer Kraft. Die Erotik des Mannes prägte demnach (nicht nur) dieses Jahrhundert, sie bestimmte Kunst, Kultur, Gesellschaft dieser Zeit und ist uns in tausenderlei Äußerungsformen überliefert. Weibliche Erotik hingegen war praktisch nicht existent. Eine Frau, die ihre eigenen diesbezüglichen Wünsche und Sehnsüchte formuliert oder künstlerisch dargestellt hätte, wäre als höchst schamlos verurteilt worden. Erst gegen Ende des Jahrhunderts wurde diese Entsexualisierung der Frau von wenigen Feministinnen durchbrochen. Aber auch dann noch galt weibliche, gelebte Erotik als unsittlich, höchstens assoziierbar mit einer frechen, aufdringlichen Hure, niemals jedoch mit einer ehrbaren Frau. Diese pflegte da weit eher einen vornehmen, diskret geäußerten Widerwillen gegen die sexuellen Belästigungen ihres Mannes, und war meist froh, wenn sie den oft brutalen, auf einseitigen männlichen Lustgewinn zielenden ehelichen Pflichtübungen entkommen konnte. Wofür die Gesellschaft im allgemeinen durchaus Verständnis aufbrachte, bewies sie doch damit das gewünschte weibliche Schamgefühl. Vor allem das viktorianischen England war in dieser Hinsicht beispielgebend, aber auch der Kontinent ebenso wie die USA standen dem britischen Vorbild in nichts nach. Die Amerikanerin Dr. Alice Stockham etwa vertrat 1844 die Meinung, daß jeder Ehemann, der außer in der Absicht Kinder zu zeugen, ehelichen Geschlechtsverkehr verlange, seine Frau zu einer privaten Prostituierten mache.[1] Sie liefert außerdem ein gutes Beispiel dafür, wie sehr derartige Vorstellungen auch von Frauen verinnerlicht wurden. Natürlich begann der Mann aus diesem offen geäußerten Desinteresse seiner Frau bald ebenfalls keinen Lustgewinn mehr zu ziehen, weshalb er es häufig vorzog, seine sexuellen Wünsche in einem außerehelichen Verhältnis zu befriedrigen.

Daß die Prostitution blühte wie kaum je zuvor, zeigt die Kehrseite jener bürgerlichen Wohlanständigkeit, die, wenngleich sorgsam verleugnet, doch nicht verborgen bleiben konnte: die Welt der sogenannten „leichten Mädchen", der Kokotte, des Lasters, der Perversion, die heiße, wilde, verderbte Welt der Vergnügungsetablissements, wie etwa Toulouse-Lautrec sie so lebendig dargestellt hat. Hier öffnete sich das so dringend benötigte Ventil, hier kochten die Leidenschaften, angeheizt durch die zahllosen Verbote und Tabus, denen der Bürger in seinem Alltag ausgesetzt war. Es ist interessant und heute, im Zeitalter des freien Sex nicht mehr ganz nachvollziehbar, welche unglaubliche Wirkung ein nacktes oder auch bestrumpftes Bein einer Can-Can-Tänzerin beim männlichen Publikum hervorrufen konnte. Ein Journalist namens Rodriguez beschreibt anschaulich die Erregung der männlichen Gäste, wenn die berühmte Tänzerin und Schauspielerin La Goulue in einem der Pariser Nachtlokale auftrat:

„Sie hob die Arme, unbesorgt um die indiskreten Achselspangen, die bisher die Stelle der Ärmel einnahmen; die Beine bogen sich, wurden hin und her bewegt, schlugen die Luft, bedrohten die Hüte, zogen die Blicke unter die Röcke, diese diebischen Blicke, die die erhoffte, halbe, so flüchtige Öffnung in der gestickten Hose suchten. Im Laufe der Quadrille schwengte sie herausfordernd ihren Bauch, dann in lasziver Weise ihre Hüften, die gebauschte Stoffülle, die sie recht schlüpfrig zu heben wußte, enthüllte beim Spreizen die Beine trotz der reichlichen Plissees und zeigte beim Zusammenfallen der Valenciennespitzen ein winziges Stück Haut über dem Strumpfband. Von diesem Stückchen purpurnen Fleisches ging auf die nach Luft schnappenden Zuschauer eine Glut aus, daß ein Gletscher hätte schmelzen können. Und dann schürzte diese Bacchantin in gespielter pöbelhafter Extase ihre Röcke mit jähem Schwung bis zur Gürtellinie und bot dem Kreis der Umstehenden ihre hinteren Rundungen dar, die dank der breiten Spitzeneinsätze kaum verhüllt waren und bei einer gewissen Bewegung durch einen dunklen Fleck auch das Intimste erahnen ließen."[2]

Einen ähnlichen Effekt konnte der Anblick eines gerafften Rockes beim Überqueren der Straße hervorrufen, der im Schreiten den Saum der Wäsche oder gar einen Streifen des schwarzen Seidenstrumpfes freigab. Aufschlußreich ist etwa der Bericht eines zeitgenössischen

Journalisten in der französischen Zeitschrift „Gil Blas", der die lü-sternen Blicke der Herren im Omnibus beschreibt, deren besonderes Vergnügen es war, junge, die hohen Stufen erklimmende Frauen zu beobachten, um bei dieser Gelegenheit vielleicht ein Stück von deren Beinen zu sehen:

> „Auf bestimmten Linien und während bestimmter Stunden fahren im-mer die gleichen Leute – zur Zeit der Mittagspause oder nach Ladenschluß – Herren, die mit glänzenden Augen, den Schnurrbart zwirbelnd, darauf warten, daß eine Wade sichtbar wird oder gar, in Kniehöhe, der flatternde Volant eines Beinkleides ..."[3]

Die Frau, wie sie uns in der zweiten Hälfte des Jahrhunderts ent-gegentritt – eingehüllt in Beinkleider, Unterkleider und Röcke, die Taille mit einem Fischbeinkorsett geschnürt, die Arme mit oft schul-terlangen Handschuhen, das Haupt mit einem pompösen Hut und das Gesicht vielleicht noch mit einem Schleier bedeckt, reizte das Verlangen des Mannes außerordentlich. Während heute, angesichts des Ausverkaufs nackter Weiblichkeit, keine noch so schön geformte nackte weibliche Brust den Mann in sexuelle Erregung zu versetzen vermag, brachte damals bereits ein winziges Stückchen weibliches nacktes Fleisch sein Blut zum Kochen. Was der Komik nicht ent-behrte und zu jenen zahllosen Karikaturen führte, in denen steife, würdevolle Herren im Gehrock mit Zylinder, Stock und Backenbart beim Anblick einer spärlich bekleideten Weiblichkeit die Fassung verlieren. Männer zogen Frauen mit ihren Blicken aus, um das „Rät-sel Frau" zu entblättern, das sich so hartnäckig verhüllte. Was aller-dings in der Phantasie ein reizvolles Spiel gewesen sein mag, ent-puppte sich in der Realität als umständliche Prozedur, die die Lei-denschaft des Liebhabers entweder aufs Höchste steigerte oder aber erlahmen ließ. Der junge Jean Cocteau gibt sich um die Jahrhundert-wende beim Anblick von zwei Pariser Schönen derartigen Spekula-tionen hin:

> „Ich habe die Otero und die Cavalieri in Armenonville speisen gesehen. Das war eben keine Nebensache! Rüstung und Schild, Halsschutz und Gürtel, Fischbein und Schnur, Schulterstücke, Schenkel und Beinschiene, Armschutz, Perlenbänder und Federbüsche. Wehrgehänge aus Satin und Velour und Stickerei, Panzerhemden; Ritterfräulein, funkelnd in Tüll und Wimpernschlag, heilige Skarabäen, von spargelköpfigen Waffen starrend, Samurais in Zobel und Hermelin, Kürassiere des Vergnügens, die sich von

früh an rüsten und herausputzen, robuste Soubretten, die, angesichts ihres Gastgebers, sich weniger rühren konnten als die Perle in der Auster... Die Idee, eine dieser Damen zu entkleiden, war ein kostspieliges Unternehmen, denn man mußte es vorausbestellen wie einen Umzug, und um sie sich inmitten unordenlich verstreuter Wäsche mit gelösten Haaren und lässigen Gliedern vorzustellen, bedurfte es einer skandalösen Phantasie, die nicht einmal vor der Imagination eines Mordzimmers zurückschreckte."[4]

Der Körper der Frau war tabu. Und weil es ihn anständigerweise nicht geben durfte, schlich er sich durch das Hintertürchen abstruser und übersteigerter Phantasien in die gesellschaftliche Wirklichkeit ein.

Für die Frau aber hatte das auch noch andere, ernsthafte Konsequenzen. So etwa sollten Ärzte nur im äußersten Notfall eine gynäkologische Untersuchung vornehmen, die im verdunkelten Zimmer und wenn möglich unter einer Decke stattzufinden hatte. Meist jedoch mußte die kranke Frau, die den Arzt nur in Gegenwart einer Begleitperson konsultieren durfte, lediglich auf einer Gliederpuppe demonstrieren, wo es ihr weh tat. Ein in Godes Lady's Book im Jahre 1892 zitierter Professor aus Philadelphia ging so weit, es als einen Beweis einer „feinen Moral" zu bezeichnen, daß es in Amerika „Frauen vorziehen, eher äußerste Gefahr und Schmerz zu erleiden, als auf ihr Leiden untersucht zu werden." Die Regeln von Sitte und Anstand legten auch nahe, die Menstruation, selbst im medizinischen Kontext, nur wenn unbedingt nötig zu erwähnen, und im British Medical Jounal gab es noch im Jahre 1878 eine sechs Monate dauernde Korrespondenz darüber, ob Schinken durch die Berührung einer menstruierenden Frau verderben könne.[5] Hier hatte die Verdrängung der medizinisch gebildeten Frau mit ihrer genauen Kenntnis weiblicher Körpervorgänge geradezu katastrophale Folgen. Ähnlich problematisch war es, Fragen der Geburtenkontrolle zu behandeln. Noch 1877 gab es in England einen wichtigen Disput über einen Präzedenzfall, ob Informationen über Geburtenkontrolle überhaupt legal seien, oder ob sie nicht vielmehr in die gesetzliche Kategorie der „obszönen Literatur" fielen.[6] Diese Situation wirkte sich auch deshalb negativ für Frauen aus, weil sie damit ihrer Gebärfunktion ungeschützt ausgeliefert waren. Denn solange der coitus interruptus und der Gebrauch des damals sehr umständlich anzuwendenden Condoms die am weitesten verbreiteten Methoden der Empfängnisverhütung waren, regelte der Mann nach eigenem Gutdünken eine Schwangerschaft. Deshalb blieb Frauen im Notfall oft nichts anderes übrig, als gefährliche Pillen und Tränke zu schlucken oder Abtreibungen bei einer unqualifizierten Person vornehmen zu lassen. Häufig versuchten sie auch selbst, mit einer Stricknadel, einem Draht oder sogar einem Messer an sich herumzumanipulieren, was lebensgefährliche Verletzungen zur Folge haben konnte. Immerhin kam ab der Mitte des Jahrhunderts eine Diskussion über dieses Thema langsam in Gang, es wurden kleine Schwämme empfohlen, die vor dem Geschlechtsverkehr eingeführt werden sollten, auch Duschen mit lauwarmem Wasser nach dem Verkehr. Dann kam das Diaphragma in Mode, ein Gummiblatt mit einem versteiften runden Rand, das in die Vagina eingepaßt wurde und als Vorbild der modernen Cervisklappe gelten kann. Nachdem die Entdeckung der Vulkanisierung schließlich die Erzeugung eines Kondoms aus Kreppgummi zur Folge hatte, das wesentlich leichter zu handhaben war, begann in den achtziger Jahren des Jahrhunderts in großen Teilen Europas auch ein merkbarer Geburtenrückgang einzusetzen, was angesichts der Bevölkerungsexplosion auch dringend geboten schien.

Das also waren die Themen, die Frauen im Zusammenhang mit Erotik und Sexualität vor allem beschäftigten, sie bestimmten und entschieden ihr Leben in seinen wichtigsten Aspekten. In der Literatur allerdings fanden sie kaum einen Niederschlag, dafür umso mehr die erotischen Probleme der Männer. Gigantische Wälzer wurden über Lust und Frust des Mannes geschrieben, eventuell auch noch über jene wenigen Halbweltfrauen, jene „dames scandaleuses", die es wagten, sich über bürgerliche Schicklichkeit hinwegzusetzen und auf einer schmalen Gratwanderung so etwas wie eine weibliche Erotik und weibliche Sexualität zu leben, die im Grunde aber neuerlich keine eigene war, sondern wiederum nur eingesetzt wurde zur Befriedigung der erotischen Bedrürfnisse des Mannes. Auch in dieser Zeit gab es Kurtisanen, Diseusen, Tänzerinnen und Schauspielerinnen, die meist aus den unteren Schichten stammten und sich mit Begabung, Glück, Schönheit und dem Spekulieren auf männliche Begehrlichkeit hinaufgearbeitet hatten. Sie waren die Ausnahmen. Das Elend der Prostitution, auch der Kinderprostitution, war die Regel. In Paris gab es um 1860 nach Angaben der Polizei 30.000 Prostituierte, nicht offizielle Quellen hingegen sprachen von 120.000. In Wien (samt Vorstädten und Vororten) der zwanziger Jahre des vorigen Jahrhunderts sollen bei einer damaligen Einwohnerzahl von 400.000 zwanzigtausen Prostituierte gezählt worden sein, es kam also ein Mädchen auf sieben Männer.[7] Am schlimmsten war die Kinderprostitution, die, aus Not und Elend geboren, in den Slums der großen

Städte überhand zu nehmen begann. 1869 etwa sollen von den 9.000 Prostituierten eines der größten Häfen Englands 1.500 unter fünfzehn und von diesen ein Drittel unter dreizehn Jahren gewesen sein.[8] In London ebenso wie in New York gab es Kinderbordelle, die besonders in den letzten Jahrzehnten des Jahrhunderts florierten. Angesichts des allgemeinen Kinderelends, der Kinderarbeit in den Bergwerken bis zu sechzehn Stunden pro Tag wird allerdings auch der sexuelle Mißbrauch Minderjähriger das Gewissen der Zeitgenossen nicht besonders belastet haben. Auf uns Heutige jedoch wirkt selbst die trockene und sachliche Einteilung der Pariser Straßenmädchen, wie sie etwa Georges Brandimbourg vorgenommen hat, zynisch und brutal. Er nennt

„1. Die kleinen Bettlerinnen, sie sind schmutzig und streichen auf den äußeren Boulevards herum ...

2. Das kleine Blumenmädchen, wechselt von Viertel zu Viertel, das beste Terrain um sie sich zu erschließen sind die Gegenden, wo die Brasserien mit Dirnen florieren ... sie ist ein wenig sauberer, ohne speziellen Anspruch.

3. Das Nymphchen wählt die reichen Viertel aus. Man begegnet ihm tags auf den großen Boulevards ... Besonderes Kennzeichen: kurzer Rock, in den Rücken fallendes, im Nacken zusammengebundenes Haar mit einer Schleife von leuchtender Farbe, einer Schleife von gleicher Farbe auf dem Kopf, fast immer Strümpfe und Bänder von gleicher Nuance ... Der Eindruck ist sauber; ihr Schritt ist der einer kleinen Frau ... Es geht mit nach Hause oder auch in gewisse Hotels ... Es ist zwischen 13 und 15 Jahre alt. 'Profis' beuten es aus, wenn es nicht älteren, völlig abgedankten Huren gehört.

4. Die 'Pierreuse' in einer Aufmachung zwischen Bettlerin und Blumenmädchen; sie 'arbeitet' nur nachts. Um die Aufmerksamkeit der Polizei nicht zu erregen, trägt sie keinerlei sichtbare Zeichen; aus dem gleichen Grund wird sie häufig von einer älteren Frau begleitet..."[9]

Viel von männlicher, perverser, die eigentliche Problematik in keiner Weise durchschauender Phantasie verrät der französische Schriftsteller und Journalist Jean Lorrain (1855–1906), wenn er das „Monsterchen" beschreibt, „die schreckliche kleine Dirne, von ihrer Mutter angelernt", die „eines jener Wesen" ist, „das in der Stadt die verpestete Luft des Lasters verbreitet ... und das, eine prickelnde und schmeichlerische 'Spanische Fliege' hingeht, und mit Hüften und Ellbogen die tastenden senilen Hände herausfordert." Kinderelend wird hier als reine Versuchung geschildert, als verdorbenes Laster, einzig dazu da, den bedauernswerten Mann in den Sumpf der Sünde hinabzuziehen. Einmal begegnet Lorrain einem derartigen „Monsterchen" im Zug. Seine diesbezüglichen Schilderungen zeugen nicht nur von großem psychologischem Unverständnis, sondern sind darüber hinaus auch noch komisch:

„Sie war höchstens zwölf oder dreizehn Jahre alt; über dem Perkalkleidchen trug sie ein schwarzes Schürzchen, die Brust war noch flach, ein Strohhut zu 15 Sous beschattete die gewölbte, eigensinnige Stirn eines kleinen Weibes, und auf dem Rücken hing der unvermeidliche Zopf mit dem Schleifband. Ein unwiderstehlicher Köder, scheint es, für die Gier alter Männer; unter dem Arm eine Schultasche ... Ganz wie ein Mädchen auf dem Schulweg oder auf dem Heimweg vom Unterricht."

Dieses so beschriebene kleine „Ungeheuer" sucht also „schamlos" den Blick ihres Reisegefährten und beginnt schließlich mit einem kleinen Hund zu spielen, denn sie bei sich hat.

„Monsterchen spielt mit dem Hund, drückt ihn an sich, begrub ihn in ihrem Schoß, verschlang ihn mit Küssen, gierigen Zärtlichkeiten überall hin, auf die Schnauze, die Ohren, den Bauch, wie von einem tollen Bedürfnis nach Liebe erfaßt, und bei jedem Kuß suchte ihr Blick den meinen, ihre Augen durchbohrten mich mit Beharrlichkeit, und ihr Mund lächelte ganz blaß. Besser noch, beim Schäkern warf sie sich zurück und legte sich längelang auf die Bank ohne darauf zu achten, daß der Rock bis zu den Knien rutschte und ihre mageren, in schwarzen Strümpfen steckenden Beine jetzt wie zwei dunkle Blütenstengel aus dem halbgeöffneten Kelch der Röcke herausragten ..."[10)]

Ob es sich jetzt hier tatsächlich um ein abgerichtetes Kind handelte, das auf Männerfang ging, oder lediglich um ein pubertierendes Mädchen, das vielleicht in einer etwas auffallenden, die Aufmerksamkeit auf sich lenkenden Art und Weise mit seinem Hund spielte, bemerkenswert ist auf jeden Fall die überhitzte und übersteigerte Phantasie des männlichen Beobachters und Kommentators, die ein unreifes Kind zur gefährlichen femme fatale stilisierte.

Ähnlich pervers wirkt das Vergnügen, das dem Mann die Defloration einer Jungfrau bereitete. Die „erste Nacht" hat ja in Mythos und Geschichte des Patriarchats schon immer eine bedeutende Rolle gespielt, wofür wahrscheinlich männlicher Eroberungstrieb, verbunden mit einer Mischung aus Aggression und einem gewissen Sadismus verantwortlich zu machen ist. Im 19. Jahrhundert allerdings begann sich der Wunsch nach Entjungferung zu einer allgemeinen Manie zu steigern, was nicht nur in dem speziellen, Besitzergreifung manifestierenden Erlebnis, sondern auch in der Angst vor Geschlechtskrankheiten seine Ursache hatte. Denn Jungfrauen, so nahm man an, sind gesund. Es gab in London Bordelle, die sich auf Jungfrauen spezialisierten, wobei zu Beginn des Jahrhunderts bis zu hundert Pfund für eine jungfräuliche Prostituierte verlangt wurden – ein ernorm hoher Preis, der allerdings gegen Ende des Jahrhunderts auf fünf Pfund sank. Was keineswegs als ein Zeichen rückläufiger Nachfrage, sondern vielmehr eines gesteigerten Angebots zu betrachten war. Fanden sich doch genug Mädchen, die sich gegen ein schönes Entgelt dafür hergaben. Darüber hinaus wurden Frauen häufig „ausgebessert", d.h. die Kontraktion der Vaginalöffnung wurde entweder durch Vernähung oder durch ein starkes Adstringierungsmittel wie Essigdampf, Myrrhenwasser oder einem Aufguß aus Eicheln oder Schlehdorn wieder hergestellt. Zusätzlich mußte dann noch ein in die Vagina eingeführtes, blutgetränktes Stückchen Schwamm oder aber eine kleine, blutgefüllt Fischblase das bei der Penetration verletzte und daher blutende Hymen simulieren.[11]

Das 19. Jahrhundert zeichnet sich aber ganz generell durch Perversionen und Abartigkeiten aus. Wahrscheinlich waren sie nicht einmal so neu, doch wurden sie jetzt ausführlich thematisiert. Der Wiener Nervenarzt Richard von Krafft-Ebing (1840–1902) hat in seiner „Psychopathia Sexualis" (1886) eine Liste aller pathologischen Erscheinungen des Sexuallebens aufgestellt und versucht, sie auf ihre gesetzmäßigen Bedingungen zurückzuführen. Dabei besitzt allerdings weibliche Sexualität einen äußerst geringen Stellenwert, denn das Weib, so führt er aus, sei monogam im Gegensatz zum polygamen Mann, weshalb „Auf der Culturhöhe des heutigen gesellschaftlichen Lebens ... eine sociale und sittlichen Interessen dienende sexuale Stellung des Weibes nur als Ehefrau denkbar" sei.[12] Krafft-Ebing definiert auch erstmals den sogenannten Masochismus, nach seinem eifrigsten Verfechter, dem Ritter Leopold von Sacher-Masoch so benannt. Dieser, ebenfalls ein Österreicher, wurde durch Romane und Erzählungen bekannt, in denen grausame Frauen unterwürfige, Mißhandlungen lustvoll erlebende Liebhaber auf die verschiedenste Art und Weise malträtieren. „Venus im Pelz" heißt sein bekanntester Roman, eine schwülschwülstige Beschreibung einer pelzbekleideten weiblichen Schönheit, die ausgesuchte Foltermethoden entwickelt, um danach lechzende Männer zu quälen. Das Phänomen einer geschlechtlichen Befriedigung, die ausschließlich durch Demütigungen und Qualen erreicht werden kann, hat die Psychologie seitdem ausführlich beschäftigt. Sie ist laut Freud auf ein sadistisches Strafbedürfnis des Über-Ich gegen das Ich bei der Verwirklichung sexueller Impulse zurückzuführen, was den Schluß erlaubt, daß die im großen Stil gefeierte femme fatale dieser Zeit eine geradezu notwendige Konstruktion darstellt, um das latente Schuldbewußtsein des seine Ehefrau unterdrückenden Mannes zu beruhigen. Literarische Beispiele, in denen das dämonische Weib beschworen wird, gibt es auf jeden Fall genug. Angefangen von Théophile Gautier, der mit seiner Beschreibung Kleopatras das Bild einer wollüstig-grausamen Königin entwirft, die jeden Morgen die Ermordung ihrer Geliebten befiehlt über Algernon Charles Swinburne, den englischen Gentleman, der meinte, ein Mann sollte danach streben, „das machtlose Opfer der rasenden Wut einer schönen Frau zu sein", bis zu Hermann Bahrs Roman „Die gute Schule. Seelenzustände" (1890), in dem ein Maler in Paris bei dem Mädchen Fifi die lasterhafte Schule sado-masochistischer Quälereien und maßloser sexueller Ausschweifungen durchlebt. Die dämonische Frau war literarische Mode, die gebieterische Geliebte, die kalte Schöne, in deren Natur es lag, den Mann zu zerstören, exemplarisch dargestellt etwa an Wedekinds Lulu oder Strindbergs Laura. Dabei handelte es sich ausschließlich um männliche Projektionen, den Frauen übergestülpt und von diesen teilweise auch akzeptiert. Denn nichts davon fand sich in der Realität. Hier gab es höchstens clevere Geschäftsmänner und -frauen, die derartige Männerphantasien in klingende Münze verwandelten. Bordellbesitzer beispielsweise stellten entsprechende Accessoirs zur Verfügung, wobei neben dem Marterinstrument auch noch die besondere Kleidung der quälenden Lustdirne von Bedeutung war: Pelze auf nackter Haut, Seidenstrümpfe mit Goldfäden, auch Nonnentrachten wurden bevorzugt. Berühmt für ihre besondere Art der Auspeitschung war die Londonerin Mrs. Collet, ebenso Theresa Berkley (oder Berkeley), die das sogenannte „Berkley Pferd" erfand, eine ausziehbare Leiter, an die der Kunde so angebunden wurde, daß Gesicht und Genitalien durch ein Loch hervorsahen. Während die „Gouvernante" hinter ihm seinen Rücken oder sein Gesäß mit der Peitsche behandelte, kniete ein halbnacktes Mädchen davor und massierte seinen Penis und seine Hoden. Ein Ritual, das offenbar äußerste Befriedigung verschaffte, denn seine Erfinderin, so wird berichtet, soll damit reich geworden sein.[13]

Daß vor diesem Hintergrund einer im Alltag unterdrückten, ausgeschlossenen und negierten Sexualität, die sich in den Hinterzimmern geheimer Etablissements auf eine häufig reichlich abstruse Art und Weise zu äußern gezwungen sah, eine Erscheinung wie Freud entstehen mußte, ist verständlich. Ihm blieb es vorbehalten, in seiner Psychoanalyse das Krankheitsbild dieser Zeit zu thematisieren und in ein System zu bringen. Daß jedoch auch bei ihm die Sexualität der Frau zu kurz kam, daß es auch für ihn keine „weibliche Libido" gab, lag an den allgemeinen Ansichten seiner Zeit. Über diesen Schatten konnte er nicht springen.

„Krankheit Frau"

Die Frau des 19. Jahrhunderts, nicht nur rechtlos, sondern jetzt auch noch funktionslos geworden, der im Grunde alles abgestritten wurde, sowohl ein eigener Geist als auch eine eigene Sexualität, wurde zum „Symbol des Nichts", denn, wie der Frauenhasser Otto Weininger um die Jahrhundertwende meinte, „Überwindung der Weiblichkeit ist das, worauf es ankommt."[1] Stand doch nach Weininger

„Der tiefststehende Mann ... noch unendlich hoch über dem höchststehenden Weibe, so hoch, daß Vergleiche und Rangordnung hier kaum mehr statthaft scheinen..."[2]

Die Frau als Mängelwesen, als Unfall im Plan des Schöpfers, wie sie bereits von Aristoteles, Hippokrates und Galen beschrieben und in diesem Jahrhundert neu belebt worden war, wurde mit Krankheit assoziiert. Tatsächlich war die Pathologisierung der Frau vor allem ein Charakteristikum des späten 19. und frühen 20. Jahrhunderts. Die aus einer langen Tradition sich ableitende Mindereinstufung der Frau gegenüber dem Mann wird jetzt sozusagen verwissenschaftlicht, die „Biologie des Weibes" erklärt problemlos seine Unterlegenheit. Denn diese Biologie ist negativ besetzt, die Frau ist nicht nur minderwertig, sie ist auch krank, angefangen von der Menstruation über die Schwangerschaft bis zur weiblichen Sexualität. Auch das Nervensystem, das Gehirn, die gesamte weibliche Konstitution wird als schwach, siech, wenig widerstandsfähig bezeichnet. Daß das weibliche Geschlecht insgesamt beinahe als Krankheit angesehen wurde, ist sogar Zeitgenossen aufgefallen: „The sex itself seems to be regarded as a pathological fact", schrieb Mary Putnam Jacobi 1876/86.[3] Führende Ärzte und Wissenschaftler wetteiferten in dem Bemühen, die Inferiorität des Weibes jetzt auch medizinisch festzustellen, wobei nichts zu absurd, nichts zu abenteuerlich erschien, um diese These zu erhärten. Weil zum Beispiel das Blut des Mannes mehr rote Blutkörperchen enthält als jenes der Frau, wurde daraus sofort auf eine höhere geistige Widerstandskraft und stärkeren

Betätigungsdrang des männlichen Geschlechts geschlossen. Auch aus den anders geformten Stirnregionen, Schläfenpartien und Scheitelwölbungen des Mannes wurde die entsprechende Superiorität abgeleitet, und gar das im Durchschnitt schwerere männliche Gehirn bot den endgültigen „Beweis" für die geistige Überlegenheit des Mannes. Daß gerade die gescheitesten Köpfe oft als besonders leicht befunden wurden, war kein Gegenargument. Schließlich ging es lediglich darum, eine vorgefaßte Meinung zu untermauern. Gleichzeitig jedoch wurden auch unentwegt die Gefahren beschworen, die sich aus einer höheren Bildung der Frau ergäben, der Bestand der gesamten Menschheit wurde damit in Frage gestellt, denn Gescheitheit ginge unweigerlich auf Kosten der Gebärfunktion, und diese sei die eigentliche Aufgabe der Frau.

„Darum kann auch die größere Primitivität des Weibes kein Zustand der Minderwertigkeit gegenüber der größeren Geistigkeit des Mannes sein",

meint verständnisvoll Ehrhard F. Eberhard in seiner Schrift „Das Wesen des Feminismus" noch 1929. Denn

„je mehr der Mann seinen geistigen Zielen näher gerückt ist, umso wertvoller wurde auch das Zurückbleiben des Weibes für den Bestand des Menschengeschlechts."[4]

1925 schrieb K. Asbjorn Wieth-Knudsen („Frauenfrage und Feminismus"):

„Die vergleichende Anatomie und Anthropologie hat festgestellt, daß fast alle Züge im Körperbau des Weibes vom Scheitel bis zur Sohle darauf hinweisen, daß seine physische Entwicklung zwischen der des Kindes und des Mannes liegt."[5]

Dabei hätte, nach Ansicht des Autors, die Natur diesem geistig und körperlich inferioren Wesen ganz folgerichtig entsprechende Waffen des Schwachen im Kampf ums harte Dasein mitgegeben, als da sind: Verschlagenheit, Hinterlist, Unwahrhaftigkeit und Ungerechtigkeit. Außerdem, so meint er weiter, sei es ohnedies evident, daß die weibliche Psyche „offenbar Gut und Böse nicht sicher zu unterscheiden vermag", woraus er als „anständig denkender weißer Mann" den Schluß ziehe, daß das Weib vom Manne vor den Nachteilen seiner Unterlegenheit zu schützen sei, „wogegen dieses in allen

Dingen seine unbedingte Führerschaft anzuerkennen und sich ihr unterzuordnen habe."[6]

So einfach war das also, und so bequem. Damit die Frau ja nicht auf den Gedanken kam, den „Herrn der Schöpfung" mit weiblicher Gescheitheit zu kompromittieren, wurde ihr vorsorglich Bildung nicht nur untersagt, sondern jede Intellektualität auch noch gründlich vergällt, konnte doch

„nur die Beseeltheit ihrer Natur sie verhindern ... den selbstzerstörerischen unmittelbaren Sprung von der Natur zum Geist zu machen und eine lästige sterile Intellektuelle zu werden."[7]

Das hinderte die Philosophen allerdings nicht daran, ihr genau diese fehlende Intellektualität zum Vorwurf zu machen. Arthur Schopenhauer etwa bezeichnet die Frau infolge völliger Vernunftferne als einen „Verderb der modernen Gesellschaft", lediglich dazu ausersehen, den nach Harmonie und Weitsicht strebenden Mann aus der Bahn zu werfen und zu ruinieren. Frauen sind nach Schopenhauer verschlagen, vergnügungssüchtig, verschwenderisch, vernunftschwach, ausbeuterisch, äffisch und kokett, daneben noch diebisch und meineidisch. Lediglich zu „Pflegerinnen und Erzieherinnen unserer ersten Kindheit" seien sie geeignet, und das deswegen,

„weil sie selbst kindisch, läppisch und kurzsichtig, mit Einem Worte, Zeit Lebens große Kinder sind: eine Art Mittelstufe zwischen dem Kinde und dem Manne, als welcher der eigentliche Mensch ist."[8]

Sogar Galanterie (die er als verschleierte Verachtung durchschaut) findet Schopenhauer überflüssig, stattdessen plädiert er für Polyandrie und erbrechtliche Entmündigung, damit

„Die Dame, dieses Monstrum Europäischer Civilisation und christlich-germanischer Dummheit, mit ihren lächerlichen Ansprüchen auf Respekt und Verehrung ... aus der Welt"

komme, und es „nur noch Weiber, aber auch keine unglücklichen Weiber" mehr gebe, von welchen Europa jetzt voll sei.[9]

Noch übertroffen wurde Schopenhauers gnadenlose, die spezielle gesellschaftliche und kulturelle Situation der Frau in keiner Weise berücksichtigende Frauenverachtung durch Weiningers pathologischen Frauenhaß, wie er in seinem 1903 erschienenen Werk „Geschlecht und Charakter" zum Ausdruck kommt. Das Werk erlebte bereits in den ersten drei Jahren fünf Auflagen, was entsprechende Rückschlüsse erlaubt. Weininger sieht in der Frau ein Wesen ohne eigene Seele und ohne eigenen Geist, sie ist lediglich ein Stück knetbare Masse, dem der Mann den eigenen Odem einhaucht:

„Das Weib ist nichts, und darum, nur darum kann es alles werden ... Aus einer Frau kann man machen, was man will ... Das Weib mag alles scheinen und alles verleugnen, aber es ist nie irgend etwas in Wahrheit. Die Frauen haben nicht diese oder jene Eigenschaften, sondern ihre Eigenheit beruht darauf, daß sie gar keine Eigenschaften haben; das ist die ganze Kompliziertheit und das ganze Rätsel des Weibes ..."[10]

In den Chor allgemeiner Frauenverächter läßt sich auch mühelos Friedrich Nietzsche einreihen. Denn obwohl dieser dem weiblichen Geschlecht noch so etwas wie eine kräftige, unverbildete Natur zuerkennt, „eine echte raubtierhaft listige Geschmeidigkeit, eine Tigerkralle unter dem Handschuh, eine Unerziehbarkeit und innerliche Wildheit...", will er derartige Eigenschaften trotzdem gezähmt und in den Dienst weiblicher Gebärfunktion gestellt wissen. Auch Nietzsche fällt nichts Neues ein, wenn er die Hauptaufgabe der Frau in der Erzeugung einer gesunden Nachkommenschaft sieht. Weibliche Emanzipation hingegen ist ihm ein Greuel, er bevorzugt den Zustand eines „wunderlich wilden und oft angenehmen Haustiere[s]" und verurteilt die „Emanzipation des Weibes", denn „das ist der Instinkthaß des mißratenen, das heißt gebäruntüchtigen Weibes gegen das wohlgeratene..."[11]

Kein Wunder, daß vor einem solchen Hintergrund eine Schrift mit dem Titel „Beweis, daß die Frauenzimmer eigentlich gar keine Menschen sind" entstehen konnte, verfaßt von einem Herrn Walfisch und gedruckt im Jahre 1862. Ebenso das Buch des Paul Möbius über den physiologischen Schwachsinn des Weibes, das geradezu sensationell erfolgreich war. An der allgemeinen Auffassung änderten auch wenige Feministen, wie John Stuart Mill, Charles Fourier und Robert Owen, die bereits früh nicht das „Wesen der Frau", sondern gesellschaftliche Unterdrückung für ihre Situation verantwortlich machten, im Grunde wenig.

Stattdessen wurde die diffamierte, unbedeutende und machtlose Frau mehr und mehr mit Krankheit gleichgesetzt: Leiden, Empfindlichkeit, Anfälligkeit – das waren Symptome, die ihr zugebilligt wurden. Es entstand die „femme fragile" als Gegenpol zur „femme fatale", die schwache, zarte, pflegebedürftige Frau, die ständig von Ohnmachtsanfällen heimgesucht wurde und im Zeitraum zwischen 1890 und 1906 ihren „Höhepunkt" hatte. Auch sie beflügelte die männliche Phantasie, zerbrechlich, schwach und ätherisch starb sie hin in Schönheit, wie es in einschlägigen Romanen mit Inbrunst beschrieben wird. Mit ihrem zarten Gesicht von schneeiger Blässe, mit großen, fieberhaften Augen und einer schweren, kastanienbraunen Haarfülle lebte sie in Luxus und Todesnähe, kindlich, dekadent und nie ganz erwachsen. In der Realität hingegen begannen Frauen eigenartige, durch die Medizin nicht erklärbare Symptome zu entwickeln, und Praxen, Kliniken und Sanatorien quollen über von leidenden Patientinnen, deren verinnerlichter Protest augenscheinlich war, von der damaligen Medizin aber nicht als solcher erkannt wurde. Trotzdem begann dieser Zustand auch die Zeitgenossen zu beschäftigen, die „Krankheit Frau" wurde als Phänomen begriffen, wobei vor allem die Hysterikerin das medizinische Interesse erregte und zu weitreichenden Spekulationen Anlaß gab. Hysterische Frauen dienten als wissenschaftliche Schauobjekte in den Hörsälen der Universitäten, an denen ausschließlich Männer ihre medizinischen Studien betrieben. Daß der Ausdruck Hysterie auf das griechische Wort hystera (Gebärmutter) zurückgeht, weist bereits darauf hin, daß diese Krankheit ursprünglich als Gebärmutterstörung begriffen und fast nur auf Frauen beschränkt wurde. Erst als sich das Phänomen unter den schweren seelischen Belastungen des Ersten Weltkrieges auch bei Männern zeigte, wurde diese Ansicht revidiert. Als Krankheit schon lange bekannt (schon Paracelsus sprach von „hinfallenden Siechtagen der Mutter", und der aufklärerische Kliniker Philippe Pinel (1745–1826) hat an der Wende vom 18. zum 19. Jahrhundert die Hysterie als „Genitalneurose der Frauen" bezeichnet), wurde die Hysterie bei Frauen gegen Ende des 19. Jahrhunderts zu einer Massenerscheinung. Sie ist als Antwort auf ihren allgemeinen Identitätsverlust zu sehen, als Form der Rebellion gegen ihre Unterdrückung und gegen die Doppelmoral, mit der sie ständig konfrontiert wurde. In ihr äußert sich auf eine zutiefst tragische Weise die von sich selbst entfremdete Frau, der nur noch im Leiden eine eigene Identität zugebilligt wurde.

Obwohl die eigentlichen Ursachen der Hysterie von den Zeitgenossen nicht erkannt wurden (selbst für Freud lag der tiefere Grund weiblicher Neurosen im Dunkeln), fehlte es nicht an Erklärungsversuchen. Möbius etwa vertrat die an sich richtige Ansicht, daß heftige Gemütsbewegungen für die Körperveränderungen verantwortlich seien. Daß diese vor allem bei Frauen anzutreffen waren, führte er allerdings nicht auf die umfassende Unterdrückung des weiblichen Geschlechts, sondern vielmehr auf die Labilität der weiblichen Psyche zurück, die sich aus der naturbedingten Inferiorität und geistigen Sterilität der Frau ergebe und ihre Bereitschaft zu hysterischen Verhaltensweisen begünstige. Dieser „physiologische Schwachsinn des Weibes" habe seine Ursache in einem kleineren Hirn und schlechter entwickelten Gehirnwindungen, ein biologischer Faktor also, der für die größere Gefühlsbetontheit, mangelnde Kritikfähigkeit, angeborene Unselbständigkeit und Unfähigkeit, Affekte zu meistern, verantwortlich sei. Hingegen habe die Natur den Mann mit einem logischen, abstrakten und somit fähigeren und diese Krankheit besser zu meisternden Denken ausgestattet. Auch für den berühmten französischen Psychologen Pierre Janet zeichneten sich Hysterikerinnen vornehmlich durch eine krankhafte Gedanken- und Willensschwäche aus, sie waren unkontrolliert, unaufmerksam, sehr vergeßlich und daher für die Wissenschaft nicht geeignet[12]. Trotzdem wurde die hysterische Frau von dem Nervenarzt Jean Martin Charcot, Professor an der Klinik für Nervenkranke in Paris, dem berühmt-berüchtigten „Hospice de la Salpêtrière" als wissenschaftliches Schauobjekt benützt. Seine Demonstrationen hatten den Charakter von Theateraufführungen, in denen sich der Arzt als omnipotenter Regisseur und die Hysterikerin als Schauspielerin entfalteten. Angeblich sollen Frauen sogar dafür bezahlt worden sein, daß sie möglichst effektvoll hysterische Symptome mimten.

Nach Ansicht der Ärzte stammten hysterische Frauen entweder aus dem gebildeten, wohlhabenden Bürgertum oder aus dem provinziellen Kleinbürgertum, dessen Frauen sich häufig als Dienstmädchen und Köchinnen verdingten. Tatsächlich waren Frauen dieser Schichten besonderen krankheitsfördernden Frustrationen ausgesetzt. Die bürgerliche Frau als „schönes Eigentum" des Ehemannes, Repräsentationsgegenstand und Statussymbol, der Dienstbote als unbegrenzt verfügbare Unperson. Das Leben des Dienstmädchens wurde bereits eingehend dargestellt. Aber auch die bürgerliche Frau, in jeder Weise vom Ehemann abhängig und zur reinen Konsumentin degradiert, fristete ein Schattendasein. Ihre vornehmlichste Aufgabe bestand darin, den Schein von Wohlhabenheit, wenn nicht gar Reichtum aufrechtzuerhalten, mit dem das Bürgertum die Aristokratie zu imitieren versuchte. Der Eindruck vornehmen Müßiggangs war dafür Voraussetzung, er mußte unter allen Umständen gewahrt bleiben. Wenn das dafür notwendige Heer von Dienstboten nicht vor-

handen war, mußte die Gattin zumindest durch ein zur Schau ge-
stelltes Nichtstun das Prestige des Gatten retten. Während also der
Ehemann durch seine Arbeit Anerkennung fand, galt die Arbeit der
Frau als Schande und mußte möglichst heimlich und unbemerkt erledigt werden. Dabei war es keinesfalls so, daß etwa mittlere Angestellte und Beamte immer über das nötige Einkommen verfügten,
um sich genügend Dienstboten leisten zu können. Die Ehefrau war
deshalb sehr oft gezwungen, selbst einen großen Teil der Hausarbeit
zu bewältigen, häufig nähte sie auch sämtliche Kleider für die Familie und manchmal mußte sie zur Aufbesserung des Wirtschaftsgeldes
sogar Heimarbeit annehmen, wovon natürlich die „gute Gesellschaft" keinesfalls etwas erfahren durfte. Aber selbst wenn genügend Personal vorhanden war, blieb für die Hausfrau immer noch
genug zu tun. Sie mußte auch dann den gesamten Haushalt unter
Kontrolle haben, die Dienstboten beaufsichtigen und koordinieren,
die Haushaltskasse verwalten und Einnahmen und Ausgaben notie-
ren. Die Vorstellung von der den ganzen Tag im guten „Salon" Gäste
empfangenden und sich ansonsten mit ein wenig Klavierspiel und
anmutiger Handarbeit die Zeit vertreibenden Bürgersfrau ist also ein
Mythos, der der Realität keineswegs entsprach. Eingespannt in dieses Netz bürgerlicher Verlogenheit, die der Frau den letzten Rest von
Eigenwert genommen hatte und sie zu einem Scheindasein verpflichtete, begann sie dann auch zum ersten Mal in der Geschichte
des Patriarchats massiv und unübersehbar zu revoltieren. Einerseits
durch die ab der Mitte des Jahrhunderts sich formierende Frauenbewegung, andererseits durch Krankheitssymptome, die „grande hy-
stérie" des 19. Jahrhunderts.

Über das Krankheitsbild der hysterischen Frau herrschte unter der
Ärzteschaft weitgehende Einigkeit: Sie war entweder frigid oder
nymphomanisch, wobei das Problem weiblicher Frigidität fast ausschließlich durch frustrierte Ehemänner in den Ordinationen zur
Sprache kam, denn Frauen getrauten sich selbst vor Ärzten kaum,
über ihre diesbezüglichen Unlustgefühle zu sprechen. Die Krankheit
des Vaginismus, die sich in einer motorisch–unwillkürlichen Ab-
wehrbewegung äußerte, die ein Eindringen des Penis oder des Fin-
gers in die Vagina unmöglich machte, störte also vor allem den
Mann. Weil die Ärzte jener Zeit über die weibliche Sexualphysiolo-
gie, wie etwa die Bedeutung der Klitoris für den Orgasmus, wenig
oder gar nicht Bescheid wußten, wurden die verschiedensten Er-
klärungsmöglichkeiten herangezogen, die vielleicht das Forschungs-
interesse der Ärzte befriedigten, aber kaum die Probleme der Frau-

en lösten. Vererbung und kulturelle Degenerationserscheinungen, sexuelle Entwicklungshemmungen oder „psycho-sexualer Infantilismus" wurden dabei bemüht, Krafft-Ebing, Löwenfeld und Adler betrachteten sexuelle Unempfindlichkeit beim Weibe überhaupt als naturbedingt und ganz generell zeichnete sich die hysterische Frau im Verständnis der Ärzte durch mangelnde Liebes- und Hingabefähigkeit aus, wobei sie dieses Manko auch noch als psychologisches Kampfmittel einsetzte, um den bedauernswerten Ehemann gefügig zu machen. Aber auch die „erotisierte Hysterikerin" beschäftigte die Wissenschaft, sie vertrat das andere weibliche Extrem, sie war hemmungslos, raffiniert und unersättlich, warf sich jedem Mann an den Hals und galt als unsittlich und gefährlich. Die durch Freud begründete Psychoanalyse schließlich warf der Hysterikerin vor, daß sie phallisch fixiert sei und ihr passives Frausein verleugne. Ihre Unfähigkeit zum vaginalen Orgasmus wurde als Symptom eines phallischen Machtstrebens und somit pathologischer Herrschsucht definiert.

Die Vorstellung von der „Krankheit Frau", wie sie das ausgehende Jahrhundert beherrschte, wurde aber auch noch durch ein weiteres Bild bereichert, nämlich jenes vom „Mannweib" im Zusammenhang mit lesbischer Liebe. Lesbische Frauen, so lautete die allgemeine These, litten an einer krankhaften „Verkehrung der Geschlechtsempfindung", nämlich dem „Gefühl, ein männliches Wesen darzustellen" (Carl Westphal). Sie würden sich wie ein Mann kleiden und bewegen, vornehmlich männliche Beschäftigungen ausüben und sich durch männliche Eigenschaften wie Geist und Tatkraft auszeichnen. Was sich hinter dieser eigenartigen Konstruktion, die noch bis in die jüngste Gegenwart Anhänger fand, verbirgt, ist einsichtig genug: Durfte doch eine Frau nur einen Mann lieben (jede andere Vorstellung bedeutete in einer patriarchalischen Gesellschaft eine Provokation), also mußte die Frau, die von einer Frau geliebt wird, männlich sein. Wieder war es Krafft-Ebing, der sich 1887 erstmals mit der „Konträrsexualität" auseinandersetzte. In seinem Aufsatz „Über gewisse Anomalien des Geschlechtstriebes und die klinisch–forensische Verwertung desselben als eines wahrscheinlich functionellen Degenerationszeichens des centralen Nervensystems" stützte er sich bei Aufstellung seiner These auf ganze zwei Beispiele, nämlich das von dem Psychiater Westphal im Jahre 1864 untersuchte Fräulein N., und die 28jährige Jette B., die, angeregt durch Westphals Ergebnisse 1875 von dem „functionierenden Assistenz-Arzt" der Würzburger psychiatrischen Klinik H. Gock einer diesbezüglichen Untersuchung

346

unterzogen worden war[13]. Diese beiden Fälle schienen Krafft-Ebing ausreichend, um eine für Frauenliebe generell geltende Theorie zu entwickeln. In seinem berühmten Buch „Psychopathia sexualis", welches nicht nur vierzehn Auflagen erlebte, sondern auch in mehrere Fremdsprachen übersetzt wurde, finden sich zum Thema „Konträrsexualität" unter anderem folgende Ausführungen:

> *„Das weibliebende Weib fühlt sich geschlechtlich als Mann; es gefällt sich in Kundgebungen von Muth, männlicher Gesinnung, denn diese Eigenschaften machen dem Weibe den Mann begehrenswert ..."*[14]

Es sind also lediglich männliche Eigenschaften, die eine Frau an einer Frau lieben kann – ein Konzept, das der männlichen Eitelkeit schmeichelt, und die Vielschichtigkeit der Frauenliebe völlig außer acht ließ, bzw. diese als gar nicht existent erklärte. Denn daß Frauen gerade deswegen einander lieben, weil sie dabei dem männlichen Zugriff entkommen und weil die zärtlichere und einfühlsamere Frauenliebe genau das bietet, was die Liebe eines Mannes der Frau nur allzu häufig vorenthält, das wußten zwar die Romantikerinnen, und das wurde auch in der neuen Frauenbewegung wiederbelebt und weiterentwickelt. In der extrem frauenfeindlichen Atmosphäre um die Jahrhundertwende jedoch mußte die gegenteilige These konstruiert werden. Alles andere hätte den Mythos von der Allmacht und Unwiderstehlichkeit des Mannes gefährdet.

„Die Frau ist frei geboren..."

(Frühfeministische Ansätze)

In der hysterischen Frau manifestierte sich die eine Form weiblichen Protests, in der nicht weniger diffamierten, trotzdem jedoch wesentlich wirksameren Frauenbewegung die andere. Verlacht, verhöhnt und angefeindet bahnten sich ab etwa 1848 diese Frauen der ersten Stunde ihren Weg. Und es ist heute gar nicht mehr nachvollziehbar, wieviel Mut, Durchsetzungskraft und Ausdauer dabei nötig waren, um den massiven gesellschaftlichen Widerstand zu überwinden. Plötzlich begannen Frauen, die sich bislang ausschließlich um Haushalt und Familie gekümmert hatten, Vereine zu gründen, Vorträge zu halten, Artikel zu schreiben und Zeitungen zu redigieren. Sie richteten Kurse ein, gründeten Schulen und Klubs, organisierten Demonstrationen und Streiks und nahmen an internationalen Konferenzen teil, womit sie das gängige Klischee der fügsamen, verfügbaren und für jede öffentliche Arbeit unfähigen Hausfrau und Familienmutter gründlich erschütterten. Es ist Frauen der Gegenwart auch kaum noch bewußt, was sie diesen Pionierinnen an nun selbstverständlichen Rechten zu verdanken haben, angefangen vom Wahlrecht über das Recht auf Bildung, auf Prozeßfähigkeit, auf Eigentum und einen eigenen Beruf, bis hin zur Gleichberechtigung innerhalb der Familie, die allerdings besonders schwierig durchzusetzen war und in letzter Konsequenz erst in den siebziger Jahren unseres Jahrhunderts verwirklicht wurde.

Doch auch die Frauenbewegung entstand keinesfalls aus dem Nichts, es gab Vorläufer/innen, die sich vor allem seit den Tagen der französischen Revolution engagiert für die Recht der Frau einsetzten. Ob die Frauenrechtskämpferinnen in der zweiten Hälfte des Jahrhunderts allerdings von diesen Frühfeministen/innen Kenntnis hatten, ist fraglich. Zu perfekt war es der patriarchalischen Geschichtsschreibung immer wieder gelungen, ihre Spuren auszulöschen. Aber vielleicht wußten sie auch von Antoine de Condorcet (1743–1794), einem der wenigen Revolutionäre, die den Ausschluß der Frau vom

348

Bürgerrecht und ihre unzureichende Erziehung als eigentlichen Grund für ihre Unterlegenheit erkannte. Es sei ungerecht, meinte er in seiner Schrift „Über die Zulassung von Frauen zum Bürgerrecht" im Revolutionsjahr 1789, „den Frauen weiterhin den Genuß ihrer natürlichen Rechte zu verweigern."[1] In Deutschland war es der Schriftsteller Theodor Gottlieb von Hippel, der für die Sache der Frauen plädierte. In seiner 1792 publizierten Schrift „Über die bürgerliche Verbesserung der Weiber" forderte er, daß den Frauen „... ihre Rechte und mit diesen persönliche Freiheit, Unabhängigkeit, bürgerliches Verdienst und bürgerliche Ehre" zu geben seien[2]. Zehn Jahre später widmete sich die frühfeministische Autorin Amalia Holst („Über die Bestimmung des Weibes zur höheren Geistesbildung", 1802), die ihren Leserinnen „besonders die Werke des verewigten von Hippel" empfiehlt, der Ehe, in der sie zum ersten Mal das Gefühlsmäßige mit der Vertragsidee verbindet: „Die Ehe ist ein Kontrakt, den zwei gleich freie Wesen miteinander schließen, in dem vertrautesten und zärtlichsten Bunde die Vorzüge der Gesellschaft auf das allerinnigste zu genießen."

In Großbritannien forderte Mary Wollstonecraft bereits in der Schrift „Rettung der Rechte des Weibes" (1793/94) das Wahlrecht und die Beteiligung der Frauen an der Staatsverwaltung, worauf sie als „Hyäne in Unterröcken" beschimpft wurde.

Die konsequentesten und auch weitreichendsten feministischen Forderungen hingegen stellte Olympe de Gouges im Jahre 1791 als Antwort auf die weltberühmte Menschenrechtsdeklaration von 1789, die sie damit als Deklaration der Männerrechte, nicht jedoch der Menschenrechte entlarvte. Denn ihre „Deklaration der Rechte der Frau und Bürgerin", die sie der Nationalversammlung zum Beschluß vorlegte, erinnert daran, daß die zweite Hälfte der Menschheit, nämlich die Frauen, bei dieser „Declaration des droits de l'homme et du citoyen", die ein neues, nämlich das demokratische Zeitalter einleiten sollte, vergessen worden waren. Marie Aubry Gouze, Pseudonym (de) Gouges, wurde 1755 in Montauban geboren, stammte aus ungeklärten und unbedeutenden Familienverhältnissen und genoß in Paris den Ruf einer großen Dame der Halbwelt, aber auch einer Schriftstellerin und Dramatikerin. 1788 erschienen ihre gesammelten Werke in drei Bänden, außerdem wurden etliche ihrer Theaterstücke in Paris aufgeführt, wobei es wegen ihres Stückes „L'Esclavage des Noirs", in dem sie die Sklaverei in den französischen Kolonien anprangerte, zu politischen Schwierigkeiten und Verfolgungen kam. Bei Ausbruch der Revolution nahm sie intensiven Anteil am politischen Geschehen und verfaßte zahlreiche Flugschriften, Aufrufe, Proteste und Vorschläge zu aktuellen Ereignissen und Fragen. Als Organisatorin und Rednerin des Frauenklubs „societé populaire des femmes" setzte sie sich außerdem aktiv für Frauenfragen ein. Als sie Robespierre kritisierte und öffentlich einen Mörder nannte, wurde sie verhaftet. Ihre Verteidigung übernahm sie selbst und kämpfte verzweifelt um ihr Leben. Trotzdem starb sie fünfundvierzigjährig am 3. November 1793 unter der Guillotine. Der „Moniteur" meldete ihren Tod mit folgenden Worten:

„Sie wollte ein Staatsmann sein, und es scheint wohl, daß das Gesetz diese Verschwörerin dafür bestraft, die Tugenden vergessen zu haben, die ihrem Geschlechte zukommen."[3]

In der Folge wurden die Frauenklubs, die sich während der Revolution überall gebildet hatten, aufgelöst, den Frauen das Versammeln bei Gefängnisstrafe verboten und viele hingerichtet. Napoleon stellte sich dann schließlich eindeutig gegen diese frühe Frauenbewegung; seine Haltung findet auch im weltberühmten Code civil von 1804 ihren Niederschlag, in dem in schöner alter Tradition unter anderem zu lesen ist: „... die Frau schuldet ihrem Mann Gehorsam..."

Das wichtige, politische und feministische Dokument der Deklaration der Rechte der Frau und Bürgerin wurde fast 200 Jahre totgeschwiegen. Erst die neue feministische Geschichtsforschung hat es wiederentdeckt. Vorangestellt ist ihm eine Widmung an die Königin mit der Bitte um Unterstützung und Verteidigung „diese[s] unglückliche[n] Geschlecht[s]". Dann folgt ein Abschnitt unter dem Titel „Die Rechte der Frau", in dem der Mann aufgefordert wird, seinen Herrschaftsanspruch aufzugeben:

"Extravagant, blind, von den Wissenschaften aufgeblasen und degeneriert, will er in diesem Jahrhundert der Aufklärung und Scharfsichtigkeit, doch in krassester Unwissenheit, despotisch über ein Geschlecht befehlen, das alle intellektuellen Fähigkeiten besitzt ..."

Schließlich formuliert Olympe de Gouges in unerhört kühner Form die „Rechte der Frau und Bürgerin" mit dem Aufruf: „Die Frau ist frei geboren und dem Mann an Rechten gleich." In siebzehn Artikeln wird die Forderung nach Freiheit, Gleichheit und Brüderlichkeit auch auf die Frau ausgedehnt, auf die Bürgerin, der dieselben Rechte zugestanden werden müssen wie dem Mann. „Diese Rechte sind:

Freiheit, Sicherheit, das Recht auf Eigentum und besonders das Recht auf Widerstand gegen Unterdrückung." „Die Frau hat das Recht", heißt es an anderer Stelle, „das Schafott zu besteigen. Sie muß gleichermaßen das Recht haben, die Tribüne zu besteigen." De Gouges forderte, daß Frauen in die Nationalversammlung aufgenommen würden, daß die patriarchale Ehe zu einem Verhältnis von Gleichen würde, und sie forderte die Aufteilung des Eigentums unter den Geschlechtern. Sie will für die Frau das Recht, als autonomes Subjekt Verträge abzuschließen, Eigentumsfragen und vor allem Regelungen, die ihre Kinder betreffen, selbst bestimmen zu können. In einem leidenschaftlichen Nachwort ruft sie dann die Frauen auf, ihre Recht zu erkennen und wahrzunehmen, Solidarität zu üben und sich gegen die Ungerechtigkeit des Mannes zu wehren:

„O Frauen! Frauen, wann hört ihr auf, blind zu sein? Welches sind die Vorteile, die ihr aus der Revolution gezogen habt? Ihr werdet noch mehr verachtet, noch schärfer verhöhnt..."[4]

Dieses politische Dokument der de Gouges mit seiner prägnant formulierten Kritik an der Männergesellschaft und einer für die damalige Zeit außerordentlich mutigen Sprache geht mit seiner Forderung nach Demokratie und Humanität weit über jene der Philosophen und männlichen Revolutionäre hinaus. Denn indem es die gleichen Rechte auch für Frauen, die unterprivilegierte Klasse des Volkes verlangt, postuliert es wirkliche Demokratie. Indem de Gouges die Frauen als unterdrückte Klasse begreift, entlarvt sie die Forderungen nach Gleichheit, Freiheit und Brüderlichkeit als einseitige männliche Angelegenheit. Ihr Konzept umfaßt die wirkliche Gleichheit a l l e r Menschen, der Männer ebenso wie der Frauen. Es war aus diesem Grunde auch der einzige, tatsächlich demokratische Entwurf der Revolutionszeit, der alle von Männern ausgearbeiteten politischen Philosophien weit hinter sich ließ. Das wichtigste, konsequenteste Dokument dieser Zeit, und bis heute nicht voll eingelöst.

Obwohl der revolutionäre Schwung vieler Frauen in der Zeit der Restauration unterdrückt wurde, konnte er doch nicht ganz gebrochen werden. Die Frühsozialistin und Frühfeministin Flora Tristan etwa rief 1844 – also vier Jahre vor dem Kommunistischen Manifest des Karl Marx – unter dem Titel „Die Arbeitervereinigung" Arbeiter u n d Arbeiterinnen zur Selbstorganisation auf, was ein wesentlich demokratischeres Verhalten bekundet als diesbezügliche Bestrebungen frühsozialistischer Männer, die die Arbeiterin in ihren Konzepten schlicht vergaßen. Die 1803 in Peru geborene Flora Tristan, von Beruf Koloristin bei einem Kupferstecher, war eine ungewöhnlich leidenschaftliche und engagierte Person. In ständiger ökonomischer Unsicherheit lebend, hatte sich die schreibende und allein umherreisende Frau, die von ihrem Mann, von dem sie getrennt lebte, fünfzehn Jahre lang verfolgt und schließlich 1844 in Bordeaux auf offener Straße erschossen wurde, als „Paria" bezeichnet. Mit ihrem unkonventionellen Lebensstil wurde sie zur Ausgestoßenen, zum öffentlichen Ärgernis, eine Outcast, der man die Kinder entzog und die das „bittere, aber unermeßliche Glück" der Rebellion nicht gegen die „Zufriedenheit" der Ehefrauen eintauschen wollte, deren „Ruhe" jene der hoffnungslos Gefangenen ist, „verkümmert, erstickt, verdorben, entmutigt." In ihrer Schrift „Die Emanzipation der Frau, oder das Testament einer Paria", erst nach ihrem Tode von A. Constant veröffentlicht, heißt es:

> *„Meine Schwestern, seid nicht mehr Sklaven, deren Körper man verkauft und deren Herzen ersticken. Macht es lieber wie ich: protestiert und sterbt. Seid nicht mehr die Prostituierten schmutziger Begierden; seid nicht mehr die Sklavinnen männlicher Brutalität."*[5]

In Deutschland war es die wesentlich gemäßigtere Betty Gleim (1781–1827), die als Pädagogin bereits am Beginn des Jahrhunderts Bücher zur Mädchenerziehung schrieb, in denen sie für eine bessere Schulausbildung plädierte, die, wenn nötig, auch die Ausübung eines Berufes ermöglichen sollte. Diese, in der damaligen Zeit und vor allem für die Frau höchst ungewöhnliche Ansicht versuchte sie damit abzuschwächen, daß sie an der Ehe und Mutterschaft trotz allem als höchstes Ziel für eine Frau festhielt. Deshalb haben sich später auch vornehmlich Vertreterinnen der gemäßigten, konservativen Frauenbewegung häufig auf sie bezogen. Auch die Philosophin Louise Dittmar hielt bereits im Vormärz philosophische Vorträge im Rahmen des „Mannheimer Montag–Vereins". Ihre 1849 erschienenen Schriften „Zur Charakterisierung der nordischen Mythologie" und „Das Wesen der Ehe" gehören zu den kritischsten frauenemanzipatorischen Äußerungen dieser Zeit. Auch sie fühlte sich ihrer Beschreibung nach sehr als Außenseiterin und litt an der „Überhebung der oft unbegabten Männer"[6]. Eine der frühesten feministischen Erklärungen ist auch die „Women's Rights Convention" von 1848 in Seneca Falls, USA, an der Tausende Frauen teilnahmen. Die Autorinnen dieser Deklaration waren zugleich auch die Begründerinnen der amerikanischen Frauenbewegung. Sie kamen zum Teil aus den Anti-Slavery-Societies, in denen sie für die Emanzipation der schwarzen Sklaven kämpften. Anlaß für die Abfassung dieser Deklaration, in der in sehr scharfer Form gegen die Unterdrückung der Frau polemisiert wird, und die zusammen mit der Erklärung der Rechte der Frau und Bürgerin von 1791 zu den welthistorisch bedeutsamsten Manifestationen des weiblichen Befreiungskampfes zählt, war die restriktive Haltung der männlichen Abolitionisten (Angehörige der Bewegung gegen die Sklaverei), die 1840 weibliche Delegierte von der World Anti Slavery Convention in London ausschlossen. „Die Geschichte der Menschheit", heißt es hier unter anderem, „ist eine Geschichte wiederholter Ungerechtigkeiten und Übergriffe von seiten des Mannes gegenüber der Frau mit dem Ziel der Errichtung einer absoluten Tyrannei über sie."[7]

In Großbritannien setzte sich schon früh ein Mann für die Rechte der Frau ein, und zwar der namhafte Sozialphilosoph und Politökonom John Stuart Mill, dessen wichtiges feministisch–theoretisches Werk „Die Hörigkeit der Frau" zwar erst 1869 erschien, der sich jedoch bereits seit etwa 1830 unter dem Einfluß seiner späteren Frau und engagierten Mitarbeiterin Harriet Taylor, einer Vorläuferin der englischen Frauenbewegung, mit der Frauenfrage auseinandersetzte. Nach dem Tod von Harriet arbeitete er zusammen mit seiner Stieftochter Helen Taylor eine Petition zum Frauenwahlrecht aus, die von 1.500 Frauen unterzeichnet, 1866 dem Unterhaus übergeben wurde. 1867 wandte er sich dann in einer mutigen Rede vor dem House of Commons gegen den „Ausschluß der Frauen von jeglichem Anteil an der Volksvertretung", der „in unerträglichem Gegensatz zu den eindeutigen Prinzipien der Britischen Verfassung" stehe. Während das diesbezügliche Engagement Mills allerdings von der Geschichte aufgezeichnet wurde, ist die Mitarbeit Harriet und Helen Taylors bei allen feministischen Schriften, die unter seinem Namen erschienen, weitgehend unbekannt[8].

Die Revolutionärin

Eine Vorläuferin der Frauenrechtskämpferin war auch die Revolutionärin, die aktiv am Kampfgeschehen der Revolutionsjahre 1789-1795 und 1848/49 teilnahm. Wenngleich von der Frauenbewegung eher mit Mißtrauen betrachtet – paßte sie doch keinesfalls in die vor allem von bürgerlichen Frauen vielfach vertretenen Anschauung von der angeborenen Friedfertigkeit der Frau –, trug sie trotzdem dazu bei, die Ansicht vom schwachen, schutzbedürftigen und daher handlungsunfähigen Geschlecht zu revidieren. Daß Frauen an den revolutionären Ereignissen dieser Jahre maßgeblich beteiligt waren, wird von der offiziellen Geschichtsschreibung gerne verschwiegen. Auch hier ist die feministische Geschichtsforschung bemüht, in einem Aufholprozeß die richtige Perspektive herzustellen. Denn Frauen haben während dieses revolutionären Aufbruchs nicht nur traditionelle Frauenarbeit geleistet, über die keine Heldenepen geschrieben wurden und die doch so wichtig für die Durchführung revolutionärer Ideen war, ja, ohne die eine Realisierung oft überhaupt unmöglich gewesen wäre. Sie haben nicht nur die Männer nach den Straßenschlachten verköstigt, Verwundete gepflegt, Geldspenden, Kleidung und dergleichen gesammelt, sondern sie griffen auch aktiv in das politische Geschehen ein. Sie nahmen 1789 am Sturm auf die Bastille ebenso teil wie an den Wiener Straßenkämpfen 1848, Arbeiterinnen, aber auch bürgerliche und selbst adelige Damen beteiligten sich an der Errichtung von Barrikaden und schleppten in Körben und Schürzen Steine als Wurfgeschoße auf Kirchtürme und Dächer. Außerdem besuchten sie revolutionäre Clubs und Versammlungen und waren Initiatorinnen der Brotunruhen, wie sie in Revolutionszeiten öfter stattfanden. Im März 1792, kurz vor Ausbruch des Krieges gegen Österreich und Preußen, äußerten 304 Frauen in einer Petition an die Legislative Versammlung in Paris den Wunsch, mit der Waffe in der Hand die Revolution verteidigen zu dürfen[1]. Nachdem ihr Bittgesuch abgelehnt worden war, kämpfen viele Frauen – so wie auch 1848/49 – unerkannt in Männerkleidung. Wie ungewöhnlich und aufsehenerregend ein derartiger Bruch im geschlechtsspezifischen Rollenverständnis gewirkt haben muß, wird nur vor dem Hintergrund damaliger Verhältnisse deutlich, in denen vor allem der bürgerlichen Frau ein fest umrissener Platz im Haus zugeschrieben wurde, den sie nach Möglichkeit nicht, oder wenn dann nur in Begleitung, zu verlassen hatte. Bereits die Kleidung trug einer derartigen Rollenzuweisung Rechnung. Sie war vornehmlich für Innen-, aber kaum für Außentemperaturen geschaffen, weshalb oft ungünstige Witterungsverhältnisse genügten, um den Besuch einer Versammlung oder Veranstaltung zu verhindern. Zwar gab es seit 1840 bessere Überkleidung und endlich auch Mäntel für Frauen, trotzdem war ein Spaziergang bei kaltem oder nassen Wetter immer noch mit Komplikationen verbunden. Deshalb werden es viele Frauen unter diesen Umständen vorgezogen haben, doch zu Hause zu bleiben.

Etwas freier bewegte sich die Frau der Unterschicht, die Brotunruhen wurden auch vor allem von ihr getragen und initiiert. Bedeutsam ist in diesem Zusammenhang vor allem der Marsch der Frauen nach Versailles am 5. Oktober 1789, der auf den Pariser Märkten seinen Ausgang nahm und sich auf eine der zentralen Forderungen der Französischen Revolution, nämlich die nach „Brot" gründete. Er wurde fast ausschließlich von Frauen organisiert und ausgeführt – insgesamt etwa 8.000 bis 10.000 [2] –, weil gerade sie als Mütter und zuständig für die Versorgung der Familie von einem Anstieg der Brotpreise am unmittelbarsten betroffen waren. Wie aus zahlreichen Berichten hervorgeht, nahmen daran nicht nur Marktfrauen teil, sondern ebenso Arbeiterinnen aus der Vorstadt und begüterte Bürgerinnen. Teilweise bewaffnet drangen sie in Versailles in die Nationalversammlung ein und übergaben ihre Petition, worauf eine Abordnung von sechs Frauen beim König vorsprach, der sich bereit erklärte, die von der Nationalversammlung vorgelegte Erklärung der Menschenrechte anzunehmen. Der Marsch nach Versailles war daher politisch wichtiger als bekanntere Aktionen, wie etwa der Sturm auf die Bastille, der „Ballhausschwur" oder die „Generalstände"[3].

Zeitgenossen haben das wohl erkannt, weshalb auch jene Pariserinnen, die daran teilgenommen hatten, von diesem Zeitpunkt an zur Nationalversammlung zugelassen waren. Darüber hinaus wurde ihnen auch das Rederecht gewährt, allerdings nicht das Stimmrecht, und auch zu Abgeordneten durften sie nicht gewählt werden. Immerhin waren Frauenrechte als solche thematisiert worden, sie wurden in Frauenklubs und Frauenzeitschriften aufgegriffen. Die Redakteurinnen der Zeitschrift „Les Etennes Nationales des Dames" zum Beispiel veröffentlichten während des ganzen Jahres 1791 Gesetzesvorschläge zum Scheidungsrecht und zur Verbesserung der Lage lediger Mütter. Daneben forderten sie weibliche Geschworene und das Frauenwahlrecht. Sogar auf sexuellem Gebiet wurde Gleichberechtigung verlangt: „Die Frau ist dem Mann gleich an Rechten und sexuellen Freuden."[4] Es hat hervorragende Frauen in diesen ersten Revolutionsjahren gegeben, die nicht nur leidenschaftlichen, aktiven Anteil an den politischen, sondern zum Teil auch an kämpferischen Ereignissen nahmen. Théroigne de Méricourt (1762-1817) beispielsweise erhielt neben Claire Lacombe, der späteren Präsidentin des Frauenclubs „Citoyennes républicaines révolutionaires" und Reine Audu (die bereits zuvor ausgezeichnet worden war) für ihr besonders tapferes Verhalten während des Volksaufstandes im August 1792 die „Bürgerkrone"[5]. Eine herausragende Erscheinung war auch die vielseitig gebildete und politisch aktive Madame Marie-Jeanne Roland (1754-1793), deren Salon geistiger Mittelpunkt der Girondisten gewesen ist. Später wurde sie, ebenso wie Olympe de Gouges, hingerichtet. Die anfängliche Begeisterung für heldenhafte Frauen, wie sie noch beim Sturm auf die Bastille oder beim Marsch nach Versailles zumindest teilweise geäußert wurde, begann sich im Laufe der Revolutionsjahre allerdings merklich abzuschwächen. Schon bei den anhaltenden Brotrevolten des Jahres 1793, als etwa 6000 Marktfrauen eine Festsetzung des Höchstpreises forderten, wurden sie von Robespierre, der sein Brotversprechen nicht einhalten konnte, als Gefahr betrachtet. Bald setzte eine sukzessive Verdrängung der Frauen aus politischen Aktivitäten und eine neuerliche Betonung des traditionellen Weiblichkeitsideals ein, das den Rückzug der Frau in das Haus und die Familie forderte. 1793 wurden die Frauenvereine verboten, zur Auflösung gezwungen und den Frauen untersagt, sich auf der Straße in größeren Gruppen zu versammeln. Trotzdem waren die letzten großen Brotrevolten von 1795 wiederum überwiegend von Frauen organisiert worden. Sie wurden durch die Regierung des Direktoriums blutig niedergeschlagen, die Teilnehmerinnen vielfach ohne Prozeß eingekerkert, die Anführerinnen hingerichtet. Ebenfalls 1795 wurden Frauen als Gruppe von den Sektionssitzungen ausgeschlossen, ihnen zunächst nur in Begleitung von Männern und schließlich gar kein Zutritt mehr gewährt. *„Seit wann ist es den Frauen gestattet, ihr Geschlecht abzuschwören und sich zu Männern zu machen"*, meinte ein Jakobiner zu den Frauen, die gegen die Auflösung der Frauenklubs protestierten. *„Seit wann ist es Gebrauch, sie die fromme Sorge ihres Haushaltes, die Wiege ihrer Kinder verlassen zu sehen, um auf die öffentlichen Plätze zu kommen, von der Tribüne herab Reden zu halten, in die*

Louise Aston, geb. Hoche
(1814 – 1871).

Standarte Führerin des „Amazonen Corps". Original Aquarell von
Joh. Christian Schoeller, sign. März 1848.

Reihen der Truppen zu treten ... Unkluge Frauen, warum wollt ihr Männer werden? ... weit entfernt, uns um die Gefahren eines so stürmischen Lebens zu beneiden, begnügt euch damit, sie uns im Schoße unserer Familien vergessen zu machen, indem ihr unsere Augen ruhen lasset auf dem entzückenden Schauspiel unserer durch eure zärtliche Sorge glücklichen Kinder." [6] Neuerlich also sollte die Frau in die Enge des Hauses zurückverwiesen und als Hüterin des Familienidylls beschworen werden. Zuvor gefeierte Amazonen wie Théroigne de Méricourt wurden als verrückt erklärt (sie starb 1817 in der berüchtigten Pariser Nervenheilanstalt, der Salpêtrière), Madame Roland wurde als Intellektuelle verächtlich gemacht. Sie *„spottete"*, so ein Zeitungsbericht, *„der Natur, indem sie versuchte, sich über sie zu erheben; der Wunsch, gelehrt zu sein, brachte sie dazu, die Tugenden ihres Geschlechts zu vergessen. Olympe de Gouges wollte ein Staatsmann sein ... Frauen, wollt ihr Republikaner sein? Liebt, beachtet und lehrt die Gesetze, die eure Ehemänner und Kinder an die Ausübung ihrer Rechte erinnern ..."* [7]

Der Kampf der Frauen um Gleichberechtigung, ihr Versuch, die allgemeinen Forderungen nach Gleichheit auch auf das weibliche Geschlecht auszuweiten, war gescheitert. Das „unweibliche" Verhalten der politisch aktiven Frau hatte erneut verdrängte Ängste im Mann ausgelöst, er fühlte sich konkurrenziert, weshalb die Geschlechterpolarität möglichst rasch wiederhergestellt werden mußte, eine Entwicklung, die durch die innere Zerstrittenheit der Frauenverbände beschleunigt wurde. Parallel zur allgemeinen Situation rivalisierender Gruppen wandten sich auch wohlhabende, der bourgeoisen Fraktion der Jakobiner nahestehende Frauen gegen die radikalen Forderungen der „Revolutionären Republikanerinnen", und diese wiederum attackierten die „aristokratische" Olympe de Gouges. Eine große, historische Chance war damit vertan. Hätte bereits damals jene Entwicklung eingesetzt, die erst in unserem Jahrhundert den Frauen ihre – noch immer nicht völlig verwirklichte – Gleichberechtigung gebracht hat, wäre die Geschichte der Menschheit wahrscheinlich anders verlaufen.

In der Überlieferung allerdings hat die revolutionäre Frau vor allem in zweierlei Form überlebt: entweder als verklärte Heldin, die, Fahnen schwingend mit gelöstem Haar, locker gerafftem Kleid oder in sonstiger erotisierender Aufmachung die Freiheit verkündet. Oder aber als Furie, als Megäre, als Hysterika mit verzerrten Gesichtszügen, als liederliche Dirne oder „lächerliche abenteuerliche Figur", die ihre anmaßende Einmischung in das politische und kriegerische Geschehen mit dem Verlust ihrer Weiblichkeit bezahlte.

„Heldenjungfrauen", die entweder erkannt oder unerkannt im Heer mitkämpften, gab es auch nach der Revolution von 1789, so etwa die berühmte Eleonore Prochaska (1785-1813) und die Bremerin Anna Lühring. Beide erfüllten sie die allgemeine Vorstellung von einer tugendhaften, sittsamen und keuschen Weiblichkeit, weshalb ihnen auch die Nachwelt begeisterte Kränze flocht. Sie hatten an den Freiheitskriegen gegen Napoleon teilgenommen und gehörten dem Freicorps des Adolf von Lützow an, in dem die meisten der bekanntgewordenen Frauen kämpften. Die Tochter eines invaliden Unteroffiziers Eleonore Prochaska, von Dichtern besungen, von Malern gemalt und von Beethoven mit einem Trauerspiel geehrt, hatte sich unter dem Namen August Renz den „Schwarzen Jägern" angeschlossen, wo sie sich als Schneider ausgab und tatsächlich unerkannt bis zu ihrem Tode am 16. September 1813 an sämtlichen Gefechten teilnahm. Leutnant Förster beschreibt in seinem Kriegstagebuch, wie sie sich, von einer Kanonenkugel getroffen, als Mädchen zu erkennen gab. Ein Arzt öffnete *„den beklemmenden Waffenrock"*, jetzt war es evident, denn *„der schneeweiße Busen verriet in pochenden Schlägen das junfräuliche Heldenherz. Kein Laut der Klage kam über ihre Lippen, um die noch sterbend ein beseligtes Lächeln schwebte."* 8) Ein etwas längeres Leben war der Bremerin Anna Lühring beschieden, der Tochter eines Zimmermanns, die sich 1814 als Eduard Kruse aus Oldenburg für den freiwilligen Waffendienst meldete. Auch ihr gelang es lange Zeit, unerkannt zu bleiben, bis ein Brief ihres Vaters an den Lützower Leutnant Ewald die ganze Sache auffliegen ließ. Trotzdem wurde Anna auf ihre inständigen Bitten nicht heimgeschickt und durfte im Heer bleiben. Schließlich wegen ihrer Tapferkeit und Unerschrockenheit von bedeutenden Persönlichkeiten gefeiert und geehrt, kehrte sie im Triumphzug in die Heimatstadt Bremen und die Arme ihres, dieses unweibliche Abenteuer inzwischen verzeihenden Vaters zurück. Damit begann aber auch wieder der triste Frauenalltag in den dürftigen Verhältnissen eines Handwerkerhaushaltes und unter der Vormundschaft des Vaters. Schließlich heiratete die einstige Heldin einen Kellner und Lohndiener, nach dessen Tod sie in größte Armut geriet. Sie mußte sich mühsam mit Näharbeiten durchschlagen und erhielt erst in fortgeschrittenem Alter eine bescheidene Rente, die sie als „Rettung meiner Seele" bezeichnete, weil sie dadurch von „bitterer Sorge" und „schwerem Kummer" befreit worden sei9).

Keinesfalls gefeiert, dafür jedoch verfolgt, geächtet und beschimpft wurde in den Revolutionsjahren 1848/49 die Schriftstellerin und Freischärlerin Louise Aston (1814-1871). Und das hat seinen guten Grund. Entsprach sie doch in keiner Weise der Vorstellung von einer sittsamen und keuschen Jungfrau, sondern plädierte ganz im Gegenteil in ihrer Gedichtsammlung „Wilde Rosen" für die freie Liebe, besuchte ungeniert öffentliche Lokale, rauchte Zigarren und gab „Herren-Soirées". Damit fiel sie heraus aus dem weiblichen Rollenverständnis, ließ sie sich in keines der gängigen Klischees einordnen. Weil sie, eine geschiedene Frau, Kritik an der Ehe übte und als „unser höchstes Recht ... das Recht der freien Persönlichkeit" forderte, sprengte sie den Rahmen allgemeiner Weiblichkeitsvorstellung. Durch die tendenziöse Berichterstattung der Presse in Berlin zu einer gewissen Berühmtheit gelangt, wurde die schöne und intelligente junge Frau, die in Berlin einen „Club Emanzipierter Frauen" gegründet hatte, ab 1845 „Gegenstand polizeilicher Aufmerksamkeit". Als staatsgefährdende Person, „die Ideen geäußert [hat] und ins Leben rufen wolle, welche für die bürgerliche Ruhe und Ordnung gefährlich seien"[10], wurde sie im März 1846 aus Berlin ausgewiesen. In Köpenick schrieb sie „Meine Emanzipation, Verweisung und Rechtfertigung", worin sie die Öffentlichkeit über das Vorgehen der preußischen Behörden informierte. 1848 nach Berlin zurückgekehrt, schloß sie sich den Berliner Freischaren an, wurde bei einem Gefecht durch einen Streifschuß an der Hand verletzt und widmete sich anschließend der Pflege verwundeter deutscher Krieger. Das führte prompt zu aufgeregten Kommentaren in der Presse, wobei allerdings weniger ihr Engagement, sondern eher das erotische Flair einer interessanten Frau allgemeine Aufmerksamkeit erregte, die sich in ein ausschließlich Männern vorbehaltenes Gebiet gewagt hatte. Anschließend gab Louise Aston dann die Zeitschrift „Der Freischärler" heraus, von der allerdings nur 7 Nummern erschienen. Denn bald, im Dezember 1848, mußte sie erneut fluchtartig Berlin verlassen. Physisch und psychisch gebrochen, heiratete sie nach einem unruhigen Wanderleben schließlich Dr. Daniel Eduard Meier, den stellvertretenden Leiter der bremischen Krankenanstalten, dem dann infolge dieser skandalösen Verbindung der Posten gekündigt wurde. Daraufhin begann für beide eine regelrechte Odyssee, die sie u. a. nach Rußland, Polen und Österreich führte, wo Dr. Meier jeweils als Militärarzt oder Bezirksphysikus arbeitete. Louise Aston starb 1871 in Wangen, Daniel Eduard Meier zwei Jahre später in einer Nervenheilanstalt in Kreuzlingen. Auf seinem Grabstein steht zu lesen: „Wem ein Weib gab Gott, dem gab er ein Kleinod"[11].

Als Kämpferinnen des Jahres 1848 bekannt wurden auch Mathilde

Franziska Anneke (1817-1884), Emma Herwegh (1817-1904) und Amalie Struve, die alle später Erlebnisberichte veröffentlichten. Mathilde Franziska Anneke, nach der Scheidung von einem reichen Weinhändler gesellschaftlich geächtet, bestritt den Lebensunterhalt für sich und ihre kleine Tochter durch das Schreiben von Artikeln für die wichtigsten liberalen Blätter des Vormärz. Schließlich heiratete sie den ehemaligen Offizier Fritz Anneke, der 1848 von den preußischen Behörden wegen seiner staatsgefährdenden Agitation verhaftet wurde. Nach seiner Freilassung begleitete ihn Mathilde während der letzten revolutionären Erhebungen auf die Schlachtfelder. So ist sie auch vornehmlich in die Geschichte eingegangen: als Karikatur, als „Mannweib", hoch zu Roß und mit Brille, obwohl sie nie Brillenträgerin war. Später emigrierte sie in die USA, wo sie sich intensiv für die Frauenbewegung engagierte. Auch Emma Herwegh nahm an der Seite ihres Mannes, des Dichters Georg Herwegh, in Männerkleidung an den Revolutionskämpfen teil. Ebenso beteiligte sich Amalie Struve, die den Führer der äußersten Linken, Gustav Struve geheiratet hatte, an den Kampfhandlungen. Nach der Niederwerfung des Septemberaufstandes wurde sie zusammen mit ihrem Mann gefangen genommen und 205 Tage im Freiburger Turm unter unzumutbaren Bedingungen eingekerkert[12].

Besonders häufig als „unweiblich" abqualifiziert wurde das Verhalten revoltierender Unterschichtenfrauen, während vornehme Bürgermädchen, die „mit ihren zarten und verwöhnten Händen Steine trugen, deren Gewicht fast ihre Kräfte erschöpften"[13], schon eher Anerkennung fanden. Beim Arbeiterinnenaufstand am 21. August 1848, der ersten Frauendemonstration Wiens wurde beispielsweise das brutale Vorgehen der Nationalgarde und die Verletzung zahlreicher Frauen mit dem Hinweis gerechtfertigt, daß sich „besonders die Weibsbilder ... wie Furien" betragen hätten. „Auf die roheste, empörendste, unsittlichste Weise" hieß es weiter „wurde die Garde beleidigt"[14]. Auch bei der Erhängung Latours wurden Frauen als besonders grausam dargestellt, was den Schriftsteller Berthold Auerbach veranlaßte, diese Vorwürfe in seinem Tagebuch mit dem Hinweis zu entkräften, daß „das kannibalische Benehmen einzelner Frauen gegen die Leiche, sowie daß man auf der Leiche getanzt habe, nichts als pure Lüge sei"[15].

Daß auch im Wien der Jahre 1848/49 viele Frauen im Heer mitkämpften, beweisen nicht nur die Totenlisten[16], sondern auch das Beispiel Pauline Pfiffners, einer Polin, die in der Studentenlegion kämpfte, und dann nach Ungarn emigrierte, wo sie zum Oberstleutnant avancierte. Sie starb im Gefängnis, als die Revolution in Ungarn niedergeschlagen wurde. Auch eine Maria Lebstück wurde Oberstleutnant in der Armee Kossuths, nachdem sie als Mann verkleidet auf den Barrikaden Wiens gekämpft hatte. Besonders gut belegt ist die Beteiligung der Wiener Frauen an den kämpferischen Auseinandersetzungen in der zweiten Phase der Revolution im Oktober 1848, als die kaiserlichen Truppen die Stadt belagerten. Am 17. Oktober bildeten sie ein erstes „Frauenkorps", und als die Männer der Volkswehr bereits ihre Waffen niedergelegt hatten, sprangen die Frauen ein, übernahmen deren Waffen und bezogen deren Posten. „Schämt Euch, ihr feigen Männer! Seht, wir übernehmen Eure Stelle" [17], sollen sie dabei gerufen und spontan weitere „Amazonencorps", die aus mehreren 100 Frauen bestanden, gebildet haben. Viele von diesen Frauen fielen, andere wurden verletzt. Einerseits von der demokatischen Presse hochgejubelt, wurden sie andererseits von den Konservativen diffamiert als „weiblicher Abschaum" und „Amazonen widrigster Art" [18]. Auch die Frauenbewegung verhielt sich distanziert, vor allem die gemäßigte Gruppe gab den „schwesterlichen" Rat, „nicht nach Spieß oder Sense zu greifen und in männlicher Tracht in den Kampf zu ziehen"[19], sondern lieber auf andere, Frauen adäquatere Art und Weise Veränderungen herbeizuführen.

Die österreichische und die deutsche Frauenbewegung

Die Aktivitäten der österreichischen und der deutschen Frauenbewegung in der zweiten Hälfte des 19. Jahrhunderts, die ein neues Kapitel in der Geschichte der Frau einleiten sollten, verliefen ziemlich parallel. In Wien war es die aus einer wohlhabenden adeligen Familie stammende Karoline von Perin, die aus Betroffenheit über die grausame Niederschlagung der Demonstration der Arbeiterinnen am 23. August 1848 schon fünf Tage später den ersten „Wiener demokratischen Frauenverein" gründete, der allerdings nur zwei Monate existieren konnte. Bereits die erste Versammlung im Salon des Wiener Volksgartens fand gegen erheblichen Widerstand statt. So berichtet die „Neue politische Straßenzeitung" von männlichen Störaktionen, *„einige Nationalgarden"* hätten *„sich mit Gewalt den Weg gebahnt, sprangen dort auf den Tischen, äfften die Stimmen der Frauen nach, beleidigten mit gemeinsten Grobheiten"*[1]. Die Frauen waren gezwungen, den Rückzug anzutreten, nachdem einer dieser Eindringlinge auf die Bitte einer Frau, den Saal zu verlassen, mit einer Ohrfeige geantwortet hatte. Es mußte ein neuerlicher Termin noch am Spätnachmittag desselben Tages im Gasthaus Waben an der Laimgrube vereinbart werden, das dann allerdings derart überfüllt war, daß die Diskussionen zum Teil auf der Straße abgehalten werden mußten[2].

An solchen und ähnlichen Vorfällen wird deutlich, welche ungeheuren Schwierigkeiten diese Pionierinnen bei dem Versuch einer Selbstorganisation zu überwinden hatten. Auch nachdem Karoline Perin zusammen mit etwa 300 Frauen vor den Wiener Reichstag gezogen war, um eine Petition zu überreichen, die die Einberufung des Landsturms zum Schutz der Hauptstadt forderte, wurde sie mit Hohn und Spott bedacht, als „schmutzige Amazone", „politische Marktschreierin" und „unweibliche Geliebte eines Demagogen" beschimpft[3]. Letzteres Zitat spielt auf ihr Liebesverhältnis mit dem Musikkritiker und engagierten Demokraten Alfred Julius Becher an, das sie nach dem Tod ihres Gatten, des Freiherrn von Perin-Gradenstein eingegangen war. „Was haben die Weiber mit Politik zu schaffen", notierte Wenzeslaw Dunder, Offizier beim Oberkommando der Nationalgarde in seiner Denkschrift (1849). *„Man kann ja die Geliebte eines Demagogen sein und doch Weib bleiben; aber frechstes Eindrängen in Völkerfragen bleibe fern dem weiblichen Gemüthe"*[4]. Und der „Humorist" schreibt von „Heiteren Augenblicken", die die „Adresse des hierortigen Frauenvereins" bei den Abgeordneten ausgelöst hätte.

Nach dem Zusammenbruch der demokratischen Bewegung in den letzten Oktobertagen wurde Karoline Perin schließlich verraten, verhaftet und brutalst behandelt. Ihre Kinder wurden ihr entzogen, Julius Becher war während seiner Haft erschossen worden. Nach etwa einem halben Jahr als psychisch krank erklärt, durfte sie nach München ausreisen, wo sie sich als gebrochener Mensch in ihren Erlebnisberichten von ihren politischen Aktivitäten distanzierte. Nachdem ihr wohl auf Grund dieser Dementis die Rückreise nach Wien gestattet worden war, betrieb sie dort ein Stellenvermittlungsbüro und starb schließlich einsam und völlig verarmt.

In Deutschland war es die Journalistin und Schriftstellerin Louise Otto Peters, die 1849 unter dem Motto „Dem Reich der Freiheit werb' ich Bürgerinnen" die erste deutsche Frauenzeitung gegründet hatte. Louise Otto, die in glücklicher Ehe mit dem Führer der sächsischen Freischärler August Peters lebte, entsprach mit ihrer „echt frauenhaften" Erscheinung und Ansichten, die sie in Ehe und Mutterschaft nach wie vor die eigentliche Bestimmung der Frau erblicken ließen, schon eher dem Geschmack der Zeit. Mit Frauenfragen beschäftigte sie sich bereits früher, sie schrieb diesbezügliche Artikel in der demokratischen Presse des Vormärz und überreichte eine Eingabe an das sächsische Innenministerium, „bei der Organisation der Arbeit die Frauen nicht zu vergessen"[5]. Aber auch die „Frauenzeitung" war nach knapp dreijährigem Bestehen verboten worden. Erst in den sechziger Jahren erfuhr die Frauenbewegung einen neuen Aufschwung. Louise Otto Peters gündete zusammen mit Auguste Schmidt (1833-1902) im Frühjahr 1865 den Leipziger „Frauenbildungsverein", aus dem dann der „Allgemeine deutsche Frauenverein" (ADF) hervorgegangen war, dessen Vorsitz sie dreißig Jahre lang inne hatte. Der ADF konnte sich auf Grund seiner gemäßigten Richtung großen Zuspruchs erfreuen, und verzeichnete bereits im Jahr 1889 zwanzig Mitgliedsvereine und 11.000 bis 12.000 Mitglieder[6]. Sein wichtigstes Anliegen war die Förderung der beruflichen Möglichkeiten der Frau. Um diese zu verbessern, trat er für die Schaffung spezieller Mädchenschulen ein, versuchte durch Petitio-

nen die Gewerbefreiheit der Frauen durchzusetzen, schuf Stellenver-
mittlungsbüros und richtete Industriekurse ein. Außerdem war ihm
daran gelegen, daß die üblichen karitativen Tätigkeiten der Frauen
auf der Basis der Ehrenamtlichkeit in bezahlte Frauenberufe umgewandelt wurden. Offensives Auftreten hat der ADF verabscheut, er
ging auf leisen Sohlen, überzeugt, daß sich die Gleichberechtigung
der Frau von selbst einstellen werde, wenn sie sich nur durch bewie-
sene Pflichterfüllung ein moralisches Anrecht darauf erworben hätte.

Auch in Österreich hatte sich nach beinahe zwanzigjähriger, durch
die Reaktion bedingter Pause mit dem 1866 gegründeten „Wiener
Frauen-Erwerbsverein" die Frauenbewegung wieder bemerkbar gemacht. Auch hier ging es vornehmlich um die triste Situation der arbeitenden Frauen, die durch Näh- und Fortbildungsschulen sowie eine eigene Handelsschule für Mädchen verbessert werden sollte. Weiters hatte der „Frauenerwerbsverein" Frauen für den Eintritt in den
Post- und Telegraphendienst vorbereitet, der dann ab 1872 mit der
„probeweisen" Einstellung der ersten vierzig Telegraphistinnen
tatsächlich für Frauen zugänglich gemacht wurde. Für eine bessere Berufsausbildung setzte sich auch der „Mädchen- Unterstützungsver-
ein" ein, der in demselben Jahr gegründet wurde. Tatsächlich war eine
solide Berufsausbildung besonders wichtig, vor allem nachdem der als
einzige Existenzmöglichkeit hochgejubelte Ehestand selbst für bürgerliche Mädchen nicht immer realisierbar war. Immerhin war um die
Mitte des 19. Jahrhunderts die Hälfte aller Frauen zwischen 15 und 50
in Deutschland unverheiratet gewesen[7]. Die Gründe waren vielschichtiger Natur. Sie lagen einerseits in einem Frauenüberschuß, andererseits jedoch in der immer schwieriger werdenden ökonomischen
Lage des Bürgertums, das unter dem Druck von Konkurrenz und In-
flation jeden Pfennig in die Ausbildung der Söhne steckte, was auf Kosten der Aussteuer der Töchter ging, deren Heiratschancen sich damit
beträchtlich verringerten. Die Folge war ein Heer von unnützen „alten
Jungfern", die, da sie ja die „eigentliche Bestimmung" der Frau verfehlt hatten, bestenfalls bemitleidet, viel häufiger jedoch verspottet auf
das Abstellgleis der Gesellschaft gestellt wurden. Und obwohl die bürgerliche Frauenbewegung im allgemeinen am Ideal der Gattin und
Mutter festhielt, setzte sie sich doch mit großem Engagement dafür
ein, der unverheirateten Frau oder dem jungen Mädchen durch eine
verbesserte Berufsausbildung die Möglichkeit zu geben, unabhängig
und selbständig zu werden.

Bessere Berufschancen sind nur durch eine besser Bildung zu erreichen, weshalb ein weiteres, dringliches Anliegen der bürgerlichen

Frauenbewegung eine Erweiterung der Mädchenbildung war. Neben dem „Allgemeinen Deutschen Frauenverein" und dem radikaleren „Frauenverein Reform" war es vor allem der 1866 von Wilhelm Lette gegründete „Verein zur Förderung der Erwerbsfähigkeit des weiblichen Geschlechts", schlicht „Lette Verein" genannt, der für die Errichtung von Mädchengymnasien und die Zulassung zur Reifeprüfung für das Frauenstudium plädierte. Daneben richtete er Kurse in Geburtshilfe, Krankenpflege und Heilgymnastik ein und bot Frauen, die sich selbständig machen wollten, Darlehen an. Diese äußerst rührigen Aktivitäten des „Lette Vereins" wurden allerdings nicht unbedingt von einem rein frauenemanzipatorischen Anliegen getragen, die „politische Emanzipation und Gleichberechtigung der Frau" zum Beispiel wurde rundweg abgelehnt[8]. Deshalb liegt der Verdacht nahe, daß damit vor allem die materiellen Belastungen, denen die Familienväter durch die unversorgten Töchter ausgesetzt waren, verringert werden sollten. Auch Helene Lange, Vorstandsmitglied des „Bundes Deutscher Frauenvereine" setzte sich intensiv für Mädchenbildung ein. 1889 gründete sie Realkurse für Frauen, die, von den Frauenvereinen finanziert, 1893 in dreiklassige Gymnasialkurse umgewandelt wurden. Daß dann 1896 die ersten Schülerinnen unter großem Anteil der Öffentlichkeit extern ihr Abitur ablegten, führte allerdings keinesfalls zur Errichtung eigener Mädchengymnasien, weshalb der von der radikaleren Hedwig Kettler gegründete „Deutsche Frauenverein Reform" ein sechsklassiges Mädchengymnasium gründete und ein eigenes Prüfungsrecht forderte. Helene Lange war auch zusammen mit Auguste Schmidt und Marie Loeper-Houselle Mitbegründerin des „Allgemeinen Lehrerinnenvereins", der eine verbesserte Lehrerinnenausbildung anstrebte und zu einem wichtigen Zentrum der deutschen Frauenbewegung wurde.

In Wien waren es der 1869 gegründete „Verein österreichischer Lehrerinnen" und der 1817 gegründete „Verein der Lehrerinnen und Erzieherinnen", dem 1875 Marie Schwarz beitrat, die sich für die Anliegen dieser Berufsgruppe engagierten. Bekamen doch Lehrerinnen bei gleicher Leistung und Ausbildung fast ein Drittel weniger Lohn und lebten außerdem unter „Zölibatsbestimmungen", das heißt, sie durften nicht heiraten, weil nach bürgerlicher Auffassung nur die unverheiratete Frau ein Recht auf Arbeit hatte. Intensiv für Mädchenerziehung hatte sich auch Marianne Hainisch eingesetzt, eine Pionierin der österreichischen Frauenbewegung, die als Mitglied des „Wiener Frauen-Erwerbsvereins" bereits 1870 die Errichtung von Mädchenschulen forderte. Die Mutter des ersten Bundespräsidenten

Louise Otto (1818 – 1895).　　　*Marianne Hainisch (1839 – 1936).*

Rosa Mayreder (1858 – 1938).　　　*Rosa Luxemburg (1871 – 1919).*

367

der Republik Österreich, Michael Hainisch, hatte wesentlichen Anteil an der Gründung des ersten Mädchengymnasiums in Wien, das bereits 1892, also früher als jenes in Deutschland, entstanden war und die Matura nach sechsjähriger Schulzeit vorsah. Das Öffentlichkeitsrecht wurde allerdings erst 1910 gewährt[9]. Ihr und einer ganzen Reihe weiterer engagierter Frauen ist es auch zu danken, daß das k.k. Unterrichtsministerium die Zulassung der Frauen zur philosophischen (1897) und zur medizinischen (1900) Fakultät und zu den pharmazeutischen Berufen gestattete. Die Zulassung zum Medizinstudium wurde auch politisch motiviert, da weibliche Ärzte für die mohammedanischen Frauen in Bosnien dringend benötigt wurden. Deshalb war schon seit 1892, also vor der offiziellen Studienerlaubnis, als erster weiblicher Amtsarzt eine Dolna Tuzla tätig, die in Zürich studiert hatte. Ausnahmebestimmungen führten auch dazu, daß Gabriele Possanner-Ehrenthal, die ebenfalls in der Schweiz ihr Doktorat erworben hatte, nach Wiederholung der Rigorosen bereits 1897 in Wien zum Doktor der Medizin promoviert wurde. Dr. Elise Richter, die erste Privatdozentin an der philosophischen Fakultät in Wien, mußte jahrelang verhandeln, ehe sie sich habilitieren durfte. Diesem ersten Anlauf folgte eine vieljährige Pause. Erst 1919 durften Frauen Jus, Technik und Bodenkultur studieren, während der Zugang zur Tierärztlichen Hochschule und zur Akademie für die Bildenden Künste ab 1920/21 gestattet war. 1902 gründete Marianne Hainisch den „Bund Österreichischer Frauenvereine", der erst 1938 aufgelöst wurde. Ihm gelang es, bei der teilweisen Novellierung des Österreichischen Bürgerlichen Gesetzbuches 1914 eine Verbesserung im Vormundschafts- und Erbrecht durchzusetzen. Auch für das Frauenstimmrecht hatte sich Marianne Hainisch engagiert. Als Mitglied des Frauenstimmrechtskomitees forderte sie vehement das aktive und passive Wahlrecht für Frauen. Nach der Wahl in die Konstituierende Nationalversammlung vom 16. Februar 1919, als endlich vom Frauenstimmrecht Gebrauch gemacht werden konnte, lehnte sie ein politisches Mandat jedoch ab.

In Deutschland war es Henriette Goldschmidt die sich für das Erziehungswesen engagierte. 1871 gründete sie den „Verein für Familien und Volkserziehung", außerdem zahlreiche Volkskindergärten in Leipzig und ein Seminar für Kindergärtnerinnen. Ihr ebenfalls in Leipzig errichtetes „Lyzeum für Damen" wurde 1911 zur „Hochschule für Frauen" ausgebaut. So wie sämtliche Vertreterinnen der bürgerlichen Frauenbewegung war auch sie vom „Kulturauftrag des Weibes" überzeugt, auch sie setzte sich ein für eine Frauenkultur, die der Männerkultur ausgleichend gegenüberzustehen habe, eine „geistige Mütterlichkeit", die humanisierend wirken solle. Deshalb erwartete sie sich auch von der Mädchenbildung eine Entfaltung des „tiefinnersten Wesen des Weibes". So verständlich diese Identitätssuche der bürgerlichen Frauenbewegung war, ihre Abgrenzung gegenüber einer als feindlich und rücksichtslos erlebten Männerkultur und ihre Angst, um den Preis eines eigenen Identitätsverlustes vor den männlichen Karren gespannt zu werden, so barg diese Auslegung doch die Gefahr der Geschlechterpolarisierung, wie sie dann etwa vom Nationalsozialismus erneut gegen die Frau eingesetzt wurde. Tatsächlich haben sich auch manche Vertreterinnen für nationalsozialistische Ideologien anfällig gezeigt, wie etwa Gertrud Bäumer, von 1910-1919 Vorsitzende des „Bundes Deutscher Frauenvereine", die 1920 als erste Frau Deutschlands Ministerialrätin wurde und im Reichsinnenministerium das Schulreferat und die Jugendwohlfahrt betreute. Obwohl selbst keine Nationalsozialistin, stand sie doch so manchen Hitler'schen Ideen positiv gegenüber, sie plädierte auch für den Eintritt des Bundes Deutscher Frauen in die NS-Frauenschaft. Nicht zuletzt aus diesem Grunde konnte Gertud Bäumer, die auch als Schriftstellerin tätig war, ihre Zeitschrift „Die Frau" während des gesamten Dritten Reiches weiterpublizieren.

Die Festlegung auf sogenannte Weiblichkeit, Mutterschaft und das „Wesen der Frau", wie sie vor allem für die gemäßigte bürgerliche Frauenbewegung charakteristisch war, ist aber auch noch anders zu erklären: Einerseits waren auch Frauenrechtlerinnen von gängigen Vorstellungen geprägt, andererseits jedoch wäre eine radikale Position, wie sie wenige Außenseiterinnen einnahmen, beim breiteren Publikum auf Unverständnis gestoßen und hätte eine kontinuierliche Entwicklung gefährdet. Deshalb war gelegentliches Zurückweichen sicherlich auch Taktik. Denn wie sehr frauenemanzipatorische Bemühungen angefeindet wurden, zeigt z. B. die Gründung eines „Deutschen Bundes zur Bekämpfung der Frauenemanzipation" noch im Jahre 1912, dem namhafte Gelehrte, Künstler und Minister angehörten, die davon überzeugt waren, *„daß nur durch diesen Kampf ... unser geliebtes deutsches Volk vor schweren Schädigungen bewahrt werden kann. Echte Männlichkeit für den Mann, echte Weiblichkeit für die Frau! Das soll unser Wahlspruch sein."*[10] 1910 erinnerte eine Schrift von Max Funke unter dem Titel „Sind Weiber Menschen?" daran, daß sich in punkto Frauenfeindlichkeit wenig geändert hatte.

Trotzdem begann die Frauenbewegung nach den ersten, gemäßigten Anfängen radikaler zu werden. In Österreich war es der „Allgemeine Österreichische Frauenverein", der sich 1893 als linker Flügel der bürgerlichen Frauenbewegung unter der Führung von Auguste Fickert (1855-1910), Rosa Mayreder und Marie Lang gebildet hatte und mit der Zeitschrift „Die Dokumente der Frauen" das bedeutendste publizistische Organ der österreichischen Frauenbewegung schuf. Wichtiges Anliegen des Vereins war neben der Forderung von gleichen Bildungschancen und gleichen Möglichkeiten im Beruf auch jene nach dem allgemeinen, gleichen und direkten Wahlrecht, ein Anliegen, dem der „Allgemeine Deutsche Frauenverein" etwa bestenfalls wohlwollend gegenüberstand, das er jedoch nie in sein Programm aufgenommen hatte. Politische Betätigung galt den gemäßigten Vertreterinnen der Frauenbewegung als nicht mit dem „Wesen der Frau" vereinbar. Besonderes Aufsehen erregte das Thema Prostitution, das als heißes Eisen und von der Öffentlichkeit zum Tabu erklärt, ebenfalls aufgegriffen wurde. Vor allem Rosa Mayreder spielte eine führende Rolle in diesem Kampf. Eigentlicher Anlaß für dieses relativ späte Engagement dürfte die Tatsache gewesen sein, daß praktisch jede von der Polizei verdächtigte oder von irgend jemanden beschuldigte Frau verhaftet und zu einer gynäkologischen Untersuchung gezwungen werden konnte. Denn da Prostitution vom Anfang an zu einem Frauenproblem gemacht wurde, waren von den polizeilichen Regelungen und Strafmaßnahmen auch ausschließlich Frauen betroffen. Die Frauenbewegung verurteilte die ärztlichen Kontrolluntersuchungen als einen Eingriff in die persönliche Freiheit der betroffenen Frauen und als Verletzung ihres Schamgefühls. Aber auch die Prostitution an sich wurde vehement verurteilt: *„Niemals und unter keiner Bedingung wird die Frauenbewegung den Kampf gegen eine Einrichtung aufgeben, durch die das Weib zu einer bloßen Sache herabgewürdigt wird"*, schreibt Rosa Mayreder in der Zeitschrift „Neues Frauenleben"[11]. Rosa Mayreder war nicht nur Frauenrechtlerin, sondern auch eine der bedeutendsten österreichischen Essayistinnen, deren Hauptwerke „Zur Kritik der Weiblichkeit" und „Geschlecht und Kultur" zu den wichtigsten Arbeiten der ersten Frauenbewegung gehören. Die vielseitig begabte Tochter eines Wiener Gasthausbesitzers mit dem weichen, rundlichen Gesicht und einem etwas fülligen Körper bewies ihre unkonventionelle Lebenshaltung spätestens mit jenem Tag, an dem sie zum Schrecken ihrer ganze Umgebung das Mieder ablegte. Damals war sie achtzehn und noch unentschlossen, ob sie Malerin oder Schriftstellerin werden wollte. Ihre Bilder – meist Stilleben und Landschaften – sind von bunter Lebhaftigkeit, oft aber auch düster und melancholisch. In ihren Schriften geht es ihr unter anderem um eine Überwindung der polaren Geschlechterrollen, um das Recht auf „unbeschränkte Freiheit der individuellen Entwicklung" unabhängig vom Geschlecht und um die Einbeziehung einer weiblichen Kultur in die starre, patriarchalische Gesellschaftsordnung. An Weiblichkeit geglaubt hat sie als Wesensform, nicht jedoch als Wesensart[12]. Ihre Vorstellung von Weiblichkeit als Kulturauftrag brachte Rosa Mayreder, die 1919 den Vorsitz in der „Internationalen Frauenliga für Frieden und Freiheit" übernommen hatte, auch in ihre Friedensarbeit ein. *„Theoretisch betrachtet stellt der Krieg die äußerste Ausgeburt des Mannwesens dar, die letzte und furchtbarste Konsequenz der absoluten männlichen Aktivität"*[13], meint sie in „Die Frau und der Internationalismus". Ein Vortrag, in dem sie sich für den Pazifismus einsetzte, wurde 1916 verboten, die Drucklegung mit einem Hinweis auf den wehrzersetzenden Charakter dieser Schrift untersagt.

Eine bedeutende Persönlichkeit der österreichischen Frauenbewegung war auch Auguste Fickert. Die Präsidentin des „Allgemeinen Österreichischen Frauenvereins" setzte sich vor allem vehement gegen den Entzug des Landtags- und Gemeindewahlrechts ein, das den steuerpflichtigen Frauen Niederösterreichs bis dahin gewährt worden war, womit sie sich als eine der Initiatorinnen des Frauenstimmrechts profilierte. Sie richtete die erste Rechtsschutzstelle für minderbemittelte Frauen ein, unterstützte Untersuchungen über spezifische Frauenprobleme und betrieb ab 1899 die Organisation der Frauen im Staatsdienst. Ein Denkmal im Wiener Türkenschanzpark erinnert an sie.

In Deutschland war die älteste und wahrscheinlich radikalste Vertreterin des linken Flügels Hedwig Dohm, die bereits 1873 das Frauenstimmrecht forderte und damit jenen Anspruch auf politische Betätigung der Frau erhob, den die gemäßigte Frauenbewegung abgelehnt hatte. Von der zweiten Frauenbewegung in den siebziger Jahren des 20. Jahrhunderts wegen ihrer unerhört modern anmutenden Ansichten zur Leitfigur erhoben, blieb Hedwig Dohm zu ihrer Zeit eine Außenseiterin, die sich erst als Mittfünfzigerin an eine Gruppe jüngerer Frauen mit ähnlichen Vorstellungen anschloß. Gemeinsam mit Hedwig Kettler gründete sie den „Deutschen Frauenverein Reform", der sich ausschließlich für das Frauenstudium einsetzte. Von 1888 bis 1901 war sie Beisitzerin des ebenfalls radikalen „Vereins Frauenwohl", der von Minna Cauer (1841-1922) geleitet wurde und sich zum Mittelpunkt des linken Flügels der bürgerlichen

Frauenbewegung entwickelte. Bemerkenswert sind vor allem ihre Schriften, in denen sie konsequent sämtliche Weiblichkeitsklischees zerstört und das Selbstbestimmungsrecht der Frau als Mensch fordert. Dabei greift sie allerdings nicht nur Männer, sondern auch Frauen an: *„Ich, Madame Schulz, glaube von ganzem Herzen und mit allen Kräften an mich und meine Küche, an meine Kinderstube und meinen Waschkeller, an meinen Trockenboden und meine Nähmaschine. Alles aber, was darüber ist, ist von Übel."* [14)] In ihrem Aufsatz: „Die Idealisten des Antifeminismus" (1912) entlarvt sie die sogenannte Überhöhung des Weiblichen als eigentliche Frauenverachtung: *„Halbgöttin oder Weib? Warum nicht? Das geniert niemand. Aber Ganzmensch? Nein. Das geniert die Heutigen, Allzugestrigen ungemein."* [15)] Gleichberechtigung ist für sie eine Selbstverständlichkeit, untrennbar verbunden mit der Würde als Mensch: *„Warum soll ich erst beweisen, daß ich ein Recht darauf habe? Ich bin ein Mensch, ich denke, ich fühle, ich bin Bürgerin des Staates, ich gehöre nicht in die Kaste der Verbrecher, ich lebe nicht von Almosen, das sind die Beweise, die ich für meinen Anspruch beizubringen habe."* [16)] Brillante Polemik zeichnet auch ihr Buch „Die Mütter" aus, in dem sie die Existenz des „Mutterinstinkts" und der „angeborenen Mutterliebe" bezweifelt. In ihrer Schrift „Die wissenschaftliche Emanzipation der Frau" tritt sie nicht nur für die Zulassung der Frauen zum Studium ein, sondern kritisiert darüber hinaus die mangelhafte sexuelle Aufklärung junger Mädchen, womit sie sich ebenfalls auf tabuisiertes Gebiet begibt. Von ähnlicher Gesinnung waren Anita Augspurg (1857-1943) und Minna Cauer. Die Pazifistin Anita Augspurg mit ihrem kurzgeschnittenem Haar und ihrer unkonventionellen Lebensweise war eine auffallende Erscheinung in den Münchner Künstlerkreisen des ausgehenden 19. Jahrhunderts. Sie war Mitarbeiterin im „Deutschen Frauenverein Reform" und engagierte sich sehr für das Frauenstudium. Im fortschrittlicheren Zürich studierte sie Jus und wurde damit zur ersten Juristin Deutschlands, die zahlreiche frauenfreundliche Gesetzesänderungsvorschläge im Reichstag einbrachte. Sie saß im Vorstand des Vereins „Frauenwohl" und gründete zusammen mit ihrer Lebensgefährtin Lida Gustava Heymann den ersten deutschen „Verband für Frauenstimmrecht", in dem sie langjährige Präsidentin war. Hitlerdeutschland entzogen sich die beiden Frauen durch Emigration nach Zürich, ihr umfangreiches Frauenarchiv wurde von den Nationalsozialisten vernichtet. Auch Minna Cauer war eine konsequente Pazifistin, die sich außerdem für eine Zusammenarbeit mit der proletarischen Frauenbewegung einsetzte. Allerdings nicht in Form von Wohltätigkeitsveranstaltungen, sondern als ge-

Die Arbeiterführerin Adelheid Dworzak (später verh. Popp) hält vor einer Versammlung arbeitsloser Frauen eine Agitationsrede.

Bertha von Suttner, Karikatur inmitten von Tieren, wobei die Schwächeren den Stärkeren unterliegen.

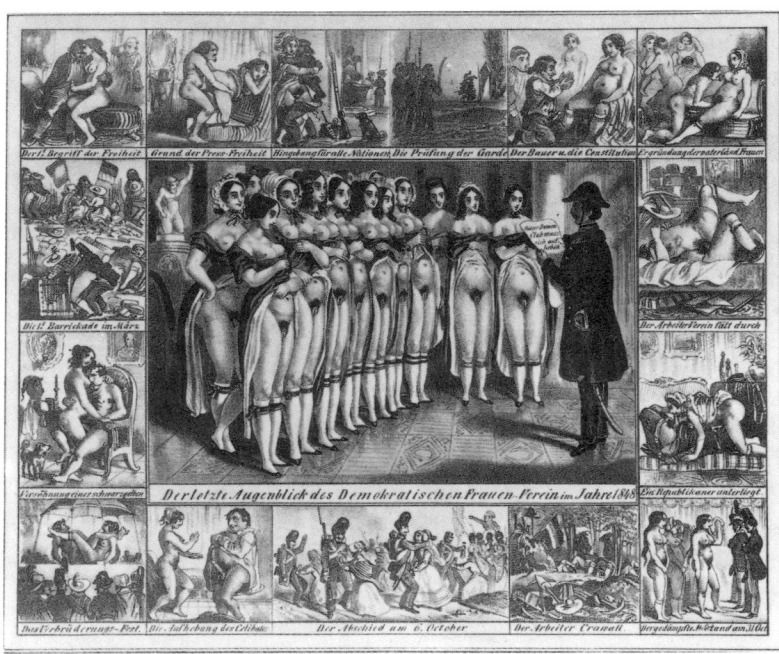

„Der letzte Augenblick des Demokratischen Frauen Vereins im Jahre 1848": Pornographische Darstellung, in der die Frau, auf ihr Geschlecht reduziert, in ihren Emanzipationsbestrebungen lächerlich gemacht wird.

meinsamer Kampf um sozialpolitische Interessen. Sie gründete zusammen mit Julius Meyer den „Kaufmännischen Hilfsverein für weibliche Angestellte" und „Mädchen und Frauengruppen für soziale Hilfsarbeit". Sechs Jahre lang redigierte sie die „Zeitschrift für Frauenstimmrecht" und war Herausgeberin der Zeitschriften „Frauenwohl" und „Frauenbewegung".

Den radikalsten Verein der bürgerlichen Frauenbewegung gründete jedoch Helene Stöcker im Jahre 1905 mit dem „Bund für Mutterschutz und Sexualreform". Er schuf Heime für unverheiratete Mütter, Ehe- und Sexualberatungsstellen und stützte seine Arbeit auf die von Helene Stöcker (1869-1943) entwickelte sexualreformerische Bewegung „Neue Ethik". Weil dieser Verein die Erleichterung der Ehescheidung, das Selbstbestimmungsrecht der Frau als Mutter, freien Zugang zu Verhütungsmitteln, entsprechende Sexualaufklärung und Abschaffung des Paragraphen 218 (Bestrafung der Abtreibung) forderte, wurde er als „staatsgefährdend" bezeichnet. Daß die „Neue Ethik" in ihr Programm von der Aufwärtsentwicklung der Menschheit durch eine harmonische Lebensgestaltung und ein Zusammenspiel von Liebe und Sexualität auch Ausdrücke wie „Zuchtwahl" und „Rassenhygiene" aufnahm, brachte sie außerdem später in gefährliche Nähe zu nationalsozialistischen Tendenzen. Helene Stöcker selbst war allerdings eine radikale Pazifistin, die zahlreichen pazifistischen Organisationen angehörte und der nach ihrer Emigration in die Schweiz die deutsche Staatsbürgerschaft aberkannt wurde. 1940 wanderte die immer noch aktive Friedenskämpferin nach Schweden, ein Jahr später in die USA aus.

Von der bürgerlichen unterschied sich die sozialdemokratische Frauenbewegung, die ihre primären Aufgaben im Klassenkampf, nicht jedoch in frauenspezifischen Belangen sah. Die Emanzipation der Frau, davon waren Sozialdemokratinnen überzeugt, könne nur durch die Lösung der sozialen Frage in einer sozialistischen Gesellschaft erreicht werden. Das würde sich nach Errichtung des Sozialismus von selbst ergeben. Deshalb marschierten und kämpften Arbeiterinnen auch immer zusammen mit den Männern. Zu spät kamen sie zu der Einsicht, daß auch die Genossen Patriarchen waren, denen an der Lösung frauenspezifischer Probleme, wie etwa der Doppelbelastung, nicht nur in keiner Weise gelegen war, sondern die derartige Lösungen sogar verhinderten. Hätte doch die gleichberechtigte Teilnahme der Frauen an der Arbeiterbewegung das patriarchalische System und damit die Privilegien der Männer grundsätzlich in Frage gestellt. Wohl haben sich führende Sozialdemokraten, wie etwa Vik-

374

tor Adler, prinzipell für das Frauenwahlrecht ausgesprochen. Gleichzeitig jedoch meinte auch er, die Erlangung des Wahlrechtes für Männer sei wesentlicher. Diese Haltung der Partei führte dazu, daß Frauen ihre eigenen Interessen zugunsten der Interessen der Partei ständig zurückstecken mußten. Andererseits jedoch warfen sie der bürgerlichen Frauenbewegung vor, zu wenig kämpferisch zu sein: *„Der Kampf der bürgerlichen Frauen besteht hauptsächlich darin, Reformkleider zu tragen, bei dem Wort Mann mitleidig zu lächeln, den Parteien im Parlament Petitionen zukommen zu lassen, Frauenklubabende zu veranstalten ... im übrigen aber immer wieder zu versichern, daß sie gewiß nicht aufrührerisch seien, auf friedlichem Weg und ohne die bestehende Ordnung anzutasten, zu ihrem Recht kommen wollten"*[17], meinte die österreichische Sozialdemokratin Käthe Leichter ironisch. Ein Zusammengehen der proletarischen mit der bürgerlichen Frauenbewegung wurde daher von den Sozialdemokratinnen immer kategorisch abgelehnt, während bürgerliche Frauen sehr wohl mit der Arbeiterpartei sympatisierten und teilweise sogar die Fronten wechselten, wie etwa Emmy Freundlich in Österreich und Lily Braun in Deutschland. Tatsächlich war der Klassenkampf der Arbeiterin, der zusammen mit den Männern ausgefochten wurde, aggressiver als der Kampf der bürgerlichen Frauenbewegung, der sich hauptsächlich gegen die Männer der eigenen Klasse richtete. Die Proletarierin kämpfte vornehmlich um bessere Lebens-, Lohn- und Arbeitsbedingungen, Beseitigung der eklatanten Lohnunterschiede zwischen männlichen und weiblichen Arbeitnehmern, Verkürzung der Arbeitszeit, Einführung von Krankenkassen und Pensionsstellen, um gleiche Bildungschancen und eine Arbeiterinnenschutzgesetzgebung. In Wien fand der erste organisierte Arbeiterinnenstreik am 3. Mai 1893 statt, wobei ungefähr 500 Arbeiterinnen auf Vorschlag der erst siebzehnjährigen Amalie Ryba (später verehelichte Seidel) bessere Arbeitsbedingungen und eine Verkürzung der Arbeitszeit auf 10 Stunden forderten[18]. Wichtig für das wachsende Selbstbewußtsein sozialdemokratischer Frauen in Wien war der „Arbeiterinnen Bildungsverein", dessen Bildungsprogramm durch den drei Jahre später gegründeten Lese- und Diskutierklub „Libertas" erweitert wurde. Meist jedoch waren sozialdemokratische Frauenaktivitäten in irgendeiner Form in die Gesamtorganisation der Partei eingebunden. So wie etwa das „Frauenreichskomitee", das als eine Folge der 1898 in Wien einberufenen „1. Frauenkonferenz" gegründet wurde, aber nicht selbständig arbeiten durfte, sondern lediglich beratende Funktion innerhalb der Partei besaß[19].

Große Widerstände hatten Frauen auch bei ihrem Bemühen, sich gewerkschaftlich zu organisieren, zu überwinden. Zum einen verbot das Vereinsgesetz die politische Organisation von Frauen, zum anderen hatten Frauen gegen den proletarischen Antifeminismus anzukämpfen, der sich vor allem in der Frühphase der Arbeiterbewegung gegen die Frauenarbeit wandte. Die ersten gewerkschaftlichen Zusammenschlüsse lehnten die Teilnahme von Frauen grundsätzlich ab. Obwohl sich führende Sozialdemokraten wie etwa Bebel für die Einbeziehung der Frauen in gewerkschaftliche Organe aussprachen, wurde 1892 bei der Gründung der „Union der Gewerkschaften" noch immer die Abschaffung der Frauenarbeit gefordert. Der Widerstand der Männer in den gewerkschaftlichen Fachvereinen war so groß, daß Frauen sich gezwungen sahen, eigene gewerbliche Fachvereine zu gründen. Erst Anfang der neunziger Jahre öffneten sich die Gewerkschaften auch für Frauen. Nach einer, für die Frauenarbeit fruchtbaren Epoche um die Jahrhundertwende setzten bereits 1919 im Zuge einer allgemeinen Kampagne gegen das „Doppelverdienertum" wiederum reaktionäre Tendenzen ein. Verheiratete Frauen, so hieß die Devise, hätten im Berufsleben nichts zu suchen. Darauf ging die Zahl der weiblichen Mitglieder auch drastisch zurück[20].

Die bedeutendsten Führerinnen der österreichischen proletarischen Frauenbewegung waren Adelheid Popp und Emmy Freundlich. Adelheid Popp, 1869 in Inzersdorf bei Wien als 15. Kind der Weberfamilie Dworschak geboren, durchlief alle Stationen, die für eine proletarische Kindheit typisch waren: miserable Schulbildung, frühe Lohnarbeit, totale Ausbeutung am Arbeitsplatz. Von ihren Geschwistern starben zehn im Säuglingsalter, der Vater, ein schwerer Alkoholiker, der die Familie tyrannisierte, starb, als sie sechs Jahre alt war. Bereits als Zehnjährige mußte sie als Dienstmädchen, Näherin und Fabrikarbeiterin arbeiten, mit dreizehn erlitt sie einen totalen gesundheitlichen Zusammenbruch und wurde schwerkrank in ein Spital eingeliefert, wo sie zum erstenmal „zur Besinnung" kam. In ihrem Buch „Die Jugendgeschichte einer Arbeiterin", das 1909 anonym erschien und in zehn Sprachen übersetzt wurde, hat sie dieses Schicksal aufgezeichnet und damit zahlreichen Arbeiterinnen ein Identifikationsmodell geliefert. Sie war auch journalistisch tätig und veröffentlichte in der 1892 gegründeten „Arbeiterinnenzeitung" kämpferische Artikel – immerzu behindert durch ihre schwachen Kenntnisse in der Rechtschreibung und Grammatik. 1902 gründete sie den „Verein sozialdemokratische Frauen und Mädchen", 1918 wurde sie in den Wiener Gemeinderat gewählt, von 1919 bis 1934

gehörte sie dem österreichischen Parlament an. Schließlich übernahm sie noch den Vorsitz im „Internationalen Frauenkomitee",
nachdem die deutsche Sozialdemokratin Clara Zetkin zur KPD über-
gewechselt war.

Auch Emmy Freundlich, die Tochter des Bürgermeisters von Aus-
sig, gehörte zu jenen Frauen, die 1919 als sozialdemokratische Abgeordnete in die österreichische Nationalversammlung sowie in den
Wiener Gemeinderat einzogen. Zuvor war sie Mitbegründerin der
genossenschaftlichen Frauenorganisation und der genossenschaftlichen Fraueninternationale gewesen, schließlich Direktorin im Mini-
sterium für Volksernährung. 1921 wurde sie Präsidentin der „Internationalen Genossenschaftlichen Frauengilde", 1928 gehörte sie als
einzige Frau dem wirtschaftlichen Komitee des Völkerbundes an.
1934 von den Nationalsozialisten verhaftet, gelang ihr die Emigration nach England. Schließlich übersiedelte sie nach New York, nachdem sie erneut zur Präsidentin der „Internationalen Genossenschaftlichen Frauengilde" gewählt worden war.

Die proletarische Frauenbewegung in Deutschland war vor allem
von einer überragenden Persönlichkeit geprägt: Clara Zetkin! Als au-
toritär und machthungrig verschrien, engagierte sie sich mit unglaublicher Energie für den Sozialismus. Dabei lehnte sie als radikale
Marxistin jedes Zusammengehen mit den bürgerlichen Frauenparteı-
en strikt ab, eine Haltung, die sie in Konflikt mit Lily Braun brachte,
einer Exponentin des sogenannten reformistischen Flügels der SPD,
die für eine Kooperation mit den bürgerlichen Frauen eintrat. Zetkin
konnte in diesem Kampf die Führungsposition behaupten: sie nahm
Lily Braun die Mitherausgeberschaft der „Gleichheit", des wichtigsten, aus Emma Ihrers (1857-1911) 1890 gegründeter Zeitschrift „Die
Arbeiterin" hervorgegangenen Publikationsorgans der deutschen
proletarischen Frauenbewegung, die von Zetkin 25 Jahre lang redi-
giert worden war, womit sie einen Ausschluß Liliy Brauns aus der
Berliner Frauenorganisation erreichte.

Eine Außenseiterin war die Aristokratin Lily Braun, die aus einer
alten adeligen Generalsfamilie stammte und erst als Dreißigjährige
der Sozialdemokratischen Partei beigetreten ist. Angefeindet von
den Angehörigen ihrer eigenen Gesellschaftsschicht, wurde sie auch
von den Arbeiterinnen, deren Sache sie vertrat, mit Mißtrauen betrachtet. Sie war eine glänzende Rednerin und bedeutende Schriftstellerin, deren Buch „Die Frauenfrage, ihre geschichtliche Entwicklung und wirtschaftliche Seite" zu einem Standardwerk wurde, das
bis heute aktuell geblieben ist.

Der Konflikt zwischen proletarischen und bürgerlichen Frauen prägte auch die deutsche Frauenbewegung. Ursprünglich waren die ersten Arbeiterinnenvereine ja von bürgerlichen Frauen gegründete Wohltätigkeitsvereine gewesen. Das Mißtrauen gegenüber der fürsorglichen Umarmung bürgerlicher Frauen hatte die Arbeiterfrauen nie völlig verlassen. Mehr um die Unterdrückung der Arbeiterklasse durch kapitalistische Herrschaftsverhältnisse als um die Unterdrückung der Frau ging es auch der mit Clara Zetkin eng befreundeten Rosa Luxemburg, die daher auch irrtümlich der Frauenbewegung zugerechnet wird. Die hochintelligente Radikalsozialistin und Mitbegründerin der Kommunistischen Partei Deutschlands war in den Jahren vor dem Ersten Weltkrieg Dozentin an der Zentralen Parteischule der SPD in Berlin, wo sie sich als bedeutende Theoretikerin der radikalen Linken erwies. Ihre wichtigsten Werke waren „Massenstreik, Partei und Gewerkschaften" (1906), „Die Akkumulation des Kapitals" (1913) und die „Einführung in die Nationalökonomie" (hrsg. von Paul Levi, 1925). Verfolgt und mehrmals inhaftiert, wurde sie schließlich am 15. Januar 1919 zusammen mit Karl Liebknecht von Soldaten und Offizieren der Reichswehr in Berlin verhaftet, schwer mißhandelt und umgebracht.

Eine einflußreiche Persönlichkeit innerhalb der deutschen proletarischen Frauenbewegung war auch Luise Zietz gewesen, die erste Frau, die in den Parteivorstand gewählt wurde. Mit speziell für Frauen ausgearbeiteten Werbe- und Politisierungsstrategien gelang es der begabten Rednerin, die Anzahl weiblicher SPD-Mitglieder wesentlich zu steigern. Während des Krieges wechselte sie zur USPD (Unabhängige Sozialdemokratische Partei Deutschlands), in der Weimarer Republik zog sie für diese Partei als Abgeordnete in den Reichstag ein. Ihre Nachfolgerin als zentrale Frauensekretärin der SPD war 1917 Marie Juchacz, die in dieser Funktion auch eine Zusammenarbeit mit der bürgerlichen Frauenbewegung zustande brachte. Ebenfalls 1917 übernahm sie die Redaktion der „Gleichheit", die damit allerdings ihren früheren radikalen Ton und damit auch die intellektuelle Führungsrolle innerhalb der sozialistischen Frauenbewegung verlor.

Neben der bürgerlichen und der proletarischen Frauenbewegung formierte sich als letzte der großen Frauengruppen die konfessionelle Frauenbewegung. Während in Österreich die katholische Frauenbewegung mit dem „Christlich sozialen Bund", dessen 13.000 Mitglieder vor allem aus dem Kleinbürgertum stammten, und der 1907 gegründeten und unter dem Vorsitz der Gräfin Metternich Zichy stehenden „Katholischen Frauenorganisation" führend war, formierte sich in Deutschland der „Deutsch-Evangelische Frauenbund" und der „Katholische Frauenbund Deutschlands" unter Leitung von Hedwig Dransfeld. Die konfessionelle Frauenbewegung war geprägt durch eine zutiefst konservative Auffassung von der Frau, die sich nur innerhalb der Familie mit dem höchsten Ziel der Mutterschaft verwirklichen sollte. Jede politische Betätigung wurde daher als familienfeindlich und familienzerstörend abgelehnt, ebenso eine Berufstätigkeit, die nur in wirklichen Notlagen gerechtfertigt schien. Auch bezog ein großer Teil der konfessionellen Frauenbewegung bis etwa 1917 Stellung gegen das Frauenstudium und Frauenstimmrecht. Dafür wurde die „Heiligkeit der Ehe" betont, die Wichtigkeit der religiösen Erziehung für die Jugend, außerdem der Arbeiterinnenschutz und dabei vor allem eine Verbesserung des Säuglings- und Mutterschutzes. Auffallend ist der Antisemitismus, wie er beispielsweise in dem verbreiteten Mitteilungsblatt des „Wiener christlich-sozialen Frauenbundes", der „Österreichischen Frauenzeitung" zum Ausdruck kam, der sowohl für die katholische wie für die evangelische Frauenbewegung charakteristisch war. Auch dem Gründer des „Deutsch-Evangelischen Frauenbundes", Pastor Ludwig Weber wurden antisemitische Tendenzen nachgesagt.

Eine besondere Bedeutung erlangte die katholische Frauenbewegung im Austrofaschismus. Sie war nach der Illegalisierung der sozialdemokratischen Frauenvereine neben der bürgerlichen Frauenbewegung zur einzigen Vertretung von Fraueninteressen geworden, was unter dem Druck einer immer frauenfeindlicher werdenden Politik eine Zusammenarbeit mit dem bürgerlich liberalen BÖFV (Bund Österreichischer Frauenvereine) begünstigte. Bereits zu Beginn der dreißiger Jahre konnte die Katholische Reichsfrauenorganisation Österreichs (KRFOÖ) als Dachverband der katholischen Frauenorganisationen an die 200.000 Mitglieder verzeichnen[21]. Seit 1925 wurde sie von Fanny Starhemberg geleitet und umfaßte die nach Diözesen und innerhalb dieser nach Pfarren gegliederten Frauenorganisationen. So wie die katholische Kirche generell, sympatisierten auch die katholischen Frauenvereine ursprünglich mit dem faschistischen System, dessen frauenfeindliche Maßnahmen nicht gleich erkannt wurden. Spätestens mit der Zerstörung der autonomen katholischen Frauenbewegung jedoch wurden die wahren Absichten einer reinen Männerkirche evident. Denn die Vereinheitlichung des katholischen Vereinswesens, mit der die katholische Kirche sichtbar ihre Unterstützung des faschistischen Systems dokumentierte, traf die Frauenvereine weit härter als die Männervereine. Fiel es letzteren doch wesentlich leichter, sich mit der Amtskirche zu arrangieren, während es für die Frauenvereine sozusagen die Selbstauflösung bedeutete. Ein gutes Beispiel, wie rücksichtslos dabei vorgegangen wurde, bietet die Katholische Frauenorganisation für die Erzdiözese Wien (KFO), die neben der oberösterreichischen Katholischen Frauenorganisation der mitgliederstärkste Zweigverein der KRFOÖ war. Sie hatte sich weitgehend von der für die katholische Frauenbewegung im allgemeinen typischen Bindung an den Klerus befreit, und unterschied sich mit ihren demokratischen Vereinsstatuten, die auf die Selbstorganisation der Frauen abgestimmt waren, und mit ihren liberalen Ansichten von anderen, vor allem bäuerlichen Landesorganistionen, die ihre Aufgabe vor allem in karitativen Aufgaben und der Seelsorgehilfe sahen. Die KFO umfaßte viele Frauen aus der ersten Generation katholischer Akademikerinnen, die eine, wenn auch geschlechtsspezifische politische Mitarbeit angestrebt hatte. Das Projekt einer Hauswirtschaftskammer etwa sollte diese Ziele verwirklichen helfen, ebenso wie der Vorschlag, in den über Urwahlen zu bestellenden berufsständischen Körperschaften gesonderte Kurien für Männer und Frauen einzurichten, weil, wie es in einer Stellungnahme der KFO dazu heißt *„zu Zeiten schwersten Konkurrenzkampfes auf dem Arbeitsmarkte ... von einem männlichen Vertreter nicht eine der sachlichen Notwendigkeit entsprechende Interessensvertretung der weiblichen Berufsangehörigen verlangt und gewährleistet werden"*[22] könne. Obwohl derartige Projekte nie verwirklicht werden konnten, wurde dieses selbstbewußte und fordernde Auftreten der KFO ebenso wie ihre zunehmende Kritik an Heimwehr und Ständestaat und ihre Weigerung, sich der politischen Linie der Amtskirche anzupassen im klerikalen Lager übel vermerkt und endete mit der Zerschlagung ihrer autonomen Vereinsstruktur im April 1935 und ihrer Eingliederung in die katholische Aktion. Mitte November mußten dann die langjährige Präsidentin Alma Motzko und ihre Generalsekretärin Benesch zurücktreten, was die letzte Nummer des Mitteilungsblattes der Funktionärinnen entsprechend bitter kommentiert: *„Wir waren so wie andere Vereine bisher gewohnt, selbständig zu arbeiten ... Heute hat sich diese Lage gänzlich verändert. Wir sind kein abgeschlossenes Ganzes mehr, sondern bloß ein Teilorgan der großen Organisation der Kirche ..."*[23] Künftig wurden Funktionärinnen nach den neuen Vereinsstatuten nicht mehr gewählt, sondern vom Kardinal bestimmt. Darüber hinaus wurde verfügt, daß sich die Pfarrgruppen der KFO nur noch um Seelsorge und Caritas zu kümmern habe, diverse andere Ambitionen ebenso wie jede Kritik an Kirche und Staat aber unerwünscht seien. Die von vielen frauenbewegten Katholikinnen gehegte Hoffnung, ein „christlicher Staat" würde „kein Männerstaat" sein, hatte sich also nicht erfüllt. Die KFO, die dem Austrofaschismus „mit so viel freudigem Hoffen" [24] entgegengeblickt hatte, mußte ihre ohnedies bescheidenen Zielvorstellungen begraben. Ihre feministischen Ansichten vom „gottgewollten" Zusammenwirken von Mann und Frau wurden von Männern offenbar nicht geteilt. Ebensowenig wie die Gottesvorstellung vieler feministisch inspirierter Katholikinnen, die von einem männlich-weiblichen Gottesbild ausgegangen war, und einen patriarchalischen Gott abgelehnt hatte. Ihre (sehr moderne) Meinung, daß die Krise des Katholizismus auf das Fehlen des weiblichen Elements zurückzuführen sei, fand bei den Männern keine Anhängerschaft. Ihre religiös begründete Idee der Mütterlichkeit verschaffte ihnen nicht die erhofften Freiräume innerhalb des katholischen Milieus, ganz im Gegenteil: die katholischen Frauenvereine verloren im Austrofaschismus zunehmend an Einfluß. Gefangen in einem Weiblichkeitsideal, das sich vom „Suffragettentum, das sich loslösen will vom Grundwesen der weiblichen Natur" entschieden abgenzen wollte, verloren sie die Beziehung zur politischen Realität. Und ihr endlos wiederholter Appell an die Einsicht der Männer erwies sich als vergeblich. Denn diese waren schlicht nicht gewillt, sich als ergänzungsbedürftig zu empfinden.

Suffragetten und der Kampf um das Frauenstimmrecht

Im viktorianischen England wurde der Kampf um das Frauenstimmrecht besonders erbittert geführt. Das spektakuläre und aggressive Auftreten der Suffragetten erregte auch am Kontinent Aufsehen, wenngleich es hier nicht nachgeahmt und vielfach sogar von der Frauenbewegung abgelehnt wurde. Die Suffragette ist demnach vornehmlich als Karikatur, als abschreckendes Mannweib in die Geschichte eingegangen, dessen „unweibliches" Verhalten Bestürzung und Abscheu erregte, worüber das eigentliche Anliegen dieser Frauenrechtlerinnen beinahe in Vergessenheit geriet. Überzeugt, daß das aktive und passive Wahlrecht die eigentliche Voraussetzung für eine grundsätzliche Änderung der Lage der Frau sei, weil Frauen erst dann, wenn sie ins Parlament einziehen können über die Macht verfügen, diskriminierende Gesetze abzuschaffen, verfolgten diese Frauen ihr Ziel mit beispielloser Selbstverleugnung und absoluter Konsequenz. Nachdem intensive Bemühungen seit den frühen sechziger Jahren des 19. Jahrhunderts nichts gefruchtet hatten, nachdem jahrzehntelang Petition um Petition ergebnislos an das Parlament gerichtet worden war, griffen die Frauen zu anderen Methoden, wobei sie in diesem Kampf, der jedes Mittel rechtfertigte, solange es kein Menschenleben forderte, ihre eigene Sicherheit und Gesundheit keinesfalls schonten. Eine Taktik, die übrigens beispielgebend war. U.a. soll auch Mahatma Gandhi dadurch zu seinem gewaltlosen Widerstand angeregt worden sein.

Das spektakuläre Auftreten der Suffragetten diente vor allem dazu, Aufsehen zu erregen und ein Thema von bislang untergeordneter Bedeutung in das allgemeine Bewußtsein zu bringen, Diskussionen herbeizuführen und möglichst viele Frauen und auch Männer dafür zu interessieren. Zu diesem Zweck ketteten sich Frauen nicht nur an das Gitter des Buckinghampalastes an, traten in Hungerstreik und gingen lieber in das Gefängnis, statt eine Geldstrafe zu leisten, sondern sie schlugen auch Scheiben ein, legten Brandbomben und schrieben mit Säure ihre Parolen in den gepflegten englischen Rasen. Dafür wurden sie von der Polizei mißhandelt und gedemütigt, ohne Verteidigung verurteilt, drastischen Gefängnisstrafen ausgesetzt, von den Zeitungen verhöhnt und von der eigenen Familie häufig verlassen. Im Juni 1913 opferte eine Frau für das Wahlrecht sogar ihr Leben: Auf einem Derby in Epsom warf sich Emily Davison vor einen Pulk herangaloppierender Pferde und erlag vier Tage darauf ihren Verletzungen. Ihr Begräbnis wurde zu einer der größten Demonstrationen in der Geschichte der Frauenbewegung.

Eine besondere Rolle im Kampf um das Frauenstimmrecht in England spielte die 1903 von Emmeline Pankhurst (1858-1928) gegründete „Women's Social and Political Union" (WSPU), die sich von der wesentlich gemäßigteren NUWSS („National Union of Women's Suffrage") unter dem Vorsitz von Millicent Garret Fawcett (1847-1929) abgrenzte. Die WSPU war von bescheidenen Anfängen in wenigen Jahren auf 260.000 Anhängerinnen angewachsen[1]. Sie gab auch eine Zeitschrift heraus („Votes for Women"), die bereits 1909 eine Auflage von 30.000 bis 50.000 Stück pro Woche erreichte. Das Hauptbüro der WSPU hatte 23 Räume und einen Laden, 1910 waren hier bereits 110 Mitarbeiterinnen beschäftigt. Weitere 13 Räume umfaßte die Frauenpresse. Außerdem gab es in Großbritannien 105 Niederlassungen[2].

Emmeline Pankhurst, die nach dem Tod ihres Mannes Dr. Richard Pankhurst fünf Kinder alleine durchzubringen hatte, war eine unglaublich aktive, mutige und entschlossene Frau mit einem unbeugsamen Willen. Immer wieder inhaftiert und freigelassen, war sie schließlich infolge zahlreicher Hungerstreiks, während denen sie zwangsernährt wurde, zeitweise so schwach, daß man um ihr Leben fürchtete. Auch wenn die Öffentlichkeit den Kampf der militanten Suffragetten keinesfalls mit besonderer Sympathie beobachtete, so wurde das brutale Vorgehen der Polizei gegen demonstrierende Frauen ebenso wie die Zwangsernährung doch heftig kritisiert, was der Regierung keinesfalls angenehm war. Vor allem, da sich die Bewegung zunehmend zu einer Massenbewegung entwickelte, der sich immer mehr, auch einflußreiche Frauen anschlossen. Im Sommer 1908, als die WSPU zu einer Demonstration im Hyde Park aufrief, wurden die Teilnehmer/innen, die in Sonderzügen nach London kamen, auf die unglaublich hohe Zahl von 500.000 geschätzt[3].

1911, nachdem die Regierung bei Ankündigung eines neuen Gesetzesentwurfes den Forderungen der Frauenrechtlerinnen nach einem eigenen Frauenwahlrechtsgesetz wieder nicht nachkommen wollte, begann der Kampf neuerlich zu eskalieren. Es kam zu einer

Auseinandersetzung zwischen einem Demonstrationszug der Suffragetten und der Polizei auf dem Parliament Square, bei der zweihundert Frauen verhaftet wurden. Daraufhin schlug am 1. März 1912 um vier Uhr Nachmittag eine disziplinierte Gruppe von zweihundert Frauen in einer vornehmen Einkaufsgegend um den Piccadilly Circus, in der Regent Street und Oxford Street fast sämtliche Scheiben ein. Alle Frauen wurden verhaftet, Mrs. Pankhurst saß bereits im Gefängnis, ihre Tochter Christabel konnte sich nach Paris absetzen. Aber der Kampf ging weiter. Im Frühjahr 1913 brannten die Suffragetten auf dem Land mehrere Eisenbahnstationen nieder und legten in einem Ferienhaus des Politikers Lloyd George eine Bombe. Ereignisse, die den angesehenen Arzt Sir Almroth Wright zu der Bemerkung veranlaßten, daß die Hälfte der englischen Frauen zum Teil als Folge der Wechseljahre verrückt geworden seien, denn Streitbarkeit (beim weiblichen Geschlecht und vor allem in dieser Form) sei ein Symptom für Geisteskrankheit[4].

1914 mehrten sich dann die Brandstiftungen, gleichzeitig aber auch die Verhaftungen und Hungerstreiks. Die zweite, aktiv am Befreiungskampf der Frau mitarbeitende Tochter Emmelines, Sylvia Pankhurst, die innerhalb eines einzigen Jahres zehn Hunger- und Durststreiks durchgestanden hatte, mußte auf einer Bahre getragen werden und wurde zur Märtyrerin. Sie hatte sich vor allem für die Ärmsten der Armen im Londoner East End eingesetzt, und war ständig von einer Gruppe von Frauen umgeben, die sie wie eine Leibgarde abschirmte und ihr half, neuerlichen Verhaftungen zu entgehen. Im Juni 1914 schließlich gab Premierminister Henry Herbert Asquith seine Zustimmung, eine Suffragettendelegation zu empfangen, allerdings nicht aus der WSPU, sondern aus Sylvia Pankhursts East London Federation for Women's Suffrage. Er zeigte sich auch beeindruckt von den Problemen der Arbeiterfrauen und kündigte eine Bill zur Einführung des allgemeinen Wahlrechts für Männer und Frauen an, was allerdings erneut nicht im Sinne der WSPU war, die einen Entwurf für sich alleine haben wollte. Schließlich verhinderte der Ausbruch des Ersten Weltkrieges eine weitere Entwicklung. Tatsächlich erhielt die englische Frau erst 1918 das Wahlrecht, allerdings mit einer diskriminierenden Auflage: sie mußte mindestens dreißig Jahre alt sein[5]. Obwohl zahlreiche Aktive aus der Wahlrechtsbewegung kandidierten, schaffte keine von ihnen den Sprung in das Parlament. Selbst Christabel Pankhurst, die erfolgreichste weibliche Kandidatin, konnte sich gegen den von der Regierung unterstützten Gegenkandidaten nicht durchsetzen. Als einzige Frau zog 1918 Gräfin Constance

Suffragettenparade in New York 1913.

Festnahme von Emmeline Pankhurst
vor dem Buckingham-Palast
im Mai 1914.

Markievicz (1876-1927), die zu den irischen Nationalisten gehörte und mit der Wahlrechtsbewegung nichts zu tun hatte, in das Unterhaus ein. Allerdings nahm sie aus Protest ihr Mandat nicht in Westminster wahr, sonder im Dail, das sich als legitime Volksvertretung Irlands bezeichnete[6].

Auch in Österreich und Deutschland wurde das Frauenstimmrecht 1918 eingeführt. Allerdings verlief der Kampf hier nicht so aggressiv und spektakulär wie in England, in Deutschland gab es lediglich zwei Demonstrationen (1910 in Berlin und 1912 in München) und auch in Österreich kam es nur zu wenigen, meist von Sozialdemokratinnen durchgeführten öffentlichen Massenkundgebungen. Wie etwa jene der Freien Frauen Versammlung 1892 in Wien, bei der Adelheid Dworschak (Popp) über „Die Frauen und die politischen Rechte" referierte: *„Wir verlangen, um mit den arbeitenden Männern mitkämpfen zu können, politische Rechte. Wir verlangen das allgemeine Wahlrecht."*[7] In Deutschland war die Sozialdemokratische Partei die erste und für lange Zeit einzige politische Partei, die 1891 die Stimmrechtsforderung der Frauen in ihr Programm aufnahm. 1895 stellte dann August Bebel im deutschen Reichstag den ersten Antrag auf Einführung des Frauenstimmrechts. Doch gab es bereits wesentlich früher radikale Feministinnen, die das Frauenwahlrecht forderten, wie etwa 1873 Hedwig Dohm. Neben dem 1902 von Anita Augspurg und Lida Gustava Heymann gegründeten „Deutschen Verband für Frauenstimmrecht" existierte außerdem die „Deutsche Vereinigung für Frauenstimmrecht" unter dem Vorsitz von Li Fischer-Eckert, die sich 1916 mit dem „Verband für Frauenstimmrecht" zum „Reichsverband für Frauenstimmrecht" zusammenschloß.

In Österreich entzündete sich die Stimmrechtsdiskussion an den einschränkenden Verfügungen von 1873 und 1888, die Großgrundbesitzerinnen, die wahlberechtigt waren, u. a. das Reichswahlrecht in der Kurie der Städte und Landgemeinden aberkannte[8]. Denn obwohl es im Reichstag von Kremsier 1848/49 zu einer klaren Absage an die weiblichen Emanzipationsbestrebungen gekommen war (der Abgeordnete Rudolf Brestel hatte u. a. erklärt, daß, würde man Frauen das Wahlrecht zugestehen, auch „Kinder und Narren" einbezogen werden müßten), wurden doch 1849 bzw. 1861 einzelne, begüterte Frauen als wahlberechtigt erklärt. Das geschah deshalb, weil Besitz – und Steuerleistung als Grundlage für die Stimmabgabe betrachtet wurde, nicht jedoch die Person. Größere Städte, wie etwa Prag, Triest und Wien haben Frauen allerdings nie das Stimmrecht gewährt. Außerdem waren wahlberechtigte Frauen von politischer Macht ausgeschlossen. Nicht nur das passive Wahlrecht war ihnen verwehrt – meist durften sie nicht einmal das Wahllokal betreten. Die Stimmabgabe besorgte der Ehemann oder ein männlicher Bevollmächtigter. Seit den siebziger Jahren hatten in Österreich die diskriminierenden Bestimmungen der Wahlrechtsreform vor allem die betroffenen, also bürgerlichen Frauen auf das Problem aufmerksam gemacht. Bereits 1889 sammelten sich um die beiden Lehrerinnen Auguste Fickert und Marie Schwarz eine Gruppe von Frauen, die ein „Komitee in Angelegenheiten des Frauenstimmrechts" gründeten. Denn eine Vereinsgründung war ihnen aufgrund des Paragraphen 30, eines 1867 erlassenen Vereinsgesetzes, das „Ausländern, Frauenspersonen und Minderjährigen" die Mitgliedschaft in politischen Vereinen verbot, nicht möglich. (Dieses Gesetz wurde im übrigen erst 1918 aufgehoben, weshalb bis zu diesem Zeitpunkt sämtliche Frauenagitationen am Rande der Illegalität verlaufen mußten). Ein Sprachrohr der österreichischen Stimmrechtsbewegung war auch der von radikalen Feministinnen der bürgerlichen Frauenbewegung 1893 gegründete „Allgemeine österreichische Frauenverein", der von Anbeginn die Forderung nach dem Wahlrecht in sein Programm aufgenommen hatte. Auch die Sozialdemokratische Partei forderte am 3. Parteitag in Hainfeld 1892 das gleiche Wahlrecht für Männer und Frauen. Doch ist für die Sozialdemokratinnen auch die Frauenstimmrechtsbewegung immer ein Teil der Arbeiterbewegung gewesen, und wurde daher den Gesamtinteressen untergeordnet. Erst nach 1907, als in Österreich das Stimmrecht nur Männern zugesprochen wurde, übernahmen die sozialdemokratischen Frauen die Führung der Frauenwahlrechtsbewegung, die sich inzwischen internationalisiert hatte. 1907 wurde die erste internationale Frauenstimmrechtskonferenz in Stuttgart abgehalten, 1910 beschlossen die Frauenbewegungen auf der zweiten internationalen Stimmrechtskonferenz in Kopenhagen die Abhaltung von Frauentagen in allen Ländern. 1912 arbeitete die erste Frauenreichskonferenz des österreichischen nationalen Stimmrechtskomitees eine Resolution an die Regierung aus, die von Ministerpräsident Karl Stürgkh abgelehnt wurde. Aber auch in der breiten männlichen ebenso wie weiblichen Öffentlichkeit fanden derartige, sich allmählich häufende Aktionen keinesfalls einhellige Zustimmung. So etwa plädierte Lucy von Hebentanz-Kaempfer noch 1911 für die Rückkehr zu *„weiblichen"* Eigenschaften und Pflichten, insbesondere dem Gebären, wobei sie fürchtete, daß *„die heutige Frauenbewegung ... kein Fortschritt (sei), sondern ein Übel, das böse Folgen zeitigen würde"*[9]. Heinrich Müller rief zum *„Kampf gegen Frauenrechtlerinnen"* auf, und Lanz-Liebenfels sprach gar von einem *„feministischen*

Fastnachtstreiben" und von einem *„Zeitalter der Weiber, Kinder und Affen"*, in dem die *„Suffragetten für jede dumme Gans ... das volle Wahlrecht"* verlangten, was die *„Feminisierung und Veraffung der Welt"* nur beschleunigen würde[10]. Auch die katholische Frauenbewegung nahm selbst nach dem Krieg, als sich konkrete Lösungen abzuzeichnen begannen, eine ablehnende Haltung ein: *„Die Frauenwelt hat ein Recht darauf, mit diesen Aufgaben verschont zu werden, weil die Folgen dieser Heranziehung verhängnisvoll wären und den allfälligen Nutzen weit überwiegen würden. Man sollte nicht von einem Wahlrecht der Frau sprechen, sondern dem Recht der Frau, davor bewahrt zu bleiben."*[11] Immerhin setzte sich der Abgeordnete Karl Seitz für die volle staatsbürgerliche Gleichberechtigung der Frau ein, die dann 1918 auch endlich gewährt wurde, wobei es selbst jetzt nicht an kritischen Kommentaren fehlte. So etwa fühlte sich der Abgeordnete Karl Hermann Wolf verpflichtet, *„im Namen der gesunden Vernunft und der heiligen, unverletzlichen Natur gegen die Heranziehung des weiblichen Elements in der Politik Verwahrung einzulegen"*, da das passive Frauenstimmrecht als *„Unsinn und perverse(r) Unfug"*, sowie als *„Naturwidrigkeit"* bezeichnet werden müsse[12]. Trotzdem hielten dann im Mai 1919 22 Frauen (16 sozialdemokratische und sechs christlichsoziale) in den Wiener Gemeinderat Einzug. Außerdem wurde mit Gesetz vom 27. November 1918 das allgemeine, gleiche, direkte und geheime Wahlrecht ohne Unterschied des Geschlechts für die Wahl zur Konstituierenden Nationalversammlung normiert. Die Wahl selbst wurde für den 16. Februar 1919 ausgeschrieben. Obwohl die Frauen nach einer Volkszählung von 1910 zahlenmäßig das Übergewicht hatten und daher von den verschiedenen Parteien heftig umworben wurden, zogen von den insgesamt 96 weiblichen Wahlwerbern nur acht, davon sieben Sozialdemokratinnen, in die Nationalversammlung ein[13]. 1920 erhielten dann sieben Sozialdemokratinnen, zwei Christlichsoziale und eine Deutschnationale einen Sitz im Parlament[14]. Ein „Höhenflug", der sich in den kommenden Jahren allerdings wieder abzuschwächen begann. 1923 waren es nur noch sieben Sozialdemokratinnen und eine Christlichsoziale, 1927 fiel auch noch letztere aus dem Rennen, weshalb die Frauenriege jetzt nur noch aus Sozialdemokratinnen bestand[15]. Noch 1965 saßen weniger weibliche Abgeordnete als 1919 im Parlament, auch bei der Bundestagswahl 1969 erhielten vor allem Frauen der konservativen Parteien meist entweder aussichtslose Plazierungen auf Länderlisten oder man verhinderte ihre Aufstellung von vornherein[16].

Auch in Deutschland durften die Frauen 1919 erstmals wählen. Daß fast 90 Prozent der weiblichen Wahlberechtigten von ihrem Wahlrecht Gebrauch gemacht hatten (eine so hohe Frauenbeteiligung hatte keine Wahl der kommenden 14 Jahre erreicht) beweist, wie groß das damalige Interesse war. Insgesamt 41 Frauen, und damit 9,6 Prozent weibliche Abgeordnete, zogen in die Weimarer Nationalversammlung ein. Mehr als die Hälfte gehörte der SPD an, drei waren Mitglieder der USPD (Unabhängige Sozialdemokratische Partei Deutschlands), jeweils 6 kamen vom katholischen Zentrum und der liberal-bürgerlichen Deutsch-Demokratischen Partei (DDP). Die Fraktion der Deutschen Volkspartei (DVP) stellte nur eine Frau, während die Deutsch-Nationale Volkspartei (DNVP) drei weibliche Abgeordnete entsandte. Aber auch hier versandete viel von der ursprünglichen Durchschlagskraft. Vor allem in den bürgerlichen Parteien war man immer weniger bereit, bei Reichstags-, Landtags- und Gemeindewahlen weiblichen Kandidaten Listenplätze zu reservieren. Waren in den ersten Reichstag 1920 noch 37 Frauen eingezogen, wurden es 1924 bereits um 10 Frauen weniger. Obwohl 1930 wieder 41 Parlamentarierinnen in den Reichstag aufgenommen wurden, lag der Frauenanteil nur noch bei 7 Prozent. Die größten Verluste waren im bürgerlichen Lager zu verzeichnen, hier lag die Frauenquote zwischen drei und vier Prozent. Hingegen stellten die Sozialdemokratinnen zwischen elf und vierzehn Prozent der Reichstagsabgeordneten[17]. In den übrigen Ländern Europas verlief die Entwicklung ähnlich. Als erstes europäisches Land erhielt Finnland 1906 das Frauenwahlrecht. In Dänemark, zu dem damals auch Island gehörte, wurde 1915, in den Niederlanden 1917 das Frauenwahlrecht eingeführt. In Belgien hatten Frauen bereits 1899 das aktive und passive Stimmrecht in den Industrie- und Arbeitsräten besessen. Ab 1912 waren sie auch bei Arbeits- und Handelsgerichten stimmberechtigt, 1919 erhielten sie dann das Wahlrecht auf parlamentarischer, provinzieller und kommunaler Ebene. In Osteuropa gewährte die CSR 1918, Ungarn und Polen 1921 Frauen das Stimmrecht. Langsamer entwickelten sich die Dinge in Frankreich, wo Frauen erst seit 1944 wählen dürfen, ein Jahr später folgte Italien. Absolutes Schlußlicht bildet die Schweiz, die das Frauenwahlrecht auf Bundesebene 1971 eingeführt hat, was allerdings nicht automatisch für sämtliche Kantone bindend war, die sich vielfach erst im Lauf der kommenden Jahre dieser Verfügung anschlossen. Der Halbkanton Appenzell-Innerroden hat sich bis heute (Stand vom Mai 1990) geweigert, Frauen als politisch gleichberechtigt anzuerkennen.

„Das Dichten reibt Dich auf: Wir bitten, laß es"

(Schriftstellerinnen im 19. Jahrhundert)

Einen nicht zu unterschätzenden Beitrag zur Frauenemanzipation haben auch Schriftstellerinnen geleistet, die in der zweiten Hälfte des 19. Jahrhunderts erstmals in repräsentativer Zahl auftraten. Denn obwohl Frauen in ihren literarischen Werken bei der Darstellung weiblicher Emanzipationsversuche meist wesentlich zurückhaltender waren als in ihren journalistischen, frauenemanzipatorischen Schriften, sind doch auch in ihrer Dichtung neue Ansatzpunkte zu erkennen, die sicherlich bewußtseinsverändernd gewirkt haben. Der Unterschied zwischen den konsequent für die Rechte der Frau eintretenden Beiträge Louise Ottos beispielsweise und ihren Romanen, in denen diese Rechte nur begrenzt gefordert werden, ebenso wie zwischen den Polemiken Hedwig Dohms und ihrer Romantrilogie („Schicksal einer Seele", „Sibilla Dalmar", „Christa Ruland"), in der die Protagonistinnen als eher hilflos vom Schicksal gebeutelte Wesen beschrieben werden, ist tatsächlich auffallend und in seinen Ursachen noch viel zu wenig erforscht. Wahrscheinlich ist diese Unsicherheit der Schriftstellerin des 19. Jahrhunderts auf die lähmende männliche Tradition im Literaturbereich mit einem festgefügten Bild von „Weiblichkeit" zurückzuführen, auf die Angst vor der – männlichen – Literaturkritik, die nach männlichen Kriterien erfolgte, von der die schreibende Frau, die vielfach damit bereits ihren Unterhalt verdiente, abhängig war. Denn es ist ja heute nicht mehr nachvollziehbar, gegen welche enormen Widerstände schreibende Frauen im 19. Jahrhundert zu kämpfen hatten. Wurden sie doch immer noch als etwas Widernatürliches, Abartiges angesehen, eine derartige Beschäftigung, so fanden Zeitgenossen, sei lediglich als Ersatzhandlung für die vom Schicksal vorenthaltene „natürliche Bestimmung" der Frau zu betrachten. Was zahllose zeitgenössische Zitate mühelos bestätigen. So etwa sieht der deutsche Soziologe Wilhelm Heinrich von

Riehl in der Häßlichkeit einer Frau die eigentliche Ursache für ihre literarischen Ambitionen, denn eine häßliche Frau sei in der Regel auch eine Verbissene, Verbitterte und Gekränkte. *„Und in der Tat ist die überwiegende Zahl der modernen Schriftstellerinnen lediglich durch Verbitterung über die Verschrobenheit ihrer Stellung in Familie und Gesellschaft ... zur Schriftstellerei getrieben worden. Groll und Trotz gegen Gott und die Welt war oft genug die einzige Begeisterung, welche sie an's Werk trieb."* [1] Aber nicht nur der Mangel an weiblichen Reizen, auch Krankheit wurde in einen ursächlichen Zusammenhang mit weiblicher Intellektualität gebracht: *„Ich darf daher, diesen meinen Erfahrungen zufolge, dreist behaupten, daß weibliche Gelehrsamkeit und Kränklichkeit, in der Regel wenigstens, unzertrennliche Gefährtinnen sind"*, meinte der Pädagoge Johann Heinrich Campe bereits 1790. Riehl schließt sich dieser Ansicht über 60 Jahre später vorbehaltlos an, wenn er *„das massenhafte Aufsteigen weiblicher Berühmtheiten und ihr Hervordrängen in die Öffentlichkeit"* als *„das Wahrzeichen einer krankhaften Nervenstimmung des Zeitalters"* bezeichnet [2].

Oft wurde Frauen eine literarische Betätigung vom Ehegatten oder Vormund überhaupt untersagt: *„Ich möchte, daß Du aufhörst, Romane zu schreiben"*, verlangte der amerikanische Schriftsteller Scott Fitzgerald von seiner Frau Zelda, die autobiographische Romane verfaßt hatte. Scott bediente sich darüber hinaus eines weiteren, gar nicht so seltenen Verfahrens, um Frauen als Ideenträgerinnen auszuschalten, bzw. für sich zu vereinnahmen: Er veröffentlichte Kurzgeschichten von ihr unter seinem Namen und beutete ihre Tagebücher und Notizen für seine Arbeit aus.

Wie sehr Schriftstellerinnen unter der allgemeinen Diskriminierung und Unterdrückung ihrer literarischen Arbeiten, die bereits in der Kindheit und innerhalb der eigenen Familie einsetzten, gelitten haben, beschreibt anschaulich Marie von Ebner-Eschenbach in ihrer Autobiographie „Meine Kinderjahre": *„ ... ich wünschte mir ehrlich und heiß, bald zu sterben, um nicht noch mehr unwillkürliche Schuld auf mein Haupt zu laden. Gut bei diesem Verfahren der Meinen war bloß die Absicht. Gewollt haben sie mein Bestes, und, ohne zu wissen, was sie taten, mir das peinvoll demütigende Gefühl eines angebornen, geheimen Makels aufgebürdet."* [3] Und an anderer Stelle meint sie: *„Sie sagen mir: 'Das Dichten reibt dich auf: Wir bitten: laß es! tu es uns zuliebe.'"* Kein Wunder, daß viele Frauen – soferne sie nicht völlig entmutigt wurden – vor allem ihre ersten Werke entweder anonym oder unter einem männlichen Pseudonym veröffentlichten, wie etwa Ricarda Huch oder Louise Otto. Die österreichische Dramatikerin Elsa Bernstein schrieb unter Ernst Rosmer, und Aloisia Kirschner, die Verfasserin zahlreicher Romane und Erzählungen unter Ossip Schubin. Auch Rosa Mayreder hieß Franz Arnold, wenn sie Kunstkritiken verfaßte, sogar die berühmte Bertha von Suttner hatte sich „Jemand" oder „B. Oulot" genannt[4]. Das männliche Pseudonym sollte jedoch nicht nur die Autorin vor unliebsamen Angriffen schützen, es verfolgte auch noch einen anderen Zweck. Konnte doch weibliches Dichten nur dann akzeptiert werden, wenn es „männliche" Züge trug. Weiblichkeit, vornehmlich dann beschworen, wenn es darum ging, Frauen in ihrer Häuslichkeit einzugrenzen, war in Kunst und Wissenschaft gar nicht gefragt. Hier herrschte der „männliche" Geist, und Frauen taten gut daran, die weibliche Urheberschaft hinter einem männlichen Pseudonym zu verbergen.

Trotz der, vor allem durch die gesellschaftliche Situation, das männliche Kulturerbe und ein festgeschriebenes Weiblichkeitsklischee hervorgerufenen enormen Verunsicherung weiblicher Autorinnen (die sich auch darin ausdrückt, daß Frauen ihre literarischen Produkte vor Veröffentlichung häufig einer männlichen Begutachtung unterziehen ließen), sind die neuen, feministischen Ansätze in der Literatur von Frauen nicht zu übersehen. Fanny Lewald (1811-1889) beispielsweise, von der Frauenbewegung als Vorkämpferin der Frauenemanzipation gefeiert, schuf mit den Frauengestalten ihrer Romane „Jenny" (1843), „Adele" (1858) und „Erlöserin" (1873) für ihre Zeit geradezu revolutionäre Leitbilder: Frauen, die ihren eigenen Weg suchen, aus der Familie ausbrechen oder sich sozialpolitisch engagieren. Daß sie sich dabei – so wie die meisten Schriftstellerinnen – traditioneller literarischer Formen bediente, hatte wohl den Zweck, neue Inhalte besser verdaulich zu machen. Auch Fanny Lewald mußte sich allerdings erst innerhalb ihrer eigenen Familie durchsetzen und ihre Erstlingswerke ihrem Vater und ihrem älteren Bruder zur Durchsicht vorlegen, worauf die Erlaubnis zur Veröffentlichung lediglich unter Wahrung der Anonymität erlaubt wurde[5].

Ein Leitbild für viele, emanzipatorisch interessierte Frauen war auch George Sand (1804-1876), wenngleich sie ihre Berühmtheit weniger ihren Romanen, als ihrer exzentrischen Lebensweise und ihren Liebhabern verdankt. Die Tochter einer Grisette und eines adeligen Offiziers wuchs in Freiheit auf dem Schloß ihrer Großmutter väterlicherseits auf, engagierte sich bereits in jungen Jahren politisch, rauchte Zigaretten und trug aus Gründen der Bequemlichkeit Männerkleidung und Stiefel. Liebesaffären hatte sie mit so berühmten Männern wie Franz Liszt, Frédéric Chopin, Alfred de Musset und

*George Sand (eigtl. Aurore Dupin,
verh. Dudevant), 1804 – 1876.*

*Ada Christen (eigentlich Christiane
von Breden), 1839 – 1901.*

*Annette Droste-Hülshoff (1797 – 1848).
Stahlstich von August Weger nach Gemälde.*

dem Schriftsteller Jules Sandeau, von welch letzterem sie auch ihr Pseudonym herleitete. Außerdem wurde ihr ein langjähriges lesbisches Verhältnis zu der Schauspielerin Marie Dorval nachgesagt. Aber auch in ihren Romanen sind feministische Aspekte enthalten: nicht mehr die demütige, entsagungsvolle Geliebte wird als beispielhaft beschrieben, sondern die Liebe fordernde Frau, die nicht nur glücklich macht, sondern auch glücklich sein will. An der „natürlichen Aufgabe" der Frau hat allerdings auch George Sand festgehalten. So lehnte sie 1848 einen Vorschlag der Journalistin Eugénie Niboyet, sich als Kandidatin für die „Verfassunggebende Versammlung" aufstellen zu lassen mit dem Hinweis ab, daß die Frau nicht für das Amt einer Abgeordneten, sondern für die „Familienliebe" bestimmt sei[6].

Eine bedeutsame Wegbereiterin für schreibende Frauen war sicherlich Anette von Droste-Hülshoff (1797-1848). Wenngleich im traditionellen Sinn innerhalb der Familie lebend, hatte sie sich doch durch den Verzicht auf eine Konvenienzehe einen individuellen Freiraum zu schaffen gewußt. Ihre Liebe und Freundschaft zu dem siebzehn Jahre jüngeren Levin Schücking wurde von der guten Gesellschaft als Scandalum betrachtet und nach Möglichkeit vertuscht. Sie schrieb eigenwillige, von einer sehr genauen Naturbeobachtung geprägte Gedichte und eine Novelle „Die Judenbuche", durch die sie bereits zu Lebzeiten berühmt wurde. Auch ein Romanfragment existiert, das autobiographische Züge trägt, und in dem sie sich zu ihrer inneren und äußeren Freiheit bekennt: *„Mein Gott, wenn ich des Menschen Frau werden müßte, ich könnte unmöglich lange leben ... Nein, sterben würde ich wohl vielleicht nicht, aber verkrüppeln an jeder Kraft des Geistes, alle Gedanken verlieren, die mir lieb sind; halb wahnsinnig, eigentlich stumpfsinnig würde ich werden."* [7]

Als den „ersten Lyriker Österreichs" hat Franz Grillparzer die Dichterin Betty Paoli (1814-1894) bezeichnet. Sie wurde in Wien als uneheliche Tochter eines ungarischen Edelmanns geboren und arbeitete als Erzieherin und Gesellschafterin vornehmlich in Kreisen des Hochadels. Ihre häufig sehr persönliche und freimütige Dichtung wurde als „weibliches Gegenbild zu Lenaus melancholischer Lyrik" bezeichnet. Daneben war sie noch eine glänzende Essayistin, die lebhaften Anteil an den gesellschaftlichen und politischen Verhältnissen ihrer Zeit nahm. Ungeheuer beliebt waren die Romane der aus Mecklenburg stammenden Gräfin Ida Hahn-Hahn (1805-1880), in denen sie vor allem ihr eigenes Milieu schilderte. Ihre Werke gehörten etwa zwischen 1840 und 1850 zu den berühmtesten und meistgelesenen Büchern. Auch wenn die emanzipatorischen Tendenzen ihrer Erzählungen, in deren Mittelpunkt immer eine Frau stand, umstritten sind, so war sie selbst doch eine emanzipierte Frau, die in freier Liebe mit Baron Bystram und dem Vorkämpfer der demokratischen Bewegung von 1848, Heinrich Simon lebte, weite Reisen unternahm und mit dem Ausspruch *„Schickt die Mädchen auf die Universitäten und die Knaben in die Nähschule und Küche: nach drei Generationen werdet ihr wissen ... was es heißt, die Unterdrückten zu sein"* berühmt wurde[8].

Während also frauenspezifische Themen, die sich auf die wohlbekannte Welt des Innen, des Hauses oder des Salons bezogen, zunehmend als weibliches, literarisches Sujet Anerkennung fanden, hatten Frauen, die sich in den sogenannten „männlichen Bereich" wagten, eher mit Ablehnung zu rechnen. Trotzdem gab es mehr und mehr Schriftstellerinnen, die den ihnen vorgeschriebenen Themenkreis sprengten und dabei eine durchaus neue Sichtweise entwickelten. Louise Astons Darstellung der Revolution von 1848 etwa beschreibt die Ereignisse eher aus der Perspektive der Nichtkämpfenden, der Machtlosen, was sie in eine eindeutige Gegenposition zur männlichen Geschichtsschreibung bringt. Auch in Louise Ottos Roman „Aus der Börsenwelt" siegen letztlich die Besitz- und Einflußlosen, womit sie sich zu einer Sicht bekennt, die, aus der Situation der Frau heraus verständlich, zugleich ein soziales Engagement einbringt, das in vielen Aspekten auch literarisch reizvoll ist. Ein heikles Thema faßte Else Jerusalem (1877-1914) mit ihrem 1905 erschienenen Roman „Der heilige Skarabäus" an, in dem sie völlig wertfrei die Probleme der Prostitution aus der Warte eines Mädchens schildert, das als Tochter einer Prostituierten in einem Bordell aufwächst. Mit der Frauenliebe hingegen setzte sich die heute völlig vergessene österreichische Schriftstellerin Marie von Najmájer (1844-1904) in ihren Gedichten und Erzählungen auseinander. Marie von Najmájer, die auch Dramen schrieb, engagierte sich außerdem für die alleinstehende und dabei besonders für die geistig arbeitende Frau. Sie veranlaßte die erste Stipendiumsstiftung für weibliche Studierende an der Universität Wien und ermöglichte durch großzügige Geldspenden die Gründung eines Pensionsfonds für Künstlerinnen und Schriftstellerinnen[9]. Ebenfalls ein Tabu durchbrach Hedwig Dohm in „Werde, die du bist", indem die Liebesfähigkeit einer alten Frau beschrieben wird. Während Johanna Kinkel in ihrem Roman „Hans Ibeles in London" stereotype Weiblichkeitsvorstellungen zerstört:

ihre Heldin ist aktives Mitglied einer politischen Gruppe und denkt und handelt als selbständiges Individuum.

Vereinzelt gab es aber auch radikale Schriftstellerinnen, die in ihrem literarischen Werk kompromißlos die Gleichberechtigung der Frau forderten. In Luise Mühlbachs (1814-1873) Roman „Aphra Behn" wird die Geschichte einer Frau geschildert, die als eine der ersten ihren Lebensunterhalt als Schriftstellerin bestritt, wobei Mühlbach schonungslos die Situation auch ihrer eigenen Generation beschreibt: *„Ich bin ein Weib, das ist mein ganzes Unglück, sagte sie. Man hat uns Frauen alles genommen, selbst das Recht des geistigen Schaffens! Wir dürfen nur die Sclavinnen unserer Männer sein, und ihnen Kinder gebären, das ist unsere Pflicht und unser Beruf, und wenn wir es wagen, eigne Gedanken, eigne Gefühle, eigne Anschauungen zu haben, dann schreit alle Welt: ein Sacrilegium, ein Sacrilegium! Ein entartetes Weib! Eine Frau, welche die Frechheit hat, ein denkendes Wesen zu sein, und es den Männern gleich thun zu wollen! Ich aber, ich will es den Männern gleich thun! rief sie mit energischer Kraft. Ich will frei sein, und ungebändigt! In dieser Stunde reiße ich mich los von all diesen beengenden Formen des Herkommens und der Schicklichkeit, in dieser Stunde breche ich mit all den Satzungen, in die man die Frauen eingezwängt hat. Ich will kein Weib mehr sein, sondern ein freies, fühlendes, denkendes und handelndes menschliches Geschöpf! Ich will das Recht haben, meinem eigenen Willen gemäß zu leben, ich will nicht fragen: schickt sich das? Ich will nicht mehr bangen um das Urtheil der Welt! Frei und kühn will ich der Stimme meines Herzens, den Eingebungen meines Geistes folgen, der Wahrheit will ich dienen, die Wahrheit soll mein Gewissen, und die einzige Richterin meiner Handlungen sein, und nur das, was nicht bestehen kann vor der inneren Wahrheit, das alleine werde ich eine Sünde nennen, weiter nichts!"*[10]

Wohin eine derart kühne Haltung allerdings manchmal führen konnte, zeigt das Schicksal der Schriftstellerin Helene von Druskowitz, die eine der interessantesten und wohl auch radikalsten österreichischen Autorinnen der Jahrhundertwende war, und die aus bislang unbekannten Gründen in die niederösterreichische Landesirrenanstalt Mauer-Oehling zwangseingewiesen wurde[11]. Sie schrieb dort noch zahlreiche Dramen, Gedichte und philosophische Abhandlungen, ehe sie 1918 starb. Helene von Druskowitz gehörte zu den ersten Frauen, die in Österreich die Matura ablegten. Sie war die zweite Frau, die nach einem Studium in Philosophie und Sprachen an der Universität Zürich den Doktortitel in Geisteswissenschaften erwarb. Die begabte Schriftstellerin stand in engem Kontakt mit berühmten Zeitgenossen wie etwa Friedrich Nietzsche und Conrad Ferdinand

Meyer. Als radikale Feministin erweist sie sich u.a. in ihrem 1903 erschienenem Manifest: „Der Mann als logische und sittliche Unmöglichkeit und als Fluch der Welt. Pessimistische Kardinalsätze", in dem sie zum Kampf gegen die Männerherrschaft aufruft. Feministische Gedichte schrieb auch Maria Janitschek (1859-1927), die sich leitmotivisch vor allem mit der Stellung der Frau in der Gesellschaft im allgemeinen und zum Mann im besonderen auseinandersetzt. Besonders ihr Gedicht „Ein modernes Weib", das eine Frau beschreibt, die ihren Vergewaltiger niederschießt, führte zu empörten Kommentaren in der Öffentlichkeit[12]. Eine interessante Schriftstellerin in Österreich war auch Ada Christen (d.i. Christiane von Breden 1839-1901), deren erster Gedichtband „Lieder einer Verlorenen" großes Aufsehen erregte. Ausgehend von eigenen, bitteren Erfahrungen erschloß sie damit Frauen neue Gefühls- undErlebniswelten. *„Es ist ein sehr ernstes, auch oft bitteres Buch; aber es ist kein faselicher Weltschmerz, man fühlt, es steht Lebendiges dahinter"*, meinte Theodor Storm dazu[13].

Gegen Ende des Jahrhunderts mehren sich dann die Namen jener Dichterinnen und Schriftstellerinnen, die eine gesicherte Existenz in der Ehe und Familie gegen die Freiheit eines ungesicherten Bohemienlebens eintauschen. Da ist Franziska Reventlow, die dem gräflichen Elternhaus in Husum den Rücken kehrte, um sich dem Schwabinger Künstlerleben anzuschließen, und die nie den Namen des Vaters ihres Sohnes preisgab. Da ist weiter Else Lasker-Schüler (1876-1945), auch sie Mutter eines Sohnes, die sich „Prinz von Theben", „Tino von Bagdad" und der „blaue Jaguar" nannte. Sie schrieb unzählige Gedichte, die anfangs Einflüsse der Frauenbewegung erkennen lassen, außerdem Prosaskizzen und Dramen. Die erste Gesamtausgabe ihrer Werke von 1919/20 umfaßt zehn Bände. 1933 floh sie nach Zürich, 1939 emigrierte sie nach Palästina, wo sie als arme und einsame Frau starb. Gottfried Benn hatte sie die „größte Lyrikerin, die Deutschland jemals besaß" genannt. Ein unstetes Wanderleben führte auch Paula Ludwig, Tochter eines Sargtischlers aus Vorarlberg. Sie arbeitete als Dienstmädchen, Hausiererin, Malermodell, und ging schließlich nach München, wo sie zuerst selbst malte, dann als Schauspielerin auftrat und schließlich Gedichte veröffentlichte. Zeitweise war sie die Geliebte Ivan Golls, dem sie den Gedichtband „Dem dunklen Gott" widmete. Auch die Lyrikerin und Dramatikerin Margarete Beutler suchte die Unabhängigkeit: *„Geboren bin ich am 13. Januar 1876 zu Gollnow in Pommern. Eine Liebe zu meinen Blutsverwandten habe ich nie gefühlt, deshalb ist es unnötig, sie zu nennen. Erzogen bin ich durch die treueste* *aller Kinderfrauen: die Sonne. Was in mir reifte, reifte durch sie. Eines Tages lockte sie mich aus dem Elternhaus, das weder düster noch fröhlich war. Ich ging, ohne umzuschauen."* Diese Frauen waren die ersten weiblichen Bohemiens, sie bezahlten ihre Freiheit mit finanzieller Unsicherheit und einer gewagten Existenz, die noch um einiges härter war als jene ihrer männlichen Berufskollegen.

„Wir aber, entartet
Und vielfach geschmäht
Wir Dunklen, wir Schweren ...
Wir keuchen und brechen
Fast unter der Last
Des gnädigen Schicksals
Das sie uns gab
Unsre sehende Seele ..."[14]

schreibt Margarete Beutler in ihrem Gedicht „Die Puppe". Sie trifft damit das Lebensgefühl vieler Schriftstellerinnen und Dichterinnen, die am Ende dieses Jahrhunderts zu neuen Ufern aufbrachen.

Die Frau im Ersten Weltkrieg

Von der patriotischen Kriegsbegeisterung am Beginn des Ersten
Weltkriegs wurden nicht nur Männer, sondern auch Frauen erfaßt.
Das Bedürfnis, „dem Vaterland zu dienen", die kämpfenden Männer
an der Front zu unterstützen und „nationale Verantwortung" zu
übernehmen, führte die Frauenvereine beinahe unisono zu entsprechenden Solidaritätskundgebungen. Vergleichsweise wenige Frauen
haben sich vom Anfang an konsequent für den Frieden eingesetzt.
Clara Zetkin gehörte dazu, Rosa Luxemburg, Anita Augspurg, Lida
Gustava Heymann, Minna Cauer, Helene Stöcker, Rosa Mayreder
und natürlich Bertha von Suttner, die allerdings den Ausbruch des
Krieges nicht mehr erlebte. Die Mehrheit jedoch wollte bei der allgemeinen Mobilisierung nicht abseits stehen, sondern sich als Teil des
Volksganzen begreifen, dem die Aufgabe zugefallen war, die Situation im Hinterland einigermaßen stabil zu halten, während die Männer an den Fronten kämpften. Tatsächlich war der Einsatz der Frauen
im Ersten Weltkrieg enorm. Sie haben nicht nur mehr und mehr die
freiwerdenden Arbeitsplätze der Männer besetzt, sondern auch umfangreiche Hilfsaktionen ins Leben gerufen und durch rationelle
Ausschöpfung sämtlicher Lebensmittelressourcen einen wichtigen
Beitrag zur Versorgungslage geleistet. Sie haben aber auch als „Kom-
panieschreiber" und „Feldwebel" in der Etappe gearbeitet, und waren als „Erdarbeiterinnen" mit dem Ausheben von Munitionsunter-
ständen und mit Schanzarbeiten beschäftigt. Sie arbeiteten im
Straßenbau, in Steinbrüchen und Schotterwerken, zogen Stachel-
drahthindernisse und ebneten Flugplätze ein[1]. Alles Tätigkeiten, die
der Vorstellung vom „schwachen" Geschlecht, das sich vornehmlich
„wesensgemäßen" Aufgaben zu widmen habe, zuwiderliefen.
Natürlich engagierten sich Frauen auch im traditionellen, ungeheuer
anstrengenden und sehr viel Selbstlosigkeit verlangenden Beruf der
Krankenpflegerin und folgten in dieser Funktion der kämpfenden
Truppe. Vereinzelt aber gab es auch schon Ärztinnen, die unter den
gleichen Gefahren und Belastungen wie ihre männlichen Kollegen
arbeiteten. Sogar weibliche Kriegsmalerinnen, wie die Österreiche-

rinnen Fritzi Ulreich und Stephanie Hollenstein sowie weibliche Kriegsberichterstatterinnen wie die berühmte Alice Schalek hielten sich in der Nähe der Front auf. Weshalb sich Kaiser Franz Joseph bereits im Herbst 1915 entschloß, Tapferkeitsmedaillen für besondere Verdienste auch an Frauen zu verleihen[2].

Noch auffallender waren diese Umschichtungen im Arbeitsbereich jedoch im Hinterland, wo Frauen mehr und mehr begannen, sogenannte „Männerberufe" zu ergreifen. Sie arbeiteten als Schaffnerinnen und Eisenbahnerinnen, als Briefträgerinnen und Schalterbeamtinnen, sie hantierten mit Preßlufthämmern, montierten Motorpflüge und wurden in den letzten Kriegsmonaten sogar zu Militärlastwagenfahrerinnen ausgebildet. Auch in reinen „Männerindustrien", in der Metallverarbeitung, im Hüttenwesen und im Maschinenbau stieg der Frauenanteil rasch an. Gehörten im Juli 1914 im Deutschen Reich nur 7 Prozent der Arbeitskräfte dem weiblichen Geschlecht an, waren es zwei Jahre später bereits 23 Prozent. Auch die Elektroindustrie konnte ihren Frauenanteil in diesem Zeitraum mehr als verdoppeln, und zwar von 24 Prozent auf 55 Prozent[3]. Gleichzeitig wurden sämtliche Arbeiterschutzbestimmungen aufgehoben, Frauen sollten also wieder mehr als zehn Stunden täglich ebenso wie an Sonntagen arbeiten und darüber hinaus auch in Nachtschichten und im Untertagbergbau beschäftigt werden. Weil der Unterhaltsbeitrag, den der Staat den Familien Eingerückter bezahlte, keinesfalls die nötigsten Bedürfnisse befriedigen konnte, waren viele Frauen auch auf eine Erwerbstätigkeit angewiesen, was von Arbeitgebern oft schamlos ausgenützt wurde. Waren doch Frauenlöhne nach wie vor wesentlich niederiger als jene der Männer. Sogar die angestaunte und in Liedern und Gedichten besungene Wiener Schaffnerin erhielt nur einen Tageslohn von 3,60 Kronen, während der männliche Kollege 3,90 Kronen kassieren konnte[4]. Zu den langen, anstrengenden und unterbezahlten Arbeitszeiten kam dann noch eine immer katastrophaler werdende Versorgungslage, die in ihren Auswirkungen wiederum hauptsächlich Frauen betraf. Der tägliche Speisezettel mußte scharf kalkuliert, die Ernährungsgewohnheiten mußten verändert werden. Kriegskochbücher kamen heraus, die sich mit einer möglichst rationellen Verwertung des Vorhandenen befaßten, „Kriegsgemüsegärten" wurden angelegt und illegale „Hamsterfahrten" durchgeführt. Ab April 1915 mußten in Österreich Zuteilungsmarken für Lebensmittel eingeführt werden, was stundenlanges Anstellen vor den Lebensmittelgeschäften zur Folge hatte. Es ist daher verständlich, daß die Ende 1915 ausbrechenden ersten Lebensmittelkrawalle vornehmlich von Frauen getragen wurden, die damit die Tradition vorindustrieller Brotunruhen

Im Ersten Weltkrieg wurden Frauen verstärkt dazu herangezogen,
die freigewordenen Arbeitsplätze der Männer an der Front auszufüllen:
Sie waren Briefträgerinnen, Schuhputzerinnen und Straßenbahnschaffnerinnen.

fortsetzten. Auch an den Streiks vom April 1917, die unter dem Motto „Brot, Frieden und Freiheit" stattfanden, und an denen sich allein in Berlin etwa 200.000 Menschen beteiligten ebenso wie an den Jännerstreiks von 1918 waren Frauen als Mitstreikende und Organisatorinnen maßgeblich beteiligt[5].

Als dann schließlich infolge ungeheurer und anhaltender Belastungen der Gesundheitszustand der Arbeiterin eine effektive Produktion nicht mehr zu gewährleisten schien, begannen sich die staatlichen Behörden zu beunruhigen. Im Deutschen Reich wurden daher von der Frauenarbeitszentrale im Kriegsamt, die für die Anwerbung weiblicher Arbeitskräfte für die Rüstungswirtschaft zuständig war und unter der Leitung von Dr. Marie-Elisabeth Lüders stand, Richtlinien ausgegeben, die „mit dem Ziele höchster Produktionssteigerung ... die Arbeitsfähigkeit und Arbeitswilligkeit der weiblichen Arbeitskräfte" auf die verschiedenste Art und Weise zu fördern hatten. Unter anderem sollten zur Unterstützung und Entlastung der Frau vermehrt Mütterberatungsstellen, Säuglingsfürsorgestellen und Stillstuben aber auch Krippen, Kindergärten und Horte geschaffen werden[6]. Maßnahmen, die auch stark vom bevölkerungspolitischen Aspekt geprägt waren, hatte sich doch die Sorge über den seit etwa 1910 statistisch festgestellten Geburtenrückgang beinahe zur Hysterie gesteigert, die das baldige Aussterben des deutschen Volkes prognostizierte. Deshalb wurden auch die Strafen für Abtreibungen verschärft und der Handel mit empfängnisverhütenden Mitteln untersagt. Auch die 1915 gegründete „Deutsche Gesellschaft für Bevölkerungspolitik" propagierte Maßnahmen zur Steigerung der Geburtenrate, vor allem einen verbesserten Arbeiterinnenund Mutterschutz, aber auch eine sorgfältigere Säuglings- und Kinderpflege.

Um diese verschiedenen fürsorgerischen Maßnahmen zu koordinieren wurden von den Frauenorganisationen Zentralstellen geschaffen, die für entsprechende Hilfeleistungen, aber auch für Arbeitsvermittlung zuständig waren. In Österreich war es die „Frauenhilfsaktion im Krieg", die durch die Gründung eines Hilfsfonds, die Einrichtung einer Arbeitsvermittlungsstelle und diverse Hilfsmaßnahmen vor allem die Situation der wirtschaftlich Schwachen verbessern sollte. Außerdem richteten zahlreiche lokale Frauenvereine Stadtküchen und Kleiderdepots ein, sie kochten Marmelade und Kompotte für Hilfsbedürftige und organisierten Landaufenthalte für unterernährte Arbeiterkinder. In Deutschland formierte sich auf Initiative der Vorsitzenden des Bundes Deutscher Frauenvereine, Gertrud Bäumer, der „Nationale Frauendienst", dem auch die konfessionellen und vaterländischen Frauenvereine angehörten. Sein Arbeitsprogramm gliederte sich in drei Punkte: 1) Mitarbeit an der Erhaltung einer gleichmäßigen Lebensmittelversorgung. 2) Fürsorge für solche Familien, deren Ernährer durch den Krieg arbeitslos geworden sind, und 3) Arbeitsvermittlung für Frauen[7]. Im Juni 1918 beschloß dann die deutsche Oberste Heeresleitung, kriegsverwendungsunfähige Soldaten der Nachrichtentruppe an der Front und in der Heimat ebenso wie in den Stäben der Heeresgruppen durch weibliche Kräfte zu ersetzen[8]. Dabei sollte eine umfangreiche Propaganda in den „Filmtheatern", vor allem die „gebildeten Frauen" ansprechen. „Das Vaterland braucht gebildete Frauen und Mädchen beim weiblichen Nachrichtenkorps" heißt es da. Oder: „Sollen gebildete Frauen nicht den Krieg gewinnen helfen? Das Weibliche Nachrichtenkorps". Sogar eine eigene Uniform wurde für die „Nachrichtlerinnen" geschaffen, womit einer immer wieder gestellten Forderung der Frauenreferate, die bislang nicht nur am Tuchmangel, sondern auch an der Vorstellung vom „typisch weiblichen Beruf" gescheitert war, endlich Rechnung getragen wurde. Der Einsatz dieser ersten deutschen Frauen, die in den Soldatenstand aufgenommen worden waren, wurde allerdings durch den Waffenstillstand vom November 1918 verhindert, was jedoch keinesfalls die Auflösung des weiblichen Nachrichtentrupps bedeutete. Vielmehr stimmte das Kriegsministerium im Februar 1919 der Bildung einer weiblichen Nachrichtenabteilung des Ostpreußischen Freiwilligenkorps zu, die vorerst mit 120 Freiwilligen, welche bald auf 400 anwuchsen, den ersten Lehrgang im Mai 1919 begann. Die ausgebildeten Funkerinnen, Fernsprecherinnen und Telegrafistinnen wurden dann in Königsberg, im von deutschen Truppen besetzten Baltikum und in Standorten im Bereich des I. Armeekorps tatsächlich eingesetzt. Die Frauen genossen im allgemeinen als pflichtbewußte und fleißige Arbeiterinnen einen guten Ruf, wie aus den Äußerungen einer ehemaligen Nachrichtlerin hervorgeht: „*Der Geist unter den Nachrichtlerinnen war gut und kameradschaftlich. Die strengen Vorschriften, der gemeinsame Dienst und das Pflichtbewußtsein der Nachrichtlerinnen schufen bald eine gut geschulte weibliche Truppe, die nach Aussage der Vorgesetzten Ausgezeichnetes leistete. Namhafte militärische Führer haben sich lobend über die verdienstvolle Tätigkeit der Nachrichtlerinnen ausgesprochen.*"[10]. Die emanzipatorische Wirkung dieses umfassenden Einsatzes von Frauen ist nicht zu unterschätzen. Wieder – so wie bereits in den Revolutionsjahren 1848/49, – hatten Frauen bewiesen, daß sie durchaus fähig und in der Lage waren, sogenannte Männerarbeit zu übernehmen. Daß diese Entwicklung überraschend und unvorbereitet gekommen war, läßt sich unter anderem an der höchst unvorteilhaften und unpraktischen Kleidung ablesen, in der

Frauen ihren anstrengenden Dienst tun mußten. Lange Röcke waren ebenso beim Straßenbau wie als Briefträgerin und Postkutscherin obligatorisch. Lediglich vereinzelt wagten Fabrikarbeiterinnen, vor allem in der Rüstungsindustrie, ihre hinderlichen Röcke durch praktischere Männerhosen zu ersetzen.

Aber nicht nur bezahlte Berufsarbeit, auch die Vielzahl von ehrenamtlichen Tätigkeiten verschafften Frauen ein neues Selbstbewußtsein. War doch die freiwillige Sozialarbeit, immer schon eine Domäne der Frau, immens aufgewertet worden. Sie wurde zum wichtigen Bestandteil der eigentlichen Kriegführung, „für den endgültigen Sieg Deutschlands ebenso notwendig ... wie unsere Waffenerfolge in Feindesland"[11], und war daher entsprechend gewürdigt und anerkannt. Ihr mit großem Engagement geführter „Dienst am Vaterland" verschaffte Frauen ein Mitspracherecht in der kommunalen Verwaltung und Wohlfahrtspflege und brachte ihnen auch öffentliche Ehrungen ein. Wie sehr dieser Einsatz mit der Hoffnung auf Belohnung durch endliche Gewährung der Gleichberechtigung verbunden war – und daß dies von Männern auch so verstanden wurde –, zeigt ein von Helene Granitsch in ihrer Broschüre „Kriegsdienstleistung der Frauen" aus dem Jahre 1915 mit Emphase zitierter Ausspruch des Wiener Bürgermeisters. Er habe, hieß es hier, die „öffentliche Versicherung" abgegeben, „daß sich die Frauen mit der in so ernster Stunde geleisteten, pflichtbewußten Arbeit auch für die kommenden Zeiten des Friedens das immerwährende Recht erworben haben, an der kommunalen Arbeit als beratende und ausübende Mitglieder teilzunehmen"[12].

Umso härter traf viele Frauen die sogenannte Demobilmachung nach dem Krieg, die sie zumindest zum großen Teil wiederum zurück an ihren „angestammten" Platz in der Familie verwies, um für die heimkehrenden Männer Arbeitsplätze zu schaffen. Wenn auch so manche Frau ihre anstrengende Tätigkeit in der Fabrik ganz gerne mit jener am Herd vertauscht haben mag, so blieb doch ganz generell das frustrierende Gefühl, wieder einmal Lückenbüßer gewesen zu sein, und das bißchen Freiheit, Ansehen und eigenen Verdienst lediglich dem Umstand zu verdanken, daß die Frau in dieser Rolle halt gerade gebraucht wurde. Trotzdem ist eine völlige Rückführung in die Familie oder in sogenannte „weibliche" Berufe nicht mehr gelungen, ein gewisser, wenn auch schmaler Prozentsatz von Frauen hat die einmal errungene Position behauptet. Zumindest aber ist die Ansicht von der strikten Geschlechterteilung schwer erschüttert worden. Sie ließ sich in dieser ausgeprägten Form auch nicht wieder herstellen.

Frauen und Frieden

Daß Weiblichkeit nicht unbedingt gleichzeitig Friedfertigkeit bedeuten muß, hat der Einsatz der Frauen im Ersten Weltkrieg ebenso wie in den Revolutionsjahren schlüssig bewiesen. Wenngleich die Frage, ob Frauen im Grunde nicht vielleicht doch die besseren Pazifistinnen sind, so einfach nicht zu beantworten ist. Zum einen läßt sie ihre geschlechtsspezifische Sozialisation als Friedensträgerinnen geeigneter erscheinen, zum anderen war vor allem ihre Solidarität mit den kämpfenden Männern die treibende Kraft. Denn obwohl es immer wieder auch kämpfende Frauen gab, waren diese doch eher eine Ausnahmeerscheinung, keinesfalls die Regel. Generell drängten Frauen nicht zu den Waffen, und wie Interviews mit Frauen, die in militant agierenden Widerstandsbewegungen auch im Gebrauch der Waffe ausgebildet wurden, beweisen, haben sie auch während des Trainings keine besondere Beziehung dazu entwickelt. Waffen schienen ihnen eher suspekt und sie waren froh, wenn sie keinen Gebrauch davon machen mußten[1]. Trotzdem ist die Ansicht von der angeborenen Friedfertigkeit der Frau mit einem großen Fragezeichen zu versehen. Beweis wie Gegenbeweis stehen bislang aus. Viele Pazifistinnen vor und während des Zweiten Weltkrieges waren davon überzeugt und erklärten die Kriegsbegeisterung so mancher Geschlechtsgenossin mit der „Wesensversklavung" jener Frauen, die eine männliche Weltauffassung übernommen hätten. Und wirklich fällt auf, daß Kriegsbefürworterinnen vornehmlich in den Reihen der gemäßigten Frauenbewegung zu finden waren, die sich am wenigsten von männlichen Wertvorstellungen gelöst hatte und daher im Krisenfall auch am ehesten bereit war, diese neuerlich vollinhaltlich zu übernehmen. Die Betonung ihrer Loyalität zu den Männern und zum Vaterland, das in diesen schweren Zeiten unterstützt und nicht im Stich gelassen werden dürfe, verbunden mit der Hoffnung auf baldigen und dauerhaften Frieden zieht sich denn auch wie ein roter Faden durch sämtliche Kriegsaktivitäten konservativer Frauenvereine. Die radikalen Feministinnen hingegen, die eine Kooperation mit Männern von Anfang an weitgehend verweigert haben, waren auch fast immer die radikalsten Pazifistinnen, woran sich bis zum heutigen Tag wenig geändert hat. Bertha von Suttner allerdings, die Gründerin der Österreichischen (1891), Deutschen (1892) und Ungarischen (1895) Friedensgesellschaft teilte die Ansicht von der naturgegebenen Friedlichkeit der Frau nicht. Das hatte seinen guten Grund. Mußte sie doch ständig gegen die Gefahr ankämpfen, als Frau in ihrem Anliegen nicht wirklich ernst genommen, sondern als „unmännlich", „weibisch" oder „ängstlich" hingestellt zu werden.

„Die Waffen hoch! Das Schwert ist Mannes eigen
Wo Männer fechten, hat das Weib zu schweigen",

gab der damals prominente Schriftsteller Felix Dahn den Zeitgeist wieder. Selbst der sensible Rainer Maria Rilke dichtete unmißverständlich:

„Es galt den edlen Männern aller Zeiten
Als ihres Strebens schönster, höchster Lohn,
Für's Vaterland zu kämpfen und zu streiten
Als ganzer Mann und als getreuer Sohn ...
Doch heute sind verhallt die Kampfeslieder,
Herein bricht eine neue feige Zeit,
Erbärmlich murmeln sie die Waffen nieder!
Genug, genug, wir wollen keinen Streit." [2]

Um also nicht in den Ruf „feiger Weiblichkeit" zu geraten, war Bertha von Suttner bemüht, einerseits vor allem Männer für ihre Bewegung zu gewinnen, und andererseits die Vorstellung von der weiblichen Friedensliebe zu zerstören. *„Es ist durchaus nicht richtig, wie manche behaupten, die in der Friedensbewegung eine unmännliche Sentimentalität sehen, daß alle Frauen von Natur aus dem Kriege abhold sind. Nein, nur die fortschrittlich gesinnten Frauen, nur solche, die sich zu sozialem Denken erzogen haben, sind es, die die Kraft haben, sich von dem Banne tausendjähriger Institutionen zu befreien, und zugleich die Kraft aufbringen, dieselben zu bekämpfen."* [3] Mit dieser Darstellung hatte sie sicher recht! Doch blieb es ihr erspart, erleben zu müssen, wie sich die meisten, vor allem gemäßigten Frauengruppen bei Beginn des Krieges aus der Friedensbewegung zurückzogen. Der „Bund österreichischer Frauenvereine" (BÖFV) beispielsweise, die mitgliederstärkste Organisation in Österreich, hatte vor dem Krieg ein eigenes Friedenskomitee eingerichtet, in dem bis 1914 Bertha von Suttner den Vorsitz führte. Nach ihrem Tod übernahm Marianne Hainisch, die eine Verehrerin und Freundin der Suttner war, die Leitung und schwächte nach Ausbruch des Krieges ihr pazifistisches Engagement deutlich ab: *„Wir sind tief erschüttert und beklagen den Krieg, er trifft* *uns furchtbar, aber dennoch können wir dagegen nichts tun. Es wäre Verrat am Vaterland und an unseren Männern, die es verteidigen, wenn wir jetzt für den Frieden eintreten würden."*[4] Als im April 1915 das „Internationale Frauenkomitee für dauernden Frieden" in Den Haag tagte, an dem trotz Gegenmaßnahmen seitens der Regierungen Pazifistinnen aus 12 Ländern, vornehmlich aus dem radikalen Flügel der bürgerlichen Frauenbewegung, teilgenommen hatten, lehnte der BÖFV eine Beteiligung mit dem Hinweis ab, *„daß der Grund, der in seltener Einmütigkeit alle größeren Frauenorganisationen von dem Kongreß ferngehalten hat, konzentrierte Vaterlandsliebe ist."* [5]

Ebenso sprach sich der „Bund Deutscher Frauenvereine" (BDF) unter der Leitung Helene Langes gegen eine Beteiligung am Friedenskongreß aus, da dies „unvereinbar mit der vaterländischen Gesinnung und der nationalen Verpflichtung der deutschen Frauenbewegung" sei[6], und die radikalen Pazifistinnen Lida Gustava Heymann und Anita Augspurg, die an dem Kongreß teilgenommen hatten, wurden ausgeschlossen. Auch Gertrud Bäumer, von 1910 bis 1919 Vorsitzende des BDF, hat sich 1914 vorbehaltlos für die deutsche Kriegspolitik eingesetzt. Der BDF distanzierte sich allerdings bereits vor Ausbruch des Krieges von der internationalen Friedensbewegung und nahm auch mit Bertha von Suttner, deren Roman „Die Waffen nieder" (1889) in Deutschland die Friedensbewegung initiierte, keinen Kontakt auf.

Suttners Roman, der das Schicksal einer Frau beschreibt, die durch schreckliche Erlebnisse in vier Kriegen zur Friedenskämpferin wird, erschien bis zum Jahre 1910 in rund 30 Auflagen und wurde in fast alle europäischen Sprachen übersetzt. 1905 erhielt sie als erste Frau den Friedensnobelpreis, der auf ihre Anregung von dem Chemiker Alfred Nobel, bei dem sie als Sekretärin gearbeitet hatte, gestiftet worden war. Zu einer ersten Friedenskundgebung von Frauen kam es allerdings bereits 1899 anläßlich der ersten internationalen Friedenskonferenz in Den Haag, die auf Initiative von Margarethe Selenka, einem Mitglied der Münchner Friedensgesellschaft, veranstaltet worden war. Gleichzeitig fanden in 18 europäischen und außereuropäischen Ländern insgesamt 565 öffentliche Frauenversammlungen statt, in denen Frauen ihren Friedenswillen zum Ausdruck brachten. In Österreich kam es nicht zu jener „Massenbeteiligung der organisierten bürgerlichen Frauen", wie sie von Anita Augspurg erhofft worden war. Immerhin verlas Auguste Fickert bei einer Versammlung des Allgemeinen österreichischen Frauenvereins eine Resolution zur Unterstützung der Haager Friedensbemühungen, die dann von der Suttner an Margarethe Selenka weitergereicht wurde. Der „Allgemeine Österreichische Frauenverein" (AÖFV) hatte ja vom Anfang an eine konsequente pazifistische Haltung eingenommen. Vor allem Rosa Mayreder setzte sich auch während des Krieges für den Frieden ein. Die Frauen des radikalen Flügels der bürgerlichen Frauenbewegung arbeiteten mit Flugblättern und Friedensschriften und gründeten eine „Friedenspartei" als Sektion des AÖFV, die trotz des Verbotes pazifistischer Tätigkeit in kurzer Zeit etwa 1000 Mitgliedcr besaß. Pazifistinnen der radikalen bürgerlichen Frauenbewegung in Deutschland waren neben Lida G. Heymann und Anita Augspurg unter anderem Helene Stöcker, Minna Cauer, Frida Perlen, Auguste Kirchhoff und Margarethe Selenka gewesen. Trotz scharfer polizeilicher Gegenmaßnahmen konstituierte sich auch hier ein Frauenausschuß für dauernden Frieden, der 1917 in 29 Städten Vertrauenspersonen hatte[7].

Neben den Anhängerinnen der radikalen bürgerliche Frauenbewegung zählten die Sozialdemokratinnen zu den konsequentesten Kriegsgegnern, doch scheiterte der Versuch bürgerlicher Frauen, mit ihnen zusammenzuarbeiten, an nicht zu vereinbarenden politischen Gegensätzen. Das pazifistische Engagement sozialdemokratischer Frauen war auch meist nicht feministisch begründet, sondern eine Lösung feministischer Ziele wurde automatisch mit einem Sieg des Sozialismus verknüpft. 1907 fand zum ersten Mal eine internationale sozialistische Frauenkonferenz in Stuttgart statt, an der sich Frauen aus 15 Ländern „gegen Militarismus und Kriegsgefahr" aussprachen. Weiters wurde im Jahr 1910 auf der Zweiten Internationalen Sozialistischen Frauenkonferenz in Kopenhagen eine Resolution zum „Kampf für den Frieden" verabschiedet, in der u.a. die Mütter zu einer antimilitaristischen Erziehung ihrer Kinder aufgefordert wurden. Vor allem nach Kriegsausbruch verstärkten die deutschen Sozialdemokratinnen ihr pazifistisches Engagement, während sich die Österreicherinnen vorläufig abwartend verhielten. Obwohl sich vor allem Adelheid Popp immer zum Frieden bekannt hatte, blieben die österreichischen sozialdemokratischen Frauen der internationalen sozialistischen Frauenkonferenz in Bern, die Clara Zetkin im März 1915 initiiert hatte, fern. Der Kommentar in der Arbeiterinnenzeitung lautete dazu: *Die Meinung der Genossinnen war geteilt. Aber nach einer langen und sachlichen Debatte im Beisein Viktor Adlers wurde beschlossen, die Delegation nach Bern abzulehnen.*"[8]

Erst im Winter 1917, nachdem die Regierung zu Zwangsmaßnahmen gegriffen hatte, um genügend Arbeiterinnen in „kriegswichtigen" Betrieben anzustellen, begannen auch österreichische Sozialdemokratinnen für den Frieden aktiv zu werden. Die sozialistische Frauenkonferenz in Bern, an der sozialdemokratische Frauen aus acht Ländern teilgenommen hatten, endete mit der Verhaftung Clara Zetkins wegen versuchten Landesverrats. Anlaß dazu gab ein Manifest gegen den Krieg und für die soziale Revolution, das in einigen Hunderttausenden Exemplaren illegal in Deutschland verbreitet worden war. Rosa Luxemburg war bereits im Februar wegen Aufhetzung zum militärischen Ungehorsam inhaftiert worden. Einen Monat nach der sozialistischen Frauenkonferenz fand der Erste Internationale Friedenskongreß der bürgerlichen Frauen vom 28. April bis 1. Mai in Den Haag statt. Er war von Frauen aus der Stimmrechtsbewegung angeregt worden und wurde von 1126 Delegierten aus 12 Ländern beschickt. U.a. wurde hier ein „Internationales Komitee für dauernden Frieden" geschaffen, in dem sich im Laufe des Krieges auch die österreichischen Pazifistinnen sammelten. Eine weitere wichtige Aktivität setzte der Friedenskongreß mit der Gründung „Nationaler Frauenausschüsse für dauernden Frieden", die sich in kürzester Zeit in ganz Deutschland mit den Hauptzentren Hamburg, Stuttgart und München bildeten[9].

Ebenfalls 1915 gründeten Rosika Schwimmer, die amerikanische Sozialreformerin Jane Addams (1860-1935) und die Suffragette Emmeline Pethik-Lawrence die „Woman's Peace Party", die vor allem die Einberufung einer Konferenz neutraler Staaten zur Beendigung des Krieges, Beseitigung der ökonomischen Kriegsursachen, internationale Rüstungsbegrenzung, Verstaatlichung der Waffenproduktion und demokratisches (Frauen) Wahlrecht forderten[10].

Weitere internationale Organisationen, die sich im Rahmen der bürgerlichen Frauenbewegung für pazifistische Ziele engagierten, waren der „Internationale Frauenbund" und der „Weltbund für Frauenstimmrecht". Das „Internationale Komitee für dauernden Frieden" wurde dann 1919 in Zürich in die „Internationale Frauenliga für Frieden und Freiheit " (IFFF) umbenannt, die in den folgenden Jahren internationale Zusammenkünfte von Frauen u.a. in Wien, Washington, Dublin, Prag und Zürich veranstaltete. Vom Anfang an kämpfte die Liga gegen die Beschlüsse von Versailles, in denen sie den Keim zu einem neuen Krieg erkannte. Wichtige Anliegen waren bis zu Beginn des Zweiten Weltkriegs die allgemeine Abrüstung und der Widerstand gegen den Nationalsozialismus. Angesichts der technologischen Entwicklung zu Kriegszwecken beschlossen die Frauen des IFFF 1929, eine Kommission zur Aufklärung über den Krieg für genaue wissenschaftliche Studien und Analysen einzusetzen. Die „Internationale Konferenz über die modernen Kriegsmethoden und den Schutz der Zivilbevölkerung" fand in Frankfurt/M statt und erregte weltweites Aufsehen. Die österreichische Sektion des IFFF trat zum ersten Mal im August 1919 an die Öffentlichkeit[11]. Sie bestand aus drei Gruppen, wobei die politische Gruppe unter der Leitung Rosa Mayreders die größte Bedeutung hatte. Eine weitere Gruppe befaßte sich mit sozialen Fragen und die dritte mit den Problemen der Arbeiter. Ab 1934 widmeten sich die Frauen des IFFF in Österreich vornehmlich pädagogischen Fragen, um zumindest auf diese Art und Weise ihre pazifistischen Ideen verwirklichen zu können.

Auch der BÖFV bemühte sich nach dem Krieg, sein pazifistisches Engagement wieder aufzunehmen. Er war auf internationaler Ebene in den „Internationalen Frauenbund" eingegliedert, der ca. 40 Millionen Frauen aus aller Welt vertrat, die dem bürgerlich- konservativen Lager angehörten und somit das größte internationale Frauenforum bildeten. Marianne Hainisch hatte 1929 außerdem die Idee, eine Frauenpartei zu gründen, deren vornehmlichstes Ziel die Friedenssicherung sein sollte. Bereits 1932, als Marianne Hainisch aus Altersgründen den Vorsitz der ehemaligen Vizepräsidentin Helene Granitsch überließ, konnte die Partei auf 400 Versammlungen hinweisen. Ein starkes pazifistisches Engagement zeigte in der Zwischenkriegszeit auch die Sozialdemokratie. Vor allem die Internationale der Sozialdemokratinnen widmete sich pazifistischen Problemen und gab Anleitungen für Aktionen der Arbeiterinnenbewegung. Als im September 1931 die 4. Internationale Frauenkonferenz in Wien stattfand, wandten sich die Frauen in ihrer Resolution in erster Linie gegen den Faschismus: „Faschismus beruht auf Gewalt und Autokratie. Er bedeutet das Ende jeden Fortschritts für die Frau."[12] In Österreich schlossen sich die Frauen den „Nie wieder Krieg"- und „Krieg gegen Krieg"-Bewegungen der Sozialdemokratie an, die gemeinsam mit den „1. Mai-Feiern" abgehalten wurden. Im Jahr 1929 etwa beteiligten sich etwa 250.000 Frauen an einem Marsch, wo für „Krieg dem Krieg", „Völkerverbrüderung" und „internationale Solidarität" plädiert wurde[13]. Ab 1929 verstärkte sich der Kampf der österreichischen sozialdemokratischen Frauen gegen faschistische Tendenzen. Auf dem Frauentag von 1931 wurde ein an Sozialdemokratinnen gerichteter Appell ausgearbeitet, *„daß gerade sie den Phrasen des Nationalsozialismus, den Rassentheorien und der falschen Ethik nicht huldigen sollten, sondern menschlich agieren."*[14] Noch 1934 veröffentlichten die sozialdemokratischen Frauen Österreichs in „Die Frau" einen Aufruf zum Kampf gegen den Faschismus, in dem die drohende Gefahr deutlich erkannt wurde: „*Seit dem Weltkrieg war die Situation noch nie so schlimm! Obwohl die Leiden noch bewußt sind, spricht man dennoch wieder von Krieg! Wehrt Euch gegen den Wahnsinn des Krieges! ... Faschismus bedeutet Krieg ... Nieder mit der Völkerverhetzung! ... Wir kämpfen für Abrüstung und internationale Völkerverständigung – für Arbeit, Freiheit und Friede! Wir, die sozialistischen Frauen der Welt!*" [15] Das war der letzte öffentliche Aufruf der österreichischen Sozialdemokratinnen, denn nach den Februarkämpfen 1934 wurde die Partei verboten. Der Widerstand formierte sich ab nun im Untergrund. Zu einer letzten internationalen Zusammenarbeit von Frauen kam es jedoch 1932 im Rahmen des von Romain Rolland, Albert Einstein, Maxim Gorki u. a. einberufenen Antikriegskongresses in Amsterdam, an dem nicht nur Frauen verschiedenster Länder sondern auch verschiedenster politischer Richtung zusammenkamen. Im internationalen Frauenkomitee zur Vorbereitung des Kongresses arbeiteten u.a. Clara Zetkin, Helene Stöcker, Käthe Kollwitz und die Frauen des IFFF[16].

Die „goldenen Zwanziger"

Trotz Demobilmachung, neuerlicher „Zurück-an-den-Herd" Devise und Weltwirtschaftskrise ließen sich Frauen in der Zwischenkriegszeit nicht mehr so ganz in die traditionelle Rolle pressen. Sie begannen sich nicht nur weltweit zu organisieren, sondern sie schufen auch den neuen Typ der zwanziger Jahre, der als eigentlicher Beginn weiblicher Emanzipation in die Geschichte eingegangen ist. An der „neuen", sportlichen, auch erotischen Frau mit dem Bubikopf, den lediglich knielangen Kleidern, dem Zigarettenspitz und dem forschen Auftreten entzündeten sich die Diskussionen, sie wurde verherrlicht oder verworfen, hochgejubelt oder verdammt. Die Scharen weiblicher Angestellten, die Sekretärinnen, Stenotypistinnen und Verkäuferinnen, die ihr eigenes Geld verdienten, Sport betrieben, sich in Berufsverbänden und Jugendgruppen organisierten und mit dem anderen Geschlecht zwanglosen Umgang pflegten, galten als Prototyp der befreiten Frau. Ein Leitbild wurde geschaffen, jenes der jugendlichen, selbständigen Emanzipierten, die einen Beruf hatte, Foxtrott tanzte, ein Auto chauffierte und das Leben genoß. Wie brüchig dieses Image allerdings im Grunde war, erkannte die Psychologin Alice Rühle-Gerstel bereits 1932: *„Ein halbseidener Beruf, halbseiden wie die Strümpfe und Hemdchen der Ladenfräulein, halbseiden wie ihr Gemüt und ihre Gedankenwelt ... Ihrer wirtschaftlichen Situation gemäß Proletarierin, ihrer Ideologie nach bürgerlich, ihrem Arbeitsfeld zufolge männlich, ihrer Arbeitsgesinnung nach weiblich. Schillernde Gestalten, von schillerndem Reiz oft, ebenso oft von schillernder Fragwürdigkeit, auf alle Fälle von schillernder Sicherheit ihres sozialen und seelischen Daseins."*[1]

Denn die tatsächliche Situation dieser neuen, ihre Umgebung in Aufregung versetzenden weiblichen Generation war trotzdem meist eine andere als jene, die von Magazinen und vom Film verherrlicht wurde. Häufig war sie eine kleine Angestellte mit magerem Gehalt, eine Sekretärin, die sich nach ganztägiger monotoner Arbeit an der Schreibmaschine mit ein bißchen Tand und Flitter herausputzte, eine

Verkäuferin, die keinesfalls immer nur acht Stunden, sondern manchmal auch sonntags hinter dem Ladentisch stand, oder ein Telefonfräulein, an dem nur das Image aufregend war, nicht jedoch die eigentliche Arbeit. Anders als ihre männlichen Kollegen hatten Frauen auch kaum eine Chance, ihre Positionen zu verbessern, was einerseits an ihren geringeren beruflichen Qualifikationen, andererseits aber auch am Widerstand männlicher Angestellter gegen weibliche Vorgesetzte lag. Natürlich verdienten sie auch weniger Geld. Nach den Gehaltserhebungen des deutschen Gewerkschaftsbundes der Angestellten waren über 70 Prozent seiner weiblichen Mitglieder in den beiden untersten Tarifgruppen eingeteilt, aber nur ein Drittel der männlichen[2]. Eine eigene Wohnung konnten sich die Mädchen unter diesen Umständen nur in den seltensten Fällen leisten, meistens lebten sie bei den Eltern, wo sie nach Dienstschluß noch zu Hausarbeiten herangezogen wurden, während sich ihre Brüder den wohlverdienten Feierabend gönnten. Kein Wunder also, daß das erstrebenswerteste Ziel aller dieser Mädchen nach wie vor die Ehe war, ein Umstand, der in den Groschenromanen einen lebhaften Niederschlag fand. Das (Traum)Bild von der kleinen Angestellten, die schließlich dem Märchenprinzen in Gestalt des ehemaligen Chefs oder eines vornehmen Kunden die Hand zum Ehebund reicht, ließ den Töchtern aus dem Kleinbürgertum oder dem Arbeiterstand die Arbeit attraktiver erscheinen. In der Regel heirateten sie allerdings einen Angehörigen des eigenen Standes, worauf sie dann meist aus dem Berufsleben ausschieden. Es gab aber auch genug Frauen, die aus finanziellen Gründen weiter arbeiteten. Diese hatten wahrlich nicht das bessere Los gezogen, mußten sie doch jetzt zusätzlich zu ihrem Beruf auch noch Mann und Kinder versorgen. Die „neue Frau" hatte auf jeden Fall mit der Ehe meist ihr Ende gefunden, denn ab diesem Zeitpunkt war nicht mehr die selbständige „Emanzipierte", sondern das den Mann umsorgende Hausmütterchen gefragt.

Trotzdem hatte diese junge Generation nicht nur die schwüle Erotik und das mit Fischbeinstäbchen verstärkte Mieder ihrer Mütter und Großmütter abgeworfen, sie hatte sich auch einen gewissen Freiraum erobert, der ihren Vorgängerinnen verwehrt geblieben war. Neues Credo und neue Offenbarung war dabei der Tanz! Zuerst elektrisierten Foxtrott und Tango, dann war es der „Shimmy", schließlich griff das Charleston-Fieber um sich. Der enthemmte Einsatz des weiblichen ebenso wie des männlichen Körpers schien Jahrhunderte eines steifen Tanzzeremoniells hinwegzufegen. Das Individuum erlebte sich entfesselt und frei. Denn der Tanz hob nicht nur den Unterschied zwischen den Geschlechtern auf, sondern auch zwischen den Klassen und Rassen. Die Frau emanzipierte sich vom Führungsanspruch des Mannes, entwickelte ihre eigenen Bewegungsstrategien, und zwar jede Frau, nicht nur die halbseidene Kokotte, auch Ladenmädchen und biedere Hausfrau warfen die Beine und ließen die Hüften kreisen. Josephine Baker, die Königin des Charleston, hatte darüber hinaus den afrikanischen Ursprung dieser neuen Bewegungstänze auch in Europa bewußt gemacht. „Black is beautiful" nahm damals seinen Anfang. Natürlich erhoben sogleich auch wieder Moralapostel ihre Zeigefinger. Während fortschrittsbewußte Gynäkologen den Tanz zum „besten Geburtshelfer" erklärten, schrieben ihm andere einen gebärmutterschädigenden Einfluß zu, der sich ungünstig auf die weibliche Fortpflanzungsfunktion auswirken würde.

Der Gesellschaftstanz als Massenvergnügen hatte aber noch eine Parallelerscheinung: den sogenannten Ausdruckstanz. Er wurde bereits zu Beginn des Jahrhunderts von der Amerikanerin Isadora Duncan in Europa eingeführt und propagierte die freie, an keine Regel gebundene Bewegung im Gegensatz zum disziplinierten und schematisierten Bewegungsablauf des Balletts. Isadora Duncan tanzte barfuß, in einer weiten Tunika, die ihre Körperformen mehr preisgab als verhüllte, und das zu einer Zeit, als sich Frauen noch in Korsette schnürten und bodenlange Kleider trugen! Dabei setzte sie ihren Tanz und ihre Popularität bewußt zur Propagierung weiblicher Emanzipationsziele ein: *„Die Tänzerin der Zukunft ... wird die Freiheit des Weibes in ihrem Tanz ausdrücken ... Sie wird den Frauen eine neue Erkenntnis der möglichen Kraft und Schönheit ihrer Leiber bringen."*[3] Eine Zukunftsvision, die auch ihre Nachfolgerinnen beflügelte. Am berühmtesten war vielleicht Mary Wigman gewesen. Sie leitete seit 1920 eine Tanzschule in Dresden, und hielt ihre Elevinnen an, *„sich selbst zu suchen, sich selber fühlen, sich selbst erleben."*[4] Auch Valeska Gert, meisterhafte Karikaturistin der sozialen Mißstände ihrer Zeit, brachte mit ihrer ins Übertriebene, Clowneske und Groteske gesteigerten Darstellung der Nutte und Kupplerin, der Ausgestoßenen und Betrogenen nicht nur soziales, sondern auch weibliches Bewußtsein in die Kunst ein.

Befreiung versprach aber auch der Sport, der in den zwanziger Jahren erstmals als Massenerscheinung auftrat und dabei die Frau miteinschloß. Es glich einer Revolution, junge Frauen plötzlich schwimmen, radeln oder Tennis spielen zu sehen. *„Das Bycicle"* notierte Rosa Mayreder ein wenig überspitzt, aber doch treffend, *„hat*

Die Sekretärin entsprach am besten dem neuen Leitbild der jugendlichen Eman-zipierten. Hemdbluse, Krawatte und Bubikopf waren der letzte Schrei.

Das Charleston-Fieber erfaßte nicht nur die halbseidene Kokotte, sondern auch die kleine Angestellte und die biedere Hausfrau.

*zur Emanzipation der Frau aus der höheren Gesellschaftsschicht mehr bei-
tragen als alle Bestrebungen der Frauenbewegung zusammengenommen"*[5)].
Frauen trugen sich in Jugend- und Sportvereine ein, trieben Leicht-
athletik und nahmen an Wettkämpfen teil. Die Wandervogelbewe-
gung, die vorerst nur Jungen aufgenommen hatte, richtete bald auch
gemischte Gruppen ein, das gemeinsame Wandern mit gleichaltrigen
Kameraden trug dazu bei, die Schranken zwischen den Geschlechtern abzubauen.

Natürlich rief der propagierte Typ der sportlichen, jugendlichen
Kameradin nach einer neuen Mode, sie sollte bequem, leger und dabei chic sein, um den Anforderungen dieser neuen Lebensführung
zu genügen. Die knielangen, gerade fallenden Kleider entsprachen
dem Typ der Garçonne, der schlanken Knäbin, die möglichst wenig
Busen, Bauch und Hüften zu haben hatte und damit einen ein-
drucksvollen Kontrast zu der vollbusigen, weibliche Rundungen
schätzenden Frau des vergangenen Jahrhunderts abgab. Knabenhaf-
tes Aussehen war der letzte Schrei, die ganz Extravagante trug einen
Herrenschnitt, Krawatte und ein Monokel. Das herbe, von einem
glatten, kurzen Haarschnitt umrahmte Gesicht verlangte trotzdem
nach Schminke. Sie wurde kontrastreich in kräftigen Tönen aufgetragen und verlieh dem Gesicht eine markante Schönheit, wie sie etwa
die Filmstars dieser Zeit, Greta Garbo oder Asta Nielsen verkörperten. Hosenanzüge, damals Pyjamas genannt, wurden erfunden, allerdings nur für Garten, Strand oder das „Boudoir". Während als Be-
rufskleidung das einfache und schlichte Kostüm dominierte, entwickelte sich das Feiertags- und Abendkleid in unglaublich vielen
Variationen, aufgeputzt durch Federboas, Flitter, Fransen und lange
Ketten aus unechtem Schmuck. Am aufregendsten aber war die Länge, bzw. Kürze dieser Kleider, frau zeigte ihr wenn möglich langes
Bein, das zum erotischen Signal der Epoche wurde. Daneben entwickelte sich in vorsichtigen Ansätzen eine spezielle Sportbeklei-
dung für Frauen, die beim Tennissport, Golf und Baden nötig geworden war. Letzter Schrei jedoch war der Autodress, halb sportliche,
halb elegante Mäntel mit passenden Kappen oder Lederhüten, die in
Farbgebung und Aufmachung wenn möglich mit dem Fahrzeug har-
monieren mußten.

Diese revolutionäre, mit Traditionen brechende Weiblichkeit hatte
allerdings einen Schönheitsfehler: sie konnte sich lediglich in der
kurzen Zeitspanne zwischen jungem Mädchen und verheirateter
Frau entfalten, während alle übrigen Lebensphasen des weiblichen
Menschen davon wenig oder gar nicht profitierten. Außerdem erfaß-

te sie vornehmlich die junge Angestellte, die an Zahl im Zuge der neuen Technisierung enorm zugenommen hatte, während andere weibliche Berufs- und Existenzformen kein annähernd so leuchtendes Image genossen. Weder die Hausfrau, noch die Industrie- und Landarbeiterin entsprach dem neuen flotten Frauentyp, von den immer noch in entwürdigenden Umständen lebenden Dienstboten ganz zu schweigen. Dabei war neben jener der Angestellten auch die Zahl der Fabrikarbeiterin ständig im Steigen begriffen. Sie schuftete um einen Lohn, der nach wie vor um 30 Prozent unter dem Durchschnittslohn des männlichen Arbeiters lag und konnte sich ihren monotonen Arbeitsalltag lediglich durch Tagträume vom besseren Leben erträglicher machen. Ein weiterer Frauenberuf, der zwar gesellschaftliche Anerkennung, dafür aber wenig bis kein Geld und daher auch keine ökonomische Unabhängigkeit einbrachte, war jener der Fürsorgerin. Alice Salomon hatte zu Beginn des 20. Jahrhunderts mit der Gründung ihrer zweijährigen Sozialen Frauenschule in Berlin-Schöneberg die Fürsorgearbeit als Frauenberuf etabliert, wobei sie ursprünglich nicht an eine geregelte Bezahlung der Fürsorgerinnen dachte, denn Geld, so meinte sie, seit dem idealistischen Engagement, von dem diese Liebesarbeit geprägt werden solle, abträglich. In der Überzeugung, daß vor allem Frauen auf Grund ihres „weiblichen Wesens" für diese Aufgabe geschaffen seien, propagierte sie den Slogan von der „Mütterlichkeit als Beruf". Auf die Dauer allerdings erwies sich eine überwiegend ehrenamtliche Ausführung dieser verantwortungsvollen und aufreibenden Tätigkeit als undurchführbar. Regierungen und Institutionen wußten selbstverständlich das opfervolle Verhalten engagierter Frauen zu schätzen. Die Fürsorgerinnen selbst hingegen, soferne sie nicht den gutsituierten „höheren Töchtern" angehörten, lebten ständig am Rand des Existenzminimums. Sie bezogen zwar allmählich ein, wenn auch niederes Gehalt, doch wurde ihre Unsicherheit noch dadurch verstärkt, daß die meisten von ihnen nicht einmal einen verbindlichen Arbeitsvertrag abgeschlossen hatten. Dienstverhältnisse wurden in der Regel durch private Absprachen vereinbart und waren jederzeit kündbar[6]. Kein Wunder, daß viele Fürsorgerinnen, erschöpft durch eine unglaublich anstrengende, den vollen Einsatz der Person erfordernde Arbeit früh erwerbsunfähig und damit selbst zum Krisenfall wurden.

Ein vergleichsweise geringes Interesse erfuhr bei der Diskussion um die „neue Frau" auch die kleine Zahl von Akademikerinnen, die nach Einführung des Frauenstudiums berufstätig waren. Meist mußten sie sich mit untergeordneten, ihrem eigentlichen Bildungsstand keinesfalls entsprechenden Tätigkeiten zufrieden geben, im Grunde übten auch sie Hilfsfunktionen aus, während Führungspositionen nach wie vor Männern vorbehalten blieben. Immerhin steigerte sich der Anteil von Studentinnen in Deutschland von fünf Prozent im Jahre 1908 auf 9,5 Prozent im Wintersemester 1918/19, und erreichte im Wintersemester 1932/33 mit 18,8 Prozent den bislang höchsten Stand[7]. Die meisten von ihnen studierten Medizin, besaß die heilkundige Frau und Ärztin doch Tradition. Außerdem wurden Frauen auf dem Gebiet der Geburtenhilfe, Schwangerschaftsfürsorge und Sexualaufklärung dringend benötigt. Trotzdem waren im Österreich des Jahres 1930 nur sieben Prozent aller Ärzte Frauen[8], weil der Widerstand gegen die praktizierende Ärztin, – so wie gegen Akademikerinnen generell – immer noch sehr groß war. Auch wurde der Ärztin ihre Berufsausbildung durch ganz bestimmte, restriktive Maßnahmen erschwert. So etwa stellten die Arbeiterkrankenkassen keine weiblichen Ärzte als Sprengelärzte ein.

Weit weniger Inskribentinnen als an der medizinischen gab es an der juridischen Fakultät, die noch viel eher als Männerdomäne empfunden wurde. Außerdem waren die Berufsaussichten der promovierten Juristin miserabel. Erst 1922 durften Frauen in Deutschland Ämter der Rechtspflege bekleiden. Bis dahin konnten sie von Glück reden, einen der ganz wenigen besoldeten Plätze als Leiterin einer gemeinnützigen Rechtsauskunftstelle oder als Geschäftsführerin einer Zentrale für Jugendfürsorge zu bekommen. Manche Juristinnen hatten auch beratende und organisierende Funktionen an den Fürsorgezentralen inne, zum Jugendrichter allerdings waren sie nicht zugelassen. In Österreich gab es um 1930 unter den Juristinnen zwölf Konzipientinnen, eine einzige Advokatin und unter 400 Rechtspraktikanten neunzehn Rechtspraktikantinnen[9]. In Preußen waren 1933 nur fünf Amts- und Landgerichtsrätinnen tätig, obwohl der Anteil der Jurastudentinnen inzwischen auf sechs Prozent gestiegen war[10]. Auch auf dem Gebiet der angewandten Chemie nahmen nur sehr wenige Frauen leitende Positionen ein, ebenso war die Anzahl der Pharmazeutinnen, Versicherungsmathematikerinnen und Architektinnen kaum nennenswert. Hingegen gab es um 1930 immerhin bereits sieben Privatdozentinnen an der Wiener Universität. Außerdem arbeiteten einige Frauen als Hochschulassistentin. Eine ordentliche Professorin hingegen ist nicht nachweisbar[11].

Die Diskriminierung der Akademikerin begann bereits während des Studiums, wo sich Studentinnen gegen hartnäckige Vorurteile sowohl der Professoren, als auch der (männlichen) Studentenschaft durchzusetzen hatten. Welches Ausmaß die Verächtlichmachung hier erreichen konnte, beschreibt eine Jusstudentin im Jahre 1930: *„Eine Studentin braucht nur den Mund aufzutun, ganz gleich, ob zu guter oder schlechter Antwort, und es wird nach deutsch-akademischer Sitte getrampelt, gescharrt oder blöd gelacht. Ist im Kolleg die Rede von den vorsintflutlichen Bestimmungen unseres Frauenrechts und von vergangenen herrlichen Zeiten, als die Frau noch ganz unter ehelicher Gewalt stand, zeigen die Jünger im Geiste auf ebenso höfliche Weise begeisterte Zustimmung ... Als einmal ein Professor sagte, die Frauen könnten jetzt auch Handelsrichterinnen werden, war das ganze Kolleg so tief entrüstet, daß der Dozent erst nach zehn Minuten fortfahren konnte.''* [12]

Wie weibliche Emanzipationsbestrebungen nach wie vor beurteilt wurden, zeigt auch das bekannte Werk Ehrhard F. Eberhards unter dem Titel „Feminismus und Kulturuntergang" aus dem Jahre 1927, in dem unter anderem „die Emanzipation der Frauenwelt" als „ein Merkmal des Volksverfalls" bezeichnet wird, „dessen Fortschreiten sie beschleunige". Außerdem, so meint der Autor, würde sich die Emanzipationsbewegung „auf die Entartung der Geschlechtscharaktere und somit auf Entartung schlechthin" beziehen, denn der Mensch „sei nicht nur umso gesünder, je entschiedener er Mann oder Weib ist, sondern auch kulturell umso wertvoller" [13]. Eine derartige Auffassung begünstigte natürlich die Maßnahmen der österreichischen Regierung, die im Zuge notwendiger Einsparungen, vor allem aber zu Beginn der Weltwirtschaftskrise massenhaft vornehmlich weibliche Bundesangestellte entließ, was sie mit den propagierten Weiblichkeitsideologien glänzend rechtfertigen konnte. Die Personalabbauverordnung des Jahres 1923 traf besonders verheiratete weibliche Beamte, deren Versorgung durch den Ehemann gesichert schien. Diese „Doppelverdienerkampagne" wurde erneut nach Ausbruch der Weltwirtschaftskrise ab etwa 1929 fortgesetzt. In Österreich zum Beispiel wurden 1933 verheiratete Beamtinnen, deren Männer ebenfalls beim Bund arbeiteten und monatlich mehr als 340 Schilling verdienten, abgebaut. Die Verehelichung einer bis dahin ledigen Frau galt als Kündigungsgrund. Ähnlich wie die Lehrerin, war also jetzt auch die Beamtin zum Zölibat gezwungen, was die „Neue Freie Presse" zu der Feststellung veranlaßte, daß damit eine „Generation von Staatsnonnen" geschaffen würde, und zwar „ohne jede Milderung und Verklärung, welche die Religion und die Wohltätigkeit zu bieten vermögen ..." [14] Eine Verfügung, der sich viele Privatbetriebe anschlossen: auch sie waren bemüht, vornehmlich verheiratete Frauen zu entlassen. Daß Ehemänner, deren Frauen erwerbstätig waren, mit dem gleichen Recht unter das „Doppelverdienergesetz" fallen könnten, wurde nicht einmal in Erwägung gezogen. Wieder einmal wurde evident, wie wenig Frauen als Personen mit einem Recht auf Arbeit und damit auf finanzielle Unabhängigkeit betrachtet wurden, und wie sehr sie lediglich als Lückenbüßer im Staatsgefüge dienten, die beliebig wieder entfernt werden konnten. Die Ansicht, daß der Platz einer verheirateten Frau die Familie sei, vertraten jedoch nicht nur Männer, sie wurde auch von Frauen geteilt. Schließlich hatte der Krieg einen hohen Blutzoll unter den Männern gefordert und damit die Heiratschancen junger Mädchen verringert, es gab Hunderttausende unversorgte Witwen und auch viele ledige Mütter, die alle existentiell auf Erwerbsarbeit angewiesen waren und die verheiratete Frau als unzumutbare Konkurrenz empfanden. Aus diesem Grund hatten auch gelegentliche Protestveranstaltungen von Frauenberufsvereinen, wie etwa jene vom 2. Februar 1934, die vom BÖFV organisiert worden war und die Rücknahme bzw. Milderung der Doppelverdienerverordnung und die Einstellung des Abbaus von Lehrerinnen forderte, wenig Erfolg. Daß es sich dabei um einen Verstoß gegen die verfassungsmäßig garantierte Gleichberechtigung handelte, wurde nicht zu Kenntnis genommen.

Abtreibungsdebatte

In den emanzipatorischen zwanziger Jahren wurde auch erneut ein Thema aufgegriffen, das als Dauerbrenner bereits seit Jahrhunderten für Diskussionen sorgte: die Abtreibung des ungeborenen Lebens, im modernen Sprachgebrauch der Schwangerschaftsabbruch. Jahrhundertelang als schweres Delikt mit der Todesstrafe geahndet, hatte erst die aufklärerische Gesetzgebung Josephs II. dafür strengen Kerker (ein Monat bis fünf Jahre) verfügt, eine Bestimmung, die im Wesentlichen das gesamte 19. Jahrhundert erhalten blieb. Noch 1871 setzte der berüchtigte § 218 des deutschen Strafgesetzbuches fest: *„Eine Schwangere, welche ihre Frucht vorsätzlich abtreibt oder im Mutterleib tötet, wird mit Zuchthaus bis zu fünf Jahren bestraft. Sind mildernde Umstände vorhanden, so tritt Gefängnisstrafe nicht unter sechs Monaten ein. Dieselben Strafvorschriften finden auf denjenigen Anwendung, welcher mit Einwilligung der Schwangeren die Mittel zur Abtreibung oder Tötung bei ihr angewendet oder ihr beigebracht hat."*[1] Erst im auslaufenden 19. Jahrhundert mehrten sich die Befürworter einer sogenannten Indikation, d.h. einer Berücksichtigung jener Umstände, unter denen ein Schwangerschaftsabbruch ausnahmsweise erlaubt werden kann. Am Beginn des 20. Jahrhunderts wurde dieses Thema erneut von den verschiedensten Parteien und Interessengruppen diskutiert. Bereits 1912 war in einem österreichischen Strafrechtsentwurf ein Paragraph enthalten, der einem *„Arzt, der eine Leibesfrucht abtreibt oder im Mutterleib tötet, um eine anders nicht abwendbare Lebensgefahr oder Gefahr dauernden schweren Schadens an der Gesundheit von der Schwangeren abzuwenden"* Straffreiheit zusichert[2]. Trotzdem wurde diese sogenannte medizinische Indikation erst 25 Jahre später, nämlich 1937 im österreichischen Recht verankert. In Deutschland gelang der Durchbruch der medizinischen Indikation bereits 1927 mit einer aufsehenerregenden Entscheidung des Reichsgerichts, in der eine Schwangerschaftsunterbrechung erstmals auf Grund dieses übergesetzlichen Notstandes gerechtfertigt wurde[3]. Die Abtreibung wurde also straflos, wenn der Eingriff erfolgte, um die Schwangere vor dem Tod oder lebenslanger gesundheitlicher Schädigung zu bewahren. Die eugenische Abtreibung (wegen der Gefahr körperlicher oder geistiger Behinderung), die ethische Abtreibung (wenn die Schwangerschaft Resultat einer Vergewaltigung war) und die soziale Abtreibung (im Falle wirtschaftlicher oder sozialer Probleme) fand hingegen keine Berücksichtigung.

Dabei wurde der straffreie Schwangerschaftsabbruch bis zum dritten Schwangerschaftsmonat bereits 1919 von Johann Ferch, dem prominentesten Mitglied des neomalthusianischen Bundes gefordert. (Der Neomalthusianismus bezog sich auf die Lehre des Nationalökonomen Thomas Robert Malthus (1766-1834), die besagt, daß der Ertragszuwachs des Bodens mit der natürlichen Vermehrung des Menschen nicht Schritt halten könne, weshalb es zur Verhinderung von Hunger und Elend notwendig sei, geschlechtliche Enthaltsamkeit zu üben). In Deutschland verlangte die USPD (Unabhängige Sozialdemokratische Partei Deutschlands) 1920 im Reichstag die ersatzlose Streichung des § 218. Wenige Wochen später forderte die SPD in einem Gegenantrag die Legalisierung der Abtreibung in den ersten drei Schwangerschaftsmonaten. Beide Anträge blieben unerledigt und wurden noch einmal 1922 und 1924 gestellt. Aber auch diesmal hatten sie keine Chance, zur Debatte angenommen zu werden[4].

In Österreich waren es 1920 die Sozialdemokratin Adelheid Popp und Genossen, die einen Antrag auf Abänderung des Abtreibungsparagraphen 144 stellten, der jedoch von der Christlichsozialen Partei boykottiert wurde und im Justizausschuß nie zur Beratung kam[5]. Insgesamt war die Meinung der Sozialdemokraten gespalten und sehr stark von bevölkerungspolitischen Aspekten geprägt. Abtreibung wurde vor allem dann gebilligt, wenn die Eltern nicht in der Lage waren, ihre Kinder zu ernähren und zu tüchtigen Gliedern der Gesellschaft zu erziehen, oder aber wenn eine schwache und kränkliche Nachkommenschaft die Volksgesundheit zu gefährden drohte, eine Ansicht, die in gewisser Weise das bevölkerungspolitische Programm der Nationalsozialisten vorwegnahm. Es ging also weniger um die Frau und ihr Selbstbestimmungsrecht über ihren eigenen Leib, ihre Gesundheit, ihr Leben und ihre Zukunft, sondern vornehmlich um die Züchtung eines gesunden Nachwuchses. Eine Einstellung, die mit voller Schärfe in dem Kommentar von Karl Kautsky jun. im „Kampf", dem theoretischen Organ der österreichischen Sozialdemokratie, zum Ausdruck kommt. Hier ist zwar von einer „sinnlosen Art der Bevölkerungsvermehrung", nie jedoch von der physischen und psychischen Überforderung der Frau die Rede. „Der Raubbautypus der Fortpflanzung" heißt es u.a. in schönem Ökonomendeutsch, müsse „durch weitestgehende Rationalisierung" ersetzt werden. Denn „*Nicht Geburtenvermehrung, sondern intensive Geburtenausnützung tut not, haushalten mit dem vorhandenen Material, nicht stete, mit über 50 Prozent Verlust arbeitende Neuinvestitionen*"[6]. Der Zynismus dieser Feststellung ist wohl kaum zu überbieten und weist die Frau einmal mehr als Eigentum des Männerstaates aus, dem es ausschließlich um Effizienz und Rationalisierung, keinesfalls jedoch um Würde und Selbstbestimmung des weiblichen Individuums geht. Daß sich dieser Ansicht teilweise auch Frauen angeschlossen haben, zeigt das Beispiel der Ärztin Margarethe Hilferding, die in einem der ärmsten Wiener Gemeindebezirke arbeitete, und wohl einerseits die Ansicht vertrat, daß es „*zu den Unbegreiflichkeiten einer veralteten, leider heute noch gültigen Gesetzesauslegung und Bevölkerungspolitik*" gehöre, „*daß auch schwer geschädigte Früchte sich ausnahmslos der Wohltaten des § 144 erfreuen*", andererseits jedoch von gesunden und leistungsfähigen Frauen erwartete, „daß sie Kinder wollen müssen als ein Geschenk für sich selbst und als eine Pflichterfüllung gegen die Gesellschaft."[7] Tatsächlich war gerade die Situation in Arbeiterfamilien häufig katastrophal. Viele Kinder waren chronisch unterernährt und wurden in den feuchten, engen und dunklen Wohnungen Opfer der damaligen Volkskrankheit, der Tuberkulose. Die Säuglingssterblichkeit in den Proletariervierteln war ungeheuer groß, drei bis fünfmal so hoch wie in den Bezirken der wohlhabenden Bourgeoisie[8]. Trotzdem wurden die ebenfalls unterernährten, überarbeiteten und erschöpften Frauen schonungslos dem Gebärzwang ausgeliefert, denn die Sexualaufklärung blieb mangelhaft und Verhütungsmittel waren unzureichend und teuer. Dazu kamen oft Vergewaltigungsstrategien der Männer und die Pflicht zur sexuellen Verfügbarkeit, der die Ehefrau unterworfen war. Unter diesen Umständen verwundert es kaum, daß verzweifelte Frauen in Notsituationen Leben und Gesundheit gering achteten und illegal abtreiben ließen, weshalb auch die Abtreibungsrate vor allem in den unteren Schichten sehr hoch war. Daneben wurden auch Selbstabtreibungen durch heiße Sitzbäder, Umschläge, aber auch Stricknadeln, alkoholische Mixturen und Gifte gerade unter Arbeiterfrauen häufig angewandt. Auch mit der sogenannten „Mutterspritze", die zum Inventarium eines jeden Kurpfuschers gehörte, wurden hantiert. Es gab Frauen, die mehrmals in ihrem Leben dieses mörderische, meist unzureichend sterilisierte Instrument benutzten. Die Dunkelziffer jährlicher Abtreibungen in den zwanziger Jahren lag nach Schätzungen des Ärztetages in Deutschland jährlich über einer Million. Nur ein Teil davon wurde

registriert. 1920 mußten sich 2.450 Frauen wegen „Vergehen gegen §
218" vor Gericht verantworten, 1923 waren es bereits 4.230, 1925
mehr als 7.800. Bis 1933 wurden 60.000 Frauen, die abgetrieben hatten, in der Kriminalstatistik vermerkt[9]. Die Opferbilanz des „Mord-
paragraphen" war schrecklich: Jahr für Jahr wurden 125.000 kranke
Frauen mit zum Teil schweren, durch laienhafte Abtreibungen verursachte Folgen in die Kliniken eingeliefert, trugen 40.000 Frauen blei-
bende Gesundheitsschäden davon, und starben 50.000 Frauen an un-
sachgemäßen Eingriffen[10]. Trotzdem wurde vom Gesetzgeber das
ungeborene Leben höher eingeschätzt als das Leben erwachsener,
leidender Frauen, ein sogenanntes Ovum vom 13. Tag der Empfängnis an (erst ab dem 4. Monat kann man von Foetus sprechen) unter
Rechtsschutz gestellt, während Freiheit, Gesundheit und Leben hun-
derttausender Frauen keines besonderen Schutzes würdig schienen.
So wie in vergangenen Jahrhunderten auch wurden Frauen mit ihren
Problemen allein gelassen, ihnen, den rechtlosen, diskriminierten
und sozial schwächsten Gliedern der Gesellschaft wurde die volle
Verantwortung für ein Kind aufgebürdet bei gleichzeitigem Entzug
der Entscheidungsfreiheit. Auch die Kirche, die so gerne eine alles
umfassende Liebe und Humanität für sich beansprucht, hat die Frau
davon offenbar nach wie vor ausgeschlossen, wobei diesbezügliche
Äußerungen gegenwärtiger hoher kirchlicher Würdenträger auch
kein besseres Einfühlungsvermögen in die Frauenproblematik beweisen. Man hat, so scheint es, in dieser Hinsicht wenig dazu gelernt.

Neben Sozialdemokratinnen und Kommunistinnen waren es vor
allem Frauen aus dem radikalen Flügel der bürgerlichen Frauenbewegung, die sich gegen den Abtreibungsparagraphen wandten. Viele von ihnen engagierten sich in der aufkommenden Sexualreform-
bewegung, viele waren auch in den entstehenden Sexualberatungsstellen sowie Fürsorgeeinrichtungen tätig. Ärztinnen arbeiteten ein
umfangreiches Programm aus, um durch Sexualaufklärung und umfassende Verhütungsberatung dem Abtreibungselend entgegenzu-
wirken. Schließlich kam es in den dreißiger Jahren zu einer großen
Solidaritätskundgebung namhafter Wissenschaftler, Künstler und
Schriftsteller, die das Reformprogramm der Ärztinnen unterstützten:
Sigmund Freud und Albert Einstein, Berthold Brecht, Erich Kästner
und Kurt Tucholsky, Lion Feuchtwanger und Dr. Magnus Hirschfeld,
Gründer des berühmten Instituts für Sexualwissenschaft in Berlin,
sprachen sich gegen den Abtreibungsparagraphen aus. Käthe Kollwitz schuf das Plakat „Nieder mit dem Abtreibungsparagraphen",

424

der Erfolgsfilm „Der Kreuzzung des Weibes" (1926) brachte dieses Thema erstmals auf die Leinwand, und die große Berliner Ausstellung „Frauen in Not" (1931) vermochte Tausende über das Abtreibungselend zu informieren. 1929 wurde außerdem am Berliner Lessingtheater das Drama „Cyankali" des Schriftstellers und Arztes Dr. Friedrich Wolf uraufgeführt, das der Protestbewegung einen ungeheuren Aufschwung verschaffte. Hunderttausende demonstrierten auf der Straße, es fanden Kundgebungen und Veranstaltungen statt. Schließlich wurden Dr. Friedrich Wolf und seine Stuttgarter Kollegin Dr. Else Kienle bei einem demonstrativen Aufruf im Berliner Sportpalast 1931 verhaftet, worauf die Demonstrationswelle erneut zunahm und Wolf und Kienle unter dem Druck der Bevölkerung wieder freigelassen werden mußten. Zu konkreten Ergebnissen führten allerdings auch diese Proteste nicht. Ab 1933 durfte das Problem Abtreibung überhaupt nicht mehr diskutiert werden, denn der NS-Staat brauchte Kinder um Kriege führen zu können, weshalb den Frauen, die sich diesen mörderischen Zielen unterzuordnen hatten, die Gebärpflicht wiederum als höchste Tugend nahegelegt wurde. Der Abtreibungsparagraph wurde im Sinne völkisch-rassistischer Bevölkerungspolitik erneut verschärft. „Arische" Frauen, denen ein Schwangerschaftsabbruch nachgewiesen werden konnte, mußten mit hohen Freiheitsstrafen rechnen, während erbkranke oder rassisch minderwertige Frauen zur Zwangsabtreibung oder Sterilisierung gezwungen wurden. Bei „rassenschänderischem Verkehr" war es ab 1940 durch Geheimerlaß gestattet, die „Leibesfrucht auch gegen den Willen der Schwangeren zu vernichten."[11] Die Mißachtung weiblicher Würde, weiblicher Selbstbestimmung setzte sich auch nach dem Krieg weiter fort. Noch 1968 wurden in der BRD auf eine Geburt zwei bis vier Abtreibungen geschätzt, das wären zwei bis vier Millionen Abtreibungen pro Jahr. Spätfolgen waren unübersehbar und vielschichtig. Schätzungen gingen bis zu 40.000 Toten jährlich[12]. Hannelore Schröder hat in ihrem Beitrag „Das Recht der Väter" 1985 die Rechnung aufgestellt, daß die realistische Einschätzung von 40.000 an den Folgen der Abtreibung gestorbenen Frauen in zwei Jahrzehnten in der BRD eine Bilanz von 800.000 toten Frauen ergeben[13]. Der Ausdruck Gynocid ist in diesem Zusammenhang berechtigt.

Unter den immer schärfer werdenden Protesten der zweiten Frauenbewegung entschloß sich schließlich die österreichische Regierung nach „heftigen Geburtswehen" den Paragraph 144 abzuschaffen. Am 1. Jänner 1979 trat die sogenannte „Fristenlösung" in Kraft, das heißt der Schwangerschaftsabbruch kann in den ersten drei Monaten straflos durchgeführt werden. In der Bundesrepublik hatte sich das 5. Strafrechtsreformgesetz vom 18. Juni 1974 ebenfalls für die Fristenlösung ausgesprochen. Auf Antrag der Länder Bayern und Baden-Württemberg erklärte das Bundesverfassungsgericht diese allerdings durch Urteil vom 25. Februar 1975 als grundgesetzwidrig, worauf am 18. Mai 1976 die Indikationsregelung beschlossen wurde, und zwar die medizinische, eugenische, kriminologische (Vergewaltigung) und soziale Indikation (Notlage). Fristenlösung ebenso wie Indikationsregelung haben aber nach wie vor eine starke Gegnerschaft, vor allem in der katholischen Kirche, aber auch in kirchennahen Gruppierungen, wie etwa der „Aktion Leben" in Österreich, die im Herbst 1974 zu einem Volksbegehren aufrief. Sie befürwortet den Schwangerschaftsabbruch lediglich im Fall der Gefährdung von Leben und Gesundheit der Schwangeren und bemüht sich, werdende Mütter, die sich in finanziellen oder sonstigen Schwierigkeiten befinden, mit einem umfangreichen Hilfsprogramm zu unterstützen.

Die Gründe, warum gerade dieses Thema immer wieder zu derart emotionsgeladenen und hitzigen Debatten führt, liegen tief in den patriarchalischen Strukturen unseres Gesellschaftssystems verankert. Denn Patriarchate, deren Ausweitung immer mit Eroberung, der Bildung zentralistisch geführter Großreiche, Imperialismus und Kolonialismus verbunden war, benötigen zur Errichtung und Festigung ihrer Herrschaft ein erhöhtes Bevölkerungspotential. Vorgeschichtliche Mutterkulturen hingegen, deren Organisationsformen so völlig anders waren, die, soferne nicht bereits patriarchalisch unterwandert, friedliche Kulturen gewesen sind, hatten daran weit weniger Interesse. Deshalb ist die enorme Bevölkerungsexplosion, unter deren Auswirkungen wir heute leiden, in einen unmittelbaren Zusammenhang mit der Machtergreifung des Patriarchats zu bringen. Das Gebot der Bibel „seid fruchtbar und vermehret Euch" ebenso wie jenes nach der Unterwerfung der Erde sind durch einen dramatischen Bevölkerungszuwachs und eine umfassende Umweltzerstörung längst zu einem absurden Anachronismus erstarrt, weshalb auch die beinahe hysterische Aufschaukelung des Abtreibungsthemas angesichts realer Überlebensprobleme, angesichts von Millionen Toten in nicht endenden Kriegen, Millionen Hungertoten in sich ausbreitenden Dürregebieten, von bereits irreparablen Umweltschäden und der Infragestellung des Überlebens kommender Generationen tatsächlich unverständlich erscheint.

Zuchtstute und Arbeitspferd

(Die Frau im Dritten Reich)

Kaum ein System hat die Frau in einer derart zynischen Art und Weise mißbraucht wie der Nationalsozialismus. Durch ein propagandistisches Trommelfeuer gezielt manipuliert, wurde sie im Dienst eines mörderischen, ausbeuterischen Systems je nach politischem und konjunkturellem Bedarf entweder in die Familie, oder in den Beruf, oder auch in beides verwiesen. Zwar unterstanden auch Männer dieser wendigen Schaukelpolitik, doch war im nationalsozialistischen Selbstverständnis kein Zweifel möglich, wer als eigentliche Herrenrasse anzusprechen ist: nämlich der weiße, der deutsche M a n n. Hatte Hitler doch bereits in seinem Buch „Mein Kampf", in dem er die Bevölkerung des „völkischen Staates" in drei Klassen einteilt, nämlich in Staatsbürger, Staatsangehörige und Ausländer, unverheirateten Frauen praktisch die Staatsbürgerschaft abgesprochen, denn „Das deutsche Mädchen ist Staatsangehörige, und wird mit ihrer Verheiratung erst Bürgerin"[1]. Die Frau, ein Wesen zweiter Klasse, hatte dem Mann nach gutem alten Muster dienende Gefährtin zu sein, weshalb nicht nur die sozialdemokratischen Frauenvereine, sondern auch die bürgerlichen Frauenorganisationen aufgelöst, bzw. gleichgeschaltet wurden. Statt dessen wurde den Mitgliedern empfohlen, sich nationalsozialistischen Verbindungen anzuschließen, unter denen vor allem die bereits 1931 gegründete und seit 1934 von Getrud Scholtz-Klink geleitete NS Frauenschaft und das ebenfalls unter der Führung von Scholtz-Klink stehende Deutsche Frauenwerk als Massenorganisation hervortraten. „Das Wort von der Emanzipation" so hatte Hitler verkündet, sei ein „vom jüdischen Intellekt erfundenes Wort", dessen „Inhalt von demselben Geist geprägt" sei[2]. Die Frauenbewegung habe die Frauen gegen die Männer aufgehetzt und sie ihrer eigentlichen Bestimmung, nämlich Hausfrau und Mutter zu sein, entfremdet. Deshalb prägte auch Alfred Rosenberg, seit 1922 Chefredakteur des „Völkischen Beobachters" und Autor des 1930 erschienenen Buches „Der Mythos des 20. Jahrhunderts"

das Schlagwort von der „Emanzipation der Frau von der Frauenemanzipation". Dafür wurde kompensatorisch die Frau als Mutter
und „treue Kampfgefährtin" verherrlicht, was allerdings lediglich
den Machtinteressen des nationalsozialistischen Männerstaates diente und geschickt eigentliche Frauenverachtung verbarg. Daß dieses
manipulative Spiel nur wenige durchschauten, und Hitler an Frauen
sogar seine „treuesten Mithelferinnen" fand, lag nicht nur an der politischen Unwissenheit der meisten Frauen. Vielmehr verstand es das
nationalsozialistische Regime meisterhaft, der allgemeine Diskriminierung gewohnten und des anstrengenden Emanzipationskampfes
müden Frau ein Gefühl der Bedeutung zu verleihen. Vor allem tat es
Frauen unendlich wohl, sich in der bis dahin als selbstverständlich
betrachteten Hausarbeit aufgewertet und geehrt zu sehen. Dem
„wehrhaften Haushalt" wurde –ähnlich wie im Ersten Weltkrieg–eine wichtige Rolle bei der Sicherstellung der allgemeinen Versorgungslage zugeschrieben. Deshalb wurden Frauen auch durch Infor-
mationsblätter, Plakate und Kurse entsprechend instruiert, auf möglichst sparsame Art und Weise zu wirtschaften und damit die Versorgungslage aufrecht zu erhalten.

Natürlich war die Ansicht von der „wesensgemäßen Bestimmung" der Frau und der „natürlichen" Arbeitsteilung zwischen den
Geschlechtern, wie sie der Nationalsozialismus so massiv propagierte, absolut nicht neu. Sie reichte zurück bis in das 18. Jahrhundert, erlebte im 19. Jahrhundert eine Blütezeit, war in der Weimarer Republik keinesfalls gestorben und hatte im Austrofaschismus Hochkon-
junktur! Die Nationalsozialisten mußten also nur auf bereits Vorhan-
denes zurückgreifen, denn selbst die Frauenbewegung hielt unverrückbar an der Vorstellung von der Mutterschaft als „höchstem Beruf" der Frau fest. Vor allem die Mutter wurde aus naheliegenden
(Kriegs) Gründen in nimmermüden Lobliedern als „Trägerin des
ewigen Lebens", „Hüterin der Nation" und „lebenserhaltende und
fortgebärende Kraft" besungen.

„Den ersten, besten und ihr gemäßesten Platz hat die Frau in der Familie, und die wunderbarste Aufgabe, die sie erfüllen kann, ist die, ihrem
Land und Volk Kinder zu schenken"[3], verkündete Joseph Goebbels,
Reichsminister für Volksaufklärung und Propaganda bereits 1933
emphatisch. Hatten einst radikale Frauen die Selbstbestimmung über
den eigenen Körper verlangt, so hieß es jetzt: „Dein Körper gehört
der Nation"! Natürlich war die Frau und Mutter in Wahrheit dem
Mann in rechtlicher Hinsicht weit unterlegen. Sie hatte zwar Teil am
Sorgerecht über das Kind, bei Meinungsverschiedenheiten entschied

jedoch der Vater. Nur dann, wenn er die elterliche Gewalt aus irgendeinem Grund nicht ausüben konnte, stand sie der Mutter zu. Außerdem durfte die Frau über ihr Vermögen nicht mehr frei verfügen, obwohl es ihr Eigentum blieb. Sie konnte nur über persönliche Dinge wie Schmuck und Kleidung und über das Einkommen einer außerhäuslichen Tätigkeit entscheiden, die allerdings vom Einverständnis des Ehemannes abhängig war. Hingegen bestand kein Anspruch auf Entlohnung, wenn sie im Geschäft oder Betrieb des Mannes arbeitete. Zur Verschleierung dieser eigentlichen Unterbewertung der Frau und Mutter wurden zahlreiche Maßnahmen geschaffen, die wenig kosteten und trotzdem ihre Wirkung nicht verfehlten. So etwa wurde am Muttertag 1939 kinderreichen Müttern erstmals das Mutterkreuz verliehen: für vier und fünf Kinder gab es Bronze, für sechs und sieben Silber, und für acht und mehr Kinder durfte sich die gebärfreudige Frau mit Gold schmücken. Daß die Zweifelhaftigkeit einer derartigen Auszeichnung allerdings vielfach bereits damals erkannt wurde, zeigt der Ausdruck „Kaninchenorden", den der Volksmund für das Mutterkreuz prägte. Sogar in einer NS-Zeitschrift, dem „Schwarzen Korps", dichtete ein Autor:

„...Deshalb erscheint mir dieser Fall
der von 'Vermehrung' spricht,
als Freude im...Kaninchenstall,
denn Menschen tun das nicht"[4].

Immerhin jedoch waren Mitglieder der NS-Jugendorganisation verpflichtet, Trägerinnen des Mutterkreuzes in aller Form zu grüßen, was dieser Ehrenbezeugung sicherlich ein besonderes Gewicht verlieh. Darüber hinaus wurden kinderreichen Müttern „Ehrenkarten" zugeteilt, die ihnen Ehrenplätze und Freikarten für Veranstaltungen ebenso wie etwa das Vortrittsrecht an Behördenschaltern sicherten.

Im Verlauf des Krieges wurde es dann notwendig, die Mutter zur „Heldenmutter" zu stilisieren. Sie hatte stolz darauf zu sein, ihre Söhne „für Führer, Volk und Vaterland" opfern zu dürfen. „In stolzer Trauer" gab die Heldenmutter den Heldentod ihres Sohnes in den Zeitungen bekannt, denn zu heldenhafter Opferbereitschaft wurde sie erzogen. *„Was der Mann einsetzt an Heldenmut auf dem Schlachtfeld, setzt die Frau in ewig geduldiger Hingabe, in ewig geduldigem Leiden und Ertragen. Jedes Kind, das sie zur Welt bringt, ist eine Schlacht, die sie besteht für Sein und Nichtsein ihres Volkes"*, meinte Hitler in seinen „Reden an die deutsche Frau". Wichtig war, die Frau für ihre Mutterrolle entsprechend vorzubereiten, und darum hatte auch das *„Ziel der weiblichen Erziehung ... unverrückbar die kommende Mutter zu sein"*, wie

Hitler es in „Mein Kampf" formulierte. Alle Richtlinien, die an Volks- und höheren Schulen ausgegeben wurden, orientierten sich an diesem Leitbild, die Unterrichtsfächer Hauswirtschaft, Handarbeiten und Säuglingspflege waren für Mädchen obligatorisch. Außerdem wurden vom Reichsmütterdienst Mütterkurse und -Schulen eingerichtet, in denen Frauen entsprechend instruiert wurden. Sie fanden ungeheuren Zuspruch, bis März 1939 hatten im Deutschen Reich über 1,7 Millionen Frauen einen der etwa 100.000 Kurse besucht, 1944 stieg ihre Zahl auf fünf Millionen[5]. Auch spezielle Hauswirtschaftskurse erfreuten sich großer Beliebtheit, ebenso waren die Mütterberatungsstellen, die den Platz der 1933 geschlossenen Ehe- und Sexualberatungsstellen einnahmen, stark frequentiert. Um die Gebärfreudigkeit zu steigern, wurden außerdem seit 1933 sogenannte Ehestandsdarlehen gewährt, die allerdings mit der Auflage verbunden waren, daß die Braut bei Eheschließung ihre Arbeit aufgab und während der Darlehenslaufzeit keine weitere Erwerbstätigkeit aufnahm. Pro in die Welt gesetztes Kind verringerte sich dann die Darlehensschuld um ein Viertel, war also nach vier Geburten „abgekindert". Außerdem gab es verschiedene Formen finanzieller Unterstützung für kinderreiche Familien. So erhielten seit 1936 Arbeiter- und Angestelltenfamilien, deren Monatseinkommen unter 185 RM lag, für das fünfte und jedes weitere Kind monatlich zehn RM zugeteilt. Zwei Jahre später gab es diese Unterstützung bereits für das dritte und vierte Kind. Daraufhin war 1939 die im letzten Jahrzehnt kontinuierlich gesunkene Geburtenrate wieder fast so hoch wie 1924, die Angst vor dem „Volkstod" schien damit gebannt. Die Steigerung der weiblichen Fruchtbarkeit war dem Regime ein derart dringliches Anliegen, daß die NS-Führung sogar daran ging, ledige Mütter aufzuwerten, zu welchem Zwecke 1935 der Verein „Lebensborn" gegründet wurde, dessen Aufgabe darin bestand, „den Kinderreichtum in der SS zu unterstützen und für hilfsbedürftige Mütter und Kinder guten Blutes zu sorgen"[6]. Der „Lebensborn" finanzierte 14 Heime, in denen Ehefrauen mitteloser SS Männer, aber auch ledige Frauen, die von einem SS Angehörigen oder Wehrmachtsoldaten geschwängert worden waren, vor und nach der Geburt ihrer Kinder Aufnahme fanden. (Hitler und Himmler berieten in geheimen Verhandlungen sogar die Möglichkeit einer „Doppelehe", damit nach dem Krieg jeder Mann zwei Frauen, und damit entsprechend viele Kinder haben konnte)[7].

Verführt durch diese breit angelegten und propagandistisch wirkungsvoll herausgestellten Unterstützungsmaßnahmen, Ehrungen und eine vermeintliche Aufwertung der Hausfrau und Mutter ließen sich also viele Frauen in ihrem „eigentlichen Wesen" willig wiederentdecken, wenngleich es vom Anfang an ersichtlich war, daß lediglich die „erbgesunde", deutsche Rassefrau in den Genuß dieser Privilegien kam, hingegen alles undeutsche, „minderwertige" und „lebensunwerte" auf der Abschußliste stand. Für Frauen, die den rassischen, sozialen und politischen Ansprüchen der Nazi-Ideologie nicht entsprachen, gab es weder Gebärprämien, noch Kindergeld, noch einen vom Reichsmütterdienst organisierten Erholungs- und Freizeiturlaub, auch kein neues Mutterschutzgesetz, das mit Mai 1942 eingeführt worden war. Sie wurden im Gegenteil zwangssterilisiert oder in Konzentrationslagern umgebracht, denn für sie und ihre Kinder war im „Herrenstaat" kein Platz. Bereits seit 1935 mußten Brautpaare vor der Eheschließung auf dem Standesamt ein vom Gesundheitsamt ausgestelltes Ehetauglichkeitszeugnis vorlegen, das ihnen geistige und körperliche Gesundheit bestätigte. Auch der Paragraph 218, der erneut eine schärfere Bestrafung und Verfolgung der Abtreibung vorsah (ab 1943 war in besonderen Fällen sogar die Todesstrafe vorgesehen)[8] verlor bei Jüdinnen, Zigeunerinnen, Mischlingen und Ostarbeiterinnen seine Gültigkeit. Sie durften seit 1938 ohne Angabe von Gründen eine Schwangerschaft unterbrechen lassen, denn ihre Kinder waren nicht erwünscht. Bevölkerungspolitische Ursachen hatte auch das neue Scheidungsrecht von 1938, wonach die Scheidung bei chronischen Erbkrankheiten oder bei Krankheiten, die „Ekel erregen können" und bei Weigerung zur Fortpflanzung möglich wurde. Vor allem aber galt Unfruchtbarkeit eines Ehepartners als Scheidungsgrund. War doch die Ehe nur so lange schützens- und erhaltenswert, als sie nicht nur gesunde und rassisch „hochwertige", sondern auch möglichst viele Kinder hervorbrachte. Es ist überflüssig zu erwähnen, daß diese Regelung besonders hart die sozial meist schwächeren Frauen traf, weil sie es dem Ehemann relativ leicht ermöglichte, sich der alten, „ausgedienten" Ehefrau zu entledigen und sich eine jüngere, attraktivere zu suchen.

Die nationalsozialistische „Wertschätzung der Frau" hatte aber nicht nur dort ihre Grenzen, wo die rassistische Ideologie des NS-Staates verletzt wurde, sondern auch dann, wenn Frauen Bedürfnis und Neigung verspürten, sich beruflich zu qualifizieren. Sie wurden vielmehr zunehmend aus leitenden Positionen verdrängt, Lehrerinnen höherer Mädchenschulen etwa wurden an Volksschulen versetzt, auch durften Frauen erst ab ihrem 35. Lebensjahr beamtet werden und erhielten automatisch ein niedrigeres Gehalt. 1936 entschied

Hitler persönlich, daß Frauen weder Richter noch Anwälte sein dürfen[9], weil sie nicht logisch denken und objektiv urteilen können, sondern nach dem Gefühl entscheiden. Auch Ärztinnen hatten Schwierigkeiten, einen Ausbildungsplatz im Krankenhaus zu finden, Kassenärztinnen mußten Männern weichen. Ebenso war Frauen eine politische Laufbahn verwehrt. „Eine Frau kann in die Führung der Partei und in den leitenden Ausschuß nicht aufgenommen werden", lautete bereits 1921 ein Beschluß der Generalmitgliederversammlung der NSDAP. Lediglich den Beruf einer Volksschullehrerin fand Hitler anspruchslos genug, um von einer Frau ausgeübt zu werden, denn „... kleinen Jungen und Mädchen das ABC beizubringen, sei ja wirklich kein Kunststück. Dabei müsse man sich wundern, daß diese Volksschullehrer es überhaupt aushalten, alljährlich vor ihren Schülern dasselbe zu exerzieren. Für solche ständige Wiederholungen sei sowohl psychisch als auch psysisch an sich ja nur eine Frau geeignet"[10].

Besonders hart betroffen von diesen restriktiven Maßnahmen waren Akademikerinnen. Zwar gab es 1933 unter rund 300.000 berufstätigen Akademikern nur etwa 12.500 Frauen, doch war die Studentenquote rasch angestiegen, im Wintersemester 1931/32 hatten immerhin über 20.000 Frauen an deutschen Hochschulen studiert, das waren 16 Prozent der Gesamtstudentenschaft[11]. Es bedeutete also einen schweren Rückschlag für das Frauenstudium, daß Reichsinnenminister Wilhelm Frick 1933 einen geschlechtsspezifischen Numerus clausus einführte, nach dem lediglich 10 Prozent der insgesamt 15.000 Studienanfängern Frauen sein durften. Obwohl diese Regelung bereits zwei Jahre später aufgehoben wurde, sank wohl infolge der schlechten Berufsaussichten die Zahl der Studentinnen kontinuierlich, so daß es im Sommersemester 1939 bereits um zwei Drittel weniger Studentinnen gab als 1933[12]. Das nationalsozialistische Ideal vom weiblichen Glück am Herd inmitten einer frohen, zufriedenen Kinderschar, das die berufstätige Frau eliminieren und in die Familie zurückführen sollte, hielt jedoch nicht lang. Es ließ sich auch nie völlig verwirklichen. Denn einerseits wollten die Arbeitgeber nicht auf die billigen Arbeiterinnen verzichten, und andererseits waren viele Familien auf den Verdienst der Frau angewiesen, der allerdings lediglich am Fließband und an der Schreibmaschine gestattet war.

Ab etwa 1936/37, als bedingt durch die forcierte Aufrüstung der Zustand der Vollbeschäftigung erreicht war, änderte sich das Bild. Nicht mehr die treu sorgende Familienmutter war jetzt gefragt, sondern die emsig schaffende Rüstungsarbeiterin, die freudig ihre gesamte Kraft an der „Heimatfront" einsetzte, und mühelos Mutterschaft, Haushalt und Acht- bis Zehnstundenarbeitstag unter einen Hut bringen konnte. Die Doppel- und Dreifachbelastung der Frau hatte für den Nationalsozialismus ebensowenig Problemcharakter, wie er hundert Jahre zuvor die Gemüter beschäftigte. Besaß doch die Hausarbeit für die Frau einen angeblichen Erholungswert, „geeignete Freizeitmaßnahmen" wurden für die Fließbandarbeiterin im Unterschied zu ihren männlichen Kollegen keinesfalls für notwendig erachtet. Denn wie das Arbeitswissenschaftliche Institut der Deutschen Arbeitsfront im Rahmen einer Untersuchung über die Belastbarkeit von Fließbandarbeiterinnen erklärte, ist *„Die Arbeit im 'angeborenen' Beruf ... der beste Ausgleich, die beste Erholung, wenn tatsächlich genügend Zeit dafür belassen wird"*[13]. Als die Überlastung der Frau jedoch solche Ausmaße annahm, daß sowohl ihre Leistungsfähigkeit als auch ihre Gebärfunktion schwerstens beeinträchtigt schien, begannen sich Behörden und Institutionen allmählich mit sozialpolitischen Maßnahmen auseinanderzusetzen. So etwa wurde alle 14 Tage ein „Hausarbeitstag" eingeführt, um die anfallende Hausarbeit besser erledigen zu können. Er wurde allerdings nicht bezahlt, galt er doch als „Freizeit", die der „Erholung" dienen sollte. Außerdem wurde er nur jenen Frauen gewährt, die einen eigenen Haushalt mit Kindern unter 14 Jahren zu versorgen hatten [14]. Weil Arbeitskräfte immer knapper wurden, schien es jedoch bald geboten, insgesamt weniger für die Hausfrau, dafür jedoch umso mehr für die Arbeiterin die Werbetrommel zu rühren: *„Junge lachende Mädel sitzen bei den Arbeitstischen, bürsten und putzen das Metall, mit hurtigen Fingern wickeln sie die fertigen Stücke in Seidenpapier und legen dann die einzelnen Lagen in die bereitstehenden Schachteln. Flink geht es von der Hand, dabei wird gescherzt und geplaudert"*[15], schreibt der „Völkische Beobachter" im Österreich des Jahres 1939 und versucht damit möglichst vielen Leserinnen die eintönige monotone Arbeit schmackhaft zu machen. Plötzlich schien es weder wichtig noch angebracht, daß Frauen in „wesensmäßigen" Berufen arbeiteten, vielmehr wurden sie dazu angehalten, die Plätze der an die Front einrückenden Männer einzunehmen. Was allerdings keinesfalls automatisch mit einer Lohnangleichung verbunden war. Facharbeiterinnen verdienten ein Drittel, Hilfsarbeiterinnen 30 Prozent weniger als ihre männlichen Kollegen, und in den Tarifverträgen weiblicher Angestellter war ein Lohnabzug von 10 bis 20 Prozent fixiert[16]. Um die zunehmenden Proteste weiblicher Arbeitnehmer wenigstens teilweise abzuschwächen, entschloß sich dann das Reichsarbeitsministerium im Oktober 1939, zumindest die Löhne jener Frauen, die im öffentlichen Dienst als Straßenbahn- oder Bahnschaffnerinnen, als Omnibusschaffnerinnen oder Stromableserinnen tätig waren, den Männerlöhnen anzugleichen. Wenige Rüstungsbetriebe gingen ab 1940 auch dazu über, Akkordarbeiterinnen denselben Lohn auszuzahlen wie ihren männlichen Kollegen, um sie als dringend benötigte Arbeitskräfte zu halten. Gegen eine allgemeine Lohnangleichung hat sich Hitler jedoch immer wieder dezidiert mit der Begründung ausgesprochen, daß Männer größere Opfer für die Gemeinschaft erbringen: *„... eine völlige Gleichsetzung der Frauenlöhne mit den Männerlöhnen würde eine Mißachtung der Leistung des Mannes für die Volksgemeinschaft sein, die ich unter allen Umständen vermieden zu sehen wünsche"*[17]. Daß es in Wahrheit die berufstätige Mutter und Hausfrau war, die wesentlich mehr leistete als der lediglich berufstätige Mann, wurde dabei geflissentlich übersehen. Denn die Vormachtstellung des Mannes mußte um jeden Preis erhalten bleiben.

Trotz ständiger Aufrufe des Propagandaministeriums und teilweiser Dienstverpflichtung ließen sich Frauen allerdings nicht in dem Umfang als Arbeitsgaul mobilisieren, wie es sich die NS-Führung erwartet hatte, was wohl hauptsächlich auf die Doppelbelastung und schlechte Bezahlung in untergeordneten Positionen zurückzuführen ist. Vielleicht kam frau sich auch allmählich verschachert vor, das Wechselbad vom Heimchen am Herd zur schuftenden Arbeiterfrau war wohl gar zu plötzlich gewesen, wenngleich beides mit dem großen Aufruf „für Führer und Vaterland" motiviert werden konnte. Darüber hinaus machte sich Unmut breit, weil die Hauptzielgruppe bei den Dienstverpflichtungen jene Frauen bildeten, die schon zuvor gearbeitet hatten, also vorwiegend aus der Arbeiterschicht und den Mittelschichten stammten, was eine eindeutige Bevorzugung der Oberschicht bedeutete. Nicht einmal auf ihre Hausgehilfinnen mußten Frauen der „besseren Kreise" verzichten, erst im September 1944, als der Ärger über diese Privilegien der herrschenden Klasse unübersehbar geworden war, fand die längst überfällige, planmäßige Erfassung von Hausangestellten durch die Arbeitsämter statt. Die gesetzliche Basis für die zwangsweise Heranziehung von Frauen bildete die „Verordnung zur Sicherstellung des Kräftebedarfs für Aufgaben von besonderer staatspolitischer Bedeutung" vom Februar 1939. Trotzdem begann die Zahl der berufstätigen Frauen ab Mai 1939 ständig zu sinken, so daß bereits im Mai 1940 im gesamten Deutschen Reich um eine halbe Million weniger Frauen erwerbstätig waren. Daß sich Hitler trotzdem bis zuletzt einer allgemeinen Erfassung

434

Ursprünglich als Hausfrau und Mutter verherrlicht, sollte die Frau während des Krieges dann an der Waffendrehbank, so wie auf diesem Plakat dargestellt, ihre „Pflicht" erfüllen.

Verleihung von Ehrenabzeichen an Luftwaffennachrichtenhelferinnen.

arbeitsfähiger Frauen widersetzte, hat nicht nur ideologische, sondern auch machtstrategische und bevölkerungspolitische Gründe. Die vollwertige Rassefrau, die unverholen mit einer Zuchtstute verglichen wurde, sollte sich dem wichtigen Geschäft der Volksvermehrung widmen, während die minderwertigere Frau zum Arbeitstier degradiert wurde. *„Wenn das Rassepferd"* so zitierte SS-Reichsführer Himmler Hermann Göring in einem Schreiben *„am Pflug eingespannt werde, verbrauche es sich schneller als das Arbeitspferd, infolgedessen könne man nie zu einer Frauendienstverpflichtung im allgemeinen kommen. Die hochwertigen Frauen hätten in erster Linie die Aufgabe, Kinder zu bekommen".*[18] Die freien Arbeitsplätze der an die Front abkommandierten Männer wurden also teilweise mit Fremdarbeitern- und arbeiterinnen aus den besiegten Ländern besetzt. 1944 waren 22 Prozent im agrarischen Sektor und 29 Prozent aller in Industriebetrieben beschäftigten Arbeiter Ausländer, vornehmlich Polen und Russen[19]. Erst 1943 nach Ausrufung des „totalen Kriegs" wurde eine umfassende Meldepflicht für Frauen zwischen 17 und 45, später dann bis 50 Jahren eingeführt. (Die Ausdehnung der Altersgrenze für Frauen auf 55 Jahren, der Hitler Mitte 1944 zugestimmt hatte, konnte nicht mehr realisiert werden[20].). Doch noch immer gab es genug Ausnahmebestimmungen und Möglichkeiten, vor allem für die bürgerlichen Frauen der „besseren Kreise", durch Scheinarbeitsverhältnisse oder gute Beziehungen dem Arbeitseinsatz zu entgehen. Schließlich, ab Februar 1945, wurden Frauen sogar zur Wehrmacht eingezogen, und die Panzerfaust als eine „Idealwaffe in der weiblichen Hand" propagiert. Damit hatte das von der Naziideologie geschaffene Frauenbild endgültig Schiffbruch erlitten und wurde als das entlarvt, was es von Anbeginn war: nämlich ein Mittel zur Errichtung und Festigung des nationalsozialistischen Männerstaates.

Es sei aber angemerkt, daß die wenigsten Frauen es damals so empfanden. Vielmehr wurde ihnen das Gefühl vermittelt, an einer großen, tragenden Idee mitzuarbeiten, für die eben Opfer zu bringen waren. Auch verstanden es die Nationalsozialisten hervorragend, für die bewußt vorenthaltene Gleichberechtigung zahlreiche Ersatzfunktionen zu schaffen, in denen sich Frauen betätigen konnten und auch Anerkennung fanden. Denn obwohl es keine Frau in den zentralen Entscheidungsgremien der Partei gab, arbeiteten viele – wenn auch meist ehrenamtlich – in zahlreichen öffentlichen Positionen, was ihnen sicherlich ein Gefühl der Unentbehrlichkeit und des Gebrauchtwerdens verschaffte. Von den ungefähr 3,3 Millionen Frauen, die 1939 der NS-Frauenschaft bzw. dem Deutschen Frauenwerk angehörten, waren über eine Million Funktionsträgerinnen[21]. Sie waren ungeheuer aktiv, veranstalteten Hausfrauennachmittage, organisierten Näh-, Koch- und Säuglingspflegekurse, besuchten Lazarette, halfen kinderreichen und berufstätigen Frauen im Haushalt, leiteten die wöchentlich stattfindenden Frauenschaftsabende, kassierten Beiträge und verteilten Propagandamaterial. Zeitzeugen berichten, daß der Kameradschafts- und Opfergeist dabei groß war. Vor allem die Jugend fühlte sich von der geschickten Propaganda angesprochen. Bereits Ende 1933 zählte der BDM (Bund Deutscher Mädel) an die 600.000 Mitglieder, auch hier übernahmen Mädchen bereits in jungen Jahren verantwortliche Positionen, für die sie in speziellen Kursen ausgebildet wurden. Selbst wenn ihre Einflußnahme nach oben begrenzt war, verschaffte ihnen der Rang einer Mädelschafts-, Schar-, Stamm-, Ring-oder Gauführerin doch Einfluß und Ansehen. Seit 1939 war dann jedes deutsche Mädel, sofern „arischen Blutes", verpflichtet, Mitglied der „Staatsjugend" zu sein. Doch bedurfte es dazu nur in seltenen Fällen eines Zwanges, denn die meisten Kinder und Jugendlichen waren begeistert dabei, das Kameradschafts- und Freundschaftserlebnis wurde auf Zeltlagern, bei Fahrradtouren, Volkstänzen und Wanderungen gepflegt, ebenso wurde die sportliche Ertüchtigung bei Mädchen gefördert, sollten sie doch als gesunde Mütter dereinst gesunde Kinder gebären. Auf Trennung der Geschlechter wurde allerdings großer Wert gelegt, selbst die Heimabende fanden gewöhnlich ohne männliche Beteiligung statt. Nur bei offiziellen Anlässen durften die Mädchen mit den in der HJ (Hitler Jugend) organisierten Jungen gemeinsam auftreten, wobei eindeutiges Hauptziel der NS-Jugendorganisationen eine Erziehung im Sinne des Regimes war. Eine neue Generation ergebener, opferbereiter Staatsbürger sollte entstehen, die als höchste Autorität den Führer anzuerkennen hatten, dem unter Umständen sogar die eigenen Eltern geopfert werden mußten. Tatsächlich gab es vereinzelt Fälle, in denen fanatisierte Jugendliche ihre Eltern denunzierten und damit an das Regime auslieferten.

Auch im sogenannten Reichsarbeitsdienst (RAD), der im Herbst 1939 für die weibliche Jugend eingeführt wurde (die männliche Jugend mußte ihm bereits seit 1935 beitreten), sollte das Kameradschafts- und Gemeinschaftsgefühl gepflegt und auf politische Schulung Wert gelegt werden. In Lagern zusammengefaßt, arbeiteten ledige Mädchen im Alter von 17 bis 25 Jahren, die weder berufstätig waren noch in schulischer Ausbildung standen oder von ihren Familien in der Landwirtschaft benötigt wurden, mehrere Stunden täglich als Hilfskräfte auf Bauernhöfen oder in kinderreichen Familien. Angehende Studentinnen mußten allerdings bereits seit 1934 vor ihrem Studium ein halbes Jahr als „Arbeitsmaiden" dienen. Seit 1941 wurde der land- und hauswirtschaftliche Dienst im RADwJ durch den sogenannten KHD (Kriegshilfsdienst), der Arbeiten vor allem im Rüstungsbetrieb vorsah, um weitere 6 Monate verlängert. Gegen Ende des Krieges wurden die sogenannten „Kriegshilfsdienstmaiden", die im Unterschied zu den Mädchen im RAD mit 45 Reichsmark monatlich entlohnt wurden, auch als Luftwaffen- und Flakhelferinnen eingesetzt, zur Bedienung der Scheinwerfer oder direkt an den Flakgeschützen[22]. Ein besonderes Ansehen genossen die Funkerinnen, Telefonistinnen, Nachrichtenhelferinnen und Fernschreiberinnen, die wegen der Blitze an ihrer schmucken Uniform (sie trugen am linken Oberarm einen Blitz als Abzeichen) auch „Blitzmädel" genannt wurden. Einladend lächelten sie von den Plakaten, aber auch Film und Illustrierte hatten sich ihrer bemächtigt: „Hilf siegen, als Luftnachrichtenhelferin" wirbt eine Inschrift, oder „Wehrmachtshelferin, Ehrendienst der deutschen Frau im Krieg". Einen besonderen Bedarf an weiblichen Hilfskräften hatte die Luftwaffe für den Flugmelde-, Funkmeß- und den Luftwarndienst. 1944 wurde der Einsatz der Luftwaffenhelferinnen noch verstärkt, gegen Ende des Krieges betrug ihre Gesamtzahl zusammen mit dem sonstigen weiblichen Zivilpersonal im Bereich der Luftwaffe annähernd 130.000 Frauen[23]. Ende Februar 1945 wurde dann von Hitler die Aufstellung eines „Frauenbataillons" genehmigt, dessen tatsächlicher Einsatz allerdings nicht mehr zustande kam[24]. Eine Aussage Hitlers im Führerhauptquatier während einer „Mittagslage" im März 1945 „Ob Männer oder Frauen ist ganz wurscht: eingesetzt muß alles werden"[25], zeigt in voller Schärfe, daß von seiner Frauenideologie nicht einmal ein Ansatz übrig blieb. Das Programm einer geschlechtsspezifischen Arbeitsteilung, am Beginn der Machtergreifung Hitlers mit allen zur Verfügung stehenden propagandistischen Mitteln verherrlicht und verklärt, konnte unter dem Druck der Verhältnisse nicht durchgehalten werden. Nicht einmal in den KZ's wurde auf die Mitarbeit von Frauen verzichtet. Ungefähr 3.500 Frauen wurden zwischen 1942 und 1945 im Frauen-KZ Ravensbrück zu SS-Aufseherinnen ausgebildet und in den Frauenabteilungen anderer Konzentrationslager eingesetzt[26]. So manche meldete sich wegen des hohen Lohns, der guten Verpflegung und der Aufstiegschancen sogar freiwillig. Weshalb die Theroie von der einseitigen Opferhaltung der Frauen im Nationalsozialismus auch nicht ganz stichhaltig ist. Frauen waren nicht ausschließlich Opfer, sie waren auch Täterinnen. Das Verhalten der weiblichen NS-Schergen beispielsweise stand an Brutalität und Grausamkeit jenem der männlichen Kollegen in nichts nach.

Frauen arbeiteten aber auch im hauptsächlich von Kommunisten und der illegalen Arbeiterpartei, aber auch von Katholiken organisierten Widerstand, wenngleich sie dabei nicht so spektakuläre Aufgaben wie die Männer zu bewältigen hatten. Gemäß ihrem weiblichen Rollenverständnis betätigten sie sich eher unsichtbar, doch waren ihre Funktionen nicht weniger wichtig. Meist waren sie für jene kaum registrierten, aber trotzdem lebensnotwendigen Hilfstätigkeiten zuständig, die die Voraussetzung für jede Widerstandstätigkeit bildeten. Selten bekleideten sie hohe politische Positionen, auch im bewaffneten Widerstand waren sie in der Minderheit. Dafür sorgten sie für Verpflegung, für das Beschaffen von Kleidung, Medikamenten und Ausrüstungsgegenständen, ohne die militärische Operationen nicht möglich gewesen wären. Sie versteckten illegale Genossen, vertrieben Aufklärungsmaterial, entwarfen Texte und Parolen, organisierten Papier, Schreibmaschinen und Abziehapparate. Frauen haben aber auch gekämpft. Wie Interviews mit ehemaligen österreichischen Widerstandskämpferinnen zeigen, wurden Frauen in der Partisanenbewegung Südkärntens im Gebrauch der Waffe ausgebildet, außerdem arbeiteten sie als Funkerinnen, Sanitäterinnen und politische Funktionäre[27]. Häufig entwickelten sie spezifisch weibliche Formen des Widerstands, indem sie die Tatsache nützten, daß sie als Frau in manchen Situationen unauffälliger agieren konnten als Männer. Die Gegenwart kleiner Kinder beispielsweise machte viele Frauen unverdächtig, der Transport und die Verteilung von Flugblättern, das Überbringen von Botschaften und Informationen konnte auf diese Art und Weise leichter durchgeführt werden. Aber auch die sogenannte „Mädelarbeit", die in Zusammenarbeit mit der Kommunistischen Partei Österreichs im Rahmen der Resistance in Frankreich organisiert wurde, hatte frauenspezifischen Charakter: Emigrantinnen in Frankreich und Belgien nahmen Kontakt mit deutschen Soldaten auf und versuchten sie über die eigentlichen Ziele und Absichten des Faschismus aufzuklären. Ebenso wie Männer wurden auch Frauen von der Gestapo eingesperrt, hingerichtet, gefoltert und gequält, wobei sie häufig eine erstaunliche Standfestigkeit bewiesen. Besonders grausam war die Methode, Mütter über ihre Kinder zu erpressen. Natürlich waren Frauen in solchen Situationen Männern auch als Sexualobjekt ausgeliefert. Sie wurden vergewaltigt, geschlagen, als „Schlampe", „Bolschewiken Hure" und „partisanische Hur" beschimpft[28].

In Deutschland waren die meisten der am Widerstand teilnehmenden Frauen bereits vor der Machtergreifung Hitlers 1933 politisch organisiert gewesen. Sie gehörten überwiegend der Arbeiterbewegung, aber auch bürgerlichen Kreisen an. Wie viele Frauen sich am Widerstand beteiligten oder hingerichtet wurden, ist nicht bekannt. Genaue Untersuchungen stehen hier aus. Lediglich lokale Statistiken können ein ungefähres Bild vermitteln. Danach waren in der Widerstandsorganisation Harro Schulze-Boysen/Arvid von Harnack von 52 ermordeten Personen 18 Frauen. In der Gruppe um Herbert und Marianne Baum waren unter den 34 ermordeten Mitgliedern 13 Frauen. Außerdem geht aus der „Totenliste Hamburger Widerstandskämpfer und Verfolgter 1933 – 45" hervor, daß nach einer Statistik der Vereinigung der Verfolgten des Naziregimes vom 31. März 1947 unter den 12.119 Personen, die als politische Gegner des Regimes anerkannt wurden, 3.306 Frauen waren[29]. Als erste Frau aus dem deutschen Widerstand wurde die Stuttgarter Studentin Liselotte Hermann am 20. Juli 1938 hingerichtet, weil sie noch vor Ausbruch des Krieges geheime Aufzeichnungen aus deutschen Rüstungsindustrien in die Schweiz geschmuggelt und damit der Weltöffentlichkeit zugänglich gemacht hatte. Sie bildete jedoch lediglich den Auftakt zu zahlreichen weiteren Hinrichtungen. Am bekanntesten war wohl die Studentin Sophie Scholl, die der Widerstandsgruppe „Weiße Rose" angehörte. Sie wurde zusammen mit ihrem Bruder Hans Scholl am 22. Februar 1943 ermordet wurde, nachdem beide in der Münchner Universität Flugblätter verteilt hatten, in denen das deutsche Volk aufgefordert wurde, seine Peiniger zu „zerschmettern", und den „gewissenlosen Ausbeutern und Mordbuben" nicht mehr zu folgen[30]. Viele Widerstandskämpferinnen wurden auch in KZ's eingeliefert. Nachdem das bereits 1933 im bayrischen Moringen errichtete Frauenlager 1938 wegen Überfüllung keine Insassinnen mehr aufnehmen konnte, wurde das Frauen-KZ Ravensbrück in Mecklenburg gebaut, in dem bis Ende 1944 42.000 Frauen aus 23 Nationen einsaßen[31]. Ein eigenes Kapitel bildete der Widerstand am Arbeitsplatz, zu dem vor allem während des Krieges die Widerstandsgruppen vermehrt aufgerufen hatten: durch fehlerhaftes und langsames Arbeiten sollte vornehmlich die Rüstungsproduktion verzögert werden, entwendete Unterlagen sollten Unsicherheiten schaffen und Material-Verschwendung die Auftraggeber schädigen[32]. Auch Flugblätter wurden verteilt, Auslandssender abgehört und illegale Versammlungen abgehalten. Ebenso zählte die Verweigerung des persönlichen Arbeitseinsatzes unter Vorschützen diverser Krankheiten zu den Widerstandsformen. Manchmal fügten sich Frauen sogar Selbstverletzungen zu, um der Arbeitsverpflichtung zu entgehen.

Trümmerfrauen und die „neue"
Weiblichkeit

(Die „falschen Fünfziger")

Wenige Frauen haben den Zusammenbruch des Dritten Reiches als Befreiung von einem grausemen, menschenverachtenden Regime begriffen. So sahen es lediglich jene, die im Widerstand gekämpft, in Konzentrationslagern gelitten oder auf irgendeine Art und Weise verfolgt worden waren. Die meisten erlebten die Kapitulation als Niederlage, Demütigung und letzte Katastrophe. Trotzdem waren alle froh, daß diese furchtbare Zeit ein Ende hatte, allen ging es jetzt um's nackte Überleben. Frauen haben in den ersten Nachkriegsjahren beinahe Unmenschliches geleistet, und daß es eigentlich ihre Überlebensarbeit war, auf der ein späteres „Wirtschaftswunder" aufbauen konnte, ist von der Geschichtsschreibung bislang viel zu wenig gewürdigt worden. Im Oktober 1945 betrug der Frauenüberschuß in Deutschland sieben Millionen. Die Männer waren entweder gefallen, zu Krüppeln geschossen oder in Kriegsgefangenschaft. Jene, die heimkehrten, fanden sich mit der veränderten Situation nicht zurecht. Österreich hatte 194.000 Kriegstote und rund 76.000 Vermißte zu beklagen[1], ein Parlamentsbericht vom 16. Jänner 1946 spricht von 1,200.000 Kriegsgefangenen[2], unter denen sich auch Frauen befanden. Städte waren zerbombt (Wiener Neustadt bis zu 88, Villach zu 85, Innsbruck zu 60 Prozent)[3], Kulturflächen verwüstet, die Gas-Strom- und Wasserversorgung war zusammengebrochen. Das Bild der „Trümmerfrau" in abgetragenen, zerschlissenen Wehrmachtsmänteln und groben, geflickten Schuhen ist heute noch präsent. Im Sommer ebenso wie im bitterkalten Winter des Jahres 1945/46 räumte sie meterhohe Schuttberge aus den Städten, machte Ruinen notdürftig bewohnbar, schaffte mit Phantasie und Einfallsreichtum die überlebensnotwendige Nahrung herbei, nähte aus altem, zerschlissenem Material Kleider und sammelte in den Wäldern Brennholz, um sich, ihre Kinder und weitere, oft alte und schwache Familienmitglieder am Leben zu erhalten. Dazu kam die Angst vor Übergriffen der Besatzungsmacht, besonders vor Vergewaltigung. In Interviews berichteten Wiener Frauen, daß sie sich aus diesem Grund oft wochenlang nicht auf die Straße trauten[4]. Im Mai 1945 begannen dann in Österreich die Lebensmittelkartenperioden zu laufen. Eine geregelte Lebensmittelverteilung gab es allerdings erst im Juni. Dabei wurde der Tageskaloriensatz für Normalverbraucher auf 891 Kalorien festgesetzt, das waren: 25 dag Brot, 3 dag Grütze, 2 dag Fleich, 7 g Fett, 15 g Zucker und monatlich etwas Kaffeeersatz und etwas Salz. Im September 1945 wurde dann der Kaloriensatz auf 1550 erhöht, im März 1946 jedoch erneut auf 1200 herabgesetzt, worauf Fiorello La Guardia, der Generalsekretär der ausländischen Hilfsaktionen (UNRRA) erklärte, daß „das österreichische Volk zu jenen Völkern der Welt zähle, die dem Niveau des Hungertodes am nähesten seien"[5]. Weil sich diese Zuteilung bis zum Marshallplan-Abkommen im Juli 1948 nicht wesentlich verbesserte, war die Bevölkerung auf Eigeninitiative angewiesen. Scharen von Frauen zogen zum Hamstern hinaus auf das Land, viele verwandelten Gärten in Kartoffelfelder, hielten Kleintiere in Wohnungen und auf Balkonen, sammelten zusammen mit ihren Kindern Kräuter, Nüsse und Bucheckern. Soferne sie zu den begüterten Kreisen zählten, tauschten sie Familienschmuck oder sonstige Wertsachen auf dem Schwarzmarkt gegen Eßbares ein, arme Leute trennten sich für Nahrung sogar von Kleidungsstücken und Möbeln. Frauen standen stundenlang, oft bis in die Nacht hinein vor den wenigen Lebensmittelläden Schlange, sie organisierten Nachbarschaftshilfe und bildeten Frauenausschüsse, die mit den unmittelbaren Problemen des Überlebens beschäftigt waren. Politische Fragen wurden in diesen Ausschüssen kaum behandelt, zu dringend waren die Anforderungen des täglichen Bedarfs. In einem Leserbrief aus dem Jahr 1946 heißt es: *„Man wundert sich, daß wir von Politik so gar nichts wissen wollen. Der Grund ist nicht nur jene große Müdigkeit, die nach jeder starken Anspannung aller Kräfte zwangsweise eintritt. Wir Frauen stehen noch mitten im Krieg. Die Bomben und das Blutvergießen haben aufgehört. Gewiß ist das sehr viel … Aber sonst geht der Kampf weiter … Wir bekommen noch weniger Fett, noch weniger Seife, noch weniger Kohle. Wir haben keine Zeit, uns mit Gedanken auseinanderzusetzen, die die Allgemeinheit betreffen. Wir werden von diesem Kleinkrieg im Haushalt langsam zermürbt …*[6]

Frauen schlugen aus ihren selbstlosen, aufopferungsvollen Leistungen auch kein politisches Kapital. Sie begriffen ihre Arbeit nicht als Heldentat, sondern als eine Selbstverständlichkeit, sie verstanden es nicht, die Macht, die ihnen damit zugewachsen war, für sich zu nützen. Sie verfolgten dabei keine Strategie, nur wenigen gelang es, Vorstellungen, die für ihr eigenes Leben wichtig waren, zu verwirklichen. Bei den meisten hingegen überdeckte die Sorge um die Kinder, um die nächsten Angehörigen einen eigenen Lebensplan. Darum hatten sie auch einer neuerlichen Verdrängung durch die heimkehrenden Männer wenig entgegenzusetzen. Wohl protestierten viele von ihnen, wehrten sich gegen einen Haushaltsvorstand, der auf sein patriarchalisches Gewohnheitsrecht bestand. Die Scheidungsziffern waren in diesen Nachkriegsjahren hoch, viele Eheleute hatten sich auseinandergelebt. Denn während der Mann sich das liebe, anschmiegsame Frauchen erwartete, das ihn nach den harten Kriegsjahren aufpäppeln und trösten sollte, wünschte sich die inzwischen selbständig gewordene Frau den Partner, um mit ihm gemeinsam den Karren aus dem Dreck zu ziehen. Es gab manche, die sich zusammenrauften, von einer neuen Kameradschaftsehe war damals viel die Rede. Es gab aber sicherlich mehr, die müde, abgekämpft und ausgebeutet, resignierten und sich zurückdrängen ließen. Weil Doppelbelastung als geschlechtsspezifische Notwendigkeit, nicht aber als Zumutung begriffen wurde, war auch die erwerbstätige Frau häufig froh, durch den heimkehrenden Ehemann davon befreit zu sein, zog sich nach den ungeheuren Strapazen der Kriegs- und Nachkriegsjahre sogar gerne in ihr Hausfrauendasein zurück. Denn Frauen leisteten in dieser Zeit ja nicht nur die wichtige Arbeit der täglichen Versorgung, sie waren darüber hinaus häufig auch berufstätig. So wie schon im Krieg arbeiteten viele von ihnen weiter in Männerberufen, da die traditionellen „Frauenindustrien", wie Textil- Bekleidungs- und Nahrungsmittelindustrie nur eingeschränkt produzierten. Frauen waren als LKW-Fahrerinnen, als Packerinnen, vor allem aber im Baugewerbe tätig, dabei jedoch überwiegend in ungelernten Positionen, da sich in Erwartung der zurückkehrenden Männer kaum ein Betrieb die Mühe machte, Frauen entsprechend anzulernen. Die Lohndifferenzen zwischen männlichen und weiblichen Arbeitern, wie sie nach wie vor bestanden, lassen sich allerdings nicht nur auf eine unterschiedliche Qualifikation zurückführen. Ganz generell bekamen Hilfsarbeiterinnen 1946 in der BRD 23,9 Prozent weniger als ihre männlichen Kollegen, 1948 sogar 26,9 Prozent. Bei Spezialarbeiterlöhnen lag der Abstand 1947 bei 33,9 Prozent[7]. Ähnlich war die Situation in Österreich: Der Durchschnittsbruttoverdienst der Wiener Arbeiterinnen lag im Juni 1948 bei 66 Prozent des

Durchschnitts der Arbeiterlöhne insgesamt[8]. Außerdem wurden spezielle Frauenlohngruppen geschaffen, die erst 1955 als gesetzwidrig erklärt und durch „Leichtlohngruppen" für Hilfsarbeitertätigkeit ersetzt wurden, welche sich allerdings dadurch auszeichneten, daß sie zu 90 Prozent von Frauen in Anspruch genommen wurden[9].

Während unmittelbar nach dem Krieg vielen Frauen eine außerhäusliche Tätigkeit wenig sinnvoll erschien, weil sie sich für ihren Lohn nur wenig kaufen konnten (wesentlich einträglicher war damals das Organisieren, Hamstern und der Tauschhandel auf dem Schwarzmarkt, wofür eine berufstätige Frau wenig Zeit hatte) begann bereits in den fünfziger Jahren die Zahl berufstätiger Frauen kontinuierlich zu steigen, trotz hoher Arbeitslosenzahl (in Österreich wurde 1953 mit 200.000 Arbeitslosen der Höchststand der Arbeitslosigkeit seit 1945 erreicht) und einer ab etwa 1947 zu beobachtenden Tendenz, Frauen erneut von den Arbeitsplätzen zu verdrängen. Trotzdem betrug der Anteil der Frauen an der Gesamtzahl der Berufstätigen im Jahr 1951 an die 39 Prozent, womit er zwar knapp unter den Werten der Vorkriegs- und Kriegszeit lag, im internationalen Vergleich jedoch einen relativ hohen Stellenwert einnahm[10]. Vor allem die Erwerbsquote verheirateter Frauen stieg deutlich an: in der BRD von 26,4 Prozent im Jahre 1950 auf 36,5 Prozent im Jahre 1961[11]. In Österreich hatten nach dem Mikrozensus 1969 bereits 46,5 Prozent aller berufstätigen Frauen Kinder unter 15 Jahren, unter den verheirateten berufstätigen Frauen waren es sogar 54,7 Prozent[12].

1952 wurde dann in der BRD, erst 1957 jedoch in Österreich ein Mutterschutzgesetz verabschiedet, das ein Beschäftigungsverbot von sechs Wochen vor und sechs Wochen nach der Geburt (die sich bei stillenden Müttern auf acht Wochen verlängern konnten) bestimmte[13]. Außerdem wurde Ende der fünfziger Jahre schließlich die Fünf-Tage-Woche eingeführt. Treibender Faktor für die Ausübung eines Berufes ist jetzt allerdings auch bei Frauen nicht mehr reine Existenznot, sondern vor allem der Wunsch, am steigenden Lebensstandard zu partizipieren. Grund genug für Politiker, Soziologen, Psychologen und Theologen, mahnend den Zeigefinger zu heben und die Familie als „letzte Grundlage der sozialen Zuflucht und Sicherheit"und das „letzte stabile Gebilde der Gesamtgesellschaft"[14] gefährdet zu sehen. Frauen wurde materialistische Einstellung, Luxusbedürfnis und Verantwortungslosigkeit vorgeworfen. Wieder einmal waren sie es, die sich zu bescheiden hatten, während der Mann von einem Wirtschaftswundergipfel zum anderen stürmte. Natürlich hatten sie stän-

444

dig ein schlechtes Gewissen, der Vorwurf, den Nachwuchs zu vernachlässigen, lastete schwer auf ihnen, schließlich bedauerte alle Welt die „Schlüsselkinder", die allein und unbeaufsichtigt bleiben mußten. Doch beschieden haben sich Frauen damals trotzdem nicht, denn Fernseher und Waschmaschine waren längst zum wichtigen Statussymbol geworden. Nicht immer jedoch lockten materielle Wünsche, mindestens ebenso lag Frauen die Erziehung ihrer Kinder am Herzen, die sie durch ein zusätzliches Verdienst finanzieren halfen. Immer mehr spielte auch der Wunsch nach Selbstbestätigung eine Rolle, das Bedürfnis, den häuslichen vier Wänden zu entfliehen, menschliche Kontakte am Arbeitsplatz zu knüpfen und finanziell unabhängig zu sein. Doch war dies eine Entwicklung, die deutlich erst in den sechziger Jahren zu beobachten ist. Vorläufig dominierte noch die Vorstellung von der Frau, die in's Haus gehört, wieder wurde das Schlagwort vom „Doppelverdienertum" geprägt und viele Unternehmer waren nicht daran interessiert, verheiratete Frauen weiter zu beschäftigen oder neu anzustellen. Dafür wurde das Familienidyll gepflegt und der Soziologe Helmut Schelksy stellte in seiner berühmten Studie aus dem Jahre 1955 einen deutlichen Trend zur „Restaurierung der alten familiären Verfassung und Lebensweise" fest, in der Männer für den Unterhalt der Familie zuständig seien, während Frauen sich um Kinder und Haushalt sorgten. Das aus ökonomischen Gründen absolut nicht immer zu verwirklichende, dafür aber von Kirchen, Wissenschaftlern und Politikern umso eifriger propagierte Leitbild war die glücklich für Mann und Kinder sorgende Ehefrau, die den steigenden Wohlstand im trauten Heim genießt und sich an den neuen technischen Haushaltshilfen begeistert. Und viele Frauen haben nach den schweren , entbehrungsreichen Kriegs- und Hungerjahren dieses Leitbild auch freudig akzeptiert. Geschlechtsgenossinnen, die wegen des kriegsbedingten Männermangels keine Ehe eingehen konnten, wurden bemitleidet, bedauert und für nicht ganz voll genommen. Nicht mehr die selbständige, tüchtige, Kinder und Familie durch alle Widrigkeiten durchboxende Frau war jetzt gefragt, sondern die anschmiegsame, sanfte, „neue Weiblichkeit".

Der „feminine look" feierte mit Löckchen, figurbetonter Kleidung und weichen Glockenröcken wieder einmal Triumphe, frau probierte den neuen, hochhackigen Stöckelschuh und genoß die im Dritten Reich so verpönte Schminke. Eine von Amerika erborgte Scheinwelt sollte vergessen und verdrängen helfen, falscher Glamour und Glanz trösteten über unbewältigte Probleme, Swing und Jazz suggerierten ein Gefühl von Unbeschwertheit und Ausgelassenheit. Die „falschen Fünfziger" wollten das Leben erneut umarmen, und weil so viel Schweres dahinter lag, blickte man/frau lieber nach vorne. Der Gegenwart aber wurde ein Zuckerguß verpaßt, im sentimentalen Schlager, in der Schnulze, im „Schmachtfetzen" die heile Welt besungen. „Domani", schluchzte es aus den Radios „morgen ist auch ein schöner Tag" und „Ganz Paris träumt von der Liebe" Die Sehnsucht nach der Ferne wurde ergänzt durch die Sehnsucht nach der heilen, trauten Heimat, „Hawaiiii" korrespondierte problemlos mit dem „alten Försterhaus" und „Mariandl". 1955 bezeichneten 56 Prozent der Österreicher das Radiohören als ihre liebste Freizeitbeschäftigung, hingegen das Kino nach dem Zeitungslesen mit 36 Prozent an dritter Stelle lag. „Sissy", die unbestrittene Rührstory der fünfziger Jahre hatte zahlreiche Heimat- Förster- und Wildschützenfilme im Gefolge, die regelmäßig ein Happy End meist in Form der endlich geglückten Ehe verkündeten. Selbst der Protest einer unpolitischen Jugend erschöpfte sich in spitzen Schuhen, den sogenannten „Fischerhosen", einem männlichen „Schlurf" und weiblichen „Pferdeschwanz", wippenden Petticoats und den eine Elterngeneration schockierenden Rock-and-Roll Rhythmen.

Doch gab es auch in dieser Zeit feministische Aktivitäten. Anfang Oktober 1949 wurde auf dem Frauenkongreß in Bad Pyrmont der Deutsche Frauenring als überparteiliche und überkonfessionelle Organisation gegründet[15], der, obwohl er im Grunde die traditionelle Weiblichkeitsideologie nicht in Frage stellte, doch eine Gleichstellung der Frau anstrebte. Eine bedeutende Rolle spielte auch der Demokratische Frauenbund Deutschlands (DFD), der im März 1947 am „Deutschen Frauenkongreß für den Frieden" als zonenübergreifender, gesamtdeutscher Zusammenschluß gegründet worden war[16]. Nach der Errichtung der beiden deutschen Staaten im Herbst 1949 war allerdings eine eigenständige Organisation für die BRD notwendig geworden, die sich in der Folge nicht nur für die Gleichberechtigung der Frau, sondern darüber hinaus vor allem für den Frieden und gegen die Wiederaufrüstung engagierte. Der DFD in der Bundesrepublik veranstaltete Friedenskongresse, setzte sich für die Wiedervereinigung ein, sprach sich gegen die Einführung einer allgemeinen Wehrpflicht aus und kritisierte scharf die Besetzung wichtiger Posten mit ehemaligen, schwer belasteten Nazis. Deshalb wurde der DFD im April 1957 dann auch auf Anweisung der Innenminister der Länder mit dem Hinweis verboten, daß es sich dabei um eine verfassungswidrige und staatsgefährdende Organisation handle[17]. (Der DFD in der DDR hingegen existiert noch heute. Stand vom Mai 1990).

In Österreich wurde 1947 der „Bund Österreichischer Frauenvereine", der bereits 1902 von Marianne Hainisch gegründet worden war, erneuert. Er umfaßte Mitte der sechziger Jahre 17 Vereine, war dem Internationalen Frauenrat angeschlossen und brachte 1950 ein eigenes Publikationsorgan, „Die Frauenrundschau" heraus. Ebenfalls 1947 kam es zur Gründung des Katholischen Frauenbundes (KFB), einer Organisation der Katholischen Aktion, die 1963 118.300 Mitglieder zählte. 1948 folgte dann der KPÖ nahe „Bund Demokratischer Frauen Österreichs" (BDF), der sich seit seinen Anfängen mit Demonstrationen, Flugblättern und einer eigenen Zeitung („Stimme der Frau") gegen den Faschismus, für Frieden, Abrüstung und Völkerverständigung engagiert. Eine eigene sozialistische Frauenvereinigung gab es nicht. Das „Frauen-Zentralkomitee" der Partei war nicht beschlußfähig und unterstand dem Zentralsekretariat der SPÖ Wien, ebenso die Frauenkomitees in den Landes-, Bezirks- und Lo-kalorganisationen[18].

Auch pazifistische Frauenvereinigungen, wie die Weltorganisation der Mütter (W.O.M.A.N.) und die Internationale Frauenliga für Frieden und Freiheit (IFFF) setzten sich neben ihren Friedensaktivitäten verstärkt für die Gleichberechtigung zwischen den Geschlechtern ein. Außerdem war im Dezember 1945 die IDFF (Internationale Demokratische Frauen-Föderation) von Vertreterinnen aus 41 Frauenorganisationen aus 41 Ländern gegründet worden, die für die Verteidigung der Rechte der Frauen, die Errichtung einer Demokratie in der Welt und die Herstellung eines dauerhaften Friedens kämpfte[19]. Am 8. März 1946 wurde dann der 1910 von Clara Zetkin auf der II. Internationalen Sozialistischen Frauenkonferenz ins Leben gerufene Internationale Frauentag zum erstenmal nach dem Krieg wieder abgehalten, ein Jahr später der „Deutsche Frauenkongreß für den Frieden", zu dem tausend Delegierte aus den verschiedenen Besatzungszonen gekommen waren. Außerdem gründeten profilierte Frauen die überparteiliche „Westdeutsche Frauenfriedensbewegung" (WFFB), die sich in den frühen fünfziger Jahren gegen eine Wiederaufrüstung wandte und dafür eine West-Ost-Verständigung und eine friedliche Lösung der Deutschlandfrage forderte. Ihre Arbeit wurde in der Zeitschrift „Frau und Frieden" einem breiten Leserpublikum nahe gebracht. Die wichtigsten politischen Ereignisse ebenso wie der Kampf gegen die Militarisierung, der Protest gegen Atomwaffen, Diskussionen über den Zivildienst von Frauen und die Wehrdienstverweigerung kamen hier zur Sprache, ebenso wurde über die Situation im Ausland informiert. Später hat sich die WFFB gegen den Vietnamkrieg engagiert und 1965 eine der ersten großen Vietnamveranstaltungen in der BRD abgehalten[20].

Die Neue Frauenbewegung

In den sechziger Jahren begann die mühsam aufgebaute Nachkriegsidylle brüchig zu werden. Vereinzelt vorerst, dann immer unüberhörbarer formierte sich der Protest. Linke Studentenorganisationen riefen zum Aufstand gegen das Establishment, Befreiung lautete die Devise: von den Zwängen einer zunehmenden Leistungsgesellschaft, einer prüden Sexualmoral, einer autoritären Erziehung. „Antiautoritär" war zum Schlagwort geworden, darunter ließ sich viel subsumieren. In den USA war es die Bürgerrechtsbewegung mit ihren militanten Aktionen gegen den Rassismus, in der sich das Protestpotential sammelte. In der Bundesrepublik steigerte sich der Aufstand bis zu terroristischen Aktionen, wie sie etwa von der Baader-Meinhof-Gruppe durchgeführt wurden. Und wie immer im Verlauf der Geschichte, stärkte diese allgemeine revolutionäre Aufbruchsstimmung auch die Emanzipationsbestrebungen der Frau. Aus dem Gefühl der eigenen Unterdrückung heraus hatten sich vom Anfang an viele Frauen in der Bürgerrechtsbewegung ebenso wie in der Studentenbewegung engagiert, allmählich bildeten sie auch autonome Frauengruppen, die frauenspezifische Interessen vertraten. Denn der Widerspruch zwischen dem emanzipatorischen Anspruch der Männer und ihrem tatsächlichen Verhalten Frauen gegenüber war so eklatant, daß es zu zunehmenden Unmutsäußerungen innerhalb des weiblichen Teils der Bewegung führte. Frauen durften zwar Hilfsarbeiten verrichten, auch als Freundin oder Frau eines SDS (Sozialistischer Deutscher Studentenbund)- Mannes waren sie akzeptiert, nicht jedoch als eigenständige, autonome Person mit eigenen Ansichten und Wünschen. Schließlich waren die Frustrationen so stark geworden, daß eine Vertreterin des Berliner „Aktionsrates zur Befreiung der Frau" im Jahre 1968 ihrer angestauten Wut in einer flammenden Rede Ausdruck verlieh und anschließend die Genossen mit Tomaten bewarf[1], eine Aktion der Befreiung, die als Geburtsstunde einer neuen deutschen Frauenbewegung gefeiert wird.

In Amerika war es schon früher zu feministischen Protestkundge-
bungen gekommen. Bereits 1965 hat die Farbige Ruby Dores Smith-
Robinson das erste Positionspapier über Frauen in der neuen linken
Studentenbewegung geschrieben, auf einer Konferenz der weißen
Studentenorganisation SDS („Student's Democratic Society") forderten Frauen im Jahre 1966, daß die Frauenfrage auf die Tagesordnung
gesetzt und dazu eine Resolution verabschiedet werde. Inspirierend
auf die deutsche Frauenbewegung wirkte auch die 1966 von Betty
Friedan gegründete „National Organization of Women" (NOW), deren Mitglieder vielfach auch in der Bürgerrechtsbewegung aktiv gewesen sind, und deren zentrales Anliegen der Kampf für das „Equal
Right's Amendment", einen Verfassungszusatzartikel zur Gleichberechtigung und für die Liberalisierung der Abtreibung war. Zuvor
hatte die Psychologin, Sozialwissenschaftlerin und Journalistin Betty
Friedan mit ihrem Buch „Der Weiblichkeitswahn oder die Selbstbefreiung der Frau" Aufsehen erregt. Es basiert auf Interviews mit etlichen Tausend amerikanischen Hausfrauen, artikuliert deren Frustrationen, diffuse Wünsche und unbestimmte Sehnsüchte, und wurde
damit zum mehrfach aufgelegten und in viele Sprachen übersetzten
Bestseller. Legionen von Frauen des amerikanischen Mittelstandes,
die irgendwo in den Suburbs als grüne Witwen ihr Leben fristeten,
fanden sich in diesen Beschreibungen wieder, ihr Problem, das von
niemandem als solches erkannt worden war, hatte plötzlich einen
Namen. Die zunehmende Radikalisierung der Women's Liberation
Movement in den USA, die von nun an zu beobachten war, fand einen Ausdruck in Kate Millets 1970 veröffentlichter Doktorarbeit
„Sexual Politics. A surprising examination of society's most arbitrary
folly" (deutsch: „Sexus und Herrschaft"), die ebenfalls ein vielfach
übersetzter Bestseller wurde. Ihr Prüfer George State beschrieb die
Wirkung des Buches auf den männlichen Leser folgendermaßen:
„Wenn man diesen Schmöker liest, ist es so als ob man sich setzt und
einem die Eier zwischen einen Nußknacker geraten."[2] Aber bereits
zwei Jahre früher verfaßte Valerie Solanas ihr „Manifest der Gesellschaft zur Vernichtung der Männer" (S.C.U.M.) nachdem sie zuvor
auf Andy Warhol geschossen hatte, weil er „eine zu große Wichtigkeit in ihrem Leben besaß"[3]. Der Radikalfeminismus gewann auch
in England an Boden. Schon 1966 erschien hier „Frauen. Die längste
Revolution" von Juliet Mitchell. 1967 wurde dann der Abtreibungsparagraph liberalisiert. 1970 fand die erste nationale Konferenz des
„Women's Liberation Mouvement" statt. Ebenso schlossen sich in
Italien erste autonome Frauengruppen zusammen, in Frankreich ent-

stand das „Mouvement de libération des femmes", und auch in den Niederlanden und in Dänemark kam es zu Frauenkundgebungen.

Diese neue Bewegung, wie sie sich Ende der sechziger Jahre überall in der westlichen Welt formierte, unterschied sich in manchem von der alten Frauenbewegung. Doch hatte sie auch viel mit ihr gemein. Die Gemeinsamkeiten wurden allerdings meist nicht erkannt, Erster Weltkrieg, Zweiter Weltkrieg und eine entbehrungsreiche Nachkriegszeit hatten die Spuren verwischt, die Kontinuität zerstört, und von der offiziellen Geschichtschreibung war nichts geschehen, um sie zu erhalten. Wieder meinten Frauen, bei der Stunde Null anfangen zu müssen, völlig neue Gedanken zu formulieren, sie wußten nicht, daß diese Gedanken bereits hundert Jahre früher geäußert worden waren. Denn im Grunde hat die neue Frauenbewegung die Ideen der bürgerlichen ebenso wie jene der sozialdemokratischen Frauenbewegung des 19. Jahrhunderts fortgesetzt. Wodurch sie sich unterscheidet, ist die radikale Forderung nach der psychologischen, bewußtseinsmäßigen Befreiung vom Mann, von seinen Leitbildern, von seiner, durch ihn über die Jahrhunderte hinweg geprägten Kultur. Der Kampf gegen das Patriarchat wurde zunehmend auch von frauenbewegten Sozialistinnen dem Kampf gegen die Klassengesellschaft übergeordnet, denn daß selbst engagierte Genossen mit ihren Forderungen nach der Gleichheit aller lediglich den männlichen Teil der Menschheit ins Auge faßten, dämmerte inzwischen auch der eingefleischtesten Sozialistin. „Der Schlüsselpunkt der Gesellschaftsanalyse ist nicht Kapitalismus, sondern Patriarchat" formulierten radikale Feministinnen im Frauenjahrbuch 1976. *„Die 'Frauenfrage' ist dann nicht mehr ein Unterpunkt im Klassenkampf, sondern Klassenfragen stellen einen Unterpunkt im umfassenden feministischen Kampf gegen die patriarchalische Weltordnung dar"*[4]. Die alte Frauenbewegung hingegen wollte weibliche Vorstellungen und Werte neben die männlichen stellen, sie plante keine Infragestellung des gesamten Systems, sondern wollte Mitherrschaft, nicht völlige Veränderung gesellschaftlicher Normen und Werte. Daß diese Haltung in eine Sackgasse führte, unter den bestehenden Herrschaftssystemen führen mußte, wurde vorerst nicht erkannt.

Die Schaffung weiblicher Leitbilder und einer weiblich geprägten Gegenkultur ist ein Charakteristikum der zweiten Frauenbewegung. Gleichzeitig wurde der Begriff Feminismus, in der alten Frauenbewegung eher negativ verstanden und mit der radikal kämpferischen Ausnahmefrau assoziiert, positiv interpretiert. Er bedeutet den Widerstand gegen männliche Fremdbestimmung, fordert den „psychologischen Befreiungsprozeß der Frau aus der Identifikation mit dem Mann und eine daraus resultierende neue (oft kulturrevolutionäre) Beurteilungsweise von Problemen des Menschen und der Gesellschaft durch Frauen."[5] Gesellschaftsveränderung heißt in diesem Zusammenhang „Kulturrevolution des Weiblichen", denn „wir wollen das Patriarchat zerstören, bevor es den Planeten zerstört."[6] Natürlich ist auch die Forderung nach einer weiblichen Gegenkultur nicht neu, auch sie wurde bereits von der ersten Frauenbewegung erhoben, aber aus anderen Motiven. Denn „Weiblichkeit" wurde in der ersten Frauenbewegung vornehmlich als „Andersartigkeit" verstanden, als „seelische Mütterlichkeit", die sich im geschützten Schonraum der Familie oder aber in „wesensmäßigen" Berufen verwirklichen, und von hier aus ein Gegengewicht zur seelenlosen Welt des Mannes, der Welt der Industrie, Technik und Wirtschaft zu bieten habe. Das Programm dieser „organisierten Mütterlichkeit" war nicht durchführbar, der Anspruch auf „Verschiedenartigkeit, aber Gleichwertigkeit", der Geschlechter, wie er auch heute noch von konservativen Kreisen erhoben wird, konnte und kann nicht eingelöst werden. Er war vielmehr geeignet, das geschlechtsspezifische Rollenmuster zu verfestigen und die Frau an die gewohnten Innenräume zu fesseln, während der Mann nach wie vor die großen, welthistorischen Ereignisse bestimmte. Die neue Frauenbewegung hat daraus gelernt, sie will einen Abbau des Rollenverhaltens, Partnerschaft heißt ab nun die Parole, wobei der Mann einen beträchtlichen Vorsprung der Frau einzuholen hat. Denn während sie durch die Ausübung eines Berufes schon lange in die unwirtliche (Konkurrenz) Welt des Mannes eingedrungen ist, läßt er sich mit der gleichzeitigen Übernahme sogenannter weiblicher Pflichten nach wie vor Zeit, weshalb die sattsam bekannte Doppelbelastung immer noch ein Hauptproblem der emanzipationswilligen Frau darstellt. Offenbar findet er den Einstieg in diesen, von ihm so sehr als stille Oase und Hort des Glücks gepriesenen Bereich gar nicht so erstrebenswert. Wie wäre es sonst zu verstehen, daß er die partnerschaftliche Mitarbeit an der Familienidylle so hartnäckig verweigert?

Die neue Frauenbewegung in der BRD begann mit der Gründung von „Weiberräten" innerhalb des sozialistischen Deutschen Studentenbundes (SDS) in den Jahren 1968/69, die sich als zunehmend autonom empfanden und frauenspezifische Interessen, wie zum Beispiel die „Kinderfrage", in den Vordergrund stellten. Um ihre Benachteiligung gegenüber männlichen Kollegen auszugleichen, mußten zumindest annähernd gleiche Arbeitsbedingungen geschaffen werden, die Frauen, denen die alleinige Verantwortung für Kinder übertragen wurde, nicht zur Verfügung standen. Durch die Schaffung sogenannter Kinderläden, an deren Aufbau sich auch Männer beteiligten, sollte dieses Defizit ausgeglichen werden, denn *„Da die Kinder ein Teil der Gesellschaft sind...muß die Verantwortung für die Kinder...von allen getragen werden...Der Kampf um die Verantwortung aller für alle Kinder ist der erste Schritt zur Befreiung der Frauen*[7]. Daß dieser hoffnungsvolle Versuch nach einigen produktiven Jahren im Sande verlief, ist vor allem dem Umstand zuzuschreiben, daß der Aufbau der Kindergruppen trotz vereinzelter männlicher Mithilfe im Endeffekt wiederum vor allem Frauen überlassen wurde, die überfordert waren und sich somit nicht jenen Freiraum verschaffen konnten, den sie für ihre politische Arbeit benötigten. Trotzdem hat die Kinderladenbewegung die Diskussionen über eine emanzipatorische Kindererziehung und damit im Zusammenhang über ein Aufbrechen der traditionellen Rolle der Frau überhaupt erst in Gang gebracht.

Der wichtigste Motor für die Entstehung der deutschen und österreichischen Frauenbewegung waren jedoch die bundesweiten Aktionen für die Freigabe der Abtreibung, wobei die Selbstbezichtigungskampagne im „Stern" von 1971, in der sich 375 zum Teil prominente Frauen öffentlich zur Illegalität bekannten, Signalwirkung besaß. Die Bewegung erhielt damit eine ungeahnte Breitenwirkung (Umfragen hatten ergeben, daß sich 83 Prozent der Frauen in der BRD gegen den Paragraphen 218 aussprachen), Flugblätter wurden verteilt und Informationsstände errichtet. 86.500 Solidaritätserklärungen zur Abschaffung des Abtreibungsparagraphen und 3.000 Selbstanzeigen „Ich habe abgetrieben" wurden dem damaligen Justizminister Gerhard Jahn überreicht[8]. Frauenkongresse und Demonstrationen mit die Öffentlichkeit schockierenden Slogans wie „Mein Bauch gehört mir" und „Ob wir Kinder wollen oder keine/bestimmen wir alleine" fanden statt, am 7. März 1974 bezichtigten sich 329 Mediziner im „Stern" des Verstoßes gegen die Abtreibung. Schließlich beschloß die Bundesregierung unter dem Druck der Öffentlichkeit im April 1974 die Einführung der Fristenregelung, die allerdings nach erbitterten Protesten der katholischen und evangelischen Kirche ebenso wie führender Vertreter der CDU/CSU durch Urteil vom 25. Februar 1975 zurückgenommen und mit dem 15. Strafrechtsänderungsgesetz vom 18. Mai 1976 durch die Indikationsregelung ersetzt wurde. Damit hatte die bundesdeutsche Frauenbewegung im Gegensatz zu ihren Schwestern in Frankreich, Italien und Österreich trotz intensivem Einsatz ein wesentliches Kampfziel verfehlt, weshalb aus einer

Die lesbische oder bisexuelle Frau
propagiert eine alternative Lebensform
und versteht sich als absolut autonome
Weiblichkeit.

Die „neue Frau" bekennt sich zu
sich selbst und zu ihrem Geschlecht.

Am internationalen Frauentag kommt es weltweit zu
feministischen Kundgebungen.

453

gewissen Resignation heraus auch ein Rückzug nach innen einsetzte: Die Phase alternativer Selbsthilfekonzepte, Selbsterfahrungs-, Gesprächs- und Theoriegruppen löste den lautstarken Protest auf der Straße ab.

Selbsterfahrungsgruppen, in denen Frauen die Gelegenheit geboten wurde, über ihre Probleme, Verstörungen und Verletzungen zu sprechen, sind für die Frauenbewegung jedoch sehr wichtig gewesen, weil sie vielen Frauen die Möglichkeit boten, aus einem inneren Ghetto auszubrechen und sich nicht als Einzelfall, sondern als Teil einer Gesamtsituation zu begreifen. Auch die in diesem Rahmen durchgeführten Selbstuntersuchungen trugen dazu bei, Frauen eine bessere Beziehung zu ihrem Körper zu ermöglichen. Gynäkologische Selbsthilfe bedeutet (Wieder)Aneignung des eigenen Körpers, Abwerfen patriarchalischer Fremdbestimmung, bedeutet das Sammeln eigener Erfahrungen und die Verweigerung der Auslieferung an den männlichen Gynäkologen. Gleichzeitig damit wurden auch weibliche Körpervorgänge wie Menstruation, Stillen, Schwangerschaft und Geburt, von der patriarchalischen Kultur jahrhundertelang tabuisiert, verdrängt, und teils negativ interpretiert, in einer neuen, positiven Bedeutung erfahren und erlebt. Der therapeutische Effekt dieser Selbsterfahrungsgruppen in der Frühzeit der neuen Frauenbewegung wurde dann später durch die Gründung zahlreicher, von geschulten Psychologinnen geführten Frauenberatungsstellen vertieft und verstärkt, in denen nicht nur die Möglichkeit zur Aussprache bestand, sondern vor allem konkrete Lösungsmöglichkeiten für diverse Konflikte geboten wurden.

In Österreich fand eine ähnliche Entwicklung wie in der BRD mit geringer Zeitverzögerung statt. 1969 hatte sich in Wien der „Arbeitskreis Emanzipation im Offensiv Links" formiert, dem Frauen ebenso wie Männer angehörten, und der u. a. am Muttertag des Jahres 1971 eine spektakuläre Demonstration auf der Mariahilferstraße für die Gleichberechtigung der Frau und gegen den Abtreibungsparagraphen 144 veranstaltete, was bei Presse und Rundfunk ein nicht geringes Erstaunen auslöste. Die mit viel Mißtrauen im Ausland beobachtete „Frauenemanzipation" hatte jetzt offenbar auch Österreich erreicht. „Arbeitskreis Emanzipation der Frau" nannte sich auch ein Zusammenschluß einschlägig Engagierter in der Jungen Generation der SPÖ, der 1970 entstanden war, die Zeitung „Rotstrumpf" herausbrachte und sich vor allem für die Streichung des Abtreibungsparagraphen einsetzte[9]. Im Herbst 1972 kam es dann zur Gründung der Aktion Unabhängiger Frauen (AUF), die vorläufig in den Räumen des Internationalen Zivildienstes ihre Versammlungen abhielten, bis sie im Frühjahr 1974 ein Kellerlokal im 9. Bezirk ausfindig machten, das nach mühsamen eigenhändigen Sanierungsarbeiten im Herbst 1974 bezogen werden konnte. Die AUF, in den folgenden Jahren Zentrum und Sammelpunkt der Wiener Frauenbewegung, gab eine eigene Zeitschrift heraus, unterstützte diverse Fraueninitiativen, veranstaltete Frauenfeste, initiierte Flugblattaktionen und Demonstrationen gegen den Abtreibungsparagraphen, Gewalt gegen Frauen, Sexshops, Pornokinos und die Vermarktung der Frau in der Werbung. Schließlich gründeten vier AUF Frauen die erste Frauenbuchhandlung nebst eines angeschlossenen Frauencafe, die bis heute allgemeine Informationszentren für die frauenbewegte Szene Wiens geblieben sind. Obwohl nicht ausschlaggebend an der Einführung der Fristenlösung 1975 beteiligt, hat die AUF durch Demonstrationen die diesbezüglichen Initiativen der SPÖ Frauen wesentlich unterstützt. Auch durch die Gründung eines Arbeitskreises „Haus für geschlagene Frauen" 1976 wurde die Eröffnung eines ersten Frauenhauses in Wien 1978 vorbereitet[10]. Die Gründung der AUF in Wien, die sich später in „Verein Frauenzentrum" unbenannte, wirkte auf jeden Fall als Initialzündung. Zahlreiche Frauengruppen in Wien, aber auch in den Bundesländern traten die Nachfolge an. In Bregenz entstand das „Frauenzimmer", in Innsbruck das „Frauenforum". In Graz formierte sich ein Frauenzentrum mit einer eigenen Zeitschrift „Zykla", aber auch Linzer- und Salzburgerinnen gründeten Frauenzentren. Später entstanden sie auch in mittleren und kleineren Städten wie Steyr, Schärding und Ried. Profitiert hat die junge Frauenbewegung natürlich auch vom Uno-Jahr der Frau, das 1975 ausgerufen wurde und den Emanzipationsbestrebungen eine ungewohnte Publizität verschaffte. 1977 entstand in Wien dann die erste Uni-Frauengruppe, 1980 ein Uni-Frauenzentrum, 1977 fand an der Uni Wien das erste „Frauenseminar" statt. Seit den frühen achtziger Jahren gibt es auch Lehrveranstaltungen, die sich mit der speziellen Situation von Frauen auseinandersetzen, und die Zahl der Dissertationen und Diplomarbeiten, die Frauenthemen zum Inhalt haben, begann sprunghaft anzusteigen.

Inzwischen ist die frauenbewegte Szene ungeheuer vielfältig und unübersichtlich geworden. Denn auch dadurch unterscheidet sich die neue Frauenbewegung von der alten: sie ist nicht organisiert, sie hat keine Vereinsstatuten und es gibt keinen internationalen Dachverband. Dafür bildet sie zahlreiche kleine Zellen, vielfältigste Zusammenschlüsse, die in ihrer Gesamtheit auch eine breite Öffentlichkeit wirksam zu durchdringen vermögen. Neben gesundheits- und sozialpolitischen Projekten entstand vor allem eine breit gefächerte feministische Alternativkultur, die Frauen zu einem neuen, weiblichen Selbstverständnis verhalf. Frauenzeitschriften, Frauenverlage, Frauenbuchläden schossen wie die Pilze aus dem Boden, Bildungsanstalten und Volkshochschulen veranstalten frauenspezifische Vortragsreihen und Seminare, Frauenkunst, Frauenkabarett und Frauentheater wurden entdeckt, die großen Verlage begannen sich einer Marktlücke anzunehmen, indem sie eigene Frauenreihen gründeten. Trotzdem kam es wiederum zu einer neuen Welle des Antifeminismus, der sich jetzt allerdings nicht mehr so unverhüllt und brutal wie um die Jahrhundertwende, sondern etwas subtiler, wenn auch nicht weniger direkt äußerte. Der Frauenbewegung wurde Orientierungslosigkeit, Inkompetenz und Flügelkämpfe vorgeworfen und wiederholt ihr Ende, bzw. ihre Auflösung prophezeit. Als Gegengewicht wurde erneut die „totale Frau" und „faszinierende Weiblichkeit" propagiert, die in eigenen Schulungskursen ein perfektes Image verpaßt bekam. Die „Emanzen" waren wieder einmal reizlose, unattraktive Geschöpfe, die ihre daraus resultierenden Frustrationen im Gleichberechtigungskampf austoben müssen. *„Ich gebe nur ganz leise zu bedenken, warum 95% der Damen…so 'pfui teuflisch anzuschauen sind'…ob sich diese Damen auf den Kriegspfad begeben hätten, wenn sie in den Wohnzimmern, von den Schlafzimmern ganz zu schweigen, etwas erfolgreicher wären?"* Heißt es im Magazin „Der Spiegel" vom 30. 6. 1975. Oder, noch deutlicher:

„Sollte sich tatsächlich mal ein Mann bereit finden, es der Alice (Schwarzer, Anm. d. Autorin) *zu besorgen, daß die Heide weint- ich wette, Deutschland hätte eine Frauenrechtlerin weniger."*[11]

Der Mann, fassungslos durch den allgemeinen emanzipatorischen Aufbruch, versucht seine bedrohte Vorherrschaft durch letztklassige Diskriminierung zu retten: es darf nicht sein, daß irgendetwas im Leben einer Frau wichtiger und interessanter ist als er selbst. Trotz solcher und ähnlicher Peinlichkeiten haben die Inhalte der neuen Frauenbewegung inzwischen das gesamte öffentliche Bewußtsein in unübersehbaren Aspekten geprägt, nicht nur im kulturellen, sondern auch im politischen und sozialen Bereich. In Deutschland war es die von einer Gruppe Berliner Frauen herausgegebene Zeitschrift „Courage", die zunächst nur in Berlin, ab Anfang 1977 jedoch auch in der Bundesrepublik im Verkauf angeboten wurde, und feministisches Gedankengut einer breiten Öffentlichkeit zugänglich machte. Spektakuläres Aufsehen erregte auch die ebenfalls 1977 erschienene Zeitschrift „Emma" von Alice Schwarzer, deren Auflage im Jahre 1988 120.000 betrug[12]. Neben diesen zwei großen, feministischen Zeitschriften (die „Courage" hat ihr Erscheinen inzwischen eingestellt) entstanden dann noch eine Reihe kleinerer, wie etwa „Clio – Zeitschrift für Selbsthilfe", oder die Literaturzeitung „Schreiben". An Frauenverlagen ist vor allem die „Frauenoffensive" und der „Frauenbuchverlag Antje Kunstmann" in München, der „Frauenselbstverlag", der „Orlanda" Verlag in Berlin und der „Tende" Verlag in Dülmen-Hiddingsel zu nennen.

Auch in Wien gibt es einen Frauenverlag, außerdem immer noch die AUF Zeitung und seit 1983 ein feministisches Magazin für Politik, Arbeit und Kultur unter dem Titel „AN.SCHLÄGE". Daneben verfügen zahlreiche feministische Gruppierungen über ihre eigenen kleineren Frauenblätter. In den Bundesländern hat sich ebenfalls eine rege feministische Aktivität entfaltet, 1983 entstand „Zyklotron" in Innsbruck, 1985 ein „Informationsblatt des Frauenzentrums Linz", 1986 „Zarah Lustra" in Salzburg, und 1987 „Belladonna" in Klagenfurt. Eine ambitionierte feministische Kulturzeitschrift heißt „Eva & Co", sie wird seit 1981 von einer Grazer Künstlerinnengruppe herausgegeben, die in einer weiteren Zeitschrift „Frauensolidarität" über Entwicklungshilfe und Frauen in der Dritten Welt informiert[13].

Unter den sozialen Projekten haben die zahlreichen Frauengesundheitszentren, Schwangerschafts- und Rechtsberatungsstellen, Notrufe für mißhandelte und vergewaltigte Frauen und die Frauenhäuser das größte Echo gefunden. Vor allem die Notwendigkeit eines „Frauenhauses" für geschlagene, von ihren Ehemännern oder Liebhabern bedrohte Frauen sorgte für entsprechende Diskussionen. Wollte doch die breite Öffentlichkeit dieses Problem in einer solchen Ausführlichkeit und Dringlichkeit gar nicht behandelt wissen. Geschlagene Frauen wurden vielmehr in die Randschichten der Gesellschaft verdrängt, wo sie ein eher unbeachtetes Dasein fristeten. Deshalb war der Schock auch groß, als bei intensiverer Betrachtung deutlich wurde, daß es sich dabei keinesfalls nur um eine Erscheinung in den Unterschichten, sondern vielmehr um ein flächendeckendes Problem handelte. Akademiker, vernahm die erstaunte Öffentlichkeit, schlagen ihre Ehefrauen auch. Die Idee zur Gründung eines Frauenhauses kam aus England, wo 1971 in London mit „Chiswick Women's Aid" das erste Haus für mißhandelte Frauen eröffnet wurde. Die Bundesrepublik folgte mit fünfjähriger Verspätung, wobei der nach Überwindung zahlreicher Widerstände und Widrigkeiten 1976 gestartete Modellversuch zu 80 Prozent von Bundes- und zu

20 Prozent von Senatsgeldern gefördert wurde. Wieder zwei Jahre später entstand das erste Frauenhaus in Wien auf eine Initiative der SPÖ-Frauen, dem auf Grund des enormen Ansturms bereits 1980 ein weiteres folgte. Heute existieren in Österreich insgesamt 15 Häuser für geschlagene Frauen, die den Bedarf allerdings immer noch nicht decken können, (Stand vom Mai 1990).

Ein wesentliches Merkmal der neuen Frauenbewegung (und auch dadurch unterscheidet sie sich von ihren Vorläuferinnen im vergangenen Jahrhundert) ist die Enttabuisierung der Homosexualität, die ganz bewußt als alternative, vor allem aber autonome weibliche Lebensform akzeptiert wird. Zwar gab es auch in der ersten Frauenbewegung intensive Frauenfreundschaften, sicherlich auch lesbische Beziehungen, doch war es im prüden, sexualfeindlichen 19. Jahrhundert undenkbar, darüber öffentlich zu diskutieren. Das 20. Jahrhundert hat dieses Thema (beinahe) salonfähig gemacht, die lesbische oder bisexuelle Frau versteht sich jetzt als absolut autonome Weiblichkeit– nicht nur ökonomisch und intellektuell, sondern auch emotional und sexuell. Sie propagiert eine alternative Lebensform, die sie von männlichen Unterdrückungsmechanismen weitgehend unabhängig macht und ihr hilft, eine weibliche Identität zu bewahren. Auch die lesbische Szene hat eine Vielfalt an kulturellen Aktivitäten gesetzt, Lesben haben ihre eigenen Treffs und Kongresse, ihre Feste, Zeitschriften und Vortragsreihen, sie bilden Workshops und Arbeitskreise, wobei ein zunehmender Trend festzustellen ist, diese ursprüngliche Abgrenzung aufzubrechen und lesbische Aktivitäten in die allgemeine feministische Szene zu integrieren. Nicht immer allerdings mit Erfolg, was einerseits für eine starke Eigendynamik der lesbisch-alternativen Lebensform, andererseits aber sicherlich auch für eine immer noch bestehende Tabuisierung spricht.

In letzter Zeit ist innerhalb der neuen Frauenbewegung eine Hinwendung zu Mystizismus, Magie und Spiritualismus festzustellen, alte Matriarchate werden wiederentdeckt und Göttinnenkulte propagiert. Frauengemeinschaften gründen sich, der Zugang zur Natur wird gefördert, die als ein belebter Partner, nicht jedoch als Objekt der Ausbeutung verstanden wird. So sehr in dieser Entwicklung die Gefahr eines neuerlichen Rückzugs, einer neuerlichen Flucht vor der Notwendigkeit gesellschaftspolitischer Veränderungen gesehen werden kann (und von vielen Feministinnen auch gesehen wird), so sehr ist sie andererseits Ausdruck der Suche nach einer verschütteten weiblichen Identität, die in einer männlich geprägten Kultur und Religion verloren gegangen ist. Weibliche Spiritualität als Zusammenschluß von Eros, Seele und Geist wird dem einseitigen, auf Messen, Wägen, Einteilen und Definieren ausgerichteten männlichen Denksystem entgegengestellt, das damit gleichzeitig als ein Instrument der Unterdrückung, Beherrschung und Zerstörung begriffen wird. Herrad Schenk hat diesen neuen Mystizismus treffend charakterisiert: solange er als Teilaspekt betrachtet wird, als Versuch, bestimmte Themen aufzugreifen, die im patriarchalischen Weltbild verdrängt, unterbewertet oder verzerrt wurden, ist er absolut positiv zu verstehen. Abzulehnen ist diese Entwicklung allerdings dann, wenn Eros, Gefühl, Natur und Irrationalität in das Zentrum des weiblichen Lebenszusammenhanges gestellt werden. Denn damit kommt es neuerdings zu jenen einschränkenden, die Vielfalt weiblicher Verwirklichungsmöglichkeiten ausklammernden patriarchalischen Formeln wie: „Frau ist gleich Eros", „Frau ist gleich Gefühl" und „Frau ist gleich Natur". Diese Art der vereinfachenden Definition sollte doch endlich der Vergangenheit angehören.

Die Frau heute

Wo also stehen Frauen heute? Haben sie sich endlich befreit, wurden sie zum gleichberechtigten Menschen, oder haben jene recht, die im Heraufziehen neokonservativer Strömungen die Gefahr eines Rückfalls, den drohenden Verlust mühsam erkämpfter Positionen sehen? Kommt es im Zuge jener Wellenbewegungen, wie sie die Geschichte immer aufwies, zu einem neuerlichen Tief, oder stehen wir vielmehr vor einem neuen Zeitalter der Frau, in dem sie, zur Hoffnungsträgerin stilisiert, dazu aufgerufen wird, den männlichen Karren aus einem ökologischen Desaster zu ziehen?

Die gegenwärtige Szene ist widersprüchlich! Wohl haben Frauen sehr viel erreicht, Forderungen der ersten Frauenbewegung wie das Recht auf Bildung, die Ausübung eines eigenen Berufs, das Frauenwahlrecht und eine rechtliche Neudefinition der Stellung der Frau innerhalb der Familie haben sich erfüllt. Keine Instanz ist mehr berechtigt, Frauen den Zugang zu Schulen, Bildungsinstitutionen, und Universitäten zu verweigern, niemand darf sie mehr daran hindern, einen Beruf zu erlernen und auszuüben, und der Mann darf sich auch nicht mehr als das „Haupt der Familie" bezeichnen. Zum ersten Mal in der Geschichte des (europäisch-amerikanischen) Patriarchats ist es Frauen möglich, sich als selbständiges, autonomes Individuum zu begreifen, zum ersten Mal werden sie nicht daran gehindert, ihren Geist frei zu entfalten, ökonomisch unabhängig zu sein und ihre Sexualität auszuleben. Trotzdem ist der Weg der Frau zum selbständigen Menschen immer noch mit wesentlich größeren Hindernissen gepflastert als jener des Mannes. Immer noch müssen Frauen sehr viel mehr leisten, auf sehr viel mehr verzichten, und sehr viel mehr auf sich nehmen, um das zu erreichen, was Männern wie selbstverständlich zugesprochen wird. Immer noch werden sie mit der Doppelbelastung konfrontiert, immer noch müssen sie gegen Vorurteile kämpfen, immer noch sehen sie sich schlechteren Berufschancen, schlechteren Aufstiegsmöglichkeiten und einer geringeren Bezahlung gegenüber. Nach wie vor sind es zu einem weitaus überwiegenden Teil Männer, die hohe Posten bekleiden, welthistorisch bedeutsame Probleme lösen und damit das Weltbild männlich formen.

Trotzdem jedoch ist das vermehrte Vordringen von Frauen auch in wichtige Positionen nicht zu übersehen. Die Schwierigkeiten, mit denen sie dabei zu kämpfen haben, sind vor allem in der Konfrontation mit einer in einem vieltausendjährigen Prozeß nach männlichen Bedürfnissen geformten Kultur- und Gesellschaftsform zu suchen, an deren Entstehung sie keinen Anteil hatten, von der sie, in das Ghetto der Familie und des Hauses verbannt, immer ausgeschlossen waren und in die sie sich mit ihren frauenspezifischen Anliegen daher auch nicht einbringen konnten. Diese Welt in ihren wichtigsten Aspekten, in Politik, Wirtschaft, Wissenschaft und Religion weiblich zu durchdringen und damit nicht nur für Frauen, sondern ganz allgemein menschlicher zu machen, ist demnach auch ein wichtiges Anliegen der neuen Frauenbewegung. Ein Anliegen, das sehr viel Mut, Kraft, Ausdauer, Intelligenz, eine Portion Aggressivität und nicht zuletzt Liebe verlangt, und nur im Laufe von Generationen zu verwirklichen ist. Daß Frauen, die in bislang rein männliche Gebiete vorgedrungen sind, erst einmal das Verhalten von Männern annehmen mußten, um sich durchzusetzen, gehört bereits zur geschichtlichen Erfahrung. Daß sie umso mehr sie selbst sein können, je gründlicher es ihnen gelingt, patriarchalische Strukturen weiblich zu unterwandern, zeigt die Gegenwart. Wie unendlich wichtig es wäre, daß Frauen endlich ihre Sicht der Dinge an kompetenter Stelle einbringen können, haben Ereignisse wie etwa Tschernobyl gezeigt, als hunderttausende Frauen mit ohnmächtiger Wut und Verzweiflung erleben mußten, wie ihre Aufbauarbeit, in die sie vielleicht ein Leben investierten, durch den kurzen Augenblick eines durch Männerhand verursachten Super-Gaus zerstört worden ist. Wie ihre Kinder gefährdet oder unheilbar krank wurden, ihre Ernte vernichtet, ihre mit viel Liebe und Sorgfalt angelegten biologischen Gemüsegärtlein zerstört, und ihr gesamter Lebensraum in Frage gestellt wurde. Ein Tschernobyl, das lediglich die Spitze eines Eisberges darstellt. Dem viele verschiedene Tschernobyls folgen können und vermutlich auch folgen werden.

Die Zeit drängt! Ereignisse überstürzen sich! Denn nicht nur Frauen fühlen sich immer weniger wohl in einer einseitig männlich beherrschten Welt. Von einer gleichberechtigten Aufteilung wichtiger Funktionen sind wir allerdings immer noch weit entfernt. Was im Grunde nicht verwundern kann. Sind doch die Errungenschaften, mit denen jede Frau heute als Selbstverständlichkeit umgeht, noch ziemlich jung. Seit noch nicht ganz hundert Jahren dürfen Mädchen in Wien ein eigenes Gymnasium besuchen, das erst 1910 das Öffentlichkeitsrecht erhielt, ein Universitätsstudium ist Frauen ab der Jahrhundertwende gestattet (die technische und tierärztliche Hochschule öffnete erst 1918, die juridische Fakultät 1919 Frauen ihre Pforten). Auch das Frauenwahlrecht ist erst über 70 Jahre alt, und die Familienrechtsreform schließlich fällt in die siebziger Jahre. Erst seit 1976 (!) ist in Österreich der Mann nicht mehr das „Haupt der Familie" und kann seiner Ehefrau in dieser Funktion auch nicht mehr verbieten, berufstätig zu sein. Seit 1978 haben Vater und Mutter die gleichen Rechte und Pflichten gegenüber ihren Kindern, und in eben demselben Jahr wurde auch im Fall einer Scheidung eine Teilung des in der Ehe erworbenen Vermögens vorgenommen, ausgenommen das Betriebsvermögen (bis dahin galt die Rechtsvermutung, „daß das während der Ehe erworbene Vermögen vom Manne stammt")[1]. Dem Gesetz der Trägheit folgend, verharren daher auch heute noch breite Gesellschaftsschichten in alten, liebgewordenen Denkmustern und Denkschablonen, neue Möglichkeiten werden vielfach immer noch zu wenig wahrgenommen und auf ihre Tauglichkeit geprüft. Vor allem Männer zeigen häufig nach wie vor wenig Bereitschaft, auf ihre gewohnten Herrschaftsrechte zu verzichten. Die Ansicht, daß vornehmlich Frauen für die Kindererziehung und den Haushalt verantwortlichen seien, ist in diesem Denkkatalog ebenso anzutreffen wie die Billigung oder doch zumindest Tolerierung geringerer Bezahlung, schlechterer Aufstiegsmöglichkeiten und unqualifizierterer Ausbildung, von der Doppelbelastung, die immer noch als weibliches Spezifikum betrachtet wird, ganz zu schweigen. Trotz durchgeführter Reformen und neuer Gesetze werden Frauen vielfach immer noch als Menschen zweiter Klasse behandelt, deren Arbeitskraft ebenso wie geistige und seelische Ressourcen ausgebeutet werden und die nach wie vor zwischen drei Arten von Diskriminierung wählen dürfen: Nur- Hausfrau, Nur- Berufstätige, oder Doppelbelastete. Ein Report der United Nations aus dem Jahre 1980 hat es auf die bündige Formel gebracht: *„Frauen sind die Hälfte der Weltbevölkerung, sie leisten fast zwei Drittel der Arbeitsstunden, sie erhalten ein Zehntel des Welteinkommens und sie besitzen weniger als ein Hundertstel des Eigentums der Welt".* Was, so frägt sich frau angesichts dieser erdrückenden Tatsachen, hat sich dann eigentlich geändert? Sicherlich wenig bis nichts in den Ländern der Dritten Welt, die nicht nur hartnäckig am männlichen Herrschaftsanspruch festhalten, sondern, überrollt von den „Segnungen" westlicher Zivilisation, auch am wenigsten mit ökonomischen und ökologischen Problemen fertig werden. Das, was unter dem Begriff „Frauenemanzipation" zusammengefaßt werden kann, vollzog sich ausschließlich in der westlichen, sogenannten zivilisierten Welt, besitzt allerdings von hier aus Signalcharakter, und vermag in manchen Bereichen eine wenn auch schmale Schicht von Frauen selbst in der Dritten Welt zu erreichen.

Daß die ökologische Katastrophe, die hemmungslose Ausbeutung der Natur, wie sie unübersehbar mit geradezu dramatischen Folgen vor allem Dritte-Welt-Länder erfaßt, in einen ursächlichen Zusammenhang mit der Ausbeutung und Unterdrückung der Frau gebracht werden kann, ist unbestritten (Frau und Natur sind in gleicher Weise männlichen Denksystemen unterworfen). Tatsächlich besitzen Frauen auf Grund ihrer Situation als Unterdrückte einen wesentlich besseren Zugang zur Problematik gefährdeter Ökosysteme, sie wissen auch bessere Lösungsmöglichkeiten anzubieten, die sie allerdings–aus eben derselben Position der Unterlegenen heraus–meist nicht entsprechend lautstark und wirkungsvoll vertreten können. Immerhin jedoch wird die Grün-Bewegung von auffallend vielen Frauen präsentiert, in der Bundesrepublik beträgt der Frauenanteil in den Funktionen 60 % auf Bundesebene (Stand 1990) und auch in Österreich hat sich nach anfänglichen Geburtswehen nahezu Parität durchgesetzt. In der neuen, durch (männliche) Traditionen nicht belasteten Grün-Bewegung haben Frauen also erstmals ein politisches Forum gefunden, in dem sie sich auf breiter Ebene artikulieren können. Im übrigen politischen Bereich hingegen ist ihre Präsenz nach wie vor eher mager. Der mit 5,9 Prozent relativ „hohe" Anteil weiblicher Abgeordneter in der ersten Nationalversammlung der Republik Österreich sackte in den folgenden Jahren wieder ab, erreichte erst in den siebziger Jahren dieses Jahrhunderts erstmals die 10 Prozent Hürde, und ist heute bei einem Prozentsatz von 14,8 angelangt.

Das Bild der Unterrepräsentanz von Frauen in wichtigen Positionen setzt sich quer durch unser gesamtes, immer noch eindeutig patriarchalisch strukturiertes Gesellschaftssystem fort. Es zeigt sich im Arbeits-, Angestellten-, Kunst-, Kultur- und Literaturbereich ebenso wie an den Hochschulen. Frauen bilden immer noch eine unterbezahlte, in untergeordneten Positionen angesiedelte Reservearmee, in ihren Hilfsdiensten zwar unentbehrlich, zugleich aber auch austauschbar und je nach Konjunkturlage entweder gefördert oder abgebaut. Zwar sind gegenwärtig immerhin 41,9 Prozent (Stand 1988) aller Frauen in Österreich berufstätig, doch verdienen sie nach wie vor wesentlich weniger als Männer, häufig auch bei gleichem Qualifikationsniveau, wobei als besonders frustrierend zu bemerken ist, daß sich die Einkommensunterschiede in den letzten 30 Jahren keinesfalls verringert, sondern im Gegenteil bei Angestellten sogar vergrößert haben. Nach dem Mikrozensus 1981 verdienten 50 Prozent der Männer weniger als 10.020 S netto, während 50 Prozent der Frauen weniger als 7.170 S bekamen. Der Unterschied belief sich also auf 2.850 S. 1987 hingegen erhielten analog 50 Prozent Männer weniger als 13.420 S, und 50 Prozent der Frauen weniger als 9.410 S, der Unterschied betrug jetzt 4.010 S. Wobei das häufig angeführte Argument, daß Frauen über eine niedrigere Ausbildung verfügen, nur noch bedingt anwendbar ist. Denn das Ausbildungsniveau hat sich inzwischen wesentlich verbessert, die Einkommenssituation jedoch keinesfalls. Ein bedeutsames, berufliches Handikap bildet nach wie vor die Fixierung junger Mädchen auf sogenannte weibliche Berufe. Nach einer Berechnung aus dem Jahr 1988 wählten in Österreich immer noch 60,3 Prozent aller Mädchen lediglich drei Berufe: Jenen der Einzelhandelskauffrau, der Friseurin und der Sekretärin. Hingegen 52,1 Prozent der Burschen sich auf 10 verschiedene Berufe aufteilen konnten. Eine Situation, die sich durch diverse Förderungs- und Aufklärungsprogramme der Bundesregierung in jüngster Zeit allerdings etwas gelockert hat: die Ansicht, daß auch ein Mädchen eine gute KFZ-Mechanikerin oder Installateurin sein kann, beginnt sich mehr und mehr durchzusetzen.

Der Feminismus hat für frauenspezifische Benachteiligungen, wie sie trotz einem nicht zu übersehenden Einbruch von Frauen in bislang reine Männerdomänen für unser gesamtes Bildungs- und Gesellschaftssystem charakteristisch sind, ein Schlagwort geprägt: Sexismus! Der Begriff Sexismus umfaßt sämtliche Formen der Benachteiligung und Unterdrückung der Frau auf Grund ihres Geschlechts, und ist dementsprechend vielschichtig und in seinen konkreten Ausdrucksformen schwer zu definieren. Mit Sexismus wird frau ständig konfrontiert, in der Familie, am Arbeitsplatz, im Freundeskreis und in der persönlichen Liebesbeziehung. Sexismus begegnet ihr in der Werbung, im Medienbereich, aber auch im gesamten Kultur- und Bildungsangebot. Sexismus wird ihr zum Problem vor allem im Bildungswesen, durch das sie bereits in frühester Kindheit geprägt und geformt wird. Denn nicht nur, daß die vermittelten Lehrinhalte männlich eingefärbt, d. h. von Männern tradiert, definiert und selektiert wurden, der Unterricht ist auch noch darüber hinaus von männlicher Dominanz geprägt, obwohl ein überwiegender Teil der Lehrkräfte auch an höheren Schulen inzwischen dem weiblichen Geschlecht angehören. Wie Untersuchungen (u. a. von Dale Spender, Michelle Stanworth und Jenny Shaw) an gemischtgeschlechtlichen Schulen ergeben haben, werden Jungen durch die Lehrkräfte generell bevorzugt, es wird ihnen mehr Aufmerksamkeit geschenkt, sie werden häufiger gefragt, erhalten mehr Lob und Ermutigung und ihre Antworten werden auch für wichtiger gehalten als jene der Mädchen[2]. Diese Bevorzugung, die teilweise mit dem auffallenderen, undisziplinierteren und herausforderderem Verhalten der Burschen begründet wird, wirkt sich natürlich positiv auf deren Selbstbewußtsein aus, während Mädchen ihre Unwichtigkeit verinnerlichen und immer unauffälliger und stiller werden. Eine Situation, die in allen gemischten Klassen beobachtet werden kann[3]. Es ist genau die Konstellation, mit der Frauen später auch in der Gesellschaft konfrontiert werden: sie sind– immer noch– das negative Geschlecht! Vom Kleinkindalter an lernen sie damit umzugehen, so daß ihnen dieser Tatbestand häufig gar nicht mehr bewußt ist.

Um sich von solchen, und zahlreichen ähnlichen sexistischen Anfechtungen eines patriarchalischen Systems zu befreien, bleibt frau nur eines: sie muß sich zu sich selbst, zu ihren eigenen Werten, ihrem eigenen Geschlecht, ihrer eigenen Kultur und nicht zuletzt ihrer eigenen Geschichte p o s i t i v bekennen, und dieses Bekenntnis möglichst wirkungsvoll in einer möglichst breiten Öffentlichkeit vertreten. Das setzt Bereitschaft zum Umdenken voraus, männliche Denkmuster, männliche Gesellschaftsformen, männliche Kultur und Geschichte müssen einer kritischen Betrachtung unterzogen oder überhaupt in Frage gestellt werden. Frauen müssen sich aus der „Definitionsmacht des Mannes" (Anette Kuhn) befreien, sie müssen ihre eigenen Kriterien, ihre eigenen Definitionen setzen und aus einem eigenen, weiblichen Wissen heraus auch daran glauben. Das ist insoferne nicht leicht, als sie sich dabei auf keine Tradition berufen können, denn ihre Spuren wurden in einer jahrtausendelangen Verdrängung gelöscht, ein Manko, das häufig dazu dient, ihnen die nötige Kompetenz abzusprechen. Was die feministische Forschung bislang aus dem Dunkel der Geschichte herauslöste (es ist inzwischen recht beachtlich), hat den Weg in die offizielle Geschichtsschreibung und in die Lehrpläne immer noch nicht gefunden. Frauen müssen sich also selbst erforschen, in ihrem Denken, Fühlen, Handeln, ihrer Sprache, ihrem Körper, ihren Beziehungen, ihrer Sexualität. Sie müssen sich neu entdecken, befreit vom Weiblichkeitsbild des Mannes, von den jahrtausendealten Verfälschungen, Verzerrungen, denen sie durch den einseitigen Blick der Männer ausgesetzt waren. Frauen, die sich vom Anpassungszwang an männliche Denkmuster befreit haben, machen eine andere Art der Politik, sie schaffen andere Gesellschaftssysteme, eine andere Art der Partnerbeziehung, eine andere Religion. Das läßt sich aus der Geschichte ebenso herauslesen wie aus den Organisationsformen autonomer Frauengruppen, wie sie sich innerhalb der neuen Frauenbewegung zu vielfältigsten Interessengemeinschaften zusammengeschlossen haben.

Die Entwicklung zur autonomen Selbstbestimmung setzt jedoch nicht nur kritisches Denken und unbefangene Selbstforschung, sondern auch wirtschaftliche Unabhängigkeit voraus, für die sich die nach wie vor bestehende Doppelbelastung als größter Hemmschuh erweist. Doppelbelastet werden Frauen nie dem Konkurrenzkampf gewachsen sein, werden sie Männer nie auf beruflichem Gebiet einholen können, werden sie nie in jene Einflußsphäre vordringen, in der die Weichen für die Zukunft gestellt werden. Daraus folgt, daß echte Partnerschaft eine Notwendigkeit ist– eine Partnerschaft, die nicht nur die Frau, sondern auch den Mann zum autonomen Individuum befreit, die auch ihn aus den einseitigen Zwängen einer Leistungsgesellschaft heraus führt, Verschüttetes wiederentdeckt und ihm neue Dimensionen eröffnet. Für unsere ausbeuterischen Systeme, die geradezu zwangsneurotisch mit immer perfekteren Methoden auch das letzte aus unserem geschändeten Globus herauspressen wollen, wäre es darüber hinaus eine sehr vorteilhafte Entwicklung, wenn Männer ihr einseitiges Karrieredenken reduzieren und dafür mehr Zeit in Kinder, Natur, die unmittelbare Nahrungszubereitung und Beziehungsfragen investieren würden, um den verlorengegangenen Bezug zum Menschen, seinen elementaren Bedürfnissen und zu allem Lebendigen überhaupt wieder herzustellen. Stattdessen wird diese so ungeheuer wichtige „Lebensarbeit" zur Gänze im Grunde ohnmächtigen, weil von den Schalthebeln der Macht ausgeschlossenen Frauen überlassen, während die Männer unbehindert vom lästigen „Hauskram" ihre räuberischen Beutezüge bis zur absoluten Selbstzerstörung vorantreiben können. Frauen müssen sich aus der Rolle eines verfügbaren, im Dienst des Mannes stehenden Hauswesens befreien. Denn daß unsere mißbrauchte Erde absolut nicht nur ein Produkt des Mannes, sondern ebenso der ihn dabei nach Kräften unterstützenden Frau ist, soll an dieser Stelle nicht unerwähnt bleiben. Frauen waren es (und sind es größtenteils weiterhin), die Männern ihre „Höhenflüge" ermöglichten, die sich immer mehr als lebensbedrohender Bumerang erweisen, und Frauen können durch Verweigerung ihrer traditionellen Rolle einen Beitrag dazu leisten, daß unsere Welt nicht völlig unter den

Auswirkungen eines männlichen Größenwahns in Abgasen und Müll erstickt. Das neue (alte) Bemühen konservativer, vor allem kirchlich konservativer Kreise, die Hausfrau und Mutter einseitig aufzuwerten, sollte daher mit entsprechendem Mißtrauen beobachtet werden. Denn das sollte frau aus ihrer Geschichte inzwischen gelernt haben, daß derartige Ambitionen noch immer in eine Sackgasse führten. Was not tut, ist hingegen eine Aufwertung der Frau als Mensch in seinen vielfältigsten Aspekten und Verwirklichungsmöglichkeiten.

Tatsächlich bestehen mehr und mehr vor allem junge Frauen auf ihrem Recht, Beruf, Ehe und Kinder nicht nur um den Preis der Doppelbelastung verwirklichen zu dürfen, auch wenn sich der Anteil mithelfender Männer vorläufig noch in Grenzen hält. Während berufstätige Frauen durchschnittlich 28 Stunden pro Woche zusätzliche Hausarbeit leisten, beschränkt sich der diesbezügliche Aufwand der Männer auf durchschnittlich neun Stunden[4]. Eine 1989 durchgeführte Berechnung des Instituts für Wirtschaftsforschung hat außerdem festgestellt, daß Österreichs Frauen jährlich unbezahlte Hausarbeit von 400.000 Milliarden Schilling leisten, was einem knappen Drittel der gesamten österreichischen Wirtschaftsleistung entspricht. Daß Frauen jedoch immer weniger bereit sind, diesen kostenlosen Beitrag zum allgemeinen Wohlstand zu leisten, zeigt ihre abnehmende Heiratslust- nur noch 35.000 Paare tauschten im Jahre 1988 die Ringe. 1980 waren es noch 46.000, 1960 sind es 59.000 gewesen[5]. Auch die sinkende Geburtenrate drückt weibliche Unzufriedenheit aus. Bedeuten doch Kinder bei einem Fünftel berufstätiger Mütter verminderte Aufstiegschancen[6]. Aber obwohl sich Staat und Kirche über diese Tatsache beunruhigt zeigen (wieder einmal wird der allgemeine „Volkstod" beschworen), scheinen Maßnahmen wie etwa in Schweden, wo eine optimale staatliche Kinderbetreuung, großzügige Kindergelder und ein hohes Karenzgeld (auch für den Mann) Geburtenrate u n d Berufstätigkeit der Frau in gleicher Weise signifikant gesteigert haben, hierzulande vorläufig nicht geplant. Immerhin berechtigt das inzwischen beschlossene zweite Karenzjahr zu einiger Hoffnung, wenngleich ein vergleichsweise bescheidenes Karenzgeld nicht allzuviele Männer an die Wiegen locken wird. Trotzdem ist anzunehmen, daß ganz allgemein die kürzeren Arbeitszeiten einer post industriellen Gesellschaft den partnerschaftlichen Gedanken stärken werden. Wozu Frauen auf dem letzten Teilstück des langen Weges zur endlichen, wirklichen Gleichberechtigung aufgefordert werden: in möglichst großer Zahl an möglichst kompetenter Stelle möglichst viel von ihrer fraueneigenen Sicht einzubringen. Es bleibt noch immer viel zu tun!

Literaturverzeichnis

Margaret Alic, Hypatias Töchter. Der verleugnete Anteil der Frauen an der Naturwissenschaft, Unions Zürich 1987.

Arbeit, Frauen und Gesundheit, mit Beiträgen von Gerhard Baader, u. a., Argument Verlag Berlin 1983.

Hannah Arendt, Rahel Varnhagen. Lebensgeschichte einer deutsche Jüdin aus der Romantik, Piper München 1959.

Aufbruch in das Jahrhundert der Frau? Rosa Mayreder und der Feminismus in Wien um 1900, Ausstellung des Historischen Museums der Stadt Wien 1989/90.

Michele Barrett, Das unterstellte Geschlecht. Umrisse eines materialistischen Feminismus, Argument Berlin 1983.

Gabriele Becker, Silvia Bovenschen,Helmut Brackert u.a.,Aus der Zeit der Verzweiflung. Zur Genese und Aktualität des Hexenbildes, Suhrkamp Frankfurt/M. 1977.

Barbara Becker-Cantarino, Der lange Weg zur Mündigkeit, J. B. Metzlerische Verlagsbuchhandlung Stuttgart 1987.

Barbara Becker-Cantarino, Die Frau von der Reformation zur Romantik, Bouvier Bonn 1985.

August Bebel, Die Frau und der Sozialismus, J. H. W. Dietz Nachf. Berlin-Bonn 1980.

Heidemarie Bennent, Galanterie und Verachtung. Eine philosophiegeschichtliche Untersuchung zur Stellung der Frau in Gesellschaft und Kultur, Campus Frankfurt-New York 1985.

Karin Berger/Elisabeth Holzinger/Lotte Podgornik/Lisbeth N. Trallori, Der Himmel ist blau. Kann sein. Frauen im Widerstand Österreich 1938-1945, Promedia Wien 1985.

Karin Berger, Zwischen Eintopf und Fließband. Frauenarbeit und Frauenbild im Faschismus. Österreich 1938-1945, Verlag für Gesellschaftskritik Wien 1984.

Beatrix Berghofer, Die soziale und rechtliche Stellung der Frau am Beginn der Neuzeit in Österreich, phil. Diss. Graz 1984.

Erich Beyreuther, Geschichte des Pietismus, Steinkopf Stuttgart 1978.

Hans Biedermann, Die großen Mütter. Die schöpferische Rolle der Frau in der Menschheitsgeschichte, Scherz Bern-München 1987.

Cordula Bischoff(Hrsg.), Frauen–Kunst–Geschichte. Zur Korrektur des herrschenden Blicks, Anabas Gießen 1984.

Ulla Bock (Hrsg.), Frauen an den Universitäten. Zur Situation von Studentinnen und Hochschullehrerinnen in der männlichen Wissenschaftshierarchie, Campus Frankfurt-New York 1983.

Birgit Bolognese-Leuchtenmüller/Christa Hammerl, Frauen der ersten Stunde. 1945–1955, Europa Wien-München-Zürich 1985.

Ernest Borneman, Das Patriarchat. Ursprung und Zukunft unseres Gesellschaftssystems, Fischer Frankfurt/M. 1979.

Arno Borst, Lebensformen im Mittelalter, Propyläen Berlin 1973.

Silvia Bovenschen, Die imaginierte Weiblichkeit. Exemplarische Untersuchungen zur kulturgeschichtlichen und literarischen Präsentationsform des Weiblichen, Suhrkamp Frankfurt 1979.

Trautl Brandstaller, Frauen in Österreich. Bilanz und Ausblick, Bundespressedienst Wien 1981.

Frank Braun/Brigitte Gavals (Hrsg.), Die Benachteiligung junger Frauen in Ausbildung und Erwerbstätigkeit, Deutsches Jugendinstitut München 1980.

Lily Braun, Die Frauenfrage, ihre geschichtliche Entwicklung und wirtschaftliche Seite, Hirzel Leipzig 1901.

Gisela Brinker-Gabler (Hrsg.), Deutsche Dichterinnen vom 16. Jahrhundert bis zur Gegenwart, Fischer Frankfurt/M. 1979.

Gisela Brinker-Gabler, Lexikon deutschsprachiger Schriftstellerinnen 1800-1945, dtv München 1986.

Karl Bücher, Die Frauenfrage im Mittelalter, H. Laupp'sche Buchhandlung Tübingen 1910.

Alfons Bungert, Die heilige Hildegard von Bingen, Echter Würzburg 1979.

Jacob Burckhardt, Die Kultur der Renaissance in Italien, Deutsche Buchgemeinschaft Berlin 1930.

Mary Daly, Kirche, Frau und Sexus, Walter Olten-Freiburg 1970.

Werner Danckert, Unehrliche Leute, die verfemten Berufe, Francke Bern-München 1963.

Hildegard Demmer/B. Küpper, Belastungen bei Arbeitsplätzen, die überwiegend mit Frauen besetzt werden, Wirtschaftsverlag/NW, Bremerhaven 1984.

Paul Diepgen, Frau und Frauenheilkunde in der Kultur des Mittelalters, Thieme Stuttgart 1963.

Gisela Dischner (Hrsg.), Eine stumme Generation berichtet. Frauen der dreißiger und vierziger Jahre, Fischer Frankfurt/M. 1982.

Hedwig Dohm, Die wissenschaftliche Emancipation der Frau, Wedekind und Schwieger Berlin 1874.

Françoise d'Eaubonne, Feminismus oder Tod, Frauenoffensive München 1975.

Cornelia Edding, Einbruch in den Herrenclub. Von den Erfahrungen, die Frauen auf Männerposten machen, Rowohlt Reinbek bei Hamburg 1983.

Edith Ennen, Frauen im Mittelalter, C. H. Beck München 1985.

Johann Ludwig Ewald, Die Kunst, ein gutes Mädchen, eine gute Gattin, Mutter und Hausfrau zu werden, Wien 1799.

Susanne Feigl, Frauen in Österreich 1975-1985, hrsg. vom Staatssekretariat für Allgemeine Frauenfragen im Bundeskanzleramt, Wien 1985.

Susanne Feigl, Frauenratgeber, hrsg. vom Staatssekretariat für Allgemeine Frauenfragen im Bundeskanzleramt, Wien 1989.

Richard Fester/Marie E. P. König/Doris F. Jonas/A. David Jonas, Weib und Macht. Fünf Millionen Jahre Urgeschichte der Frau, Fischer Frankfurt/M. 1980.

Shulamit Firestone, Frauenbefreiung und sexuelle Revolution, Fischer Frankfurt/M. 1978.

Erica Fischer, Mannhaft. Vernehmungen einer Feministin zum großen Unterschied, Kiepenheuer & Witsch Köln 1987.

Ursula Flossmann (Hrsg.), Frau im Recht. Geschichte, Praxis, Politik, Universitätsverlag Rudolf Trauner Linz 1988.

Luisa Franchi dell'Orto, Das antike Rom. Leben und Kultur, Langewiesche Königstein/Taunus 1982.

Frau und spätmittelalterlicher Alltag, Internationaler Kongreß Krems an der Donau 2. bis 5. Oktober 1984, Verlag der Österreichischen Akademie der Wissenschaften Wien 1986.

Die Frau im Korsett. Wiener Frauenalltag zwischen Klischee und Wirklichkeit 1848-1920, Ausstellung der Museen der Stadt Wien, Hermesvilla Wien 1984.

Frauen sehen ihre Zeit. Katalog zur Literaturausstellung des Landesfrauenbeirates Rheinland Pfalz, Mainz 1984.

Frauenstudium und akademische Frauenarbeit in Österreich 1968-1987, hrsg. vom Verband der Akademikerinnen Österreichs, Koisser o. J.

Ute Frevert, Frauen-Geschichte zwischen bürgerlicher Verbesserung und neuer Weiblichkeit, (Neue Historische Bibliothek), Suhrkamp Frankfurt/M. 1986.

Betty Friedan, Der Weiblichkeitswahn oder Die Selbstbefreiung der Frau. Ein Emanzipationskonzept, Rowohlt Reinbek bei Hamburg 1970.

Egon Friedell, Kulturgeschichte der Neuzeit, C. H. Beck München 1927–1931.

Anneliese Fuchs, Die besseren Zwei. Mann und Frau in der Gesellschaft von heute, Herold Wien 1987.

Sir Galahad(=Berta Eckstein-Diener), Mütter und Amazonen. Ein Umriß weiblicher Reiche, Non Stop München-Berlin 1975.

Angelika Gardiner-Sirtl, Gleichberechtigt? Was die Frauen erreicht haben – und was zu tun bleibt, Mosaik Hamburg 1982.

Brigitte Geiger/Hanna Hacker, Donauwalzer, Damenwahl, Promedia Wen 1989.

Ursula von Gersdorff, Frauen im Kriegsdienst 1914-1945, Deutsche Verlagsanstalt Stuttgart 1969.

Die ungeschriebene Geschichte, Historische Frauenforschung, Dokumentation des 5. Historikerinnentreffens in Wien 16.-19. April 1984, hrsg. Wiener Historikerinnen, Frauenforschung Band 3, Wiener Frauenverlag 1984.

Alois J. Glaser, Die Arbeits- und Lebenssituation der arbeitenden Frauen in Wien gegen Ende des 19. Jahrhunderts, phil. Diss. Wien 1975.

Marie Lise Göpel (Hrsg.), Frauenalltag durch die Jahrhunderte. Ein Bilderlesebuch, Hueber Ismaning 1986.

Heide Göttner-Abendroth, Die Göttin und ihr Heros. Die matriarchalen Religionen in Mythos, Märchen und Dichtung, Frauenoffensive München 1980.

Heide Göttner-Abendroth, Die tanzende Göttin. Prinzipien einer matriarchalen Ästhetik, Frauenoffensive München 1982.

Heide Göttner-Abendroth, Das Matriarchat I. Geschichte seiner Erforschung, Kohlhammer Stuttgart-Berlin-Köln-Mainz 1988.

Germaine Goetzinger, Für die Selbstverwirklichung der Frau: Louise Aston, Fischer Frankfurt/M. 1983.

E. und J. de Goncourt, Die Frau im 18. Jahrhundert, Scherz Verlag Bern-Stuttgart-Wien 1963.

Elisabeth Gould-Davis, Am Anfang war die Frau. Die neue Zivilisationsgeschichte aus weiblicher Sicht, Ullstein Frankfurt/M. 1971.

Helene Granitsch, Kriegsdienstleistung der Frauen, Heller & Co Wien 1915.

Helga Grubitzsch (Hrsg.), Grenzgängerinnen. Revolutionäre Frauen im 18. und 19. Jahrhundert. Weibliche Wirklichkeit und männliche Phantasien, Schwann Düsseldorf 1985.

Aaron J. Gurevic, Das Weltbild des mittelalterlichen Menschen, Verlag der Kunst Dresden 1978.

Elisabeth Haberkorn, Die Frauenagitation in der deutschen Arbeiterbewegung (1848-1914), phil. Diss. Wien 1977.

Manfed Hammes, Die Amazonen. Vom Mutterrecht und der Erfindung des gebärenden Mannes, Fischer Frankfurt/M. 1981.

Elfriede Haslehner, Frau und Kultur. Sozialphilosophischer Kommentar zum Ausschluß der Frauen aus Kultur, Geschichtsschreibung, Wissenschaft und Kunst, phil. Diss. Wien 1984.

Karin Hausen (Hrsg.), Frauen suchen ihre Geschichte, C. H. Beck München 1983.

Susanne Heine, Wiederbelebung der Göttinnen? Zur systematischen Kritik einer feministischen Theologie, Vandenhoeck und Ruprecht Göttingen 1987.

Maria Heinsius, Das unüberwindliche Wort. Frauen der Reformationszeit, Chr. Kaiser Verlag München 1951.

Gunnar Heinsohn/Otto Steiger, Die Vernichtung der weisen Frauen. Beiträge zur Theorie und Geschichte von Bevölkerung und Kindheit, März Herbstein 1985.

Florence Hervé (Hrsg.), Geschichte der deutsche Frauenbewegung, Pahl-Rugenstein Köln 1982.

Claudia Hoerschelmann, Pazifismus und Frauen in Österreich von 1918 bis 1934, Diplomarbeit Wien 1988.

Sabine Hofmann, Kampf um das Wahlrecht im deutschsprachigen Teil Europas, Diplomarbeit Wien 1987.

Wolff Helmhard von Hohberg, Georgica Curiosa Aucta, das ist: Umständlicher und klarer Unterricht von dem vermehrten und verbesserten Adelichen Land- und Feld-Leben, Martin Endters Nürnberg 1716.

Ivan Illich, Genus. Zu einer historische Kritik der Gleichheit, Rowohlt Reinbek bei Hamburg 1983.

Horst Theodor Johann (Hrsg.), Erziehung und Bildung in der heidnischen und christlichen Antike, Wissenschaftliche Buchgesellschaft Darmstadt 1976.

Veronika Kaiser, Österreichs Frauen 1918-1938. Studien zu Alltag und Rollenverständnis in politischen Frauenblättern, phil. Diss. Wien 1986.

Ingrid Kasten, Frauendienst bei Trobadors und Minnesängern im 12. Jahrhundert. Zur Entwicklung und Adaption eines literarischen Konzepts, Winter Heidelberg 1986.

Peter Ketsch, Frauen im Mittelalter. Quellen und Materialien, 2 Bände, Schwann Düsseldorf 1983/84.

Peter Ketter, Christus und die Frauen, 2 Bde., Kepplerhaus Stuttgart 1950.

Barbara Kienböck, Ansichten über die sportliche Leistungsfähigkeit des weiblichen Geschlechts vom 18. Jahrhundert bis in die Gegenwart, Diplomarbeit Wien 1984.

Das ewige Klischee. Zum Rollenbild und Selbstverständnis bei Männern und Frauen, Autorinnengruppe Uni Wien, Böhlau Wien-Graz-Köln 1981.

Ulla Knapp, Frauenabeit in Deutschland. Band I.: Ständischer und bürgerlicher Patriarchalismus. Frauenarbeit und Frauenrolle im Mittelalter und im Bürgertum des 19. Jahrhunderts, Minerva Publikationen München 1984.

Silvia Konecny, Die Frauen des karolingischen Königshauses. Die politische Bedeutung der Ehe und der Stellung der Frau in der fränkischen Herrscherfamilie vom 7. bis zum 10. Jahrhundert, phil. Diss. Wien 1976.

Helga Kramer (Hrsg.), Grenzen der Frauenlohnarbeit. Frauenstrategien in Lohn- und Hausarbeit seit der Jahrhundertwende, Campus Frankfurt/M.-New York 1986.

Bettina Kreck, Untersuchungen zur politischen und sozialen Rolle der Frau in der späten römischen Republik, phil. Diss. Marburg/Lahn 1975.

Ursula Kubes, Auch eine. Kritik der weiblichen Geschichtslosigkeit, phil. Diss. Wien 1985.

James Laver, Die Mode, Molden Wien-München-Zürich 1969.

Annemarie und Werner Leibbrand, Formen des Eros. Kultur und Geistesgeschichte der Liebe, Alber Freiburg-München 1972.

Brigitte Leierseder, Das Weib nach den Ansichten der Natur. Studien zur Herausbildung des bürgerlichen Frauenleitbildes an der Wende vom 18. zum 19. Jahrhundert, phil. Diss. München 1981.

Johannes Leipoldt, Die Frau in der antiken Welt und im Urchristentum, Koehler & Amelang, Leipzig 1954.

Eva Maria Linnert, Idealbild und Realität der bürgerlichen Frau in den Wiener Frauenzeitschriften des 18. Jahrhunderts, phil. Diss. Wien 1981.

Ursula Linnhoff, Die neue Frauenbewegung USA-Europa seit 1968, Kiepenheuer & Witsch Köln 1974.

Carola Lipp (Hrsg.), Schimpfende Weiber und patriotische Jungfrauen. Frauen im Vormärz und in der Revolution 1848/49, Elster Baden-Baden 1989.

Trevor Lloyd, Suffragetten. Die Emanzipation der Frau in der westlichen Welt, Edition Rencontre Lausanne 1970.

Joseph Marie LoDuca (Hrsg.), Moderne Enzyklopädie der Erotik, Desch Basel-München-Wien 1966.

Kurt Lüthi, Gottes neue Eva. Die Wandlungen des Weiblichen, Kreuz Stuttgart 1978.

Kurt Lüthi, Feminismus und Romantik. Sprache, Gesellschaft, Symbole, Religion, Böhlau Wien-Köln-Graz 1983.

Maria Antoinetta Macciocchi, Jungfrauen, Mütter und ein Führer. Frauen im Faschismus, Klaus Wagenbach Berlin 1979.

Jean Markale, Die keltische Frau. Mythos, Geschichte, soziale Stellung, Dianus Trikont München 1984.

Christine Martius-Spitzy/Monika Pelz/Ina Wagner, Mit technischem Verstand. Facharbeiterinnen in handwerklich-technischen Berufen, Bundesministerium für soziale Verwaltung, Frauenreferat, Wien 1986.

Rosa Mayreder, Zur Kritik der Weiblichkeit, hrsg. von Hanna Schnedl, Frauenoffensive München 1981.

Carola Meier-Seethaler, Ursprünge und Befreiungen. Eine dissidente Kulturtheorie, Arche Zürich 1988.

Carolyn Merchant, Der Tod der Natur. Ökologie, Frauen und neuzeitliche Naturwissenschaft, C. H. Beck München 1987.

Michael Mitterauer/Reinhard Sieder, Vom Patriarchat zur Partnerschaft. Zum Strukturwandel der Familie, C. H. Beck München 1977.

Helga Möbius (Hrsg.), Die Frau im Barock, Kohlhammer Stuttgart/Berlin/Köln/Mainz 1982.

476

Helmut Möller, Die kleinbürgerliche Familie im 18. Jahrhundert. Verhalten der Gruppenkultur, de Gruyter Berlin 1969.

Josef Mühlberger, Berühmte und berüchtigte Frauen, Bechtle Esslingen am Neckar 1979.

Österreich-Lexikon, hrsg. von Richard Bamberger und Franz Maier-Bruck, 2 Bände, Österreichischer Bundesverlag Wien-München 1966.

Harry Oppenborn, Die Tätigkeit der Frau in der deutschen Kriegswirtschaft, Hans Christians Druckerei und Verlag Hamburg 1934.

Otto Penz, Die österreichische Frauenbewegung – Ursachen und Stand der Diskussion, Diplomarbeit Wien 1980.

Dietlinde Peters, Frauenleben und Frauenbild. Zur theoretischen und praktischen Überwindung gedachter und gelebter „Weiblichkeit", phil. Diss. Berlin 1982.

Susanne Petersen, Marktweiber und Amazonen. Frauen in der französischen Revolution, Pahl-Rugenstein Köln 1989.

Christine de Pizan, Das Buch von der Stadt der Frauen, hrsg. von Margarete Zimmermann, Orlanda Berlin 1986.

Sarah B. Pomeroy, Frauenleben im klassischen Altertum, Kröner Stuttgart 1985.

Adelheid Popp, Jugend einer Arbeiterin, Neudruck der 1922 erschienen 4. Auflage, J. H. W. Dietz Verlag Berlin 1983.

Brigitte Prohaska, Geschichte der Frauenbewegung von den Anfängen bis zur Erlangung des Wahlrechts in Frankreich, den USA und England, Diplomarbeit Wien 1989.

Edith Prost, Weiblichkeit und bürgerliche Kultur am Beispiel Rosa Mayreder-Obermayer, phil. Diss. Wien 1983.

Eva Quistorp (Hrsg.), Frauen für den Frieden. Analysen, Dokumente und Aktionen aus der Frauenfriedensbewegung, päd. extra Frankfurt/M. 1982.

Uta Ranke-Heinemann, Eunuchen für das Himmelreich. Katholische Kirche und Sexualität, Hoffmann und Campe Hamburg 1988.

Edith Rigler, Frauenleitbild und Frauenarbeit in Österreich vom ausgehenden 19. Jahrhundert bis zum Zweiten Weltkrieg, Verlag für Geschichte und Politik Wien 1976.

Margit Rottenbücher, Die Rolle der Frau im Dritten Reich, Diplomarbeit Wien 1986.

Klaus Jörg Ruhl (Hrsg.), Frauen in der Nachkriegszeit 1945-1963, dtv Dokumente München 1988.

Hannelore Sachs, Die Frau in der Renaissance, Schroll Wien-München 1971.

Regina Schaps, Hysterie und Weiblichkeit. Wissenschaftsmythen über die Frau, Campus Frankfurt/M.-New York 1983.

Herrad Schenk, Die feministische Herausforderung. 150 Jahre Frauenbewegung in Deutschland, C. H. Beck München 1988.

Eva Schirmer, Mystik und Minne. Frauen im Mittelalter, Elefanten Press Berlin 1984.

Sigrid Schmid/Hanna Schnedl (Hrsg.), Totgeschwiegen. Texte zur Situation der Frau von 1880 bis in die Zwischenkriegszeit, Österreichischer Bundesverlag Wien 1982.

Hilde Schmölzer, A schöne Leich. Der Wiener und sein Tod, Kremayr & Scheriau Wien 1980.

Hilde Schmölzer, Frau sein & schreiben. Österreichische Schriftstellerinnen definieren sich selbst, Österreichischer Bundesverlag Wien 1982.

Hilde Schmölzer, Phänomen Hexe. Wahn und Wirklichkeit im Lauf der Jahrhunderte, Herold Wien 1986.

Irene Schöffmann, Die bürgerliche Frauenbewegung im Austrofaschimus, phil. Diss. Wien 1986.

Marianne Schönauer, Lohndifferenzen zwischen Arbeiterinnen und Arbeitern in den Kollektivverträgen der Textilbekleidungs- und lederverarbeitenden Industrie, Diplomarbeit Wien 1979.

Walter Schönfeld, Frauen in der abendländischen Heilkunde vom klassischen Altertum bis zum Ausgang des 19. Jahrhunderts, Ferdinand Enke Stuttgart 1947.

Hannelore Schröder (Hrsg.), Die Frau ist frei geboren. Texte zur Frauenemanzipation, 2 Bde., 1870-1918, H. C. Beck München 1981.

Manfred Schröter (Hrsg.), Der Mythus von Orient und Occident. Eine Metaphysik der alten Welt. Aus den Werken von J. J. Bachofen, C. B. Beck München 1956.

Margarete Schwabl, Österreichs Frauen – ihre Situation in Beruf, Bildung und Familie, Diplomarbeit Wien 1987.

Shulamith Shahar, Die Frau im Mittelalter, Fischer Frankfurt/M. 1983.

Barbara Sichtermann, Frauen-Arbeit. Über wechselnde Tätigkeiten und die Ökonomie der Emanzipation, Wagenbach Berlin 1987.

Kristine von Soden/Maruta Schmidt (Hrsg.), Neue Frauen der zwanziger Jahre, Elefanten Press Berlin 1988.

Valerie Solanas, Manifest der Gesellschaft zur Vernichtung der Männer S. C. U. M., Rohwohlt Reinbek bei Hamburg 1983.

Helene Sonnet-Altenburg, Hetären, Mütter, Amazonen. Frauencharaktere aus der antiken Welt, Hoffmann Heidenheim 1963.

Edith Specht, Schön zu sein und gut zu sein. Mädchenbildung und Frauensozialisation im antiken Griechenland, Frauenverlag Wien 1989.

Dale Spender, Frauen kommen nicht vor. Sexismus im Bildungswesen, Fischer Frankfurt/M. 1985.

Doris Steinbrunner, Die Situation der erwerbstätigen Frau in der Zwischenkriegszeit, Diplomarbeit Wien 1985.

Die Stellung der Frau in Gesellschaft und Recht, Mitteilungen des Instituts für Gesellschaftspolitik, Heft 19, Verlag Ernst Schwarz, Wien 1975.

Bolko Stern, Frauenbildnisse aus dem Quattrocento, Simonetta, Caterina Sforza, Isabella von Este, Reinhardt Basel 1947.

Evelyne Sullerot, Die emanzipierte Sklavin. Geschichte und Soziologie der Frauenarbeit, Böhlau Wien-Graz-Köln 1972.

Evelyne Sullerot (Hrsg.), Die Wirklichkeit der Frau, Steinhausen München 1979.

Margarete Susman, Frauen der Romantik, Melzer Köln 1960.

Gerda Szepansky, „Blitzmädel", „Heldenmutter", „Kriegerwitwe". Frauenleben im 2. Weltkrieg, Fischer Frankfurt/M. 1987.

479

Reay Tannahill, Kulturgeschichte der Erotik, Zsolnay Wien-Hamburg 1982.

Lore Toman, Die andere Hälfte des Himmels. Von der Entmachtung des Weiblichen in Mythos und Realität, Österreichische Staatsdruckerei Edition S Wien 1987.

Ernst E. Vardiman, Die Frauen in der Antike. Sittengeschichte der Frau im Altertum, Econ Düsseldorf 1982.

Thilo Vogelsang, Die Frau als Herrscherin im hohen Mittelalter. Studien zur „consors regni" Formel, (Göttinger Bausteine zur Geschichtswissenschaft, Band 7), Musterschmidt Göttingen-Frankfurt Berlin 1954.

Nike Wagner, Geist und Geschlecht. Karl Kraus und die Erotik der Wiener Moderne, Suhrkamp Frankfurt/M. 1982.

Brigitte Wartmann (Hrsg.), Weiblich-Männlich. Kulturgeschichtliche Spuren einer verdrängten Weiblichkeit, Ästhetik & Kommunikation Berlin 1980.

Daniela Weiland, Geschichte der Frauenemanzipation in Deutschland und Österreich. Biographien – Programme – Organisationen, Econ Düsseldorf 1983.

Gerda Weiler, Ich verwerfe im Lande die Kriege. Das verborgene Matriarchat im Alten Testament, Frauenoffensive München 1984.

Gerda Weiler, Der enteignete Mythos. Eine notwendige Revision der Archetypenlehre C. G. Jungs und Erich Neumanns, Frauenoffensive München 1985.

Otto Weininger, Geschlecht und Charakter, Braumüller Wien 1903.

Heide Wille, Die psychologische Relevanz des bürgerlich-individualistischen Leistungs- und Aufstiegsprinzips für die Einstellung zur Erwerbstätigkeit der Frau, phil. Diss. Linz o. J.

Verena Zinserling, Die Frau in Hellas und Rom, Kohlhammer Stuttgart-Berlin-Köln-Mainz 1972.

Anmerkungen

In den Anmerkungen werden nur Kurztitel der verwendeten Literatur angeführt. Für genauere Angaben zu den zitierten Werken sei auf das Literaturverzeichnis verwiesen.

Einleitung

1) Spender, Frauen kommen nicht vor, 37.

Am Anfang war die Frau

1) Fuchs, Die besseren Zwei, 9ff.
2) Fester, Weib und Macht, 38.
3) Biedermann, Die großen Mütter, 21.
4) Fester, Weib und Macht, 29.
5) Das 7,2 cm kleine Figürchen aus Serpentinschiefer ist in Bewegung dargestellt (der Oberkörper macht eine linke Drehung, der linke Arm ist erhoben) und unterscheidet sich damit wesentlich von den statisch dargestellten, fettleibigen Frauenstatuen der späteren Zeit. Deshalb wurde die Vermutung geäußert, daß entgegen bisheriger Anschauung die Bewegung und nicht das Statisch-Starre am Anfang aller Kunst stand.
6) Fester, Weib und Macht, 11.
7) Ebenda, 115ff.

Die Frau als Mutter der Zivilisation

1) Meier-Seethaler, Ursprünge und Befreiungen, 100ff.
2) Ebenda, 103.
3) Diese Bezeichnung wurde von Meier-Seethaler übernommen, weil sie wohl am besten geeignet ist, diese Gesellschaftsordnung, in der sich alles auf die Mütter hin zentrierte, zu charakterisieren.
4) Meier-Seethaler, Ursprünge und Befreiungen, 42.
5) Borneman, Patriarchat, 73.
6) Göttner-Abendroth, Matriarchat, 17.
7) Meier-Seethaler, Ursprünge und Befreiungen, 116ff.
8) Ebenda, 101.
9) Fester, Weib und Macht, 79ff.

10) Kurier vom 12. September 1988.
11) Fester, Weib und Macht, 26.
12) Ebenda, 248ff.
13) Vgl. Borneman, Patriarchat, Meier-Seethaler, Ursprünge und Befreiungen und Haslehner, Frau und Kultur.
14) Fester, Weib und Macht, 118.
15) Meier-Seethaler, Ursprünge und Befreiungen, 304.
16) Näheres siehe bei Biedermann, Die großen Mütter, 56ff.

„Was da ist, was da sein wird und was gewesen ist, bin ich"

1) Näheres siehe Göttner-Abendroth, Die Göttin und ihr Heros.
2) Vardiman, Die Frau in der Antike, 69.
3) Göttner-Abendroth, Die Göttin und ihr Heros, 28.
4) Ebenda, 41ff.
5) Göttner-Abendroth, Matriarchat, 81f.
6) Weiler, Ich verwerfe im Lande die Kriege, 57.
7) Weiler, Der enteignete Mythos, 121.
8) Näheres siehe Göttner-Abendroth, Die Göttin und ihr Heros, 127.
9) Weiler, Ich verwerfe im Lande die Kriege.
10) Wartmann, Weiblich-Männlich, 69.
11) Weiler, Der enteignete Mythos, 160.
12) Ebenda.
13) Ebenda, 166.
14) Göttner-Abendroth, Die Göttin und ihr Heros, 133ff.
15) Wartmann, Weiblich-Männlich, 176.

Frauenreiche

1) Theakratien (Göttner-Abendroth) bezeichnen analog zu den Theokratien Gesellschaften, in denen die priesterliche Funktion im Dienste einer Göttin untrennbar mit gesellschaftlichen und politischen Funktionen verknüpft ist.
2) Meier-Seethaler, Ursprünge und Befreiungen, 15ff.
3) Göttner-Abendroth, Die Göttin und ihr Heros, 13.
4) Meier-Seethaler, Ursprünge und Befreiungen, 163.
5) Ebenda, 165ff.
6) Ebenda, 174.
7) Ebenda, 172.
8) Sir Galahad, Mütter und Amazonen, 240.
9) Meier-Seethaler, Ursprünge und Befreiungen, 185.
10) Sir Galahad, Mütter und Amazonen, 241.
11) Ebenda, 242.
12) Ebenda, 235ff.
13) Meier-Seethaler, Ursprünge und Befreiungen, 186.
14) Vardiman, Die Frau in der Antike, 224.
15) Sir Galahad, Mütter und Amazonen, 212; Meier-Seethaler, Ursprünge und Befreiungen, 180.
16) Meier-Seethaler, Ursprünge und Befreiungen, 162.

17) Vardiman, Die Frau in der Antike, 259.
18) Ebenda, 158.
19) Fester, Weib und Macht, 44.
20) Biedermann, Die großen Mütter, 169.
21) Sir Galahad, Mütter und Amazonen, 182.
22) Biedermann, Die großen Mütter, 169.
23) Markale, Die keltische Frau, 33.
24) Ebenda, 34.
25) Sir Galahad, Mütter und Amazonen, 182.
26) Markale, Die keltische Frau, 40ff.
27) Göttner-Abendroth, Die Göttin und ihr Heros, 100ff.
28) Biedermann, Die großen Mütter, 167.

Die Amazonen

1) Obwohl die Bezeichnung „Mutterrecht" problemtisch ist, weil erst mit dem Aufkommen des Patriarchats der Begriff des (geschriebenen) Rechts entstand, hat sie sich inzwischen so sehr in den allgemeinen Sprachgebrauch eingebürgert, daß sie infolge einer fehlenden Alternative an dieser Stelle verwendet werden soll.
2) Sir Galahad, Mütter und Amazonen, 290.
3) Hammes, Die Amazonen, 14.
4) Harald Steiner in „Die Presse", 26./27. September 1987.
5) Hammes, Die Amazonen, 14.
6) Aethicus, Cosmographie, zitiert bei Hammes, Die Amazonen, 8.
7) Hippokrates, De aere, zitiert bei Hammes, Die Amazonen, 140.
8) Biedermann, Die großen Mütter, 126.
9) Sir Galahad, Mütter und Amazonen, 130.
10) Biedermann, Die großen Mütter, 129.
11) Hammes, Die Amazonen, 75.
12) Toman, Die andere Hälfte des Himmels, 116.
13) Hammes, Die Amazonen, 51.
14) Quintus, zitiert bei Hammes, Die Amazonen, 84.
15) Ebenda.
16) Ebenda, 86.
17) Ebenda.
18) Sir Galahad, Mütter und Amazonen, 305.

Der Übergang zum Patriarchat in Mythos und Realität

1) Schröter, Der Mythus von Orient und Occident, 146ff.
2) Meier-Seethaler, Ursprünge und Befreiungen, 271.
3) Vgl. u.a. Biedermann, Borneman und Meier-Seethaler. Während etwa Borneman die Einwanderungswelle bereits in der Mitte des dritten vorchristlichen Jahrtausends beginnen läßt, wird sie von Meier-Seethaler an den Beginn des zweiten Jahrtausends verlegt.
4) Borneman, Patriarchat, 101.
5) Meier-Seethaler, Ursprünge und Befreiungen, 209.

6) Borneman, Patriarchat, 112.
7) Ebenda, 126.

Die Frau in Athen

1) Borneman, Patriarchat, 198.
2) Hesiod, Werke, zitiert bei Borneman, Patriarchat, 215.
3) Vardiman, Die Frau in der Antike, 251.
4) Homer, Od. XI 427, zitiert bei Borneman, Patriarchat, 198.
5) Ebenda.
6) Vardiman, Die Frau in der Antike, 251.
7) Dr. Ulrike Mus vom Archäologischen Institut der Universität Wien in einem Interview im Frühjahr 1988.
8) Pomeroy, Frauenleben im klassischen Altertum, 102.
9) Ebenda, 125ff.
10) Ebenda, 127.
11) Die Mitgift einer Frau mußte ihr ganzes Leben unangetastet bleiben und durfte lediglich zu ihrem Lebensunterhalt verwendet werden. Weder ihr Vater oder Vormund, noch der Ehemann oder aber sie selbst besaßen darüber ein Verfügungsrecht. Mit dem Eintritt in die Ehe übernahm der Gatte die Verwaltung der Mitgift. Er konnte das Kapital anlegen, hatte aber seine Frau mit dem dadurch erwirtschafteten Betrag zu unterhalten. Im Falle einer Scheidung mußte er die Mitgift wieder an den Vormund der Frau zurückgeben.
12) Borneman, Patriarchat, 217.
13) Pomeroy, Frauenleben im klassischen Altertum, 130.
14) Borneman, Patriarchat, 224.
15) Pomeroy, Die Frau im klassischen Altertum, 131.
16) Ebenda, 128.
17) Aisch. Tim. 182f., zitiert bei Bornemann, Patriarchat, 213.
18) Ebenda, 269.
19) Zinserling, Die Frau in Hellas und Rom, 24.
20) Ebenda, 31.
21) Ebenda.
22) Borneman, Patriarchat, 272.
23) Siehe Näheres bei Specht, Schön zu sein.
24) Borneman, Patriarchat, 204.

Die Hetäre

1) Borneman, Patriarchat, 263.
2) Ebenda, 264.
3) Ebenda, 261.
4) Die Bezeichnung „sakrale Prostitution" oder „Tempelprostitution", wie sie in den allgemeinen Sprachgebrauch eingegangen ist, ist im Grunde mißverständlich. Denn „Prostitution" bedeutet Verkauf des Körpers. Mit dem rituellen Akt, durch den dem Gläubigen die Verbindung zur Gottheit ermöglicht wurde, hat das nichts zu tun.
5) Vardiman, Die Frau in der Antike, 261.

6) Borneman, Patriarchat, 258.
7) Ebenda, 261.
8) Ebenda.
9) Ebenda, 260.
10) Vardiman, Die Frau in der Antike, 266.
11) Borneman, Patriarchat, 253ff.
12) Vardiman, Die Frau in der Antike, 263.
13) Ebenda, 259.
14) Zinserling, Die Frau in Hellas und Rom, 41.
15) Borneman, Patriarchat, 254.
16) Ebenda.
17) Vardiman, Die Frau in der Antike, 262.

Frauenfeste

1) Näheres siehe bei Specht, Schön zu sein, 68ff.
2) Näheres siehe bei Göttner-Abendroth, Die Göttin und ihr Heros, 35ff.
3) Specht, Schön zu sein, 64ff.; Pomeroy, Frauenleben im klassischen Altertum, 116ff.
4) Specht, Schön zu sein, 6.
5) Göttner-Abendroth, Die Göttin und ihr Heros, 35.
6) Vardiman, Die Frau in der Antike, 60ff.
7) Ebenda.
8) Pomeroy, Frauenleben im klassischen Altertum, 116.
9) Specht, Schön zu sein, 68.
10) Pomeroy, Die Frau im klassischen Altertum, 113.
11) Leibbrand, Formen des Eros, I, 110.
12) Ebenda.
13) Ebenda, 111.

Die Spartanerin

1) Borneman, Patriarchat, 338.
2) Ebenda, 340.
3) Fester, Weib und Macht, 43.
4) Pomeroy, Frauenleben im klassischen Altertum, 56ff.
5) Borneman, Patriarchat, 164.
6) Pomeroy, Die Frau im klassischen Altertum, 55.
7) Borneman, Patriarchat, 336.
8) Ebenda, 33.
9) Pomeroy, Die Frau im klassischen Altertum, 54.
10) Borneman, Patriarchat, 338.
11) Pomeroy, Die Frau im klassischen Altertum, 56,
12) Borneman, Patriarchat, 337.

Sappho

1) Sir Galahad, Mütter und Amazonen, 219.
2) Ebenda.
3) Specht, Schön zu sein, 145.
4) Sir Galahad, Mütter und Amazonen, 225.
5) Ebenda, 227.
6) Specht, Schön zu sein, 143.
7) Sir Galahad, Mütter und Amazonen, 226.
8) Ebenda, 221.
9) Ebenda, 224.
10) Pomeroy, Die Frau im klassischen Altertum, 79.
11) Sir Galahad, Mütter und Amazonen, 230.
12) Ebenda, 224.

Die Frau im Hellenismus

1) Alic, Hypathias Töchter, 43ff.
2) Ebenda, 35.
3) Ebenda, 36ff.
4) Ebenda. 38
5) Ebenda, 40.
6) Borneman, Patriarchat, 343.
7) Ebenda, 344.
8) Pomeroy, Die Frau im klassischen Altertum 190.
9) Ebenda.
10) Ebenda, 198.
11) Ebenda, 52ff.
12) Alic, Hypatias Töchter, 55ff.
13) Zinserling, Die Frau in Hellas und Rom, 39.

Die römische Matrone

1) Borneman, Patriarchat, 385.
2) Kreck, Untersuchungen zur politischen und sozialen Rolle, 9.
3) Ebenda, 7ff.
4) Borneman, Patriarchat, 406.
5) Kreck, Untersuchungen zur politischen und sozialen Rolle, 8.
6) Pomeroy, Die Frau im klassischen Altertum, 233.
7) Ebenda.
8) Ebenda, 245.
9) Ebenda, 333ff.
10) Ebenda, 331ff.
11) Borneman, Patriarchat, 481.
12) Pomeroy, Die Frau im klassischen Altertum, 251.
13) Franchi dell'Orto, Das antike Rom, 52.
14) Borneman, Patriarchat, 489.
15) Alic, Hypatias Töchter, 44ff.

16) Borneman, Patriarchat, 409ff.
17) Ebenda, 485ff.
18) Zinserling, Die Frau in Hellas und Rom, 48.
19) Borneman, Patriarchat, 487.

Plebejerin und Sklavin

1) Zinserling, Die Frau in Hellas und Rom, 59.
2) Franchi dell'Orto, Das antike Rom, 77.
3) Vardiman, Die Frau in der Antike, 198.
4) Zitiert bei Borneman, Patriarchat, 480.
5) Properz III 8, zitiert ebenda, 479.
6) Pomeroy, Die Frau im klassischen Altertum, 298ff.
7) Cato, De agricultura, zitiert bei Zinserling, Die Frau in Hellas und Rom, 59.
8) Pomeroy, Die Frau im klassischen Altertum, 302.
9) Ebenda.

Die Frau im frühen Christentum

1) Leipoldt, Die Frau in der antiken Welt, 96ff.
2) Ebenda, 78.
3) Ebenda, 79.
4) Leibbrand, Formen des Eros, I, 379.
5) Ebenda, 1 375.
6) Ebenda, 1 432.
7) Leipoldt, Die Frau in der antiken Welt, 108.
8) Ebenda, 83.
9) Luk. 13,16, zitiert bei ebenda, 122.
10) Siehe Näheres bei Ketter, Christus und die Frauen.
11) Vardiman, Die Frau in der Antike, 108.
12) Leipoldt, Die Frau in der antiken Welt, 172.
13) Ranke-Heinemann, Eunuchen für das Himmelreich, 137.
14) Ebenda.
15) Leipoldt, Die Frau in der antiken Welt, 201.
16) Ebenda, 202.
17) Ebenda, 204.
18) Ebenda, 209.
19) Ebenda, 196.
20) Ebenda, 82.
21) Leibbrand, Formen des Eros, I, 502.
22) Ebenda, I, 501.

Frau und Recht im Mittelalter

1) Becker, Aus der Zeit der Verzweiflung, 35ff.
2) Ennen, Frauen im Mittelalter 95.
3) Becker, Aus der Zeit der Verzweiflung, 35.

4) Ennen, Frauen im Mittelalter, 35.
5) Ebenda, 34.
6) Ebenda, 38.
7) Becker, Aus der Zeit der Verzweiflung, 34ff.
8) Ebenda, 36.
9) Shahar, Die Frau im Mittelalter, 97.
10) Ebenda.
11) Ebenda.
12) Becker, Aus der Zeit der Verzweiflung, 37.
13) Shahar, Die Frau im Mittelalter, 94.
14) Ebenda, 113.
15) Ebenda, 113ff.
16) Berghofer, Die soziale und rechtliche Stellung, 32.
17) Becker, Aus der Zeit der Verzweiflung, 43.
18) Frau und spätmittelalterlicher Alltag, 583.
19) Shahar, Die Frau im Mittelalter, 98.
20) Becker, Aus der Zeit der Verzweiflung, 41.
21) Shahar, Die Frau im Mittelalter, 103.

Die Frau auf dem Lande

1) Ketsch, Frauen im Mittelalter, 80ff.
2) Ennen, Frauen im Mittelalter, 22.
3) Knapp, Frauenarbeit in Deutschland, 58.
4) Shahar, Die Frau im Mittelalter, 221.
5) Ebenda, 220.
6) Ennen, Frauen im Mittelalter, 88.
7) Im 11. Jahrhundert war das Nutzungsrecht der Bauern an dem vom Herrn überlassenen Land zum erblichen Besitzrecht geworden.
8) Shahar, Die Frau im Mittelalter, 193.
9) Knapp, Frauenarbeit in Deutschland, 49.
10) Shahar, Die Frau im Mittelalter, 119.
11) Ebenda, 121.
12) Becker, Aus der Zeit der Verzweiflung, 56.
13) Ennen, Frauen im Mittelalter, 221.
14) Ebenda, 222.

Stadtluft macht frei (Die Städterin)

1) Shahar, Die Frau im Mittelalter, 175.
2) Ebenda, 171.
3) Knapp, Frauenarbeit in Deutschland, 84.
4) Ketsch, Frauen im Mittelalter, 150.
5) Ebenda.
6) Ebenda, 148.
7) Ebenda, 146.
8) Ebenda, 150ff.
9) Ebenda, 152.

10) Ebenda.
11) Ebenda, 146.
12) Ebenda, 142.
13) Ebenda, 143.
14) Ennen, Frauen im Mittelalter, 161.
15) Ebenda.
16) Ebenda, 162.
17) Becker-Cantarino, Die Frau von der Reformation, 17.
18) Ennen, Frauen im Mittelalter, 181.
19) Ebenda, 171.
20) Ebenda, 135.
21) Ketsch, Frauen im Mittelalter, 147.
22) Ebenda, 153.
23) Berghofer, Die soziale und rechtliche Stellung, 113.
24) Ebenda.

Ärztin und Hebamme

1) Shahar, Die Frau im Mittelalter, 188.
2) Die weibliche Urheberschaft ist allerdings umstritten. Sie wird von etlichen Medizinhistorikern, Paul Diepgen etwa, angezweifelt.
3) Schmölzer, Phänomen Hexe, 88.
4) Bücher, Die Frauenfrage im Mittelalter, 23.
5) Shahar, Die Frau im Mittelalter, 189ff.
6) Ketsch, Frauen im Mittelalter, 263f.
7) Näheres siehe bei Schmölzer, Phänomen Hexe.
8) Shahar, Die Frau im Mittelalter, 127.
9) Siehe etwa Heinsohn, Die Vernichtung der weisen Frauen.
10) Shahar, Die Frau im Mittelalter, 122.
11) Ebenda.
12) Schmölzer, Phänomen Hexe, 89.
13) Becker, Aus der Zeit der Verzweiflung, 115ff.

Vom fahrenden Volk und den „gelüstigen" Fräulein

1) Becker, Aus der Zeit der Verzweiflung, 76.
2) Schmölzer, Phänomen Hexe, 28.
3) Becker, Aus der Zeit der Verzweiflung, 76.
4) Frau und spätmittelalterlicher Alltag, 559.
5) Becker, Aus der Zeit der Verzweiflung, 78.
6) Danckert, Unehrliche Leute, 148.
7) Ketsch, Frauen im Mittelalter, 313.
8) Danckert, Unehrliche Leute, 149.
9) Becker, Aus der Zeit der Verzweiflung, 779.
10) Danckert, Unehrliche Leute, 149.
11) Ebenda, 68.

Die Dame der Troubadours

1) Näheres siehe bei Kasten, Frauendienst.
2) Gurevic, Das Weltbild des mittelalterlichen Menschen, 236.
3) Bischoff, Frauen-Kunst-Geschichte, 42.
4) Ebenda.
5) Ebenda, 38ff.
6) Ebenda.
7) Shahar, Die Frau im Mittelalter, 154ff.
8) Ebenda, 151.
9) Ebenda, 129.
10) Ebenda, 128.

Nonnen, Beginen, Ketzerinnen

1) Ennen, Frauen im Mittelalter, 235.
2) Ebenda, 113
3) Schirmer, Mystik und Minne, 65.
4) Shahar, Frauen im Mittelalter, 44.
5) Ebenda, 50.
6) Schirmer, Mystik und Minne, 65.
7) Shahar, Frauen im Mittelalter, 49.
8) Schmölzer, Phänomen Hexe, 76; dort zitiert aus Ida Raming, Der Ausschluß der Frau vom priesterlichen Amt, Böhlau Wien-Graz-Köln 1973.
9) Ebenda, 81.
10) Berghofer, Die soziale und rechtliche Stellung, 187ff.
11) Shahar, Frauen im Mittelalter, 51.
12) Ebenda.
13) Ebenda, 60.
14) Becker, Aus der Zeit der Verzweiflung, 69ff.
15) Schirmer, Mystik und Minne, 82.
16) Shahar, Frauen im Mittelalter, 66.
17) Schirmer, Mystik und Minne, 82.
18) Ennen, Frauen im Mittelalter, 175.
19) Schirmer, Mystik und Minne, 82.
20) Shahar, Frauen im Mittelalter, 67.
21) Schirmer, Mystik und Minne, 87ff.
22) Ebenda, 85ff.
23) Ebenda.
24) Ebenda, 93.
25) Schmölzer, Phänomen Hexe, dort zitiert aus Gottfried Koch, Frauenfrage und Ketzertum im Mittelalter, Akademischer Verlag Berlin 1962.
26) Shahar, Frauen im Mittelalter, 238.
27) Ebenda, 239.
28) Ebenda, 229.
29) Ebenda, 228.
30) Ebenda, 21.

490

Frauenmystik

1) Schirmer, Mystik und Minne, 96.
2) Ebenda, 125.
3) Shahar, Frauen im Mittelalter, 68.
4) Bungert, Die heilige Hildegard von Bingen, 18.
5) Schirmer, Mystik und Minne, 125.
6) Ebenda, 126ff.
7) Shahar, Frauen im Mittelalter, 73.
8) Schirmer, Mystik und Minne, 116.
9) Shahar, Frauen im Mittelalter, 36.

Herrscherinnen

1) Vogelsang, Die Frau als Herrscherin, 10.
2) Ebenda, 11.
3) Ebenda.
4) Ebenda, 11ff.
5) Ennen, Frauen im Mittelalter, 49ff.
6) Konecny, Die Frauen des karolingischen Königshauses, 61ff.
7) Vogelsang, Die Frau als Herrscherin, 26.
8) Ebenda, 22.
9) Ebenda, 29.
10) Ebenda, 51ff.
11) Ebenda, 58.
12) Ebenda, 90.
13) Ennen, Frauen im Mittelalter, 71.
14) Ebenda.
15) Ebenda, 109ff.

Die Frau in der Renaissance

1) Vgl. Burckhardt, Kultur der Renaissance.
2) Sachs, Die Frau in der Renaissance, 9.
3) Ebenda, 15.
4) Ennen, Frauen im Mittelalter, 195.
5) de Pizan, Das Buch von der Stadt.
6) Sachs, Die Frau in der Renaissance, 40.
7) Stern, Frauenbildnisse, 19.
8) Sachs, Die Frau in der Renaissance, 31.
9) Ebenda.
10) Ebenda, 29ff.
11) Ebenda, 19.
12) Ebenda.
13) Ebenda.
14) Ebenda, 48.
15) Ennen, Frauen im Mittelalter, 197.
16) Burckhardt, Kultur der Renaissance, 66. Burckhardt vermutet hier allerdings

einen Schreibfehler, weil ihm diese Zahl in Relation zur vermuteten römischen Bevölkerung zu hoch gegriffen erscheint.

17) Leibbrand, Formen des Eros, II, 49.
18) Ebenda.

Luthers Eheideal

1) Becker-Cantarino, Der lange Weg zur Mündigkeit, 40.
2) Leibbrand, Formen des Eros, II, 80.
3) Ebenda, II, 74.
4) Ebenda, II, 81.
5) Ebenda, II, 87.
6) Ebenda, II, 80.
7) Becker-Cantarino, Die Frau von der Reformation, 26.
8) Becker-Cantarino, Der lange Weg zur Mündigkeit, 106.

Das neue wissenschaftliche Weltbild und die Frau als gefährliche Naturgewalt

1) Merchant, Der Tod der Natur, 20.
2) Wartmann, Weiblich-Männlich, 40,
3) Ebenda, 23.
4) Merchant, Der Tod der Natur, 24.
5) Ebenda, 143.
6) Ebenda, 144.
7) Wartmann, Weiblich-Männlich, 194.
8) Merchant, Der Tod der Natur, 147.
9) Ebenda, 148.
10) N. O. Brown, zitiert bei Wartmann, Weiblich-Männlich, 194.
11) Merchant, Der Tod der Natur, 154.
12) Schmölzer, Phänomen Hexe, 122.
13) Merchant, Der Tod der Natur, 174.
14) Ebenda, 175.

Allegorie und Imagination (Die Frau im Barock)

1) Möbius, Die Frau im Barock, 95.
2) Ebenda, 94.
3) Ebenda.
4) Sullerot, Die emanzipierte Sklavin, 58.
5) Ebenda, 59.
6) Ebenda, 58.
7) Ebenda, 59ff.
8) Möbius, Die Frau im Barock, 89.
9) Ebenda, 68.
10) Ebenda, 69.
11) Ebenda.

12) Goncourt, Die Frau im 18. Jahrhundert, 343.
13) Ebenda, 11.
14) Möbius, Die Frau im Barock, 195.

Schauspielerin und Mätresse

1) Leibbrand, Formen des Eros, II, 306.
2) Becker-Cantarino, Der lange Weg zur Mündigkeit, 338.
3) Möbius, Die Frau im Barock, 173.
4) Becker-Cantarino, Der lange Weg zur Mündigkeit, 308.
5) Ebenda, 309ff.
6) Ebenda, 323.
7) Ebenda, 232ff.
8) Ebenda, 322.
9) Schmölzer, A schöne Leich, 56.

Die Frau im Pietismus

1) Näheres siehe bei Becker-Cantarino, Die Frau von der Reformation.

Das lesende Frauenzimmer
(Aufklärerisches Bildungsprogramm)

1) Becker-Cantarino, Der lange Weg zur Mündigkeit, 164ff.
2) Bennent, Galanterie und Verachtung, 53.
3) Möbius, Die Frau im Barock, 112.
4) Ebenda, 106.
5) Bovenschen, Die imaginierte Weiblichkeit, 117.
6) Alic, Hypatias Töchter, 95.
7) Ewald, Die Kunst, ein gutes Mädchen, 37.
8) Becker-Cantarino, 140.
9) Goncourt, Die Frau im 18. Jahrhundert, 368.

Die gelehrte Frau

1) Becker-Cantarino, Die Frau von der Reformation, 61ff.
2) Becker-Cantarino, Der lange Weg zur Mündigkeit, 243ff.
3) Alic, Hypatias Töchter, 153ff.
4) Ebenda, 154ff.
5) Bovenschen, Die imaginierte Weiblichkeit, 84.
6) Ebenda, 84ff; Becker-Cantarino, Der lange Weg zur Mündigkeit, 153.
7) Spender, Frauen kommen nicht vor, 29.
8) Bovenschen, Die imaginierte Weiblichkeit, 131.
9) Ebenda, 132.
10) Alic, Hypatias Töchter, 103ff.
11) Ebenda, 105.

12) Becker-Cantarino, Der lange Weg zur Mündigkeit, 258.
13) Alic, Hypatias Töchter, 96ff.
14) Ebenda, 110.
15) Ebenda, 110ff.
16) Ebenda, 117ff.
17) Frevert, Frauen-Geschichte, 36ff.
18) Becker-Cantarino, Der lange Weg zur Mündigkeit, 188.

Programm der „neuen Weiblichkeit"

1) Rousseau zitiert bei Bennent, Galanterie und Verachtung, 82.
2) Ebenda, 83.
3) Rousseau zitiert bei Bovenschen, Die imaginierte Weiblichkeit, 165.
4) Rousseau zitiert bei Bennent, Galanterie und Verachtung, 84.
5) Rousseau zitiert bei Bovenschen, Die imaginierte Weiblichkeit, 165.
6) Kant zitiert bei Bennent, Galanterie und Verachtung, 104.
7) Hegel zitiert in Das ewige Klischee, 112.
8) Ebenda, 115.
9) Kant zitiert bei Bennent, Galanterie und Verachtung, 105.
10) Fichte zitiert ebenda, 118ff.
11) Ebenda, 115.
12) Fichte zitiert in Knapp, Frauenarbeit in Deutschland, 158.
13) Campe zitiert bei Frevert, Frauen-Geschichte, 22.
14) Leierseder, Das Weib nach den Ansichten der Natur, 45.
15) Ewald, Die Kunst, ein gutes Mädchen, 21.
16) Ebenda, 30.
17) Knapp, Frauenarbeit in Deutschland, 204ff.

Partnerin des Gefühls (Frauen der Romantik)

1) Kubes, Auch eine, 8.
2) Lüthi, Feminismus und Romantik, 73.
3) Ebenda, 72ff.
4) Schmölzer, Frau sein, 10.
5) Lüthi, Feminismus und Romantik, 65.
6) Susman, Frauen der Romantik, 54.

Arbeite Frau! (Der Industrialisierungsschock)

1) Peters, Frauenleben und Frauenbild, 71.
2) Sullerot, Die emanzipierte Sklavin, 71.
3) Bischoff, Frauen-Kunst-Geschichte, 427.
4) Braun, Die Frauenfrage, 315.
5) Peters, Frauenleben und Frauenbild, 72.
6) Sullerot, Die emanzipierte Sklavin, 74.
7) Glaser, Die Arbeitssituation, 80ff.
8) Braun, Die Frauenfrage, 233ff.

9) Ebenda, 313ff.
10) Popp, Jugend einer Arbeiterin, 11.
11) Hausen, Frauen suchen ihre Geschichte, 133.
12) Bischoff, Frauen-Kunst-Geschichte, 427ff.
13) Frevert, Frauen-Geschichte, 86.
14) Glaser, Die Arbeitssituation, 79.
15) Braun, Die Frauenfrage, 322.
16) Glaser, Arbeitssituation, 56.
17) Ebenda, 59.
18) Sullerot, Die emanzipierte Sklavin, 69f.
20) Siehe u. a. Glaser, Die Arbeitssituation; Braun, Die Frauenfrage; Popp, Jugend einer Arbeiterin.
21) Frevert, Frauen-Geschichte, 89.
22) Dohm, Die wissenschaftliche Emancipation, 20.
23) Braun, Die Frauenfrage, 334.
24) Ebenda, 336.
25) Sullerot, Die emanzipierte Sklavin, 74.
26) Glaser, Die Arbeitssituation, 23.
27) Hausen, Frauen suchen ihre Geschichte, 136.
28) Sullerot, Die emanzipierte Sklavin, 84.
29) Ebenda.

Dienstbotenelend und die Magd auf dem Lande

1) Hausen, Frauen suchen ihre Geschichte, 144.
2) Braun, Die Frauenfrage, 408.
3) Ebenda, 409.
4) Ebenda, 410.
5) Schmid, Totgeschwiegen, 174.
6) Braun, Die Frauenfrage, 403.
7) Hausen, Frauen suchen ihre Geschichte, 146ff.
8) Schmid, Totgeschwiegen, 176.
9) Hausen, Frauen suchen ihre Geschichte, 123.
10) Ebenda, 113.
11) Ebenda, 119.

Das „erotische" Jahrhundert

1) Tannahill, Kulturgeschichte der Erotik, 370.
2) LoDuca, Moderne Enzyklopädie der Erotik, 62ff.
3) Ebenda, 53f.
4) Ebenda, 44.
5) Tannahill, Kulturgeschichte der Erotik, 428.
6) Ebenda.
7) Ebenda, 372.
8) Ebenda, 391.
9) LoDuca, Moderne Enzyklopädie der Erotik, 114ff.
10) Ebenda, 110ff.

11) Tannahill, Kulturgeschichte der Erotik, 390.
12) Wagner, Geist und Geschlecht, 75.
13) Tannahill, Kulturgeschichte der Erotik, 402.

„Krankheit Frau"

1) Bennent, Galanterie und Verachtung, 197.
2) Ebenda, 197.
3) Bischoff, Frauen-Kunst-Geschichte, 308.
4) Wille, Die psychologische Relevanz, 155.
5) Ebenda, 154.
6) Ebenda.
7) Ebenda, 155, Zitat aus Schmitz, Psychologie und Geschlechtscharakter.
8) Bennent, Galanterie und Verachtung, 193.
9) Ebenda.
10) Ebenda, 194.
11) Ebenda, 195.
12) Schaps, Hysterie und Weiblichkeit, 68.
13) Ebenda, 62ff.

„Die Frau ist frei geboren ... " (Frühfeministische Ansätze)

1) Bennent, Galanterie und Verachtung, 62.
2) Knapp, Frauenarbeit in Deutschland, 141.
3) Das ewige Klischee, 101ff.
4) Petersen, Marktweiber und Amazonen, 82ff.
5) Schröder, Die Frau ist frei geboren, I, 73.
6) Weiland, Geschichte der Frauenemanzipation, 71ff.
7) Schröder, Die Frau ist frei geboren, I, 93.
8) Ebenda, I, 123ff.

Die Revolutionärin

1) Petersen, Marktweiber und Amazonen, 106.
2) Ebenda, 66.
3) Grubitzsch, Grenzgängerinnen, 265.
4) Ebenda, 274.
5) Moniteur vom 3. September 1792, zitiert ebenda, 170.
6) Ebenda, 278.
7) Ebenda.
8) Ebenda, 23.
9) Ebenda, 38.
10) Louise Aston zitiert bei Weiland, Geschichte der Frauenemanzipation, 36.
11) Goetzinger, Für die Selbstverwirklichung, 174.
12) Weiland, Geschichte der Frauenemanzipation, 263.
13) Der Freimütige, zitiert bei Grubitzsch, Grenzgängerinnen, 102.
14) Ebenda, 119.

15) Ebenda, 124.
16) Ebenda, 118.
17) Weiland, Geschichte der Frauenemanzipation, 46.
18) Ebenda.
19) Ebenda, 47.

Die österreichische und die deutsche Frauenbewegung

1) Grubitsch, Grenzgängerinnen, 109.
2) Ebenda.
3) Weiland, Geschichte der Frauenemanzipation, 208.
4) Grubitsch, Grenzgängerinnen, 113.
5) Hausen, Frauen suchen ihre Geschichte, 199.
6) Weiland, Geschichte der Frauenemanzipation, 16.
7) Ebenda, 139.
8) Ebenda. 153.
9) Ebenda, 188.
10) Sozialistische Monatshefte, Berlin 2(1912) 1018, zitiert bei Schröder, Die Frau ist frei geboren, II, 279.
11) Rosa Mayreder in „Neues Frauenleben", 18(November 1906), zitiert in: Aufbruch in das Jahrhundert der Frau?, 131.
12) Ebenda, 14ff.
13) Mayreder, Zur Kritik der Weiblichkeit, 22.
14) Weiland, Geschichte der Frauenemanzipation, 74.
15) Ebenda, 74ff
16) Die ungeschriebene Geschichte, 55.
17) Aufbruch in das Jahrhundert der Frau?, 16.
18) Ebenda, 18ff.
19) Ebenda, 17.
20) Weiland, Geschichte der Frauenemanzipation, 111ff.
21) Schöffmann, Die bürgerliche Frauenbewegung, 214.
22) Ebenda, 228.
23) Ebenda, 233.
24) Ebenda, 227.

Suffragetten und der Kampf um das Frauenstimmrecht

1) Schröder, Die Frau ist frei geboren, II, 59.
2) Ebenda, II, 60.
3) Lloyd, Suffragetten, 64.
4) Ebenda, 85.
5) Ebenda, 107.
6) Ebenda.
7) Arbeiterinnen-Zeitung, zitiert in Aufbruch in das Jahrhundert der Frau?, 29.
8) Hofmann, Kampf um das Wahlrecht, 54.
9) Aufbruch in das Jahrhundert der Frau?, 31.
10) Ebenda.
11) Ebenda, 32.

12) Ebenda, 33.
13) Ebenda, 34.
14) Prost, Weiblichkeit und bürgerliche Kultur, 60.
15) Ebenda.
16) Wille, Die psychologische Relevanz, 231.

„Das Dichten reibt dich auf: Wir bitten, laß es"

1) Aufbruch in das Jahrhundert der Frau?, 86.
2) Frauen sehen ihre Zeit, 30.
3) Aufbruch in das Jahrhundert der Frau?, 86.
4) Ebenda, 85.
5) Weiland, Geschichte der Frauenemanzipation, 157.
6) Ebenda, 239.
7) Schmölzer, Frau sein, 14.
8) Frauen sehen ihre Zeit, 14.
9) Schmölzer, Frau sein, 19.
10) Frauen sehen ihre Zeit, 33.
11) Aufbruch in das Jahrhundert der Frau?, 84.
12) Brinker/Gabler, Deutsche Dichterinnen, II, 239.
13) Schmölzer, Frau sein, 20.
14) Ebenda, 18ff.

Frauen und Frieden

1) Berger, Der Himmel ist blau, 151.
2) Aufbruch in das Jahrhundert der Frau?, 134ff.
3) Weiland, Geschichte der Frauenemanzipation, 204.
4) Hoerschelmann, Pazifismus und Frauen, 80.
5) Ebenda, 107, Zentralblatt des BÖV.
6) Weiland, Geschichte der Frauenemanzipation, 204.
7) Frevert, Frauen-Geschichte, 159.
8) Hoerschelmann, Pazifismus und Frauen, 135.
9) Weiland, Geschichte der Frauenemanzipation, 207.
10) Hervé, Geschichte der deutschen Frauenbewegung, 97.
11) Hoerschelmann, Pazifismus und Frauen, 122.
12) Ebenda, 148ff.
13) Ebenda, 138.
14) Die Frau, März 1931, ebenda, 140.
15) Die Frau, Jänner 1934, ebenda, 144.

Die „goldenen Zwanziger"

1) Frevert, Frauen-Geschichte, 172ff.
2) Soden, Neue Frauen, 28.
3) Ebenda, 154ff.
4) Ebenda, 157.

498

5) Aufbruch in das Jahrhundert der Frau?
6) Soden, Neue Frauen, 116.
7) Ebenda, 125.
8) Steinbrunner, Die Situation der erwerbstätigen Frau, 87.
9) Ebenda, 88.
10) Soden, Neue Frauen, 127.
11) Steinbrunner, Die Situation der erwerbstätigen Frau, 87.
12) Soden, Neue Frauen, 128.
13) Kaiser, Österreichs Frauen, 213.
14) Neue Freie Presse, 17. Dezember 1933, zitiert bei Rigler, Frauenleitbild, 150.

Abtreibungsdebatte

1) Soden, Neue Frauen, 103.
2) Flossmann, Frau im Recht, 34.
3) Ebenda.
4) Soden, Neue Frauen, 103.
5) Die ungeschriebene Geschichte, 299.
6) Ebenda.
7) Ebenda, 306.
8) Soden, Neue Frauen, 107.
9) Ebenda, 103.
10) Ebenda, 104.
11) Ebenda, 110.
12) Bischoff, Frauen-Kunst-Geschichte, 494.
13) Ebenda.

Zuchtstute und Arbeitspferd

1) Rottenbücher, Die Rolle der Frau, 17.
2) Frevert, Frauen-Geschichte, 200.
3) Ebenda, 201.
4) Rottenbücher, Die Rolle der Frau, 49.
5) Frevert, Frauen-Geschichte, 226.
6) Ebenda, 230.
7) Ebenda.
8) Rottenbücher, Die Rolle der Frau, 18.
9) Ebenda, 72.
10) Ebenda, 73.
11) Frevert, Frauen-Geschichte, 211ff.
12) Ebenda, 212.
13) Rottenbücher, Die Rolle der Frau, 77.
14) Berger, Zwischen Eintopf und Fließband, 162.
15) Völkischer Beobachter, 12. Jänner 1939, ebenda, 24.
16) Frevert, Frauen-Geschichte, 217.
17) Rottenbücher, Die Rolle der Frau, 92.
18) Berger, Zwischen Eintopf und Fließband, 82.
19) Frevert, Frauen-Geschichte, 214.

20) Berger, Zwischen Eintopf und Fließband, 96.
21) Frevert, Frauen-Geschichte, 234.
22) Szepansky, „Blitzmädel", 16.
23) Gersdorff, Frauen im Kriegsdienst, 65.
24) Rottenbücher, Die Rolle der Frau, 84.
25) Gersdorff, Frauen im Kriegsdienst, 72.
26) Frevert, Frauen-Geschichte, 241.
27) Berger, Der Himmel ist blau, 247.
28) Ebenda, 257.
29) Hervé, Geschichte der deutschen Frauenbewegung, 174.
30) Ebenda, 180ff.
31) Ebenda, 181.
32) Berger, Der Himmel ist blau, 248.

Trümmerfrauen und die „neue" Weiblichkeit (Die „falschen Fünfziger")

1) Bolognese-Leuchtenmüller, Frauen der ersten Stunde, 22.
2) Ebenda, 158.
3) Ebenda, 151.
4) Referat von Irene Bandhauer-Schöffmann und Ella Hornung, 11. Jänner 1990 im Rahmen der 4. Frauenuniversität Wien.
5) Bolognese-Leuchtenmüller, Die Frauen der ersten Stunde, 96.
6) Ebenda, 11.
7) Hervé, Geschichte der deutschen Frauenbewegung, 190.
8) Bolognese-Leuchtenmüller, Frauen der ersten Stunde, 226.
9) Hervé, Geschichte der deutschen Frauenbewegung, 239.
10) Bolognese-Leuchtenmüller, Frauen der ersten Stunde, 22.
11) Frevert, Frauen-Geschichte, 256.
12) Wille, Die psychologische Relevanz, 246.
13) Bolognese-Leuchtenmüller, Frauen der erste Stunde, 168ff.
14) Frevert, Frauen-Geschichte, 253.
15) Hervé, Geschichte der deutschen Frauenbewegung, 193.
16) Ebenda, 195ff.
17) Ebenda, 219.
18) Österreich-Lexikon, I, 342.
19) Hervé, Geschichte der deutschen Frauenbewegung, 195ff.
20) Ebenda, 224ff.

Die neue Frauenbewegung

1) Schenk, Die feministische Herausforderung, 85.
2) d'Eaubonne, Feminismus oder Tod, 136.
3) Ebenda, 130.
4) Schenk, Die feministische Herausforderung, 141.
5) Linnhoff, Die neue Frauenbewegung, 9.
6) Frauenjahrbuch 1976 zitiert bei Schenk, Die feministische Herausforderung, 108.
7) Hervé, Geschichte der deutschen Frauenbewegung, 257.

8) Ebenda, 260.
9) Geiger, Donauwalzer, Damenwahl, 13.
10) Näheres über die österreichische Frauenbewegung ebenda.
11) Der Spiegel, Nr. 49. 29. November 1975, zitiert bei Schenk, Die feministische Herausforderung, 175.
12) Ebenda, 100.
13) Geiger, Donauwalzer, Damenwahl, 186.

Die Frau heute

1) Feigl, Frauen in Österreich, 23ff.
2) Näheres bei Spender, Frauen kommen nicht vor.
3) Interessant an diesen Versuchen ist auch, daß Burschen auf ihre Situation als herrschende Gruppe mit Leistungssteigerung reagieren, während bei Mädchen als unterdrückte Gruppe ein Leistungsabfall festzustellen ist. Hingegen Jungen in eingeschlechtlichen Klasen, der negativ interpretierten Bezugsgruppe der Mädchen beraubt, mit einem deutlichen Leistungsabfall reagieren. Sie sind dann außerdem bemüht, eine neuerliche, unterdrückte Gruppe sogenannter „weibischer" Jungen zu schaffen, die der herrschenden Gruppe wiederum das nötige Selbstbewußtsein zu verleihen hat, eine Entwicklung, die in reinen Mädchenklassen nicht festgestellt werden konnte. Deshalb liegt der Schluß nahe, daß männliches Denken der Hierarchie bedarf, um sich wohl zu fühlen, während weibliches Denken offenbar nicht so darauf angewiesen ist.
4) Feigl, Frauenratgeber, 77.
5) Profil, Nr. 6, 1990, 60.
6) Ebenda, 61.